古代文学と隣接諸学 6

古代寺院の芸術世界

肥田路美 編

竹林舎

監修のことば

『古代文学と隣接諸学』と題する本シリーズは、古代日本の文芸、言語や文字文化を対象とする文学のほか、歴史学、美術史学、宗教史学などの隣接諸分野の研究成果を広く包摂した全一〇巻の論文集である。すでに公刊されている『平安文学と隣接諸学』『中世文学と隣接諸学』などに続くシリーズとして、二〇一四年初夏、私が本シリーズの企画、編集のスーパーバイズを求められて以来、編者の委託、執筆者の依頼、内容の検討を経てここに実現するに至った。

『古代文学と隣接諸学』の各巻に共通する目標ないし特色は、古代日本の人々の様々な営みを東アジアの視点から認識する姿勢である。作品や資料を遡及的、解釈的に捉えるだけにとどめず、歴史的展開の諸要素を一々細かくフォーカスして、古代史像の総体的な復元に立ち向かうことである。特に歴史学については、古代史における王権や国家の働きをア・プリオリに認めるのでなく、個々の事実に基づいて真の成り立ちや実態を追い求め、本質を突こうと努めている。加えて、人々のイデオロギーや心性、社会と密接な芸術、生活空間、環境、交通などにも目配りしている。

このように『古代文学と隣接諸学』は、核とする文学とそれに隣り合う専門分野の第一線で活躍する大勢の中堅、気鋭による多彩で豊富な論考を集めて、今日の研究の最高峰を指し示すものである。

本シリーズには学際研究の新鮮なエッセンスが満ちている。学際研究は異分野の研究を互いに認め合って接近し、知識やヒントを得たり方法論や理論を摂取したりすることができる。既成の事実の再考察を促すこともある。さらには研究の融合、進化をも可能にする。文学では、上代、上古、中古などという独自の時代区分を考え直すことになる。文学と文芸の関係性を解く糸口が得られる。世界文学と日本文学をめぐる議論を作り出すかもしれない。歴史学でも、多様な知見に耳を傾け、または抗うことによって、細分化する傾向にある古代史研究の総合化、体系化の方向を展望できるであろう。

本シリーズが多くの読者を魅了し、諸学の成果を踏まえて未知の地平を切り拓き、今後の研究を押し広げ、深めるきっかけとなることが大いに期待される。それが新たな文学と文学史の再構築につながり、ひいては日本の人文科学の進展に寄与するならば幸いである。

二〇一七年四月

鈴木靖民

目　次

Ⅱ　造形をして語らしむ

Ⅲ　東アジアのなかの日本

Ⅳ　造形の周辺

序　古代寺院はなぜ「芸術世界」か

肥田　路美

「古代文学と隣接諸学」シリーズの第六巻、『古代寺院の芸術世界』と題した本書は、仏教寺院という場で人々が営んだ芸術活動やその所産をめぐる二十篇の論考で構成する。

仏教がこの列島に根を下ろした六世紀後期頃から、堂塔建築、仏像彫刻、さまざまな形態の絵画、種々の工芸技術を尽くした荘厳具や法具・什器、さらには声明や舞楽など、有形・無形の「芸術」――この近代の術語を当てるのは少々違和感を覚えるものの――が、仏教寺院を舞台に展開した。それらによって現出した寺院空間は、世俗の日常とは隔絶した異世界であった。

たとえば、奈良の薬師寺の伽藍について『七大寺巡礼私記』は「承永和尚、皇后の命に依りて入定し、龍宮の様を見て学び造らしむ」という口伝を記す。龍宮とは『仏説海龍王経』に説かれる華麗な大殿で、海龍王が釈迦のために化作したとされるが、それを禅定三昧に入った僧が見て造ったものだと言われたほど、金堂の建築は現実離れした見事さだったらしい。その内陣のありさまは、本書第Ⅱ部の萩谷みどり氏「築山寺八角堂内陣装飾画の性格――古代寺院の建築彩色の一例――」でも紹介されているとおり、薬師仏の仏国土、琉璃光世界を目の当たりに再現したかのような設えであったことを『薬師寺縁起』などが縷々描写している。

日本では、法隆寺の金堂や塔本塑像を具備した五重塔をはじめ、薬師寺東塔、東大寺法華堂、唐招提寺金堂など、七、八世紀の寺院建築が内部の尊像や荘厳具、装飾画などとともに千三百年以上も伝世しており、萩谷氏が論ずる奈良県五條の榮山寺八角堂もその一つである。同じく第Ⅱ部の稲葉秀朗氏「玉虫厨子宮殿部分の再検討」が取り上げた法隆寺玉虫厨子も、当初の本尊像を惜しくも欠くとはいえ、建築、絵画、木工、漆工、金工の技を駆使した古代寺院の仏殿を髣髴させるに足ろう。こうした実態は、同時代の中国が厖大な数の仏寺を建立しながらそのほぼ全てを湮滅させてしまったこと――八世紀に遡る寺院の木造建築遺構は山西省五臺山麓の南禅寺のただ一宇のみである――や、同様に古代の木造の堂塔のことごとくを失った朝鮮半島の状況に照らすと、実に稀有なことである。

さらに驚くべきは、その八世紀の或る一日に用いられたさまざまな器物が、当の日付を伴って今日まで伝世しているという、奇跡のような事実である。本書第Ⅳ部の清水健氏「正倉院宝物にみる東大寺大仏開眼供養の荘厳」はそれらの一点一点――しかも脆弱な素材であるはずの染織品や木製品が多い――から、その天平勝宝四年四月九日の東大寺のありさまを実証的に復元した論考で、そこに活写された大仏開眼供養会の盛儀にあらためて瞠目させられる。こうした大陸や半島の影響を反映した現存の遺構や作品は、逆に今日失われた唐代や朝鮮三国、統一新羅時代の実態を類推することも可能にしており、東アジアの古代寺院が様々に材料を吟味し創意工夫のもと技術と様式を駆使して作り出された世界であったことを、これらを通してうかがい知れるのである。

仏寺や仏塔を建立したり仏の形像を造ること、またそれを香華や幡蓋で供養したり、音楽や歌唄で讃嘆するなどの作善の功徳は、多くの仏典の説くところである。その功徳の内容は、仏道の成就から、天や浄土への往生、悪趣を免れ、病悩を去り長寿を得るといった現当二世の安楽まで、「作仏像功徳広大無量無辺不可称数」(『大乗造像功徳経』)と説かれる通り万端にわたる。仏像の造立に代表されるこうした作善の勧めは、むしろ造仏活動の盛行を後追いするようにして形成された言説ともみられるが、なかでも広汎な影響力をもったのが『法華経』だった。方便品の有名な一節に、「若し人、仏のための故に、諸の形像を建立し、刻彫して衆相を成せば、皆すでに仏道を成じたり。或は七宝もって成し、鍮石、赤白銅、白鑞及び鉛、錫、鉄、木及び泥、或は膠漆の布をもって、厳飾して仏像を作れる。是の如き諸の人等は、皆すでに仏道を成じたり。」「乃至、童子の戯れに、若しくは草木、及び筆、或は指の爪甲をもって、画いて仏像を作る。是の如き諸の人等は、漸漸に功徳を積み、大悲心を具足して、皆すでに仏道を成じ、但、諸の菩薩のみを化して、無量の衆を度脱せり」という。ここでは、材料が勝れようと質素であろうと、また技が巧みであろうと拙かろうと、ひとしく成道の功徳を得ることが説かれている。作善に勤しむことの正当性を保証するこうした経説は、造仏をはじめとする活動の裾野を広げ、また一方では財力や技芸を尽くして美麗を追求する追い風となった。それらの所産は、今日から見ればたしかに美的価値を創造・表現した「芸術」と評し得る。

ただ、寺院が「芸術世界」となった事情は、右の説明だけでは足りない。そもそもなぜこれほど多くの仏像が造られ荘厳されてきたのか。無論、そこには個々に世俗的な意図や事情も濃淡に絡んだであろうが、根本には「感応」という思想のあることが、仏教美術史においても近年注視されている。[注1]本書でも感応に関わる論考が目立つのは、こうした研究動向を示していよう。

仏像を造って礼拝する行為における感応（感通も同義）の思想とメカニズムについては、受戒儀礼や斎会における仏像の機能に着目した船山徹氏による研究に詳しい。[注2]船山氏は、鳩摩羅什や僧肇をはじめとする中国六朝時代の高僧の文章の分析を通して諸家が仏の法身をどう理解していたかを追うと同時に、仏教の理論よりも礼拝や懺悔の実践をもっぱらとした一般の僧や信者らにとっては、法身が応化して衆生を救済することこそ願わしいものだったことを指摘する。彼らが切実に関心を寄せたのは、斎会や懺悔の場で仏像を通じ誠心誠意を尽くして

「感」ずれば、仏の法身は必ず「応」ずる、という理解だったのである。たとえば、長谷寺の銅板法華説相図に関する新見解を盛った本書第Ⅰ部所収の三田覚之氏「長谷寺　千仏多宝仏塔考」が、その銘文に関連して引用する南朝の沈約の文章に、「法身に像は無く、常住は形に非ず」「形相に非ずんば以て感ずること無けん」という。法身にはもとより形は無いが、仏像という具体の形を仮りなければ誠心を法身に致すことはできないという主張であり、つまりは、仏像は感応のメカニズムにおける媒体なのである。

こうした感応の思想は、「至誠如神」という『中庸』の一句にあらわれているように、伝統的な儒教の考え方と通じている。『中庸』のこの句は、徹底した誠心は、国家の興亡に関わる禎祥（めでたい兆し）も妖孽（災害のおこる兆し）も未然に予見することができ、まさに神霊のような洞察力をもつというものである。至上の誠こそが目に見えぬイデア的な存在からの感応を引き出すことを可能にする、という理路においては、儒教的な天も仏教における法身もあまり変わりはなかったようだ。いずれにせよ、このような認識を信仰の土台に据えると、造寺造仏や写経をはじめ仏舎利や仏像に対する礼懺・供養などの作善に、持てる力や技、時間や資材を傾注することで、誠心誠意を尽くした祈願を仏に「感」ぜしめようとし、また、差し向けた至誠に対して仏が「応」じた証を見たいという期待や願望も生じる。仏舎利や仏塔、仏像、仏経、また僧や信者のうえに現れた霊験（霊瑞、霊異、霊祥、神異、奇瑞などの語もほぼ同義）に対する関心の高まりは、ここに起因した。

感応の徴証である何らかの超常的な現象を伴った仏像は、霊験仏、霊験像あるいは瑞像などと称された。前述の理屈からすれば、本来いかなる仏像もまことの信仰心の所産であるからには霊験仏といってしかるべきだが、世上でことさらこのように呼ばれるには、固有の具体的な霊験――放光する、生きているかのような様子を示す、旱天に雨を降らせる、代償苦を負う等々――の物語を伴うことが大前提である。第Ⅰ部の中野聰氏「薬師寺金堂薬師三尊像の機能と霊験」は、『今昔物語集』に収録された薬師如来像の霊験説話に注目する。それは天禄四年に寺内で火災が起きたとき、無数の鳩が金堂と東西両塔に集まり飛び廻って類焼から護ったというもので、中野氏はこの霊験説話が成立した時期と事情を解き明かしていく。ともあれ本話が「此の薬師の像、世に有難き霊験在ます仏也」と結んでいるように、霊験は法身の応化である鋳銅製の薬師像が起こしたと認識されているのであり、この仏像が霊験仏とか霊験像と称された所以である。また、神野祐太氏「神奈川県小田原市千代廃寺跡出土の塑造断片について」が引用する『日本霊異記』巻下の紀伊国山室堂の塑像の説話は、未完のまま放置された塑像が自らの難を鐘撞きの沙弥に訴えてようやく完成を得た話である。これも、直接の利益を得たのは信心深い沙弥よりも仏像の方であったようだが、同話末尾の「誠に知る、願として得ぬは無く、願として果たさぬは無し」云々とは、沙弥もまたその善行による功徳が得られたことを暗示しており、やはり感応のメカニズムが土台にある。

一方、瑞像という呼称についても本書収載論文に例がある。第Ⅰ部の「鑑真一行の薬師信仰と造像」で眞田尊光氏が唐招提寺の新宝蔵安置薬師如来像を論ずる上で注目する鑑真将来目録中の薬師像は、「薬師阿弥陀弥勒菩薩瑞像各々一軀」（『唐大和上東征伝』）と記されることから「瑞像」と称されていたことが知られる。この瑞像という語はやや多義的である。[注3] 管見の限りでは、いち早い用例は中国南朝梁の僧祐『出三蔵記集』（天監九～一七年〔五一〇～五一八〕成立）に認められるが、そこでは字義通り美しい玉で造られた像を指している。一方、霊験像に類する用法での瑞像の呼称は、梁の武帝やその周囲が、さる特定の仏像――荊州長沙寺の阿育王像――の尊称として用いたのがどうやら早く、そこには天が下す祥瑞としての仏像という意味合いが籠められている。為政者の篤信や徳治と天との感応が仏像のうえに不可思議な相として現れるとする見方である。やがて「瑞像」の語は、初唐の南山大師道宣（五九六～六六七）が、仏像に関する感通譚五十縁を集成した『集神州三宝感通録』霊像垂降篇（以下『三宝感通録』）をはじめ多くの著作において頻用したことで、広汎に用いられるようになったとみられる。ちなみに鑑真はこの道宣の法孫であった。

ところで、霊験像・瑞像と称されて格別な信仰を集めた仏像は、テクストであれ口承であれ感応の証を示した不可思議な奇跡の物語を伴うと前述したものの、そうした物語がすでに忘失されてしまっていても、造形に見られる顕著な個性から、霊験像として信仰されていたことを推測し得る作例がある。第Ⅰ部の濱田恒志氏「広島・善根寺収蔵庫の木造僧形坐像をめぐって――用材の節と善珠の面影――」は如来像ではなく高僧像の事例であるが、そうした一例となろう。本論の興味深い内容について中途半端に種明かしするのは控えたいが、主な論点とされているのが、本来なら木彫像の制作に際して障害となるはずの用材の節が、本作では敢えて像の面部に配されていることの意味である。

ここで、時代も地域も大きく隔たった、五世紀の北魏における文成帝の石像の奇跡譚を想起しては飛躍が過ぎるだろうか。北魏の正史『魏書』の釈老志に、「この年、有司に詔して石像をつくり帝身の如くさせた。すでに出来上がってみると、顔上と足下に黒石があり、冥々のうちに帝の体の上下のほくろと一致していた。論者は純誠が感じたのだといった」という記事がある。釈老志が仏教・道教関係の記事を集成したものであることからすると、この石像とは文成帝の単なる肖像彫刻ではなく、若き――当時十三歳だった――皇帝の像でありながらかつまた釈迦像でもあるというものだったと考えられるが、巧まずして石材の斑と帝の身体の特徴が合致したという勘どころは、濱田氏の論文の僧形像に通じよう。釈老志の記事にいう「是年」とは、文成帝が即位し先帝太武帝の破仏令を撤回して仏教回復の詔を発令した興安元年（四五二）のことで、前代の苛烈な廃仏毀釈からの復興を果たした文成帝の純誠が、法身の仏に「感」じた結果だと評されたという。善根寺所蔵の僧形像の場合も、用材の節と像主の身体的特徴は「冥々《じねん》のうちに」合致したとされたのではないだろうか。

工人の手を借りずに用材が自然に仏の形を成したという感応譚も、これと性格が近いだろう。中国の例では、前出の『三宝感通録』に載る晋州霊石寺丈八石像をはじめとして多くの場合石仏であり、その点が日本とは異なる傾向と思われる。これに対して、木彫仏が圧倒的多数を占める日本では第Ⅳ部の児島大輔氏「御衣木の由来——史料から見た木彫仏像用材の意識的選択——」が豊富な事例を挙げて論じているように、木造の仏像に感応の徴証があらわれたというだけでなく、仏像になる前の用材（御衣木）にそもそも霊異があったという説話が目につく。なかでもよく知られるのが第Ⅱ部で西木政統氏「東京国立博物館所蔵の木造菩薩立像と飛鳥時代の木彫像」が最後に言及している『日本書紀』欽明十四年条の吉野寺の放光樟像で、泉郡の茅渟海（大阪湾）に雷のような音声と日光のような光彩を放つ樟木が漂着し、これを献じられた天皇が画工に二軀の仏像を造らせたところ、像もまた放光したという。また、濱田瑞美氏が第Ⅲ部の「清水寺式千手観音図像とその源流」で取り上げている清水寺本尊千手観音像は、平安時代以来あらたかな現世利益の霊験が喧伝されて信仰を集めたが、『清水寺縁起』によれば観音の化身である山岳修行者の行叡居士から授かった霊木を刻んだものだという。これらの事例になるといったい何者の「感」による「応」なのか。古代人の心性における霊験のありようはなかなか重層的である。

霊験はまた、図像の変容を生んだ。いったいに宗教美術、とくに仏教美術には、一定の規範となる形が踏襲されていくという特性があるが、一方でそうした規範から逸脱・変容した作例も生まれてきた。仏像の創出伝説である優塡王造像説話が示唆するように、元来仏像は釈迦の姿を逐一写し留めようという意識から生まれたものであったからには、かくあるべきという形が繰り返されるのは当然の現象である。しかし実際には、かなりの図像的ヴァリエーションがある。そうした逸脱や変容を生んだ理由は、技術上の制約や願主の都合といった現実的な事情も含め多岐にわたろうが、清水寺千手観音を特徴づける頂上化仏手や、第Ⅲ部の林南壽氏「古代韓国における薬師信仰の展開と造像」が取り上げた薬師如来像が薬器のかわりに穀物を山盛りにした鉢を持つことが、大悲心陀羅尼を誦する行者への摩頂授記や、飢饉からの救済という霊験をそれぞれ視覚化したものだとすれば、人々の信仰に応じてそうした特殊な像容を示した「感応」の表現であると理解できよう。

さらに、霊験はしばしば分与された。井上大樹氏は第Ⅱ部所載の「愛知・西光寺地蔵菩薩像について」で水落地蔵とよばれた表題の像が、霊験仏として知られた六波羅蜜寺の地蔵菩薩像の模刻と考えられることを論じている。このように霊験仏が模刻された例は枚挙にいとまなく、前掲の清水寺千手観音像もまた同様である。『三宝感通録』には、模刻をしようとしたがオリジナルの像の法量が一定しなかったり、像容が変化したりするために果たせなかったという話が散見されるが、これは安易な模刻を拒否する霊験像の意思の表れ——あるいは法身の仏の意思が仏像を通して表れたもの——に違いない。模刻の成否は至心の懺悔や持戒の如何など信者の側の資質にかかっていたわけだが、それでも模刻を求めたのは、模刻像にもオリジナルの像の霊験が分与されると考えられたからであった。これもまた、背後に法身があることを想定すれば理解しやすい。水落地蔵の場合、像内に納入された夥しい印仏もまた六波羅蜜寺像と同じ形式だといい、結縁者一人一人にとって祈願をほとけに「感」ぜしめる媒体となったのだろう。結縁交名を像内に納入する行為自体、聖なる像内空間を通して異時空に存在する法身としての仏に自らの帰依の念を伝達する手段だったと解釈される。注4

また、第Ⅰ部の谷口耕生氏「法華堂根本曼陀羅再考——天竺之真本としての霊山変相図——」は、三十二相八十種好を具備すると讃えられた大安寺釈迦如来像が、インドの鷲峯山の釈迦説法像から、天平九年の詔で諸国に造立された釈迦像や、表題の法華堂根本曼荼羅に及ぶ模刻・模写の連鎖の要となったことを論じる。相好の具備は生身の仏たることの要件であり、大安寺像やその模像は生身の仏ならばこそ霊験性を有したわけである。

ここまで礼拝の対象となる彫塑像に即して感応思想との関係を見てきたが、仏教の伝来以来かくも多くの仏像を、それぞれに技や工夫、資材や労力を惜しまず誠心を傾注して造像してきた事績を振り返ると、本来は目に見えない仏をこの現実世界に再現して目の当たりにしたいという信者たちの貪欲なまでの願望と熱意に、あらためて感嘆させられる。具体的な姿形と働きをもって現実世界に応現する仏——生身の仏への関心や憧れも、造形行為を通して実体化された。また、礼拝像だけでなく、それを安置した仏殿の荘厳や堂塔伽藍の輪奐の美も、仏の神力の発動を可視化したものと捉えることも可能であろう。さらに、造形美術によるだけではなく、第Ⅳ部の中安真理氏の「『法華経』方便品「比丘偈」の音楽表現——「簫笛琴箜篌　琵琶鐃銅鈸」の襲用と展開——」が引用する法会の諸史料に見るように、音楽も不可欠な要素であり、妓楽や歌詠が仏道成就の因となるという経説は、音楽もまた人々が一心に法身にはたらきかけるための機縁とも媒体ともなったことを意味しよう。

以上、古代寺院が芸術世界であった所以をいささか述べてきた。例示には、本書に収載する各氏の論文が取り上げたり言及している事例や記事を用いてみたが、個々の論文の本旨はまた別にあることを、蛇足ながら申し添えておきたい。また、本書にはこのほかにも斬新な問題意識と新知見に満ちた論文を収めている。第Ⅲ部の大澤信氏「対馬・法清寺の諸像にみる「境界」について」は、日本列島と朝鮮半島の結節点に位置する対馬を舞台に、かつて日本の仏とされていた韓国三国時代の銅像と、蒙古仏とされて刀傷まで加えられた平安時代の木彫像を取り上げて、仏像の「国籍」や「境界」をめぐる問題に焦点を当てている。また、第Ⅰ部の田中健一氏の「東大寺誕生釈迦仏立像と奈良時代の仏誕観」は、釈迦の誕生についての理解が中国の南北朝時代から初唐に至る間に大きく変化したことを論じて、獅子吼の姿をとる東大寺の誕生釈迦像の意味を追究したものである。第Ⅳ部に載せる原浩史氏の「広隆寺講堂阿弥陀如来坐像の願意と造立年代」は『陀羅尼集経』由来の説法印を結んだ雄渾な当該像の願主「永原御息所」と、「亭子女御」・緒継女王との関係を論じて説得力ある結論に至っている。さらに、寺院は文学活動の舞台でもあった。金子英和氏の「古代寺院の和歌活動の動機——仁和寺覚性法親王を中心に——」では、古代寺院が和歌の創作や和歌を介した人的交流の場として機能した実態と意義がつぶさに明らかにされた。

まさに古代寺院は、芸術世界と呼ぶにふさわしい場だったのである。

注

1 感応の思想から仏教美術の意味を捉えなおす動向を代表するものとしては、長岡龍作氏の一連の研究がある。同氏『日本の仏像』中公新書、二〇〇九年。同「感応と図様――仁寿舎利塔に見る表象形式と思想――」『アジア仏教美術論集　東アジアⅡ　隋・唐』中央公論美術出版、二〇一九年など参照。小稿はそれらに負うところが多い。

2 船山徹「六朝時代における菩薩戒の受容過程――劉宋・南齊期を中心に」特に「第五節　佛像と感應思想をめぐって」『東方學報』京都六七、一九九五年。

3 肥田路美「「瑞像」の語義と用例について――道宣に至るまで――」『美術史料として読む『集神州三宝感通録』――釈読と研究――（十）』私家版、二〇一七年。

4 奥健夫「清凉寺・寂光院の地蔵菩薩像と「五境の良薬」――像内納入品論のために」『佛教藝術』二三四、一九九七年。同氏「生身仏像論」『講座日本美術史4　造形の場』東京大学出版会、二〇〇五年など参照。

Ⅰ　造形と物語の交点

法華堂根本曼陀羅再考
——天竺之真本としての霊山変相図——

谷口　耕生

はじめに

ボストン美術館所蔵の釈迦霊鷲山説法図（挿図1）は日本古代仏教絵画を代表する名品であり、平安時代後期の東大寺別当寛信が記した修理銘に基づく「法華堂根本曼陀羅」の名で世に広く知られている。[注1] 本図については、史料上の制約もあって制作の経緯や伝来過程など不明な点が多いものの、「法華堂根本曼陀羅」の呼称に基づいて東大寺法華堂（三月堂）と関わる重要作品としての評価が定着してきた（以下本図を法華堂根本曼陀羅と呼ぶ）。

しかし筆者は近年、同じく東大寺内にかつて存在した上如法院安置の霊山浄土図が本図に相当する可能性を指摘し、従来考えられてきたのとは全く異なる制作背景を想定した。[注2] 前稿では紙数の都合もあって東大寺上如法院霊山浄土図説の根拠を十分に提示ができなかったことに加え、霊山釈迦像をめぐる近年の著しい研究の進展を踏まえるとき、本図について寛信がこの曼陀羅を「霊山之変相、天竺之真本也」と記したことの重要な意味が理解されるように思われる。以下、この「天竺之真本」をキーワードに取り上げ、法華堂根本曼陀羅について改めて

挿図１　釈迦霊鷲山説法図（法華堂根本曼陀羅）　ボストン美術館所蔵

考察を加えてみたい。

一　図様・制作年代

法華堂根本曼陀羅は、三枚の麻布を継いで作った画面に彩色を施した麻布著色画である。麻布を用いた画像は、中国では唐代に描かれた敦煌出土の仏画に作例が認められるほか、日本国内では薬師寺所蔵麻布著色吉祥天像や正倉院宝物麻布菩薩像など、その使用例はほぼ奈良時代に限定されていることから、本図も唐代ないし奈良時代に描かれたことは疑いない。

画面は現状で縦一〇七・一センチメートル、横一四三・五センチメートルを計るが、釈迦の蓮台以下の画面が大きく欠失しており、当初は正方形に近い画面だったと考えられる。表面の彩色については、背景の青緑山水に施されていたと思われる緑青や群青がほとんど失われ、補絹部分に若干の補彩が施される以外はほぼ制作当初のうぶな状態を残しているという見解が長らく支持されてきた。[注3] しかし近年、ボストン美術館による詳細な光学調査によって画面全体に貝殻胡粉が使用されていることが判明し、この貝殻胡粉が室町後期以降に盛んに使用される顔料であることから、後世の補彩が画面の全面に及んでいるという見解が示されるに至った。[注4] ただし貝殻胡粉については正倉院宝物中に使用された例が報告されており、奈良時代からの使用が確認できることから、この顔料の使用をもって法華堂根本曼陀羅の彩色が全て補彩であるとするのは拙速であるとの指摘もある。[注5] いずれにせよ補絹部分以外にあからさまな補彩が施されているような箇所は認められず、線描についても摩滅した線を書き起こしたような補筆が若干認められる程度であり、少なくとも現状で見える図様は制作当初からほぼ変更されていないとみてよいだろう。幸い図像の主要部分はほぼ欠損せずに残存しており、現状の画面から本図の制作当初の主題及び構成を読み取ることは十分可能である。[注6]

図は、唐代山水画を彷彿させる荒々しい山岳を背景として、天蓋を戴いて蓮華座上に坐す釈迦如来、およびその左右に安座する脇侍菩薩からなる三尊像を中心に、釈迦の説法を聴聞する菩薩衆や僧形の仏弟子がその周囲を取り囲む様子を描いている。ここではひとまず、中尊の釈迦如来像、脇侍菩薩および会衆として周囲を取り巻く菩薩衆、霊鷲山を表すとみられる背景の山岳表現に絞ってその図様や表現を分析し、制作年代を推定する手掛りを得たい。

1　釈迦如来

中央の釈迦如来（挿図2）は、二重円相光を負い、右肩を露わにする偏袒右肩に赤色の法衣をまとい、胸前に挙げた右手の第一・二指で輪をつくって説法印を表し、左手掌を膝上にのせ、蓮華座上に左足を上に組むいわゆる降魔坐に結跏趺坐している。さらに両掌および両足裏に朱線で輪宝文をあしらい、両手の指間に朱の細線を網目状に引いて水かき状の膜を表すという大変注目すべき特色を示しており、釈迦の優れた身体的特徴を示す三十二相のうち千輻輪相と縵網相をそれぞれ表現したものと考えられる。

こうした本図に見られる偏袒右肩、右手第一・二指で輪をつくる説法印、千輻輪相、縵網相、降魔坐という特徴をいずれも備える釈迦如来の像容は、現存する作例の中では大変珍しいものである。ただし、七世紀後半の唐で流行した優塡王像の姿を伝える釈迦像として中国からの請来品である可能性が近年の研究で指摘された奈良国立博物館蔵刺繍釈迦如来説法図[注7]が偏袒右肩に右手第一・二指で輪をつくって掌に千輻輪相を表しており、また中国甘粛省敦煌莫高窟の初唐窟である第三二二窟東壁門上に描かれる仏説法図[注8]が偏袒右肩、挙げた右手の第一・二指で輪をつくり、降魔坐を備えることは、こうした像容が初唐期に遡ることを強く示唆する。とりわけ両耳の外形や内部を構成する対耳輪・耳朶、平たい二重の楕円を小円圏で囲んだ乳頭といった、奈良国立博物館本刺繍釈迦如来説法図に認められる細部の形式がほぼそのまま本図の釈迦像に確認できることからも、この釈迦の像容が初唐期に確立した図像の規範を強く継承していることは明らかだろう。

挿図２　釈迦如来
（法華堂根本曼陀羅　部分　ボストン美術館所蔵）

日本国内に目を転じると、白鳳期造立説と奈良時代造立説が並び立つ薬師寺本尊薬師如来坐像が、挙げた右手の第一・二指で輪をつくって説法印を表し、左手は膝の上に置き、両手指間に縵網相を表し、降魔坐に坐して両掌と両足裏に千輻輪相を印刻している。近年の調査成果に基づいて薬師寺像に遅れる奈良時代の造立とみられる

蟹満寺本尊銅造釈迦如来坐像が、印相や坐勢を薬師寺像とほぼ同じくすることからも、[注9]初唐期に確立した釈迦如来像の形式が白鳳期から奈良時代にかけて一定の規範をもって日本国内で受容されていたことをうかがわせる。

ただし、以上に見るような法華堂根本曼陀羅に継承されていく初唐期に確立したとみられる釈迦如来像の図像

挿図３　大仏蓮弁線刻画釈迦如来像（東大寺）

挿図４　釈迦如来像（頭塔石仏　部分）

が、日本国内において画像として描かれるようになるのは、現存作例で見る限り鑑真が唐より来朝した天平勝宝五年（七五三）以降のことと考えられる。例えば、天平勝宝八歳（七五六）から翌天平宝字元年にかけて製作が進められた東大寺大仏蓮弁線刻画釈迦如来像[注10]（挿図３）は、左手先を垂下する、右足を上に組む吉祥坐に坐す等の相違点は認められるものの、偏袒右肩に右手第一指・第二指で輪をつくる説法印、両掌・両足裏に千輻輪相、両手指間に縵網相、二重の楕円を小円圏で囲んだ乳頭を表すなど、本図中尊と極めて近似する形式を取ることは注目すべきだろう。ただし東大寺大仏蓮弁線刻画の釈迦像に見られる丸々とした面相を特色とした張りのある体軀表現と比べると、本図の釈迦像は面相がやや面長で量感が減じられており、天平宝字六年（七六二）頃に東大寺僧実忠のもと「銅菩薩所」において造立されたとする説が有力視される東大寺二月堂本尊光背[注11]に線刻された如来坐像の表現により近づいていることが明白である。さらに、神護景雲元年（七六七）に同じく実忠の関与によって完成したと考えられている頭塔石仏[注12]には、右手は第一指・第二指で輪

をつくる説法印、左手は掌を広げて膝の上に載せ、左足を上に足を組んで蓮華座上に結跏趺坐し、右肩を完全に露わにする偏袒右肩の釈迦如来像（挿図４）を中心とした三尊像が表されるなど、天平宝字年間を中心に法華堂根本曼陀羅中尊と酷似する釈迦如来像が盛んに描かれていることは、同曼陀羅の制作年代を考察するうえで極めて重要な手掛りとなる。

２　脇侍菩薩および菩薩衆

釈迦如来の両脇に侍す二菩薩はいずれも中央の斜め方向を向き、足を崩した安坐の姿勢で蓮華座上に坐している。このうち、右脇侍菩薩（向かって左）は胸前に挙げた右手の第一指・第二指を捻じて左手先を膝前に垂下し、左脇侍菩薩（向かって右）も同様に胸前に揚げた右手の第一指と第二指を捻じて他の三指も軽く屈し、左手は上に向けた掌を膝上に置く。特に右脇侍菩薩の図像が、法華堂根本曼陀羅とともに奈良時代に遡る希少な絵画として著名な正倉院宝物（南倉）の墨画仏像（麻布菩薩）と印相や坐勢、宝冠・瓔珞の形式に至るまで酷似していることは大変興味深い。さらに、天平宝字七年（七六三）の銘があったという伝承をもつ唐からの請来品とみられる綴織當麻曼荼羅（當麻寺）や、先にも取り上げた神護景雲元年（七六七）頃完成の頭塔石仏にも本図と同様の脇侍菩薩を従える三尊像が多く認められるのであり、鑑真らによってわが国にもたらされた唐代浄土図の中核をなす三尊形式が原典となっている可能性が高い。[注13]

これら二菩薩や周囲に配される菩薩衆の面相に見られる大きく弧を描く眉や通った鼻筋、肉身に施される強い朱の隈取り、瓔珞・臂釧・腕釧・胸前の下げ飾りなどの形式が、先にも取り上げた天平宝字六年（七六二）頃造立と考えられる東大寺二月堂本尊光背に線刻された菩薩像や、天平宝字八年（七六四）頃に建立されたと考えられる栄山寺八角堂柱絵の奏楽菩薩像の表現と近似する。

また右脇侍菩薩像の宝冠にあしらわれる前立ては、天平勝宝七歳（七五五）に東大寺戒壇院に安置された華厳経厨子扉絵の梵天像のそれと極めて近い形式であると指摘されている。[注14] さらに諸菩薩の頭光や条帛・天衣は、輪郭線に沿って青色や白色の顔料を薄く暈かすように掃くことで向こう側が透けて見えるように表しているが、こうした薄物の透明感を表現する技法は七世紀末から八世紀初頭の成立と考えられる法隆寺金堂壁画にすでに確立しており、奈良時代の作例としては宝亀三年（七七二）頃の制作と考えられる薬師寺吉祥天像の天衣が本図と極めて近い表現によって表されている。

3 霊鷲山

釈迦三尊の背景に描かれる山岳景については、画布の損傷や欠失によって図様が確認しにくい部分があるものの、大きく三つの峰からなる三山形式の大観的な構図で描かれているとみられ、向かって左方の山上に三棟からなる建築を目立つようにひときわ大きく配している。墨皴を多用することによって襞を重ねるように屹立する山塊を表現し、所々に奇怪に幹を屈曲させる樹木や滝が落ちる様子を描き込み、懸崖に囲まれた縦長の空間に広がる水面やその奥に連なる遠山によって深い奥行きを表出している。こうした唐代山水画を彷彿させる本図の山岳表現については、正倉院宝物（中倉）の黒柿蘇芳染金銀山水絵箱の蓋表に描かれる山水描写に酷似することが以前より指摘されてきたが、[注15] 近年の研究により黒柿蘇芳染金銀山水絵箱の成立が東大寺戒壇院創建の年である天平勝宝七歳（七五五）以降、鑑真が唐招提寺に移り住む天平宝字三年（七五九）以前に限定できるという見解が示された。[注16] 唐代山水をそのまま踏襲するような本図の山水描写が鑑真来朝とともにわが国に初めてもたらされた様式に基づくことを示唆する極めて重要な指摘といえよう。

さて、この山岳上方の虚空には霊芝形の瑞雲が立ちこめ、曼陀羅華・瓔珞・楽器が宙を舞うなど、唐代に確立した阿弥陀浄土図の景観に共通するモチーフが描き込まれており、先にも触れた綴織當麻曼荼羅（當麻寺）の図中にも同様の描写を確認することができる。さらに画面向かって右手に浮かぶ赤色円相内に配される菩薩形は太陽を象徴する日天とされ、主尊を挟んで向かって左側に描かれていたとみられる月天（現在は欠失）とともに、曼陀羅華・瓔珞・楽器などと同様の浄土の表現と見なし、本図は釈迦が常住説法する霊鷲山の浄土、すなわち霊山浄土を描いたものとする見解が長らく支持されてきた。注17

ところが近年、本図に描かれる山岳について、上記に見るような日月を象徴する日天・月天の存在に加え、三つの峰のうち主峰の形態的特色、および主峰の背後をまわって連なる遠山とその内側にたたえられる水面の表現から、この山岳が霊鷲山ではなく仏教世界の中心にそびえる須弥山を描いたものとする、これまでに無い全く新しい見解が提示された。注18この山岳が霊鷲山を表すのか、それとも須弥山を表すのかは本図の主題に関わる本質的な問題であることから、ここで少し詳しく検討を加えてみたい。

そもそも須弥山を日月がめぐることは『倶舎論』にも記述されているとおり、注19日象と月象は須弥山を象徴するモチーフであることは間違いないが、法隆寺玉虫厨子において、須弥座背面に描かれる日月を伴った須弥山図の上部に位置する宮殿部背面の霊鷲山図にも同様に日象と月象が表されていることは注意すべきである。世界の中心に聳えるとされる須弥山、インドの山である霊鷲山はいずれも現世すなわち娑婆世界の山であり、日月の存在はそれを象徴していると考えられる。注20敦煌莫高窟蔵経洞出土の晩唐期における如意輪観音像や千手観音像には本図の日天象と酷似する二つの円相内に配された日天・月天が描き込まれており、注21これらは須弥山や霊鷲山と同様、現実世界の山である補陀落山を住処とする観音菩薩の属性を象徴しているのだろう。つまり日天の存在がそのまま本図に描かれる山岳を須弥山と同定する絶対的な根拠と見なすことはできず、むしろこの山が霊鷲山である可能性を否定するものではないことを強調しておきたい。

それでは一体、法華堂根本曼陀羅に描かれる山岳景は何を表しているのだろうか。筆者は、平安時代の東大寺別当寛信が本図を「霊山之変相」と呼んだとおり、この山岳景を霊山すなわち釈迦が在世中に説法を行ったという霊鷲山の光景であると考える。霊鷲山は中インドのマガダ国の首都である王舎城（ラージャグリハ）の郊外にある霊山で、釈迦が法華経や大般若経、金光明経などを説法した聖地とされ、釈迦の入滅後はこの地で仏典の第一結集を行ったともいわれる。この霊鷲山は釈迦説法の霊地として多くの経典に解かれており、鷲峯山や耆闍崛山などとも漢訳される。とりわけ『法華経』において釈迦は久遠の昔からつねに霊鷲山において説法し続ける存在として説かれることから、釈迦の霊鷲山における説法の様を描いた霊鷲山説法図は、法華経講説を象徴する図様とみなされてきたのである。[注22]

法華堂根本曼陀羅の山岳景が霊鷲山を表すことは、中国甘粛省敦煌莫高窟の唐代法華経変相図に描かれる霊鷲山説法図との比較によって具体的に明らかにできるように思う。敦煌莫高窟では、唐代に入ると西方浄土変の流行に伴って釈迦如来の説法図を画面の中心に据えた大規模な法華経変相図が描かれるようになり、九世紀の中唐期には中央あるいは中央やや下方に釈迦説法図、上部に宝塔中の二仏並座像を配置し、その周囲に各品の場面を小さく表す構成がほぼ定型化し、以後、晩唐、五代、宋に至るまでほぼ同一の構図で描き継がれていったことが明らかにされている。[注23]敦煌莫高窟において中唐期に定型化する法華経変相図の原型は盛唐期に確立したものと考えられており、そのプロトタイプに位置づけられる作品とされる莫高窟第二三窟（盛唐）の法華経変相図に描かれる釈迦説法図（挿図5）を詳しく見ていくことにしよう。

中央の蓮華座に坐す釈迦如来と左右脇侍菩薩をひときわ大きく描いてその周囲に菩薩・比丘などの会衆を表し、その背後に釈迦説法の情景を包み込むように連なる屏風状の山並みが法華経の説かれた地である霊鷲山を示すことは明らかである。注目すべきは、この説法図に描かれる中尊釈迦如来が偏袒右肩で右手第一指・第二指で

挿図5　釈迦説法図（法華経変相図　部分　莫高窟第23窟　盛唐）

輪をつくる説法印を表す姿に描かれ、霊鷲山の山間や周囲に遠山や水辺の景観が配されるとともに、その周囲を取り囲むように霊芝雲が湧き上がる様が描かれていることである。[注24] ここに見る釈迦の像容、釈迦三尊をひときわ大きく描いてその周りに菩薩や僧形の会衆が取り囲み、背後の山岳を廻るように遠山や水際の表現、湧き上がる霊芝雲を伴う構成が、法華堂根本曼陀羅と酷似するものであることは一目瞭然だろう。

莫高窟第二三窟法華経変相図に典型的に見られる盛唐期に確立した霊鷲山釈迦説法図の図像や構成は、前述のとおり中唐期以降に法華経変相図が定型化していく過程で、晩唐、五代、宋に至るまでほぼ忠実に継承されていくことが確認できる。こうした図像が宋代まで広く受け継がれていたことは、例えば東大寺僧奝然が寛和二年（九八六）に北宋より請来した清凉寺釈迦如来立像納入品の版画釈迦霊鷲山説法図によって確かめることができる。すなわち釈迦三尊及び会衆の背後を取り囲むように連なる霊鷲山の山並み、その周囲に湧き上がる霊芝雲、宙を舞う楽器という同版画の構成やモチーフが法華堂根本曼陀羅と共通することは明らかであり、両者の近似は法華堂根本曼陀羅の主題を解明するためのさらなる重要な手がかりを与えてくれるのだ。この版画釈迦霊鷲山説法図は他の納入品とともに釈迦如来立像の像内に納入されていた雍熙二年（九八五）八月十八日の日付をもつ文書「入瑞像五臓具記捨物注文」に「霊山変相一幢」と記載されるものに相当し、唐代の法華経変相図に図像の淵源をもつこうした釈迦説法図を当時中国では「霊山変相」と呼んだことが判明する。つまりこの版画の説法図と同様の構成をもつ法華堂根本曼陀羅を東大寺別当寛信が「霊山之変相」と呼んだことも相応の根拠があるといえよう。

以上、法華堂根本曼陀羅に描かれる釈迦如来、脇侍菩薩、背景の山岳のそれぞれについて図像及び様式的特徴を確認してきた。その結果、偏袒右肩、右手第一・二指で輪をつくる説法印、千輻輪相、縵網相、降魔坐という特徴をいずれも備える釈迦如来の図像のみ初唐期に淵源をもつ古い形式を採用する一方、脇侍菩薩や背景の山岳景については鑑真が天平勝宝五年（七五三）に来朝して以降に流布した新しい図像・様式を採用していることを確認した。特に東大寺二月堂本尊光背線刻画や頭塔石仏、栄山寺八角堂柱絵など天平宝字年間（七五七〜七六五）に造像された作例との強い関連性を示していることを記憶に留めておきたい。さらに法華堂根本曼陀羅の構成が盛唐期に確立した法華経変相図に描かれる釈迦説法図の形式を忠実に踏襲していることから、背景に描かれる山岳を霊鷲山と特定し、中国において「霊山変相」と記述される図相に相当するものであることを明らかにした。

ここで注目されるのは、神護景雲元年（七六七）創建東大寺上如法院安置「霊山浄土二鋪」（『東大寺要録』「諸院章第四」）、天平宝字五年（七六一）頃法隆寺東院安置「五副畫像霊山浄土壹鋪」（『法隆寺東院縁起資財帳』）、天平宝字八年（七六四）頃建立興福寺東院東瓦葺堂安置「釈迦浄土変」（『興福寺流記』）と、奈良時代の霊山浄土＝霊山変相の記録が天平宝字年間に集中していることである。法華堂根本曼陀羅と共通する図像・様式的特徴をもつ作例の成立時期も天平宝字年間に集中することは先に指摘したとおりであり、本図もこうした機運の中で制作された可能性が極めて高いのである。

二　相好を具備した霊山釈迦像

本章では、法華堂根本曼陀羅に描かれる釈迦の図像の淵源が、右肩を露わにした偏袒右肩に象徴されるインド風を強く意識した初唐様式を示すことを入り口として、それが理想的な仏の姿とされたある特定の釈迦像に求められる可能性を検証したい。

1　玄奘請来釈迦霊鷲山説法像

玄奘三蔵が十八年間に及ぶインド求法の旅の末に貞観十九年（六四五）に唐に帰朝し、経典とともに持ち帰った数多くの仏像が初唐期における仏像様式の形成に大きな影響を与えたことはよく知られている。特に『大唐西域記』の巻末に記載される玄奘がインドから請来した七軀の釈迦像のうち、「銀仏像一軀　通光座高四尺　擬摩揭陀国鷲峯山説法花等経像」と記される鷲峯山（霊鷲山）で法華経等を説法する姿の釈迦像は、八世紀初めの『弘賛法華伝』に「色相超挺。妙絶人功。頂戴瞻仰。実萬恒倍。至止之後。摸写無窮矣[注25]」とあるとおり、その超絶した像の姿は人間が作ったものとは思われず、瞻仰すれば一万恒河沙に倍する功徳が得られるとまで絶賛され、唐にもたらされて後、多くの人々によって模写された特別な像だったようだ。

『大唐西域記』巻第九の鷲峯山項には「其山頂則東西長南北狭。臨崖西埵有甎精舎。高広奇製東闢其戸。如来在昔多居説法。今作説法之像。量等如来之身。[注26]」と記されており、釈迦が盛んに説法を行ったという鷲峯山（霊鷲山）の山中にあった甎精舎を玄奘が訪れた当時、如来等身の「説法之像」が堂内に安置されていたことが知られる。この鷲峯山甎精舎安置像に擬して作られたのが「擬鷲峯山説法花等経像」だったとみられ、玄奘が請来した七軀の釈迦像を詳細に分析した肥田路美氏によれば、同像の像容に関する詳しい史料は残されていないものの、原像となった鷲峯山甎精舎安置像が「説法之像」とされることから、説法印を表す坐像だった可能性を指摘している。注27

この玄奘請来「擬鷲峯山説法花等経像」が唐で多くの模刻像を生んだとされることから、その像容は釈迦霊鷲山説法像の典型として広く流布した可能性が高い。そもそも霊鷲山説法像はインドでは一般に図像化されることが稀だったとされるが、インドから遠く離れた唐の人々は、釈迦の久遠常住の地とされる霊鷲山においてこそ釈迦のまことの姿を拝見できると信仰したことから、霊鷲山に安置された説法像の像容を正しく伝える玄奘請来像が唐の地で盛んに模写されたと考えられるのである。注28

さて、以上に見たとおり唐において数多くの模刻像を生んだ玄奘請来釈迦霊鷲山説法像は、説法印を結ぶ坐像だったと見られ、着衣形式などもインド風の強いものだっただろう。その姿は初唐期に確立する釈迦像の形式に大きな影響を与え、わが国で白鳳期以降に造立された釈迦像にも少なからず投影されているに違いない。そして法華堂根本曼陀羅中尊釈迦如来像の姿にこそその典型を見出すことができるのではないだろうか。

法華堂根本曼陀羅の釈迦像の背後には、三山形式で左右に山並みを連ねる霊鷲山を配し、その左方の山頂には懸崖に臨むように三棟の建物がひときわ大きく描き込まれている。先に取り上げた『大唐西域記』巻第九の鷲峯山（霊鷲山）の項には、山頂が東西に長く南北に狭く、西の崖に臨む場所に釈迦がかつて多く説法を行ったという甎精舎があり、如来等身の説法像が安置されていたと記述される。法華堂根本曼陀羅の霊鷲山中に象徴的に描かれる寺院風の建物は、まさにこの甎精舎を描いたものとは考えられないだろうか。そしてこの精舎内に安置されていた釈迦霊鷲山説法像の図像を淵源とする理想的な釈迦如来の姿として法華堂根本曼陀羅中尊が描かれたと想像したい。

2　大安寺本尊釈迦如来坐像

かつて日本随一の仏像と謳われ、「霊山の釈迦像」として多くの模刻像を生んだことでも知られる大安寺本尊釈迦如来像は、前節で検討した玄奘請来「擬鷲峯山説法花等経像」の姿を最も忠実に受け継いでいた可能性のある日本の彫像として注目される。現在は失われてしまった大安寺釈迦如来像については、天平十九年（七四七）成立の『大安寺伽藍縁起幷流記資財帳』及び寛平七年（八九五）成立の『大安寺縁起』により天智天皇が奉造した丈六の乾漆像だったことが判明し、平安時代末期成立の『扶桑略記』に記す天智天皇七年（六六八）五月という造立年の当否はともかく、七世紀第三四半紀の白鳳期造立であることは疑いない。[注29]

この大安寺釈迦如来像の造立の経緯について詳しいことは不明ながら、遣唐使として中国に渡った道昭が斉明七年（六六一）の帰朝に際して請来した仏像が典拠となった可能性がある。道昭は唐で玄奘に直接師事しており、玄奘がインドからもたらした経典の漢訳本や仏舎利、仏像などをいち早く日本に請来したことが知られており、その請来像が白鳳期に造立された仏像の図像や様式に大きな影響を与えた可能性がすでに指摘されている。[注30]道昭が唐の都長安で師・玄奘がインドから請来した「擬鷲峯山説法花等経像」に直接まみえた可能性は高く、あるいは当時彼の地で盛んに作られたとされるその模刻像を携えて帰朝したかもしれない。そしてさらに想像をたくましくすれば、道昭がもたらした玄奘請来釈迦霊鷲山説法像の像容に基づいて大安寺釈迦如来像が造立されたとは考えられないだろうか。

ここまで大安寺釈迦如来像については唐で特別視された玄奘請来釈迦霊鷲山説法像の系譜を引く可能性を想定してきたが、この像は奈良時代に入ると相好を具えた理想的な釈迦像として讃歎され、実際に特別視されていくことになる。以下にその経緯に注目してみたい。

宝亀六年（七七五）の『大安寺碑文』は大安寺釈迦如来像について、「仏工権化、無有再来、以之謂之、不唐応矣、爰天人降臨、讃相好之妙躰矣、瑞頻告、顕能仁之深徳、爰神鑑無隠、霊応有徴、凡所祈願、無不蒙祉、所以邇遐帰心、崇仰無替」[注31]と記し、この像の仏工が仏菩薩の権化であり再び現れることはないこと、天人が降臨して「相好の妙体」を讃歎したこと、釈迦の深徳を顕していること、祈願すれば祉（さいわい）を必ず蒙ることなど、言葉を尽くしてこの像が特別の霊像であることを強調している。その表現が先に見た玄奘請来釈迦霊鷲山説法像を讃歎する『弘賛法華伝』の「色相超挺。妙絶人功。頂戴瞻仰。実萬恒倍。」という記述に酷似していることも大変興味深いが、何より注目すべきは大安寺釈迦如来像を「相好の妙体」と評する一節である。

相好とは三十二相八十種好を略した言葉で、頂髻相や白毫相、縵網相、千輻輪相をはじめとする、仏の身体がもつという三十二及び八十の特殊な特徴を指すものである。三十二相について、長岡龍作氏は「かたちある仏が具える相であり、生身のかたちを意味」するものと説明し、相好を具備すると讃えられた大安寺釈迦如来像は生身の釈迦に近づいた像とみなされたことを強調している[注32]。

その後、大安寺釈迦如来像は、寛平七年（八九五）の『大安寺縁起』において「今見此像、好相已具、与霊山実相毫釐無相異」[注33]と記されるとおり、平安時代に入ってからも好相（相好）を具える生身の釈迦像であることが繰り返し述べられるとともに、「霊山の実相」といささかも相異しないことが強調されるに至っていることは重要である。「霊山」とは釈迦如来が常住説法する場である霊鷲山のこと。つまり大安寺釈迦如来はここで、霊鷲山で説法する生身の釈迦の姿を表したものと見なされているのである。

以上に見てきたように、奈良時代も半ばを過ぎると大安寺釈迦像は相好を具備した生身の釈迦像とみなされ、平安時代に入ると霊鷲山で説法する釈迦の姿であることが強調されるとともに、特に平安時代中期以降には盛んに模刻像が制作されるに至る。その背景について従来の見解では、天長九年（八三二）に勅許によって大安寺の法華経会が創始されて以降、平安時代を通じて法華会本尊としての霊験性が謳われたことが強調されてきた。[注34] しかし永観二年（九八四）成立の『三宝絵詞』下「（十七）大安寺大般若会」において、著者の源為憲は『大安寺縁起』を引きながら「此像ハ霊山ノマコトノ仏トイサ、カモタガハズ。[注35]」と大安寺釈迦如来像を評しており、霊鷲山の釈迦像であると強調しつつ、大安寺大般若会の由緒とともに本尊釈迦如来像の由来について詳述していることを決して無視すべきではないだろう。つまりこの大安寺にとって最も重要な法会とみなされた大般若会の本尊とされたことが、大安寺釈迦如来像を特別視するようになる大きな契機となったと考えられるのである。

天平九年（七三七）四月に大安寺僧道慈は勅許を蒙り、大安寺において毎年大般若経一部六百巻を転読する大般若会を恒例化している。[注36] この大安寺で最も重要な法会が勅会として恒例化されたことに伴い、本尊釈迦如来像の霊験・功徳を強調するに至ったことは想像に難くない。重要なのは、この大安寺大般若会恒例化の勅許が出される直前の同年三月に「国毎に、釈迦仏の像一体、挾侍菩薩二軀を造り、兼ねて大般若経一部を写さしめよ[注38]」との聖武天皇の詔が出されていることである。この大安寺大般若会勅会化とほぼ同時に諸国に命じられた釈迦像造立と大般若経書写も、同じく道慈の発議によるものだった可能性が指摘されており[注39]、この構想を受けて天平十年三月から大和国内に造営が進められたのが東大寺の前身寺院とされる福寿寺である。福寿寺には、金銅造丈六釈迦如来像を安置する丈六堂が中心堂宇として設置されたと考えられており、併行して同寺に納入するための大般若経の書写が行われたことも明らかとなっている。[注40] そして天平十三年（七四一）二月の国分寺建立の詔をうけ、翌十四年に福寿寺と金鐘寺が合併して大養徳国（大和国）金光明寺となり、のちに改称されて東大寺へと発展していくことになるのである。

さて、ここで天平九年（七三七）三月の詔によって大般若経の書写と同時に諸国に造立が命じられた釈迦如来像の像容について考えてみたい。道慈の一連の構想によって諸国釈迦如来像造立と大安寺大般若会の勅会化が行われたとすれば、この大安寺大般若会勅会化を契機として相好を具備した生身の釈迦如来像としてその霊験性が謳われるようになったとみられる大安寺本尊釈迦如来像こそが、諸国で造立が進められた釈迦如来像の重要な規範になったとは考えられないだろうか。それは光明皇后の主導によって造営が進められたとされる福寿寺安置の金銅造丈六釈迦如来像の像容、さらにはこの福寿寺丈六釈迦像が天平勝宝四年に開眼された東大寺本尊銅造盧舎那大仏にも何らかの形で投影されていたと考えたい。

実は東大寺盧舎那大仏には、天平九年の諸国釈迦造像立の詔、天平十三年の国分寺建立の詔の構想を明確に反映した釈迦如来像が表されている。印相や着衣形式などの特徴が法華堂根本曼陀羅中尊と近似することを先に指摘した大仏蓮弁線刻画の釈迦像がそれである。この釈迦像は、『梵網経』に「盧舎那仏が坐す千葉の蓮華の葉一枚一枚が一世界であり、そこに盧舎那仏の化身である釈迦があらわれる」と説くことに基づいて、盧舎那仏が現世に化身した生身の釈迦として表されたものであり、蓮華の花びら一枚一枚に譬えられた一世界に相当する諸国に国分寺を建立し、東大寺盧舎那大仏の化身である釈迦如来像をそこに安置するという構想に対応するものと考えられている。[注41] 注目されるのは、この大仏蓮弁の釈迦の左右に配される二十二体の菩薩が、『大品般若経』の注釈書である『大智論』巻七において、耆闍崛山（霊鷲山）における説法に際して釈迦を囲繞する諸菩薩として名前の挙がる二十二菩薩に相当すると解釈されていることである。[注42] すなわち大仏蓮弁に表された釈迦如来は、娑婆世界たる霊鷲山で般若経典を説く姿と解すことが可能であり、道慈が発議したとみられる天平九年の諸国釈迦造像立と大般若経書写に始まる国分寺の構想が東大寺盧舎那大仏蓮弁線刻画に見事に具現化しているといえるだろう。そしてこの大仏蓮弁線刻画に表された霊鷲山で説法する釈迦如来像には、道慈が大般若会本尊として選んだ大安寺釈迦如来のように相好を具備した理想的な釈迦の姿が投影されていると考えられるのである。

それでは相好、すなわち三十二相八十種好を具備する仏像の条件とは一体どのようなものなのだろうか。その典型的な姿を伝える代表的な現存作例と考えられるのが奈良・薬師寺本尊薬師如来坐像である。[注43]薬師寺薬師如来像については第一章でも取り上げたとおり、両手掌と両足裏に輪宝をはじめとする仏足文、手指に膜を表しており、それぞれ手足千輻輪相と手足指縵網相という三十二相を再現したものと考えられる。薬師寺像を実見した大江親道は、保延六年（一一四〇）頃に著した『七大寺巡礼私記』[注44]に「大安寺釈迦を除けば諸寺に勝っている」と述べており、この薬師寺像に勝るとされた大安寺像の相好を具備した姿とは、頂髻相や白毫相はもちろんのこと、千輻輪相や縵網相など三十二相の典型的な特徴を造形化したものだったに違いない。そして霊鷲山で説法する姿を投影しているとみられる大仏蓮弁線刻画釈迦如来像についても同様に千輻輪相や縵網相が表されており、三十二相を具備した生身の釈迦像として表現されていることが理解されるのである。

さて、ここで法華堂根本曼陀羅中尊の釈迦如来像の姿に立ち返ってみよう。偏袒右肩に赤色の法衣をまとい、胸前に挙げた右手の第一・二指で輪をつくって説法印を表し、左手掌を膝上にのせて結跏趺坐し、両掌及び両足裏に千輻輪文、両手の指間に縵網相を表現していることを第一章で確認したが、この千輻輪文と縵網相の描写こそが、相好を具備した生身の釈迦像を表すことの何よりの証拠であることは繰り返し述べてきたとおりである。そして法華堂根本曼陀羅中尊の像容が東大寺大仏蓮弁線刻画釈迦像と近似することもすでに指摘したが、実はもっともその姿に近い像容を誇っていたと考えられるのが、本章で長々と取り上げてきた大安寺釈迦如来像なのである。

大江親道が保延六年（一一四〇）頃に著した『七大寺巡礼私記』[注45]は、失われてしまった大安寺釈迦像に直接まみえた人物がその像容を具体的に記録した現存唯一の記録として大変著名である。そこには「中尊丈六釈迦坐像〈以右足敷下、左足置上、〉迎接引也」と記されていて、大安寺の中尊丈六釈迦像が、右足を下に敷き、左足をその上に置いて結跏趺坐し、迎接引（印）すなわち来迎印を表していたといい、いわゆる降魔坐に坐し、胸前に挙げた右手の第一・二指で輪をつくる説法印を表していたとことが判明する。[注46]

ここに示される大安寺釈迦像の像容が、法華堂根本曼陀羅中尊の姿に完全に一致することは一目瞭然であろう。つまり法華堂根本曼陀羅中尊の釈迦如来像は、大安寺本尊や東大寺大仏蓮弁線刻画などが体現する、霊鷲山で般若経典を説く相好を具備した生身の釈迦像として描かれていると考えたい。

三　「天竺之真本」をめぐって

これまでの考察により、法華堂根本曼陀羅の成立は天平宝字年間（七五七～七六五）を中心とする奈良時代後期であること、釈迦霊鷲山説法図として描かれていること、相好を具備した釈迦像として大安寺釈迦如来像と極めて近い像容をもつと考えられることを明らかにした。以上をふまえて本章では、法華堂根本曼陀羅の具体的な制作背景を考察していくが、その際重要な手がかりとなるのが、東大寺別当寛信が久安四年（一一四八）に本図修理銘に記した「霊山之変相、天竺之真本也」という言葉である。

法華堂根本曼陀羅に附属する寛信による修理銘には次のように記される。

法華堂根本曼陀羅／右曼陀羅者、霊山之変相、天竺之／真本也。而釈迦座已下、皆悉破壊／畢。或自然損失、或人以切取、多送／星霜、不知年紀。爰久安四年三月、／以寺僧已講大法師珍海、殊令修補／是稟家風、尤巧画図之故也。為／貽来葉、粗記子細而已。／別当法務権大僧都寛信[注47]」。

本修理銘の冒頭に記される「法華堂根本曼陀羅」の呼称から、長らく本図は東大寺法華堂と密接に関わる作品であることを前提に議論がなされてきた。具体的には東大寺法華堂において天平十八年（七四六）に創始された法華会の本尊画像として制作されたとする説や、この法華会の創始者でありかつ根本僧正とも呼ばれた東大寺初代別当良弁（六八九～七七三）の追善像として制作されたとする説が広く支持されている。注48

しかし寛信はこの修理銘において、法華堂根本曼陀羅を「霊山之変相、天竺之真本也」と天竺（インド）で描かれた霊山浄土図として強調し、「多送星霜、不知年紀」すなわち長い年月を経て制作年が不明となっていると述べる一方、東大寺法華会の創始や根本僧正良弁の命日と結びつけるような文言が全く見られないことは注意を要する。東大寺法華会の創始や東大寺法華堂すなわち羂索院の創建を良弁の功績として讃える言説が確立した『東大寺要録』の完成直後に当たる十二世紀半ばにおいて、東大寺別当が残した文章に法華会や良弁に関する言辞が全く見えないことは、「法華堂根本曼陀羅」の呼称のみから法華会あるいは良弁と関連づけて制作背景を論じること自体に疑問が生じてくるのである。

ここで本図について、東大寺法華堂あるいは東大寺法華会の歴史からいったん離れて考えてみると、まず注目されるのが『東大寺要録』諸院章第四に記載される如法院安置の霊山浄土図の存在である。

上如法院／五間檜皮葺堂一宇　東西楼二宇／瓦葺一間南中門一宇／霊山浄土二鋪
下如法院／納一切経辛櫃卅五合〈十二合皇后宮　四合審祥大徳／自余大仏殿移納也〉／鐘一口〈高一尺二寸口径八寸〉／大般若経櫃二合／右下如法院与羂索院双倉同。以延喜十二年為綱封。仍不開検寺。云云

ここから東大寺如法院（如法堂）は、二幅の霊山浄土図を安置した上如法院と、光明皇后御願一切経（いわゆる五月一日経）十二合を含む一切経唐櫃三十五合および大般若経櫃二合を安置した下如法院からなっていたことが知られる。如法院の造営は、光明皇后が亡くなった天平宝字四年（七六〇）に始まり、七回忌の追善を目的とする一切経悔過会の道場として神護景雲元年（七六七）までには完成していたことが『東大寺要録』雑事章第十「東大寺権別当実忠二十九ケ條事」に見えており、皇后の護持僧だった実忠が深く関与していたことが知られて

いる。[注49]

上如法院に安置された二幅の霊山浄土図も、光明皇后の追善として下如法院に安置された一切経および大般若経を用いた一切経悔過会あるいは大般若会の本尊とされたのだろう。こうした天平宝字四年から神護景雲元年に至る造営過程とその時期が、同じく実忠の関与によって神護景雲元年（七六七）に完成したとみられる頭塔の場合と極めてよく似ていることは大変興味深い。光明皇后の没後に良弁の命によって実忠が改造して現在の姿として成立した頭塔の造営も、如法院と同様に亡き皇后への追善という目的が想定されているが、[注50]第一章で確認したように頭塔石仏の釈迦像と法華堂根本曼陀羅の釈迦像は図像がほぼ一致することから、両者が極めて近い制作環境下にあったと考えられるのである。

それでは果たして、如法院安置の霊山浄土図二幅のうちの一幅が法華堂根本曼陀羅そのものに相当する可能性はあるのだろうか。如法院安置霊山浄土図のその後の伝来過程を推定する上で大変示唆的なのが、同じく如法院に安置された光明皇后御願一切経の伝来過程である。

天平五年（七三三）にはすでに書写が開始されていたと考えられる光明皇后御願一切経において、通常の一切経書写事業では最初に行われる大般若経の書写は遅れてはじまったようであり、天平九年（七三七）三月の諸国釈迦如来像造立及び大般若経書写の詔に基づいて、翌天平十年三月から皇后宮職が関わって造営された福寿寺の大般若経書写が開始され、その完了を受けた形で天平十一年十一月に光明皇后御願一切経の大般若経書写が開始されている。[注51]ここで注目すべきは、下如法院に光明皇后御願一切経とともに安置されていた「大般若経櫃二合」についても、光明皇后御願一切経に含まれる大般若経だった可能性が指摘されていることである。[注52]この指摘が正しいとすれば、如法院では一切経悔過とともに光明皇后御願の大般若経を用いた大般若会などの儀礼が行われていたはずであり、道慈によって構想され光明皇后の御願によって進められた一連の釈迦如来像造立と大般若経書写事業を踏まえれば、その本尊には上如法院に安置された「霊山浄土二鋪」が実に相応しい。そしてそこに描かれた釈迦如来は、大安寺本尊の像容を継承する相好を具備した霊鷲山説法像だったに違いない。現存する法華堂根本曼陀羅は以上のような条件を備えていることは明らかであり、この稀有な画像こそが上如法院安置霊山浄土図そのものであると考えたい。

光明皇后御願一切経は、安置場所である下如法院が綱封（東大寺僧代表の僧綱による管理）とされていたことから、如法院の退転に伴い、同じく綱封だった羂索院（法華堂）双倉の仏具とともに東大寺綱封蔵（正倉院南倉）に移されたと考えられている。[注53]光明皇后追善の儀礼で用いられたと考えられる霊山浄土図も皇后御願一切経と一緒に如法院から離れて僧綱の管理下に置かれたとすれば、安置場所が移る過程ですでに退転していた如法院の伝来という記憶が失われ、[注54]羂索院（法華堂）から綱封蔵に移された仏具と混同して認識されるに至った可能性は高い。その結果、この如法院旧蔵の霊山浄土図に対して寛信が「法華堂根本曼陀羅」の名を与えることになったとは考えられないだろうか。

結び

最後に寛信が法華堂根本曼陀羅に対して「右曼陀羅者、霊山之変相、天竺之真本也」と述べたことの意義について考えてみたい。ここで寛信はこの曼陀羅が天竺（インド）で描かれたものと語っているのでは決してない。この一節と酷似する内容をもつものとしてすぐ想起されるのが、第二章で取り上げた寛平七年（八九五）成立とされる『大安寺縁起』において大安寺釈迦如来像に対して語られる「今この像を見るに、好相已に具わり、霊山の実相と毫氂も相異無し」という一節である。大安寺釈迦如来像について、相好をすでに具備し、「霊山の実相」

すなわち霊鷲山で常住説法する釈迦の姿といささかも相異しない、と評するこの文を踏まえれば、寛信は法華堂根本曼陀羅に、天竺の霊鷲山で常住説法する釈迦の実相を見出したのではないだろうか。

寛信がすでに東大寺上如法院霊山浄土図の由緒が失われていたに違いない十二世紀半ばという時期に、この霊山変相の図相がもつ重要性を見出して天竺の真本であると評したことは、東大寺三論宗学侶という彼の学問的背景を知れば[注55]、決して偶然ではないことに気付くだろう。寛信は珍海とともに東大寺覚樹に三論を学んでおり、院政期における三論宗の復興を主導した二人の学僧が法華堂根本曼陀羅の修理に関わっていることは大変意義深い。

とりわけ珍海については、法華堂根本曼陀羅への関与に関して、高い画技をもって修理に従事することになったという画僧としての側面ばかりが強調されてきたように思われるが、三論宗に関する多くの著書をもつ学侶として側面にも目を向けるべきだろう。珍海の三論宗に関する代表的著書『三論玄疏文義要』第十巻の巻末に掲載される三論宗の口伝血脈は、道慈に始まる日本三論宗の血脈が聖宝を経て東大寺東南院へ、そして珍海・寛信の師である覚樹へと受け継がれたことを強調する。つまり、大安寺釈迦如来像の霊像化を進めた道慈は、寛信や珍海にとって日本三論宗の血脈上の祖師に当たることに注意すべきだろう。さらに浄土教学にも多くの著書を残した珍海は、『三論玄疏文義要』第九巻に「浄土義」を立項し[注56]、この中で霊山浄土や三十二相の仏身論について繰り返し言及しているのである。以上のような珍海の著書に見える三論教学を踏まえた霊山浄土や三十二相に対する理解は、当然のことながら寛信も共有していたものとみられ、こうした二人が法華堂根本曼陀羅の図相を目の当たりにしたとき、霊山説法の実相を伝える三十二相を具備した釈迦の姿をそこに見出したに違いない。

そして寛信と珍海によって再評価された法華堂根本曼陀羅に描かれる釈迦像は、珍海が深く関与したとみられる倶舎三十講本尊・倶舎曼荼羅の中尊の図像に採用されることになるが[注57]、それは法華堂根本曼陀羅に寛信と珍海が相好を具える理想的な釈迦の姿を見出したことの何よりの証拠といえるだろう。

注

1 「法華堂根本曼陀羅」が記録上に初めて登場するのは享保十一年（一七二六）のことであり、勧進興行として東大寺の寺内において霊宝類を公開した際、東大寺の塔頭・金珠院の所蔵として新禅院客殿において公開されたという。明治維新後に神仏分離政策の影響もあって早くに寺外へ流出し、明治十九年（一八八六）にウィリアム・スタージス・ビゲローの入手するところとなり、同二十二年にボストン美術館に寄贈されて現在に至る。

2 拙稿「法華堂根本曼陀羅の製作をめぐって」（『日本美術全集　第三巻　奈良時代Ⅱ東大寺・正倉院と興福寺』小学館、二〇一三年）

3 秋山光和「法華堂根本曼陀羅の構成と表現」（『美術研究』第三二三号、一九八三年）

4 ジャッキー・エルガー、アン・ニシムラ・モース、リチャード・ニューマン（泉武夫訳）「法華堂根本曼陀羅に関する科学的研究」（『美術史学』第二七号、二〇〇六年）

5 注4論文・泉武夫氏訳注5

6 本稿における法華堂根本曼陀羅の現状に関する記述は、基本的に注3秋山論文を踏まえつつ、平成十八年（二〇〇六）一月三十日・二月三日にボストン美術館で実施した熟覧の所見に基づく。

7 稲本泰生「優塡王像東傳考――中国初唐期を中心に――」（『東方学報　京都』六九、一九九七年）、肥田路美「奈良国立博物館所蔵刺繡釈迦如来説法図」（『初唐仏教美術の研究』、中央公論美術出版、二〇一一年）など。なお大西磨希子氏は「奈良国立博物館所蔵刺繡釈迦如来説法図の主題」（『仏教史学研究』五七、二〇一五年、『唐代仏教美術史論攷』再録）において、本図が則天武后期に成立した弥勒説法図であるとの解釈を示している。

8 敦煌文物研究所編『中国石窟　敦煌莫高窟　第三巻』（平凡社、一九八一年）図一九

9 蟹満寺釈迦如来坐像調査委員会『国宝　蟹満寺釈迦如来坐像　古代大型金銅仏を読み解く』（八木書店、二〇一一年）。

10 浅井和春「奈良時代の仏像――歴史や教学との関連をめぐって」（『日本美術全集　第三巻　奈良時代Ⅱ東大寺・正倉院と興福寺』小学館、二〇一三年）

11 特別陳列図録『お水取り』「二月堂本尊光背」解説（奈良国立博物館、二〇〇六年）

12 『史跡頭塔発掘調査報告』（奈良文化財研究所、二〇〇一年）

13 松浦正昭「頭塔石仏の図像的考察」（『國華』一二一五号、一九九七年）、中野聰「頭塔阿弥陀三尊石仏の制作」（『奈良時代の阿弥陀如来像と浄土信仰』勉誠出版、二〇一三年、初出『日本宗教文化史研究』一一―二）

14　注3秋山論文

15　注3秋山論文

16　三宅久雄「正倉院宝物と鑑真和上」（奈良国立博物館編『正倉院宝物に学ぶ』思文閣出版、二〇〇八年）、同「東大寺戒壇院と正倉院宝物」（『ザ・グレイトブッダ・シンポジウム論集第六号　論集　日本仏教史における東大寺戒壇院』東大寺、二〇〇八年）

17　川村知行「法華堂根本曼陀羅と東大寺法華会」（『論叢 仏教美術史』吉川弘文館、一九八六年）

18　松原智美「法華堂根本曼陀羅の主題」（大橋一章博士古稀記念美術史論集『てら　ゆき　めぐれ』中央公論美術出版、二〇一三年）

19　定方晟『須弥山と極楽　仏教の宇宙観』（講談社、一九七三年）

20　長岡龍作『日本の仏像』第三章「釈迦に出会う」（中央公論新社、二〇〇九年）

21　インド・ニューデリー国立博物館蔵千手観音像（『世界美術全集　東洋編　第四巻　隋・唐』図一三四、小学館、一九九七年）など

22　唐・恵祥撰『弘賛法華伝』巻第一「図像」に「西域鷲峯山説此経像」「宋釈恵豪造霊鷲山図」「後魏太祖造耆闍崛山図」が記載されており、唐代には霊鷲山図が法華経所縁の図像と認識されていたことが確認できる。

23　敦煌莫高窟の法華経変相図の編年・構成については、松本栄一氏『燉煌畫の研究』（東方文化学院東京研究所、一九三七年）以降膨大な研究の蓄積があるが、ここでは近年の成果である賀世哲主編『敦煌石窟全集　七　法華経画巻』（上海人民出版社、二〇〇〇年）、下野玲子「莫高窟唐代法華経変相図の再検討――第二三窟壁画の位置付け」（『敦煌仏頂尊勝陀羅尼経変相図の研究』勉誠出版、二〇一七年、初出二〇〇七年『早稲田大学會津八一記念博物館研究紀要』八）に多くを依った。

24　注23下野論文によれば、この霊鷲山の周囲に湧き上がる雲は、雲上に上半身を現した菩薩の群像が描かれることから、従地涌出品に説かれる地から涌出した菩薩に相当するという。

25　『大正蔵』第五一巻・一三頁b

26　『大正蔵』第五一巻・九二一頁a

27　肥田路美「玄奘による釈迦像七軀の請来」（『初唐仏教美術の研究』中央公論美術出版、二〇一一年）

28　注27肥田論文

29　片岡直樹「大安寺釈迦像の像容について」（『新潟産業大学人文学部紀要』第六号、一九九七年）

30　石橋智慧「初唐文化の日本への伝播と吸収過程――長谷寺蔵法華説相図銅板をその一例として」（『東洋美術史における西と東――対立と交流――』国際交流美術史研究会、一九九二年）、浅井和春「塼仏と白鳳彫刻」（朝日百科日本の国宝別冊『国宝と歴史の

旅①飛鳥の仏　天平の仏』一九九九年）など参照。

31　醍醐寺本『諸寺縁起集』（『校刊美術史料』寺院篇上巻、中央公論美術出版、一九七二年）所収

32　注20長岡著書第二章「生身という思想」

33　注31に同じ。

34　中野聡「霊験仏としての大安寺釈迦如来像」（『佛教藝術』第二四九号、二〇〇〇年）

35　新日本古典文学体系31『三宝絵　注好選』（岩波書店、一九九七年）

36　中世南都の釈迦信仰興隆に寄与した解脱房貞慶は、建久七年（一一九六）に笠置寺般若台で『欣求霊山講式』を執筆するなど、大般若経信仰と霊山釈迦信仰を積極的に結びつけたことで知られる（舩田淳一「貞慶の笠置寺再興とその宗教構想――霊山の儀礼と国土観をめぐって――」『神仏と儀礼の中世』法蔵館、二〇一一年）。貞慶は著書『心要鈔』の中で、大安寺釈迦像について『大安寺縁起』を引用しつつ「霊山生身」と異なるところがないと言及しており（『大正蔵』第七一巻・五九頁c）、霊山釈迦、大般若経供養と結びついた大安寺釈迦に対する信仰が中世に至るまで南都で連綿と受け継がれていたことが確認できる。

37　『続日本紀』天平九年四月八日条（新日本古典文学体系『続日本紀二』岩波書店、一九九〇）

38　『続日本紀』天平九年三月三日条（同右）

39　『奈良県大般若経調査報告書一　史料篇二』「極楽寺大般若経」解説、一九九二年

40　栄原永遠男「福寿寺と福寿寺大般若経」（『奈良時代写経史研究』塙書房、二〇〇三年）、森本公誠『東大寺のなりたち』第一章「東大寺前史を考える」（岩波書店、二〇一八年）

41　注20長岡著書第六章「国土を法界にする」

42　松本伸之「東大寺大仏蓮弁線刻画の図様について」（『南都仏教』第五十五号、一九八六年）。稲本泰生「東大寺二月堂本尊光背図像考――大仏蓮弁線刻図を参照して」（『鹿園雑集』第六号、二〇〇四年）において松本説が再評価されている。

大仏蓮弁の釈迦＝娑婆世界である霊鷲山において般若を説く生身の釈迦の姿

43　注20長岡著書第二章「生身という思想」

44　『校刊美術史料』寺院篇上巻（中央公論美術出版、一九七二年）

45　同右

46　心覚撰『諸尊図像』巻上（仏教美術研究上野記念財団助成研究会研究報告書『図像蒐成Ⅸ』四一頁）には「大安寺釈迦像　左手置

膝上　右手揚掌施無畏／天下以之為規模　皆用此様矣」とあって大安寺釈迦像の印相を右手施無畏印とし、その像容が当時広く天下に流布したことを記す。ただし大安寺釈迦像を実見した大江親通の記述を踏まえれば、同像の右手は第一・二指を捻じた施無畏印を表していたと解することができるのであり、降魔坐の坐勢と併せて、こうした大安寺釈迦像の形式が平安時代中期以降実際に広く流布したことは、山形・慈恩寺釈迦如来坐像などの現存作例によって確認できる（松浦正昭「寒河江・慈恩寺の法華彫像（上）」『仏教芸術』第一三二号、一九八〇年）。

47　注3秋山論文などに写真と翻刻が掲載される。

48　注3秋山論文、注17川村論文

49　福山敏男『奈良朝の東大寺』（高桐書院、一九四七年）

50　注13中野論文

51　注40栄原論文

52　山下有美「五月一日経の位置づけ」（『正倉院文書と写経所の研究』吉川弘文館、一九九九年）注66

53　堀池春峰「光明皇后御願一切経と正倉院聖語蔵」（『南都仏教の研究』上、法蔵館、一九七〇年）

54　西南本『覚禅鈔』十一面上裏書に「大仏殿等身二躰百（ママ）如法院仏」とある如法院にかつて伝来した大仏殿安置の十一面観音二軀は、『七大寺巡礼私記』において「誰願哉、何年代哉、此寺本仏歟、他堂仏歟」と記されており、十二世紀には法華堂根本曼陀羅と同様にその由緒を失っていたことが確認できる。

55　田戸大智「『大乗義章』の修学について——論義関連資料を中心に」「日本における『大乗義章』の受容と展開」（『中世東密教学形成論』法蔵館、二〇一八年）

56　『大正蔵』第七十巻・三四五a

57　拙稿「倶舎曼荼羅と天平復古」（『仏教美術論集1、様式論——スタイルとモードの分析』竹林舎、二〇一二年）

〔図版出典〕

挿図1・2『在外日本の至宝、第一巻、仏教絵画』（毎日新聞社、一九八〇年）図五。挿図3『奈良六大寺大観、東大寺2』（岩波書店、一九六五年）。挿図4『史跡頭塔発掘調査報告』（奈良文化財研究所学報、第六二冊、二〇〇一年）PL．七一。挿図5賀世哲主編『敦煌石窟全集　七　法華経画巻』（上海人民出版社、二〇〇〇年）図六四。

長谷寺　千仏多宝仏塔考

三田　覚之

はじめに

「隠国《こもりく》」の初瀬。万葉集にそう詠われた通り、長谷寺は大和平野の南東、三輪山の脇を東へ入り、谷沿いに遡った山懐にある。今は桜井から近鉄大阪線に乗って十分もすれば長谷寺の駅に着くが、川向うに広がった山の緑は深く、その内に壮大な堂塔伽藍が立ち並ぶ様には別天地の趣がある。

千仏多宝仏塔（挿図1）はこの長谷寺の草創に関わる遺物として伝えられてきた。普通には「銅板法華説相図」と呼ぶが、国宝指定（昭和三十八年七月一日）名称に「銅板法華説相図（千佛多寳佛塔）」とあるように、作品下方の銘文には「千佛多寳佛塔」との記載があり、本稿では当初の名称としてこれを用いる。千仏多宝仏塔は鋳造と銅板押出の技法を駆使し仏の集うさまを精緻に表わした古代金工の傑作であり、長い銘文を伴うことから も日本古代史上に重要な作品として、多くの議論が積み重ねられている。

近年でも作品の造形はもとより長谷寺史との関わりからも重要な論文が多く発表されており、特に片岡直樹氏

挿図1　長谷寺　千仏多宝仏塔

は長年にわたる研究成果を単著にまとめられ、本作が持つ魅力と豊富な論点が広く示されることとなった[注1]。

本稿では千仏多宝仏塔の原所在に関する問題からはじめ、銘文と図像の関わりを中心に考察する。両者の内容を一体のものとして読み解くことで、本作の造立意図について考察してみたい。

一　作品の原所在について

千仏多宝仏塔は、本来どこに安置されていたのか。近年、長谷寺の創建と関わる問題として、作品の伝来について多くの議論が行なわれた。まずは、基本となる文献を読み直したうえで、議論の問題点と筆者の考えを示したい。

東京・護国寺本『諸寺縁起集』（文暦二年〔一二三五〕以降の成立）所収「長谷寺縁起」が引用する「菩薩前障子文」（以下、「菩薩前障子文」）は、長谷寺の創建と千仏多宝仏塔について次のように説明する。

「菩薩前障子《ぼさつまえしょうじ》」の文《ふみ》に云《い》う、「長谷寺《はせでら》に二《ふた》つの名《な》あり。一《ひと》つには本長谷寺《もとはせでら》、二《ふた》つには後長谷寺《のちはせでら》なり。その差別《しゃべつ》は、十一面堂《じゅういちめんどう》の西方《さいほう》に谷《たに》あり。その谷《たに》の西《にし》の岡上《おかうえ》に三重塔《さんじゅうのとう》ならびに石室仏像等《せきしつぶつぞうなど》あり。これ本長谷寺《もとはせでら》なり。これ弘福寺《ぐふくじ》の僧道命《そうどうみょう》（道明）の建立《こんりゅう》なり。彼《か》の石室仏像《せきしつぶつぞう》の下《した》にこれが縁起文《えんぎもん》あり。その道命《どうみょう》は六人部《むとべ》氏《し》の人《ひと》なり。

谷《たに》の東《ひがし》の岡上《おかうえ》に十一面堂舎等《じゅういちめんどうしゃなど》在《あ》り。これ後長谷寺《のちはせでら》なり。沙弥《しゃみ》（具足戒を受けていない見習い僧）徳道《とくどう》の願《ねがい》に依《よ》り、藤原北臣《ふじわらのきたのおみ》（藤原房前）いまだ大臣《おおおみ》を拝《はい》せざる時《とき》、朝廷《ちょうてい》に奏聞《そうもん》し、勅《ちょく》を奉《たてまつ》りて建立《こんりゅう》す。その徳道《とくどう》は播磨国揖宝郡《はりまのくにいぼぐん》（現　兵庫県揖保郡太子町周辺）の人《ひと》、辛矢田部造《からやたべのみやつこ》米麻呂《よねまろ》なり。また子若《こわか》と名《な》づく。初《はじ》めこの寺《てら》に来着《らいちゃく》し、生長《せいちょう》の後《のち》に私度《しど》の沙弥《しゃみ》となる。験《しるし》（霊験）は殊異《しゅい》なり」と。

彼《か》の本長谷寺《もとはせでら》には少《すこ》しく堂舎等《どうしゃなど》ありといえども、修治《しゅうじ》の人《ひと》なく、今石室《いませきしつ》は倒《たお》れ失《うしな》いて、仏像等《ぶつぞうなど》はただ木《き》の下《した》に在《あ》り。その三重塔《さんじゅうのとう》は十一面寺《じゅういちめんじ》の所□。今《いま》までもなおあるなり（後略）。（原漢文）[注2]

「菩薩前障子文」とあることから、ある時期、長谷寺本尊の十一面観音像前に置かれていた障子（衝立障子）に記されていたのだろう。護国寺本を遡る文献として、学習院大学が所蔵する『伊呂波字類抄』の鎌倉初期写本に一部省略した引用がみられ、平安末期には成立していたと考え得る。[注3]

「菩薩前障子文」によると、長谷寺には「本長谷寺」と「後長谷寺」という二つの名があるという。つまり、「十一面堂」（現在の長谷寺本堂に相当）の西にある谷を挟んだ岡上には三重塔と石室仏像があって、これが本長谷寺である。また東の岡にある十一面堂が後長谷寺であるとしている。なお、「道命」すなわち道明が建立したという縁起文が下にあるという記述から、「石室仏像」とは道明による造立を銘文に記す千仏多宝仏塔を指すと解り、彼が六人部氏の出身で弘福寺（飛鳥の川原寺）僧であったという伝承も知ることができる。

ところで、福山敏男氏や逵日出典氏は一つの寺に本・後二つの長谷寺が存在するという記載に疑問を呈し、長谷寺にまつわる各種の縁起を検討した結果、本・後長谷寺の存在は後世に創作されたもので、史実ではないと論

じられた。[注4]

すなわち、長谷寺の縁起には源為憲撰『三宝絵詞』（永観二年〔九八四〕）に引用されることで、成立が十世紀以前に遡るのが確実な古縁起の系統と、「菩薩前障子文」や、伝菅原道真撰『長谷寺縁起』（以下、伝菅公撰縁起。成立年代は十一世紀から十三世紀まで諸説あり）など新縁起の系統がある。重要なのは、古縁起の系統に本・後長谷寺が語られていないことである。これによって、長谷寺を本・後二寺とする考えは、後述する千仏多宝仏塔の銘文にある「歳次降婁」（「菩薩前障子文」や伝菅公撰縁起はこの年記を天武朝に比定する）を寺の創建に結びつけた結果、編み出された説と各氏は述べられており、片岡直樹氏も本長谷寺の存在を否定されている。[注5]

だが、十一面観音を中心とした長谷寺の成立のみを述べた古縁起を以って、本長谷寺の存在は否定し得るだろうか。本作を造立した道明上人が長谷寺の創建に関わったことは古縁起系統の記事を載せる『七大寺年表』養老五年条[注6]や『東大寺要録』末寺章第九[注7]にも見えている。そのため、初瀬の地における寺の発展段階として、道明上人の建立による宗教施設が存在したとしても不思議はなく、十一面堂を中心とした長谷寺が創建された後、それは「本長谷寺」と呼ばれるようになったのではないだろうか。

「秘瑞巘」と銘文にあるように、本作は石造の構造物に安置されたと考えられ、「菩薩前障子文」では「石室佛像」と呼んでいる。続いて同史料には「今石室は倒れ失いて、仏像等はただ木の下に在り」とある。この記述を信じるなら、「倒れ失いて」とあることからも、人工的に石材を組み合わせた施設と考え得るだろう。こうした宗教施設を寺と称することは十分に可能である。

本長谷寺の存在が史実であるとするならば、それはどこにあったのだろうか。実際に長谷寺を訪れると、谷を挟んだ本堂の対岸に現在寺内でいう本長谷寺と三重塔址があり、「菩薩前障子文」の語るところと一致している。「菩薩前障子文」は、平安末期には存在したと想定できる以上に詳しい成立はわからないが、それが記された時点における伝承と寺内の様子を語る史料として捉えたい。地形の一致からしても、平安末期にはこの地を本長谷寺とする伝承があったと確認できる。

少なくとも室町時代、この本長谷寺の地に建築物として三重塔が存在したことは『諸寺縁起集　菅家本』（文明十二年（一四八〇）頃）にある「本長谷寺／在観音堂之西、道明上人建立　号初瀬寺／同三重塔一基」との記述から知られる。[注8] 先行研究では塔の存在自体、銘文の誤読に基づく架空の存在とされてきたが、将来の発掘調査によって創建年代を確認しない限り水掛け論の域を出ないだろう。

一方、千仏多宝千仏本来の所在地について、桜井市大字白河字北山にある「龗山《りょうぜん》の池」がその候補として、近年論じられている。これは厳樫俊夫氏が『郷土　上之郷　初瀬　吉隠　大福　吉備』（以下、『郷土』）に「堂が屋敷　大字白河の迹驚淵にある。土地の人は「現在長谷寺の重要文化財となっている千体仏像は、もと此のお堂にあったのを、ある年山が荒れて困るので相談して、長谷寺不動堂に移したものである。お堂は明治の初め迄あった。本長谷寺はもとは堂がここにあったのではないか」と聞く」[注9] という口碑伝説を記したことに端を発し、松本俊吉氏[注10]や永井義憲氏、逵氏を中心として、東野治之氏[注11]や片岡氏[注12]が論じられている。

『日本書紀』天武天皇八年（六七九）八月十一条には「泊瀬に幸して、迹驚淵の上に宴したまふ（原漢文）」とあり、この迹驚淵《とどろきのふち》に本長谷寺があったとすれば、本作の銘文にある「飛鳥清御原大宮治天下天皇」の候補である天武天皇・持統天皇との関係を考える上で興味深い伝承である。

迹驚淵については、『郷土』に「俗に龗山の池と云われている《ママ》。近くに八大竜王の一つである善女大竜王を祀る高龗神社（高山神社）がある」[注13] とされ、『桜井市史　下巻』においてもこの説が引かれている。[注14]

永井氏や逵氏はこれらの記述をそのまま受け取るが、片岡直樹氏が指摘されたように、龗山の池を迹驚淵とする考えは「『桜井市史』下巻掲載の言い伝え（ないしは『郷土』「口碑伝説」掲載の伝承）以外根拠はなく（中略）

〝銅板の原所在地は鼉山の池である〟と断定することには躊躇せざるをえない」[注15]のである。地図を見れば分かるように、「鼉山の池」は初瀬川を北に離れてかなりの山中にあり、天皇が訪れて宴を催した地とするには多くの疑問が残る。

少なくとも平安末期に遡る「菩薩前障子文」を否定するだけの論拠を口碑伝説に見出せない以上、鼉山の池を迹驚淵に比定し、ここに千仏多宝仏塔があったとする説を前提にすることはできない。平安時代から千仏多宝仏塔に関する口碑伝説のみが、作品の移動後もなお白河の地で伝えられてきたというのも、にわかに信じ難いものである。

現時点の結論として、千仏多宝仏塔は後に「本長谷寺」と呼ばれた長谷寺前身施設に安置されていたと想定され、その所在地は、現在本長谷寺とされる地を遡って考えることはできないだろう。

二　銘文と図像との関わり

千仏多宝仏塔の下方区画には著名な銘文が刻まれている。以下では、この銘文を中心として、その内容と図像との関わりについて考察する。

まず本銘文を論ずるにあたり前提としたいのは、これが「銘序」「銘辞」「奥書」という三要素から成り立っていることである。また、長谷川誠氏が「銘序で述べた趣旨をさらに銘辞において韻文により承けて refrain するのが常套である」[注16]と指摘されたように、基本的には銘序と銘辞はリフレイン（繰り返し）の関係にある。

本銘文については道宣撰『広弘明集』所収の「瑞石像銘」（沈約作）や「光宅寺刹下銘」を下敷きとして撰文されたことが先行研究で明らかにされている。[注17]これらをみても、まず「瑞石像銘」では銘序において神に等しい皇帝を讃えたうえで「祥石」の到来と、皇帝の命により名工をしてこの石を仏像にしたこと語り、銘辞でも簡潔に同じ内容を述べている。

また、「光宅寺刹下銘」は銘序において光宅寺の土地について、それが帝位に就く以前、皇帝（梁 武帝）の住居があった場所であり、その「聖迹」を不朽とするため、宝塔を建てたことを述べ、すでに天上界に昇られた皇帝とともに、悟りの世界へ至ろうとする願いが記されている。そして、これを受けた銘辞では、皇帝は今や天上界の中心にあって広く全宇宙を治め、その生命は「天の長きがごとく」極まるところがないとする。

このように、銘序と銘辞には対応関係がみられるのであり、それは本銘文にも適用できると考える。以下では、この見方を前提として議論を進めたい。

本銘文は、多くの論考に現状の改行による全文が掲げられているので、今は省略する。以下では文章そのものから導かれる改行を想定して書き変えたものを挙げたい。銘文を撰文するにあたっては、まず内容に従って段落や語調を整えた文章が用意され、その上で作品の原型に刻まれたと考えられる。しかし現状の作品においては、当初の意図に反して縦一一文字、横二七行として機械的に刻まれた結果、例えば銘辞にみられる押韻など、本作の改行では無視されている。

挿図２　長谷寺縁起絵巻（部分）
出光美術館蔵

銘文を記す区画の向かって右下方は大きく割れ、三五字分の欠損がある。この欠損は南北朝時代にまで遡る可能性が考えられ、出光美術館本（南北朝時代　一四世紀）を始として『長谷寺縁起絵巻』に描かれる千仏多宝仏塔は向かって右下が岩陰に隠れている（挿図２）。これは本作の欠損から導かれた表現ではないだろうか。この欠損により冒頭部分は多くが不明であり、当初の改行を想定できないが、なおいくつか指摘したい。

①
惟夫霊應□□□□□□□
立稱已乖□□□□□□□
真身然大聖□□□□□□
不啚形表刹福□□□□□
日夕畢功慈氏光□□□□

（惟《おもんみ》るに夫《そ》れ霊応《れいおう》……称《しょう》を立《た》つれば已《すで》に……に乖《そむ》く。……真身《しんじん》なり。然《しか》れば大聖《だいしょう》……図形《ずけい》にあらず。表刹《ひょうせつ》は福……日夕《にっせき》に功《こう》を畢《おえ》る。慈氏《じし》の光……）

「称を立つれば已に……に乖く」、また「図形にあらず」という言葉がみえるが、これは称（名称）や図形（絵や彫刻）を否定し、それによっては捉えられない存在としての「霊應」や「真身」を述べたものだろう。

本銘文の下敷きとなった「瑞石像銘」のすぐ前段には「夫れ理は空寂を貫き、鎔範は伝えること能わずと雖も、業は動き、因は応じて、形相に非ずんば以て感ずること無けん（原漢文）」（沈約「斉竟陵王題仏光文一首」）や「法身に像は無く、常住は形に非ず（中略）彷彿たる尊儀、金に図し、石に写す（原漢文）」（沈約「弥陀仏銘」）との文があり、「理（理法）」や「法身」として形容される仏の本質は本来形を伴っていないが、仮にこれを表わすことで信仰の対象とする旨が述べられている。否定から入って現実の造像を肯定する文の構成は、本銘文の冒頭を考えるうえで参考となり、あるいはこれらが本銘文の下敷きとなった可能性もある。

続いて銘文は「表刹」（相輪の意。転じて仏塔や寺刹を指すか）について触れ、第二段落で述べられる『甚稀有経《じんけうきょう》』所説の造塔に繋がる要素を窺うことができる。冒頭には本作を造立する前提として仏教的真理そのものへの理解と、これを表わす仮の手段としての「啚形」の意義が述べられていたのだろう。

「日夕畢功」に近い用例としては「日夕精進」（東晋　法顕訳『仏説雑蔵経』、梁　宝唱撰『経律異相』）があり、一日中精進を重ねることをいう。この

挿図3　千仏多宝仏塔銘文「氏光」部分

ため「日夕畢功」も一日中功徳を積むことを指し、文の構成上から、「畐形」を対象とした行いと言えるだろう。なお、これまで指摘されていないが、「慈氏」の下には「光」とみられる文字の第四画までが確認できるため（挿図3）、功徳を積んだ上で慈氏（弥勒菩薩）の光に何らかの願いを掛けていると思われる。銘文の判読に新たに一字を加えたい。

次に玄奘訳『甚稀有経』を引用した第二段落から本来の改行と併せて図像との関わりを考えてみたい。

②　佛説若人　起窣堵波　其量下如　阿摩洛菓
以佛駄都　如量子許　安置其中　樹以表刹
量如大針　上安相輪　如小棗葉　或造佛像
下如穬麦　此福無量

（仏《ほとけ》の説《と》きたまはく、「若《も》し人《ひと》、窣堵波《そとば》の其《そ》の量《おおきさ》下《くだ》りて、阿摩洛菓《あまらくか》の如《ごと》きを起《た》て、仏《ほとけ》の駄都《だず》（舎利の意）の芥子許《けしばか》りの如《ごと》きを以《もち》て其《そ》の中《なか》に安置《あんち》し、樹《た》つるに表刹《ひょうせつ》の量《おおきさ》大針《だいしん》の如《ごと》きを以《もち》てし、上《うえ》に相輪《そうりん》の小《ちい》さき棗《なつめ》の葉《は》の如《ごと》きを安《やす》んじ、或《ある》いは仏像《ぶつぞう》の下《くだ》りて穬麦《からすむぎ》の如《ごと》きを造《つく》らば、此《こ》の福無量《ふくむりょう》なり」と。）

四角で囲ったのは、小野玄妙氏が明らかにされたように、『甚稀有経』により補うことができる部分である。[注18]四字ずつを区切る文体は漢訳仏典によくみられる。内容は「阿摩洛菓」程の大きさをした「窣堵波（仏塔）」に芥子ばかりの大きさをした「駄都（舎利）」を安置し、大きな針ほどの「表刹（柱）」を建て、その上に小さな「棗葉（ナツメヤシの葉）」ほどの相輪を安んじ、あるいは「穬麦（カラスムギ）」程の大きさの仏像を造ったとしても、もたらされる福は無量というものである。

従来、この「阿摩洛菓」（『甚稀有経』では「阿摩洛果」）については「アマロク（余甘子）」とする長谷川説と「豆科の植物の実」とする片岡説[注19]がある。ところで、「阿摩洛果」という表記は玄奘の訳経にのみ見え、他に『大般若波羅蜜多経』と『説無垢称経』に用例がある。このうち『説無垢称経』は鳩摩羅什訳『維摩詰所説経』の異訳である。同経については大正大学綜合佛教研究所によりチベットのポタラ宮から梵本が発見され、後に日本語訳が刊行された。[注20]これにより「阿摩洛果」の原義はマンゴーであったと知られ、『甚稀有経』に説かれる仏塔

挿図４　ガンダーラのストゥーパ　東京国立博物館蔵

のイメージがより捉えやすくなった。ガンダーラの遺品に見られるような丈高な伏鉢を伴ったストゥーパを彷彿とさせる（挿図４）。

さて、本作の仏塔は六角平面の基礎上に三層を重ね、見かけ上三本の相輪を戴いた形をしている（片岡氏は平面正方形である旨を考察されたが、[注21] 屋上部分に注目すると相輪基部の背後に一辺があり（挿図５）、正しく六角平面と知られる）。

ここで阿摩洛果との関係で注目したいのが、第三層である[注22]（挿図６）。楕円形の塔身に舎利壺を納めた姿は、阿摩洛果の中に仏舎利を納めるイメージと合致し、この塔は『甚稀有経』に説かれた仏塔のイメージをふまえて造形されたと考え得る。楕円形の塔身を包むように、上部には正面形の三葉パルメットが、左右に側面形の七葉パルメットが表わされていることも、果実としての植物的なイメージを加味したものと思う。

第一・二層の塔身に安置された仏像が鋳造製であるのに対し、舎利壺のみ銅板押出しであることも注目され、あるいは裏側に生じた空間に、実際仏舎利が納められている可能性が考え得る。この問題については将来の調査に期待したい。

また、相輪頂部は正面形と側面形の三葉パルメットを組み合わせた形をしているが、パルメット自体、ナツメヤシ（パーム）の葉を意匠化したものであるから、「小さき棗の葉の如き」相輪と説かれるところと

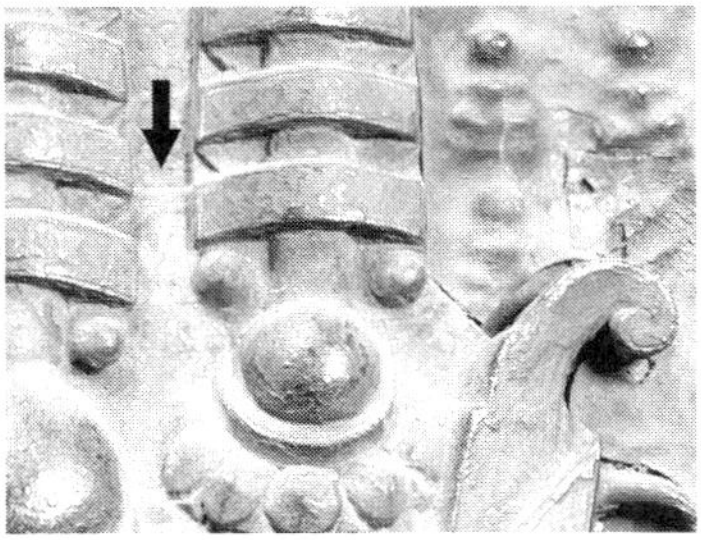

挿図５　千仏多宝仏塔
（部分　相輪基部の背後に一辺がみえる）

挿図６　千仏多宝仏塔（部分　第３層）

一致している。

さて、以上のように、本作における塔の造形には『甚稀有経』における仏塔のイメージが反映されている。次の第三段落に「多寶佛塔」、第五段落に「鷲峯寶塔」とあることからすれば、霊鷲山の多宝塔について説いた『妙法蓮華経』（以下、『法華経』）に依拠すれば十分と思うが、なぜ本作は造形・銘文ともに『甚稀有経』を参照したのだろうか。『甚稀有経』は比較的短い仏典で、如来の舎利のために造塔する功徳を説いている。注目したいのは何故仏塔を造る必要があるのか述べた最後の部分である。

阿難《あなん》よ、まさに知《し》るべし。我《われ》（注―釈迦如来）昔《むかし》より数々《かずかず》の会《え》に来《きた》りて、天《てん》・龍《りゅう》・薬叉《やくしゃ》のために広《ひろ》く説《と》けり。ないしは、人《ひと》・非人等《ひにんら》にも是《かく》の如《ごと》き法門《ほうもん》（注―造塔の功徳）を開示《かいじ》し宜《よろ》しく説《と》くなり。何《なに》の故《ゆえ》をもってといえば、世尊《せそん》は是《かく》のごとき種類《しゅるい》の諸《もろもろ》の衆生等《しゅじょうら》をして、如来《にょらい》の所《みもと》に倒《いた》ること無《な》きも、恭敬《きょうけい》し、諸《もろもろ》の善根《ぜんこん》を種《う》え、長夜《ちょうや》に利益《りやく》と安楽《あんらく》を獲得《かくとく》し、速《すみ》かに無上《むじょう》の仏《ほとけ》の菩提《ぼだい》を成《じょう》ぜしめんと欲《ほっ》しての故《ゆえ》なり。（原漢文）[注23]

これは本作を理解する上で非常に重要な点で、造立典拠たる『甚稀有経』により、その製作は「速かに無上の仏の菩提」を成じることを意図したものと考えることができる。小野玄妙氏・片岡氏・森田悌氏は、本作の造立対象として現存の天皇を挙げられたが、[注24]造塔の功徳が「無上仏菩提」を成じることにあるならば、作品を造形する段階で崩御されていた天皇のために造られたと想定するのが自然である。この点において天武・持統天皇の生前造立説は疑問とすべきだろう。本作の完成時において、造立の対象となる天皇は崩御されていたことが解る。

③　粤以奉為　天皇陛下　敬造千佛　多寶佛塔
上厝舎利　仲擬全身　下儀並坐　諸佛方位
菩薩囲繞　聲聞獨覺翼聖　金剛師子振威

（粤《ここ》を以《もち》て、天皇陛下《てんのうへいか》の為《ため》に、敬《つつし》みて千仏《せんぶつ》・多宝仏塔《たほうぶっとう》を造《つく》り奉《たてまつ》る。上《うえ》に舎利《しゃり》を厝《お》き、仲《なか》に全身《ぜんしん》を擬《なぞ》らえ、下《した》に並坐《へいざ》を儀《かたど》る。諸仏《しょぶつ》は方位《ほうい》し、菩薩《ぼさつ》は囲繞《いにょう》す。声聞《しょうもん》・独覚《どっかく》は聖《ひじり》を翼《たす》け、金剛《こんごう》・師子《しし》は威《い》を振《ふる》う）

第三段落は、天皇陛下のために本作を造った旨を述べ、続いて表現された図像内容を記している。

この段は四字と六字の文節からなり、全体として縦一六文字、横三行に収めることができる。このようにみた時、まず注目したいのは、「敬造千佛」と「多寶佛塔」で文節が分かれることである。小野玄妙氏も注意されているように、[注25]意味として千仏と多宝仏塔は別であり、文節もこれに対応している。

次に「上厝舍利」「仲擬全身」「下儀並坐」はそれぞれ多宝仏塔の第三層・二層・一層の主尊と対応している。すでに明らかなように、「仲擬全身」「下儀並坐」はそれぞれ『法華経』見宝塔品に登場する多宝塔中における多宝如来の「全身」と釈迦如来・多宝如来の並座による説法を表わしている。

挿図7　宝塔周囲に4組の多尊像が表わされる

「諸佛方位」以下に記される「佛」「菩薩」「聲聞」「獨覺」「金剛」「師子」は宝塔を取り巻く仏像等に対応する。特に注目したいのは「諸佛方位」という一文で、宝塔の上下左右に表わされた四組の多尊像（挿図7）を考える上で重要である。

すなわち、宝塔の上部左右には、ほぼ正方形の区画に施無畏《せむい》・与願印《よがんいん》を結んで椅座する如来を中心に、合掌の二菩薩立像が両脇に立ち、天蓋左右には拱手する如来坐像が計四体表わされている。

また宝塔下方の左右に注目すると、まず塔に向かって右方には施無畏・与願印を結んで裳掛座に坐し、外輪に七仏のある円形頭光と方形背障を備えた如来を中心に多尊が表わされている。その構成は内側より拱手する僧形立像、拱手する菩薩立像、左手を胸前に添えて右腕を垂下する菩薩立像よりなり、これらの多尊は如来の蓮華座と同根多枝の蓮華上に立つ。また、天蓋の左右には拱手する如来の坐像が計八体表わされている。

宝塔に向かって左方もほぼ同様の構成を取るが、中心の如来が二重蓮華座に坐し、光背は頭光の外輪に七仏のある二重円相光である点が大きく異なっている。

さて、これらの多尊像については幾つかの解釈がある。内藤藤一郎氏は宝塔に向かって右方の中尊を釈迦如来とし、ついで左方の尊像中、中尊左側に立つ菩薩は宝冠に化仏を戴くことから観音菩薩とされ、これによって中尊は観音菩薩を脇侍とする阿弥陀如来と考察された。その上で内藤氏は中国における四方四仏を参考とし、方形区画中の如来は向かって右方を薬師如来、左方を弥勒如来と想定されている。[注26] 宝冠の化仏に注目して観音菩薩とされたのは慧眼であり、中尊を阿弥陀如来とするのは妥当だろう。

また長谷川氏も内藤氏と同様に宝塔下左方の中尊を「阿弥陀七尊像か」とされた上で、右方について「あるいは当代における四方四仏の方位仏の例からすれば、東方薬師七尊像に比定することも可能であらう[注27]」と述べられている。

次に伊藤真弓氏は「「諸仏方位菩薩」とは十方諸国の仏菩薩」を指すとされ、『法華経』見宝塔品において多宝塔中での説法に先立ち集められた諸仏とされる。氏は宝塔に向かって左方の中尊を阿弥陀如来とする内藤説を認め、『法華経』化城喩品に「東方作佛。一名阿閦在歓喜國。二名須彌頂。（中略）西方二佛。一名阿彌陀。二名度一切世間苦惱」とあることから、「左側（注―向かって右方）は阿閦如来、あるいは須弥頂如来と考えることも出来よう」とされる。結論として氏は四組の多尊像を十方諸仏とした上で、方形区画について「十方国土で説法する具体的な様子」、下方左右について「宝塔周囲に来集した十方諸仏」と解釈された。[注28]

銘文にある「諸佛方位」という一文を『法華経』と照らし合わせるならば、確かに多宝塔に参集する十方諸仏と解釈するのが自然であり、この点において伊藤説は従うべきである。ただ、実際に表わされたのが、あくまで四組であることに注目したい。図像構成と照らし合わせた場合、「方位」というのはやはり宝塔の四方であり、十方諸仏のうち四方四仏を表わしている可能性が考えられる。

次に、稲本泰生氏は宝塔下方左右の多尊像について、その中尊はそれぞれ宝塔内の二仏（釈迦如来・多宝如来）を外側に展開させたものである可能性を考察された。稲本氏はまた、方形区画中の如来像について、これが「優塡王像《うでんのうぞう》」に基づくという重要な指摘をされている。注29

『増壹阿含経』聴法品によると、釈迦如来は三十三天（忉利天《とうりてん》）に転生した生母摩耶夫人《まやぶにん》のため、三ヶ月の間天上に赴き、説法を行ったという。この時、地上から如来が消えたことを嘆いた優塡王は牛頭栴檀によって高さ五尺の如来像を作らせたとされる。

この最初に造られた伝説上の仏像は優塡王像と呼ばれ、七世紀後半の洛陽周辺（龍門石窟・鞏県石窟）では、「優塡王像」の銘文を伴う釈迦如来像が大量に造られている。その姿は右肩を完全に露わとした偏袒右肩に衣を着し、施無畏・与願印を結んだ上で方座に椅坐するというもので、円形頭光とともに背障《はいしょう》（八連弧と怪獣装飾を伴ったいわゆるグプタ式背障）を備えている。

いま千仏多宝仏塔の方形区画をみると、簡略化されながらも如来像は優塡王像の特徴を備えており、稲本氏は両者の関係性を強調されている。これは図像比較によって明確であり、方形区画の如来像は優塡王像に基づくと見て良いだろう。

この上で稲本氏は銘文の第五段にみえる「釋天真像」という一文に注目し、これは帝釈天の住む「忉利天における釈迦の姿を写した仏像」という意味内容を含むもので、方形区画の如来像を指すものと解釈された。ただ、宝塔下方の左右に表わされた、より大きな如来像を除いて、方形区画のみ「釋天真像」と言及されるのは文章全体の構成からみていびつであり、再考の余地を残すだろう。

銘序と銘辞におけるリフレイン関係に注目すると、銘辞の「釋天真像」「鷲峯寶塔」という組み合わせは、銘序の「千佛」「多寶佛塔」を言い換えた可能性がある。このため、仮に「釋天真像」を仏像と捉えるならば、千仏をはじめとした宝塔を取り巻く諸仏全体を指すと見ることもできる。ここでは一応「優塡王像」と呼ばれる釈迦如来の姿と方形区画の如来像が一致している点を確認するに留めたい。

さて、以上では宝塔下左方の中尊は阿弥陀如来であるという内藤説を認め、ついで十方諸仏の参集が表わされているという伊藤説を支持した上で、四方四仏の可能性も残されていると指摘した。そして、方形区画の如来像については稲本説により、「優塡王像」に基づくことを確認した。

それでは残る宝塔に向かって右方の如来は如何なる尊格なのだろうか。この像については、先述のように弥勒如来・薬師如来・阿閦如来または須弥頂如来、釈迦如来または多宝如来という各説がある。

そこで注目したいのは、この像が円形頭光と方形背障を備えた坐像という点である（挿図8）。製作地域は大きく異なるが、敦煌莫高窟を例にとると、同様の特徴を備えた如来像は隋代に集中している。

挿図８　宝塔に向かって右方の如来像

すなわち、第三〇五窟西壁北側の「蓮花座薬師仏説法図」中尊、第四一七窟窟頂後部平頂の「薬師経変」中尊、第四三三窟窟頂東坡の「薬師経変」中尊、第四三六窟窟頂東坡の「薬師経変」中尊を挙げることができ、これらは全て薬師如来である（挿図9-1～4）。

すると千仏多宝仏塔にみられる、円形頭光と方形背障を備えた如来坐像は、長谷川氏が想定されたように薬師如来であり、隋代の図像に起源を持つ可能性が出てくる。

また年代が降るものの、仁和寺霊明殿安置の薬師如来坐像（平

挿図10　薬師如来坐像
長治元年（1104）　仁和寺蔵

挿図9-3　敦煌433窟　隋

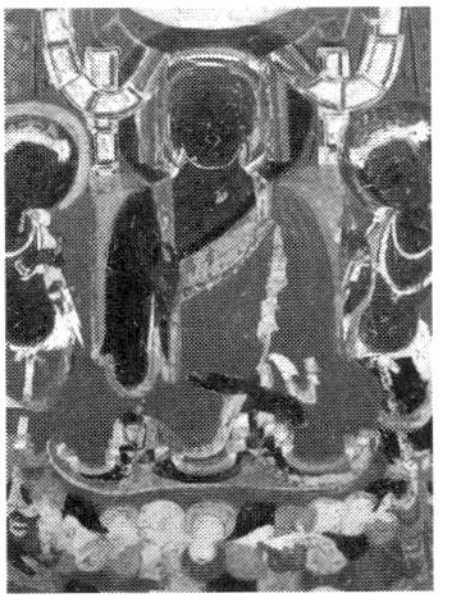

挿図9-1　敦煌305窟　隋

挿図9-4　敦煌436窟　隋

挿図9-2　敦煌417窟　隋

安時代　長治元年（一一〇四）開眼　挿図10）も同様の特徴を備えている。本像は空海が請来したという薬師像が康和五年（一一〇三）に焼失したため、円勢と長円によって造られた再興像である。総高は一〇・七センチと小像ながら、円形頭光に七仏薬師を、方形背障に日光・月光の両菩薩を、宣字座の四面に十二神将を刻んだ精緻な彫像で、白檀を素材としている。

伊東史朗氏は空海請来との伝承は真偽を確かめ得ないとした上で、「唐時代に遡っても差し支えない古式が多くの点で指摘」できるため「根本像が空海の時代頃のものと想像することは許されよう」と述べられている。[注30] 千仏多宝仏塔における円形頭光と方形背障を備えた如来坐像は、隋・唐時代における類例を傍証として、薬師如来とみることができるだろう。

するとここに、宝塔を挟んで西方阿弥陀如来と、東方薬師如来が並ぶこととなる。稲本氏が指摘されたように、方形区画の如来像は優塡王像と呼ばれる釈迦如来像をモデルにしているが、如来の椅坐像は初唐期において弥勒如来と考えられるように意味が分化し、やがて定着していった。我が国においても、法隆寺五重塔南面に安置される方形背障を備えた如来の椅坐像は、『法隆寺伽藍縁起幷流記資財帳』にある通り、「弥勒佛」であり、こうした姿の如来像を弥勒として受容する場合が七世紀から八世紀の日本でもあり得たことが知られる。

つまり、円形頭光と方形背障を備えた如来の椅坐像は、釈迦如来の姿であるとともに、弥勒如来とも理解し得る。そうするとここに、北方・弥勒如来と南方・釈迦如来も揃うこととなる。

次に問題となるのは、作品中における方位の配当である。方形区画は北と南に割り当てられるが、管見のかぎり唯一上代において同様の配置を示すものとして法隆寺金堂の九号壁、弥勒浄土図に注目したい。かつて春山武松氏が指摘されたように、九号壁には動物の表象を伴った四体の神将像が描かれている。[注31]

すなわち、中尊弥勒如来に向かって右方には鳥翼を冠飾とする神将像を上として、下部には肩に龍を負う神将像が表わされ、左方には首に蛇を巻き付けた神将像を上として、下部に獅子皮を頭に被る神将像が描かれている。これは南方・朱雀、東方・青龍、北方・玄武（蛇と亀を組み合せた図像）、西方・白虎に対応したもので、春山氏は四天王の図像と解釈されている。

千仏多宝仏塔における四方四仏と法隆寺金堂壁画における四天王の方位配当には共通の観念を見出すことができるだろう。双方とも初唐美術の強い影響下にあることも注目点である。「菩薩前障子文」によると、本作の発願者である道明上人は川原寺の僧である。川原寺は七世紀半ば天智天皇の時代に創建されたと考えられているが、寺址から出土した塑像や塼仏は人体の自然な肉取りや自由な衣紋表現をみせており、初唐彫刻の影響が濃厚である。こうした当時最新の美術様式を受容した寺院に所属した道明上人が発願者であることは、千仏多宝仏塔を理解する上で重要な点と思う。あるいは川原寺において造仏を担当した工人が本作の造立に関わった可能性も考え得るだろう。

では、次にこれら四方四仏を表わした部分と『法華経』との関わりについて幾つか指摘したい。まず同経の見宝塔品第十一では十方諸仏の参集について次のようにある。

時《とき》に娑婆世界《しゃばせかい》は、即《すなわ》ち清浄《しょうじょう》に変《へん》じ、瑠璃《るり》を地《ち》となし、宝樹《ほうじゅ》にて荘厳《しょうごん》し、黄金《おうごん》を縄《なわ》とし、以《もち》て八道《はちどう》を界《さかい》す。（中略）この時《とき》、諸仏《しょぶつ》は各《おのおの》、一《ひと》つの大菩薩《だいぼさつ》を将《ひき》いて、以《もち》て侍者《じしゃ》となし、娑婆世界《しゃばせかい》に至《いた》る。（中略）諸《もろもろ》の宝樹《ほうじゅ》の下《した》にみな師子《しし》の座《ざ》あり。（中略）その時《とき》、諸仏《しょぶつ》は各《おのおの》この座《ざ》に結跏趺坐《けっかふざ》す。（原漢文[注32]）

挿図11　霊山変相図（部分）清凉寺蔵

また我《わ》（注—釈迦如来）が分身《ぶんしん》の無量《むりょう》の諸仏《しょぶつ》。恒沙《ごうしゃ》に等《ひと》しきがごときは、法《ほう》を聴《き》き、および滅度《めつど》したまえる多《た》宝如来《ほうにょらい》を見《み》たてまつらんと欲《ほっ》して来《き》たれり。（中略）（我は）諸仏《しょぶつ》を坐《ざ》さしめんため、神通力《じんずうりき》を以《もち》て無量《むりょう》の衆《ひとびと》を移《うつ》し、国《くに》をして清浄《しょうじょう》ならしむ。諸仏《しょぶつ》は各各《おのおの》、宝樹《ほうじゅ》の下《した》に詣《もう》でたまうに、清浄《しょうじょう》の池《いけ》を蓮華《れんげ》にて荘厳《しょうごん》せるがごとし。（原漢文[注33]）

すなわち、十方諸仏の参集に際して大地は瑠璃となり、諸仏が宝樹の下に坐したさまは、清浄な池に蓮華が咲くようであったという。ここで作品に戻ると、宝塔四方の如来に差し掛けられた天蓋が、パルメット、すなわち植物形を基本としていることに注目したい。これは宝塔中の天蓋と明らかに異なっており、『法華経』を参照するならば、宝樹のイメージに基づいた天蓋と考えられる。

製作年代は降るものの、京都・清涼寺本尊の釈迦如来立像に納められていた霊山変相図でも宝塔を中心として四方に諸仏の参集が表わされ、やはり如来像は宝樹下に坐している（挿図11）。千仏多宝仏塔の場合はより抽象化されているが、同様のイメージを持つと言えるだろう。

また、宝塔下左右における多尊像の背景は千仏がなく平滑なままで、各尊像は同根多枝の蓮華上に表わされている。これはまさに「瑠璃為地」「如清浄池　蓮華荘厳」という一文を彷彿とさせる造形である。第五段の銘辞に宝塔が「心泉」から湧き出たとあることからしても、この平滑な部分には水のイメージが窺われる。

以上見てきたように、「諸佛方位」というのは、『法華経』見宝塔品第十一の経説をふまえ、宝塔の四方に諸仏の参集を表わしたことを端的に示す一文と考えられ、造形面においても宝池の樹下にあるという要素を備えている。

④　伏惟　聖帝超金輪同逸多　真俗雙流　化度无央
　　鴈冀　永保聖蹟欲令不朽　天地等固　法界无窮
　　莫若　崇璩霊峯星漢洞照　恒秘瑞巘　金石相堅
　　敬銘其辞曰

（伏《ふ》して惟《おもんみ》るに聖帝《せいてい》は金輪《こんりん》を超《こ》え逸多《いった》に同《おな》じ。真俗《しんぞく》を雙《なら》び流《し》き、化度《けど》は央《きわま》り无《な》し。鴈冀《こいねがわく》は永《なが》く聖蹟《せいせき》を保《たも》ちて不朽《ふきゅう》ならしめんと欲《ほっ》す。天地《てんち》と固《かた》きを等《ひと》しくし、法界《ほっかい》に窮《きわ》まること无《な》し。若《し》かず、崇《たか》く霊峯《れいほう》に璩《よ》り、星漢《せいかん》洞《あきら》かに照《てら》し、恒《つね》に瑞巘《ずいがん》に秘《ひ》して金石《きんせき》と相《とも》に堅《つよ》からしむに若《し》くは莫《な》し。敬《つつし》みて其《そ》の辞《じ》を銘《めい》して曰《いわ》く）


全体としては「伏惟」「鴈冀」「莫若」という前置きに続き、八字・四字・四字の組み合わせを持ち、最後に「敬銘其辞曰」というように、銘辞への導入句が付随している。

「聖帝超金輪同逸多」の句において、本来「金輪王」「阿逸多」（弥勒菩薩）とあるべき語が「金輪」「逸多」と省略されているのも、語調を整えた結果だろう。同様の作文は第五段の「上覺」（無上覚）、「釋天」（帝釈天）、「鷲峯」（鷲峯山）にも認められる。

なお、「聖帝超金輪同逸多」については、福山敏男氏の論考以降、証聖元年（六九五）に奉られた則天武后の尊号「慈氏越古金輪聖神皇帝」の意図的な模倣とされてきたが、近年諸氏によってこれを前提とする必要はない旨が考察されている。[注34] すなわち、この尊号の使用期間は一ヶ月に過ぎないもので、『続日本紀』慶雲元年（七〇七）七月朔日条に遣唐使の粟田真人が則天武后の即位や、その治世の国名である「大周」について知らなかったとあるように、同時期の日本は唐との交流が疎通であった。

思うに、梁の武帝が「皇帝大菩薩」と称されたように、君主を仏菩薩に譬えることは唐以前からあり、則天武后を待つ必要はない。また、次期の如来たる弥勒菩薩と世俗の君主である金輪王を対比しているのは、「真俗雙流」や「理歸絶妙　事通感縁」という文言において、真と俗、理と事を対比しているのと同じ論理である。よって、則天武后の尊号というよりも、こうした銘文内の論理によって「聖帝超金輪同逸多」という句が導かれたと考える。

次に「聖帝」という語だが、本銘文が下敷きとした「瑞石像銘」においても、皇帝は「我が皇は神を體し、極を御し（原漢文）」「聖の仁宇（原漢文）」と謳われ「神」や「聖」に譬えられており、その影響が伺われる。また天武朝は天皇が「明神《あきつみかみ》」であるという考えが高揚した時期でもあり、「聖帝」たる天皇が未来の仏である弥勒菩薩にも譬えられる背景には、現在から遠い未来に渡る世界の統治者としての天皇の神格が志向されているのだろう。

次にこの段落にある「聖蹟」という語だが、具体的な場所とみる説[注35]と天皇の事跡とみる説[注36]がある。この節の意味は「聖蹟を永久に保つためには霊峯の瑞巘に秘するのがよい」というもので、目的は「聖蹟」を伝えることにある。その上で「敬みて其の辞を銘して曰く」とあるからには、伝えるべき「聖蹟」に関する文言は、続く銘辞に求められると思う。続いて考えてみたい。

⑤
遙哉上覺　至矣大仙
理歸絶妙　事通感縁
釋天真像　降茲豊山
鷲峯寶塔　涌此心泉
負錫来遊　調琴練行
披林晏坐　寧枕熟定
乗斯勝善　同歸實相
壹投賢刼　倶値千聖

（遙《はる》かなるかな上覚《じょうかく》、至《いた》れるかな大仙《だいせん》。理《り》は絶妙《ぜつみょう》に帰《き》し、事《じ》は感《かん》縁《えん》に通《つう》ず。釈天《しゃくてん》の真像《しんぞう》はここ豊山《ぶざん》に降《くだ》り、鷲峯《じゅほう》の宝塔《ほうとう》はこの心泉《しんせん》に涌《わ》く。錫《しゃく》を負《お》いては来遊《らいゆう》し、琴《きん》を調《ととの》えては練行《れんぎょう》す。林《はやし》を披《ひら》きては晏坐《あんざ》し、枕《まくら》に寧《やす》んじては熟定《じゅくじょう》す。この勝善《しょうぜん》に乗《じょう》じて、同じく実相《じっそう》に帰《き》し、壹《ひと》しく賢刼《けんごう》に投《とう》じて、倶《とも》に千聖《せんしょう》に値《あわ》んことを）

銘序には天皇の「聖蹟を保ちて不朽」とする願いを記した後、「敬みて其の辞を銘して曰く」と述べられている。つまり、銘辞の目的は、天皇の「聖蹟」を讃えることにあると言えるだろう。

その銘辞は全て四字の文節で構成されている。また二句ごと、つまり偶数句の終字で押韻することにより語調が整えられており、同様の押韻は本銘文が下敷きとした「瑞石像銘」「光宅寺刹下銘」にも見られる。[注37]

また本銘文の特徴として、その前半と後半で押韻が明確に分かれることが挙げられる。漢字の読み方として、長安地域の音韻を受けた「漢音」と長江以南の「呉音」をそれぞれ挙げてみると、前半は「仙（漢音—セン）（呉音—セン）」、「縁（漢音—エン・タン）（呉音—エン・タン）」、「山（漢音—サン）（呉音—セン）」、「泉（漢音—セン）（呉音—ゼン）」であり、後半は「行（漢音—カウ・カン）（呉音—カウ・ギヤウ・ガウ・ゲン）」、「定（漢音—テイ）（呉音—ヂヤウ・チヤウ）」、「相（漢音—シヤウ・ジヤウ）（呉音—シヤウ・サウ・ジヤウ）」、「聖（漢音—セイ）（呉音—シヤウ）」となる。

つまり呉音で読むと、前半は「en」で揃うが、漢音だと「山（漢音—サン）」において揃わない。また後半は呉音の場合「ou」で揃うが、漢音だと「定（漢音―テイ）」と「聖（漢音―セイ）」によって揃えることができない。これにより、本銘文の押韻は呉音で整えられていると考え得るだろう。

またこの段は四句を一単位として、上下左右にも対称の関係が認められる。まず「遙哉上覺」と「至矣大仙」は仏教的な到達点「上覺（無上覚）」と神仙思想における到達点である「大仙（大仙人）」が対応関係にある。つづく「理歸絶妙」と「事通感縁」も「理（真理の世界）」と「事（現実の世界）」が対応しており、前二句との比較で言えば、「上覺」は「理」の世界、「大仙」は「事」の世界に位置付け得る。

なお、銘序との関係から言えば、「理歸絶妙　事通感縁」は「真俗雙流　化度无央」のリフレインにあたるだろう。銘序の一文は、いまや金輪王を超えて弥勒菩薩に等しい聖帝（天皇）が仏教と政治の世界をともに発展させて極まるところがないという意味であるから、銘辞にも同じ理解が適用でき、「上覺」「大仙」も天皇を讃えた言葉と捉え得る。宗教と政治をともに発展させた「天皇の偉業」こそが、まず聖蹟を指すとみることができるだろう。

さて、ここにおいて重要なのは、弥勒菩薩や大仙人に例えられるのに相応しい天皇は誰かという問題であり、天武天皇の諡号「天渟中原瀛真人《あまのぬなはらおきのまひと》」が思い浮かぶ。「天」は尊称。「渟中原」はもと水沼であった場所を浄御原宮とした意味と解釈され[注38]、「瀛」は「瀛州」、すなわち東海にあって神仙が住む島を言うため、ここでは日本を意味し、「真人」とは高位の仙人を指す。仙人の称号を持つ天皇として「大仙」は天武天皇にふさわしい。

また『続日本紀』によると、養老六年（七二二）に元正天皇の勅願によって天武天皇のために弥勒像が、持統天皇のために釈迦像が造立されている。積極的な傍証とは言えないが、大山誠一氏も注目されているように、天武天皇のために弥勒像が造立されたことと、天武天皇を「逸多」（弥勒菩薩）に同じとする銘文との関わりは想定される[注39]。

次に「釋天真像　降茲豊山　鷲峯寶塔　涌此心泉」については、「釋天真像」が降り立った「豊山」と、「鷲峯寶塔」が湧き出た「心泉」というように、物質と場が上下に対応している。先述のように、銘序と銘辞のリフレイン関係からすれば、ここは「敬造千佛　多寶佛塔」の箇所を受けたもので、「千佛」＝「釋天真像」、「多寶佛塔」＝「鷲峯寶塔」と捉えることができる。

天武天皇十二年正月には天皇を「明神《あきつみかみと》御大八洲《おほやしましらす》倭根子天皇《やまとねこのすめらみこと》」とする詔勅が出されており、この頃天皇を「明神」とする考えが高揚していた。また『万葉集』にも天武天皇と持統天皇、その皇子である忍壁皇子・長皇子・弓削皇子に対し「大君は神にしませば」と称賛した歌が収録されており、その背景には天武天皇に対する崇敬の高まりが指摘されている。[注40]

鳩摩羅什訳『大智度論』に「釈提桓因（帝釈天）はこれ諸天の主なり（原漢文）[注41]」とあるように、帝釈天は天上世界にあって神々の王である。この世界を治める神たる天皇の存在は、仏教側から捉えた場合、帝釈天とも言い得るのではないか。

先述のように『日本書紀』天武天皇八年（六七九）八月十一日条には、天皇が「泊瀬」の「迹驚淵」で宴を開かれたとあり、初瀬（泊瀬）を訪れている。「豊山」に降り立った「釋天真像」と初瀬の地に訪れた天武天皇にイメージの重なりが感じられる。空想の域を出ないが、一つの解釈として提示しておきたい。

ちなみに、逵氏は銘文の「豊山」について、これは長谷寺に限らず広範囲な土地を指したもので、豊山の概念が長谷寺と結びつくようになったのは十二世紀以降と述べられている。[注42]ただ、氏も注意されているように、『日本紀略』天慶七年（九四四）正月九日条では長谷寺を「豊山寺」と記載しており、たとえば法隆寺を斑鳩寺というように、より古くから土地の名によって長谷寺を指したことが確認できる。銘文に「茲豊山（ここ豊山）」と指示代名詞が使われていることからしても、千仏多宝仏塔の安置された場所こそが「豊山」であり、「本長谷寺」の地と考え得る。銘文における「豊山」は限定された範囲を示すとみてよいだろう。

次に「鷲峯寶塔　涌此心泉」だが、銘文と図像との関わりから重要な点は「涌」という動詞である。すなわち、宝塔は基礎から第三層の屋上までを俯瞰の視点で捉え、相輪は見上げた視点で造られている。『法華経』見宝塔品において、宝塔の高さは「五百由旬」とあるが、まさに巨大な塔が涌き出し、見上げるように高く聳え立った姿を動的に捉えた造形と言える。

「負錫来遊　調琴練行」の箇所は、「錫（錫杖）」と「琴」、「来遊」と「練行」に対応関係があり、「披林晏坐　寧枕熟定」もそれぞれ「披林」という動的な修行を前提とした「晏坐」、「寧枕」という静的な修行を前提とした「熟定」に対応が認められる。

さらには、「負錫来遊」と「披林晏坐」が仏道修行を指すのに対し、「調琴練行」と「寧枕熟定」は神仙の修業を指すと考えられる。『懐風藻』（天平勝宝三年〈七五一〉）には琴が多く登場するが、中には「琴瑟設仙籞」（太石王作「五言侍宴応詔」）、「弾琴與仙戯」（高向諸足作「五言従駕吉野宮」）のように神仙への憧れとともに詠われるものがある。また「寧枕熟定」は『荘子』に記された「胡蝶の夢」に基づくイメージかと思う。銘辞冒頭の「上覺」と「大仙」にみたような、仏教対神仙思想の上下対応がここにも認められる。

さて、従来この節について、小野氏[注43]、東野氏、片岡氏[注44]、森田氏[注45]は修行に適した場としての豊山を述べたものと解釈されている。しかし、ここは修行内容そのものを述べており、次の節ではそれを「勝善」と呼んでいる。

では修行を行う主体は誰なのだろうか。銘辞は天皇の「聖蹟」を不朽にするため記されたのであるから、作品の発願者である道明上人の行いが「勝善」と讃えられるとは考え難い。あくまでも讃えられるのは、作品製作の由来からしても天皇が行った「勝善」であるべきである。そこで考えたいのは、天武天皇が即位前、大海人皇子時代に出家をしていることだ[注46]。

『日本書紀』によると、天智天皇は病床において弟である大海人皇子に皇位を授けるとの勅を出す。しかし皇子は天皇に対し、皇位は皇后（倭姫王）に付託し、天智天皇の息子である大友皇子を皇太子とするよう進言する。そして自身にはもともと病が多く、また病身の天皇のために功徳を積むことを名目として出家し、吉野に隠棲した。その後、政権側が山陵の造築を名目に集めた人夫に武器を持たせ、自らへの食料供給を阻止していることを知った皇子は挙兵し、地方豪族を味方につけ朝廷に反旗を翻した。この後、大海人皇子の軍は瀬田橋の戦いで大勝し、飛鳥岡本宮で即位をしている。

欽明天皇の時代に仏教が導入されて後、推古天皇は初めて公式に仏教に帰依され、この後天皇による仏教の興隆は続く。天武朝もまた天皇と仏教の結びつきは強かったが、そうした中にあって、皇子時代の天皇が出家をしたという事跡は、仏教界にとって注目すべき出来事ではなかったろうか。

大化の改新に際して古人大兄皇子は同じく出家して吉野に隠棲しているが、これによって軽皇子（孝徳天皇）が即位し、後に古人大兄皇子は謀反の罪により討たれている。つまり、天皇となる人物がはじめて出家をした例が大海人皇子であり、その事実は仏教界から見た時、「聖蹟」と呼び得るものではなかったかと考えるのである。

先述のように、宗教と政治をともに発展させた天武天皇一代の偉業が基本的に聖蹟の主体と思うが、なかでも過去の修行生活が具体的に挙げられたものと考える。銘辞は天皇の「聖蹟」を讃えるものとする前提に立つならば、以上の考察が可能である。

次の節は修行という「勝善」に導かれ、「實相」という悟りの世界に帰入することを願い、次いで「賢劫」という現在世界の「千聖」に会うことを願っている。銘文と図像の関わりについて、田中健一氏は「賢劫」の「千聖」を過去・現在・未来に渡ってこの今の世界に出現する賢劫千仏と捉え、本作の千仏表現に対応させた上で、「現在劫に出世する諸仏に帝統の継承を仮託する図像」であり、「帝位の連綿たることを含意」したものと想定されている。[注47]

銘文中で天皇は弥勒菩薩に譬えられるが、成道した弥勒如来は賢劫千仏の一つであり、諸仏の出世と帝統との関連性は確かに想定される。先述のように世界統治者としての天皇の神格が背景で志向されているものと思う。また、田中氏は千仏の中に如来の椅坐像を表わすという形式が龍門石窟や鞏県石窟にみられることに注目し、本作の千仏表現について『法華経』見宝塔品の経説を説話的に表わすものではなく、あくまで「賢劫千仏」の表現である旨を論じられた。[注48]

ただ、『法華経』には十方諸仏の参集について「その時、一一方の四百万億那由他の国土、諸仏如来はその中に遍満せり（原漢文）」とあり、無数の仏が集まった様として、千仏表現は矛盾しない。造形と銘文の関係からすれば、両義的に解釈する必要もあるだろう。

挿図 12-1　天人座像

挿図 12-2　菩薩立像

挿図 12-3　如来立像

挿図 12-4　如来座像

さて、賢劫千仏との出会いを願うのは、そのもとで修業し、やがて自らも仏となるためだが、この仏に至る願いと関係して注目したいのが、千仏多宝仏塔の外縁を区画する諸尊像である（挿図12－1～4）。

下から見ていくと、下辺と左右下方には印刻線によって天人坐像（十六体現存、本来は二十八体）が表わされている。天人上部には左右両辺に各八体（ただし、向かって右方最下の一体は木製の後補）の菩薩立像があり、その上部には左右各五体の如来立像がある。そして、作品上辺には二十二体の如来坐像が表わされている。つまり、外縁部の諸尊は下から天人（二十八体）、菩薩（十六体）、如来（三十二体）と並んでおり、上に向かって尊格が向上している。

ちなみに、これらの数の意味だが、天人坐像の二十八体は、『法華経』の二十八品という章数に対応するものだろう。同様に菩薩像の十六体は『法華経』化城喩品第七に登場する「十六菩薩沙弥」を意味すると思う。

無量の過去世に存在したという大通智勝仏には、出家する以前に十六人の王子がいた。父が正覚を成じて如来となったことを知った王子達はともに出家し、十六菩薩沙弥になったという。十六菩薩沙弥は『法華経』の教えにより無量の衆生を救うが、これに対して大通智勝仏は次のように称えている。

（大通智《だいつうち》勝仏《しょうぶつ》は）普《あまね》く大衆《だいしゅ》に告《つ》げたもう「是《こ》の十六菩薩沙弥《じゅうろくぼさつしゃみ》は甚《はなは》だ希有《けう》と為《な》す。諸《もろもろ》の根《こころね》は通利《つうり》して、智《ち》慧《え》は明了《めいりょう》なり。已《すで》に曾《かつ》て無量千万億数《むりょうせんまんおくすう》の諸《もろもろ》の仏《ほとけ》を供養《くよう》し、諸《もろもろ》の仏《ほとけ》の所《みもと》に於《おい》て常《つね》に梵行《ぼんぎょう》を修《しゅ》し、仏《ほとけ》の智《ち》を受《う》け持《たも》ちて衆生《しゅじょう》に開《ひら》き示《しめ》し、其《そ》の中《なか》に入《い》らしむ。汝等《なんじら》、皆当《みなまさ》に数数親《しばしばしたし》み近《ちか》づきて之《これ》を供養《くよう》すべし。所以《ゆえ》は何《いかん》。若《も》し声聞《しょうもん》、辟支仏《びゃくしぶつ》、及《およ》び諸《もろもろ》の菩薩《ぼさつ》にして、能《よ》く是《こ》の十六菩薩《じゅうろくぼさつ》の説《と》ける所《ところ》の経法《きょうほう》を信《しん》じ、受《う》け持《たも》ちて毀《そし》らざれば、是《こ》の人《ひと》は皆《みな》、当《まさ》に阿耨多羅三藐三菩提《あのくたらさんみゃくさんぼだい》の如来《にょらい》の慧《え》を得《う》べければなり」と。

仏《ほとけ》は諸《もろもろ》の比丘《びく》に告《つ》げたもう。「是《こ》の十六菩薩《じゅうろくぼさつ》は常《つね》に楽《ねが》って是《こ》の妙法蓮華経《みょうほうれんげきょう》を説《と》く。一一《いついつ》の菩薩《ぼさつ》の化《か》す所《ところ》の六百万億那由他《ろっぴゃくまんおくなゆた》の恒河《ごうが》の沙《すな》に等《ひと》しき衆生《しゅじょう》は、世世《よよ》に生《うま》れる所《ところ》、菩薩《ぼさつ》と倶《とも》にして、其《それ》に従《したが》って法《ほう》を聞《き》き、悉《ことごと》く皆信解《みなしんげ》せん。此《こ》の因縁《いんねん》を以《もち》て、四百万億《よんひゃくまんおく》の諸《もろもろ》の仏《ほとけ》・世尊《せそん》に値《あう》を得《え》て、今《いま》に尽《つ》きざるなり（後略）」。

（原漢文[注49]）

「十六菩薩の説ける所の経法を信じ、受け持ちて毀らざれば、是の人は皆、当に阿耨多羅三藐三菩提の如来の慧を得べければなり（中略）。此の因縁を以て、四百万億の諸の仏・世尊に値を得て、今に尽きざるなり」とあるように、仏の教えを護持する者は、やがて諸仏のもとで修業し、自らも仏になるという思想が『法華経』の基本としてある。これは千仏多宝仏塔の銘文にみえる「同じく実相に帰し、壹しく賢劫に投じて、倶に千聖に値むことを」という願いと共通している。

なお、十六菩薩は長い修行の末に十方の国土において如来となり、その十六番目が釈迦如来である。十体の如来立像については十方諸仏を示すかとも思うが、二十二体の如来坐像と合わせると三十二体となるため、あるいは如来の三十二相を示している可能性もある。二十二という半端な数を選択していることから、何か意味があると思うが、ここでは可能性を指摘するに留めたい。

以上みてきたように、本作の外縁にみられる尊格の向上には、賢劫千仏の所に順次転生し、天人や菩薩の段階を経て、やがて自身も無上の菩提を成じて如来になるという、最終的な願いを読み取ることができる。

⑥　歳次降婁漆菟上旬道明率引捌拾許人
　　奉為飛鳥清御原大宮治天下天皇敬造
　　――（歳《ほし》は降婁《こうる》に次《やど》る漆菟《しつと》上旬《じょうじゅん》、道明《どうみょう》は捌拾許《はちじゅうばかり》の人《ひと》を率引《そついん》し、飛鳥《あすか》清御原《きよみはら》の大宮《おおみや》に天《あめ》の下治《したしら》しめしし天皇《すめらみこと》の為《ため》に敬《つつし》みて造《つく》り奉《たてまつ》る）

この段落は縦十六字、横二行に撰文されている。内容は道明上人が「降婁（戊年）」の「漆菟（七月）上旬」に「捌拾（八十）許」の人々を率いて、「飛鳥清御原大宮治天下天皇」のために本作を造立したというもので、いわば奥書にあたる。

まず造形表現との関わりから注目したいのが、道明上人が約八〇人を率いたことである。造寺・造仏に参画する在俗の人々は「知識」と呼ばれ、結縁を図るため信仰に係わる活動を行っていた。その活動を示す資料として、例えば大野寺土塔（大阪府堺市中区土塔町）から出土した文字瓦が挙げられる。

土塔は奈良時代の神亀四年（七二七）頃に行基上人を主導に築かれたもので、十三段からなるテラス状の屋根には瓦が葺かれていた。それらには僧侶のほか、「土師宿祢古□」「秦連虫麻呂」「大鳥連津虫女」のような知識個人を示すヘラ書きがあり、この塔が土を積み上げるという単純な土木作業から成り立っていることを思えば、経済的な出資ばかりでなく、実際の造塔作業にも知識が関わっていたと考えることができる。

　こうした事例を受けて考えたいのは、千仏多宝仏塔の千仏部分が銅板の打出しで造られていることである。欠損箇所も多いが、本来は一三枚からなる大小の方形銅板を組み合わせていた（挿図13）。鋳造部分の技法的な高さからすれば千仏部分も鋳造で表現し得たはずだが、そうしなかったのは、知識たちが実際に銅板の打出しを行ったからではなかったか。

　原型に薄い銅板をあて鎚で打ち出す技法であれば、専門工人の助けは必要であるにせよ素人でも製作できる。わざわざ複数の銅板を組み合わせていることも、多くの人物が製作に携わったことの反映だろうか。あくまで一つの可能性だが、千仏部分が他と異なる技法を用いている理由として、道明上人の率いた知識たちの参加が想定できる。

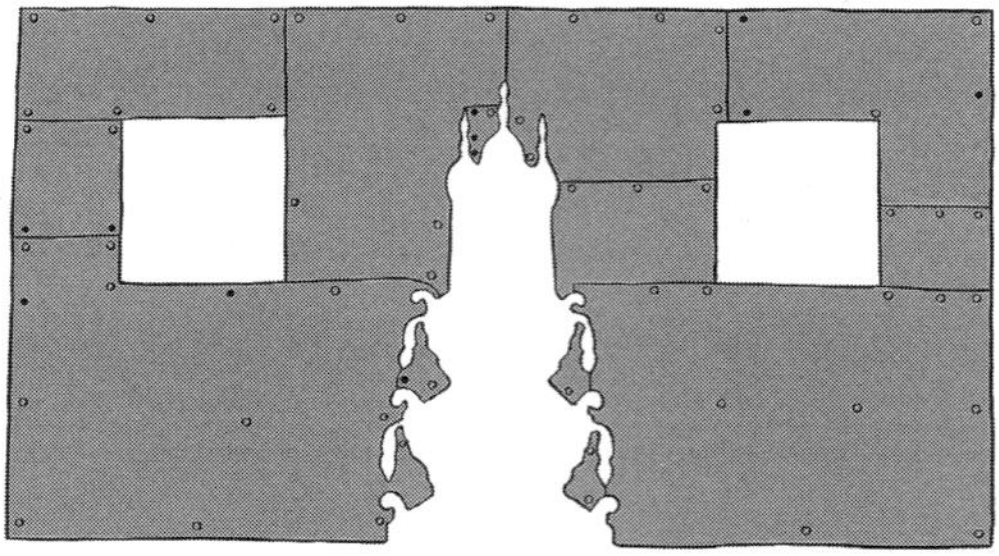
挿図 13　千仏部分における銅板の組み合わせ

　次に「降婁」という年紀だが、これは伴信友によって戌年を意味することが考証され、以降天武天皇の朱鳥元年（六八六）説、文武天皇二年（六九八）説、元明天皇の和銅三年（七一〇）説、元正天皇の養老六年（七二二）説等が行われている。多説あるように、戌の年は十二年に一度巡るため特定が困難である。では何故あえてこうした表記をしたのだろうか。それは長谷川誠氏が指摘したように、「飛鳥清御原大宮治天下天皇」とセットで考えれば自明であるためだろう。[注50] 少なくともそう理解しない限り、銘文そのものから年を特定することができない。よって、本銘文が指す「降婁」の年は、「飛鳥清御原大宮治天下天皇」の治世に求めるのが妥当である。
　飛鳥浄御原宮において戌年に天下を治めていたのは天武天皇だけであり、古来長谷寺の縁起でもそう理解されてきたように、「降婁」の年は朱鳥元年にあてる外ない。森田悌氏が指摘されたように、『日本書紀』朱鳥元年七月紀には「是の月に、諸王臣等、天皇の為に観音像を造り、則ち観世音経を大官大寺に説かしむ（原漢文）」とあり、病床の天武天皇（五月二十四日に発病）のため、観音像が造られている。[注51]千仏多宝仏塔の造立もこれと軌を一にするもので、書紀の記述を傍証する稀有な実物資料として位置づけ得るだろう。

一方、片岡氏は本銘文の天皇を譲位後の持統天皇にあて、その製作を文武天皇二年（六九八）と考察されたが、[注52]森田氏が述べられたように、持統天皇はその八年（六九四）に飛鳥浄御原宮から藤原京に遷都しており、文武天皇二年の時点で「飛鳥清御原大宮治天下天皇」と称されたとは考え難い。[注53]

確かに大安寺や法隆寺の資財帳（天平十九年）では持統天皇を指して「飛鳥宮御宇天皇」（癸巳年〔持統天皇七年〕施入記事）や「飛鳥浄御原宮御宇天皇」（甲午年〔持統天皇八年〕施入記事）とするが、いずれも遷都以前の施入記事である。

ところで、片岡氏はこうした意見に対して威奈大村骨蔵器（慶雲四年〔七〇七〕銘）にある「後清原聖朝初授務廣肆」を反証として挙げられた。「後清原聖朝」とは同じく飛鳥浄御原宮にあった天武天皇と持統天皇を前後で区別した呼称だが、問題となる威奈大村への「務廣肆（後の従七位下）」叙位は遷都後の藤原宮で行なわれた可能性もあると述べられている。[注54]

しかし、同銘文は「後岡本聖朝」（斉明朝）、「後清原聖朝」（持統朝）、「藤原聖朝」（文意上、持統朝～文武朝）というように、朝廷の置かれた宮によって時代を区分しているため、「後清原聖朝」とは文字通り、藤原宮遷都以前の持統朝を指すと考えられる。よって、銘文に「後清原聖朝」で「務廣肆」を授けられたとある以上、威奈大村骨蔵器の銘文は、「飛鳥清御原大宮治天下天皇」を持統天皇とする根拠とはならないだろう。

さて、最後に一つ問題となるのは、『日本書紀』によると飛鳥浄御原宮の宮号は朱鳥元年の七月二十日に定められたもので、千仏多宝仏塔の銘にある「漆菟（七月）上旬」の時点で「飛鳥清御原大宮治天下天皇」の称は成立していないと考えられることである。

しかし、東野治之氏が述べられたように、七月上旬は造立を発願した時点を指し、完成は天武天皇の崩御後と考えるのが妥当である。[注55] 天武天皇は朱鳥元年の九月九日に崩御されており、これほど精緻な作品が二ヶ月のうちに完成したとは考え難い。先述のように、本作が造形と銘文において依拠した『甚稀有経』に造塔の功徳として「無上仏菩提」が説かれていることからしても、実際の製作開始は崩御後であったと考えられ、「飛鳥清御原大宮治天下天皇」の称もここにおいて矛盾なく理解できるのである。

まとめ

以上、千仏多宝仏塔について、銘文を中心にその内容と造形との関わりについて多角的に考察してきた。伝菅公撰縁起は本作の銘文について天武天皇の「御筆縁起文」とするが、それは銘文自身の内容から否定されるとしても、古く長谷寺で考えられてきたように、「飛鳥清御原大宮治天下天皇」は天武天皇を指し、道明上人によって造立された後、本長谷寺の「石室」に安置されたと考えられる。作品の造立年代と安置場所についてはこれまでに懐疑的な説が多く存在したが、拙稿では概ね寺伝を認める結果となった。

次に作品の制作背景としては、造塔の功徳について「速かに無上の仏の菩提」を成じることにあると記す『甚稀有経』との関係、また銘辞において「大仙」に擬えられる天皇についての考察から天武天皇の崩御後にその「聖蹟」を称えるために制作されたと考察した。

続いて、称えるべき「聖蹟」については銘序に述べられる金輪王を超えて阿逸多（弥勒菩薩）に等しいとされる天皇が仏教と政治をともに発展させ極まるところがないという文言から、天武天皇一代の偉業がその内容であると指摘し、あわせて「釋天真像　降茲豊山」という一文に天武天皇と帝釈天を重ねる意識がある可能性にも触れた。

また銘辞に述べられる「勝善」たる修行を行った主体については銘文の構成上から造像の対象たる天皇と考えるのが自然であり、天武天皇が大海人皇子時代に出家していることに関係すると考えた。これは我が国の歴史上はじめて天皇となる人物が出家した事績であり、仏教側からみた場合、「聖蹟」と呼び得るのではないかとも指摘した。

銘文の「降婁（戌年）漆菟（七月）上旬」という年紀が、「飛鳥清御原大宮治天下天皇」の治世に求められることから、千仏多宝仏塔は天武天皇治世の戌年七月、病床にあった天皇のため発願され、崩御後に完成したと考えるのが最も自然である。これにより、造立の発願については朱鳥元年（六八六）丙戌の七月に限定することができる。

長年に渡り議論が続いているように、銘文の内容にはなお不明な点が多く、これからも本作については多くの理解が生まれ、それに伴って上代美術の理解が深化していくことだろう。最後に更なる研究の発展を願い、拙稿のまとめとしたい。

注

1　片岡直樹『長谷寺銅板法華説相図の研究』中央公論美術出版、平成二十四年

2　藤田經世『校刊美術史料　寺院編』中央公論美術出版、昭和四十七年、二七九頁を底本として読み下した。

3　藤田經世『校刊美術史料　寺院編』中央公論美術出版、昭和四十七年、一八三頁。

4　福山敏男「長谷寺の金銅版千仏多宝仏塔について（其二）」考古学会編『考古学雑誌』二五巻四号、聚精堂、昭和十年、二四六～二四七頁。逵日出典「本長谷寺の所在に就いて――永井義憲氏説の妥当性と補遺――」『日本宗教文化史研究』第一二巻第二号（通巻第二四号）、日本宗教文化史学会、二〇〇八年、一七～三五頁

5　片岡直樹前掲注1著書、二〇九頁

6　「養老五年辛酉（中略）建長谷寺、願主弘福寺沙門道明、近江国高嶋群有浮耀霊木、所至之処必有疾疫、随水漂流至山城国宇治河、道明曳之至于長谷、無力造仏、専勤礼拝、良久大臣藤原房前、申請朝廷賜稲三千束、令造丈六十一面観音像、安置之雷公降臨、摧盤石、令為其座矣　或云六人部氏造寺云々　仏師稽文会　稽主勲（後略）」（『七大寺年表』東京国立博物館蔵、弘化三年（一八四六）写）

7　「長谷寺（中略）右寺沙弥道徳。沙弥道明　唐国僧始六部　之建立也。飯高天皇。賜稲三千束道明。十一面像。高二丈六尺。道徳夢有神。指大和国城上郡長谷郷。土下有大石。堀顕奉立此観音。夢覚之後。堀得長石八尺。面如掌。仍立其像。（中略）注云。道徳者良弁之弟子。道明死去後。道徳奉良弁律師。又云。養老二年。唐僧道明。姓六部。飯高天皇朝庭賜稲三千束。令造観音像高二丈六尺。安置無処。而雷公降摧盤石為其座。神亀四年沙弥道徳。造堂。道明造仏。（後略）」（筒井英俊編『東大寺要録』全国書房、昭和十九年、二四八頁）

8　藤田經世『校刊美術史料　寺院編』中央公論美術出版、昭和四十七年、三五九頁

9　乾健治ほか『郷土　上之郷　初瀬　吉隠　大福　吉備』（桜井市文化叢書　第二冊）、桜井市役所、昭和三十六年、二一六頁

10　松本俊吉『奈良歴史案内』講談社、昭和四十九年

11　東野治之『大和古寺の研究』塙書房、二〇一一年、四一五～四二二頁

12　片岡直樹前掲注1著書、二三三～二五六頁

13　乾健治ほか前掲注9著書、一八四頁

14　桜井市史編纂委員会編『桜井市史　下巻』桜井市役所、昭和五十四年、六六三～六六四頁

15　片岡直樹前掲注1著書、二五一頁

16　長谷川誠「長谷寺銅板法華説相図の荘厳意匠について（下）」『駒沢女子大学　研究紀要』第九号、二〇〇二年、三三頁

17　東野治之『日本古代金石文の研究』岩波書店、二〇〇四年、二〇頁

18 小野玄妙『小野玄妙　佛教藝術　著作集〔第三巻〕』開明書院、昭和五十二年、八三二〜八三三頁
19 片岡直樹前掲注1著書、六六頁
20 高橋尚夫・西野翠訳『梵本和訳　維摩経』春秋社、二〇一一年、五六頁
21 片岡直樹前掲注1著書、一九〜二九頁
22 三田覚之「百済の舎利荘厳美術を通じてみた法隆寺伝来の工芸作品――法隆寺献納宝物の脚付鋺と法隆寺五重塔の舎利瓶を中心に――」（東京国立博物館『ＭＵＳＥＵＭ』六五八号、平成二十七年、二三〜二四頁
23 『大正新脩大蔵経』第十六巻、七八三頁
24 小野玄妙前掲注18著書、七九一頁、八二一頁、八二五頁・片岡直樹氏前掲注1著書、森田悌『天皇号と須弥山』高科書店、一九九九年、五〇頁
25 小野玄妙前掲注18著書、八一八頁
26 内藤藤一郎「長谷寺法華説相図銅板」東洋美術研究会編『東洋美術』第一三冊、飛鳥園、昭和六年、一三二〜一三七頁
27 長谷川誠「長谷寺銅板法華説相図の荘厳意匠について（上）」『駒沢女子大学　研究紀要』第八号、二〇〇一年、六一頁
28 伊藤真弓「『法華経』第十一「見宝塔品」と長谷寺銅板法華説相図の図相――説話図としての側面から――」『芸術学』三号、三田芸術学会、一九九九年、二二〜三六頁
29 稲本泰生「隋唐期東アジアの「優塡王像」受容に関する覚書」『東方學報』第八八冊、一二六〜一三二頁
30 伊東史朗「仁和寺旧北院本尊薬師如来檀像について」佛教藝術學會編『佛教藝術』一七七、毎日新聞社、昭和六十三年、二〇頁
31 春山武松『法隆寺壁画』一八四〜一八八頁
32 『大正新脩大蔵経』第九巻、三三頁
33 同右
34 森田悌『日本古代の政治と宗教』雄山閣出版株式会社、一九九七年、四七〜四九頁。森田悌氏前掲注24著書、五三〜五四頁。大山誠一『長屋王家木簡と金石文』吉川弘文館、平成十年、六七頁・一三八〜一四六頁。長谷川誠氏前掲注27著書
35 小野玄妙前掲注18著書、七九三頁、東野治之前掲注11著書、四一八〜四二〇頁、森田悌氏前掲注24著書、四八・五〇頁
36 片岡直樹前掲注1著書、七六頁
37 「瑞石像銘」銘辞

遙哉上覺　曠矣神功／四禪無像　三達皆空／表靈降世　演露開蒙／惟聖仁宇　寶化潛融／道非迹應　事以感通／沈精浮質
遠自河葱／悠悠亘水　眇眇因風／泛彼遼碣　瑞我國東／有符皇德　乃眷宸衷／永言鷲室　栖誠梵宮／載雕載範　寫好摛工
／藉茲妙力　祚闡業隆／冕旒南面　比壽華嵩

「光宅寺刹下銘」銘辞

八維悠闊　九服荒茫／靈聖底止　咸表厥祥／壽丘［言＊愛］［言＊愛］　電繞樞光／周原膴膴　五緯入房／自茲遐夐　名在處亡／安知若水　寧辯窮桑／自天攸縱　於惟我皇／即基昔兆　為世舟航／重檐累構　迥刹高驤／土為淨國　地即金床／因斯大極　溥被翱翔／豈徒三界　寧止十方／濡足萬古　授手百王／一念斯答　萬壽無疆／如日之久　如天之長

38 小倉憲之・直木孝次郎・西宮一民・蔵中進・毛利正守　校注・訳『日本書紀③』小学館、一九九八年、三〇〇頁注一

39 大山誠一前掲注34著書一一七頁

40 熊谷保孝「「大君は神にしませば……」――皇祖神・アマテラス大御神の確立――」『政治経済史学』四三八・四三九合併号、二〇〇三年、二一七頁

41 『大正新脩大蔵経』第二十五巻、五二二頁

42 逵日出典「長谷寺創建問題とその後」『日本宗教文化史研究』第一三巻第二号（通巻第二六号）、日本宗教文化史学会、二〇〇九年、一一～一六頁

43 小野玄妙前掲注18著書、八〇七頁

44 片岡直樹前掲注1著書、七七頁

45 森田悌前掲注34著書、四三頁

46 神たる天皇の出家という問題については、東野治之前掲注11著書、五一九～五二二頁参照

47 田中健一「長谷寺銅板法華説相図の図様及び銘文に関する考察」『美術史』一六八号、平成二十二年

48 田中健一前掲注47論文、五一四～五一五頁

49 『大正新脩大蔵経』第九巻、二五頁

50 長谷川誠前掲注16著書、四二頁

51 森田悌前掲注34著書、四六頁

52 片岡直樹前掲注1著書、九〇～九六頁

53　森田悌前掲注34著書、五一～五二頁。森田悌前掲注24著書、四三頁。
54　片岡直樹前掲注1著書、一五一～一五二頁
55　東野治之前掲注17著書、二六四～二六五頁

〔図版出典〕
挿図1、3、4、5、6、7、8、10、12東京国立博物館所蔵写真。挿図2出光美術館編『出光美術館蔵品図録　やまと絵』平凡社、一九八六年より転載。挿図9-1敦煌研究院編『敦煌石窟全集2　尊像画巻』商務印書館、二〇〇二年より転載。挿図9-2～4敦煌研究院編『敦煌石窟全集6　弥勒経画巻』商務印書館、二〇〇二年より転載。挿図11奥健夫『清凉寺釈迦如来像』（日本の美術　五一三号、至文堂、二〇〇九年）より転載。挿図13筆者作成。

薬師寺金堂薬師三尊像の機能と霊験

中野　聰

はじめに

奈良・薬師寺金堂薬師三尊像（挿図1）は上代彫刻の至高の傑作として名高いが、制作時期については本像を藤原京薬師寺の根本本尊に同定し、七世紀末の持統朝の完成とする説（移座説・白鳳説）と、八世紀の平城京薬師寺における新造とみる説（非移座説・天平新鋳説）とに分かれて明治期より議論が重ねられてきた。近年私もこの美術史上の重要問題を取り上げ、根本本尊をめぐる諸問題の検討から薬師三尊像（以後、現三尊）の天平説を主張したが、本像の仔細については考察の筆が及ばなかった。[注1] それゆえ本稿ではあらためて現三尊の制作年次と宗教的機能の再検討を試みたい。なお十二世紀成立の『今昔物語集』には現三尊と八幡神とを関連させた霊験譚のほか、現三尊を天智天皇造立の霊像とする説話まで収録されており、平安時代には天智奉造の霊験仏とする説が流布していたことが知られる。天智奉造の霊験仏といえば、『七大寺日記』等が現三尊に勝る名像と評した大安寺釈迦如来像を直ちに想起するが、あるいはこのような両像をめぐる評価と『今昔』所載説話には何らかの因果関係が存在するかもしれない。そこで説話文学を重視する立場から、『今昔』所載説話の成立事情等についても若干の私見を提示したい。

一　薬師三尊像の様式

現三尊（挿図1）は金堂須弥壇の中央に安置されており、各像の像高は中尊薬師如来坐像が二五四・七センチ、脇侍の日光・月光菩薩立像がそれぞれ三一七・三センチと三一五・三センチ、[注2]蝋型鋳造によって制作された金銅丈六仏である。いずれの像も当初の鍍金はそのほとんどを失い、現状では黒褐色を呈するほか、付属の光背もすべて江戸期の新造に替えられている。

中尊は右手の掌を施無畏印のように正面に向けて第一指と第二指をともに捻じ、左手は掌を上にして膝上に置いて第三指をわずかに曲げ、さまざまな図様を鋳出した豪華な金銅製台座（箱状を呈した須弥座）上に左脚をうえに結跏趺坐する。手の指の間には薄い膜状の縵網相を表すほか、掌には輪宝、足裏には千輻輪相を中心とする瑞祥文を線刻し、胸部に卍文相の痕跡を残すなど、如来の相好（三十二相・八十種好）を表現する点が注目される。頭部の輪郭は真正面からみると丸顔だが、白鳳時代の興福寺伝来の旧山田寺仏頭や当麻寺金堂弥勒如来像のような球体を思わせる頭部ではなく、両頬の膨らみや口角周辺のくぼみなど、顔貌の微妙な起伏を写実的に表現している。また直線に近い上瞼と凹曲線をなす下瞼により両眼は半眼で、整った形状の鼻や硬く結んだ唇などとともに法界の教主たる如来の威厳ある面差を形成する。このような面貌表現は東大寺法華堂不空羂索観音像など奈良時代の彫像に共通する特徴といえる。頭体部全体は絶妙なバランスを保って堂々たる偉丈夫の姿形をなし、頸部から両肩への繋がりも自然で、胸筋の盛り上がりは力強く弾力性を感じさせる。偏袒右肩に着用した衲衣はその裾が台座正面に垂下し、いわゆる裳懸座を形成する。衲衣と裳懸座にはリアルで複雑に流れる衣文線が幾重にも表現され、薄い衣の質感の再現にみごとに成功しており、衣の下に包まれた肉身の存在まで伺い得る。とくに乱れや枝分かれが生じた衣文を表す点は特筆すべきで、本像の写実美におおいに寄与している。このような衣文表現にも法隆寺五重塔塔本塑像群や興福寺阿修羅像など奈良時代の作例との共通性が指摘出来る。

日光・月光菩薩像は頭部をやや内側（中尊側）に傾け腰をひねり外側の脚を遊脚として、別鋳の蓮華座上に侍立する。頭部に三面頭飾を戴き、体部には瓔珞や天衣をつけて下半身に裙を纏い、内側の腕を屈臂するのに対して外側の腕は垂下させ、ともに第一指と第二指を捻じる。頭体部の造形には中尊と同様に徹底した写実的な表現が随所に看取され、わずかな動きの一瞬をみごとに捉えた造形は左右対称の妙と相まって、三尊像全体を包む空間をきわめて有機的なものにしている。

挿図１　薬師三尊像　奈良・薬師寺金堂

以上のように、本像の究極の写実表現には奈良時代の作例との共通性が看取される。まさにこれこそが平城京新鋳説の論拠であり、古くは岡倉天心氏、関野貞

氏、足立康氏、内藤藤一郎氏らがこの説を提唱し、戦後は町田甲一氏、松原三郎氏、松山鉄夫氏、大橋一章氏らが継承している。[注3] このような新鋳説においては、写実の萌芽を示す先述の山田寺仏頭と写実の頂点を極めた現三尊との比較検討が徹底しておこなわれた点が注目される。すなわち願主や制作時期が根本本尊と条件を同じくする仏頭と現三尊とでは、同時期の作品とは到底考え難い相違箇所が見いだされるため、両者の様式の差は新鋳説の注目すべき拠り所であるがゆえに最重要視されてきた。これに対して白鳳説を主張する久野健氏、長谷川誠氏、西川新次氏、田辺三郎助氏、戸花亜利洲氏らは様式論における不利を打開すべく、白鳳寺院出土の塑像や塼仏、あるいは初唐代の作例のなかに現三尊に通じる写実性を見いだそうとした。[注4] しかしながら型によって大量生産された塼仏は立体彫像の粉本たり得ず、[注5] また遣唐使の断絶期である天武持統朝に当時最新の初唐様式が受容出来たか否かについてもなお検討の余地を残している。[注6] いずれにしても白鳳説ではこの時期の立体彫像中に、現三尊と様式のうえで共通する現存作例を見いだす必要があろう。

かつて町田甲一氏は各時代の「時代様式」を成立させるのは常に天才であり、同時代に活動した周辺の多くの作家達が、天才が創造した新たな「個人様式」に共感誘発されることで、一時代の多くの作品に共通する様式が成立すると主張した。[注7] この町田氏の主張は時代様式成立の本質を捉えて余りある。そこで同氏の理論を天武持統朝に当て嵌めると、当時の時代様式を牽引した「天才」が根本本尊や山田寺仏頭を制作した官営の造仏組織所属の造仏工たちに相当することはいうまでもない。そうするとこのような最新の大陸様式をいち早く受容出来る環境にあり、かつ技術的に困難な丈六金銅仏の制作を可能にする工人集団が創造した白鳳期の時代様式が、現三尊にみられる究極の写実様式であったとするならば、同時代の仏像中にその片鱗を伺わせる作例が見いだされて然るべきであろう。だがそのような作例は皆無に等しい。この事実は着衣の衣文線に注目するだけでも説明が可能である。

すなわち前述のとおり、現三尊の着衣の衣文表現は複雑できわめてリアルであり、とくに中尊には一条の衣文線が途中で枝分かれして二条の弧線となって流れる表現が数箇所確認されるが（挿図２）、そもそもこのような衣文表現は自然な衣文の流れを表現する際の基本的な描法といえよう。仮に徹底した写実表現を自己の作品中に充分に表しきれないレベルの作家であろうとも、写実的な衣文の流れを表現したい場合、分岐する衣文線を描くだけで簡単に自然な描写が可能となる。つまり衣文線の分岐表現は、どのような作家でも直ちに作品中に用いることが出来るきわめて簡便な表現手法といえるが、白鳳時代の彫刻作品にはこのような基本的な手法すら確認することは難しく、管見の限り先の

挿図２　薬師三尊像の中尊（部分）

当麻寺金堂弥勒像や山形・山神社如来倚坐像などの衲衣中にごくわずかに見いだされるにすぎない。とくにこの表現が中央の一流の作例とみられる法隆寺伝橘夫人念持仏に用いられていない点は重要で、中尊阿弥陀像の着衣の衣文は他の白鳳仏のそれと同様に、一条のみの単純な弧線を一定間隔で連ねるのみである。

このように白鳳仏中に分岐する衣文線すら見いだすのが難しい現状では、当代に現三尊のような徹底した写実様式が時代様式として確立していなかった可能性のほうが高いといわざるを得ない。もし時代様式として定着していたのであれば、学習模倣しやすい分岐する衣文線が多用されて然るべきであるが、前述のように現三尊の衣文表現に類似する作例は和銅四年（七一一）の法隆寺塔本塑像でようやく確認され始める。ちなみに唐代の作例に

目を転じても、初唐期の作例には現三尊の衣文表現に近似する例は管見のかぎりみられず、盛唐期の長安三年（七〇三）銘釈迦如来坐像（芮城県博物館所蔵）や、景龍四年（七一〇）銘如来坐像（同博物館所蔵）等で写実的な衣文が確認されるようになる。したがって奈良時代彫像の写実表現は、慶雲四年（七〇七）帰国の遣唐使によって齎された盛唐様式にもとづくとする松山鉄夫氏のみかたが有力であり、[注8]現三尊もおそらく唐との交流再開により齎された新様式による作例と位置付けられる。

以上のように着衣の衣文に注目するならば、白鳳時代の根本本尊と現三尊は時代を異にする別個の像であり、失われた根本本尊の着衣の衣文もおそらくは伝橘夫人念持仏のそれに近似したものであったと推察されよう。したがって現三尊は奈良時代の新造である可能性が高く、次章以降で明らかにするように、本像の機能や上代仏教造像の理念からも新鋳説は有力なように思われる。

二　平城京鎮護と薬師造像

和銅三年（七一〇）の平城京遷都といえば、「飛ぶ鳥の明日香の里を置きて去なば君があたりはみへずかもあらむ」という『万葉集』巻一―七八の名歌が思い出されよう。これは一般に元明天皇が新都へ向かう途中の長屋原で藤原京を望んで詠んだ歌とされる。[注9]ここに詠まれた「君」が天武を指すか否かはともかく、「君があたり」とはいうまでもなく天武系皇統の故地藤原京のエリアであり、天武発願の同京薬師寺（旧寺）と根本本尊はまさしく「君があたり」の象徴であった。すなわち別稿で述べたとおり、根本本尊は藤原宮及び大内陵との切り離し難い関係ゆえに遷都後も旧都に留め祀られたと私は考えている。[注10]

周知のように遷都以降、旧都の諸寺院は陸続と新都へ移転した。霊亀二年（七一六）には大安寺が、養老二年

（七一八）には元興寺が移されたことが『続日本紀』によって知られるが、[注11]薬師寺の移転については同書に記載がなく、長和四年（一〇一五）頃成立の『薬師寺縁起』（以後、『縁起』）に太上天皇（元明）が養老二年に伽藍を移した旨が記されている。[注12]この年次を史実とみるならば、根本本尊を旧寺に留めた元興寺と移転年次が一致する点は興味深い。ところで移転とはいえ旧寺の金堂は移建されず、藤原京に残されたことが石田茂作氏、花谷浩氏、宮上茂隆氏らの研究により明らかとなっている。[注13]また現存する東塔も心柱等の構築材の伐採年が七一九年以降であるとの調査結果が得られ、[注14]金堂も東塔も奈良時代の新建である蓋然性が高まった。このような研究成果を踏まえると、養老二年の薬師寺の移転はおおむね平城京での新寺の造営といっても過言ではない。そうすると『縁起』が「第二代本願」と記す元明が新寺の願主とみて差し支えなく、また元明造営の平城京と新寺は藤原京と旧寺との密接な関係を継承したはずである。平城京が藤原京を原形として成立したとする岸俊男氏の見解は、[注15]藤原宮大極殿が平城宮に移建された事実などから妥当とされており、[注16]このような新旧両京の連続性を考慮すると、旧寺と旧都とは精神的な紐帯で結ばれていたから、[注17]当然新都においても新寺との結び付きは旧都と同様であったとみられる。よって元明は遷都布告の和銅元年から遷都が実施された同三年の間にすでに新寺を発願していたと推察されよう。しかも旧寺と同じ機能が新寺にも期待されたため、新寺の伽藍プランは旧寺とほぼ同じ規格で造営されたのであろう。その機能とは平城京と天武系皇統の繁栄、さらには国土の鎮護にほかならない。

旧寺金堂と密接な関係にあったであろう藤原宮の大極殿が移建されたのに対して、旧寺金堂が移建されなかった点は矛盾しているかに思われるが、新寺の願主たる元明にとっては金堂を新たに造営することにこそ重要な意味があったとみてよい。そもそも上代における造寺造仏は現世と来世の福徳を願う重要な作善行であった。例えば『法華経』方便品は亡き仏のための造塔造仏を成した者の成道を説いており、近年私は法隆寺金堂釈迦三尊像がこのような経説に依拠して制作された可能性を論じた。[注18]事実その光背銘には聖徳太子ら故人の追善とともに、造像による願主自身の浄土往生と現世での安楽を祈る文言（「現在安穏」）が確認され、さらに法隆寺献納宝物一九六号の銅造光背の銘文にも「現在父母」の「現身安穏」、つまり現世での安穏を祈る文言が刻まれている。ちなみに造仏の功徳を説く経典としてはほかに『作仏形像経』（失訳）や『仏説大乗造像功徳経』（唐・提雲般若訳）などが知られるが、とくに後者では造像により一切の業障が除滅して無量無辺の功徳が得られ、果ては阿耨多羅三藐三菩提を成して永く衆生の苦悩を抜くことが出来ると説いており、[注19] これによると造像は現当二世の福徳を約束する善行にほかならない。そこで現当二世のうち現世の利益のほうに注目すると、造寺造塔にも造像と同様の利益が期待されたことは、『元興寺縁起』所収の「塔露盤銘」が「即ち菩提心を発して十方諸仏、衆生を化度し国家大平ならむことを誓願して敬しみて塔廟を造立す」と記す点からも明らかであろう。飛鳥寺の塔の建立を語るこの上代の史料に、建塔の功徳として「国家大平」を祈る点は、王権の中枢を担う為政者が願主であれば当然の願いといえる。[注20] というのも願主が統治する国土の安穏は自身の政権の安定に直結するからである。

　このような造寺造仏による現世安穏（国土安穏）を祈る信仰は、国家仏教の確立期にさらに盛んとなり、藤原京で官寺の造営が推進されたわけであるから、新都においても造寺造仏は元明にとって仏教信仰上最も重要なおこないであったことは論を俟たず、新寺での堂塔の建立も例外ではあり得ない。事実このことは天武と持統の偉業を讃えた東塔の檫銘に、薬師寺造営の成就をもって「道は郡生を済《すく》ひ、業は曠劫に伝へむ。」と刻まれている点がいみじくも証明している。すなわち「道は郡生を済ひ」云々の文言は、衆生の苦悩を抜くという先の『仏説大乗造像功徳経』が掲げる造像の功徳と一致しているのである。[注21] たとえ檫銘が旧寺の塔銘の追刻であろうとも、東塔完成時にこのような文言を刻んだ点は、願主である元明の新寺造立の意図を明確にしている。つまり新寺の造営には元明の国家大平への願いが籠められていたのである。そうすると伽藍の造営と同様に、現三尊も元明により新たに発願制作された可能性はきわめて高いといわざるを得ない。[注22] したがってやはり旧寺の根本本尊と現三尊とは別個の像とみるべきである。

ところで藤原京の旧寺及び根本本尊については、唐・玄奘訳の『薬師瑠璃光本願功徳経』（以後、『薬師経』）を所依経典とする長谷川誠氏のみかたが有力であり、旧寺と新寺との共通性を考慮すると、現三尊も同経に拠って制作された可能性が高い。[注23] そこで『薬師経』の経説に注目すると、同経は薬師仏への供養を欲する場合、まず初めに薬師仏の形像を造立し安置荘厳したのち、七日七夜の間八分斎戒を受持して清浄な食を食すとともに、澡浴して新浄の衣を着用することを勧め、そのうえで薬師像を右繞し薬師の本願功徳を念じよと説いている。[注24] また『薬師経』ではこれらの供養によってはじめて薬師のさまざまな功徳が得られると解釈出来るような説き方となっているから、結果的に同経は薬師仏供養による功徳を得るための大前提として、薬師像の造立を重視しているのである。つまりこれを逆に解すると、薬師像を速やかに造立しないかぎり、同経が説く薬師仏の功徳は期待出来ないということになろう。

ちなみに『薬師経』が説く薬師造像と像の供養による功徳として、他国の侵攻や盗賊の反乱に遭遇しても薬師仏を念じて恭敬することで救われるとの功徳が掲げられている点は、鎮護国家と密接に関わるだけにきわめて興味深い。[注25] このほか別の箇所では灌頂を受けた国王が一切有情（衆生）に対して慈悲心を興し、薬師仏像を造立して供養の法をおこなうことで疫病の流行（「人衆疾疫難」）、他国からの侵略（「他国侵逼難」）、自国での謀反（「自界叛逆難」）、時節外れの天候不順（「非時風雨難」）、日照りや渇水（「過時不雨難」）などに遭うことなく国土が安穏となり、風雨順調で穀物がよく実り、一切有情に病がなく歓楽を得るとの利益を説いており、[注26] ここで説明されている衆生の福徳が東塔檫銘の「道は郡生を済ひ」に直結することはいうまでもない。ようするに『薬師経』では国王が統べる国土の安泰は慈悲心による薬師像の造立と像への供養という手続きを経て実現されると説かれているから、同経に拠るかぎり薬師の造像は避け難いおこないであり、造像を無視しての国土安泰はありえない。それゆえ平城京の新寺も旧寺と同様に『薬師経』を重視したと推察されるから、新寺が天武系皇統の第二の都である平城京の鎮護という重要な役割を担う大寺で、かつ薬師信仰の拠点として機能したことが否定されないかぎり、元明は同経の経説によって新たに現三尊を造立したとみるのが妥当であろう。なお吉川真司氏は平城京が天皇統治の王都であるとともに鎮護国家仏教の根拠地であるとして、この新都を「仏都」と呼称している。[注27]まさに「仏都」とは平城京に似つかわしい表現であり、この同氏の表現を借用するならば、造寺造仏を第一の作善に掲げて形成された「仏都」を中心として、次代の聖武天皇の治世には国分寺・国分尼寺造営や盧舎那仏造立へと、天皇による造寺造仏の作善行はさらなる発展をみるのである。

以上、本章では上代造像の理念の面から現三尊の制作時期を論じたが、様式のみならず造像供養の点からも平城京新鋳説が断然有力とみられる。すでに述べたように薬師寺の旧寺の根本本尊はもともとの願主である天武の追善像という性格を明確にしていたため、廃都であろうとも藤原京の地での永年供養が不可欠な像という認識が存在した。これに対して新寺の本尊である現三尊は、奈良朝当時の国家仏教のなかで元明によって新たに発願造立されなければならない像であった。つまり新旧ふたつの本尊はそれぞれの必要性に応じて、一方は旧寺での永続的な安置が求められ、また一方は新都での来るべき新たな時代に対応すべく、玄奘訳の『薬師経』の説くところにより積極的な造像が求められたのである。

三　薬師三尊像の制作年次と機能

それでは現三尊と新寺金堂はいつ頃完成したのであろうか。金堂の竣工と現三尊の完成が同年である蓋然性はきわめて高いが、新寺の造営については昭和五十二年の薬師寺境内の発掘調査で井戸の跡や、「霊亀二年三月」

の墨書銘のある木簡、掘立柱建物址などが確認され、霊亀二年（七一六）三月以前の起工であることが判明した。[注28]この調査結果を重視した松山鉄夫氏は霊亀二年三月時点で造営工事はかなり進展していたとみて、平城京遷都と同時に新寺の造営工事も開始され、『縁起』にいう移転年つまり養老二年（七一八）までには金堂と現三尊及び僧房の一部が完成したと推定している。[注29]なお松山氏によると『縁起』の「太上天皇、養老二年戊午伽藍を平城に移す」の「移す」は単なる寺院の機能の移転を意味するにすぎず、伽藍中心部のほとんどは同六年には完成していたという。これに対して大橋一章氏は「移す」を金堂の基壇に柱を立て始めた建方の着手と解釈し、金堂は養老二年にようやく造営が開始されたと主張した。[注30]そこで大橋氏は、「勅して浄御原宮御宇天皇の奉為に弥勒像を造らしむ。藤原宮御宇太上天皇には釈迦像。その本願縁起は写すに金泥を以てし、仏殿に安置す。」という『続紀』養老六年十二月十三日条の記事に注目し、ここにいう「仏殿」を新寺の金堂に同定したうえで、養老六年か前年には金堂と現三尊が完成したと推定している。[注31]ちなみに同氏は新寺では金堂が最初に完成し、その後も長期にわたり伽藍の造営工事が続いたとみており、伽藍全体の造営期間についても松山氏とは異なる見解を提示した。

このように薬師寺移転の養老二年までに金堂と現三尊が完成していたとする松山説も、養老六年頃の完成とする大橋説も、結果的にはわずか数年の違いにすぎない。しかし霊亀二年に新都へ移転したことが知られる大安寺の例に照らすと、同寺は移転よりかなり年次の降る天平十年（七三八）頃に主要伽藍が完成したとのみかたが境内の発掘調査等から有力視されており、[注32]移転年である霊亀二年以後に長期にわたる伽藍造営が展開したようである。したがってこの事例を重視すると伽藍全体の造営期間も含めて大橋説が有力である。ただし金堂のみに限定するならば、松山説が完全に否定されるわけではない。というのも境内で発見された井戸が新寺造営に必要なため掘削され、木簡記載の「霊亀二年三月」頃に廃絶したとすると、井戸は掘削後短期のうちに廃絶したのではなく、一定期間の工事に区切りがついたためにその役割を終えたとも推定出来るから、和銅三年（七一〇）頃に新寺の造営に着手していた可能性も有り得よう。ようするに井戸が長期間使用されたとみた場合、霊亀二年まで整地工事等が長期化したとも考えられるのである。確かに大橋氏がいうように和銅三年の着工を示す根拠は皆無だが、逆に同年の着工を否定する材料も見当たらない。そうすると松山説を修正して養老二年の時点でまず伽藍のうち金堂が最初に完成し、これを『縁起』が「移す」と記したとしても矛盾は生じないであろう。したがって松山・大橋両説のいずれを採るにしても、それぞれに蓋然性がある一方で検討の余地も残されており、未だ現三尊と金堂の完成年次は確定していない。そこであらためて以下に私見を述べてみたい。

天武持統のための弥勒像と釈迦像をつくり、「本願縁記」を金泥で写して「仏殿」に安置したという前掲の『続紀』養老六年十二月十三日条の勅は大橋氏が注目したように、現三尊と金堂の完成年次を特定する貴重な解明の糸口といえる。まずここにいう「仏殿」が宮中の内道場ではなく寺院の堂舎を指すことは、当時の平城宮内において、大津京の内裏仏殿のような施設が皆無であるとするみかた[注33]に拠れば疑う余地がない。また勅にいう「本願縁記」を伽藍縁起の原形とみる見解[注34]に従えば、「本願縁記」はこれが安置された「仏殿」に関わる縁起ということになり、内道場の縁起が一切確認されない点からも、寺院が朝廷に提出した伽藍縁起幷流記資財帳中の縁起の原本となり得る初期段階の縁起文であった可能性が高い。もっとも「本願縁記」という『続紀』の記述からは天武夫妻追善の弥勒像及び釈迦像の縁起文と解せなくもないが、仏像のみに特化した縁起の実例は無く、上代の縁起は堂塔の発願や造営の経緯と本尊造立の詳細を記すのが一般的である。それゆえこの縁起文には弥勒像及び釈迦像を安置した「仏殿」ひいてはこの堂舎が属する寺院の由緒と願文が明記されていたのであろう[注35]。そうすると養老六年十二月十三日条からは、本願つまり天武持統の伽藍発願の由緒と願主である元正の願文を金泥で記した縁起文が、夫妻を追善供養する一対の仏像とともに「仏殿」に奉安されたという解釈が容易に成り立つ。

したがって「仏殿」は大橋氏も推定しているように新寺の金堂であり、「本願縁記」とは後世の『縁起』が随所で引用する「流記」、つまり『薬師寺伽藍縁起幷流記資財帳』中の縁起の原文であったと推察される。

「本願縁記」をこのように解するならば、天武持統追善の弥勒像と釈迦像は新寺においてきわめて重要な尊像ということになるが、あくまで本尊ではなく副次的な仏像にすぎない。そうすると金堂が養老二年に竣工したのであればこれより四年ものちに、しかも副次的な仏像の完成に合わせて縁起が金堂に奉安されたとみるよりも、むしろ金堂と現三尊の完成とほぼ時を同じくして薬師寺の縁起文がリアルタイムで起草され金泥を以て写されたとみるほうが自然である。したがって現三尊と金堂は大橋氏の説のごとく、養老六年頃に完成した可能性が高い。とくに重要なのは『続紀』養老六年十一月十九日条に、元明の一周忌斎会を同年十二月七日（元明の祥月命日）に設けるとの詔が掲載されている点であり、[注36]これによって弥勒像及び釈迦像の供養と「本願縁記」の奉納が、元明の一周忌斎会より数えて七日目になされたことが知られる。ここで七日という日数に注目すると、前章で注目した『薬師経』の薬師像供養の経説が想起されよう。繰り返すように同経ではまず薬師像をつくり、造像成就直後の供養として七日七夜の八分斎戒や清浄な食物の食、新浄の衣の着用、薬師像の右繞などを説いている。そこでこの経説に再び注目するならば、元明の一周忌斎会の七日後に「本願縁記」を金堂に奉納し、天武持統を供養したのであるから、現三尊はまさに一周忌斎会の日つまり十二月七日に開眼会を迎え、金堂も竣工した可能性が高い。ようするに一周忌斎会の十二月七日に新寺では現三尊の開眼会を挙行し、これをもって『薬師経』による薬師造像の成就としたうえで、同経の所説どおりにこの日より七日間の供養を修し、最終の十三日に天武持統の追善像と「本願縁記」の奉納によって七日七夜の供養の結願としたのではなかろうか。

これに関連して興味深いのは、一周忌斎会直前の十二月四日に諸々の供養具のほか、絁、糸、綿、長布、交易庸布、紺布、裌帳布、白米などが元正により薬師寺に施入されたことが薬師寺の旧流記資財帳の逸文（醍醐寺本

『西大寺縁起』所引）から判明する点である。[注37] この施入が現三尊開眼の日とみられる十二月七日の三日前になされた事実から推すると、施された上記の資財のうち、絁、糸、綿、長布などは、開眼会の日から始まる『薬師経』所説の七日七夜の薬師像供養で必要な新浄の衣に使用され、白米は清浄な食として供されたとみられる。この点からも現三尊の完成は養老六年、具体的には新寺の願主である元明の一周忌斎会が設けられた養老六年十二月七日の開眼と私考されるのである。

以上のように現三尊が願主である元明の一周忌の祥月命日に開眼供養されたとするならば、旧都に残された根本本尊も持統元年（六八七）九月九日、つまり天武の祥月命日の斎会に際しての開眼と推察されるから、[注38] 薬師寺の新旧二軀の本尊は奇しくも願主の一周忌の祥月命日に供養された点で共通する。これが偶然か、あるいは元明の崩御により一周忌の完成を目指して制作を急いだのかはともかく、根本本尊が天武の追善像であったとするならば、現三尊は元明の追善像としての機能を有していたはずである。[注39] そうすると現三尊には、前章で述べた平城京を中核とする国家鎮護の機能と元明追善の機能とを併せて、現当二世にわたる薬師の功徳が期待されたとみて差し支えない。このように現三尊に現世と来世に跨る利益が祈られたとすると、これらの機能は前章で論じた上代の造寺造仏思想ひいては『薬師経』の経説とも合致する。ただし『縁起』には吉備内親王が元明のために養老年中に東禅院を発願造営した旨が記されており、仮に内親王が養老五年の元明崩御時に新寺に東禅院を発願したとすると、[注40] その正堂は当初より元明追善堂として造営され、本尊（尊名は不明）も追善像として機能したことになろう。いずれにしても新寺内に東禅院が造営されたという事実は、現三尊とは別に元明のための仏像をあえて祀る必要があったことを示唆しているように思われるから、現三尊にはむしろ国家鎮護の機能のほうにより重点が置かれたのではあるまいか。

近年長岡龍作氏は中尊の台座の美術表象を、隼人や蝦夷らに対して朝廷自らの優位性を示すという、所謂中華

挿図３　薬師三尊像中尊の台座（部分）

挿図４　台座の鬼形像

思想の表出と捉え、これを根拠に現三尊の護国仏教に対応する機能を想定している。[注41]台座には十四軀の異形像（挿図３、４）が四神や数種の文様とともに表されているが、長岡氏はこれらのうち、南北面に各四軀、東西面に各二軀表された都合十二軀の蹲る姿の鬼形像について、南洋の黒人（崑崙奴）をモデルとする邪鬼羅刹の類（ただし仏法の守護者）とみた淺湫毅氏の見解[注42]を継承しながらも、隼人や南方人を意識した華夷思想による観念的な図像と推定した。さらに同氏によると台座全体は須弥山と崑崙山とを同一視した意匠等から、仏教の世界観と中国古来の神仙思想との両義性が看取され、結果的に当時の王権を主体とする国家仏教そのものを表現しているという。つまりこの表象の意味が平城京ひいては国土の安寧という現三尊の機能に帰結するというわけである。また片岡直樹氏は長岡氏の見解に同意しつつ、台座に古代中国の墓室にみられる四神や塼文由来の装飾文様などが確認される点から、台座の美術表象を冥界としての崑崙山と関連付け、来世の世界観の表出でもあるとのみかたを示している。[注43]

　このように台座の表象をめぐる両氏の見解においては、古代中国の現世及び来世の世界観が重視されているが、あえてこれを仏教の視点で読み解くならば、台座の図様は王権を主体とした現当二世の願いの表出にほかならない。したがって台座の図様も現三尊が内蔵する現当二世の福徳に対応する機能と合致していることになろう。ただし前述のように現三尊の機能が現世における国家鎮護の利益のほうに重きが置かれたとするならば、長岡氏が台座との関連で注目した養老四年（七二〇）の隼人の乱は重要である。すなわち『続紀』同年二月二十九日条によると隼人が反して大隅国守陽侯史麻呂を殺害したといい、これを端緒として過去最大の隼人の乱へと発展したことが同年六月十一日条から判明する。この反乱鎮圧のために派遣された持節将軍大伴旅人率いる朝廷軍はかなりの苦戦を強いられたようであり、ようやく翌年に多くの戦死者を出しながら乱は鎮圧されている。そうするとこの乱は『薬師経』にいう「自界叛逆難」[注44]に該当するから、当時制作が進行していたであろう現三尊にも隼人の「自界叛逆難」に対応する薬師の功徳を祈ったことは想像に難くない。隼人の乱は現三尊制作当時の朝廷に強烈なインパクトを与えたのではなかろうか。

以上のような見地からすると、台座の四神は平城京遷都の詔[注45]にみられる元明の「平城の地、四禽図に叶ひ」との言に符合し、先の十二軀の鬼形像は隼人を直ちに連想させたであろう。鬼形像が直接的に隼人ら夷狄を表象した図像か否かはともかく、「隼人」の呼称が南方の朱雀に関連するとの説[注46]に従えば、当時の人々が十二軀のうちとくに南面の鬼形像に隼人のイメージを重ねたとしても不思議ではない。こうした鬼形像は牙を上出した醜怪な姿からネガティブな存在を意味している可能性が高く[注47]、当時の朝廷は隼人を「自界叛逆難」の元凶とみていたであろうから、やはり鬼形像と隼人とはイメージ的に結び付きやすい。

だがその一方で、朝廷は『薬師経』の経説から隼人を仏の本願力により来世で救済されるべき有情とも認識していたであろう。すなわち同経は悪趣に堕した者も薬師の本願力で現前に名号を聞かせることで、来世で人趣に生まれ菩薩行を修して悟りを得ると説いており[注48]、「自界叛逆難」を引き起こした輩もこのような堕悪趣の範疇に入ると解釈出来る。それゆえ南面の作例のみならず、十二軀の鬼形像全ては反乱等で破滅を遂げた者への供養と、来世における彼らの懺悔を意味しているのではあるまいか。興福寺西金堂の阿修羅像の表情に懺悔の相を見いだそうとする金子啓明氏や東野治之氏の見解[注49]に従えば、同時代の現三尊の台座側面に同じ懺悔をテーマとする表象を鋳出したとしても不思議ではない。とくにこの堕悪趣の表象が隼人供養へ向けられたことは、次章で述べるように八幡神と現三尊との関係からも推定が可能である。

以上、本章では現三尊の宗教的機能を検討したが、本像において期待された主要な機能は平城京ひいては国土の鎮護であり、加えて元明の冥福と、「自界叛逆難」の輩への供養まで含まれていた可能性が高いとみられるのである。

四 『今昔物語集』所載説話の始源

現三尊が平城京国家仏教に不可欠な尊像であったとすると、十二世紀に成立したとされる『今昔物語集』巻十二第二十話の霊験説話がその片鱗を伝えている点は興味深い。その現三尊にまつわる説話とは、

> 天禄四年（九七三）二月廿七日夜に薬師寺の食堂から出火、寺僧らは金堂と講堂への延焼罹災の免れ得ない定めに泣き惑いつつ暁を迎えた。焼け跡に黒煙が三筋ばかり立ちのぼるのが眺められたが、じつは黒煙とみえたのは鳩の群れで、八幡神の使いである無数の鳩が飛び回りながら火気を寄せ付けなかったために金堂等が罹災を免れた

という内容で、続いて此処ではかかる奇跡を寺の薬師仏が示された霊験であるとし、また南大門前の鎮守の八幡による加護であるとも語っている。[注50] むろんこの説話にいう薬師仏とは現三尊に相違なく、鎮守の八幡とは今日休ヶ岡八幡の名で知られる宮にほかならない。ちなみに鳩が八幡神と密接にかかわる霊鳥であることはよく知られており、現三尊と八幡神とを結び付けたこの霊験譚は、八幡神が護国神として奈良時代に宇佐から平城京へと迎えられた神であるだけに、現三尊の宗教的機能を考えるうえできわめて重要なように思われる。すなわちこの

ような八幡信仰と関連する説話が平安期に語られていたという事実は、前章で検討した現三尊の護国仏教尊としての機能を明示しており、この説話が示す現三尊と八幡神との関係は以下に述べるように、奈良時代にすでに成立していたと推察されるのである。

まず重要なのは護国神的性格が濃厚な八幡神が生類の命を尊ぶ放生を好む点である。すなわち『三宝絵』や『宇佐八幡宮弥勒寺建立縁起』によると、養老四年の隼人の乱に際して八幡神の軍勢が官軍に協力して多数の隼人を殺した贖罪のため、八幡神宮で毎年放生会をおこなうようになったという。[注51] 不殺生戒により捕らえた鳥や魚を放つ放生は『金光明最勝王経』流水長者子品をはじめ、『金光明経』や『梵網経』等に依拠した善行とされるが、[注52] 有情を放って功徳を得ようとするこのおこないは『薬師経』にも見いだされる。すなわち同経では続命の幡をかけて四十九灯を点じて雑類衆生を放つべきことを説いており、[注53] 中野玄三氏は天武が薬師寺を造営しようとした白鳳時代においてすでに『薬師経』にもとづく放生が実践されていたとして、『書紀』にみえる天武九年（六八〇）の薬師寺発願時の罪人の放免、朱鳥元年（六八六）の天武の転病を目的とする川原寺での『薬師経』講説に際しての大赦、持統二年（六八八）の薬師寺での無遮大会に際しての軽罪の赦免などをその実例として挙げている。[注54] そうすると薬師寺が移転した養老二年（七一八）の十二月七日に元正が元明のためにおこなった大赦や、同四年八月一日の藤原不比等の転病祈願に関わる大赦も、[注55] この頃現三尊が制作の途上にあったとみる前章での私見に照らすならば、これを意識して『薬師経』に拠った可能性が高い。とくに後者では大赦の翌日に京の四十八箇寺に命じて『薬師経』を転読させているから、同経による大赦とみて差し支えあるまい。[注56] そうすると同じ養老四年に八幡神宮が放生会を創始したとするならば、この放生会も『薬師経』に依拠した法会の可能性が考えられ、ひいては以下に述べるように、八幡神と現三尊との関係もある程度明確にみえてくる。

そもそも養老四年に八幡神軍が朝廷側に加担し、隼人軍を平らげて放生会を創始したという伝承は『続紀』にはみえず、平安時代成立の『三宝絵』や『宇佐八幡宮弥勒寺建立縁起』、正和二年（一三一三）の『八幡宇佐宮御託宣集』など後世の文献に限られる。それゆえこれらの内容の信憑性が問題となるが、中野幡能氏、菅原征子氏、逵日出典氏らはこのような八幡神軍の（正確にいうと八幡神を推戴し信奉する集団の）一連の動向を史実とみなしている。[注57] 逵氏によるとこのとき八幡神軍を牽引したのは僧法蓮であったというが、興味深いのは彼が神亀二年（七二五）に宇佐の弥勒禅院及び薬師勝恩寺の造営に関与したとみられる点である。[注58] とりわけ薬師勝恩寺はその寺名から薬師像を本尊とする寺院と推定され、「勝恩」を隼人討伐戦の戦勝への報恩の意と解するならば、薬師仏と八幡神とは早期に結合していた可能性が高い。とくに同寺と先の弥勒禅院が合併して天平十年に造営されたとするみかた[注59]が有力な八幡神宮弥勒寺が、中央の薬師寺と同じ伽藍配置の寺院であったという事実[注60]はこれを如実に示唆している。おそらく弥勒寺の伽藍配置の決定に際しては平城京の新寺を意識したのであろう。それゆえに現三尊完成の前年の養老五年に法蓮が天皇よりの褒賞として親族に宇佐君の姓を賜った事例[注61]は注目に値する。

このような点から現三尊は初期の八幡信仰と密接に関連していたと考えられるが、これをさらに明確に示唆するのが『続紀』天平勝宝二年（七五〇）条の孝謙天皇による八幡神への封戸等の施入と『薬師経』への帰依を表明する記事である。これによると孝謙は二月九日に大郡宮から薬師寺宮に移り、同月二十九日に宇佐八幡大神に封戸八百戸と位田八十町、比売神に封戸六百戸と位田六十町を奉納し、[注62] 四月四日には「薬師経に帰して行道懺悔す」と宣したうえで、天下への大赦をおこなう旨の勅を下している。[注63] 先述のように八幡神と薬師仏はともに放生というキーワードによって結び付くから、孝謙による八幡大神への資財施入と『薬師経』帰依による大赦はともに関連するおこないであったとみるのが自然であろう。そこで重要なのは孝謙がこの一連の勅命を薬師寺宮、すなわち現三尊を本尊とする新寺において発した点である。つまり新寺における『薬師経』帰依の宣布は、とりもなおさず孝謙の現三尊への帰依表明にほかならない。そうするとこれとほぼ同時になされた八幡神への封戸等の奉納は、現三尊が八幡神と密接に関わっていた事実を示していよう。したがって八幡宮の放生会が戦死した隼人への贖罪の念により創始された点に再び注目するならば、前章で述べたように、現三尊にも同じく隼人供養の機能が含まれ、台座の鬼形像に隼人のイメージが重ねられた可能性が高いと結論付けられるのである。

五　霊験仏としての薬師寺本尊——結びにかえて

現三尊に関わる先の『今昔物語集』（以後、『今昔』）巻十二第二十話の説話はいまひとつの重要な情報を提供している。それは説話成立当時、現三尊が霊験仏として認知されていたという事実である。この説話の成立時期については追塩千尋氏によって、長久二年（一〇四一）以後であることが明らかにされており、[注64]少なくとも同年頃には霊験仏として定着していたとみられる。ただし霊験仏とみなされるようになった時期は不明で、弘仁年間（八一〇～八二四）成立の『日本霊異記』には本像の霊験譚は見いだされず、かつ『今昔』の説話が天禄四年（九七三）の薬師寺伽藍の罹災[注65]に材をとっている点から、同寺が現三尊の霊験性を喧伝するようになったのは天禄四年以後のことであろう。ようするに現三尊は同年から長久二年前後に霊験仏となった蓋然性が高い。なお注目すべきは『今昔』の説話では薬師寺を天智天皇造営の寺院としている点である。[注66]これは単に天武と混同しての誤記ではなく、同じ『今昔』の巻十一第十七の「天智天皇、造薬師寺語」と題した説話にもとづくことが容易に推察される。もっともこの説話は今日前半部を欠くが、福山敏男氏は菅家本『諸寺縁起集』薬師寺条所収の「当寺建立事」が失われた前半部の逸文に近いとしており、[注67]これには持統がまだ姫宮であった頃、背中に悪瘡が出来たため、父の天智がその平癒のために金銅丈六仏つまり現三尊を鋳造し、功験があったとの内容[注68]が語られている。しかもこの説話の末尾にも「その利益蒙らずといふことなし」と記して現三尊の霊験性を明記しているから、先の巻十二の説話とほぼ同時期の成立とみられ、長久二年前後には現三尊は天智発願の霊験仏として認知されていたようである。それでは現三尊はいかなる経緯で平安時代も後半期に入って霊験仏視され、天智奉造の説話が創作されるようになったのであろうか。以下に検討を試みたい。

　この問題を考えるうえで、十二世紀の『七大寺日記』や『七大寺巡礼私記』が現三尊よりも勝れた像と評した大安寺釈迦如来像（以後、大安寺像）はきわめて重要な比較対象である。白鳳仏である天智奉造の大安寺像が現三尊よりも勝れていると『日記』等が評した事情について、かつて私は天智ゆかりの像ゆえに天智系の光仁天皇の治世以後に大安寺像が霊験仏として尊ばれるようになり、その由緒と霊験性が後世における評価の要因となった可能性を論じた。[注69] また長岡龍作氏は宝亀六年（七七五）の「大安寺碑文」（以後「碑文」）の記載から大安寺像が完璧な相好を具えた像で、その生身性が後世の評価に繋がったとみている。[注70] 長岡氏の見解と私見を併せ考えると、大安寺像の相好を讃えた「碑文」は天智系皇統によるこの像への信仰を背景に撰文されたから、[注71] 相好を具えた生身性ゆえの評価も、結局は天智奉造の由緒に帰結することになろう。

　そこで注目すべきは第一章で確認したように、現三尊も相好のうち美術表現可能な相を具えている点である。なかでも足裏の精緻な毛彫りによる千輻輪相及び数種の瑞祥文は相好中出色の出来であり（挿図5）、このような完璧な相好の表出は根本本尊のそれを忠実に踏襲した結果であろう。平城京新鋳説に立つ林南壽氏は、新寺が旧寺の伽藍にほぼ忠実に造営された点などを論拠に、一時代古い白鳳仏に特有の須弥座や脇侍像の三面頭飾などが現三尊で採用されたのは、根本本尊のそれを模したためであるとのみかたを提示している。[注72] 林氏の見解に従えば、

挿図５　薬師三尊像の中尊（部分）

足裏の千輻輪相等も根本本尊ですでに表現されていたとみて大過あるまい。天武が自ら発願した根本本尊において、天智発願の大安寺像と同じレベルの精緻な相好表現を求めた可能性は、壬申の乱で天智系の近江朝廷に勝利した天武であれば容易に推定出来よう。

このように新旧いずれの薬師寺本尊も完璧といえる相好を具えながら、大安寺像のようにその生身性が喧伝されることはなかった。また「碑文」は大安寺像を権化の作とし、後世の『巡礼私記』は中国渡来の仏工とみられる解文恵（稽文会）と稽主勲の作と伝えており、岩佐光晴氏が指摘するように、大安寺像は実際に唐からの渡来仏師により制作された可能性が高い。[注73] そうすると「碑文」が神仏の権化の作と記したのは仏工の故国である唐を異界ないしは天界に見立てたことによると推定され、『巡礼私記』が解文恵らを化人というイメージで捉えたとの杉崎貴英氏の指摘[注74]からも、常人ならぬ仏工の作との伝承が後代まで大安寺像で語り継がれた点は疑う余地がない。だがこれに対して現三尊にはこのような伝承は付随しない。その要因は『霊異記』上巻第三十二縁の大安寺像にまつわる説話が暗示しているように、奈良末の天武系皇統と天智系皇統の盛衰に求め得るように思われる。

上巻第三十二縁の説話とは神亀四年（七二七）九月に添上郡での猟の折、聖武が逃した鹿と知らずにこれを食べた細見里の百姓男女十余人が捕えられ、宮中授刀寮へ連行される途中で大安寺像の霊験にすがって祈ったところ、聖武に皇子が誕生したため、大赦により刑を免れたばかりか官禄まで授かったという内容の霊験譚である。この説話が聖武の皇子である某王（基王）の誕生という史実にもとづきつつ、『霊異記』成立の弘仁年間当時語られていたという事実を前提に考えると、当然一年後の某王の夭折も暗黙の了解のうえで流布したに相違あるまい。そうするとこの説話で重要なのは、某王誕生の慶事が聖武へ向けての霊験ではなく、百姓を救済するために大安寺像が一時的に示した奇跡と捉え得る点であり、結果的に聖武は翌年に最愛の皇子を失っている。つまり大安寺像は某王の誕生をもって百姓を救済したのであり、天武系皇統を継ぐべき某王の長生には功験を及ぼさなかったことを暗に語っているのである。それゆえこの説話は大安寺像が天智系皇統のみに利する像であるという宝亀頃の認識を背景に成立したと考えられる。[注75]

『霊異記』の説話が両皇統の盛衰に関わるとみるならば、大安寺像は天智奉造の由緒ゆえにその生身性や作者を権化とする伝承が広く喧伝され、霊験譚が『霊異記』に収録されたと推察される。これに対して現三尊は天武系皇統ゆかりの尊像であるために、宝亀以降の皇統の衰退により、生身性や仏師の神格化は語られず、霊験仏にもなり得なかったのであろう。そうすると時を経た天禄四年の薬師寺罹災という、これも史実にもとづく『今昔』所収の現三尊の霊験譚に、長きにわたり霊験寺院として大安寺の後塵を拝さざるを得なかった薬師寺の、起死回生の意趣が含まれているとみることも可能ではあるまいか。追塩千尋氏が論じたように同寺は平安中期には東大寺や興福寺に次ぐ南都屈指の寺勢を誇ったが、[注76]本尊の霊験性は大安寺像には遠く及ばなかったであろう。それゆえ天禄の罹災で金堂等が奇跡的に難を逃れた事実を現三尊の霊験に帰して先の説話を創出したとみられるが、ここで重要なのは前述のように天智造立説話を創作した点であり、この潤色には現三尊の願主が大安寺像と同じであることを主張して朝野の注目を集めようする薬師寺側の思惑が読み取れる。[注77]よって『今昔』の霊験譚は大安寺像を意識した説話といえよう。

その根拠として薬師寺別当輔精（補静）による大安寺像の模刻が注目される。すなわち『巡礼私記』には定朝作の同寺東院の本尊釈迦像は補静が大安寺像を模して造らせた像であるとの記述がみえ、[注78]奥健夫氏がいうように霊験仏の模刻がオリジナル像の霊験の分与を目的とするものであってみれば、[注79]補静が別当であった頃の薬師寺では大安寺像を意識し、その霊験性を借用して霊験寺院化を推進した可能性が高い。しかも現三尊が霊験仏視されるようになったとみられる長久二年前後は補静が別当職を辞して間もない頃であるから、『今昔』説話が語る天智造立のことも同じく大安寺像の由緒を借用した結果とみて大過ないであろう。そうすると同じく補静の別当在任中の長和六年（一〇一七）三月一日における大安寺の罹災は見逃し難い。このときの罹災が先の模刻制作の以前か以後かは判然としないが、同寺では金堂等の主要建物が焼失しており、[注80]服部匡延氏はこれにより大安寺の寺勢は衰退の一途を辿ったとみている。[注81]幸いにも大安寺像は救い出されたようであるが、薬師寺では大安寺の罹災で金堂が焼失した事実を踏まえて、逆にかつての天禄四年の罹災時で金堂等が無事難を逃れたことを現三尊の験としたのであろう。ようするに『今昔』の説話の意図は、さしもの霊像たる大安寺像ですら金堂焼失の凶事を避け得なかったとの意を暗に含みつつ、現三尊の霊験を喧伝することでこの稀有の霊像を凌駕しようとした点にあるのではなかろうか。

以上の検討から『今昔』の現三尊の霊験譚は大安寺像の由緒を借用し、大安寺の罹災を踏まえながら語られた霊験譚で、薬師寺の霊験寺院化を目指す一環として創作されたのであろう。そうすると天智奉造という大安寺像の由緒が平安後期においても引き続き重視されていた事実がこれにより判明し、『日記』や『巡礼私記』が大安寺像を南都随一の像と評した要因も、結局この由緒に帰すると思われる。しかし重要なのは現三尊が大安寺像に次ぐ評価を勝ち取った点であり、これを薬師寺による現三尊の霊験仏化が朝野に定着した結果とみるならば、案外に『今昔』の説話が功を奏したといえなくもないであろう。

注

1　中野聰「薬師寺根本本尊についての考察――所謂移座・非移座問題をめぐって――」（『佛敎藝術』三四九、平成二十八年）。

2　法量は町田甲一「薬師三尊像（金堂所在）」（『奈良六大寺大観』六巻　薬師寺〈全〉岩波書店、昭和四十五年）による。

3　岡倉天心「日本美術史」〈岡倉氏の講義録〉（『岡倉天心全集』四、平凡社、昭和五十五年）、関野貞「薬師寺金堂及講堂の薬師三

尊の製作年代を論ず」（『史学雑誌』十二―四、明治三十四年）、足立康「薬師寺金堂三尊の造顕年代」（『國華』五一五、昭和八年）、内藤藤一郎「薬師寺金堂講堂両本尊考」（『薬師寺の新研究』鵤故郷舎、昭和十四年）、町田甲一「天平様式と薬師寺金堂三尊」（『國華』七九九、昭和三十三年）、松原三郎「天平彫刻と唐様式」（『國華』九六七、九六八、昭和四十九年）、松山鉄夫「薬師寺金堂薬師三尊像の制作年代について」（松山鉄夫編『薬師寺』〈『名宝日本の美術』六〉小学館、昭和五十八年）、大橋一章『薬師寺』（町田甲一企画『日本の古寺美術』四）保育社、昭和六十一年）など。このほか、毛利久「天平彫刻」（浅野清・毛利久編『奈良の寺院と天平彫刻』〈『原色日本の美術』三〉小学館、昭和四十一年）、上原昭一「天平彫刻の様式」（上原昭一・鈴木嘉吉編『南都七大寺』〈『日本美術全集』三〉学習研究社、昭和五十二年）、水野敬三郎『奈良・京都の古寺めぐり――仏像の見かた』〈岩波ジュニア新書〉岩波書店、昭和六十年）、宮上茂隆『薬師寺伽藍の研究』（草思社、平成二十一年）、山本勉『日本仏像史講義』〈平凡社新書〉平凡社、平成二十七年）、長岡龍作「古代人が創造した金銅仏の到達点」（『週刊朝日百科国宝の美』一一、朝日新聞出版、平成二十一年）など。

4 久野健「塼仏について」（『國華』八九六、昭和四十一年）、長谷川誠「薬師寺の創建と薬師三尊」（『金堂薬師三尊と聖観音』〈『奈良の寺』九〉岩波書店、昭和四十九年）、西川新次『彫刻――飛鳥・奈良』（『文化財講座日本の美術』五）第一法規、昭和五十三年）、田辺三郎助「薬師寺金堂本尊から唐招提寺金堂本尊へ」（伊藤延男編『薬師寺と唐招提寺』〈『日本古寺美術全集』三〉集英社、昭和五十四年）、戸花亜利州「薬師寺金堂薬師三尊像の制作年代について」（『帝塚山大学大学院人文科学研究紀要』三、平成十四年）。このほか白鳳説を主張する論考には、小林剛「白鳳彫刻史論」（『考古学雑誌』三〇―八、昭和十五年）、同「薬師寺金堂の薬師三尊について」（『佛教藝術』五、昭和二十四年）、松浦正昭『飛鳥白鳳の仏像――古代仏教のかたち』（『日本の美術』四五五）至文堂、平成十六年）などがある。

5 大橋一章「薬師寺の彫刻」（安田暎胤・大橋一章編『薬師寺』里文出版、平成二年）

6 久野健氏は天武持統朝の造仏組織に新旧二派が併存し、官寺より格下の山田寺の丈六金銅仏（現仏頭）は旧派による旧様式で制作されたため、自ずと現三尊との間に様式差が生じたという解釈を提示した（久野健「薬師寺金堂薬師三尊像の制作年代について」『日本歴史』一五四、昭和三十六年）。しかし仏頭が官営の造仏組織によって制作されたことが否定されない限り、久野氏の推定は成立し難いように思われる。

7 町田甲一「鞍作部の出自と飛鳥時代における『止利式仏像』の興亡について」（『國華』八八〇、昭和四十年）。

8 注3松山氏前掲論文。なお松山氏は様式のみならず鋳造技法にも注目し、現三尊の技法に山田寺仏頭のそれよりも格段に進歩した諸要素を見いだしている。

9 例えば千田稔『平城京遷都』（〈中公新書〉中央公論新社、平成二十年）など。

10 注1中野前掲論文。なお拙稿以前に旧寺と大内陵との密接な関係を推定し、旧寺の金堂を天武の廟堂と性格付けた先行研究に、宮上茂隆「薬師寺金堂および本尊」（同『薬師寺伽藍の研究』草思社、平成二十一年）がある。

11 『続紀』霊亀二年五月十六日条に「始徒建元興寺于左京六條四坊」とあり、養老二年九月二十三日条に「遷法興寺於新京」とある。なお前者の記載中、「元興寺」は「大安寺」の誤記であることが福山敏男氏によって明らかにされている（福山敏男「大安寺と元興寺の平城移建年代」〔同『日本建築史研究』墨水書房、昭和四十三年〕）。

12 『縁起』の写本である醍醐寺本『諸寺縁起集』所収の『薬師寺縁起』には「太上天皇養老二年戊午移伽藍於平城京」、「元明天皇第三代本願也」とある。

13 石田茂作「出土古瓦より見た薬師寺伽藍の造営」（同『伽藍論攷――仏教考古学の研究』養徳社、昭和二十三年）、花谷浩「本薬師寺の発掘調査」（『佛教藝術』二三五、平成九年）、注10宮上氏前掲論文。

14 星野安治、児島大輔、光谷拓実「国宝薬師寺東塔木部材の年代測定」（『奈文研紀要』二〇一七、平成二十九年）。

15 岸俊男「飛鳥から平城へ」（坪井清足・岸俊男編『古代の日本（五）――近畿』角川書店、昭和四十五年）。

16 小沢毅「平城宮中央区大極殿地域の建築平面について」（潮見浩先生退官記念事業会編『考古論集』同記念事業会、平成五年）。

17 注1中野前掲論文。

18 中野聰「法隆寺金堂釈迦三尊像の所依経典と美術表象」（『龍谷大学仏教文化研究所所報』三四、平成二十二年）ほか。

19 『大正新脩大蔵経』一六―七九六b。なお『仏説大乗造像功徳経』については、寺崎敬道「造像の功徳について」（『駒澤大学佛教学部論集』二三、平成四年）に詳しい。

20 福山敏男氏は「塔露盤銘」の前半部は推古朝の原銘ではなく後世の撰文でその成立の下限を奈良朝とするが（福山敏男「飛鳥寺の創立」〔同『日本建築史研究』墨水書房、昭和四十三年〕）、上代の造塔の理念にもとづいて撰文されたことは確実といえよう。

21 『仏説大乗造像功徳経』は天平八年（七三六）九月二十九日付の正倉院文書「写経目録」中に確認出来るから、奈良時代にすでに将来されていたことは確実である。

22 遷都に際して元明が官寺の建物を発願しながら本尊を発願しなかったとは到底考え難い。おそらく元明は平城京ひいては国家の安寧を祈って天皇家ゆかりの寺院の本尊を発願しているはずであり、その願を果たすべき尊像といえば薬師寺の新本尊たる

23 現三尊以外にはあり得ないであろう。元明が勅願寺の本尊を発願造像しなかったとするならば、官寺の本尊の造像は、本来勅願寺ではない元興寺の本尊弥勒像を除くと、聖武による国分寺本尊や東大寺大仏を俟たねばならず、非現実的である。長谷川氏は持統発願の繡仏が、入唐時に玄奘に師事した道昭を導師として開眼供養が施された点などを論拠に、玄奘訳の『薬師経』を旧寺造営の所依経典と推定している（注4長谷川氏前掲論文）。この見解は妥当というべきであろう。なお新寺の現三尊の所依経典について足立康氏は、『七大寺巡礼私記』が当初の光背に七仏薬師が表象されていた旨を記す点に注目し、唐・義浄訳『薬師瑠璃光七仏本願功徳経』に依拠して制作された可能性を推定したが（注3足立氏前掲論文）、足立説の確実性については大橋一章氏が、七軀の化仏をあらわすのは如来像の光背には通例であるとして疑義を提示している（注5大橋氏前掲論文）。加えて玄奘訳『薬師経』にも七仏薬師が説かれているから（『大正新脩大蔵経』一四―四〇七c）、大橋氏の主張のごとく足立説は証明し難い。

24 『大正新脩大蔵経』一四―四〇六c。

25 『大正新脩大蔵経』一四―四〇七a。

26 『大正新脩大蔵経』一四―四〇七c。

27 吉川真司『聖武天皇と仏都平城京』（大津透ほか編『天皇の歴史』二）講談社、平成二十三年）。

28 奈良国立文化財研究所『昭和五十二年度平城宮跡発掘調査部発掘調査概報』（奈良国立文化財研究所、昭和五十三年）。

29 注3松山氏前掲論文。

30 大橋一章「平城京における薬師寺の造営について」（『美術史研究』一三、昭和六十一年）。なお大橋氏以前に「仏殿」を薬師寺の仏殿ないしは金堂に同定した先行研究として、境野黄洋『日本仏教史講話』（森江書店、昭和六年）、太田博太郎『南都七大寺の歴史と年表』（岩波書店、昭和五十四年）がある。

31 大橋氏は別稿で金堂の竣工を養老五年、本尊の完成をその翌年とみている（大橋一章「平城京における薬師寺の移転工事」（同『奈良美術成立史論』中央公論美術出版、平成二十一年））。

32 森下惠介『大安寺の歴史を探る』（南都大安寺編『大安寺歴史講座』二）東方出版、平成二十八年）。

33 注27吉川氏前掲書。

34 新川登亀男「造像銘と縁起」（平川南ほか編『神仏と文字』（同編『文字と古代日本』四）吉川弘文館、平成十七年）。

35 近年私は「本願縁起」に願文が記されていた可能性を推定したが（中野聰「法隆寺伝法堂中の間伝阿弥陀三尊像をめぐって」（大橋

一章博士古稀記念会編『てらゆきめぐれ――大橋一章博士古稀記念美術史論集』中央公論美術出版、平成二十五年〉)、願文を含む縁起文の実例としては『元興寺縁起』所引の「塔露盤銘」と「丈六光銘」が挙げられる。福山敏男氏によると両者は元興寺の古縁起を形成していた時期があるというから(注20福山氏前掲論文)、このような例に照らすならば「本願縁記」も文体や形式は「塔露盤銘」や「丈六光銘」に近い縁起文であったと推察される。

36 『続日本紀』養老六年十一月十九日条に「丙戌、詔曰、朕精誠弗感、穆卜罔従。降禍彼蒼、閔凶遄及、太上天皇奄棄普天。誠冀、北辰合度、永庇生霊、南山協期、常承定省。(中略)故奉為太上天皇、敬写華厳経八十巻、大集経六十巻、涅槃経卌巻、大菩薩蔵経廿巻、観世音経二百巻、造潅頂幡八首、道場幡一千首、着牙漆几卅六、銅鋺器一百六十八、柳箱八十二、即従十二月七日、於京幷畿内諸寺、便屈請僧尼二千六百卅八人、設斎供也。」とある。なお十二月七日が元明の祥月命日である点については、『続日本紀』養老五年十二月七日条の元明崩御の記事により判明する。

37 醍醐寺本『諸寺縁起集』所収の『西大寺縁起』に「薬師寺旧流記資財帳云、一金銀銅鉄銭鍬幷供養具、絁、糸、綿、長布、交易庸布、紺布、裌帳布、白米等有員、繁故略是。右以養老六年壬戌十二月四日納賜平城宮御宇天皇者。」とある。

38 注1中野前掲論文。

39 崩御直前の不予に際しては当然のごとく、願主である元明の転病を祈って現三尊の制作が継続されるとともに、『薬師経』が転読あるいは書写された可能性が高い。また『薬師経』所説の十二願中の第八願は女人往生に関する願(『大正新脩大蔵経』一四―四〇五b)であり、元明追善の機能に関連するとみられる。

40 例えば護国寺本『薬師寺縁起』には「流記云、東禅院舎三口、堂細殿僧房、吉備内親王奉為 元明天皇、以養老年中造立也。」とある。元明崩御後の造営とすると、東禅院の発願及び着工は養老五年以降となる。

41 長岡龍作「須弥座考――薬師寺金堂薬師如来像の台座をめぐって」(奈良国立博物館編『日本上代における仏像の荘厳』〈平成十二〜十四年度科研費報告書〉、平成十五年)。

42 淺湫毅「薬師寺金堂本尊台座の異形像について」(『佛敎藝術』二〇八、平成五年)。

43 片岡直樹「薬師寺本尊台座考」(『奈良美術研究』一一、平成二三年)なお片岡氏の見解は、小杉一雄氏の研究成果(小杉一雄「紋様より見たる薬師寺須弥壇の性質」〈『薬師寺の新研究』 鵤故郷舎、昭和十四年〉など)を踏まえての立論である。

44 『大正新脩大蔵経』一四―四〇七c。

45 『続日本紀』和銅元年二月十五日条。

46　駒井和愛「熊襲・隼人考」(『古代学』一六―二、三、四、昭和四十四年)。

47　鬼形像のテーマは実在の隼人のイメージ化とは別問題であり、これらの図像上の実体についてはなお検討の余地を残す。ちなみに近年では先の浅湫氏や長岡氏の説のほか、薬師の法を聞く『薬師経』所説の鬼形の象徴とする説(高田朗子「薬師寺金堂本尊薬師三尊像台座についての一考察」『史友』三〇、平成十年)、『金光明経』散脂鬼神品所説の鬼神とする説(戸花亜利州「薬師寺金堂薬師如来像台座に表された異形像の意義」〔『佛教藝術』二八四、平成十八年〕)、『薬師経』所説の十二薬叉大将とする説(長岡龍作『日本の仏像――飛鳥・白鳳・天平の祈りと美』〔中公新書〕中央公論新社、平成二十一年)などが提示されている。いずれの説も仏法に利する善鬼、護法神とみる点で共通するが、私は逆に醜怪な姿形から邪悪の象徴(邪鬼)と解釈している。なお上代の鬼形の造形について山田美季氏は、鬼形像の表象が完全に善悪に二分出来ないものの、現存作例に拠る限り善鬼としての性格の定着がみられないとする(山田美季「日本の『邪鬼』観の形成と四天王信仰」〔『日本宗教文化史研究』二二―一、平成三十年〕)。傾聴すべき見解といえよう。

48　『大正新脩大蔵経』一四―四〇六a。

49　金子啓明「阿修羅像の意味するもの」(興福寺監修『阿修羅を究める』小学館、平成十三年)、東野治之「阿修羅像と天平文化」(同)。

50　なおこの説話には続きがあり、永祚元年(九八九)の旋風で吹き飛ばされた金堂上階の瓦や木材が一切破損しなかった奇跡譚、さらに薬師寺南大門のための材木を大和国司藤原義忠が横領したため、寺僧らの八幡神への祈禱により、義忠が吉野川で水死した話が語られ、いずれの奇譚も現三尊の霊験に帰している。

51　例えば『三宝絵』巻下第二十六には「爰ニ託宣アリテノ給ハク、隼人等オホクコロシツ。其罪ヲウシナワムガタメニ、放生会ヲ毎年ニ行フベシ。」とある。

52　流水長者子品と放生との関係については、中村史「『日本霊異記』釈迦説話と法会唱導」(同『日本霊異記と唱導』三弥井書店、平成七年)などに詳しい。

53　『大正新脩大蔵経』一四―四〇七c。

54　中野玄三「八世紀後半における木彫発生の背景」(『佛教藝術』五四、昭和三十九年)。

55　『続日本紀』養老二年十二月七日条及び同四年八月一日条。

56　『続日本紀』養老四年八月二日条に「令都下卌八寺一日一夜読薬師経。免官戸十一人為良、除奴婢一十人従官戸。為救右大臣病也。」とある。

57 中野幡能『八幡信仰』（〈塙新書〉塙書房、昭和六十年）、菅原征子「養老の隼人の反乱と宇佐仏教徒」（『日本歴史』四九三、平成元年）、逵日出典「初期八幡放生会と行幸会」（『日本宗教文化研究』五―一、平成十三年）、同『八幡神と神仏習合』（〈講談社現代新書〉講談社、平成十九年）。とくに逵氏は天平三年正月二十七日の八幡宮への官幣下賜により、同神宮が伊勢神宮などと同等の扱いを受けた点（『東大寺要録』諸院章第四）に注目し、八幡神の隼人討伐の伝承を史実としている。

58 注57逵氏前掲論文及び前掲書。なお『八幡宇佐宮御託宣集』巻六の神亀二年正月二十七日条に「神託之趣、奏聞之間、依勅定被造寺安置仏像、号弥勒之禅院、大菩薩御願主也。（中略）又奉造御堂安置本尊、号薬師之勝恩寺、大神比義之建立也。（中略）弥勒寺初別当者法蓮和尚（後略）」とある。

59 注57逵氏前掲論文及び前掲書。

60 大分県立宇佐風土記の丘歴史民俗資料館『弥勒寺――宇佐神宮弥勒寺旧境内発掘調査報告書』同資料館、平成元年。

61 『続日本紀』養老五年六月三日条に「詔曰、沙門法蓮、心住禅枝、行居法梁。尤精医術、済治民苦。善哉若人。何不褒賞。其僧三等以上親、賜宇佐君姓。」とある。

62 『続日本紀』天平勝宝二年二月九日条に「天皇従大郡宮、移御薬師寺宮。」とあり、同月二十九日条に「奉充一品八幡大神封八百戸。（中略）位田八十町。（中略）二品比売神封六百戸、位田六十町。」とある。

63 『続日本紀』天平勝宝二年四月四日条に「勅、比来之間、緑有所思、帰薬師経、行道懺悔。冀施恩恕、兼欲済人。尽洗瑕穢、更令自新。仍可大赦天下、幷免今年四畿内調。（後略）」とある。

64 この説話の後半に登場する大和国司藤原義忠（注50参照）の没年が長久二年と判明する点（『国司補任』）などから、追塩氏は説話の成立時期を同年以降としている（追塩千尋「『今昔物語集』と南都仏教」〈『日本宗教文化史研究』一―二、平成九年〉ほか）。

65 醍醐寺本『薬師寺縁起』には「天禄四年癸酉二月廿七日焼亡」などとあり、天禄四年に金堂など主要建物を残して同寺が罹災したのは史実である。

66 第二十話には「天智天皇建給テ後四百余歳ニ成テ、未ダ如此ノ火事無カリツルニ、忽ニ焼失ナムトス。」とある。

67 福山敏男「薬師寺の歴史」（福山敏男・久野健『薬師寺』東京大学出版会、昭和三十三年）。

68 「天智天皇御宇、御子持統天皇末姫宮仁御在之時、彼姫御背仁悪瘡出来。天皇無限恐歎給、為祈禱、以金銅丈六薬師仏鋳給之間、其験新而、宮病即愈給。」

69　中野聰「霊験仏としての大安寺釈迦如来像」（『佛教藝術』二四九、平成十二年）。なお大安寺像と現三尊の評価について『七大寺日記』薬師寺条には「除大安寺之外、勝物諸寺仏像給者也。」とある。また『七大寺巡礼私記』薬師寺条にも割註で「除大安寺尺迦之外、此寺仏像及粧厳勝於諸寺云々。」と付記されている。ちなみに大安寺像を南都随一の像とするこのような評価の要因について、片岡直樹氏は同像の像容に求めている（片岡直樹「大安寺釈迦像の像容について」〔『新潟産業大学人文学部紀要』六、一九九七〕）。

70　注47長岡氏前掲書。なお「大安寺碑文」は醍醐寺本『大安寺縁起』所収。

71　注69中野前掲論文。

72　林南壽「金堂薬師三尊像」（大橋一章・松原智美編『薬師寺・千三百年の精華――美術史研究のあゆみ』里文出版、平成十二年）。

73　岩佐光晴「仏師稽文会・稽主勲をめぐって」（村重寧先生・星山晋也先生古稀記念論文集編集委員会編『日本美術史の杜』竹林舎、平成二十年）。かつて私は大安寺像が道昭と黄文本実によるサールナート仏足石の普光寺転写本の将来に連動して制作されたとのみかたを提示したが（中野聰「百済大寺の本尊に関する考察」〈『奈良美術研究』六、平成二十年〉）、道昭らが普光寺本とともに唐の仏師を伴って帰国した可能性も十分考えられる。

74　杉﨑貴英「仏師が登場する中世の霊験仏縁起をめぐって」（『日本宗教文化史研究』二〇―一、平成二十八年）。

75　『日本霊異記』には大安寺像に纏わる説話が上巻第三十二縁のほかにもう一話収録されているが（中巻第二十四縁）、この二話の成立について、中村史氏は白堂（在俗の信者の願い事を僧侶が取次いで本尊に告白する行為）を専門とする大安寺僧がこれらの説話を説き弘めたと推定している（中村史「『霊異記』における大安寺関係説話の考察――中巻第二十四縁を中心として」〔『花園大学国文学論究』一二、昭和五十九年〕）。大安寺像が天智系の王権によりその霊験性が喧伝されたとする私見に照らすならば、これに連動して大安寺の内部で霊験譚が創作された可能性は高いとみられるから、中村氏の推定は興味深い。なお上巻第三十二縁に関する論考としては、八重樫直比古「『日本霊異記』における聖武天皇」（同『古代の仏教と天皇――日本霊異記論』翰林書房、平成六年）がある。

76　追塩千尋「平安期の薬師寺について」（『日本宗教文化史研究』四―二、平成十二年）。

77　福山敏男氏は『今昔』の薬師寺本尊天智造立説話の創作意図について、平安時代の累代天皇の祖である天智を薬師寺の檀主の始祖とすることで、同寺の寺格を一層高めようとしたためであると推定している（注67福山氏前掲論文）。おそらく福山氏の推定は妥当であると思われるが、さらに具体的には大安寺像の天智奉造の由緒を借用して現三尊の霊験性を高めようとする目的で創作されたと私考される。

78 『巡礼私記』薬師寺条には「東院八角宝形、安丈六尺迦坐像定朝造之。口伝云、斯堂者在唐院之傍、薬師寺別当輔精已講私之建立也。仏像者誂定朝、摸大安寺之尺迦所奉造也。」とある。ここには制作年次が記されていないが、水野敬三郎氏は『薬師寺別当次第』の記載から、東院釈迦像は輔静が別当職にあった長和三年（一〇一四）から長暦元年（一〇三七）までに制作されたと推定している（水野敬三郎「輔静已講について」『MUSEUM』一六二、昭和三十九年）。

79 奥健夫「清凉寺釈迦如来像の受容について」（『鹿島美術財団年報』十三別冊、平成七年）。なお大安寺像の模刻に関する論考には、皿井舞「模刻の意味と機能――大安寺釈迦如来像を中心に」（『研究紀要』（京都大学文学部美学美術史研究室）二二、平成十三年）がある。

80 『日本紀略』寛仁元年（四月改元のため長和六年）三月一日条に「夜大安寺有火。釈迦如来一躰免其火難。」とあり、大安寺の金堂がこの火難で焼失したことが知られる。

81 服部匡延「平安時代における大安寺の回禄と復興の概観」（『美術史研究』三、昭和四十年）。なお平安時代の大安寺の動向については、追塩千尋「平安期における大安寺の大勢」（佐伯有清編『日本古代中世の政治と宗教』吉川弘文館、平成十四年）を参照。

東大寺誕生釈迦仏立像と奈良時代の仏誕観

田中　健一

はじめに

仏教美術をめぐるさまざまな物語のうち、本稿では仏誕を取り上げる。白象として摩耶夫人の胎内に宿った（託胎）、摩耶夫人がルンビニーの園でアショーカ樹（無憂樹）の枝を右手でつかんだとき、その右脇から釈迦は誕生し、従者が柔らかな布で受けた（誕生）、釈迦は誕生後すぐに七歩行き（七歩）、「天上天下唯我独尊」と宣言した（獅子吼）、二龍が冷温の水でその身体を浄めた（灌水）、帰城し、アシタ仙が相を占うに三十二相を認め、転輪聖王か覚者になることを予言した（占相）、といった、仏誕に関わる諸事績は広く知られている。

東大寺に灌仏会の本尊として伝わる銅造誕生釈迦仏及び灌仏盤（挿図1）は、八世紀半ば、大仏造像に前後する時期の制作が想定されている。日本古代における仏誕に関わる造形遺品中、規模、作行き、図像内容、伝来といった各点で、最重要の作例である。[注1] 本像についてはこれまで多くの検討がなされ、大仏開眼会に用いられた可能性が早くから議論されてきた。一方、本像をふくめたいわゆる誕生仏について、韓国・日本においては片手挙

挿図１　銅造誕生釈迦仏立像、東大寺、８世紀

手形式の単独像が盛行したことが夙に知られる。

以下の論述では、先学の研究に依拠しつつ、東大寺誕生釈迦仏像が仏誕の造形史・信仰史上どのような位置にあるかを検討し、また本像が東大寺において制作され伝えられた意義を考えたい。

一　東大寺誕生釈迦仏像の概要

まずは議論に先立って、像の概要を確認しておく。

像高四七・〇センチの大型の誕生仏である。古代の誕生仏の遺例では、六センチから二〇センチほど、像高一〇センチ前後の小像が多い。文献上知られるものとして、承暦二年（一〇七八）の『金堂日記』によれば、法隆寺の釋迦誕生像一具中に五体の釈迦像が含まれており、一体が七寸五分、一体が三寸五分、一体が二寸五分だったという。小林剛氏はこれら五体を橘寺から法隆寺に遷されたものであり、七寸五分の一体は大正二年十一月四日に盗難にあった像にあたると論じている。また、『西大寺流記資材帳』（宝亀十一年）の灌仏具中に七寸五分の金銅釈迦像がみえる。西大寺といった大寺院の誕生像も東大寺像のおよそ半分の大きさであり、東大寺像は類品中異例の大きさといえる。このことからも、特別な造像事情が想定されて良いだろう。東大寺像の像高は天平尺の一・六尺にあたり、釈迦の一丈六尺という身量の十分の一が意図されているとの指摘があり、留意すべきだろう。なお関連して、『観仏三昧海経』巻第十に説かれる八仏の身長のうち、「身長丈六」と説かれるのは釈迦牟尼仏のみであり、原浩史氏は、七世紀においては「丈六仏」が釈迦如来像を表す可能性を指摘している。[注2]

形状は以下のようである。肉髻相をあらわし、螺髪（髪際二十二列、肉髻七段、地髪四段）鋳出、耳朶環状、三道をあらわす。上半身裸形、胸に一条、腹に一条、上膊・前膊それぞれに各二条のくびれをつくる、臍をあらわし、下半身に足首までをおおう裙を着ける（正面で打合せ、上端を折り返す）。左手は肘をやや外側に曲げ前膊を斜前方に出して垂下して五指を伸ばす。右手は上博を斜上方に挙げ、肘を強く曲げて前膊をほぼ垂直に伸ばして、五指を伸ばす（後補）。各手とも掌を前方やや内側にむけ五指を伸ばす。上体をやや反り身にして蓮華座（木製後補）上に直立する。左足裏に角柱状の足枘を付す。

右手前膊半ばから先は後補。それをのぞいて全身を一鋳でつくり、背面の背、腰、腿にそれぞれ方形の型持ち痕を銅板で埋める。三道相、手足指の関節、手相、臍などに鏨を入れ、全身に鍍金を施す。

形状について二三を確認しておく。まず片手を挙手する形式について、インドでも仏伝図に片手挙手型の誕生仏の例はあるものの、単独像としては存在せず、中国では、北魏時代に灌仏の釈迦像の遺例は肉髻のある両手垂下型が知られるのみであり、中世になって肉髻のない片手挙手型誕生仏が作られるようになる。それに対し、朝鮮半島・日本には片手を挙手する形式が認められ、松田妙子氏は、片手挙手の単独像は朝鮮半島において作られるようになったと推定する。[注3]なお、田中義恭氏は七世紀の制作が想定される正眼寺誕生釈迦像について、中国風の様式を示すとし、片手挙手形の誕生仏が中国でも制作されていた可能性を考慮する。[注4]また、東大寺像は五指を伸ばす形式をとるが、古代誕生仏中に第二・三指を伸ばす形式が散見される。漆紅氏は、ガンダーラの事例を博捜し、二本の指を立てる形式が、釈迦の覚りへの意志を示す可能性があると論じている。[注5]

螺髪を鋳出する点について、誕生仏の多くは小像であることもあってか、素髪に表すものが多い。その他、東大寺誕生釈迦仏に、螺髪や肉髻、三道相などに仏三十二相を意識した表現がみられる点は留意して良いように思われる。井上一稔氏は、東大寺像が脇に窪みをつくらないことに言及し、両腋下隆満相（腋の下にも肉がついていて、凹所をつくらない）などの三十二相を参考にした可能性を指摘している。後述のように、東大寺大仏造営に際しては、造仏長官の命により仏三十二相八十種好に関わる資料の写しが作成されるなど、仏瑞相が強く意識されたことが想起されよう。なお、誕生に関わる諸事績のうち「占相」は、アシタ仙が悉達太子に三十二相を認めるエピソードであり、東大寺像の表現は誕生像に相応しい。

身体表現についても触れておく。本像の研究史においては、「赤ん坊の肌の柔らかさが感じられる」という評価がしばしばなされてきた。確かに、上膊・前膊それぞれに見られる各二条の刻線などは童子を思わせるところがある。しかし、蠟型鋳造による鋳肌の柔らかさを殊更に童子の肌と結び付けうるのかは疑問で、また東大寺像の体軀の比率や発達した胸板などは、およそ童子のそれとは言いがたいように思われ、古代の多くの誕生仏に感じられる華奢な体付きとは異なる。本像の様式的な位置について、人体に基づく理想化に向かった天平様式の到達点、あるいはそこから崩れた段階といった議論が行われてきたが、童子を思わせると同時に成熟した身体をもつ点は、本像の性格を考える上で重視されよう。なお、後世の事例ながら、大報恩寺誕生釈迦仏像の堂々たる体軀も成人男性を思わせる。

以上、東大寺誕生釈迦仏の概要を確認したが、次節以降、誕生に関わる諸図像の変遷のなかに東大寺像を位置付けるため、中国の六朝期の事例を考えてみたい。

二　六朝期の事例にみられる仏誕観

西北インドの誕生図

島田明氏は、アショーカ王が、仏誕の地ルンビニーを訪れ、当地の税を免除しており（アショーカ王碑文）、こうした聖地信仰はマウリヤ朝には成立していたことを論じている。[注6]『遊行経』は次のようにいう[注7]（紙幅の制限のため訓点のみ付す。以下同じ）。

挿図２　誕生図（仏伝浮彫）
ローリヤーン・タンガイ出土、インド美術館、1~2 世紀

挿図３　仏伝八相
サールナート出土、サールナート考古博物館、５世紀末

一曰念㆓佛生處㆒歡喜欲㆑見。憶念不㆑忘。生㆓戀慕心㆒。二曰念㆓佛初得道處㆒歡喜欲㆑見。憶念不㆑忘。生㆓戀慕心㆒。三曰念㆓佛轉法輪處㆒歡喜欲㆑見。憶念不㆑忘。生戀慕心。四曰念㆓佛般泥洹處㆒。歡喜欲㆑見。憶念不㆑忘。生㆓戀慕心㆒。阿難。我般泥洹後。族姓男女念㆓佛生時㆒功徳如㆑是。佛得道時神力如㆑是。轉法輪時度㆑人如㆑是。臨滅度時遺法如㆑是。各詣㆓其處遊行㆒。禮㆓㆑敬諸塔寺㆒已。死皆生天。

在俗者が仏の生処、仏の初得道処、仏の法輪処、仏の般泥洹処を念じ歓喜して見んと欲し、憶念して忘れず、恋慕心を生じ、各々その処に詣りて遊行し、諸の塔寺を礼敬したならば、死して皆天に生まれるという記述である。仏誕の時を憶念することの功徳がすでにみられることに、まずは留意しておきたい。

　西北インドの誕生に関わる造形遺品をみると、例えば、パキスタンのローリヤーン・タンガイ出土の仏伝図浮彫中の誕生図（カルカッタのインド博物館蔵）など、仏誕をめぐる様々なエピソードのうち、摩耶夫人の右脇からの誕生が、西域においては仏誕を代表する（挿図2）。のちのグプタ期以降の八相図をみても、四大事を表す際に誕生については、摩耶夫人が右手で無憂樹の枝をつかみ脇腹から生まれる場面と、二龍による灌水が表される（挿図3）。パーラ朝期ビハール出土の仏伝七場面を伴う触地印像なども誕生場面は摩耶の誕生である。

こうした説話および図像は、法隆寺献納宝物の摩耶夫人像などにもつながるが、西北インドの仏伝浮彫について研究を発表された上枝いづみ氏は、二世紀中葉には存在した「世間随順」の釈尊観が、西北インドにおける摩耶夫人の右脇腹から生まれたとする仏伝や誕生図の背景にあり、こうした図像は、最後生としての誕生を表している、と解釈した。注8 釈迦の成道は出家後数年間の修行によって得られたものではなく、燃燈仏授記を基点とし、過去世からの福徳・善業の積み重ねによってなり、悉達太子としての誕生が「最後辺」の生となった、そのことを強調するという解釈である。「摩耶の誕生」を、過去世からの連続性のもとに捉える仏誕観は、次にみる中国の事例を考えるうえでも示唆に富む。

六朝期の事例

六朝期の誕生に関わる造形遺品を考えれば、まず単独像としては、先述の北魏六世紀の金銅誕生釈迦仏（挿図4）が浴仏儀礼の遺品として貴重である。同像は獅子吼とは異なり、両手を下げる形式をとる。

六朝期の事例を通覧すると、誕生図の第一の特徴として挙げられるのは、誕生の諸場面を連続的に表す例が多いことであろう。

挿図4　金銅誕生仏立像
北魏６世紀

石窟造像の代表的な事例として、山西省・雲岡石窟、陝西省・安塞県大仏寺（真武洞）石窟第四窟の浮彫などが注目される。雲岡石窟第六窟においては、「樹下の誕生」「獅子吼」「二龍王からの灌水」「帰城」「占相」といった場面が選択される。誕生の場面は、漢服姿の摩耶夫人の右袖から釈迦が誕生し、九龍による灌水は両手を下げた形に表される[注9]（挿図5）。また陝西省安塞県大仏寺（真武洞）石窟第四窟の事例では、西壁の窟門上に配置され、誕生が重視された様子がうかがわれる。向かって右から左に、五場面（「誕生」「七歩・獅子吼」「灌水」「占相」「通学（か）」）が展開する。中央に置かれるのは「灌水」であり、両手を下げた太子の両側で、頭部が五・四にそれぞれ分かれた一対の龍が灌水する。[注10] 七歩は七の蓮華によって表されるが、灌水との位置関係から、獅子吼する太子は第二・三の蓮華に配置される。占相も中央に向かって太子を捧持しており、獅子吼・占相が対称をなす。蘭州博物院蔵・卜氏造石像塔中の誕生場面は、「誕生」「灌水」「占相」の三場面で構成される。灌水場面は両手を下げる太子の両側に一対の多頭の龍が置かれる（挿図6）。北周期の事例として、東京国立博物館蔵台座浮彫には、誕生・成道・初説法・涅槃という四大事が四周に浮き彫りされる。そのうち誕生は、「樹下誕生」「七歩」「獅子吼」「灌水」「占相」の順に展開し、七歩行は七の蓮華によって表される。

また第二の特徴として指摘できるのは、特に単独像の事例で、正面に仏ま

挿図5　灌水
雲岡石窟第六窟、北魏5世紀

挿図6　誕生図（卜氏造石像塔部分）　蘭州博物院、北魏6世紀

挿図７　如来坐像背面
西安碑林博物院、北魏・和平二年（461）

たは交脚の弥勒菩薩を表す背面に、本生図と誕生の図像を表す事例がみえる点である。二三を引いておく。北魏・和平二年（四六一）の西安碑林博物院蔵如来坐像の背面には、上部に交脚菩薩、中央部には燃燈仏授記と誕生に関わる諸景、下部には釈迦が過去世において婆羅門に象を布施する場面（スダーナ本生）で、釈迦の前世における菩薩行が表される（挿図７）。また、北魏・皇興五年（四七一）制作の交脚如来像は、背面頂きに誕生を表す。西安市郊外から出土した交脚弥勒菩薩造像も背面の浮彫には、三段にわたってシャーマ本生を、上段には「誕生」「七歩」「灌水」を表す（挿図８）。

以上、六朝期の誕生に関わる造形表現に、過去世から誕生、さらに弥勒へという時間軸を強く意識する事例が確認されること、「灌水」を中心に誕生に関わる諸場面を連続的に表す事例がみられる一方で単独像の例が乏しいこと、さらに「獅子吼」の図像は中心的な主題とは言いがたいことを確認した。造形遺品のこうした傾向は、どのような仏誕の理解

挿図８　交脚菩薩造像　西安碑林博物院、北魏５世紀

に基づくのだろうか。

先に引いたように、西北インドにおいては、摩耶夫人の右脇から誕生したという説話・図像が成立した背景には、「最後辺」の誕生という仏誕観が想定される。こうした解釈は、北魏代の事例にも有効だろう。右にみた本生図、誕生、弥勒菩薩を組み合わせる事例は、「成道の前提としての燃燈仏授記以来の菩薩行」「最後辺の生としての誕生」「釈迦の涅槃後、現在兜率天にある弥勒菩薩」という組合わせとして理解できるように思われる。

そのような観点から興味深い事例として、北周期の敦煌莫高窟第四二八窟を挙げることができよう。同窟は東（前）壁にスダーナ本生図、薩埵太子本生図、北壁に降魔成道図を置き、奥壁には仏涅槃図と仏塔が対置される。東・北壁の配置からは、成道の前提としての前世の菩薩行が印象づけられるが、一方、仏涅槃図と対置される仏塔内に、釈迦の誕生を表す図像がある。このことについては稲本泰生氏が最近の論考において注目し「釈尊の涅槃及び舎利・仏塔の両義性、及び誕生と「不死」「再生」の関連性が、中国における仏教受容史上中心的な問題でありつづけたことは疑いない」と指摘している。[注11] ここでもやはり、仏塔内の誕生図には、「樹下の誕生」が選択されている点は留意しておきたい。

三　仏誕観の変化

「獅子吼」の内容

前節において、造形表現のうえで、獅子吼の図像が、六朝期には誕生の諸事績の一要素として表されることをみたが、韓国・古代日本の遺例に獅子吼の単独像の遺例が多いことは先述のとおりである。このことを考えるために、まずは仏伝における獅子吼の内容を押さえておく。

釈迦が誕生後すぐに七歩行き、自ら世界の第一人者であることを宣言（獅子吼）した点については、どの仏伝でも基本的には共通しており、広く知られている。[注12]『方広大荘厳経』では東西南北上下の六方に七歩行くが、その獅子吼の内容は以下のようである。[注13]

即便自能東行七歩。所レ下レ足處皆生二蓮華一。菩薩是時無レ有二怖畏一。亦無二謇訥一。作二如是言一。我得二一切善法一。當爲二衆生一説レ之。

又於南方而行七歩。作二如是言一。我於天人應受二供養一。

又於西方而行七歩。作二如是言一。我於世間最尊最勝。此即是我最後邊身。盡二生老病死一。

又於北方而行七歩。作二如是言一。我當於一切衆生中。爲二無上上一。

又於下方而行七歩。作二如是言一。我當降二伏一切魔軍一又滅二地獄諸猛火等所有苦具一。施二大法雲大法雨一。當令三衆生盡受二安樂一。

又於上方而行七歩。作二如是言一。我當爲三一切衆生之所二瞻仰一。

早島鏡正氏は、このうち、西方での宣言、「私はこの世において、最尊最勝である。これは私の最後辺（輪廻の最後の生存）の身であって、生老病死を尽くさん」は、阿羅漢の「さとりの表明」の定型句に一致し、さらに、『スッタニパータ』などに説かれる阿羅漢の四智にも共通すること、[注14]これらが自利に関する表明であることを指摘した。他方、下方に七歩歩んでの、「私はまさに一切の魔軍を降伏し、また地獄の諸の猛火等のあらゆる苦具を滅しよう。真理の教えの雲を施し真理の教えの雨をふらして、まさに全ての衆生をして安楽を受けしめよう」という宣言は、利他に関する表明である。早島氏は、「ただ自分一人が世にすぐれている」といって誇るのではなく、自利・利他の実践において欠けるところなきブッダ（覚者）となる身だからこそすぐれているという内容は、釈迦の生涯の歩みを知る上で看過できない、として重視している。[注15]

獅子吼が自利・利他の両者を含意することは、各仏伝に共通する。関連する記述を拾ってみよう。「我於一切天人中、最尊最勝、無量生死、於今尽矣、此生利二益一切人天一」（『過去現在因果経』）、「我当救二度天上天下一爲天人尊断二生死苦一、三界無常、使一切衆無為当安」（『普曜経』）、「天上天下、尊無レ過レ我」（『異出菩薩本起経』）、「天上天下、唯我爲レ尊、三界昏苦、吾当安レ之」（修行本紀経）、「天上天下、唯我爲レ尊、三界皆苦、何可レ楽者」（『仏説太子瑞応本起経』）、「世間之中、我爲二最勝一、我従二今日一、生分已尽」（『仏本行集経』）。

以上、「獅子吼」が自らの覚りの完成（自利）と「利他」の両者を含意することを確認した。このうち、最後辺の身であることを表明する前者については、摩耶夫人の右脇から生じたという事績とその図像とも共通する内容といえるだろう。

「授手」としての仏誕

ところで、前節で、六朝期の誕生に関わる造形に、釈迦の過去世における菩薩行と誕生・成道、涅槃後の弥勒へといった、時間軸を強く意識する事例を確認したが、仏伝における仏誕の理解はその後力点を遷すように思われる。[注16]

まず経典の記述について述べれば、右にみたような、過去世において積みかさねた菩薩行を、釈迦の成道の前提とする認識について、否定的に述べる大乗経典がみられる。例えば、大乗の『大般涅槃経』には、「過去世における内施・外施」によって釈迦が成道したという理解を否定する、注目すべき言説がある。[注17]

是魔波旬壞二正法一時。當作二是言一。菩薩昔於兜率天上沒來。在二此迦毘羅城白淨王宮一。依二因父母愛欲和合一生二育是身一。若言有レ人生二於人中一爲二諸世間天人大衆所恭敬者一。無有是處。又復説言。往昔苦行種種布二施頭目髓腦國城妻子一。是故今者得二成佛道一。以二是因縁一爲二諸人天乾闥婆阿修羅迦樓羅緊那羅摩睺羅伽之所恭敬。若有二經律一作二是説一者。當知二悉是魔之所説一。善男子。若有二經律一作二如是言一。如來正覺久已成佛。今方示二現成佛道一者。爲欲レ度二脱諸衆生一故。示有二父母依因愛欲和合而生一。隨二順世間一作是示現。如是經律當レ知二眞是如來所説一。若有レ隨二順魔所説一者是魔眷屬。若能隨二順佛説一。經律即是菩薩。

「往昔種々に苦行し、身・命・財産・妻子を布施したおかげで、いま仏道を成じた。それ故、神々や人間たちに敬愛されるのだ」こういうとすれば、これは明らかに魔の所説である。これに対し、「如来は久遠の昔に成覚している。今、諸々の衆生が彼岸に渡れるように、方便をもって世間に随順し父母の愛欲和合にうまれ、現世で成道したことを示現する」と説くものがあれば、これは正しく如来の所説である、という。

また『華厳経』入法界品には、仏誕に関わる記述が幾つかみえるが、第三九の善知識・妙徳圓滿は、仏誕の地ルンビニー園の女神であり、仏誕を目の当たりにしたという。妙徳圓滿が説く法門は菩薩の十種の受生法（菩薩受生自在の法門）である。この法門に関わって、仏誕に先だって摩耶夫人が放った光明の中に現出した諸景が語られ、なかでも過去世に触れる点が興味深い。[注18]

復次。佛子。摩耶夫人一一毛孔中。顕下現如來於過去世爲二菩薩一時上。其身色相行業威儀所レ受苦樂。是爲二菩薩第五受生自在一。復次。佛子。摩耶夫人一一毛孔中。顯下現如來於過去世爲二菩薩一時上。所レ行二布施一身體手足眼耳鼻舌。骨歯髓腦心血皮肉。妻子眷屬城邑聚落。宮殿寶物一切内外。

過去世の菩薩が、一切の身体と財産を布施したようすが、光明の中にみえたという記述である。これは、菩薩が受生し出生することは自在であることを十種述べるうち、「菩薩は方便によって衆生を教化し、布施・持戒・忍辱・精進・禅定の六波羅蜜を示す」という第五の受生法に関わって述べられる。前節で六朝期の誕生に関わる造形に、本生図を伴う事例が多いことに触れ、釈迦の覚りの前提として表されていることを指摘したが、ここでは過去世の事績は、衆生に六波羅蜜を示すための方便として位置付けられている。このように、種々の大乗経典には、過去世における菩薩行の延長上に仏誕をみるのではなく、両者を並列の関係にみる理解が示されている。

同様の理解は、初唐期の造像記に見いだせるように思われる。以下その事例を示すことで仏誕観の変化を窺いたい。

六朝期の王屮「頭陀寺碑文」は、仏誕に触れて「是以如来利二見迦維一、託二生王室一」[注19]といい、李善注に「瑞應経曰、菩薩下當世作レ佛、託二生天竺迦維羅衛國一。父王名白淨。夫人曰レ妙。迦維羅衛者。天地之中央也」という。このように、過去から連続するものとして仏誕を捉える点は、先にみた造形遺品の傾向にも添う。

それに対して、初唐期の造像記には、釈迦の誕生を「授手」と表現する用例がみられる。このことは、初唐期における仏誕への認識を端的に示していよう。初唐の四傑のひとりとして知られる王勃の撰による造像記をみる。例えば、「彭州九隴縣龍懷寺碑」には「迦維授レ手、波旬革レ面」[注20]といい、また「寶莊嚴寺碑」には「況迦維授手、摩竭推心」[注21]という。「授手」の用例としては、『妙法蓮華經』普賢菩薩勸發品の以下の文言が知られる。[注22]

若有レ人受持讀誦解二其義趣一。是人命終爲千佛授レ手。令不二恐怖一不レ墮二悪趣一。

法華経を受持し読誦しその義趣を解す者があれば、その人が命終するとき、千仏は手を授けて、恐怖させず悪趣に落ちさせない、という文言であり、「授手」とは、衆生に手を差しのべ救済することをいう。右の王勃の用例は、釈迦の誕生そのものを衆生の救済と位置付ける仏誕観を示していよう。

また同じく王勃「恵普寺碑」に「授手大千」[注23]との用例が見られる点は重要である。ここでは「授手」は、三千大千世界の救済の意に用いられる。さらに、初唐期の涅槃造像を代表する蒲州大雲寺涅槃変碑像の造像記にも、「聖人乃分二身百億一、授二手三千一」[注24]との表現がみられ、釈迦の出生に結びつけられている。[注25]「百億」は三千大千世界（＝千の三乗＝十億。漢訳ではしばしば「百億」と表記される）を指し、仏が三千大千世界に姿を表し、衆生に手を差しのべることを意味する表現だろう。さらに「百億に身を分かち」といった表現からは、大千三千世界に含まれる十億の須弥山世界それぞれに「手を授ける」というイメージを読み取ることができよう。

以上、過去世における菩薩行の延長として「最後辺の誕生」をみる仏誕観から、誕生そのものを「授手」、衆生の救済とみなす仏誕観へという、仏誕観の変化をみた。また、大乗経典において仏伝における誕生の再解釈がなされる点を確認した。本節のはじめに、獅子吼の宣言内容が、自利と利他の双方を含意することを確認したが、片手挙手の獅子吼像が単独の礼拝像として成立する一因に、右のような仏誕観の変遷を想定することができるのではなかろうか。

さらに、初唐期に「百億に身を分か」つという認識が仏誕と結びつきえたことは、東大寺誕生釈迦像の性格を考える上でも重要だろう。仏と世界との関係については、一般に「一世界一仏」の原則が知られるが、「一世界」は、「一つの大千三千世界」とも「一つの須弥山世界」とも受け取られ、華厳経においても双方の記述がみられる。右のように、いわば仏伝から大乗仏教へという仏誕観の変遷を考える場合、作品の解釈にどのように影響するだろうか。次節ではこの点を検討したい。

四　灌仏盤との一具性をめぐって

灌仏会における釈迦像

本節では、標題像が東大寺金堂における灌仏の本尊である意義を検討したい。

日本における灌仏が初期漢訳経典『灌洗仏形像経』によったことは夙に指摘されている。まずはその記述を確認しておく。[注26]

吾本従㆓阿僧祇劫時㆒。身爲㆓白衣㆒累劫積徳。毎㆑生自剋展㆓轉五道㆒。不㆑貪㆓財寶㆒棄㆑身施與無㆑所㆓愛惜㆒。自致爲二王太子一。以二四月八日夜半明星出時一。生墮地行七歩。擧二右手一而言。天上天下唯吾爲レ尊。當爲天人作二無上師一。太子生時地爲大動。第一四天王。乃至梵天忉利天王。其中諸天各持二十二種香和湯雜種名花一以浴太子。（中略）佛告二諸天人民一。十方諸佛皆用二四月八日夜半時一生。十方諸佛皆用二四月八日夜半時一出家。入山學道。十方諸佛皆用二四月八日夜半時一成佛。十方諸佛皆用二四月八日夜半時一而般涅槃。（中略）正是佛生之日。諸善男子善女人。於佛滅後當至心念佛無量功徳之力。浴二佛形像一如二佛在時一。得レ福無量不可稱數。

要するに、釈迦が四月八日の夜半に生まれ、七歩・獅子吼した、大地が振動し四天王・梵天・帝釈天・忉利天中の諸天が香・湯・名花で太子を浴した。釈迦のみでなく、十方諸仏の誕生、出家・入山学道、成道、般涅槃は全て四月八日の出来事である。この四月八日に、「浴仏」することで功徳を積むことができ、それによって得られる福徳は限りない。その福徳の内容として、永く三悪道を離れ、天上に生まれ人間に生まれては楽を得る、或いは百子千孫や長壽無病を得る、さらには常に清浄を得て「成仏道」も可能である、と説かれる。

　灌仏儀礼に関わっては、近年西谷功氏がすぐれた論考を発表している。[注27] 西谷氏は、中国後趙の皇帝・石勒（在位三三〇～三三三）が、毎年四月八日に仏図澄のいる寺に赴き、子どものために「灌仏」を行った事例（高僧伝巻九）、同三代石虎（在位三三四～三四九）が、国都鄴の宮中で「四月八日に九龍が太子の像を浴す」儀礼を行った事例（『鄴中記』）、さらに巨大な四輪車上で九龍が灌水し、周囲の僧侶像が仏像を払い礼仏し焼香するからくり細工の行像の事例（『鄴中記』）などを引く。西谷氏は、皇帝主導の行像をともなう「浴仏」儀礼が『灌洗仏形像経』に基づき公共の場で行われることで、教説にある功徳の増幅を期待したことを指摘し、趙国の行像、仏生会・浴仏がガンダーラや西域地方の仏教儀礼に源流が求めうる可能性を述べている。また、『洛陽伽藍記』巻三「景明寺」には、毎年四月七日に洛陽中の仏像一千軀あまりが景明寺に集められ、翌八日には行像が行われて皇帝の散華を受けており、ここに誕生像が含まれた可能性がある。なお、灌仏儀礼の遺品としては、先述の北魏六世紀の銅造誕生釈迦仏が、浴仏儀礼が行われていたことを示す遺品として貴重である。同像は獅子吼とは異なり、両手を下げる形式をとる。

日本での状況はどうだろうか。[注28] 灌仏の事例として、『元興寺伽藍縁起并流記資材帳』に、仏教伝来とともに「太子像并灌仏之器一具」が将来されたことが記され、『日本書紀』推古天皇十四年（六〇六）四月条に「自是年初毎寺。四月八日。七月十五日設レ斎。」といい、早い時期から灌仏儀礼が行われていたことを示唆する。また天平十九年（七四七）の『法隆寺伽藍縁起并流記資材帳』及び『大安寺伽藍縁起并流記資材帳』にはいずれにも「金涅灌佛像壹具」の記述があり、寺毎に「灌仏像一具」が備えられ灌仏会が行われたことを示している。

法隆寺には橘寺から遷された灌仏像が存在した。承暦二年（一〇七八）の『金堂日記』には「釋迦誕生像一具之中」として以下が挙げられる（引用文中〈 〉は割註、／は改行。以下同じ）。

摩耶夫人像一軀〈高〉
釋迦太子形四躰〈一躰高七寸五分　二躰各高三寸五分／一躰高二寸五分奉立夫人前之〉〈灌沐料／加座／定〉
所従綵女等三躰之中〈女形一躰天人二躰〉
四天王像並四躰　延清五師奉安之
五大形塔一基〈相具臺等〉　開浦坊奉安之
奉納佛舎利壹粒〈副納白芥子壹粒〉

先述のように、小林剛氏はこれらを橘寺から法隆寺に遷されたものであり、法隆寺献納宝物中の摩耶夫人像がここに含まれること、また七寸五分の一体は大正二年十一月四日に盗難にあった像に当たるとみられると考証した。[注29] さらに同氏は、四体の釈迦太子像のうち三体は像高が小さく、誕生に関わる諸景を群像によって表したとみている。

また宝亀十一年の『西大寺流記資材帳』に記される灌仏具の内容は次のようである。

金銅釋迦佛一軀〈高七寸五分〉
　金銅蓮華座〈高二寸五分〉
　　金銅六角机〈方八寸〉
　　　足六隻〈高三寸五分〉
埝帝釋像二軀〈各高一尺三寸、在彩色寶蓋一口〉
埝神王像二軀〈彩色〉
金銅多聞天王像一軀〈七寸〉
金銅摩耶夫人像一軀〈高一尺一寸〉
金銅花樹一根〈高二尺五寸〉
金銅龍形一頭〈長一尺三寸〉
　　　已上四種灌佛調度

これによると、高さ三寸五分の机に二寸五分の蓮華座が置かれ、その上に七寸五分の釈迦像が安置された。「金銅龍形一頭」は龍による灌水を表す可能性を考えて良いだろう。また、すでに指摘のあるように、「金銅花樹一根」は無憂樹を指す可能性が高く、摩耶夫人が無憂樹の枝を握り右脇から釈迦が誕生した場面も表されたことになる。彩色による「帝釈像」「神王像」は、灌水の場面に関連するものと考えられるが、机・蓮華座・釈迦像の総高にほぼ等しい。法隆寺・西大寺の事例は、獅子吼の単独像というよりも、誕生の諸景を表す群像が灌仏会に用いられた事例といえる。

『続日本後記』には承和七年（八四〇）、僧静安を清涼殿に請じて宮廷で初めて灌仏会が行われたことが記され、

平安時代には、灌仏会が宮中儀礼として恒例化した。『延喜式』に記される灌仏の調度は以下のようである。[注30]

御潅仏装束
金色釈迦仏像一躰〈備金銅／盤一枚〉。山形二基〈一基立青龍形。／一基立赤龍形〉。
金銅多羅一口〈受水料〉。黒漆案四脚〈一脚御料。金銅杓二柄。安同盤。／人給料黒漆杓二柄。一脚白銅鉢／一口。銀鉢四口。各加輪。並五色水料一脚花盤二口。盛／時花。金銅火爐一口。加蓋。一脚散花筥五枚。盛時花〉。茵一枚〈導師料〉。磬一枚〈加台／槌。〉
右四月八日供備御在所。

これによれば、灌仏具は、金銅の盤を伴う釈迦像と、龍を伴う山形二基、さらに水を受ける盥で構成されており、ここには摩耶夫人はみられない。二龍による灌水の様が表現され、五色水・花・香による灌仏が行われたようだ。

上原真人氏の研究を参照すれば、古代の灌仏具の一事例として、京都府木津川市の馬場南遺跡（神雄寺）から出土した彩釉山水陶器破片が挙げられる可能性がある。[注31]粘土を盛り上げてヘラで山稜や崖あるいは洞窟を表した山形、数条の沈線で流水を表した水型（魚の表現がみえる）、および山水型に緑釉や三彩を施した焼き物で、二〇以上の部品を組み合わせて山水を表した。馬場南遺跡では計六八点の破片が出土し、「左五」「右三」といった位置関係を示す刻書・墨書も見られた。その復元案によれば、下階外縁全周の約三分の二を山形がめぐり、その中央から流れ出た水波が下階内縁および山形を欠いた下階外縁の残り約三分の一を満たし、下階内縁より十五センチほど高まった上階中央に直径四〇センチ弱の円形の孔があき、そこに仏像などを置いたという。上原真人氏は、龍を伴う山形が平安時代の灌仏具で定式化されるとみられること、中央の四〇センチ弱の孔も灌仏盤を嵌め込んだとみれば矛盾無いこと、位置関係を示す符丁は灌仏会の度に安置と収納を繰り返したためとみられることなどから推して、仏生会に用いられた蓋然性が高いことを論じた。

以上、主に文献によって七・八世紀の事例をみたが、西大寺といった大寺院においても、群像によって表された誕生の諸景が灌仏会に用いられる場合があった。一方馬場南遺跡を上原氏の推定通り単独像による灌仏像とすれば、七・八世紀には両者が併存したといえる。

東大寺大仏との関連

以下改めて東大寺誕生釈迦仏像の灌仏具としての性格を検討する。

先行研究では、本像が大仏開眼会に用いられた可能性が早くから議論されてきた。[注32] 天平勝宝四年四月九日に執り行われた東大寺大仏開眼会は、本来は『日本書紀』に記す仏教伝来から二百年目の四月八日が予定されていた可能性が吉村怜氏によって指摘されている。[注33] 恐らく仏誕をも意識したとみられる開眼会の挙行日を思えば、東大寺誕生釈迦仏像が開眼会で用いられた可能性は十分に考慮されるが、そのことを明示する文献はない。あるいは、朴亨國氏のように、四月八日に仏誕会、翌日に開眼供養という日程を想定するのも一案であろうか。[注34] いずれにしても、本像が誕生仏の諸作例中、異例の大きさと作行きをもつことは、本像の制作が大仏造営の一連の構想のなかに含まれる可能性を示唆しているように思われる。なお、大仏台座は開眼会の二ヶ月前、天平勝宝四年二月より鋳造が始められ、図の刻入はさらに遅れたとみられる。

先に確認したように、東大寺誕生釈迦像は、灌仏盤を伴う単独像であること、三十二相が意識され、童子と同時に成人を思わせる両義的な身体をもつことに特徴がある。灌仏盤の周囲には全面に線刻が施され、山岳、樹木、草木が一面にちりばめられる。そこを舞台に、幡を持って鶴に乗る仙人や楼閣が表され、童子や麒麟・天

馬・獅子・鳥・蝶などの動物たちが自由自在に動き回っており、中国思想に基づく神仙世界が描かれている。[注35]

こうした灌仏盤の図像について、長岡龍作氏は、釈迦が摩耶の胎内を通じてあらわれた「現世」の在り方を伝えていると解釈し、奈良時代の人々が釈迦のいる現世を自分たちと無縁の価値観が支配する世界ではないことを示すと論じた。[注36] また、この考え方の根幹には、須弥山を崑崙山と同一視する観念がある、ともいう。傾聴すべき解釈である。

先に引いたように、上原氏は木津川市神雄寺出土の山水陶器破片について、灌仏盤と釈迦像を受けるものと推定し、周囲をめぐる山景が釈迦誕生の背景をなすと論じた。[注37]『延喜式』に書かれる灌仏像も山形を伴って灌水する二龍の表現があったことも先述の通りであり、灌仏像の背景としての山景は、しばしば採用されたモチーフといえる。ところで、古代仏教美術における山景に関わっては、肥田路美氏が法隆寺金堂壁画に見られる山岳景を検討するなかで、阿弥陀ほかの浄土に山がないと説く経説を示し、山景が現世を表象するための舞台装置であることを論じており、[注38] 灌仏像を考える上でも示唆に富む。本節のはじめに古代の灌仏会の調度をみたが、無憂樹下の誕生をふくめ群像によって誕生の諸景が表現される場合、その舞台設定はルンビニーの庭園に限定されることになる。一方、東大寺像の場合、灌仏盤によって意識される空間はより広いように思われる。では、どの程度の空間的広がりをもつのだろうか。

このことを考えるために、『華厳経』が仏誕についてどのように語るのか、二三の記述を引いておく。東大寺大仏の所依経典については、多くの議論が行われてきたが、その基本が六十華厳に基づくことはほぼ確実視される。『華厳経』では、時間的空間的に無制限の法身が三千大千世界に色身を表すという理解が示される。また以下に引くように、託胎から涅槃まで如来の事績が示現であることが説かれる。[注39]

何等爲住兜率天所行事業。何等爲兜率天示現命終。何等爲示二現降神母胎事一。何等爲示二現微細趣一。何等爲生。何等爲大莊嚴。何等爲遊行七歩。何等爲示二現童子地一。何等爲示二現采女眷屬一。何等爲示二現捨家出家一。何等爲示二現苦行一。何等爲往詣道場。何等爲坐道場。何等爲坐道場時顯奇特相。何等爲示二現降魔一。何等爲成等正覺。何等爲轉法輪。何等爲因轉法輪得白淨法。佛子。何等爲如來應供等正覚示二現大般涅槃一。

善財童子が求法のために善知識を歴訪する入法界品には、仏誕に関わる記述が数例みえる。例えば、第三九の善知識・妙徳圓満は、仏誕の地ルンビニー園の女神であり、仏誕を目の当たりにしたという。仏誕に先だって摩耶夫人が放った光明の中に現出した諸景が語られ、過去世の菩薩が、一切の身体と財産を布施した様が含まれることは先述の通りである。妙徳圓満天は、さらに、摩耶の身体の光明とともに菩薩が出生すると、天龍八部衆ほかの諸天が荘厳した様子を語る。[注40]

復次。佛子。菩薩生時。於摩耶夫人前地金剛輪中。生二大蓮華一。金剛爲レ莖。有二十世界微塵等寶葉一。摩尼寶王以爲二其臺一。衆寶香鬘。以二阿僧祇寶網羅一覆二其上一。一切天王所二共執持一。一切乾闥婆王普雨香雲。讃二歎過去諸佛功徳一。一切夜叉王圍遶守護。自然出二生衆妙寶華娯樂音聲一。一切阿脩羅王皆悉降二伏頭面一敬禮。一切迦樓羅王以二寶繒幡一莊二嚴虚空一。一切緊那羅王歡喜諦觀心無厭足。讃歎歌二頌菩薩功徳一。一切摩睺羅伽王歡喜踊躍。普雨種種莊嚴雲。

これらのうち、「一切迦樓羅王以寶繒幡莊嚴虚空」といった文言は、灌仏盤に描かれた幡を掲げて飛行する神仙たちの姿を連想させるところがある。

第四一の善知識は、摩耶夫人であり、摩耶夫人は、「大願智玄の法門」を得たゆえにこの閻浮提において、釈迦如来の母となり、右脇腹から菩薩を出産したこと、三千大千世界の全ての如来の母となることが説かれる。[注41]

第四二の善知識は、三十三天に居る天主光であり、多くの諸仏を常に恭敬供養したと述べる。[注42]

又彼諸佛。從爲二菩薩一住二母胎一時。誕生之時。行七歩時。大師子吼時。住二童子位一在二宮中一時。向二菩提樹一成二正覺一時。轉二正法輪一現二佛神變一教化調二伏衆生一之時。如是一切諸所作事。從二初發心一乃至二法盡一。
我皆明憶無レ有二遺餘一。常現在前念持不レ忘。

ここでは諸仏に共通する誕生・成道・転法輪といった事績を述べるなかで、特に七歩と獅子吼を強調している。また、第五一の善知識である弥勒のもとで、善財童子はその楼閣のうちを観察する楼観を行う。なかでもひときわ高い楼閣内で観察されるのが次の記述である。注43

包二容三千大千世界。百億閻浮提。百億兜率天一。菩薩命終降レ神。受胎出生。遊行七歩。觀二察十方一大師子吼。帝釋梵王恭敬奉侍。現二童子身一處二宮殿中一。出遊園觀。以薩婆若心出家苦行。現レ受二乳糜一。往二詣道場一降二伏衆魔一。觀二菩提樹一轉二正法輪一。昇二天宮殿一。方土劫數眷屬壽量。行二菩薩行一滿二足大願一。演二説正法一教二化衆生一。現二分舍利一皆悉不レ同。

楼観において、降兜率から分舎利までの如来の事績を観察したという記述だが、まずは先の引用部と同様、誕生に関わって、七歩と獅子吼が強調されることが注目されよう。さらに、これらの如来の事績が釈迦牟尼のみではなく、三千大千世界に内包される「百億」の閻浮提と兜率天における出生・成道・説法・涅槃である点は留意される。このことは、前節で確認した「聖人乃分身百億、授手三千」といった初唐期の観念に連なるように思われる。

以上、『華厳経』での仏誕に関わる記述をみた。改めて本稿にとって興味深い言説を拾うと、法身が色身をあらわして諸仏の託胎から涅槃までを示現し、特に誕生に関わっては七歩と獅子吼が重視され、さらにそれが三千大千世界の百億（十億）の閻浮提で示されることが注目される。

ところで、大仏蓮華座の各連弁には、三千大千世界が描かれ、その最上層には仏説法図が、須弥山世界内の南閻浮提には仏三尊像が描かれる。ここで大仏連弁に関する研究史に入り込んで論じる紙幅と準備はないが、本稿に関連する範囲で触れておきたい。[注44] 大仏連弁は六十華厳と『探玄記』を中心に、『梵網経』『倶舎論』などにより図様が決定されたとみられる。

大仏連弁のなかで、『梵網経』に説かれる蓮華台蔵世界に基づくとみられる意匠は以下のようである。

・『梵網経』では、盧舎那仏の坐す千葉の蓮華の一枚一枚が一世界であり、そこに盧舎那仏の化身である千の釈迦が現れるといい、各連弁に描かれた如来像がこれにあたるとみられる。

・『梵網経』では、それぞれの世界には百億の須弥山、百億の日月、百億の四天下、百億の南閻浮提があり、百億の菩提樹下に百億の菩薩釈迦がいるといい、連弁の各閻浮提に描かれた仏三尊像がこれにあたるとみられる。「百億」は文脈上「十億」の意で、これらから、連弁の一枚一枚が三千大千世界を示すことが知られる。

・『梵網経』の説処は、色界四禅中の摩醯首羅天宮であり、連弁最上部は説法する釈迦の姿を表現したものとみられる。[注45] 連弁最上部の如来像は、一つの三千大千世界にあらわれた盧舎那仏の化身である釈迦であり、摩醯首羅天宮における説法を表すことになる。

長岡龍作氏は、大仏連弁頂の如来像に卍相といった三十二相が付与されていることから、連弁頂の仏を生身の仏とみた。[注46] このことに関連しては、根立研介氏が注目した、造仏長官の仰せによる「三十二相八十種好」と記された資料の書写に関わる文書（天平十九年十二月七日「写疏所解」[注47]）が興味深い。[注48] その「白薄紙十二張　写卅二相八十種好料〈造仏長官所仰一通、爲宮二通〉」という文言から、根立氏は三十二相八十種好の図像そのものを透き写したと想定する。大仏の鋳造経過については、仏身の最初の鋳造が天平十九年（七四七）九月から始まり天平勝宝元年（七四九）十月に終了し、その後天平勝宝二年正月から同七年正月まで仏身の追加鋳造が行われる一方で、台座鋳造が同四年二月から同八年七月まで行われたとする見解が有力であり、根立氏はさらに、仏の瑞相に関わる資料の書写が、仏身の鋳造開始から二ヶ月余り後に行われた理由を、仏身の荘厳に関わる瑞相の表現の決定に利用されたためと論じた。根立氏の述べるように、これらの瑞相は仏身の荘厳、あるいは連弁線刻画の荘厳に関わるものと思われる。このように、大仏の一連の造像において仏三十二相が詳細に検討され、大仏連弁の線刻如来坐像も三十二相八十種好を強く意識することは確かだろう。しかしながら、三十二相の付与をもって、生身の仏であるとは俄には言いがたいように思われる。長尾雅人氏は、仏身論に関する論考のなかで、仏三十二相の問題に触れ、これが生身の仏の身体的特徴である一方、後の大乗仏教においては三十二相が報身についてのみ言及されることを指摘している。[注49]

稲本泰生氏は、連弁頂の如来像に関連して、法相教学における大自在天（摩醯首羅天）が五浄居天の上に位置するという説を引き、慈恩大師基の『大乗法苑義林章』が「色究竟天のさらに上で十地の菩薩が成仏し、ここに仏の他受用土（報土）がある」という説を述べるのにたいし、法蔵『華厳五教章』が、次のように批判を加えることに留意する。[注50]すなわち、「其の釈迦仏の随他受用の実報の浄土は、或いは摩醯首羅天に在り、化身は百億の閻浮提に充満す、是れ所化の分成なりと説くことあり。梵網及び対法輪論に説くが如し。当に知るべし。此れは始教に約して以て説く（略）。下に随って説かざるを以ての故に、娑婆は唯是れ化なることを顕さんが爲の故に、是の故に当に知るべし、色頂の身も亦た実報にあらず[注51]」という文言で、稲本氏は、このため連弁頂の釈迦仏が報身を表す可能性に触れつつも、結論的には「盧舎那仏の化身たる千の釈迦にして摩醯首羅天宮にあって、三千大千世界を統べる釈迦」との理解を示す。

外村中氏は、『梵網経』が、摩醯首羅天宮が色界四禅中にあると述べることから、蓮弁最上層の説法図も大仏連弁中第二十五の天層に表されたとみられる摩醯首羅天のうちに位置しており、その王宮である点から高い位置に描かれたと説明する。[注52]また、この摩醯首羅天宮は「報身の浄土」であろうと論じた。すなわち、『六十華厳』巻一・世間浄眼品の会衆に登場する「摩醯首羅天」に対する『探玄記』の註に次のようにいう。[注53]

浄居之名有二四種一。（略）十住菩薩即是十地。十地中是第十地攝報果也。四約果。謂此中有二三乗中報身浄土等一。故立二此名一也。

稲本氏は、この言説について、「異説として引用している印象がある」と慎重な態度をとる。[注54] しかしながら、少なくとも『探玄記』による限りは、連弁最上層の釈迦は報身とみてよいように思われる。

以上、『華厳経』での誕生に関する言及、および大仏連弁に見られる「千の釈迦」「百億の釈迦」の性格を概観した。大仏台座の花弁によってあらわされるそれぞれの三千大千世界には色界頂に報身の釈迦がおり、さらにそこに内包される十億の須弥山世界のそれぞれの南閻浮提に化身の釈迦があらわれる。一方、東大寺誕生釈迦仏像は三十二相と成人を思わせる身体をもち、その灌頂盤は、神仙世界での瑞祥を表し、「ルンビニーの園」よりも広大な空間を思わせる。東大寺像においては、仏誕の地は、「この三千大千世界のなかのこの須弥山世界の南閻浮提」として意識されるのではなかろうか。須弥山と崑崙山とを同一視する観念を灌仏盤の神仙世界に見出す長岡氏の解釈は、この観点から興味深い。[注55] またこのことは、前節でみた初唐期に確認できる仏誕観にも通底するだろう。開眼会の時点では連弁の線刻図はなかったとみられるものの、大仏殿での灌仏会において、誕生釈迦像と大仏とは、右にみたような関係を結ぶように思われる。東大寺像は、その造形、おかれた場ともに、仏伝の誕生仏から大乗仏教の誕生仏への変遷が端的に表れている事例といえるのではなかろうか。

おわりに

以上、東大寺像を中心に、造形遺品と仏誕観との関係を検討した。以下骨子を取りまとめて結びとする。

第一節では、東大寺誕生釈迦像の概要について、法量、三十二相の意識、身体表現などの特徴を確認した。第二節では、六朝期の仏誕に関わる事例を概観し、前世からの菩薩行に連続するものとして誕生が認識されることをみた。またそれらが弥勒とともに表されることについては、西北インドにおける誕生図と同様、「最後辺の誕生」が意識されると想定した。第三節では、「獅子吼」に関する仏伝のテキストを確認して自利と利他の双方の宣言を含意すること、これが「獅子吼」の図像が重視される前提となり得ることを指摘し、これを踏まえて初唐期における仏誕の理解の在り方を検討した。第四節では、東大寺における灌仏会の本尊としての意味を検討した。『華厳経』では、三千大千世界に内包される「百億」の閻浮提それぞれにおける出生・成道・説法・涅槃が説かれる。一方、大仏連弁には、それぞれの三千大千世界における報身の如来と、「百億」の各須弥山世界における如来とが表される。本像の灌仏盤にみられる神仙世界における瑞祥は、「他ならぬこの須弥山世界」における仏誕を表すものと考えれば、東大寺大仏のもとでの灌仏会に相応しいように思われる。こうした理解は、「分身百億、授手三千」という初唐期に確認される観念に通底するだろう。[注56]

本稿では東大寺誕生釈迦仏のような造形が生まれる前提として、中国においては初唐頃に確認される仏誕観を想定した。七・八世紀の東アジアにおいては、触地印像など仏伝に由来しつつ、より普遍的な仏の造形がしばしば見られる。誕生像もまた、仏伝の再現にとどまらない要素を見定める必要があるだろう。可能性を提示するに留まるところ多く、本来であれば東大寺周辺の造像活動に関するより包括的な議論が求められる。さらにより根本的には、片手挙手の単独像の遺例が、中国では同時期にみられないことを説明することが大きな課題として残る。これらについては今後の課題としたい。

注

1 本像に関する主な先行研究を列挙しておく。
東京美術学校編『東大寺大鏡』（南都七大寺大鏡発行所、一九三二年）
久野健「誕生仏について」（『古美術』一〇、一九六五年）
井上正「誕生釈迦仏像および灌仏盤（解説）」（『奈良六大寺大観』第一〇巻「東大寺二」、岩波書店、一九六八年）
『東大寺』（奈良の寺一四、岩波書店、一九七四年）
『天平の美術』（日本美術全集四、学習研究社、一九七七年）
田中義恭『古代の誕生仏』（飛鳥資料館、一九七八年）
田中義恭『誕生仏』（『日本の美術』一五九、至文堂、一九七九年）
『東大寺展』（奈良国立博物館、一九八〇年）
井上一稔「誕生釈迦仏立像」（『東大寺と平城京――奈良の建築・彫刻』日本美術全集第4巻、講談社、一九九〇年）
『日本仏教美術名宝展』（奈良国立博物館、一九九五年）
『親と子のギャラリー　お釈迦様誕生』（奈良国立博物館、二〇〇〇年）
井上豪「誕生釈迦仏像」（大橋一章・斎藤理恵子編『東大寺　美術史研究のあゆみ』里文出版、二〇〇三年）
朴亨國「誕生釈迦仏立像・灌仏盤」（『奈良時代Ⅱ東大寺・正倉院と興福寺』日本美術全集第三巻、小学館、二〇一三年）

2 原浩史「興福寺蔵旧山田寺仏頭再考：当初の安置堂宇と尊名の再検討を中心に」（『佛敎藝術』三二一、二〇一二年）

3 松田妙子「東アジアの誕生仏：片手挙手型誕生仏について」（『佛敎藝術』二三三、一九九七年）。松田氏は盛行の理由を始祖や神が幼童の姿で天から地上に降臨する神話的素地があったためと論じている。

4 田中義恭氏前掲注1書（一九七八年）。

5 漆紅「二本の指を立てる特殊な「印相」と「成仏」――「与願印」への一視点」（『佛敎藝術』二八六、二〇〇六年）。

6 島田明「インド古代初期仏教美術における聖地表象：仏伝図との関係を中心に」（『平成二五年～平成二七年度科学研究費補助金基盤研究（B）研究成果報告書　東アジア仏教美術における聖地表象の諸様態（研究代表者：稲本泰生）』二〇一六年）一四三頁。

7 『大正新脩大蔵経』巻一・〇〇二六頁上

8 上枝いづみ「釈迦誕生伝説の変遷――ガンダーラの仏教を中心に（修士論文要旨）」（『龍谷大学大学院文学研究科紀要』二六、二

○○四年)、上枝いづみ「ガンダーラの「誕生」図にみる文化基盤」(『密教図像』二六、二〇〇七年)。

9 雲岡石窟第六窟の仏伝図については主に以下を参照。水野清一・長廣敏雄『雲岡石窟:西暦五世紀における中國北部佛教窟院の考古學的調査報告』、安藤房枝「雲岡第六窟の圖像構成について――佛傳圖像に焦點を當てて」(『東方学報』八五、二〇一〇年)、岡村秀典『雲岡石窟の考古学――遊牧国家の巨石仏をさぐる』(『京大人文研東方学叢書』三、二〇一七年)、稲本泰生「中国の仏伝美術と釈迦信仰――北朝石窟の事例を中心に」(『お釈迦さんワールド』龍谷ミュージアム、二〇一八年)。

10 稲本泰生前掲注9論文参照。

11 稲本泰生前掲注9論文。

12 なお、七歩については四方・六方・十方など種々みられる。

13 『大正新脩大蔵経』巻三・五五三頁

14 早川氏によれば、阿羅漢の四智は、「(1)我が生老病死をくりかえす輪廻の生存は、この世限りで尽きてしまう。(我生已尽)」「(2)清らかな修行が完成している。(梵行已立)」「(3)なすべきことがなされている。(所作已弁)」「(4)もはや再び輪廻の生存をうけること(再生)がない。いまの我が生存は輪廻の最後身となるものである。(不受後有)」であり、このうち(1)(4)が西方での宣言に共通する。早島鏡正『ゴータマ・ブッダ』(講談社学術文庫九二一、一九九〇年)参照。

15 同前注

16 本生図と仏伝との関係の変化については、田中健一「本生図の変容」(『アジア仏教美術史 隋唐』中央公論美術出版、二〇一九年刊行予定)において検討した。立論の都合上、本稿と部分的に内容が重複する。また、平川彰「八相成道と八相示現」(『南都仏教』六六、一九九二年)も併せて参照。

17 『大正新脩大蔵経』巻一二・〇四〇三頁。

18 『大正新脩大蔵経』巻九・〇七五三頁上。

19 『文選』巻五九・三葉。

20 『王子安集註』(中国古典文学叢書、上海古籍出版社、一九九五年。以下同じ)五七三頁

21 『王子安集註』五二二頁。

22 『大正新脩大蔵経』巻九・〇〇六一頁下。

23 『王子安集註』五〇六頁。

24 杜登撰「大雲寺彌勒重閣碑」『山右石刻叢編』巻五。
25 同碑像については、田中健一「蒲州大雲寺涅槃変碑像に関する考察」(『佛教藝術』第三二五号、二〇一二年)に先行研究目録を付した。造像記については、田中健一「研究資料　蒲州大雲寺涅槃変碑像造像記」(『大阪大谷大学文化財研究』第一四号、二〇一四年)。
26 『大正新脩大蔵経』巻一六・〇九七六頁。
27 西谷功「釈迦への思慕とその儀礼――宋代仏教の視点から――」(『お釈迦さんワールド』龍谷ミュージアム、二〇一八年)。
28 日本古代の灌仏像に関する文献史料については、主に小林剛「御物摩耶夫人像の研究」(『日本彫刻史研究』養徳社、一九四七年、初出一九三四年)、田中義恭前掲注1(一九七八年)書、田中義恭前掲注1(一九七九年)書、上原真人「神雄寺の彩釉山水陶器と灌仏会」(『京都府埋蔵文化財論集』第六集、二〇一〇年)、西谷功前注論文を参照。
29 小林剛「御物摩耶夫人像の研究」(『日本彫刻史研究』養徳社、一九四七年、初出一九三四年)。
30 国史大系本三八五頁。
31 以下彩釉山水陶器については、上原真人前掲注28論文。
32 その研究史は、井上豪前掲注1論文が整理している。
33 吉村怜「東大寺大仏開眼会と仏教伝来」(『美術史研究』第九冊、一九七二年)
34 朴亨國「東大寺大仏建立における華厳思想と造形理念」(『日本美術全集』三、小学館、二〇一三年)
35 井上正前掲注1解説。
36 長岡龍作『日本の仏像：飛鳥・白鳳・天平の祈りと美』(中公新書一九八八、二〇〇九年)
37 上原真人前掲注28論文。なお、同氏は山水中に見られる魚の表現について、それが「登竜門」など中国的な文脈で龍に結びつく存在だと推定している。
38 肥田路美「法隆寺金堂壁画に描かれた山岳景の意義」(『佛教藝術』二三〇、一九九七年。肥田路美『初唐仏教美術の研究』中央公論美術出版、二〇一一年、再録)
39 『大正新脩大蔵経』巻九・〇六三二下
40 『大正新脩大蔵経』巻九・〇七五三中
41 『大正新脩大蔵経』巻九・〇七六三下

42 『大正新脩大蔵経』巻九・〇七六五上

43 『大正新脩大蔵経』巻九・〇七八一上

44 大仏連弁に関する研究史は膨大のため、一部を挙げるに留めるが、主に以下の論考を参照。小野玄妙「東大寺大仏連弁の刻画に見ゆる仏教の世界観」（『小野玄妙仏教芸術著作集』三、開明書院、一九七七年、初出一九一五年）、家永三郎『上代佛教思想史研究』（畝傍書房、一九四三年）、松本伸之「東大寺大仏連弁の図様について」（『南都仏教』五五、一九八六年）、稲本泰生「東大寺二月堂本尊図像考：大仏連弁線刻画を参照して」（『鹿園雑集』六、二〇〇四年）、朴亨國前掲注34論文、外村中「東大寺大仏連弁毛彫図について」（『南都仏教』九九、二〇一四年）。

45 小野玄妙前掲注44論文。なお、松本前掲注44論文は無色界の頂である非相非非想処での説法を想定するが、無色界での説法は『華厳経』も『梵網経』も説かないとして、吉村前掲注33論文が否定しており、ここではとらない。

46 長岡龍作前掲注36書。

47 『大日本古文書（編年文書）』二ノ七一九〜七二〇

48 根立研介「東大寺盧舎那大仏の荘厳をめぐって」（『日本上代における仏像の荘厳』奈良国立博物館、二〇〇三年）

49 長尾雅人「仏身論をめぐりて」（『哲学研究』五二一、一九七一年）

50 稲本泰生前掲注44論文。

51 『大正新脩大蔵経』巻四五・四九七頁

52 外村中前掲注44論文。

53 『大正新脩大蔵経』巻三五・一三六頁

54 稲本泰生前掲注44論文。

55 神雄寺の彩釉山水陶器について、上原真人前掲注28論文は須弥山を表す可能性を否定するが、本稿のように想定した場合、灌仏盤であることと、須弥山を表象することとは矛盾しない。今後検討したい。

56 肥田路美『初唐仏教美術の研究』（中央公論美術出版、二〇一一年）は、初唐期に「いまここに実在する仏」が求められたことを様々な観点から跡づけている。

［図版出典］

挿図1『日本美術全集　第四巻　東大寺と平城京』（講談社、一九九〇年）より転載。挿図2『世界美術大全集東洋編　中央アジア』（小学館、一九九九年）より転載。挿図3『世界美術大全集東洋編　インド一』（小学館、一九九九年）より転載。挿図4松原三郎『中国彫刻史研究』（吉川弘文館、一九六一年）より転載。挿図5『雲岡石窟』第三巻（京都大学人文科学研究所、一九五五年）より転載。挿図6　筆者撮影。挿図7　筆者撮影。挿図8　西安碑林博物館『西安碑林佛教造像芸術』（陝西師範出版社、二〇一〇年）より転載。

【付記】本稿は、二〇一六年十二月二三日、「東アジア美術における仏伝の表象」第一回ワークショップ（代表研究者：稲本泰生）において「七―八世紀東アジアの涅槃表象と仏身観：蒲州大雲寺涅槃変碑像と法隆寺五重塔塔本塑像群を中心に」と題して行った研究報告の一部に、初唐の仏誕観に言及したことを初案とし、その後の知見を加えて成稿したものです。御示教を賜りました先生方に御礼申し上げます。なお、本稿はＪＳＰＳ科研費（課題番号 15K16652、16H03372）による成果を含みます。

鑑真一行の薬師信仰と造像

眞田　尊光

はじめに

天平勝宝五年（七五三）に、唐から来日した鑑真和上と随行の弟子たちが、わが国で行った造寺造仏活動がヴァラエティに富むものであったことは、唐招提寺などに現存する作例や同時代及び後世の文献資料の検討をもとにして、これまでに多くの諸先学が明らかにされてきたとおりである。

なかでも唐招提寺に現存する一木造木彫像群は、いくつかの像が鑑真在世中の制作と推測されており、続く平安前期の造像に多大な影響を与えたことは周知の通りであり、日本彫刻史上においても極めて重要な位置づけがなされている。

また、鑑真は仏像・仏画も唐から将来したが、それらの内容や国内での受容のあり方についても検討すべき課題として注目を集めてきた。

そのような鑑真一行の造像活動や信仰に関して、小論ではとくに薬師如来に絞って検討を行うことにしたい。

具体的には鑑真将来の薬師如来像と唐招提寺新宝蔵安置の伝薬師如来立像（以下、伝薬師像）を取り上げ、さらにこれまで詳しく触れられることがなかった京都・広隆寺の薬師像と鑑真の弟子との関係についても若干の私見を述べることにしたい。

一　鑑真将来の薬師瑞像

まずは、鑑真和上がわが国に将来した薬師如来像について確認しておきたい。

淡海三船が宝亀十年（七七九）に撰述した『唐大和上東征伝』（以下『東征伝』）には、鑑真に随行した弟子及び工人と将来品を列記したリストが二つ存在することはよく知られている。この二つのリストは、前者が失敗した天宝三載（七四四）の第二回渡航時のもの、後者は来日時のものである。

そして、どちらのリストにも、将来品のなかに仏像・仏画が含まれている。このことは既に多くの先学によって指摘されているが、詳細を把握するために該当箇所をみておこう。注1

所レ将如来肉舎利三千粒、功徳繡普集変一鋪、阿弥陀如来像一鋪、彫白栴檀千手像一躯、繡千手像一鋪、救世観世音像一鋪、薬師阿弥陀弥勒菩薩瑞像各一躯、同障子

＊傍線部筆者

これによると、先頭の「如来肉舎利三千粒」に続いて、仏像・仏画が記されているが、これらが教義上の尊格の序列や、彫刻・絵画などの種別ごとに分類して記載されているわけではないことは一見して分かる。換言すれば、ここに記されている仏像・仏画の序列は、当事者にとっての優先順位が反映されたものと推測できよう。すなわち、それは将来者である鑑真の設けた基準であり、弟子との間で、とくに『東征伝』の原本『大唐伝戒師僧名記大和上鑑真伝』（以下、『大和尚伝』）を撰述した思託との間で共有されていたであろう基準が反映されている

と考えられるのである。

また、これらの像のうち、とくに「彫白栴檀千手像一躯」および「繍千手像一鋪」は、すでに井上一稔氏によって指摘されているとおり、鑑真自身が行っていたはずの千手観音の修法と関連する可能性がある。[注2]この問題については、別稿で論じているのでそちらを参照されたい。[注3]

さらに「阿弥陀如来像一鋪」は、小野勝年氏が『正倉院文書』「天平勝宝六年閏十月外嶋院牒」の「奉請阿弥陀仏浄土一鋪、大和上進内、紫帳金墨像」に該当するとし、同画が阿弥陀像ではなく浄土図であり、かつ朝廷に献上されたことを指摘されている。[注4]『東征伝』では朝廷への献上品について「水精手幡已下皆進㆓内裏㆒」とし、[注5]それリスト上で玉環水晶製の幡四口より以前に記載されている品、つまり仏像・仏画類もそこに含まれるが、それらは朝廷に進呈されなかったように記しているものの、小野氏の指摘によればこの記述は実情と異なっているため、将来された仏像・仏画の行方については慎重になる必要がある。

さて、問題となる薬師如来像については、先掲の『東征伝』の記事中では、傍線部のとおり「薬師阿弥陀弥勒菩薩瑞像各一躯」と記されている。員数が「一躯」なので、これらが彫像であることはたしかであろう。ただし、三躯の像を一括するような表記の仕方からは、薬師、阿弥陀、弥勒の三像が一群の作例であるかのような印象を受ける。また、続けて記されている「同障子」は、上記の三像と同じ像を描いた別個の作ではなく、三躯の彫像に付随する荘厳具的な役割を持つものかもしれない。

いずれにしても、遣唐使船のごく限られたスペースの中で船載されてきたはずであるから、三像とも小像でありかつ檀像であった可能性も生じてくるが、檀像の場合は先に見た通り、尊格名の前に「白栴檀」とある点が注意される。したがって、これら三像は檀像とは異なる小像であったとみなしておきたい。

さらに、この三像に関する表記で注目されるのが、「瑞像」とされている点である。先行研究において、同記事の「瑞像」に着目した考察を進められたのが、松浦正昭氏である。[注6]氏の研究は最澄自刻とされる天台薬師像のルーツを追求するものであり、最澄造立の一乗止観院の本尊像はいま失われているが、文献記録の伝える印相が施無畏印・与願印であること、最澄が鑑真の弟子の法進や如宝と密接な関係にあること、唐招提寺金堂の薬師像が同様の印相であることにもとづき、これらの像の起源として鑑真将来の薬師瑞像を想定された。氏の説では唐招提寺新宝蔵の伝薬師如来立像については触れず、同寺金堂薬師像を薬師瑞像と結びつけるものであったが、平安時代前期に流行する薬師像の展開を考えるうえで、示唆に富む重要な指摘であったことは間違いない。鑑真将来の薬師瑞像と伝薬師像との関係については後ほど触れることにし、ここでは「瑞像」の意義について、先行研究を参考に把握しておきたい。

この問題については肥田路美氏による一連の考察があり、[注7]氏は唐代における「瑞像」の意義が具体例をもとに掘り下げられており、その実態をつかむことができる。

肥田氏によると「瑞像」の語義は、端的には三十二相を具えた像のことであり、また広義では仏像の美称であるが、それだけではなく、むしろこれらの意義に加えて特に重要なのが、インドや中国において霊験をあらわした像としての意味を持つことという。霊験とは祈願や信仰に対して神仏がおこす不可思議な感応とされるが、そのような感応を起こす像は生身仏と等しいとみなされるからである。つまり、瑞像は三十二相を具えるだけでなく、何らかの霊験を起こした像を意味する語句であり、生身仏として信仰を集めた像と捉えることができる。これに従えば、鑑真が将来した三種の瑞像は、インドもしくは中国大陸のある地域において霊験を発現した像を模した像とみなすことができよう。

さらに唐代において、このような瑞像をはじめとする仏教霊験譚に対して深い関心を懐いて向き合ったのが道宣であったことも、氏によって指摘されている。道宣は南山律宗の宗祖として戒律研鑽に尽力する一方で、『集神州三宝感通録』（以下『感通録』）等を著し、大陸各地に伝わる瑞像や霊験譚を記録として留めて喧伝することも行った。こうした道宣の感通譚編纂の活動について、山崎宏氏は讖緯的で説伏的・威圧的態度が専制国家の仏教政策と結びつくと評されたが、[注8]これにくわえて肥田氏は道宣が編んだ瑞像の霊験譚が当時の権力者の動向と密接な関係にあることも看破されたのである。すなわち、道宣を含む仏教側にとって瑞像の霊験を喧伝することは、王権による仏法の擁護や尊崇を宣揚する目的があり、一方の権力者側は仏法を護持することで自らの統治が正統であることを示すものであったことを明らかにされたのであった。

道宣がそのような意図を持って瑞像や霊験に関する説話を編んでいるとすれば、時代や仏教をめぐる状況は異なるものの、道宣の系譜にある鑑真が南山律宗の教えを継承するだけでなく、瑞像や霊験に対するある種の戦略的な意識も受け継いでいる可能性は十分あり得るであろう。浅井和春氏は鑑真の布教活動においては瑞像と舎利が必需であったと述べているが、[注9]最近の肥田氏の詳細な検討によって、道宣の瑞像や霊験譚に対する意識が明らかにされるに従い、浅井氏による指摘の重要性もより高まっているといえる。

このように、道宣と鑑真の関係を踏まえたうえで、鑑真が将来した薬師像もまた瑞像であったことはあらためて注意しなければならないだろう。

なお、鑑真が薬師像を含んだ三躯の瑞像を入手した時期や場所についてもあわせて確認しておきたいが、この問題も白栴檀千手像に関連して別稿で触れているので、[注10]ここではその概略に留めたい。すなわち、三躯の瑞像は二回目の渡航失敗時の将来品リストには記載がないため、それ以降に入手した可能性が高い。また、その入手地については和上が渡日を決意してから最後の渡航に至るまで、最も滞在期間が長くかつ縁の深い揚州が第一候補地になると考えられる。

それでは、これらの瑞像は鑑真によって唐から将来されて以後、国内でどのような来歴を辿ったのだろうか。

残念ながら三像は『東征伝』以後、一度も記録上に見えないため、その行方について全く不明である。しかしながら、松浦氏が注目したように、鑑真将来の薬師瑞像が唐招提寺の薬師信仰と関連するという見解には一定の蓋然性があり、さらに後述するが、創建期の唐招提寺には金堂とは別に薬師信仰の場が存在していたことがたしかめられる。これらのことから、三種の瑞像のうち少なくとも薬師瑞像については、東大寺戒壇院あるいは唐禅院を経て、鑑真とともに唐招提寺へと移り、同寺における薬師信仰に関わっていると思われるのである。

そこで、次章では創建期の唐招提寺における薬師如来像について、瑞像との関わりを踏まえながら検討することにしたい。

二　唐招提寺伝薬師如来立像の概要と伝播

周知の通り、鑑真は天平宝字三年（七五九）八月に唐招提寺を創建し、同七年（七六三）五月に同寺で入寂した。[注11] この五年に満たない期間に同寺において造立された仏像は、現存しないものを含めたとしても数はかなり限られるだろうが、そのなかに薬師如来像も含まれていたと推測されている。その像が同寺新宝蔵に現在安置されている伝薬師像である（挿図1）。

同像の制作年代は先行研究において鑑真在世時とみなすのがほぼ定説化している。[注12] 筆者もこれに異論はなく、文献的な裏付けはないが、鑑真在世中の作であるならば、同像の造立は鑑真の意向が大きく関わっていると想定できる。

また同像の本来の尊格については、上原昭一氏や松田誠一郎氏が平安時代初期の如来形立像に薬師如来が多いことから、同像も寺伝同様に薬師如来である可能性を示し、現在はその見方が定着しているといってよい。[注13]

挿図１　唐招提寺伝薬師如来立像

　つぎに、同像の概要についてみておきたい。[注14]像高は一六〇・二センチ、カヤ材を用いた一木造の技法によってつくられ、頭頂部から蓮肉部とその下の茸軸までを一材から彫出している。肉髻は高く盛り上がり、面部はとくに頬の張りが顕著で、視線は遠方を見据えるようであり、緊張感と威厳のある表情を示している。体幹部は肩が張り、胸・腹、とくに大腿部の肉付きが大きく強調される。衣文線は太く紐状に刻出され、大腿部中央に衣皺が集まってY字形をなすとともに、その腹部から脚部中央に複数のU字形が反復する。また裾付近の衣文線は衣の縮れをあらわすように、線に振動のような揺れが表現されているのも特徴的である。本像は破損・欠失部も多く、別材製で漆で接着されていた螺髪、右耳、鼻先、唇、右手の臂から先、左手の手首から先、左手にかかる衣などが欠失または破損している。本像の一木造の技法や、量感を強調した表現などはそれまでの国内の彫像に類例がないため、鑑真一行が新たにもたらしたものとみなされ、制作には唐僧の直接的な指導や、さらには唐工の手によるとの推測もなされてきた。

　ところで、この伝薬師像の技法と表現上の特徴が、つづく平安時代初期の薬師像に伝播していったことは周知の通りで、具体的には京都・神護寺像、奈良・元興寺像をはじめ、滋賀・鶏足寺像などがその影響下にあることが先学によって指摘されており、最近でも平成三十年度の東京国立博物館特別展「名作誕生　つながる日本美術」において、伝薬師像とその系譜に位置づけられた複数の一木造彫像が展示され、衆目を集めている。[注15]

　それらの像がカヤ材を使用していることについては、かねてから檀像との関係が言及されてきたが、岩佐光晴氏は、奈良時代に中国から檀像彫刻の将来とビャクダンの代用材としての栢木＝カヤの思想が流入していたことを前提としたうえで、やはり伝薬師像を含む唐招提寺の木彫群がカヤ材の一木造像の流行に大きな契機をなしたとしている。[注16]

さらに、最近では奥健夫氏がこのカヤ材の使用の問題について注目すべき論考を発表している。[注17] 奥氏によれば、奈良時代末期にカヤ材が選択されたのは檀像に求められていた意義が如法清浄の造像であると想定したうえで、代用材としてのカヤには邪気を払う効能もあると考えられており、その清浄性の獲得もカヤを選択する積極的な意義であったとする。また、奥氏は『感通録』巻下に収録される釈雲韻の伝において、箱が腐乱しているにもかかわらず、そこに収められた法華経は清浄に写経されたものであったために損なわなかったという話を引き、如法によって得られる清浄性の力に対する認識は中国から日本に伝えられたとも述べられたのであった。奥氏はこうした如法の造像意識にもとづく代用材の選択が、日本において誰の手によって始められたのかという問題については触れておられないが、それもやはり鑑真が想定されるであろう。

これにくわえて、奥氏はこうした如法仏の思想が中世の生身仏像の造立につながっていくことを論じているが、その始源である奈良時代末期のカヤ材による如法仏においても、すでにその萌芽があるのではないだろうか。つまり、伝薬師像を含む唐招提寺の木彫像にカヤ材が用いられたのは、ビャクダンの代用であり、如法清浄の力を得るためであったとみなせるが、そこには生身仏への志向があったと考えられるのである。

また、先行研究では伝薬師像の技法やかたちが次代に伝播した理由についてはあまり取り上げてこられなかったが、その伝播の根底には同像が瑞像のかたちをしていることが原動力になっている可能性を考えたいのである。[注18]

そして、伝薬師像とその影響下にある諸像の関係について、原像のシンボリックな部分を抽出して模した像が広がる現象として捉えれば、そこには京都・清凉寺釈迦如来像とその模刻像の関係が想起されてくる。[注19]つまり、中世における霊験仏像・生身仏像の模刻のありようと類似しているように思われるのである。このように考えたとき、再度注目されるのが前章で取り上げた道宣の瑞像への意識や、その系統を継ぐ鑑真が実際に瑞像を日本に将来したという事実、また奥氏が指摘した如法仏への志向である。

すなわち、伝薬師像は鑑真が将来した瑞像を模した像と仮定すれば、中世以降に隆盛する清凉寺釈迦像や善光寺阿弥陀像の模刻の在り方の先駆的な事例として位置づけられるのではないだろうか。

さらに、紺野敏文氏は伝薬師像を含めた木彫像の伝播には、南都諸寺に営まれた禅院が重要な役割を果したした可能性を指摘されている。[注20]紺野氏のこの指摘は示唆に富むものであり、私見でも薬師像の展開の背景には唐僧を中心とした人物交流があると考えるがこの問題については後ほど触れることにして、次章では伝薬師像の造立背景を検討したい。

三　唐招提寺伝薬師如来立像の原所在と造像背景

先行研究において、唐招提寺伝薬師像の造立目的は光明皇太后の不悆平癒説と受戒や布薩の本尊説の二説が提示されているが、どちらも伝薬師像と同時期の作と推測されている同寺新宝蔵安置の伝衆宝王菩薩立像（像高一七三・二センチ、以下伝衆宝王像、挿図2）と、伝獅子吼菩薩立像（像高一七一・八センチ、以下伝獅子吼像、挿図3）とを組み合わせた検討がなされている。[注21]

さて、前者の説は松田誠一郎氏が提示している。[注22]同説はまず『正倉院文書』「天平宝字二年（七五八）七月四日付紫微内相宣」において『千手千眼経』『新羂索経』『薬師経』の三経、計一千四百巻の写経事業が造東大寺司で

挿図2　唐招提寺伝衆宝王菩薩立像

挿図3　唐招提寺伝獅子吼菩薩立像

開始されている点に注目し、『続日本紀』同日条で光明皇太后の不悆が発表されていることから、この写経事業の目的が皇太后の病気平癒であったとする。そのうえで、『新羂索経』は伝獅子吼像、『薬師経』は伝薬師像に対応し、『千手千眼経』については伝衆宝王像が千手像として造立された可能性を述べられたのであった。後述するように、筆者は伝衆宝王像、伝獅子吼像の二像は羂索堂に安置され、伝薬師像とは異なる目的で造立されたと考えているため、この説には同意できない。

つづいて、受戒・布薩の本尊説は井上一稔氏によるものであり、[注23] 氏は伝衆宝王像と伝薬師像がその目的のために造立されたとする。すなわち『梵網経』の説く梵網菩薩戒は、受戒の際に戒を授ける師がいない場合や、受戒したのちに戒を犯してしまったとき、仏・菩薩像の「好相」を得なければならない。また受戒後、持戒を保つために自省して懺悔する布薩においても、仏・菩薩像の形像の前で行うよう規定されている。さらに氏は伝薬師像・伝衆宝王像・伝獅子吼像の目元や面部の頬の盛り上がりは微笑を湛えていると捉え、この表情は『不空羂索神変真言経』に説かれる「熙怡微咲」をあらわしており、修行者が求める好相につながるとする。また、伝衆宝王像と伝薬師像は耳の形状から見ても同一の作者の手による可能性が高く、この二像の組み合わせが仏・菩薩像として、唐招提寺における受戒や布薩に用いられたと推測されたのである。

井上氏の説は、鑑真の授戒や戒律と造像との関係に着目し、さらにそれらの儀式に必要とされる好相を像の表現に求めた点に極めて重要性があり、後続の研究に大きな指針を与えるものであったといえる。[注24] 筆者は井上氏の説を承けたうえで、梵網菩薩戒の授戒において仏像が重要な役割を果たすことを指摘し、さらにその戒を授ける教主は盧舎那仏であることから、唐招提寺においても金堂中尊の盧舎那仏像がこれに深く関連して造立されたと考えている。[注25] したがって、伝薬師像の造立意義については井上氏と見解を異にせざるを得ない。

一方、伝衆宝王像と伝獅子吼像の造立意義に関する私見の要点をここで述べておくと、[注26] まず二像ともに鹿皮とみなせる獣皮を上半身にまとっており、どちらも不空羂索観音像として造立されたことを前提する。これに加えて、二像は承和二年（八三五）豊安撰述の『招提寺建立縁起』（以下『建立縁起』）にある「一、羂索堂一宇、安置二不空羂索菩薩像躯金色並八部衆木一、右入唐大使藤原清河家室施入造立如レ件」に該当する羂索堂の像であり、[注27] 木造の八部衆像とともに安置されていたとみなしたうえで、この尊像構成が菩提流志訳『不空羂索神変真言経』巻六に邪見の衆生を調伏し正道に教化するための修法に登場することに注目した。[注28] このことは、『続日本紀』等にみられる国内僧の鑑真への誹謗中傷の記録と対応しており、そうした鑑真への反発を鎮めんがために、同経の説く修法に依拠して二像と八部衆像が造立・安置されたと推測できる。なお、豊安以降の中世の文献史料に、鑑真と三目六臂の菩薩の霊験譚が登場し、[注29] その霊験は鑑真のもたらした戒律が正しいものであることを強調する内容となっていることも、二像の当初の造立意図が霊験というかたちであらわれていると考えた。

さらに、同稿では触れなかったが、この二躯の不空羂索像の問題においても、鑑真と瑞像や霊験譚の関係を視野に入れるならば、豊安の時代以降に『東征伝』や『延暦僧録』等には見られない鑑真や唐招提寺の像の霊験が語られるようになることについては、道宣から鑑真が継承した瑞像や霊験への意識がその源流にあり、それが豊安たちにも引き継がれているのではないだろうか。

以上のことから、伝衆宝王像、伝獅子吼像と同時期に制作されたと推測される伝薬師像の当初の所在については、羂索堂とは異なる別の堂宇を検討する必要があると筆者は考える。そこで、先行研究においてこれまであまり顧みられてこなかった伝薬師像の原所在を探ってみることにしたい。同像の安置状況が見えれば、その造立の背景や意図につながるわずかな手がかりが浮かび上がるかもしれないからである。

まず、伝薬師像は昭和四十五年（一九七〇）に新宝蔵が建立されるまでは、他の木彫像とともに一括して講堂に安置されており、それ以前は地蔵堂に置かれていた。[注30]そして地蔵堂以前の来歴は不明のままであるが、伝薬師像の制作は鑑真在世時まで遡る可能性が高いため、天平宝字三年（七五九）八月から鑑真入寂の同七年（七六三）までの期間に建立されていた堂宇に絞り込むことができる。

その時期に建立されていた堂宇を伝える文献資料は、天平宝字年間成立の『唐招提寺用度帳』と『建立縁起』である。[注31]松田氏はこれら二つの資料をもとに、鑑真在世時の伽藍には講堂、羂索堂、食堂、各僧房が建立されていた可能性が高いことを明らかにされた。[注32]さらに、『建立縁起』には明記されないものの、この時期には戒壇も造営されていたことも認められつつある。[注33]

一方、延暦七年（七八八）思託撰述の『延暦僧録』「真木尾居士伝」には「今請二像於唐律招提薬師院造八角堂中一」との記述があり、[注34]延暦七年当時に薬師院と呼ばれる一画に八角堂が存在していたことが判明する。さらにこの八角堂について『建立縁起』は「八角堂二基　唐義静造　一基　東義演大徳造」と伝えており、承和二年までに同寺境内には東西二基の八角堂が建てられていたことが分かる。

そこで、真木尾居士すなわち藤原種継伝の内容の検討については後述することにし、さきに八角堂の建立がどこまで遡りうるかについて検討しておきたい。この問題は、東西二基のうち西の八角堂が「唐義静造」とされて

挿図４　唐招提寺金堂盧舎那仏坐像

いる点が手がかりとなる。

義静は八角堂以外では、現金堂中尊の盧舎那仏坐像（挿図４）の造立者として『建立縁起』にその名が記載された人物である。[注35]同像の制作年代についても、これまでに諸説提示されてきたが、同像を安置する金堂の建立年代が年輪年代法によって天応元年（七八一）以降であることがほぼ確実となったため、[注36]脱活乾漆造の技法による盧舎那仏坐像の制作年代は金堂建立に先行し、鑑真在世時の天平宝字年間とする見方が、筆者を含めて一定の支持を集めている。[注37]

また義静は『東征伝』において、鑑真とともに来日した弟子の中では四番目に記載されている。[注38]これは思託に継ぐ位置にあるが、安藤更生氏によれば思託の年齢は来日時で三十一歳と推測でき、[注39]義静の年齢が思託と近ければ、創建期の唐招提寺の造営に際して、鑑真の指示のもと尽力していても不自然さはない。

これらのことから、西八角堂は天平宝字年間の造営と考えることができる。したがってその対となる東八角堂も時を経ずに、あるいは二基は同時に建立されたのではないだろうか。なお、東八角堂を建立した義演大徳の詳細については不明であるが、義静同様に鑑真に同行した唐僧の可能性も無い訳ではない。ただし、先掲の『建立縁起』の記事では、「唐僧義静」に対して「義演大徳」とされており、また『東征伝』や凝然の記録などで、鑑真と共に来日した弟子のなかに義演の名は見えないので、ここでは国内の僧とみておきたい。

一方、先述したように『延暦僧録』「藤原種継伝」にはこの八角堂に関する記載がある。同伝の該当部分は以下の通りである。[注40]

又云、居士、以二天平年一、遊二河内国真木尾山寺一、偶二捨等禅師一、誦二新華厳経一部一、便論二菩薩行門一、菩薩魔訶薩供養二諸仏一、行二檀波羅蜜一、内財外財、二倶捨施、攝取二菩薩広大資粮一、近士師二此行門一、願レ行二檀度一、剝二手皮一奉レ画二薬師浄土変一舗一、報恩供養、兼受二八斎一、蔬食潔志、年三月六日、施二仏及僧一、六種供養、三輪清浄、今請二像於唐律招提薬師院造八角堂中一、春秋二時、散花三日、礼懺、以申二報恩一、後長崗天皇御寓、差二造京別当一、

これによると、種継は天平年間（七二九〜七四九）に、河内国の真木尾山寺において、捨等禅師に遇い、禅師は八十巻本華厳経を読誦し、菩薩行における布施の重要性を説き、種継は師事して布施行をなすことを願い、自らの手の皮を剝いで薬師浄土図を描き、報恩供養したという。さらに八斎戒を受持して清浄に生活し、毎年三月六日には仏および僧を供養したとも伝えている。さらにその像は今（延暦七年頃か）唐招提寺の薬師院の八角堂内に安置されており、春秋二回には散花を行い、礼懺して恩に報いているという。

まず、冒頭で真木尾山寺における禅師と種継の出会いを「天平年」としているが、種継の生年は天平九年（七三七）であり、仮にこの出来事が天平末年であったとしても、種継はわずか十歳程であるため、禅師の説く菩薩行を理解するには幼すぎるであろう。そのため、この「天平年」とは天平感宝年間以降の「天平」を冠した年号をも含んでいるのかもしれないが、だとしてもやや強引な感が否めない。松本信道氏は『延暦僧録』「班爵居士伝（大中臣諸魚伝）」の内容が、『日本後紀』延暦十六年（七九七）二月二十一日条の諸魚卒伝と大きく異なることを指摘しており、『延暦僧録』が伝える俗人の信仰や仏教的事跡を鵜呑みに出来ないとしている。[注41] 松本氏によるこの指摘は種継の伝においても同様の可能性があると見ておかなければならない。

とはいえ、思託は同記事中で「今請像」と記したうえで、薬師浄土図の所在を明記しているので、唐招提寺に種継所縁の薬師浄土図が移安されたことは事実と考えてよいであろう。さらにこのことから、種継は薬師を信仰し、また唐招提寺と交流があったことも認められる。

また、種継が薬師浄土図を描いた時期については、『延暦僧録』の成立が延暦七年（七八八）であり、さらに種継が暗殺されるのはその三年前の同四年（七八五）九月二十三日のことであるから[注42]、それ以前であることは間違いない。

では、東八角堂の存在した一画はいつから薬師院と呼ばれ、同寺における薬師信仰の場になったのだろうか。繰り返しになるが、『延暦僧録』は延暦七年の成立であるため、八角堂を薬師院としたのは、鑑真入寂後しばらくしてからの可能性も否定できない。

しかしながら、八角堂の建立自体は、先述のとおり鑑真在世中であった蓋然性が高いため、その建立はやはり鑑真が企図したと想定されるのである。だとすれば、鑑真入寂以降に東八角堂を中心にした薬師院が新たに形成された場合は、本来の堂宇の役割や性格を変更したことになる。そのように考えるよりも、建立当初から東八角堂は薬師如来を祀る堂宇として機能しており、それゆえに種継の寄進による薬師浄土図も同堂に安置されることになったとみなしたほうが自然であろう。

そして、東八角堂に対するこのような考えが許されるならば、同じく鑑真在世中の造立と推測される伝薬師像が安置されていた堂宇は、この東八角堂が最も相応しいのではないだろうか。先述のように、同寺の創建期に建立された堂宇は東西の八角堂を除けば、講堂、羂索堂、食堂、各僧房とされている。筆者はこれら諸堂のうち、講堂には現金堂中尊の盧舎那仏坐像が、また羂索堂には伝衆宝王像と伝獅子吼像が八部衆像（現失）と安置されていたと考えているため、伝薬師像の安置堂宇はこの東八角堂とみなしたいのである。『建立縁起』には、伝薬師像の記載がないが、現状の『建立縁起』は醍醐寺本及び護国寺本『諸寺縁起集』に抄録されたものであり[注43]、原形を正確に写したものでないことはすでに指摘されている。[注44]したがって、現状の『建立縁起』に伝薬師像の記載がないことは問題になるまい。

さて、唐招提寺における伝薬師像の造立・安置についてここまでの私見をまとめると、鑑真は来日の際に薬師・阿弥陀・弥勒の三躯の瑞像を将来したが、それらの像は東大寺客院から同寺唐禅院へと運ばれ、ついで天平宝字三年の唐招提寺創建に際して、鑑真とともに東大寺から移されたと考えられる。さらに、天平宝字七年以前には同寺に東西の八角堂が建立され、薬師瑞像を模した伝薬師如来立像が造立されたのであろう。同像を安置する東八角堂の建てられた区画はある時点で薬師院となり、はやくから同寺における薬師信仰の場として機能したとみられる。さらにこの八角堂には藤原種継が制作に関与した薬師浄土図も安置され、薬師如来に対する散花・礼懺が定期的に行われていたこともうかがえる。同堂の所在地については現在不明であるが[注45]、その規模は小さいものであったことが推測される。

挿図５　唐招提寺金堂薬師如来立像

その後、宝亀末年から延暦年間に至って同寺の中心人物が如宝の時代になると、伽藍の中枢部に新たに現金堂が建立され、さらに同堂の東方には木心乾漆造で像高三三六・五センチの新たな薬師如来立像が安置されたのは現状の通りである（挿図５）。なお、この薬師像は造立当初は光背に七仏と日光・月光菩薩、十二神将を具備した七仏薬師像であったことが『建立縁起』から知られる。[注46]

ところで、これまでみてきたように鑑真在世時の同寺ではすでに薬師院八角堂が建立されるとともに一木造彫像が造立されていたことになるが、さらに先掲の『延暦僧録』「種継伝」によれば、八角堂では春秋ごとに散華礼懺、つまり薬師如来へ礼拝懺悔して罪過の滅除と菩提を得ることが願われていた。注47 これは種継の個人的な行いかもしれないが、同堂で薬師悔過が行われていた形跡とみなせるであろう。

したがって、金堂に新造の七仏薬師像を安置したのは、八角堂ではキャパシティ的に不可能であった薬師如来を主尊とした大規模な法要を行うためだったのではないだろうか。すでに塚本麻衣子氏が金堂に薬師像と千手観音像を安置した理由について、それぞれの悔過法要の本尊とするためであったと論じているが、注48 筆者もひとまずこれに賛同しておきたい。

以上、伝薬師像の安置堂について検討してきたが、同像は当初は義静が建立した東八角堂に祀られていたと思われる。さらに同像の造立目的については、結局のところ現状ではわずかな手がかりしか得られていないが、個人的あるいは小規模な薬師悔過法要に用いられたことは指摘できそうである。さらに、憶測を重ねることになってしまうが、八角堂の建立者である義静が金堂中尊の盧舎那仏像の制作に携わっていることを踏まえれば、伝薬師像の造立にも関与しているかもしれない。

むすびにかえて――広隆寺旧本尊薬師如来像と鑑真の系譜――

小論ではここまで、鑑真将来の薬師瑞像と唐招提寺の薬師像を中心に述べてきたが、鑑真の弟子が関与した薬師像の伝承は京都・広隆寺にも見出すことができる。最後にこの問題を取り上げて、小論の結びとしたい。

寛平二年（八九〇）頃成立の『広隆寺資財交替実録帳』（『実録帳』）には金堂安置の仏像の冒頭に「霊験薬師仏檀

像壹躯居高三尺　在内殿懸鑷子一具　今校全」とあり、さらに「已上仏菩薩像、本自所レ奉二安置一」とも記されているため、[注49]この当時の金堂本尊は檀像の霊験薬師坐像であり、弘仁九年（八一八）の火災以前から安置されていたと伝えている。

一方、保延年間（一一三五～一一四一）に覚印が撰述した『勝語集』巻上の「広隆寺薬師縁起事」には、「本丹後（波カ）国多原寺仏也、次奉レ迎二石造一而法師智威執二行仏事一、其後道昌僧都奉レ安二置広隆寺一也」と記されており、[注50]広隆寺の薬師像はもと多原寺の像であり、智威法師が多原寺から石造（寺）に薬師像を迎えて仏事を行ったと伝えている。

さらに明応三年（一四九四）済承撰述の『広隆寺縁起』「檀像薬師如来像」には

件像山城国乙訓郡有二一之社一、号二乙訓社一、今向日明神也（中略）彼社前有二一木杭一有、一人之樵夫休息之間、以二此杭一作二仏像一、称二南無薬師仏一、而入二社殿一矣、故知向日大明神御作也、此仏依レ有二霊験一衆庶参詣（中略）、其此有二智威一大徳唐人　初住元興寺後居大原寺、延暦十二年癸酉十二月庚戌日、奉レ安二大原寺一、而隣里之老少渇仰之輩、無レ不二所願成就一、因レ玆燈油供物如レ雨似レ涌矣、大徳帰家之後、奉レ安二置丹後国石作寺一

とある。[注51]これによれば、同寺の檀像薬師像はもとは山城国乙訓社の前にあった杭を材にした向日明神の作であるという。さらに唐人の智威が元興寺に住した後に大原寺へ移り、延暦十二年（七九三）十二月に同寺に薬師像を安置し、近隣の人々の諸願を成就したといい、その後智威が去ると丹後国の石作寺に移安したと伝えている。

挿図６　広隆寺薬師如来立像（霊宝館所在）

伊東史朗氏はこれらの薬師像の伝承のうち、『実録

帳』の伝える像と、『勝語集』・『広隆寺縁起』にみえる像は別の像とし、後者に該当する像を同寺霊宝館に安置される厨子入薬師如来立像に比定している[注52]（挿図6）。

また、これらの資料に登場する多原寺（大原寺）・石造（石作寺）の詳細ははっきりとせず、先行研究でもこれらの寺院の所在地に関して意見が分かれているが[注53]、伊東氏は大原寺を大原野神社（現京都市西京区大原野）の神宮寺とみなしたうえで、縁起に登場する乙訓社などの地理的環境から、乙訓郡の共通の場から生まれた信仰であろうと推測している。

さらに大原野神社と向かい合って所在する正法寺は、江戸期成立の縁起で智威を開山としており[注54]、また正法寺と隣接する勝持寺も前身寺院を大原寺とする伝承がある[注55]。これらのことから、二寺の位置を含めて智威が活動した場については、伊東氏の見解に同意したい。

さて、智威という人物については、すでに先行研究において後世の史料ながら鑑真の弟子と伝えられていることが指摘されている[注56]。筆者は鑑真と共に来日した弟子について以前に論じており、その際に智威についても若干の検討を行った[注57]。そこであらためて智威について確認しておくと、『東征伝』やその原本の『大和尚伝』にはその名が見えないが、鎌倉時代の凝然の『律宗綱要』には鑑真随行の弟子として次の通りに記載されている[注58]。

随従弟子中、呈㆑名㆓後代㆒者、仁韓大徳、法進大僧都、曇静大徳、法顒大徳、思託大徳、義静大徳、智威大徳、法載大徳、法成大徳、霊曜大徳、懐謙大徳、此十一人於唐受具、如宝少僧都、慧雲律師、慧良大徳、慧達大徳、慧常大徳、慧喜大徳、並亦唐人、而於此国受㆓具足戒㆒、沙弥道欽是亦唐人　＊傍線部筆者

これに加えて、『正倉院文書』「天平勝宝八歳三月三十日写書所解案」にも智威の名が確認できるため[注59]、同時代に存在したこともたしかめられる。これらのことから、智威は鑑真とともに来日を果たした弟子の一人であったと考えられよう。

さらに、右の『律宗綱要』の弟子の序列をみると、智威は思託・義静について記されている。先述のように思託はこのとき三十一歳であり、智威はそれよりもやや若年の二十代後半であった可能性が高い。

また、智威は先に見た通り『広隆寺縁起』によれば、もとは元興寺に住していたとされる。縁起の成立はかなり後世であるため、このことを率直に受け入れることはできないが、智威の居住寺院を元興寺と伝える点は非常に注目される。これまでに鑑真周辺と元興寺の関係は見出されていないが、八世紀後半から九世紀初頭の同寺には、鑑真一行とは異なる時期に来日したとみられる唐僧泰信も居住していたからである。[注60]

泰信は東大寺戒壇院において延暦二十二年（八〇三）には空海、[注61]同二十四年（八〇五）には圓澄が参加した授戒において戒和上をつとめており、[注62]さらに同十八年（七九九）二月十五日には早良親王の御霊の供養に派遣されている。[注63]文献上の最後の記録は『僧綱補任』の弘仁二年（八一一）少僧都位であり、[注64]その後に泰信が僧綱を辞したかあるいは入滅したか不明であるが、八世紀末から九世紀初頭にかけて活躍した人物であることは間違いない。

延暦年間の東大寺戒壇院における三師七証の十師は、奈良時代から引き続いて鑑真および法進の系譜の弟子たちが大勢を占めていた可能性が高いが、[注65]そのような状況において授戒儀式を掌握する戒和上の役を担った泰信もやはり唐僧であった。したがって、鑑真の弟子たちと泰信が交流を持ち、東大寺での授戒を共同で担うべく互いに信頼関係を築いたことは容易に想像できる。

智威が東大寺唐禅院を経て元興寺に居したとすれば、そこで泰信と接点を持ったことは十分に考えられ、同寺にも唐僧らが交流する環境があったことになる。そのような交流の場は先述のように紺野氏が注目した禅院であったのではないだろうか。[注66]薬師像が広隆寺に移坐されたときの別当である道昌もやはり元興寺と所縁があったことも看過できない点である。[注67]

智威と霊験薬師像の伝承については、その舞台が乙訓郡の寺社であったことを考慮すると、長岡京時代に発生した信仰にもとづく可能性が高いが、その場合は同京造営長官であった種継と唐招提寺における薬師信仰も想起され、種継による新都造営と鑑真の弟子による同京における薬師像安置の伝承は無関係であったとは思えないのである。

注

1 『東征伝』(『大正新修大蔵経』(以下『大正蔵』)五一―九九三)
2 井上一稔「鑑真和上像をめぐって」(『文化史学』五五、一九九九年)及び同「唐招提寺木彫群の宗教的機能について」(『佛敎藝術』二六一、二〇〇二年)
3 拙稿「鑑真和上と千手観音」(律宗戒学院編『覚盛上人御忌記念　唐招提寺の伝統と戒律』法蔵館、二〇一九年五月刊行予定)
4 小野勝年「鑑真とその周辺」(『佛敎藝術』五四、一九六四年)
5 前掲注1参照
6 松浦正昭「天台薬師像の成立と展開」(『美術史学』一五・一六、一九九三・四年)
7 肥田路美「第四章　瑞像の政治性」(『初唐仏教美術の研究』中央公論美術出版、二〇一一年)
8 山崎宏『隋唐仏教史の研究』(法蔵館、一九六七年)
9 浅井和春『日本の美術四五六　天平の彫刻――日本彫刻の古典――』(至文堂、二〇〇四年)
10 前掲注3参照。
11 『東征伝』および『続日本紀』天平宝字七年五月六日鑑真卒伝参照。なお唐招提寺の最新の研究史は大橋一章・片岡直樹編著『唐招提寺　美術史研究のあゆみ』(里文出版、二〇一六年)でまとめられている。
12 淵田雄「新宝蔵の木彫」(前掲注11書所収)参照。
13 上原昭一氏は唐招提寺金堂像、神護寺金堂像、滋賀・鶏足寺像を例に挙げて伝薬師像の尊格も寺伝通りである可能性を述べられた(同解説「伝薬師如来立像」『奈良六大寺大観一三　唐招提寺二』岩波書店、一九七二年)。さらに松田誠一郎氏は右の根拠に加えて、鑑真が薬師瑞像を将来していること、唐招提寺内に「薬師院」が存在したこと（この問題は本文で検討している）をもとに同像の尊格を薬師如来と比定している（「光明皇太后不悆と唐招提寺木彫群」『佛教藝術』一五八、一九八五年）。また、同像が薬師以外の如来である可能性を提示した研究は私見ではみられない。小論でも寺伝どおり薬師像とみなしておきたい。

14　伝薬師像の概要および研究史については、前掲注13上原昭一解説、稲木吉一「木彫の出現と唐招提寺」（大橋一章編著『寧楽美術の争点』グラフ社、一九八四年）、前掲注2井上一稔論文（後者）、前掲注12淵田雄書などを参照。

15　東京国立博物館特別展図録『創刊記念『國華』130周年・朝日新聞140周年　名作誕生　つながる日本美術』（朝日新聞社、二〇一八年）参照。

16　岩佐光晴『日本の美術四五七　平安時代前期の彫刻――一木彫の展開――』（至文堂、二〇〇四年）及び同「日本彫刻史研究における木彫像の樹種同定の意義――一木造彫像成立の問題を中心に」（『成城学園創立一〇〇周年記念シンポジウム報告書　仏像の樹種から考える古代一木彫像の謎』東京美術、二〇一五年）

17　奥健夫「「如法」の造仏について」（『日本仏教綜合研究』一五、二〇一六年）

18　伝薬師像が鑑真将来の瑞像にもとづいて造像された可能性は、萩原哉氏が指摘している。（同解説「伝薬師如来立像」『日本美術全集』三「奈良時代Ⅱ　東大寺・正倉院と興福寺」小学館、二〇一三年）

19　清凉寺釈迦像の模像が原像の部分的な特徴をシンボリックなかたちとして踏襲しているという指摘は津田徹英氏による。同「善光寺阿弥陀三尊像と清凉寺釈迦如来像の模刻造像の時機」（阿部泰郎編『中世文学と寺院資料・聖教』中世文学と隣接諸学2、竹林舎、二〇一〇年）参照。

20　紺野敏文「第一章　木彫の成立」（『日本彫刻史の視座』中央公論美術出版、二〇〇四年）

21　伝衆宝王像・伝獅子吼像の概要については前掲注14参照。

22　前掲注13松田誠一郎論文参照。

23　前掲注2井上一稔後者論文参照。

24　井上一稔氏は前掲注2後者の論文において、名畑崇氏による善珠撰述『本願薬師経鈔』の検討をもとに（名畑崇「日本古代の戒律受容――善珠『本願薬師経鈔』をめぐって」佐々木教悟編『戒律思想の研究』平楽寺書店、一九八一年）、当時の薬師如来の修法において戒律が基本であったことに注目されたが、最近では冨樫進氏が同経鈔の内容に鑑真一行の戒律思想の影響がみられるという傾聴すべき指摘をしている（冨樫進「〈可能態〉としての仏典注釈――善珠『本願薬師経鈔』を題材に――」藏中しのぶ編『古代の文化圏とネットワーク』古代文学と隣接諸学2、竹林舎、二〇一七年）。さらに、西木政統氏は平安時代前期の薬師信仰と造像に関する研究史をまとめたうえで、鑑真の影響によって薬師如来の戒律護持を司る性格が強調されていることを指摘している（西木政統「平安時代前期の薬師造像に関する研究」『鹿島美術財団年報』三二、二〇一四年）。筆者も当時の薬師信仰に鑑真一行の影響による戒律重視の思想が反映されている点に異論はなく、当然ながら唐招提寺伝薬師像の造像においても根幹にはその思想があると考える。また、長坂一郎氏は井上氏の説を受けつつ、唐招提寺伝薬師像に根源をもつ平安時代前期の一木造木彫像の薬師立像には神仏習合に関わる造像が多く含まれていることを指摘し、鑑真の影響によって当時の薬師信仰が戒律と深く結びついたことを踏まえ、鑑真一行が日本の神仏習合を後押ししたことも想定している（長坂一郎「平安時代前期の神宮寺における薬師如来像造立について　滋賀・大嶋神社奥津島神社蔵木造地蔵菩薩立像再考」『東北芸術工科大学文化財保存修復研究センター紀要』三、二〇一二年）。ただし、神宮寺薬師像の源流といえる唐招提寺像には同様の神仏習合思想と何らかのつながりを示す痕跡が現状では見いだせない点に問題が残る。

一方、長岡龍作氏は当時の法華講会が薬師如来を本尊とする例が多いことに注目したうえで、その像のかたちはやはり唐招提寺伝薬師像に端を発するとみなされたが、こちらも伝薬師像の造立背景を考えるうえで看過できない指摘といえよう（長岡龍作「神護寺薬師如来像の位相――平安時代初期の山と薬師――」『美術研究』三五九、一九九四年）。

25 拙稿「唐招提寺創建当初の戒壇と現金堂盧舎那仏像について」（『南都佛教』八七、二〇〇六年）参照。

26 拙稿「唐招提寺伝衆宝王菩薩立像・伝獅子吼菩薩立像の造立意図」（『佛教藝術』三四三、二〇一五年）

27 『招提寺建立縁起』は醍醐寺本及び護国寺本『諸寺縁起集』に収録される。どちらも藤田経世編『公刊美術史料　寺院編上』（中央公論美術出版、一九七二年）所収。

28 『不空羂索神変真言経』巻六「羂索成就品」第六之二（『大正』二〇―二五九）

29 天長七年（八三〇）豊安撰『戒律伝来記』に「時沙門在二楊州大明寺一、為二衆僧一講レ律、其先所レ造石塼浮図忽然放レ光、現二菩薩三目六臂一、自称二般若仙一、以為二講説之霊験一也」とある。

30 上原昭一「唐招提寺講堂の木彫像――特に伝衆宝王菩薩像について――」（『佛教藝術』六四、一九六七年）参照。

31 『唐招提寺史料 第一』（奈良国立文化財研究所、一九七一年）所収。

32 松田誠一郎「「唐招提寺用度帳」について」(『京都市立芸術大学美術学部研究紀要』三七、一九九三年)

33 唐招提寺創建期の戒壇造営の問題については、森美智代「創建期の戒壇設営と所在地」(前掲注11研究史書収録)参照。なお、創建戒壇の所在地については、筆者を含めて現金堂の位置を想定する説と伽藍西方の現戒壇の位置とみる説(東野治之「招提寺流記の復原的研究」『大和古寺の研究』塙書房、二〇一一年)がある。

34 『延暦僧録』は藏中しのぶ『『延暦僧録』注釈』(大東文化大学東洋研究所、二〇〇八年)に依る。

35 『建立縁起』に「一、金堂壱宇、右少僧都唐如宝、率二有縁壇主等一、建立如レ件、安置二盧舎那丈六佛像壱躯塡一、唐義静大法師敬造如レ件」とあり、さらに「西北一僧房一宇」も義静建立とされる(前掲注33東野治之書の復原に従った)。

36 光谷拓実「年輪年代測定調査」(『月刊文化財』五五四、第一法規株式会社、二〇〇九年)及び『国宝唐招提寺金堂修理報告書』(奈良県教育委員会、二〇〇九年)参照。

37 前掲注25拙稿及び同「唐招提寺金堂三尊像の制作とその背景」(『密教学研究』四五、二〇一三年)参照。さらに金堂及び盧舎那仏像の研究史については片岡直樹「創建期の唐招提寺伽藍と金堂三尊」(前掲注11研究史書収録)参照。

38 『東征伝』「相随弟子揚州白塔寺僧法進、泉州超功寺僧曇静、台州開元寺僧思託、揚州興雲寺僧義静、衢州霊耀寺僧法載、竇州開元寺僧法成等一十四人、藤州通善寺尼智首等三人、揚州優婆塞潘仙童、胡国人安如宝、崑崙国人軍法力、瞻波国人善聴、都二十四人」(『大正蔵』五一―九九二・三)＊傍線部筆者

39 安藤更生『鑑真大和上伝之研究』(平凡社、一九六〇年)及び同『鑑真』(吉川弘文館、一九六七年)

40 前掲注34参照。

41 松本信道「『延暦僧録』班爵居士(大中臣諸魚)伝の一考察」(『駒沢史学』八五、二〇一六年)

42 『続日本紀』延暦四年(七八五)九月二十三日条。

43 醍醐寺本は建永二年(一二〇七)、護国寺本は康永三、四年(一三四四、五)の書写。

44 前掲注33東野治之書参照。

45 東野治之氏は前掲注33書で、『建立縁起』における堂宇の記載順から、二基の八角堂は講堂の斜め後方に東西に分かれて建立されていた可能性を述べている。同堂の位置については今後の発掘調査が俟たれる。

46 護国寺本『諸寺縁起集』所収の『建立縁起』において「光中有二七仏日光月光十二神将一」とされる。

47 吉田剛「華厳の礼懺――行願思想を中心に――」(『日本仏教学会年報』七〇、二〇〇四年)

48 塚本麻衣子「唐招提寺金堂諸像の機能と構成に関する研究」（『鹿島美術財団年報』二七、二〇〇九年）

49 『日本彫刻史基礎資料集成　平安時代　重要作品篇　二』（中央公論美術出版、一九七六年）所収。

50 『大正蔵』七八―二一四

51 川尻秋生「史料紹介　内閣文庫所蔵『広隆寺縁起』」（『寺院史研究』一、一九九〇年）

52 伊東史朗「広隆寺本尊薬師像考――神仏習合と尊像の複合――」（『京都国立博物館　学叢』一八、一九九六年）

53 北康宏「広隆寺薬師仏の伝来について」（『文化史學』五〇、一九九四年）は各縁起を詳細に検討したうえで、大原寺と多原寺は別の寺であり音が通じるために混同されたとして、多原寺と石造（石作寺）は丹後国に所在するとしている。しかしながら、伊東氏が述べるように、この薬師像の縁起は共通の場の信仰から醸成されたとみなしたほうが自然であるため、北氏の解釈には同意しがたい。

54 正法寺に伝来する『春日稲荷縁起』（元禄八年〔一六九五〕、慈雲撰述）に説かれる。

55 前掲注52参照。

56 川尻秋生「内閣文庫所蔵『広隆寺縁起』について――広隆寺と薬師信仰――」（『千葉県立中央博物館研究報告』一、一九八九年）及び前掲注53北康宏論文参照。

57 拙稿「鑑真とともに来日した弟子について」『てらゆきめぐれ 大橋一章博士古稀記念美術史論集』（中央公論美術出版、二〇一三年）

58 『大正蔵』七四―一八。

59 『大日本古文書』一三―一六四。

60 『続日本後紀』天長十年（八三三）十月十日圓澄卒伝に「其夏四月就㆓唐泰信大僧都㆒受㆓具戒㆒」とあり、さらに『金剛寺文書』（『大日本古文書』家わけ第七）や各弘法大師伝に収録される「空海戒牒案」に「元興寺大徳泰信律師　奉㆑請為㆓和上㆒」と記録される。

61 空海の受戒については、拙稿「「空海戒牒案」について」（『密教学研究』三九、二〇〇七年）参照。

62 前掲注60の圓澄卒伝では受戒を延暦二十四年としている。

63 『日本後紀』延暦十八年（七九九）二月十五日条に「伝燈大法師位泰信等於淡路国、令賚幣帛謝崇道天皇霊」とある。

64 『僧綱補任』第一（『大日本仏教全書』一二三、名著普及会、一九九二年）

65 拙稿「『東大寺要録』所収「戒和上次第」について――初代から十八代までを中心として――」（『日本仏教学会年報』七四、二

〇〇八年）

66　前掲注20紺野敏文書参照。

67　道昌の伝については、追塩千尋「道昌をめぐる諸問題」（『南都佛教』六七、一九九二年）。なお、道昌が元興寺に入寺したのは弘仁三年（八一二）とされており、年代的に泰信・智威とは直接的な交流はなかったと推測される。

［図版出典］

挿図1・2・3『特別展 仏像 一木にこめられた祈り』（東京国立博物館、二〇〇六年）より転載、挿図4・5『名宝日本の美術7　唐招提寺』（小学館、一九八〇年）より転載、挿図6 伊東史朗『日本の美術二四一　薬師如来像』（至文堂、一九八六年）より転載

広島・善根寺収蔵庫の木造僧形坐像をめぐって
——用材の節と善珠の面影——

濱田　恒志

はじめに

広島県三原市に所在する善根寺収蔵庫には、かつて近隣に存在した善根寺に伝わったという二十八軀もの木彫像が安置され、地元住民で組織する善根寺保存会によって管理されている。その大部分が平安時代の作とみられ、この地における古代の木彫群像の貴重な作例として、うち二十五軀が広島県ないし三原市の指定文化財とされている。

善根寺の諸像は、平安時代前期作の薬師如来坐像を主尊とし、同時代作の日光・月光菩薩立像、帝釈天立像、吉祥天立像、四天王立像、兜跋毘沙門天立像がこれに備わり、さらに平安時代前期から後期にかけて造像された大小さまざまな木彫仏像によって構成されている。

これまで本稿筆者は、善根寺諸像について概要を紹介するとともに、主要尊像についていくつかの考察を重ねてきた。[注1]しかしながら善根寺には、それ以外にも個性的な平安時代彫刻が複数伝わっている。本稿ではこれまでの論考の続編として、善根寺諸像の中から一軀の木造僧形坐像（以下「本像」、挿図1～4）を取り上げたい。その理由は、これから述べるように本像には特徴的な位置に用材の「節」があり、そのことが本像の意味、木彫像における節の意味、ひいては平安時代前期の薬師如来像を考えるにあたって、重要な見通しや課題をもたらすとみられるからである。

一　本像の概要

本像の概要は既に過去の拙稿で紹介しているが[注2]、ここで本稿での問題意識と関連付けつつ改めて述べておく。像高は六五・二センチ[注3]。頭部は剃髪した法体の姿をあらわし、胸を大きく寛げて覆肩衣、袈裟を着け、肉身部には浮き出た肋骨や首筋をあらわしている。正面を向き、両手は屈臂する。体部下半が亡失するが、もともとは坐していたと思われる。

挿図1　僧形坐像
広島・善根寺保存会

構造は一木造りで、頭体幹部を針葉樹の一材から彫成する。木芯は現状では像後方に外れている。内刳りなし。両手先、背面、両足部に別材を矧いでいたとみられるが、それらは亡失している。表面は劣化が著しく、当初の彫刻表現が判然としない箇所もある。現状は全体に素地を呈する。

詳細な伝来は不明であるが、材質や保存状態の上で他の主要尊像と明瞭な違いは無く、古来それらと共にこの地に伝来したとみられる[注4]。昭和四十三年（一九六八）二月二十一日、他像とともに三原

挿図２　同　左側面

挿図３　同　右斜側面

市指定重要文化財に指定された。指定名称は「木造僧形半身像」。

平安時代前期の作である主要尊像と同じく、本像の構造は内刳りの無い一木造りである。また頭体幹部を一材で彫成しつつ、体幹部材からはみ出す背面部分などを別材で補う点は、主要尊像のうち四天王立像の一部と共通する。本像の制作年代について、構造からは主要尊像と同時期、九世紀後半から十世紀前半頃かと想定できる。

次に各部表現について改めて確認したい。まず胸を大きく寛げ、肉身部に肋骨や首筋をあらわす点に特徴があり、これは奈良・岡寺伝義淵僧正坐像、京都・東寺伝聖僧文殊坐像、京都・法金剛院伝賓頭盧尊者坐像、滋賀・善水寺僧形文殊坐像など平安時代までの高僧像に類例が認められる。また面貌表現は、表面の劣化により判断し難い部分が多いものの、もとは眉根をやや寄せて目尻を上げ、毅然とした表情をしていたかにみえる。先掲の僧形像から近似した作例を探すならば、九世紀前半の作とみられている東寺像の表情に比較的近いであろう。また現状を見る限り、本像の頭体幹部材は通例の坐像と異なり腰部から下を含まない。本像の当初の構造が腰部も含めた横木一材製の両足部材に現存の頭体幹部材を乗せる形であったとすれば、過去の拙稿で指摘した通りこの特殊な構造も東寺像と共通する。[注5] 以上

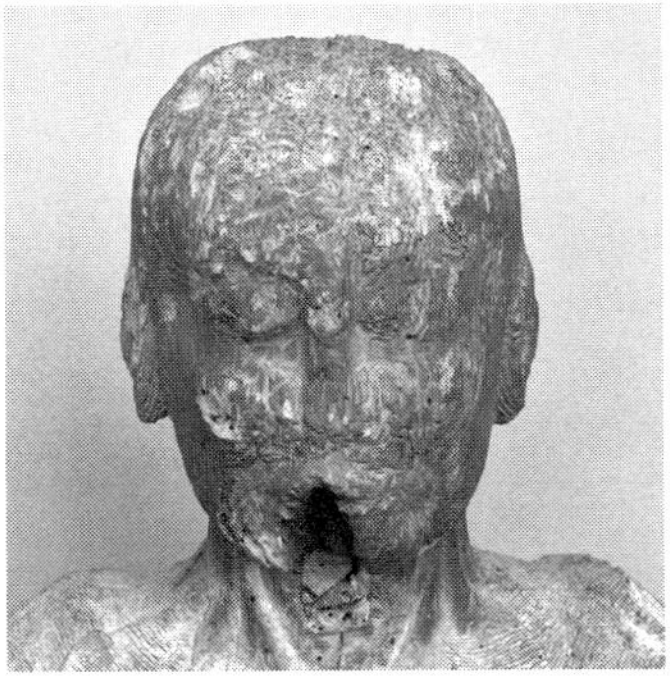

挿図４　同　頭部正面

より本像は、平安時代前期に東寺像と類するような聖僧像として造像されたと考えられる。

さて、本像の最大の特徴は口元にある。現状では、本像の口元から顎にかけての中央からやや右寄りが大きくえぐれ、喉元には補材があてられている。これはすなわち、本来は口元から喉にかけてのこの位置に本像の用材の節が存在し、経年によってそれが抜けたものとみられる。

木彫像の用材に節が認められること自体は、それほど珍しくはない。木彫像が流行した平安時代、全ての造像において節の無い良材を用いるのは難しかったに違いない。しかしながら止むを得ず節のある材を用いる場合は、それを像の背面など目立たない箇所に配するのが通常だったはずである。たとえ表面を漆箔ないし彩色で仕上げる場合であっても、彫刻しにくい節の存在は敬遠されたことであろう。

ところが本像の場合は、口元という最も目立つ場所に節がある。これは偶然ではなく、特定の意図のもとに、敢えて節をそこに配したとみるべきであろう。その意図とは具体的にどのようなものだったのであろうか。本像の持つこの最大の特徴を検討することが、本像の本来的な性格を理解することに繋がるであろう。

二　節のある仏像――研究史より

ところで本像以外にも、表面の目立つ箇所に節のある作例が一定数存在することは先行研究によって既に紹介され、注目されてきた。そうした作例において節は、外見が特徴的であるがゆえに、樹木信仰と関わる何らかの宗教的意味を備えていたと解釈されてきた。

近年における代表的な解釈は、井上正氏によるものだろう。井上氏は、古代日本の木彫像のうちある特殊な作例の一群、すなわち、像の正面だけを仕上げて背面を明瞭に彫刻しない例や、像表面にあえて鑿痕をとどめる例

（いわゆる「鉈彫り像」）、像の用材となる原木の幹のうねりを反映したかのように体軀に歪みのある例、眼をはっきりと彫刻しない例、そして、節を像表面にそのまま残した例などに注目し、これらを霊木から仏の姿が化現する標しが示された「霊木化現仏」だと解釈した。特に節については、一般的に節の多い材は彫刻にとって不良材であり、節の部分を削り去って方形に整形し良材によって埋め、その上で彫るのが常識だとした上で、「ところが霊材にあっては節は主幹から枝が伸びていた痕跡であり、そのかつての生命の証しであった。節もまた尊いのである。霊材から化現する仏は、たとえ彫刻として形がうまく取れなくても、節をそのまま残して少しも差し支えなかった。否、むしろ残すことに意義があったのである。」と述べている。[注6]

さらにその後の研究では、単に節を残すばかりでなく、本像のように特に顔面という最も目立つ箇所にあえて節を残す作例の存在が紹介されている。

まず井上氏は別稿において、滋賀・鶏足寺に伝わる伝地蔵菩薩立像を取り上げた。鶏足寺像には、顔面のほぼ中央から後頭部の上方にかけて、大きく節の抜けた痕跡がある。井上氏は同像を通例の地蔵菩薩とは異なる僧形神立像とみたうえで、節を除去せずに霊木の一部として残すことで像の霊威性を高めた霊木化現像の一つだと解釈し、顔面の重要な部分に節をあてた同像こそ、その好例であるとした。[注7]

山下立氏は、滋賀・日吉神社や同・金勝寺の僧形神坐像、同・五百井神社の男神坐像など、特に額や頬など面貌の目立つ箇所にまるで痣のように節が配される神像彫刻が滋賀県内に伝わることを紹介し、そのように節を配することは、それが神木であることをはっきりと人目につくように示す意図的な表現であったと指摘した。そして一部の神像彫刻にみられる鉈彫り表現や柱状化した身体表現、それに立木に直接鑿を入れた立木仏なども、表面に節を残した表現と同様に、神木に神が影向したさまを明らかにするものと解釈した。[注8]

また杉﨑貴英氏は、福井県越前町・日吉神社に伝わる如来形坐像を紹介した。日吉神社像は顔面全体を覆うように大きな節が残されている。杉﨑氏は先述の研究史をふまえて今後の精査と議論が期待されるとしながらも、節には聖性のサインとしての性格が認められるだろうとし、同地に展開した白山をめぐる神仏習合との関連も示唆した。[注9]

以上の研究史を参考にすれば、仏像や神像の表面の目立つところにある節は、像ないし用材の霊性を標示する意味があろうと推測され、像を拝する者に対しては、そうした霊性や神仏の化現を感じさせる効果を持つ。また特に顔面に節がある場合、それはまるで神仏の顔に現れた痣のように見える。

これら先行研究の解釈は非常に魅力的であるし、一定の説得力もあるように思われる。しかしながら、いずれも記録に乏しい地方の、しかもその中でも例外的な作例を論ずるがゆえに、なぜ像の目立つところに節があるのか、それにいかなる意味があるのか、という問題についての決定的な証拠が得られているとは言い難い。本稿冒頭において、本像が重要な見通しをもたらす存在だと述べた理由の一つは、こうした状況の中にあって少なくとも本像に関しては、より具体的な文脈において節の意味を理解するのが可能だとみられることである。次に本像が聖僧像であることに立ち返って、本像の性格を探っていきたい。

三　聖僧像とは

1　先行研究

古代日本における聖僧像、つまり聖者として崇敬されるべき高僧を表現した彫像については既に豊富な先行研究があり、そこでは具体的な造像・安置事例に加え、寺院ないし儀礼において像が有した性格や機能などが、かなり明らかにされている。[注10]

先行研究によれば、中国においては『高僧伝』、『法苑珠林』等に初期の聖僧供養、ひいてはその一環としての聖僧像安置の記事が認められるという。それによれば、初期の供養形態は斎会（僧たちに食事を施す法会）において衆僧の上座に聖僧のための座処のみを設け、聖僧を勧請するというものだったが、七世紀頃までには聖僧像を安置する形態が広まったようである。[注11]

日本の場合は、天平十九年（七四七）の大安寺資財帳に「聖僧一軀」が見えるほか、奈良時代までには法隆寺、東大寺阿弥陀院、観世音寺講堂などに聖僧像ないし聖僧のための榻や供養具のあったことが、各寺院の資財帳の記載により確認されている。また単に聖僧と表記される像の他にも、聖僧文殊や賓頭盧など具体的な尊名が示された像の存在が、奈良時代においては四天王寺食堂などに（聖僧文殊、賓頭盧の両像）、平安時代には神護寺食堂や比叡山東塔講堂（ともに聖僧文殊像）など諸寺に確認できるという。[注12]

このように僧たちの集まる場に安置された聖僧像は、では彼らにとってどのような存在だったのだろうか。また像にはどのような機能や役割があったのであろうか。先行研究ではこの問題に関しても議論が重ねられてきた。

伊東史朗氏は、賓頭盧、文殊、あるいは安然の『八家秘録』に記載のある造形化された聖僧たちの伝承を踏まえ、そこに、「いまだ彼らが現世に存在するという思想」という共通性を見出し、そうした思想を基盤として聖僧像が伽藍に安置されたものと推測した。そして当時の礼拝者たちの間では、悟入の程度によってはそうした聖僧を実見できると信ぜられていたと指摘した。[注13]

あわせて伊東氏は、現在において賓頭盧、聖僧文殊、あるいは聖僧像と称されている像については具体的な尊名を再検討する必要があることを指摘し、大阪・観心寺に伝わり、元慶七年（八八三）の同寺資財帳に「唐聖僧像」として記される聖僧坐像の像主について図像上の類似から迦葉であるとした。[注14]その後、同像については特定の祖師群像の一つだという意見が提示されている。[注15] いずれにせよ、観心寺像のように平安時代前期の時点で既に聖僧像としてのみ理解されている作例の中にも、具体的な僧の肖像彫刻が含まれる可能性があるということであろう。

奥健夫氏と藤井恵介氏は、食堂安置の聖僧像の特徴として、布薩における役割を指摘した。布薩とは、半月ごとに僧が集まって戒本を読誦し、各自に犯した罪があれば懺悔する儀式である。既に天平十三年（七四一）、国分寺建立の詔の中で国分寺や国分尼寺において布薩に相当する儀式を行うよう定められており、[注16] その後、『続日本紀』天平宝字元年（七五七）閏八月二十一日条に官大寺における布薩についての勅があるように、布薩は諸寺へ広まっていったようである。[注17]

両氏が布薩と聖僧像との関係を示すものとして特に着目したのは、最澄による著作である。奥氏はまず布薩と聖僧像との関係を示す史料として最澄『顕戒論』巻中に「天竺の法に順じて文殊上座を食堂に安置し、晨朝・日中、二時に礼敬せば、二十四億劫の生死の罪を除却せん。あに懺悔せざらんや。浄住の義、深く説戒に契ふ。[注18]」とあることや、同じく最澄の『天台法華宗年分度者回小向大式』（四条式）に「凡そ仏寺の上座に大小の二座を置く。一には一向大乗寺　文殊師利菩薩を置きて、以て上座となす。二には一向小乗寺　賓頭盧和尚を置きて、以て上座となす。三には大小兼行寺　文殊と賓頭盧と両の上座を置き、小乗の布薩の日は、賓頭盧を上座となして、小乗の次第に坐し、大乗の布薩の日は、文殊を上座となして、大乗の次第に坐す。[注19]」とあることを取り上げた。さらに奥氏は布薩の行儀を詳述した史料として『四分律行事鈔』巻上四、説戒正儀編第十を挙げ、そこにある行儀の中に聖僧の勧請があることや、布薩を行うべき場所について説戒堂が無い場合は講堂や食堂が定められていることを示した。

奥氏はこのように布薩と聖僧の関係を挙げた上で、僧侶の清浄性を保持する機能を担う布薩儀礼において安置

される聖僧像は、僧侶の規範、理想像としての存在であり、彼らの宗教生活の精神的支柱であったと想像されるとした。[注20]

藤井氏もまた最澄の四条式の先掲の記述を取り上げ、最澄が布薩に関連させて聖僧像に言及するのは、布薩の際に僧侶の座の上座に据えることが聖僧像の最も重要な役割であったことを示唆するとした。さらに『顕戒論』巻中には四条式に対する僧綱の批判が収録されているものの、そこに聖僧像の布薩における役割を問題にした形跡は無いため、四条式に示された聖僧像と布薩との関係については、当時の国内の一般的な儀礼の状況を示すものであったと指摘した。[注21]

上原真人氏は、古代の如意の詳細を検討する中で、布薩、ひいてはそこにおける聖僧像の性格に言及した。上原氏は大安寺ほか諸寺の寺院資財帳を参照し、布薩のための什物として如意が共通すること、しかも行事を主導する戒師の持物であったとみられることを指摘した。そして、実際に如意を持つ東大寺開山堂の良弁坐像や法隆寺東院の行信坐像は彼らが布薩の戒師をつとめる姿を表現した像であるとした。また、両像は左手の掌を仰いで左膝上に載せて全指を軽く曲げ、右手は右膝上で掌を伏せて全指を握り持物（如意）を執るが、この姿勢が共通する岡寺の聖僧坐像（伝義淵僧正坐像）や東大寺二月堂食堂の聖僧坐像も本来は如意を持っていたものと推測し、如意は聖僧像が持つ道具でもあったと指摘した。その上で上原氏は、布薩の場における聖僧像の性格について、如意を持った聖僧像は如意を持った戒師と同等もしくはそれ以上の立場であったと考えられるとし、聖僧像は戒師の上座にあり、戒師が戒本を誦み上げるにあたって誤りがないか指受する立場にあったと指摘した。[注22]

2　聖僧像としての本像――問題の所在

先行研究を頼りに古代日本の聖僧像の性格を改めてまとめておくと、まず史料上、聖僧像は食堂や講堂など僧が集まる場に安置される場合が多かったようであり、そこでは僧たちの規範、理想像として礼拝供養されていたとみられる。特に注目されるのが布薩における役割であり、そこにおいて聖僧像は僧たちの座の上座にあり、戒師以上の立場として指受する役割を担っていたようである。

また先行研究を顧みた際、ある時期には不特定の理想像としての聖僧像とみなされながらも、もともとは具体的に賓頭盧像、聖僧文殊像、その他実在の高僧の肖像だったとみられる場合があり、あるいは現在は実在の高僧の肖像として伝わりながらも、もとは不特定の聖僧像や賓頭盧像、聖僧文殊像だったらしい場合もあり、しかもそれらは、形姿からだけでは判断し難いという点、大きな課題といえよう。

先述の通り伊東氏は聖僧像について具体的な尊名を再検討すべきと主張し、先述の観心寺像の他にも、法隆寺の伝観勒僧正坐像が『古今目録抄』にある西円堂の賓頭盧像にあたることを指摘している。ただし、「他の像に関しては現在のところ今一つ充分にはわからなかった憾みが残る」とも言及している。[注23]記録が乏しい中、像容だけで判断するのは困難だということであろう。また奥氏は、『顕戒論』において当時一般に賓頭盧と呼ばれる像が元は文殊であったと最澄が主張することや、東寺像に古来文殊説と賓頭盧説の二説があったことなどを挙げ、そもそも当時、聖僧文殊と賓頭盧に形相の上で区別が無かったことを指摘している。[注24]

さて布薩の行儀は、そこに聖僧像を安置することも含めて、平安時代には地方へも伝わっていたとみてよい。すなわち、延喜五年（九〇五）の資財帳成立時点で観世音寺講堂には「聖僧」像一軀があり、同寺で布薩が行われていた形跡のあることは先行研究が指摘する通りである。[注25]また国分寺建立の詔の中では国分寺や国分尼寺において布薩に相当する儀式を行うよう定められていることは先述したが、実際に、長元三年（一〇三〇）の『上野国交替実録帳』によれば上野国分寺には賓頭盧とされる僧形像一軀が安置されていたことが知られる。[注26] 安芸国に所在した本像も、こうした中で地方まで伝わった一例なのであろう。

本像が、ここまで見てきたような布薩などで僧の規範・理想像として機能を果たす聖僧像の地方における一例であるならば、本像の性格はさらにどのような可能性が考えられるだろうか。

本像の最大の特徴が、右の口元という極めて目立つ場所に節が存在する点であることは既に述べた。また先行研究を参考にすれば、いま一般に聖僧像と理解される像の中には、特定の高僧を像主として持つ作例も有り得ると考えられる。つまり本像の持つこの大きな特徴は、本像が不特定の理想像としての聖僧像ではなく、本像に特定の像主がいた可能性を想起させる。もちろんその像主は、先行研究を前提とすれば、平安時代前期当時、僧たちの規範となるべき存在として広く知られた人物でなければならない。それは一体誰だったのであろうか。

四　善珠の面影

1　『日本霊異記』下巻第三十九縁

ここで注目したいのが、『日本霊異記』下巻第三十九「智と行と並び具わる禅師、重ねて人の身を得、国皇の子に生るる縁」である。これは前半・後半の二つの説話から構成され、うち前半は奈良時代末期から平安時代初期にかけて活躍した僧・善珠（七二三〜七九七）にまつわる説話である。内容は概ね次のようなものである。[注27]

善珠禅師は熱心に学を修め、智と行の二つを備えていた。皇族をはじめ臣下の者に敬われ、僧にも俗人にも尊ばれた。仏法を広め、人を導くのを勤めとしていた。それゆえ天皇はその行いの徳を尊び、善珠を僧正に任じた。

さて、善珠の頤（おとがい。下あごのこと）の右の方には、大きな黶（ふすべ。ほくろのこと。いぼやあざの類も含むという）があった。桓武天皇の御代、延暦十七年（七九八）の頃、善珠は命終の時に臨み、世間のしきたりに従って飯占をしたところ、善珠の霊が占いの者に乗り移り、「私は死後、必ず日本国王の夫人、丹治比の嬢女の胎内に宿り、皇子として生まれ変わるであろう。顔に黶が付いたままで生まれるから、これによって真偽を知るとよい。」と言った。

善珠の死後、延暦十八年の頃、丹治比夫人が一人の皇子を生んだ。その頤の右の方には黶が付いていて、それは善珠とそっくりであった。善珠の顔の黶が失われず、付いて生まれてきたのである。そのようなわけで、皇子のお名前は大徳親王と申し上げた。

大徳親王は三年ばかりを生きておられ、その後亡くなられた。飯占をした時に、大徳親王の霊が占いの者に乗り移り、「私は善珠法師である。暫くの間、国王の子に生まれた。私のために香を焚き供養してくれ」とおっしゃった。こんなわけで、善珠禅師が転生しても再び人の身を得て、天皇の皇子としてお生まれになったのである。経典にある「人家々」（人身から人身への転生。前世の多大な善行によって果たされた奇跡であり、これを繰り返すことで仏果に到達できる）[注28]とはこれをいうのである。これもまた不思議なことである。

善珠は徳の高い聖者であった。それゆえ、人身から人身へ転生するという奇跡を可能としたとされる。善珠と大徳親王の間で下顎の右の黶が共通することからそれが認知された。黒子などの身体的特徴によって個人を特定することは、実際に古代の計帳などに見られる事例だというが、[注29]本説話で黶が持つ意味はそれ以上であろう。すなわち、人身から人身へ転生するという奇跡を証明する存在としての意味だ。

このあと下巻第三十九縁には、寂仙菩薩が当代の嵯峨天皇に転生する説話が収録される。そこでは天皇のことを、前世で多大な善行が積まれた結果に生じた「聖君」だと位置づける。ここに『日本霊異記』の著者・景戒の国家観や編纂意図が反映しているとして、この下巻第三十九縁は多くの議論の対象となっているのだが、本稿ではそれには立ち入らない。本稿で何より注目したいのは、この説話で述べられている善珠の身体的特徴、すなわち下顎の右に大きな黶があるというその位置が、本像の節のある位置と正に符合することである。

2　善珠の事跡と造像例

善珠の事跡は『日本霊異記』のほか『扶桑略記』、『僧綱補任』などに収録され[注30]、先行研究も多い[注31]。それによれば、養老七年（七二三）に生まれ、俗姓は阿刀氏であり、はじめ大和国山辺郡磯城嶋村（現・奈良県桜井市付近）に住んでいた。やがて法相宗の興福寺僧となり、玄昉に師事し、後には桓武天皇の護持僧を勤めた。そして延暦十六年（七九七）正月十六日（『扶桑略記』に依る。いくつかの異説あり）、善珠は皇太子安殿親王（後の平城天皇）の病気平癒祈願の功により僧正に任ぜられた。安殿親王の病気は、廃太子とされ死に追いやられた早良親王の怨霊によるものとして恐れられていたが、善珠は般若経転読などによってこれを治癒したという。晩年は秋篠寺に移ったようであり（開基とも伝えられる）、同じく延暦十六年の四月二十一日に七十五歳で卒した。その人となりについて、前掲の『日本霊異記』下巻第三十九縁には、「智と行と双ながら有り。皇臣に敬はれ、道俗に貴ばる。法を弘め人を導き、以ちて行業とす。[注32]」と記される。また、さらに後世のことになるが、「法相天台両宗勝劣」において善珠は、行基や清範と共に「文殊の垂跡」と讃えられている[注33]。

善珠は護持僧としてのみならず、法相の教学者としても著名であった。『扶桑略記』所収の卒伝には、唯識論を何度も読み、やがて「三蔵の秘旨を窮め、六宗の通衢を分つ」ようになったと記される。多くの経疏を遺したとされ、九点が現存する。中でも『薬師琉璃光如来本願功徳経』の注釈書である『本願薬師経鈔』は、桓武朝における国家的な薬師悔過の趣旨や次第を述べ、また戒律について関心を向けたものとして注目されている。特に「然則自レ非二聖心懺レ罪投レ誠求レ戒。何以報二天朝之慈一。謝二君王之徳一。是故大衆深照二此意一。欲レ奉下厳二聖朝之大願一報中国家之広恩上。」と、罪を懺悔し、戒を保つことで、天朝の慈しみに報い、君主の徳に感謝し、聖朝の大願を荘厳し、国家の広恩に報いることを訴えており、名畑崇氏はここから『本願薬師経鈔』が特定の公的な懺悔、受戒の法会に因んで作られたと指摘している。[注34] 更に同書は「今幸蒙二聖朝無限之慈一、遇二薬師如来般若之法会一。」と、「薬師如来般若之法会」（薬師悔過）の機会を、聖朝の無限の慈しみと捉えており、ここに僧の国家観が表れていると名畑氏は指摘する。[注35] そしてこの著作を通して、桓武朝で登用された護持僧であり法相教学者でもある善珠の二つの側面を統一的に理解できるとしている。[注36]

さらに注目したいのは、延暦十六年に卒した直後から見られる、善珠の造形化という現象である。『扶桑略記』延暦十六年四月二十一日条には、善珠が卒したことを受けて「皇太子図二其形像一。置二秋篠寺一。」と、安殿親王が善珠の画像を作成し、[注37] 秋篠寺に安置したと記される。この画像制作・安置の動機は、かつて安殿親王の病気平癒を祈願した善珠を追慕することにあったに違いない。[注38]

また興福寺では、弘仁四年（八一三）創建の南円堂に、創建当初から善珠の肖像彫刻が安置されていた。『山階流記』南円堂条所引の「弘仁記」によれば、当時そこには「供養僧形四柱」に加えて「善珠僧正一柱」、「玄賓禅師像一軀」が安置されていたという。玄賓も善珠と同じ時代を生きた興福寺の高僧である。「弘仁記」によれば、この善珠像・玄賓像の背後には「讃文設子」（彼らの行状を述べる讃文が書かれた衝立状の障子とみられる）が設置されており、この二軀は興福寺にとって誇るべき高僧の像として造立されたとみられる肖像彫刻であった。[注39]

さらに、平安京で最初に整備された大寺であり、桓武天皇御持仏の薬師如来像を本尊としたことでも著名な野寺（常住寺）には、「聖朝安穏、増長福寿」と唱える僧に変現し、そのために後に内供奉十禅師の一人に充てられた賓頭盧像があったという説話があるが、[注40] 西本昌弘氏はこの賓頭盧像が崇敬される背景に、かつて野寺に住した可能性があり、内供奉十禅師のように天皇やその周辺の護持僧としての役割を担った善珠の存在を推測している。[注41]

3　本像の性格

以上が善珠の事跡と示寂後の造形化についての概要であるが、ここで本像が僧形像の中でも特に善珠の肖像である可能性について、改めて検討したい。まず善珠は桓武朝当時において代表的な高僧であり、また『本願薬師経鈔』やそれに基づく薬師悔過を通して当代の薬師信仰や戒律観に大きな影響を与えたとみられる教学者でもあった。善珠は平安時代前期当時、僧たちの理想像としての存在に相応しく、実際に秋篠寺や興福寺において礼拝対象としての造像例もあった。あるいは縁のある寺院に安置されていた賓頭盧像への信仰に、善珠の存在が大きな影響を与えている可能性もあった。

以上を前提とすれば、本像は、善珠の下顎の右に大きな黶がありそれが人身から人身へ転生する奇跡を証明したという『日本霊異記』の説話をふまえ、善珠の徳に思いを致すべく用材の節の位置をあえてそこに配し、僧たちから礼拝される対象として造像されたという可能性が認められるだろう。善根寺諸像の原所在寺院は、薬師如来坐像を主尊とし、そこで在地社会のための薬師悔過を行ったとみられるが、[注42] そうした場において、平安時代初期の薬師悔過の在り方を形作ったとみられる善珠の面影を有する彫像は、正に相応しい存在だったと言えるだろう。

ただ、本像を実在の像主を持つとされる他の僧形像、例えば唐招提寺鑑真坐像や法隆寺行信坐像などと比べてみたとき、胸を大きく寛がせて肋骨が浮き出るさまをみせる本像の着衣表現は、露出の程度の問題とはいえあまり日本の高僧の肖像らしくない、つまり日本に実在した高僧が威儀を正して坐す姿を表現したとは言い難いかもしれない。この特徴はむしろ、本像があくまで聖僧文殊ないし賓頭盧に類する理想像としての聖僧像であることを示すように思える。そこに善珠の靨を表現したかのような節があるのは、本像に対し、聖僧への眼差しとともに善珠を崇敬する眼差しも向けられていたという状況を示唆するのではなかろうか。先に紹介した通り、西本氏は野寺の賓頭盧像への信仰の背景に同寺におけるかつての善珠の存在があった可能性を指摘しているが、理想像としての賓頭盧像や聖僧文殊像への信仰に実在の高僧への崇敬の眼差しが重なり合う可能性をも、そこに認められるならば、本像もまた、そのように善珠の面影を有する聖僧像（あるいは聖僧に準えられた善珠像[注43]）として造像され、僧たちの規範として崇敬を集め、布薩などの儀礼において機能したと考えられる。

では本像の性格をこのように考えたとき、本像の存在は、今後の研究にどのような課題や可能性をもたらすであろうか。本稿の最後に、その見通しを示したい。

五　本像がもたらす可能性

1　薬師信仰の地方への拡大と「護国的」薬師如来像

まず、善根寺諸像を研究する上での意味を考えたい。本稿筆者は前稿において『東大寺諷誦文稿』などを参考にし、諸像の原所在寺院が当地の在地有力者によって建立され、そこでは薬師悔過などの在地法会を通して一族の追善、安穏、ひいては地域の安寧が祈られたとみられることを指摘した[注44]。そこへ善珠の面影を有する聖僧像が安置されたことを改めて前提とした場合、善根寺諸像の性格について、新たにどのような見通しが得られるだろうか。

第一に言えるのは、善珠が桓武朝で登用された高僧であることをふまえれば、善根寺諸像およびその原所在寺院は、桓武朝の公的な薬師信仰を発端として成立した可能性があるということだろう。

また、この見通しは善根寺諸像に留まらない。善根寺諸像のように平安時代前期の薬師如来坐像を中心とした群像は、他にも日本の各地に伝わっている。東北地方には岩手・黒石寺や福島・勝常寺など、関東地方では茨城・妙法寺や静岡・南禅寺など、中国地方では広島・古保利薬師堂や島根・萬福寺（大寺薬師）などである。

これら各地の薬師如来坐像を中心とした群像は、それぞれに個性的な作風を示している一方で、像高や姿勢、あるいは尊像構成の面で、ゆるやかな共通性を有してもいる。こうした類例が離れた各地方に点在するという現象については、点在するそれらが連関するというよりは、中央に存在するある起点から各地方へそれぞれに規範が広まっていったという流れを想定するのが妥当であろう。

かつて本稿筆者は、各地に遺る平安時代前期の薬師如来坐像の一部が、当時の薬師信仰の画期にある東寺金堂薬師如来坐像、あるいはそれが規範としたらしい薬師寺金堂薬師如来坐像を一定の範としている可能性を提示した。[注45]『東宝記』第一、仏法上、東寺草創事条によれば、東寺と西寺は延暦十五年（七九六）、平安京さらには遠く東西両国を鎮護するために創建されたという。[注46]その東寺金堂に安置されたのが薬師如来坐像であった。このことは、桓武朝で重用された善珠が『本願薬師経鈔』において護国的な薬師悔過を志向していたことと無関係ではないであろう。[注47]善珠に準えられた本像が善根寺諸像の中に存在することは、善根寺諸像や、ひいては各地の類例が、このような都の公的な薬師信仰や薬師造像を発端として成立したことを傍証するのではなかろうか。

しかしながら、そうした中央の状況を背景にして成立したであろう各地の薬師如来像は、果たして護国的な機能に終始していたのであろうか。そこには大いに議論の余地がある。前稿でも紹介したように、平安時代前期の在地有力者たちは、律令制度が弛緩する中、国司やその他の中央勢力との狭間で、有力者としての立場が揺らぎ、在地における権威を維持すべく模索していた。こうした状況にある彼らにとって、寺院や仏像、法会の整備をもって護国的態度を示すことは、そうした模索の一つの表れではなかったか。

『続日本後紀』承和十二年（八四五）三月二十三日条によれば、前男衾郡大領の壬生吉志福正が、十年前に焼失し再建されないでいた武蔵国分寺七重塔の再建を「聖朝の奉為に」と願い出て、許可されているが、[注48]これは郡司が国分寺の造営を通して在地における特権を確保せんとしたためと指摘されている。[注49]また承和期には在地寺院を国分寺に転用する事例が複数認められ、これは中央政権側から在地有力者と結託を試みたためと指摘されているが、[注50]一方で在地有力者にとっても、国分寺や国司と関係を持つことにより在地における立場を優位にする狙いがあったという指摘がある。[注51]

また在地有力者たちのこれと類似した意図は、定額寺の指定にも表れている。特に地方においては、在地有力者や僧が定額寺とするに相応しい在地寺院を申請することにより指定が行われていたようであるが、その申請に際しては、対象の寺院の建立が天皇の願によるもの、あるいは国家の為のもの、といった護国的な性格を強調することが常套となっていたと指摘されている。[注52]無論そうした性格は表向きのことであり、在地有力者の意図は在地の私寺が定額寺に指定されることにより中央政権と結びつきを深め、在地社会における勢力の維持や経済基盤の安定を図ることにあったとみられる。[注53]

各地の薬師如来坐像を中心とした群像についても、同様のことが言えるのではないだろうか。すなわち善珠が志向したような聖朝のための薬師悔過を挙行すべく、善珠が属した法相宗など諸宗の僧たちは地方に教線を拡大して行儀や仏像の様式を各地に伝え、[注54]一方、在地有力者はそれを頼りに寺院の整備と薬師如来坐像の造像を企図した。そこでは平安時代前期の定額寺のように、護国的な趣旨の法会が行われることもあったかもしれない。[注55]しかしながら在地有力者にとってそうした護国的態度はあくまで建前であり、実際の目的は在地における権勢を維持することにあり、こうした在地寺院において祈られたのは前稿で述べたように、一族の追善、安穏、ひいては地域の安寧が中心であったと考えられる。

善根寺諸像のほか、日本各地に残る平安時代前期の薬師如来坐像を中心とした群像は、それぞれが著名でありながらも造像経緯については不明な点が多い。造形の観察がその考察の出発点となるべきことは言うまでもないが、それに加え、造像主体者であろう在地有力者の立場やその地域特有の願いを再検討することによって、さらなる把握が可能となるであろう。

2　木彫像における節の意味

本像が今後の研究にもたらす大きな可能性はもう一つある。それは木彫像における節の宗教的意味についてである。

本像の節が、『日本霊異記』の説話にある善珠の黶に準えられていることは先に指摘した。本像において、その黶が彫刻や彩色などではなく敢えて節で表現されていることは、節の宗教的意味を考えるにあたって極めて重要だ。

『日本霊異記』の説話において、善珠の黶は単に個人を特定するだけでなく、人身から人身へ転生するという奇跡を証明する存在としての意味も有していた。後者の意味こそが重要である以上、本像の節はそうした奇跡をも表現に含んでいた可能性が高い。したがって当時、仏像の用材における節は、奇跡や霊験を表現する特別な必要のある場合において、そうした奇跡を準えるに相応しい霊性ある存在として捉えられていた可能性が認められよう。さらに言えば、節を像の目立つ位置に敢えて配することは、彫刻や彩色とは異なる、奇跡的な事象を標示するに相応しい特別な表現として選択されていたとも考えられる。

節が霊性を示すもの、という解釈自体は、先に確認したように先行研究において既に提示されてきた。ただしその根拠や、想定される霊性の性格については、漠然と古来の樹木崇拝や神仏習合などに帰されることが多かったように思われる。しかし本像の場合、節が有する意味は、特定の説話を根拠として具体的に説明し得るものであった。だからこそ本像は重要な存在だと言えるだろう。

先述のように、用材の節を敢えて像の目立つところに配した類例は他にも報告されている。改めて本像の存在を前提にしたとき、そうした類例において節に込められた意味についても、像における節の位置や像をめぐる伝承などを再検証することによって、従来想定されているよりも更に具体的に説明できる可能性が生ずるであろう。

おわりに

以上、本稿では善根寺諸像のうち一軀の僧形坐像について、その口元に大きな節の抜けた痕があるという特徴を頼りに考察し、本像が理想像としての聖僧像であるとともに善珠の面影を有することを指摘した。そして本像の存在は、善根寺諸像のみならず、日本の各地方に残る平安時代前期の薬師如来坐像を中心とした群像の造像経緯や、これも各地に類例のある、目立つ位置に敢えて用材の節が配された像における節の意味など、様々な作例の今後の研究に対して新たな見通しをもたらすであろうことも併せて示した。両足部や背面材を失い、また表面全体が朽ちつつある本像ではあるが、その存在意義は極めて大きい。

善根寺は江戸時代には既に廃寺となり、諸像は帰依する地域の人々によって護られてきたと伝えられている。[注56]

いま、本像を通じて本稿のような考察が叶うのも、そうした人々による善行の積み重ねの恩恵であることに改めて思いを致し、稿を閉じることとしたい。

注

1 主なものは左記の通り。
・濱田恒志「広島・善根寺収蔵庫の諸像について」『美術史学』第三十五号、二〇一四年
・三原市教育委員会文化課編『三原の仏像』三原市教育委員会、二〇一四年
・濱田恒志「広島・善根寺収蔵庫の諸像について（二）――薬師如来坐像を中心とした群像と平安時代前期の地域社会――」『美術史学』第三十八号、二〇一七年　他
2 前掲注1拙稿「広島・善根寺収蔵庫の諸像について」、および、拙稿「僧形坐像」解説、前掲注1『三原の仏像』所収。
3 その他の法量は以下の通り（単位はセンチメートル）。頂―顎二三・〇、面幅一三・五、耳張一七・〇、面奥一八・〇、胸奥（現状）左一四・二、右一三・五、腹奥（現状）一九・二、肘張四一・六
4 善根寺の概要については前掲注1拙稿「広島・善根寺収蔵庫の諸像について」および「広島・善根寺収蔵庫の諸像について（二）」の「補足（二）」を参照。現在の収蔵庫は三原市小坂町の平野部に所在するが、かつての善根寺は北へ数百メートル離れた山の麓に所在したとみられる。平安時代の状況は不明で、室町時代にはこの地を治めた田坂氏の祈禱所であったとされる。寺名の史料上の初出は文明十二年（一四八〇）。
5 前掲注1拙稿「広島・善根寺収蔵庫の諸像について」の注33。
6 井上正「霊木化現仏への道」『芸術新潮』第四十二巻第一号（一九九一年一月号）、一九九一年。引用箇所は八九頁。
7 井上正「古仏への視点　滋賀・鶏足寺仏像群――十一面観音立像ほか――」『日本美術工芸』第六六六号、一九九四年、二四～二七頁。
8 山下立「神の相貌に現われた痣――神木に影向する神――」『滋賀県立安土城考古博物館紀要』第二十四号、二〇一七年。
9 杉﨑貴英「越前町　白山信仰ゆかりの彫刻への視点――新出の林光寺阿弥陀如来立像の紹介を兼ねて――」越前町教育委員

会編『異人探求　泰澄十一の疑問』展覧会図録、同会、二〇一七年、一六八～一六九頁。
10 伊東史朗「聖僧像に関する考察――観心寺像を中心に――」『国華』第一〇一八号、一九七八年、奥健夫「東寺伝聖僧文殊像をめぐって」『美術史』第一三四冊、一九九三年、藤井恵介「醍醐寺における布薩と仏堂――平安初期の仏堂の変革をめぐって――」佐藤道子編『中世寺院と法会』法蔵館、一九九四年、上原真人「如意を持つ僧――寺院資財帳に見る布薩――」栄原永遠男ほか編『東大寺の新研究　一　東大寺の美術と考古』法蔵館、二〇一六年。
11 伊東氏前掲注10論文、九～一〇頁、奥氏前掲注10論文、一七三～一七四頁。
12 伊東氏前掲注10論文、九～一〇頁、藤井氏前掲注10論文、一五三～一五四頁。
13 伊東氏前掲注10論文、一一～一二頁、一八頁。
14 伊東氏前掲注10論文、一四～一五頁。
15 山名伸生「観心寺僧形坐像と三体の新出類例」『仏教芸術』一七六号、一九八八年、松原瑞枝「観心寺僧形坐像の平安仏教美術史上の意義について――禅宗文脈を手がかりに――」『美学芸術学』第三十二号、二〇一七年。
16 「その僧尼（中略）、月の半に至る毎に戒羯磨を誦せよ。」引用は、青木和夫ほか校注『新日本古典文学大系　十三　続日本紀二』岩波書店、一九九〇年に依る。
17 なお石田瑞麿氏の研究に代表されるように、我が国における本格的な布薩の導入は鑑真来朝を契機とする説が一般的だが（石田瑞麿「鑑真における布薩の意義」同氏『鑑真――その戒律思想――』大蔵出版、一九七四年、初出は一九六八年）、上原真人氏は資財帳にある道具立てを見る限りはそうした事実は窺えないとし、布薩の全国への広がりは、むしろ国分寺建立の詔が契機かと指摘する。上原氏前掲注10論文、四八六～四八七頁。
18 引用は、安藤俊雄、薗田香融校注『日本思想大系　四　最澄』岩波書店、一九七四年、六七頁に依る。なお、ここにある「文殊」は引用箇所以前の文脈から僧形の文殊菩薩像のことを指す。「浄住の義、深く説戒に契ふ」は前掲引用文献の頭注によれば「懺悔して、清浄に住することは、ふかく布薩の意義にかなう」の意。
19 引用は、前掲注18『日本思想大系　最澄』一九九頁に依る。
20 奥氏前掲注10論文、一七五頁。
21 藤井氏前掲注10論文、一五四～一五七頁。
22 上原氏前掲注10論文、四七三～四八五頁。

23 伊東氏前掲注10論文、一八頁。
24 奥氏前掲注10論文、一六八～一六九頁。
25 藤井氏前掲注10論文、一五二頁。
26 群馬県史編さん委員会編『群馬県史　資料編四　原始古代四』群馬県、一九八五年、一一五九頁ほか。
27 内容については次の文献を参考にした。中田祝夫『日本霊異記（下）全訳注』講談社（講談社学術文庫）、一九八〇年、出雲路修校注『新日本古典文学大系　三十　日本霊異記』岩波書店、一九九六年。
28 本説話における「人家々」の意味については、前掲注27『新日本古典文学大系　日本霊異記』の当該部の脚注、および、山本大介「「人家々」と「聖君」――『日本霊異記』下巻第三十九縁の転生譚を中心に――」『日本文学』六十一巻九号、二〇一二年に詳しい。
29 寺川真知夫「霊異記下巻第三十九縁とその聖君問答」池上洵一編『論集　説話と説話集』和泉書院、二〇〇一年、七～八頁。
30 『扶桑略記』延暦十六年正月十六日条、同年四月二十一日条。および、『僧綱補任』第一、延暦元年条、鈴木学術財団編『大日本仏教全書　第六十五巻　史伝部四』講談社、一九七二年、五頁。
31 善珠の事跡の専論としては、日下無倫「善珠僧正の研究」『仏教研究』第一巻第二号、一九二〇年、直木孝次郎「秋篠寺と善珠僧正」同氏『奈良時代史の諸問題』塙書房、一九六八年（初出は一九六三年）、名畑崇「善珠について」『大谷学報』五十二巻四号、一九七三年、中川久仁子「秋篠僧正・善珠――その伝承をめぐって――」小峯和明、篠川賢編『日本霊異記を読む』吉川弘文館、二〇〇四年など参照。
32 引用は前掲注27『新日本古典文学大系　日本霊異記』に依る。
33 鈴木学術財団編『大日本仏教全書　第六十一巻　宗論部全』講談社、一九七二年、一一頁。
34 名畑崇「日本古代の戒律受容――善珠『本願薬師経鈔』をめぐって――」根本誠二編『論集奈良仏教　三　奈良時代の僧侶と社会』雄山閣、一九九四年（初出は一九八一年）、一五二頁。
35 名畑氏前掲注34論文、一五三～一五四頁。
36 名畑氏前掲注31論文、八一頁。
37 この画像については、「僧正善珠卒（年七十五）。皇太子図像安置秋篠寺。」（（　）内は注）という『日本紀略』の記述を参考にして皇太子の画像が安置されたとする文献があるが、直木孝次郎氏が否定するように善珠の画像と解釈するのが妥当である。

直木氏前掲注31論文、三八三～三八五頁。

38 直木孝次郎氏は特に安殿親王の守護のためだと解釈している。直木氏前掲注31論文、三八五頁。

39 小野佳代「奈良時代の南都諸寺の僧形像――鑑真像と行信像――」大橋一章博士古稀記念会編『てら　ゆき　めぐれ　大橋一章博士古稀記念美術史論集』中央公論美術出版、二〇一三年、二九四～二九六頁。なお、四軀の「供養僧形」像には後にそれぞれ名前が付けられ、善珠・玄賓像とあわせて「六祖師の像」と認識されるに至ったが（『七大寺日記』。小野佳代「南円堂創建当初の僧形六軀の制作目的」同氏『興福寺南円堂と法相六祖像の研究』中央公論美術出版、二〇〇八年、二六九頁に指摘がある）、南円堂創建期の時点ではこれらは特定の肖像彫刻ではなく、供養することに特化した性格の僧形像だったことを小野氏は指摘している。前掲「奈良時代の南都諸寺の僧形像」二九五頁。

40 『伊呂波字類抄』常住寺条や『阿娑縛抄』諸寺略記の野寺条を参照。

41 西本昌弘「平安京野寺（常住寺）の諸問題」角田文衞監修『仁明朝史の研究――承和転換期とその周辺――』思文閣出版、二〇一一年、一二五～一二八頁。『日本霊異記』下巻第三十五縁によれば、桓武天皇は延暦十五年（七九六）三月から、地獄において苦行を受ける物部古麿のために、善珠を講師とし、施皎を読師として野寺に大法会を設けたという。野寺と善珠の関わりを明確に示す史料は主にこれだけであるが、西本氏は『本願薬師経鈔』にみえるように国家護持的な薬師悔過を企図した善珠と、桓武天皇御持仏の薬師如来像を本尊とした野寺との間に、より直接的な関係を想定している。西本氏前掲論文、一一七頁なども参照。

42 前掲注1拙稿「広島・善根寺収蔵庫の諸像について（二）」、四〇頁。

43 本像の性格をこのような重層的なものと捉えたとき、先述したように後世善珠が文殊の垂跡と讃えられていることは誠に示唆的である。また、そのように讃えられているのが善珠ひとりに限らない点も注目される。各地に残る平安時代の僧形坐像の中には、例えば福島・勝常寺の伝徳一坐像など、聖僧文殊像や賓頭盧像のように胸を大きく寛げて肋骨の浮き出るさまをみせる像容でありつつ、当地で活躍した高僧の肖像として伝来している作例がある。こうした像の中にも、単に後世に高僧の名が充てられた例だけでなく、ここに提示したような重層的な性格を本来的に持っていた例が存在する可能性があるだろう。

44 前掲注1拙稿「広島・善根寺収蔵庫の諸像について（二）」、三九～四〇頁。

45　前掲注1拙稿「広島・善根寺収蔵庫の諸像について（二）」、四五頁、濱田恒志「平安期の薬師信仰と出雲の薬師如来像」第二十九回出雲古代史研究会（口頭報告）、於島根県埋蔵文化財調査センター、二〇一八年七月二十八日。

46　「或記云、桓武天皇御宇延暦十二年〔甲戌〕平安城遷都、同十五年〔丙子〕以大納言伊勢人為造寺長官建東西両寺、近則左右二京之安鎮、遠又東西両国之衛護也云々、」引用は、藤田經世編『校刊美術史料　寺院篇　中巻』中央公論美術出版、一九七五年、三八一頁に依る。〔　〕は注。

47　西本氏は延暦十五、六年前後に東寺を含めた平安京周辺寺院の本尊に薬師如来が多くなっていく傾向のあることを指摘し、それに関連する事象の一つとして『本願薬師経鈔』の存在を挙げている。西本氏前掲注41論文、一一七頁。

48　原文は次の通り。「武蔵国言。国分寺七層塔一基。以去承和二年為神火所焼。于今未搆立也。前男衾郡大領外従八位上壬生吉志福正申云。奉為聖朝欲造彼塔。望請言上。殊蒙処分者。依請許之。」

49　追塩千尋「九世紀国分寺についての一考察」佐伯有清編『日本古代史論考』吉川弘文館、一九八〇年、三七〇～三七三頁。

50　吉岡康暢「承和期における転用国分寺について」下出積與博士還暦記念会編『日本における国家と宗教』大蔵出版、一九七八年、八二頁。

51　追塩氏前掲注49論文、三七一頁。

52　不破英紀「九世紀の地方における定額寺・別院の指定について」『龍谷史壇』第九十八号、一九九一年、六一頁。

53　宇佐美正利「定額寺の成立と変質――地方定額寺を中心として――」下出積與編『日本史における民衆と宗教』山川出版社、一九七六年、九八～九九頁、不破氏前掲注52論文、六一～六二頁。

54　既に長坂一郎氏は、元興寺法相宗の教線拡大を通じて元興寺薬師如来立像のような様式が地方へ伝播した状況のあったことを論じ、またこれに類する現象は他の南都諸宗でも想定され得ることを指摘している。長坂一郎「平安時代前期における南都諸宗の地方寺院経営と木彫像の制作――元興寺法相宗の場合を例として――」『仏教芸術』二〇六号、一九九三年。善根寺諸像や各地の類例の成立についても類似した現象である可能性があるだろう。

55　九世紀半ば以降、定額寺において国分寺と並ぶ形で護国法会が催行されていたことについては、追塩氏前掲注49論文、三七三～三七四頁、中井真孝「国分寺制の変遷」同氏『日本古代仏教制度史の研究』法蔵館、一九九一年（初出は一九八二年）、一九一～一九二頁、大江篤「神の怒りと信濃国定額寺」同氏『日本古代の神と霊』臨川書店、二〇〇七年（初出は一九八四年）、四五～四八頁など参照。

56　善根寺の来歴については、前掲注1拙稿「広島・善根寺収蔵庫の諸像について」二〇～二二頁を参照されたい。

［付記］

本像を含む善根寺諸像の実査から本稿の執筆・掲載にかけては、田坂允徳前会長、早川正樹会長を初めとする善根寺保存会の皆様より長期に亘って御厚情を賜った。また、本稿筆者が三原市教育委員会在職時に担当した「三原の仏像展」（平成二十六年九月四日から十月十三日まで、於三原リージョンプラザ展示ホール）において本像を展示した際には、御観覧頂いた研究者の方々から本像に関して様々な御意見を頂戴し、それらは本稿執筆の参考とさせて頂いた。末筆ながらここに記して深く御礼申し上げます。

Ⅱ 造形をして語らしむ

東京国立博物館所蔵の木造菩薩立像と飛鳥時代の木彫像

西木　政統

はじめに

東京国立博物館（以下、東博）の所蔵する木造菩薩立像[注1]（列品番号C―二一七。以下、本像。挿図1、3～4）は、貴重な飛鳥時代の作品として、同館の通史展示において活用されることが多い。一方、伝来が明らかでないうえ、素朴な作風もあいまって、従来注目される機会が少なかった。しかしながら、飛鳥時代の木彫像は現存する遺品が二〇件に満たず、彫刻史において欠くことのできない作品であるのはまちがいない。そこで、本稿では来歴や図像的な特色について、復元図（挿図2）の作成も交えながら、これまでに気づいた点をまとめることで、あらためて彫刻史上に位置づけたい。本像は、稚拙とも評される味わいのなかにも、謹直な刀技がうかがえる、不思議な魅力に満ちた像である。先学が明らかにした知見に加えられることは多くないが[注2]、少しでもその再評価につながれば幸いである。

挿図1　菩薩立像
東京国立博物館

挿図2　菩薩立像（復元図）　石崎日菜子氏作成

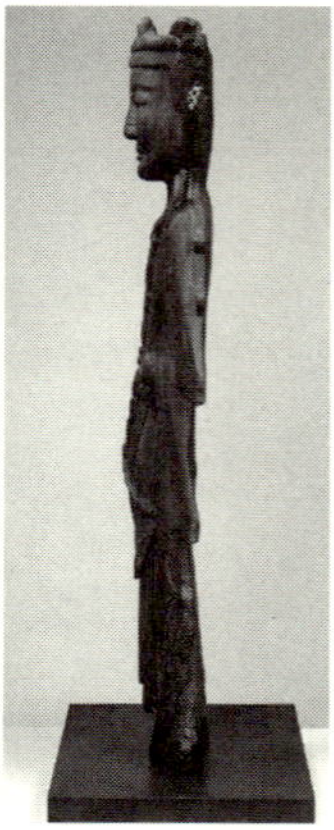
挿図3　菩薩立像 左側面
東京国立博物館

挿図4　同　背面

一　作品概要

大きさは、現状で像高九六・五センチ、髪際高九〇・〇センチであり、本来は三尺像であった。[注3] 頭頂は平滑で、髻を表さない。天冠台は紐一条として、正面に台形の突起を表し、あわせて方形に切り欠く。その左右および左耳上に円形飾りを表す。地髪を平彫りとし、中央で入りを作る。襟足を表さない。白毫相、三道相を表さない。鼻孔を表さない。人中を刻む。先端の尖る胸飾をつける。左肩から右脇にかけて内衣をつけるが、着衣側を彫りくぼめる。両肩先に円形と爪状の飾りを表す。両肩から瓔珞をかけ、腰前で交差させてメダル状の飾りでつなぐ。両肩に蕨手状の垂髪を二条垂らす。天衣を両肩からかけ、両手前膊から左右体側に垂らす。もう片方はそれぞれ脚前で交差し、先端を裙の折り返しにたくし込む。裙を左前につけ、紐状に折り返す。両手を屈臂する。足首を筒状に表す。両脚を揃えて立つ。背面を平滑とする。

構造は、頭頂から足首までクスノキの一材から彫り出し、内刳りを施さない。両手首先および両足先を別材製とする（亡失）。

表面仕上げについて確認できるのは、以下のとおり。地髪および

挿図５　同　頭部正面

目の周囲に墨彩を施す。右眉下、首の周囲や右胸、右手前膊、左足首に金箔が残るため、肉身部は金箔押し仕上げと思われる。現状、漆層は認められない。また、頭上の円形飾り、天冠台、唇、垂髪、内衣から天衣にかけて、裙および背面の大半を赤色とし、天衣ならびに裙の裏側を緑色とする。両手首先、両足先を亡失するほか、両耳、頭飾、肩飾り、天衣先端などを欠失するが、全容はよく伝えられている。近年、朽損などに対して修理が行われ、台座も新補された。[注4]

また、背面に貼紙があり、朱書で「年数□／□□□□□」、また墨書で「聖徳太子御時代／百済国ヨリ調刻ノ／千像之其一躯也」[注5]（挿図６）と記されている。書体から明治ごろのものとされているが、何か根拠とする史料があったのだろうか。東博が所蔵する『列品録』のうち「東京美術学校ヨリ繪畫彫刻品購入之件伺」[注6]（稿末史料）などの公文書から、明治二十五年（一八九二）五月五日、帝国博物館（現東博）が東京美術学校（現東京藝術大学）から八〇円で購入したことが知られる。これには美術学校の校長であり、博物館の美術部長でもあった岡倉天心から、博物館総長の九鬼隆一に宛てた別紙（同年四月五日付）が添付されており、購入の経緯も詳しくわかる。美術学校では「授業上参考之為」に購入したが、すべて「摸本ヲ取」ったため、それら「有數之佳品」は「廣ク公衆之縦観ニ供」すべきとして、「頭書代価ヲ以テ及御讓渡」されたという。[注7]同時に対象となった作品は一つずつ引き渡されたが、本像は同年五月四日に博物館へ運ばれ、五日には領収証が発行された。[注8]

挿図６　同　背面紙貼

東京美術学校が購入したのは明治二十二年四月一日とされるが、これは同校の開校年であり（開校は二月）、東京藝術大学大学美術館所蔵の「標本原簿[注9]」によると、本像が「推古時代木像」と呼ばれ、五〇円で購入したこと、そして明治二十五年に八〇円で売却したことしかわからない。ただ、松本榮一氏[注10]によると、美術学校が購入した背景に「今泉雄作氏斡旋」があったといい[注11]、また同氏が戦前に列品課長（当時）を務めた溝口禎次郎氏から「越後方面からもたらされた」と伝え聞いたことを佐藤昭夫氏[注12]が述べておられるが、いずれも今日では残念ながら確認できない。

なお、確証はないものの、岡倉天心に興味深い発言がある。明治二十三年から二十五年にかけて東京美術学校で行った「日本美術史」の講義において、「推古時代」の菩薩像を紹介する文脈で「又本校に所蔵する木仏あり。諸君の見る如く至て粗にして且つ拙なり。然れども当時普通一般民間に行はれたる仏像の体を見るに足る。もと奈良の民家に伝へたるものにて、上顋出でて下顋の著しく凹落したる、手足の大なるを見るも、推古式なるを知るべし[注13]」と述べている。今日、東京藝術大学が所蔵する飛鳥時代の木彫像は天王立像のみで、菩薩像は認められないため[注14]、該当する作品は本像である可能性がある。現在亡失する手足への言及に疑念がないではないが[注15]、「至て粗にして且つ拙」以下の表現は本像の作風に通じるもので、見過ごすには惜しい発言といえよう。

つづいて、本像の基本情報を踏まえながら、図像的な特色から考察を行う。欠損や亡失が少なくないため、まずは当初の形を復元的に推測する必要がある。幸い、大陸の金銅仏に類品が散見されるため、これらを参照して論を進める。

二　図像的な特色

図像については、以下述べる点に注意して復元図（挿図2）を作成したため、参照していただきたい。まず注目したいのは頭飾（挿図5）である。欠失が多いため、これまでその造形に言及されることは少なかった。しかし、頭頂にはもとの形を推測できる部分もある。作品概要で述べたとおり、正面に突起があり、その左右には飾りの痕跡が残る。また、頭部側面の両耳上あたりにも飾りがあったと思われ、左方分が残る。これらの形を詳しく見れば、いずれも欠損が多いものの、たとえば正面右側の飾りは、裏から見れば直径三センチほどの円形装飾であることがわかる（挿図7）。左側の飾りも、立ち上がりを見る限り、円形装飾とみてよい。中央の突起については、その前を切り欠いて何かを挿した痕跡はあるものの、どういったものであったかまではわからない。[注16]

さらに、頭部左側面の飾りを見よう。ちょうど耳のあったところから直上に、直径三センチほどの円形装飾が表されており、上面に欠損がないため、円形で完結する可能性がある（挿図8・9）。大きさから考えても、正面の円形装飾と同じであったのではないか。現状、これ以外に装飾を表した痕跡や欠損は認められない。そのため、頭部の装飾は、正面に別材を挿しこみ、左右および頭部両側面にも円形

挿図7　同　頭頂部背面

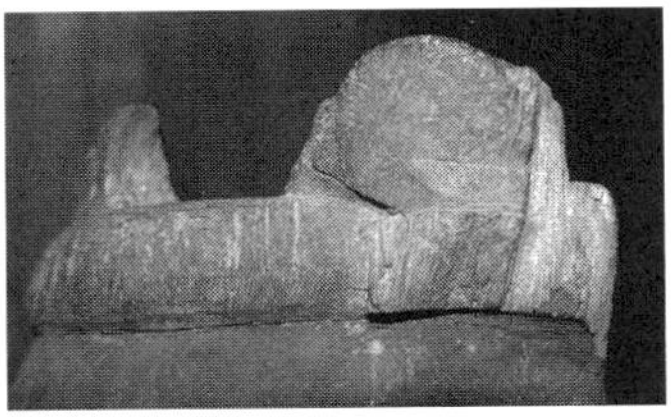
挿図8　同　頭部左側面

挿図9　同　頭部左側面

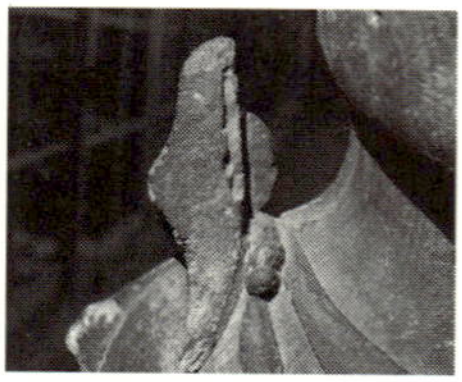
挿図10　同　肩飾
（右方分）

挿図11　同　肩飾
（右方分裏面）

装飾がつく形であったと考えてよいだろう。

注意したいのは両肩の飾りである（挿図10・11）。両肩からかけた瓔珞の先端に爪状の飾りをともなうが、欠失するため当初の形はわからない。しかしながら、これも裏面から見れば、肩に接して直径四センチの円形装飾がつき、その前に爪状の飾りが重なる形である。欠損が多いものの、右側の飾りは当初の形をよく留めており、外側に張り出し、先端が尖る形状であるとわかる。

以上、欠失の多い個所を中心に見てきたが、こうした装身具の類例として、以下の作品が思い浮かぶ。個人蔵の銅造菩薩立像（中国 永安三年・五三〇）を祖形とし、宮城・船形山神社の銅造菩薩立像[注17]（朝鮮 三国時代ないし中国 南北朝時代・六世紀、挿図12）、個人蔵の銅造菩薩立像（中国 東魏時代・六世紀、挿図13）、韓国・国立中央博物館の銅造菩薩立像（忠清南道扶余郡軍守里寺址出土、朝鮮 三国時代・六世紀）、同・国立大邱博物館の銅造

挿図12　銅造菩薩立像
宮城・船形山神社

挿図13　銅造菩薩立像
個人蔵

挿図14　銅造菩薩立像
個人蔵

菩薩立像（慶尚北道栄豊郡順興面宿水寺址出土、朝鮮 三国時代・六世紀）、同・国立扶余博物館の銅造菩薩立像（忠清南道扶余郡窺岩新里出土、朝鮮 三国時代・六世紀）、個人蔵の銅造菩薩立像（朝鮮 三国時代・七世紀、挿図14）など、これらは中国から朝鮮半島にかけての遺品で、いずれも冠帯が宝冠から両耳を隠して垂下し、両肩に至るところが共通する。中国で南北朝時代以降に行われた形が、朝鮮半島に及んだものである。ちなみに、簡素な胸飾や、X字状に交差する瓔珞、天衣とその裾が左右へ広がる形、裙裾を二重に表す点まで共通しており、一連の形式であったことがわかる。

これらを参照すれば、本像で肩飾りとみられたものは冠帯であり、帯の畳まれる部分が残されたと理解すべきであろう。さらに、彫像で両耳を完全に欠失するのは珍しいが、これに冠帯がともなったとみれば、あわせて失われたとしても不思議はない。なお、宝冠としていずれの類例にも認められるのは、正面の頭飾三個の円形装飾をつける点である。その部分がもっとも丁寧に造形された船形山神社像（挿図12）を見ると、それぞれ中央に花芯をともなう八弁の花形を表したものと知られるが、これは「三花冠」[注18]と呼ばれている。他例はこの省略された形と考えられるが、本像の頭飾に見られる円形飾りも、本来は三花冠を意識したものであったのだろう。

また、もう一点考えるべきは、失われた両手の形である。従来、当初の手の形に言及する場合、胸前の同じ高さで組み合わせて宝珠を持つ、いわゆる「宝珠捧持形」[注19]とみる見解がすべてといってよい。日本では法隆寺夢殿の救世観音菩薩立像（飛鳥時代・七世紀前半）を代表作とする形である。[注20]しかし、本像を見ると、前膊に枘穴を穿って手首先を別材とするが、前膊はあくまで前方へ突き出すため、宝珠を持たせるためには、手首を無理に内側へ曲げて、よほど過大に作る必要がある。その場合、腹部との隙間はほとんど空かないため、本来なら共木で彫出するのが自然である。しかし、あえて別材で作ったと考えれば、共木からは彫り出しにくい、手首先を前方へ突き出す形だったのではないか。この推測を傍証するのは、やはり装身具の類似で注目した大陸の遺品である。いずれも、施無畏印や、第二、三指を伸ばす刀印、あるいは下へ向けて持物を執る形とする。いずれであったかは判断できないが、復元図（挿図２）では日本でも普及した形である右手施無畏印、左手刀印と推測して補った。[注21]

以上、図像的な特色を見る限り、中国や朝鮮半島の遺品に共通点が認められることがわかった。つぎに、さらに細かく類品との相違点を見ることで、本像の彫刻史における位置づけを考えたい。

三　飛鳥彫刻における位置づけ

さきほど、図像的な特色を考える際に参照した金銅仏は、これにとどまらない細部の形式まで本像と近い点が多い。たとえば、船形山神社像（挿図12）のように、中央先端の尖る簡素な胸飾を身につけ、左肩から右脇にかけて内衣をまとい、裙裾を二重に表す。また、メダル状の飾りでつないでX字状になる瓔珞[注22]をつけ、その紐が連珠と房飾りを単位とする点も同様である。両肩に蕨手状の垂髪を垂らし、さらに腕にかかる天衣と、これが垂下して左右に広がるところで、あわせて五段にいわゆる「魚鰭状」に表すが、こうした特徴がすべて共通する。[注23]

挿図15　銅造菩薩立像
背面　宮城・船形山神社

また、興味深いことに、背面を平滑に表しながら、裙裾が山型に反って両足首を露出し、その屈曲にあわせて天衣が垂下するところまで、本像は大陸の金銅仏に一致する[注24]（挿図4・15）。さらに、日本の造像例では一光三尊像の場合を例外として、小金銅仏でも背面を省略しないのが一般的であり[注25]、裙裾も台座に至るのが大半である。こうした背面の造形については平面的な「様」では写せないため、本像が具体的な彫刻作品を参照して制作されたと想定することはできる。しかし、独尊像の大きさであり、光背を備えた痕跡がないにもかかわらず、なぜこうした大陸の小金銅仏と同じように背面が処理されるのか。その理由を考える際に、船形山神社像（挿図12）や扶余新里出土像、軍守里寺址出土像が、柄の存在や台座の形状から一光三尊像の脇侍であったとする指摘が参考になる。[注26] 本像の典拠は、一光三尊像の脇侍にあたる金銅仏だったのではないか。

金銅仏を参照した可能性については、さらに傍証を指摘できる。ひとつは、天衣の不正確な処理である。天衣を両手前膊にかけて体側に垂下させる場合、本来両肩からかけるべきである。しかしながら、本像では垂下しない方の先端を裙の折り返しにたくしこむ[注27]（挿図1・2）。また、両肩にかかり、肘先で左右に突出するのは本来天衣であるはずが、明らかにこれと内衣が区別されず、同様に赤色が施されている。さらに、内衣を左肩から右脇にかけて表すが、彫りくぼめる側を誤り、肉身側を低く表す。とくに後者については、従来素朴な作風を理由に、単純なまちがいと考えられてきた。しかし、小金銅仏では陰刻線で簡単に表すことが多いうえ、小像であれば何であるか理解するのもむずかしかったであろう。天衣の処理についても同様で、きちんと肩からかかっていると認識するのは困難であったと思われる。こうした特徴は、むしろ小金銅仏の木彫写しであることを証する可能性がある。

金銅仏との類似についてもう一点指摘したいのは、表面仕上げである。作品概要で紹介したとおり、肉身部に金箔を押し、着衣部は彩色仕上げとする。このように、金箔と彩色を併用する表面仕上げが同時代の木彫像で認められるのは、じつは本像のみである。[注28] ほかの像は、金箔仕上げを主として目や唇などに部分彩色を施すか、彩色を主として部分的に截金を併用しており、肉身と着衣ではっきり分けるものはない。一方、金銅仏においては基本的に鍍金仕上げでありながら、一部鍍金に彩色を併用するものがある。たとえば、東博の銅造観音菩薩立像

挿図16　銅造観音菩薩立像（法隆寺宝物168号）東京国立博物館

（法隆寺宝物一六八号、飛鳥時代・七世紀後半）（挿図16）は、頭飾の裏面、裙の折り返しや裏側に赤色顔料が、裙の表や天衣の一部に群青が認められる。[注29]本像とは表裏の色認識が異なるが、色分けが意図される点は共通する。ただし、天衣下端の折り畳みでは、左方の裏に群青、右方の裏に赤色顔料が見られるため、どれほど厳密に区別されていたかは不明である。

本像に見られる色分けについて、もちろん典拠となった金銅仏がそうであった確証はないが、少なくとも金銅仏に類例のある表面仕上げであることは注目してよいだろう。ただ、加えて背面を赤色とする点についても、法隆寺金堂の釈迦三尊像のうち脇侍像（推古三十一年・六二三）の背面に嵌められた板材に始まり、像内とくに台座の裏側をベンガラや朱で彩色する像が多いことが想起される。これには赤色の呪術性にもとづく魔除や辟邪の効力が期待された可能性も指摘されるが、[注30]台座や銅鏡の裏面にも例があるように、いずれも裏側に施される。本像の背面を赤く表すのも、こうした例に準ずる。

最後に、その造形的特色から制作年の推定に及びたい。まず目を引くのは、大きく表された頭部の表現である（挿図1）。図像の考察でも指摘したように、基本的な装身具や着衣形式は中国や朝鮮半島における六～七世紀の金銅仏を参照しており、頭部を大きく表す点もこれに倣う可能性がある。腰をしぼり、痩身とするのも個人蔵の銅造菩薩立像（挿図14）に近い。髪際の中央に入りを作り、白毫相、三道相を表さないのも、大陸から飛鳥時代まで、材質を問わずしばしば見られる特色である。

表情については、朗らかで優しい顔が多い一連の金銅仏に近いものは見出せない。むしろ、杏仁形にもとづき

挿図17　虚空蔵菩薩立像
頭部正面　奈良・法輪寺

挿図18　月光菩薩立像
頭部正面　奈良・法隆寺

ながら、目尻を細く表した法隆寺金堂の釈迦三尊像のうち脇侍像を思わせるところがある。頭頂を平滑に表す点では、法隆寺金堂の四天王立像（飛鳥時代・七世紀半）も参考になろう。もとより、肉体の存在感が希薄で、形式的に整えられた着衣もあわせて、観念的な表現が志向されているのも飛鳥時代前期から見られる特徴である。

しかしながら、頬を長く表し、口角を吊り上げず、笑みを浮かべないところは（挿図5）、法隆寺金堂天蓋に付属する天人像など、法隆寺再建期（七世紀後半）の遺品に近い。とくに頬と鼻下が長く、一文字に引結んだ唇は、法輪寺の薬師如来坐像および虚空蔵菩薩立像（飛鳥時代・七世紀後半）（挿図17）や、法隆寺の六観音と呼ばれる菩薩立像のうち月光菩薩（同）（挿図18）に親しいといえる。着衣形式は古式にのっとるものの、脚部にかかる天衣に見られるような、丸みのある衣の襞を下から重ねるような表現は、やはり法輪寺像など飛鳥時代後期に多い特徴とみなせる。

側面から見ると、体軀の薄い点が注目されてきたが、胸を引いてゆるく弓なりの姿勢を示すところは、飛鳥時代に通有の表現である（挿図3）。しかし、比較した一連の金銅仏はいずれもより抑揚に富んだ姿勢を表し、また胸を引くかわりに頭部を前傾させるが、これは飛鳥時代でも七世紀前半の作品には受け継がれる表現でもある。ところが、本像のように、頭から首にかけて直立する姿勢は珍しく、法輪寺の虚空蔵菩薩立像などが類例と

して挙げられる。[注31]

以上に指摘した点をまとめると、中国から朝鮮半島にかけて見られる、六世紀まで遡る古い形式を採用しながら、表情や姿勢には飛鳥時代後期（七世紀後半）に通じる表現が認められた。制作時期は法隆寺再建期を目安に考えてよいだろう。[注32] 岡倉天心の「もと奈良の民家に伝へたるもの」（『日本美術史』）という発言を重視するなら、法隆寺近辺で制作されたと考えるのも一案である。「越後方面」に由来するという伝聞から、制作地として北陸地方を想像する向きもあったが、飛鳥時代当時の文化的環境も考慮すれば、やはり奈良を想定した方が穏当と思われる。[注33]

おわりに

本稿では、東博の木造菩薩立像について、図像の類似する金銅仏を参考にしながら、当初の装身具を復元的に補いつつ考察を行った。その結果、欠失の多い宝冠は、円形装飾を多用した三花冠に形が近く、冠帯が両肩に垂下していた可能性を指摘した。あわせて、X字状に交差する瓔珞や天衣、二重に表した裙に至るまで、中国・南北朝時代から朝鮮・三国時代にかけて、六世紀から七世紀ごろ流行する形式であり、瓔珞の表現を見ればとりわけ古い形に倣うことが明らかとなった。

また、背面に見られる省略の仕方や赤い彩色、裙裾の形など、平面的な図様では写せない部分まで大陸の金銅仏に類似すること、さらに肉身部に金箔を押し、着衣部を彩色とする表面仕上げは、当時一般の木彫よりも金銅仏に類例が認められることから、小金銅仏を木彫に写した可能性を検証した。とはいえ、顔立ちや口元の表現、衣の襞の彫法などを見ると、飛鳥時代後期（七世紀後半）に類品を見出すことができるため、制作時期はそのころに求められるだろう。飛鳥時代の遺品として十分位置づけられる。[注34]

なお、従来は伝聞により「越後方面」からもたらされたともいわれてきた。本稿では、岡倉天心の行った「日本美術史」講義に本像と思われる作品が言及されることも紹介したが、それによれば「奈良の民家」に伝わったものだという。もし天心が講義で挙げた作品が本像であったと仮定するならば、いつどういった経緯で入手できたのか。最後に触れておきたい記事がある。それは、天心自筆の調査記録である「近畿宝物調査手録」（明治二十一年（一八八八））に見える「〇木彫観音像　一体／私　花岡正直蔵（奈良北）　推古帝ノ頃　七〇〇／[interesting（3）4 or 5]」[注35]という記述である。この個所は、「奈良大仏殿博覧会　五月二十七日午前」とある部分の一節で、第十三次の「奈良博覧会」を視察した際の記録と思われる。[注36]［　］内は等級を検討した記述であろう。国宝（当時）へ指定されるに至らなかった作品はかなりの数にのぼり、現在確認できないものも多い。あいにく第十三次の出品目録は残っておらず詳細は確認できないが、ほかにも膨大な数の作品を、所蔵を問わず目にする機会を得た天心が、本像と出会ったことは十分に想像できる。そして、当初の購入経緯は不明ながら、少なくとも当時天心が東京美術学校の校長であり、同時に帝国博物館の美術部長であったからこそ、譲渡されることになったのは奇縁というほかない。

挿図19　旧本館二階彫刻展示室　東京国立博物館

挿図20　旧本館二階彫刻展示室
部分　東京国立博物館

　本像は、その素朴な出来栄えによるものか、館の刊行物に言及されることが少なく、古写真にも恵まれないが、[注37] 明治十五年（一八八二）に開館したコンドル設計の旧本館展示室を写した風景写真に、その姿を認めることができる（挿図19・20）。吊り下げられた灌頂幡（法隆寺宝物五八号、飛鳥時代・七世紀後半）の後方にある展示ケースである。本像が購入された明治二十五年（一八九二）から、関東大震災で罹災する大正十二年（一九二三）の間に撮影されたものだろう。そこでは、灌頂幡などの法隆寺献納宝物とともに帝国博物館を代表する作品として展示されていた。そして、購入から一二〇年以上経った今日でも、東博の展示室で親しまれている。天心の「有數之佳品ニテ広ク公衆之縦観ニ供」すべきという意図は、今なお果たされており、その先見の明にもあらためて畏敬の念を覚える。『日本書紀』欽明十四年（五五三）条に記される、[注38] 海中で光輝く奇瑞を示したクスノキから彫り出されたという仏像の姿すら思い起こさせる、いわく言いがたい魅力に満ちた本像に、これまで以上に光があてられることを祈念して本稿を終えたい。

〔付記〕
来歴の調査にあたり、東京藝術大学美術学部教育資料編纂室・大西純子氏、同・浅井ふたば氏、同大学美術館助教・岡本明子氏、東京文化財研究所上席研究員・塩谷純氏には格別のご高配を賜りました。また、執筆に際しては東京国立博物館名誉館員・金子啓明先生にご助言いただきました。なお、復元図の作成は千葉市美術館・石崎日菜子氏にお願いし、東京国立博物館学芸研究部調査研究課工芸室研究員・三田覚之氏にご助言いただきました。末筆ではございますが、記して御礼申しあげます。

注

1 東京国立博物館編『東京国立博物館図版目録』日本彫刻篇、東京国立博物館、一九九九年。

2 これまで、美術研究所（現東京文化財研究所）所長を務められた松本榮一氏と、東博の彫刻担当者であった佐藤昭夫氏によって詳しい解説論文が書かれている。本稿はこれと重複するところも多いが、ご容赦いただきたい。松本榮一「東京国立博物館蔵菩薩立像」『国華』八〇〇、一九五八年。佐藤昭夫「東京国立博物館の〝飛鳥仏〟」『藝術新潮』二八八、一九七三年（のち

『仏像ここだけの話』玉川大学出版部、一九八一年、所収）。このほか、本像に触れる研究は以下のとおり。金子啓明「菩薩立像飛鳥時代（本館第一室）」『国立博物館ニュース』三五六、一九七七年（のち東京国立博物館編『国立博物館ニュース縮刷版』二九六号～四〇〇号、東京国立博物館、一九八五年、所収）。田邉三郎助「木彫像――中国と日本――」『美術史における過渡期と転換期』（『国際交流美術史研究会シンポジアム』九）国際交流美術史研究会、一九九一年（のち『田邉三郎助彫刻史論集』中央公論美術出版、二〇〇一年、所収）。松浦正昭「菩薩立像」（作品解説）、奈良国立博物館編『東アジアの仏たち』奈良国立博物館、一九九六年。紺野敏文「請来「本様」の写しと仏師（一）――飛鳥仏の誕生と止利仏師」『佛教藝術』二四八、二〇〇〇年（のち『日本彫刻史の視座』中央公論美術出版、二〇〇四年、所収）。齋藤龍一「菩薩立像」（作品解説）、東京都美術館ほか編『聖徳太子展』NHK・NHKプロモーション、二〇〇一年。岩田茂樹「菩薩立像」（作品解説）、奈良国立博物館編『春季特別展　法隆寺――日本仏教美術の黎明――』奈良国立博物館、二〇〇四年。川瀬由照「菩薩立像」（作品解説）、泉武夫責任編集『信仰と美術』（『日本美術全集』二）小学館、二〇一五年。齋藤龍一「木造菩薩立像」（作品解説）、大阪市立美術館編『木×仏像　飛鳥仏から円空へ日本の木彫仏一〇〇〇年』大阪市立美術館、二〇一七年。

3　詳しい法量は以下のとおり。頂顎二二・五センチ、面長一五・二センチ、面幅一一・〇センチ、面奥一一・八センチ、肘張三五・四センチ、胸奥八・五センチ（中央）、腹奥七・三センチ。

4　東京国立博物館編『東京国立博物館文化財修理報告』八、平成十八年度、東京国立博物館、二〇〇八年。

5　今日では貼紙の剥離が進み、一部判読できなくなっている。ここでは古写真に拠った山本勉氏の判読を参照した。前掲注1、『図版目録』、一三三頁。

6　東博所蔵『列品録』（未公刊）。該当個所はマイクロフィルムで確認した。

7　別紙の全文は前掲注2、佐藤昭夫論文にも収録されるが、本稿ではあらためて前文から引用した（稿末史料）。なお、この時に購入した作品については以下にも紹介がある。座談会「ルーツはみんな岡倉天心」のうち金子啓明氏の発言。「岡倉天心――芸術教育の歩み――」展実行委員会編『東京藝術大学創立一二〇周年岡倉天心展記念シンポジウム　いま　天心を語る』東京藝術大学出版会、二〇一〇年。

8　前掲注6、『列品録』。

9　「標本原簿」の該当個所（「彫刻之部」のうち「木彫標本」）を引用する（以下、罫線が引かれた出納簿の形式で、本文は横書き、数字は一部を除きアラビア数字）。該当個所については、東京藝術大学大学美術館助教・岡本明子氏にご教示いただいた。

摘要：推古時代木像
受之部　買入：1体
価格：50,000（＝50円。筆者注）
払之部：売払：二十五年五月五日　第二号　帝国博物館へ売却
現在之部：文庫掛：今泉雄作
事由：渡
個数：1
備考：売価　80,000（＝80円。筆者注）

10 前掲注2、松本榮一論文。

11 東京藝術大学大学美術館所蔵の「標本原簿」には、確かに「今泉雄作」の名前が「文庫掛」として記されている（前掲注9）。今泉雄作（一八五〇～一九三一）は、明治二十三年（一八九〇）以降に文庫監督（文庫は大学美術館の前身組織）となっており、それ以前は庶務掛であった（藝術研究振興財団・東京藝術大学百年史刊行委員会編『東京藝術大学百年史』東京美術学校篇　第一巻、ぎょうせい、一九八七年）。原簿からは、斡旋者であったのか、あるいはただ入手時の担当者であったのか判断できない。以上、岡本明子氏にご教示いただいた。今泉雄作については、以下に詳しい。吉田千鶴子「今泉雄作伝」『五浦論叢　茨城大学五浦美術文化研究所紀要』六、一九九九年。なお、今泉が明治二十年から大正二年（一九一三）にかけて記した自筆の日記、『記事珠』（東京文化財研究所所蔵）には、本像と思われる記述は見出されなかった。閲覧に際しては、同所研究員・塩谷純氏にご高配を賜った。

12 前掲注2、佐藤昭夫論文。松本榮一氏も「越後方面から齎されたものといふ伝へがある」と紹介されている。前掲注2、松本榮一論文。

13 隈元謙次郎ほか編『岡倉天心全集』四、平凡社、一九八〇年、三七～三八頁。なお、岡倉天心自筆の講義録は存在せず、本稿に引用した平凡社版全集は、明治二十四年に受講した原安民（一八七〇～一九二九）の筆記ノート（東京藝術大学大学美術館所蔵。未公刊）にもとづき、複数のノートを参照して編集されたため（同全集、「日本美術史」解題）、個別に何年度の内容か区別するのはむずかしい。しかし、原安民本を複写で確認したところ、該当個所の内容はほぼ一致するため、明治二十四年当時の状況を伝えるものと判明した（原文は以下のとおり。「本校ニ所蔵する木佛アリ。諸君ノ見ル如ク至リテ粗ニシテ且ツ拙ナリ。然レトモ当時普通一般民間ニ行ハレタル仏像ノ体ヲ見ルニ足ル。元ト奈良ノ民家ニ伝ヘタルモノニテ、上頬出テ下頬ノ著シク凹落シタル、手足ノ大ナルヲ見ルモ、推古式ナルヲ知ルヘシ」）。同じく二十四年度の内容を伝える小泉永雄（生没年不詳）の筆記ノート（同館所蔵。未公刊）にも

「学校ノ推古佛ハ粗造ニテ、民間ニアリシモノナルカ、頬凹ミ頭手大ナルハコレヲ見テモ知ルヘシ」とある。複写の閲覧にあたっては、東京藝術大学美術学部教育資料編纂室の大西純子氏と浅井ふたば氏にご高配を賜った。なお、売却後である明治二十五年度の筆記ノートのひとつ、高橋勇（?〜一九四〇）の「東洋美術史」には該当する記載がない（磯崎康彦「東京美術学校における岡倉覚三校長の講義内容――その一、『東洋美術史』について――」『東京藝術大学美術学部紀要』一〇、一九七五年）。そもそも、天心の日本美術史講義は年々簡略化していったとの指摘があり（「日本美術史」解説、日本美術院版『天心全集』日本美術院、一九二二年）、筆記ノートしか残らないという状況を踏まえると、これ以上の追及は困難であろう。

14 東京藝術大学編『東京藝術大学蔵品図録』彫刻、東京藝術大学、一九七七年。ただし、東京美術学校は明治四十四年に火災に遭っているため、作品そのものが失われた可能性も否めない。天心は、一連の作品を売却するにあたって「摸本ヲ取リ」と述べているが、少なくともいずれの作品にも模本・模造が確認できないため、この時に失われたとみるのが妥当かと思われる。以上、大西純子氏にご教示いただいた。

15 口述のため、ただ記憶違いである可能性もあろう。もしくは、前段で述べてきた飛鳥時代の菩薩像一般の特徴と混同されて筆記されたか、当時後補の手足が付属した可能性を考慮してもよいかもしれない。

16 化仏であった可能性も指摘されるが、あくまで推測にとどまる。前掲注2、松本榮一論文、佐藤昭夫論文など。

17 松山鉄夫「船形山神社の金銅菩薩像について」『佛教藝術』一二七、一九七九年（松山論文1）。同「船形山神社蔵金銅菩薩立像調査報告」『研究紀要』二、三重大学教育学部美術科、一九九三年（松山論文2）。なお、前著では「六世紀の末頃に百済の地において作られた」と述べておられるが、後著では「六世紀の前半、つまり北魏末〜東西魏の頃の作」と訂正された。大西修也氏や藤岡穣氏など、南朝・梁時代の可能性を指摘する見解もある。大西修也「飛鳥前期の小金銅仏と朝鮮三国期の造像」、東京国立博物館編『法隆寺献納宝物　金銅仏』一、東京国立博物館、一九九六年（のち『日韓古代彫刻史論』中国書店、二〇〇二年、所収）。藤岡穣「中国南朝造像に関する覚書――善光寺本尊像の源流を求めて――」『佛教藝術』三〇七、二〇〇九年。

18 前掲注17、松山鉄夫論文（1・2）など。なお、三花冠が飛鳥時代の宝冠の形成に関与している可能性を山本謙治氏が指摘されている。山本謙治「宝冠装飾空間の文様分析（二）――法隆寺金堂釈迦三尊像脇侍・四天王像・夢殿救世観音像宝冠の造形比較――」『阪南論集　人文・自然科学編』三七―一・二、阪南大学学会、二〇〇一年。

19 宝珠捧持形については、以下を参照。大西修也「宝珠捧持形の成立過程とその思想的背景について」、吉村怜博士古稀記念会編『東洋美術史論叢』雄山閣出版、一九九九年（のち『日韓古代彫刻史論』中国書店、二〇〇二年、所収）。大西純子「法隆寺救世観音像への道――宝珠捧持像の研究史を中心として――」井手誠之輔・朴亨國責任編集『アジア仏教美術論集』東アジア六　朝鮮半島、中央公論美術出版、二〇一八年。

20　従来、渡来仏と考えられる新潟・関山神社の銅造菩薩立像（朝鮮　三国時代・七世紀）を祖形とみる向きが多かったが、腹前に腰帯の結び目が表されることで、両手で宝珠を持つのは難しい。そのため、水野敬三郎氏は、施無畏印と与願印の組み合わせか、それぞれに持物を表したと推測されている。水野敬三郎「仏像の調査」妙高市教育委員会生涯学習課編『関山神社の仏像――関山神社仏像調査報告書――』（『関山神社周辺文化財調査報告書』二）妙高市教育委員会、二〇一〇年。ほか、藤岡穣「関山神社蔵　銅造菩薩立像」『國華』一四二〇、二〇一四年。前掲注19、大西純子論文。

21　一連の金銅仏の遺品における宝冠の形状と印相の類似については、久野健氏も指摘されている。久野健『古代朝鮮仏と飛鳥仏』東出版、一九七九年。

22　田中政江「菩薩像のX字状天衣とその中心飾としての環について」『美術史研究』七、早稲田大学美術史研究会、一九六九年。

23　大西修也「菩薩立像にみる魚鰭状天衣の解明」『日韓古代彫刻史論』中国書店、二〇〇二年。ただし、本像は腕から下の天衣の突出を現状三段としている。

24　佐藤昭夫氏は、類例として東博の銅造如来立像（法隆寺宝物一四三号、朝鮮　三国時代・六世紀）を挙げておられるが、中国や朝鮮半島に所在する菩薩立像の方がこれより直接的に近い。前掲注2、佐藤昭夫論文。

25　一光三尊像であれば、まったく背面を表さず板を嵌めこむ法隆寺金堂の釈迦三尊像の脇侍像（推古三十一年・六二三）や、同じく法隆寺の釈迦如来および脇侍像（戊子年〈推古三十六年・六二八〉）の脇侍像がある。また、今日では請来像（朝鮮　三国時代ないし中国南北朝時代・六世紀）とみる向きが多いが、東博の如来及び両脇侍像（法隆寺宝物一四三号）の脇侍像も背面を表さない。

26　前掲注17、松山鉄夫論文（1・2）。

27　佐藤昭夫氏も「異様」と指摘されている。前掲注2、佐藤昭夫論文。

28　ただし、広隆寺の弥勒菩薩坐像（宝冠弥勒）も、肉身を金箔押し、裙を赤く彩色していた可能性が指摘されるが、制作地について議論があるためここでは保留したい。西村公朝「広隆寺弥勒菩薩像の構造についての考察」『東京藝術大学美術学部紀要』四、一九六八年。

29　東京国立博物館編『金銅仏』四（『法隆寺献納宝物特別調査概報』八）東京国立博物館、一九八八年。

30　佐藤昭夫『法隆寺献納金銅仏』講談社、一九七五年。

31　法輪寺像について、とくに法隆寺の百済観音像との相違点として姿勢に注目された鏡山智子氏は、直立する形の類例を朝鮮・三国時代末の作例に求めておられる。鏡山智子「法輪寺薬師如来像・伝虚空蔵菩薩像をめぐって」『美術史』一七八、二〇一五年。

32 多くの研究者が詳しい年代を挙げないなか、松本榮一氏と佐藤昭夫氏（前掲注2）はともに飛鳥時代の末ごろと考えておられる。なかでも松本氏の「古拙という言葉がぴッたりする像ではあるが、これで案外華奢な作りや、こなれた好みが見え、製作年代は飛鳥時代の末ごろと見るのが適当であらう」と述べられたのに尽きる。松本榮一論文、三五六頁。

33 川瀬由照氏も「越後（現在の佐渡を除く新潟県）方面よりもたらされたとの伝承もあるが確かではなく、当初の所在でもないであろう」と述べられるが、これに賛同したい。前掲注2、川瀬由照解説。

34 松本榮一氏も「画工が図本を範として、馴れぬ彫刀を手に、曲がりなりにも立体的な仏像を彫り上げたとすれば、その出来上りは、爰に見るやうな、ぎこちない木彫となるのではなからうか。こんな想像を、ちよつと廻らして見たくもなるほどであるが、然し、よく見ると、この菩薩像の作者は、未熟ながら木彫を業とする技術者であり、而かも仏像彫刻としては、所謂止利の形態に属するものである事が判る」と同趣の表現をされている。前掲注2、松本榮一論文、三五五頁。

35 隈元謙次郎ほか編『岡倉天心全集』八、平凡社、一九八一年、六一頁。

36 奈良博覧会とは、明治期に流行した博覧会のひとつで、東大寺の回廊を会場にして開催された。正倉院宝物の出陳された明治八年（一八七五）の第一次が著名だが、第十八次（明治二十七年）までつづいた。第十三次について、詳細は下記参照。「美術取調ニ関スル報告摘要（内閣）」『官報』一八八八年六月五日。

37 撮影年は不明ながら、東博にガラス乾板が現存する。

38 『日本書紀』に見られるクスノキの放光説話のイメージとの重複については、松本榮一氏も紹介されている。前掲注2、松本榮一論文。

〔図版出典〕

挿図1、3～6、16、19～20：TNM Image Archives／挿図2：石崎日菜子／挿図7～11：筆者／挿図12：水野敬三郎ほか編『法隆寺から薬師寺へ』（『日本美術全集』二）講談社、一九九〇年／挿図13：奈良国立博物館編『なら仏像館名品図録』奈良国立博物館、二〇一六年／挿図14：大津市歴史博物館編『大津の都と白鳳寺院』大津市歴史博物館、二〇一七年／挿図15：久野健著・田枝幹宏写真『古代朝鮮仏と飛鳥仏』東出版、一九七九年／挿図17：奈良国立博物館編『日本仏教美術名宝展』奈良国立博物館、一九九五年／挿図18：太田博太郎ほか編『大和古寺大観』一　法起寺・法輪寺・中宮寺、岩波書店、一九七七年

史料「東京美術学校ヨリ繪畫彫刻品購入之件伺」

東京美術学校ヨリ繪畫彫刻品購入之件

伺

別紙之繪畫及ヒ佛像御讓渡之儀ニ付御照會之趣致了承別紙付記之代價ヲ以テ可致購入候仍此段及御回答候也

年月　　總長名

東京美術学校々長宛

目録

一　推古時代木佛像　壹体

代價金八拾圓

一　乾漆佛像　壹体

代價金百貳拾五圓　体

一　十一面観音像　壹幅

代價金百四拾圓

一　空中斉筆　藤、牡丹、楓　三幅對

代價金百八拾圓

一　又兵衛官女屏風　二枚折　半雙

代價金百七拾五圓

右合計五點金七百圓

別紙列記之繪畫及木彫佛像ハ先年本校授業上参考之為買入候者ニ有之爾後夫々摸本ヲ取リ候ニ付最早必ス本校ニ蓄藏スルヲ要セサル者ニ候處右ハ何レモ有數之佳品ニテ廣ク公衆之縦観ニ供シ候得ハ美術上公衆之為又専門家之為稗益可不少ト被存候ニ付自然貴館ニ於テ列品トシテ御入用之御見込モ有之候ハヽ夫々頭書代價ヲ以テ及御讓渡候様致度尤右ハ現今所用上之都合有之候ニ付愈御購入之事ニ御決定相成候上ハ向四五ケ月間ニ一両品ツヽ漸次及御讓渡候都合ニ致度候間代價ハ其都度ニ割合御廻付相成候様致度此段及御照會候也

明治廿五年四月五日　東京美術學校長 岡倉覺三（印）

帝國博物館總長 九鬼隆一殿

目録

一推古時代木佛像　壹体

代價金八拾圓

一乾漆佛像　壹体

代價金百貳拾五圓　体

一十一面観音像　壹幅

代價金百四拾圓

一空中齋筆　藤至、牡　三幅對

代價金百八拾圓

一又兵衛官女屏風　二枚折半雙

代價金百七拾五圓

右合計五點金七百圓

玉虫厨子宮殿部分の再検討

稲葉　秀朗

はじめに

法隆寺に伝来する玉虫厨子（挿図1）は、建築、絵画、木工、漆工、金工といった多岐にわたる要素を包含する一種の総合芸術として広く知られ、古代のみならず日本美術史を代表する作例といっても過言ではない。本厨子については明治以来百数十年にわたる研究の蓄積があり、現在の通説では七世紀中葉の制作で、当初は本尊として釈迦像が安置されていたと考えられている。[注1]近年では三田覚之氏によって、当初の本尊に法隆寺献納宝物の甲寅年（五九四）銘光背が附属していた可能性も指摘された。[注2]

しかし、本厨子がどのような信仰に基づいて制作されたかという根本的な問題は、諸説あるもののいまだ明らかでない。そこで、本稿では先行研究を踏まえつつ本厨子の造形や装飾を検討し、そこに仏の居処としてどのような世界が想定されたか――特に、仏像が安置された本厨子の宮殿部分にどのような場があらわされていたかという視点から、その信仰の内実について筆者の見解を示したい。[注3]

一　宮殿部分への注目と「扁額」が附属した可能性

玉虫厨子は、須弥座と台脚からなる台座部分と、仏殿建築をかたどった宮殿部分とによって構成される。敦煌莫高窟二七六窟（隋）窟頂西面や三二三窟（初唐）南壁には、須弥座に乗り相輪を有する、方形屋根で単層の仏塔が描かれており、中国においても同様の厨子が存在した可能性は高い。

本厨子に想定された信仰については、その造形や各所に施された絵画および装飾図像――特に須弥座正面の供養図、右側面の施身聞偈図、背面の須弥山図、左側面の捨身施虎図、そして宮殿部分の背面に描かれた霊鷲山図や多宝塔図と称される絵画（以下、宮殿部分背面図。挿図２）に基づき、さまざまな解釈が示されてきた。典拠不明の供養図と宮殿部分背面図は論者によって見解が異なるものの、少なからず須弥山図は[注4]『海龍王経』請仏品（西晋 竺法護訳）を典拠とする釈迦の龍宮での説法を描いた一種の仏伝図とみられる。また、施身聞偈図は『大般涅槃経』（北涼 曇無讖訳）聖行品、捨身施虎図は『金光明経』（北涼 曇無讖訳）捨身品を典拠とする釈迦の前世を描いた本生図とみられ、こうした釈迦と関わる画題が選ばれたことは、本厨子の制作当初の本尊を釈迦像とする説の傍証とされた。

挿図１　玉虫厨子 正面

一方、これらの絵画は単に本尊である釈迦との関係から描かれただけでなく、絵画同士も相互に仏教の教

挿図２　玉虫厨子 宮殿部分背面図

義に即して密接に関連し、全体が絵解きの厨子を構成しているとみる説もある。たとえば、石田尚豊氏によれば各絵画は捨身飼虎図、供養図（石田氏は舎利供養図に比定）、施身聞偈図、須弥山図、宮殿部分背面図（石田氏は霊鷲山図に比定）の順に展開し、大乗仏教の菩薩道修行による二大成果のうち、菩提を前二者によってあらわし、涅槃を後三者によってあらわしたという。[注5]

さらに、宮殿部分背面図を霊鷲山図とする石田氏の説を敷衍した長岡龍作氏は、須弥山図に「崑崙山に重ねられる須弥山―中国―神仙思想」、宮殿部分背面図に「霊鷲山―インド―大乗仏教」という世界観の相異を指摘した。そして、両図は共に女性の成仏を主題としており、宮殿部分背面図を須弥山図の上方に配置することで、仏教における成仏への道のありかたを示したとする。[注6]

また、三田覚之氏は本厨子の須弥座に、仏になる因縁としての発願（須弥山図）とそのための行ないである菩薩行の実践（施身聞偈図、捨身飼虎図、供養図）、宮殿部分に道を得た結果としての悟りの世界が順序立てて示されているとし、全体に『海龍王経』を主軸とした有機的な関連がみられるとする。[注7]

しかしながら、供養図と宮殿部分背面図の解釈が定まらない以上、絵画同士の相互関係を重視した考察に限界があることもまた確かである。そこで、筆者は宮殿部分に注目したい。玉虫厨子において、本尊たる仏像が安置された宮殿部分こそ厨子の本体である以上、仏、特にこの場合は釈迦の居処として造形された宮殿部分がどのような場をあらわすかは、厨子全体の造形や装飾の中心的な主題だったと考えられるからである。以下では、この宮殿部分を中心に玉虫厨子に想定された信仰の内実を考察したい。

　宮殿部分は桁行三間、梁間二間で単層の仏殿建築をかたどっている。屋根は錣葺と呼ばれる形式の入母屋造で、大棟の両側には鴟尾を上げる。軒回りは一重の丸垂木を丸桁で受け、これを尾垂木と、雲形斗栱とよばれる組物で支えている。本厨子の場合、正面と背面のそれぞれ二つの組物が壁に対して斜めに出ているのが大きな特徴で（挿図3）、従来は外観を整然とみせるための非現実的な造形と考えられてきた。しかし、七～八世紀の寺院址の発掘により、壁に対して組物が斜めに出る建築が実在したことが確認されており、[注8] 宮殿部分が構造においても実際の木造建築をある程度忠実に模倣していたことがうかがえる。基壇、柱、桁、破風板などの各部材には玉虫の翅鞘を貼りつけた上から透かし彫りの彫金装飾が取り付けられ、[注9] この玉虫装飾が玉虫厨子の名の由来であることは述べるまでもない。

挿図３　玉虫厨子 宮殿部分正面軒下（矢印は筆者による）

　正面および左右両側面の三方には観音開きの扉が設けられ、正面両扉の表側には天王像が一軀ずつ、左右側面両扉の表側には菩薩像が一軀ずつ、それぞれ向かい合わせになるように描かれる。そのほか、装飾画として前掲の宮殿部分背面図と共に、楣間小壁や屋根の破風（切妻部分の三角形の板）などの各所に雲気、天人、山岳景、樹木、蓮華が描かれている（挿図３）。宮殿部分の内壁および各扉の裏側には鍛造による押出千仏像が貼りめぐらされ、本尊を礼拝するために扉を開くと、本尊と共に千仏が現れる（挿図１）。

ところで、宮殿部分正面の、柱や組物を水平方向に連結している通肘木の中央には小さな突起がみられる（挿図3矢印部分）。管見の限りこの突起に関する言及はこれまで見当たらないが、突起が正面にしかないこと及びその位置から、これは扁額を取り付けるための部材だったと考えられる。

扁額は建物の目立つ場所に掲げられた看板で、そこには建物の名称があらわされるのが常である。[注10]玉虫厨子に附属した扁額そのものが現存しない以上は推測の域を出ないが、建築をかたどった厨子に取り付けられていたと思われる扁額の実例は存在する。挿図4は統一新羅時代の苑池である雁鴨池（月池）に造営された臨海殿址（韓国慶州市）から出土した漆板で、国立慶州博物館が所蔵する。高さ一三・八センチメートルの小型の扁額で、おそらくは玉虫厨子のような仏殿建築をかたどった厨子に附属していたものだろう。ここには「含龍第一」[注11]、あるいは「佛龕第一」[注12]との文字が陰刻されているという。「含龍」は「龕」の上下を別個の文字として読んだ結果と思われる。筆者はこの遺物を実見できておらず、写真による限り文字部分は甚だしく損傷しているが、中央に微かに「龕」らしき文字は視認できる。

「龕」は石窟などの壁面を掘りくぼめて仏像を彫出ないし安置した壁龕を指す用例が多いが、厨子の呼称としても用いられた。たとえば、日本で八世紀末から九世紀初頭に成立した宮中の仏教儀礼である御斎会では、大極殿にて斎を設け、『金光明最勝王経』の講説が行なわれた。その本尊について、『延喜式』巻十三、図書寮の正月最勝王経斎会装束条は「盧舎那仏幷脇侍菩薩壇像一龕」[注13]と記す。平信範の日記である『兵範記』保元三年（一一五八）正月八日条ではこれを「安㆓御仏㆒厨子一基」[注14]と記していることから、御斎会の本尊とされた盧舎那仏と脇侍菩薩を納めた厨子は「龕」と呼ばれたことがわかる。

挿図4　雁鴨池 臨海殿址出土 漆板

よって、臨海殿址出土の小型扁額に刻まれた「龕」を含む語は、厨子の名称に関わるものだったと考えられる。

二　宮殿部分を天界の宮殿とみる諸説

かつて玉虫厨子の宮殿部分に扁額が取り付けられていたとすれば、そこには厨子の制作当初の名称や、宮殿部分に想定されていた建築の名称があらわされたはずである。そして、このことは宮殿部分が単に仏殿をかたどった厨子であるのみならず、扁額が掲げられるような固有の建築として造形された可能性を示唆する。

そこで注目したいのは、玉虫厨子の宮殿部分が仏教における天界の宮殿をあらわすとする説である。すでに明治時代、小杉榲邨は須弥座の上に宮殿部分が乗るという玉虫厨子の構造について、「これかの須弥山の頂上に宮殿楼閣ありて、其内に仏天すませ給ふといふ意を表せるなるへくおほえて、いと殊勝なり。」と述べている。[注15]

仏教の世界観において、天は迷える者が輪廻し続ける六道のうち天人が住む世界（天道）であり、無色界の四天、色界の十八天、欲界の六天の計二十八天があるとされる。中でも、世界の中心に聳えるとされた須弥山の中腹には欲界の第一天で四天王が住まう四大王天、山頂には第二天の忉利天と呼ばれる天界があるとされた。忉利天の四方にはそれぞれ八天の神々、中央にはそれらを統べる帝釈天が居し、合計三十三の神々（天）が住まうことから三十三天ともいう。忉利天の様子は『世記経』（『長阿含経』巻二十、後秦 仏陀耶舎・竺仏念共訳）、『立世阿毘曇論』（陳 真諦訳）、『阿毘達磨倶舎釈論』（陳 真諦訳）、『阿毘達磨大毘婆沙論』（唐 玄奘訳）などに詳しく説かれるが、異同はあるものの中央に帝釈天の都城である善見城があるとされ、善見城の中央の宮殿（殊勝殿ないし忉利天宮）に帝釈天が住まうことや、諸天が仏法を論じる善法堂、諸天の遊戯の場である園林が存在することなどが共通している。[注16]小杉は玉虫厨子の須弥座の腰細となった形状が須弥山をかたどったもので、その上に乗る宮殿部分は忉利天宮をあらわすとみたのであった。

曽布川直子氏も同様に、須弥山をかたどった須弥座に乗る宮殿部分は天界をあらわすとしており、そこには中国古来の昇仙思想も反映されているという。[注17]曽布川氏は宮殿部分に想定された天界が具体的にどこであるか明言していないものの、厨子全体の造形は須弥山から天上に昇って仏国土へ往生する上天思想を表現しており、供養図および宮殿部分背面図は『観弥勒菩薩上生兜率天経』に典拠が見出せると共に、他の絵画も兜率天への上生信仰との関わりから読み解けるという。

一般的な須弥座が必ずしも須弥山のみをあらわす訳ではないが、[注18]玉虫厨子の場合、須弥座の背面には実際に須弥山図が描かれていた。また、施身聞偈図と捨身施虎図は山岳を舞台にした本生図であり、典拠は不明ながら供養図にも山岳景が描き込まれていた。山岳景は仏教美術においてしばしば地上世界の表象として用いられる例が指摘されていることから、[注19]これは玉虫厨子の台座部分が須弥山および地上の世界であることの表現とみなせる。よって、須弥座の上に乗る宮殿部分に須弥山の上方に存在する天界が想定されたとする小杉や曽布川氏の説には、ある程度の妥当性がみとめられよう。ただし、小杉の説は簡潔な指摘に留まり、曽布川氏の説も公開されているのが学会発表要旨であるため全容を知ることが出来ず惜しい。曽布川氏については、本厨子の信仰の主軸として想定した兜率天上生信仰が、釈迦であった可能性の高い本厨子の当初の本尊とどのように整合するかという疑問も残る。

一方、上原和氏は独自の構図解釈に基づき、須弥座正面の供養図の画面構成が全体として天に向かう無限の空間をあらわしているとみて、その上部に位置する宮殿部分は本尊の釈迦が在す天宮であると主張した。[注20]

上原氏は天宮を天上の浄土にある仏の宮殿といった意味合いで用いており、宮殿部分の雲形斗栱や各所に描かれた雲気、天人、山岳景はいずれも天宮や天上の浄土の表象であるという。しかし、同時に上原氏は宮殿部分背面図が『法華経』を典拠としており、描かれた山岳は地上の霊鷲山とみる。上原氏の説において宮殿部分に想定された、霊鷲山をも含む「天上の浄土」がどのような世界であるかは、あまり明確にされていないのである。加えて、先述のとおり山岳景は地上世界の表象としても用いられたため、これを天宮や天上の浄土の表象とみとめてよいかは疑問である。

なお、天宮は北朝から唐代の造像銘にしばしばみられる「天宮」や「天堂」の語を踏まえたもので、上原氏は釈迦像の造像銘にこれらの語がみられるとして、釈迦の居処を天宮と称している。確かに、浄土と天を同一のものとみなす認識がうかがえる造像銘は存在し[注21]、当時の中国で仏の居処として天界が想定されていた可能性はみとめられるが、「天宮」や「天堂」が必ずしも釈迦像の造像銘に限って用いられたわけではないことに注意を要する。

三　宮殿部分にみられる山岳景の解釈

このように、玉虫厨子の宮殿部分が天界の宮殿をあらわすとする従来の説には、主に小杉、曽布川氏、上原氏の三説があった。いずれも須弥座の形状や絵画の内容をもとに、その上方に位置する宮殿部分が天上世界をあらわすものとみており、特に小杉はそこが忉利天であると具体的に述べていた。

しかし、これらの諸説には天界をあらわすはずの宮殿部分の各所に地上世界の表象としても用いられる山岳景が描かれていることをどのように解釈するか、という問題点があった。これについては、宮殿部分背面図を霊鷲山図とみる石田尚豊氏が宮殿部分を釈迦の霊鷲山における説法処とみる説があるほか[注22]、近年では三田覚之氏が、宮殿部分は天界の宮殿に譬えられる殿堂が地上に顕現した様子を表現したものであるとして、以下のような説を述べている。[注23]『海龍王経』法供養品によれば、海中にある海龍王の大殿で釈迦が説法を行なった際、海龍王の子である受現は神通力によって「大厳殿」なる殿堂を化作し、釈迦や仏弟子、衆会を大厳殿と共に霊鷲山へ送り届けたという。同経は大厳殿を「如二忉利宮一」、すなわち忉利天の宮殿に譬えられていたと説く。[注24]

よって、玉虫厨子の宮殿部分は受現が化作した大厳殿が虚空へ昇り、霊鷲山に降り立った様子をあらわしたものであり、上原氏が天宮の表象と指摘した宮殿部分の造形や装飾も、忉利天宮に譬えられた大厳殿の表現と解せる。すると、同じく『海龍王経』請仏品に説かれた、海龍王の大殿（龍宮）における釈迦の説法を典拠とする須弥座背面の須弥山図と宮殿部分には時間的、空間的な連続性が見出せる。また、宮殿部分の各所に描かれた山岳や、扉に描かれた菩薩像、天王像の傍らにあらわされた樹木は大厳殿の降り立った霊鷲山の表象といえる――このようなものである。三田氏は他説のように宮殿部分は天界、須弥座は地上という区別をせず、玉虫厨子には一貫して地上の世界があらされており、宮殿部分はそこへ顕現した忉利天宮に譬えられる殿堂とみるのである。

『海龍王経』のように、釈迦のために地上に忉利天宮のような仏殿が化作され、そこで説法が行なわれたという経説は他にも存在する。[注25] 確かに、この説に従えば宮殿部分は忉利天宮に譬えられる大厳殿が地上に降り立ったものであるから、その造形表現は天界の宮殿を意識したものであると共に、そこへ地上の表象としての山岳景が描き込まれたとしても差し支えはない。

しかし、一方で宮殿部分背面図に天界をあらわすと思しき図像がみられることは看過できない。挿図2のとおり、宮殿部分背面図には細長い小片状の岩塊を積み重ねた山岳が描かれ、ところどころから草木が生えている。山頂は峰が三つに分かれ、それぞれの峰上には相輪と台座を伴い仏塔を思わせる形式の仏龕が一基ずつ描かれる。また、各仏龕の内部には通肩式の着衣で結跏趺坐し、施無畏印の如来像があらわされる。

画面の下部から中ほどにかけてはアルファベットのC字形が互い違いに四つ重ねられ、それぞれの内部に禅定

挿図5　玉虫厨子 宮殿部分背面図（部分）　遠山表現を伴う日月

する比丘が描かれ、窟内には錫杖、水瓶、頭陀袋といった持物が細かく描きこまれている。塔および山の両側には華筥を持つ天人や鳳凰、蓮華が飛翔する様子と雲気があらわされ、画面上部の左右両側には上半分だけの日月が、周囲に数本の水平の条線と瘤状の突起を伴って描かれる（挿図5）。これは山の端から日月がのぞく様子をあらわしたものと考えられ、遠山表現を伴う日月などと称される。

川端真理子氏によれば、この遠山表現を伴う日月は、中国において「倒景」と呼ばれた伝統的な天界をあらわす図像として用いられた可能性があるという。[注26]「倒景」とは「さかさまに映るかげ」、あるいは「日光が西から照り返す」という意味だが、漢から唐にかけての文献には「倒景」を「日月が下から照り返すような天上世界」として用いた例がみられる。[注27]そして、こうした中国の伝統的な天界は、地上では日の出と月の入、あるいは日没と月の出の光景としてイメージされたという。満月の際には日の出と月の入、あるいは日没と月の出の時に地平線の両端に太陽と満月が同時にみられ、あたかも日月が下から照り返しているかのようだからである。

そこで、日月に遠山表現を加えることによって、それらが山の端から見える状況、すなわち日の出と月の入、あるいは日没と月の出をあらわし、「日月が下から照らし出す」という倒景の状況＝天界を表現したのではないかというのである。

宮殿部分背面図のほか、飛鳥・白鳳時代の作例では法隆寺金堂四天王像のうち持国天の持物である七星剣と、法隆寺金銅灌頂幡の天蓋部分に遠山表現を伴う日月がみられ、これらも宮殿部分背面図と同様、日月は上半分だけであらわされている。七星剣には併せて北斗七星や雲気文があらわされ、一種の天象図と考えられる。[注28]また、金銅灌頂幡の天蓋には天人の姿もあらわされ、そこには天界が想定されているとみられる。よって、天界の表現としての遠山表現を伴う日月は、日本においてもその原義を失っていなかったようである。

なお、本図は霊鷲山を描いたとする説のほか[注29]、多宝塔[注30]、七宝塔湧出[注31]、出家起塔の功徳[注32]、『法華経』の教義の象徴[注33]など諸説ある。こうした中、現時点で最も蓋然性が高いのは三田氏の説である[注34]。三田氏は本図の山岳を霊鷲山とはみなさず、仏龕中にあらわされた三軀の如来は下生した弥勒菩薩が如来となった後に三度説法を行なうとされる三会説法、四軀の比丘は『増一阿含経』や『弥勒下生経』に説かれる釈迦の入滅に際して仏法の護持を託され、弥勒の出世まで涅槃に入らず衆生を教化した四大声聞をあらわすとする。特に、四大声聞のうち大迦葉は山中の岩窟で禅定をしながら弥勒の出世を待つとされる。三田氏の説の特徴は、従来は霊鷲山図として釈迦による説法との関わりから解されることの多かった本図を釈迦入滅後の出来事とみた点にあるが、筆者もこれに同意したい。

三田氏の解釈に従った場合、本図に描かれた天界の表象としての遠山表現を伴う日月は、下生した弥勒がそれまで修行をしていた兜率天の表現と解釈できる。つまり、本図には天界と地上の光景が共にあらわされていることになる。遠山表現を伴う日月という図像はあくまで中国の伝統的な天界観に基づくが、それが仏教美術に転用されたとしても不思議はない。これは、須弥座背面の須弥山図中に描かれた太陽の内部に三足烏があらわされ、中国の伝統的な神仙思想の影響がみられる図像が転用されているのと同様の現象といえる[注35]。

四　宮殿部分に忉利天説法があらわされた可能性

三田氏のように玉虫厨子が一貫して地上世界をあらわし、宮殿部分はそこへ顕現した天界の宮殿に譬えられる殿堂であったとみれば、宮殿部分の各所に描かれた山岳景も地上の表象として難なく理解できる。一方、宮殿部分背面図には地上世界の表象である山岳景と共に、天界の表象として遠山表現を伴う日月も描かれていた。よって、筆者は宮殿部分に地上と天上の二重の性格を有する世界が表現されている点を重視すべきと考える。

ここで、宮殿部分に扁額が存在したと推測され、そこに何らかの固有の場が想定されていたとみる筆者の立場も踏まえると、改めて小杉の宮殿部分＝忉利天宮説が想起される。忉利天は欲界の中では下位に属するが、須弥山の頂上にあるため、地上にある天界としては最上位とされた。忉利天に住まう神々が「地居天」と称されたように[注36]、忉利天は天界であると同時に地上と地続きの世界なのである。

宮殿部分を忉利天宮とみなせば、その各所に描かれた山岳景も天上にして地上を兼ねる忉利天の表象、あるいは忉利天にあるとされた園林の表現と解することができよう。また、このとき注意すべきは、仏典中に忉利天の建物がさまざまな宝によって出来ている、あるいは装飾されているとする描写が多くみられることである[注37]。こうした特徴は忉利天に限らず、兜率天や西方浄土などの宮殿楼閣についても該当するが、七色に輝く玉虫の翅鞘が宮殿部分の装飾に用いられたのは、まさにこうした忉利天宮の彩りと煌めきを再現するためだったとも考えられる。

昆虫学者の山田保治が大正時代に行なった調査報告によれば、玉虫装飾が用いられていたのは宮殿部分のみであったという[注38]。関根俊一氏は仏の居処としての宮殿部分に荘厳性を重視したのだろうと指摘しているが[注39]、これは宮殿部分と須弥座が異なる世界で、特に宮殿部分が天界であることの積極的な表現ともいえるのではないだろうか。

死後の忉利天への上生信仰は、兜率天上生信仰と同様にさかんだったと思われる。たとえば、『法華経』（後秦鳩摩羅什訳）普賢菩薩勧持発品によれば、『法華経』を記憶し、意味を理解し、『法華経』が説くとおりに修行すれば無量無辺の諸仏のところへ、『法華経』の教えを受けて読誦し、意味を理解することによって兜率天へ往生できるという。一方、忉利天へは『法華経』を書写するだけで往生できるとされており、比較的容易である[注40]。さらに、忉利天に往生した人は八万四千の伎楽をなす天女によって迎えられ、七宝の冠をつけ、采女に囲まれて快楽を享受することができるという。

また、『雑宝蔵経』（北魏 吉迦夜・曇曜共訳）巻五、舎利弗摩提供養仏塔縁には舎利弗摩提という宮女が仏塔を供養していたところ、仏塔供養を嫌った阿闍世王がこれを殺してしまったが、舎利弗摩提は死後、忉利天に生じて善法堂に至ることが出来たという話が説かれている。[注41] 他にも、同経同巻の天女本以然燈供養生天縁、天女本以乗車見仏歓喜避道縁、天女本以華散仏化成華蓋縁、長者夫婦造作浮図生天縁、長者夫婦信敬礼仏生天縁は、いずれも在家仏教信者が日ごろの信仰によって、死後に忉利天へ生まれることができたという話であった。

『雑宝蔵経』にみられる忉利天上生説話の特徴は、舎利弗摩提をはじめとして、死後忉利天へ往生した人物に女性が多いことである。『法華経』提婆達多品の龍女成仏にみるように仏教において女性の成仏は困難とされる場合が多いが、忉利天であれば女性も往生できると考えられたらしい。このことも忉利天への上生信仰を促したと共に、玉虫厨子の所有者が女性であった可能性を示唆する。[注42]

それでは、忉利天宮に擬された宮殿部分に釈迦と推定される本尊が安置されたとして、そこにはどのような場面が想定されていたのだろうか。筆者は、これを忉利天説法と考える。忉利天説法とは、釈迦が成道したのち、自分を産んでから間もなく死去して忉利天へ転生した生母摩耶夫人のために忉利天へ昇り、三ヶ月間説法をしたという仏伝である。ここから、当時地上における釈迦の不在を嘆いたインドの憍賞弥国（カウシャンビー）の優塡王（ウダヤナ王）が栴檀を用いて仏像をつくらせたとする優塡王造像説話が派生し、仏像の起源譚としても重視されていく。また、忉利天説法を終えた釈迦が地上へ帰還する際の従三十三天降下（三道宝階降下）もよく知られた仏伝である。

忉利天説法について説く経典は数多いが、[注43] 特に『観仏三昧海経』（東晋 仏陀跋陀羅訳）巻六、観四威儀品にみえる次の記述が注目される。

爾時世尊、入二忉利宮一、即放二眉間白毫相光一。（中略）仏母摩耶見二仏入一レ宮。合掌恭敬為レ仏作レ礼。（中略）時忉利宮満二中化仏一。仏母摩耶頂上自然出二衆供具一。無量幢幡供二養諸仏一。時幢幡中有二妙音声一。讃レ仏、讃レ法、讃二比丘僧一。[注44]

これによれば、釈迦は説法に際して忉利天宮に入り、摩耶夫人もこれにまみえんとして宮殿の中で釈迦を礼拝した。すると宮殿内には化仏が満ち、摩耶夫人のもとには諸々の供養具があらわれ、三宝を讃えたという。後には続けて、こうした光景を正しく観想すれば滅罪の功徳があり、死して必ず仏国土に往生すると説かれる。

玉虫厨子の宮殿部分を忉利天宮とみなすと、安置された本尊は忉利天宮の中で説法を行なう釈迦の姿に重なる。また、宮殿部分内部の押出千仏はちょうど忉利天宮の内部に満ちた化仏に対応し、『観仏三昧海経』の内容と一致する。扉を開いた時にあらわれる押出千仏は、まさに忉利天宮の中に化仏が満ちている様子をあらわしたものとみなせるのである。扉の表側に描かれた菩薩像や天王像は、釈迦の説法における脇侍や守護をあらわしたものだろう。

本厨子の制作時期とされる七世紀中葉の日本において、忉利天や忉利天説法に関わる造形が実際にどの程度なされたかは不明だが、四天王寺の五重塔内には須弥山と、これに付随する「天宮」がつくられたらしい。『日本書紀』大化四年（六四八）二月八日条には

阿倍大臣請二四衆於四天王寺一。迎二仏像四軀一。使レ坐二于塔内一。造二霊鷲山像一。累二積鼓一為之。[注45]

という記事がみえる。大化の改新における新政権の中枢に抜擢され、当時左大臣であった阿倍倉梯麻呂（阿倍内麻呂）が四天王寺へ四衆（比丘、比丘尼、優婆塞、優婆夷）を請い招き、その塔内に仏像四軀を迎えると共に霊鷲山像をつくったという。「累積鼓為之」とあるのは、鼓を塔の心柱の周りに重ねて骨組みとし、その上に塑土で

山岳をつくった、法隆寺五重塔初層にみられる塑土による山岳景のようなものであろう。[注46]

一方、嘉禄三年（一二二七）に四天王寺僧の中明が同寺の東僧房で記した『太子伝古今目録抄』に引用された、四天王寺の資財帳である『大同縁起』（延暦二十二年〔八〇三〕）には

五重塔一基。（内安㆓置天宮一具㆒。）亀甲合子一合。其内有㆓金瓶㆒。安㆓置舎利一枚㆒。又瑠璃瓶一基。（内安㆓置舎利五枚㆒。）困長不㆑開。奉擔婆羅門六軀。小四天四口。安倍大臣敬請者。大四天王四口。右奉㆓為越天皇㆒敬造請坐。御塔四角。[注47]

と記されている。ここから、当時五重塔内に大小二組の四天王像が安置されていたことがわかるが、うち小四天王像は安倍（阿倍）大臣によって安置されたものとあるので、先に挙げた『日本書紀』の記述にある「仏像四軀」はこの小四天王像にあたると考えられる。

福山敏男氏や大橋一章氏が論じたように『日本書紀』と『大同縁起』の記述の対応関係を踏まえれば、割注箇所の五重塔内に安置されたという「天宮一具」は、塔内につくられた霊鷲山像に付随するものだろう。[注48]大橋氏が指摘するとおり『日本書紀』にみえる阿倍大臣による五重塔への四天王像安置と霊鷲山の制作は一具のものであったはずだから、この「霊鷲山」は実際にはその中腹に四天王が住むとされた須弥山で、それを『日本書紀』の編者が誤解したとみられる。よって、ここにいう「天宮」も仏殿を模した厨子のようなものと考えられ、須弥山における四天王宮や忉利天宮をあらわすものだったと推測できる。

また、『日本書紀』斉明天皇二年（六五六）是歳条には多武峰に築かれた両槻宮が「天宮」と称されたとあるが、両槻宮が仏教的建築であった可能性が高いとみる劉昭瑞氏は『日本書紀』の斉明朝期に須弥山の記事が三件みられることから、[注49]当時は須弥山についての知識も浸透しており、多武峰の頂上の両槻宮を忉利天宮に見立てて天宮と称したのではないかとする説を唱えている。[注50]

このように、文献史料より飛鳥時代の日本において須弥山や忉利天に関する認識が存在したことはうかがえ

る。これらはいずれも七世紀中葉の出来事であるから、現時点で推定される玉虫厨子の制作年代とも大きな隔たりはない。また、忉利天説法と本厨子の当初本尊の関わりでは、優塡王造像説話における優塡王像も重要だが、さまざまな問題を含むため本稿では敢えて触れないでおく。[注51]

五　玉虫厨子に想定された報恩・追善供養と各絵画の配置

最後に、玉虫厨子の宮殿部分に忉利天説法があらわされたことの意味について考えておきたい。仏伝としての忉利天説法が成立した背景を考察した宇治谷顕氏は、その報恩行や追善供養としての側面に注目している。[注52]そもそも、インドの初期仏教において父母への孝養を奨励した例はあまりみられず、まして亡き父母や祖先に対する追善供養は明確に否定されていた。[注53]これは、仏教における来世があくまで個々人の生前の行ないによって決定されることと関係があるという。

しかし、古代インドのバラモン社会においては父母への孝養や祖先供養が一般的であったため、社会的慣例との妥協から次第に仏教においても受容されていった。宇治谷氏によれば、この過程で釈迦が亡き生母の恩に報いるために忉利天へ昇って説法を行なったという仏伝が創作され、報恩行も積善行為になるという認識が浸透していったという。このように、忉利天説法は釈迦による孝行譚としての側面も持ち、報恩行や追善供養と密接に関わる主題とされたのである。

中国では儒教社会における父母への孝行や祖先祭祀の伝統も相俟って、仏教受容に際して父母への報恩や祖先の追善供養といった要素は重視されたと思われる。北朝時代の造像銘の内容から肉親や祖先の追善供養のためになされた造像が相当数あったことが知られるほか、[注54]稲本泰生氏も、初唐の七世紀後半には忉利天説法が釈迦の母に対する孝行譚であり仏教における孝の実践の最たるものであるという認識のもと、その図像化、造形化がなされたと指摘している。[注55]こうした傾向は日本においても同様で、飛鳥時代の仏教では追善供養が重視されたと共に、[注56]仏事を通じてなされる祖先供養が同時に君主への報恩につながるとして、王権強化の一端を担ったとする見方もある。[注57]玉虫厨子の中心的な主題として忉利天説法が想定されていたとみることは、七世紀の日本の仏教の内実ともよく一致するといえよう。

つまり、忉利天説法の場面をあらわした玉虫厨子の制作および本厨子への仏像安置には、肉親や祖先への報恩や追善供養という信仰目的があったと考えられるのである。本稿冒頭でも触れた、三田氏が当初本尊に附属した光背ではないかと指摘している甲寅年（五九四）銘光背の裏面には、

甲寅年三月廿六日弟子
王延孫奉為現在父母
敬造金銅釋迦像一軀
願父母乗此功徳現
身安穏生生世世不経
三塗遠離八難速生
浄土見仏聞法[注58]

との銘文があり、王延孫なる人物が父母の安穏と浄土往生を願って釈迦像をつくったことが知られる。ここにいう「現在父母」は故人ではないが、本光背の制作が六世紀末であるのに対して玉虫厨子の制作が七世紀中葉とされることを踏まえれば、王延孫の父母がこの間に逝去したことは大いにあり得る。王延孫やその子孫が父母ないし祖先の追善を願って、本像を安置すべく玉虫厨子を制作させたと考えることも可能だろう。

ちなみに、典拠不明の須弥座正面の供養図について筆者は舎利供養図説[注59]を支持し、特に舎利供養を行なった結果生じた奇跡を描いたものと考えるが、仏舎利を供養すれば福徳によって忉利天に生まれることができるとされている。たとえば、『増一阿含経』（東晋 僧伽提婆訳）八難品には、舎利について次のようにある。

使下将来之世信楽檀越不レ見二如来形像一者、取供中養之上、因縁是福祐、当レ生二四姓家、四天王家、三十三天、豔天、兜術天、化自在天、他化自在天一。[注60]

釈迦の入滅後、世の信心深い信徒たちは如来の姿を見ることはできずとも、舎利を供養すれば福徳によって、三十三天（忉利天）や兜術天（兜率天）をはじめとする天界に生まれることができるという。ここでは舎利供養の功徳によって上生できる天界の一つに忉利天が挙げられているにすぎないが、玉虫厨子の宮殿部分が忉利天宮であったとすると、須弥座正面に舎利にまつわる絵画が描かれたのも、舎利供養に死後の生天という功徳があったからかもしれない。

以上を踏まえ、玉虫厨子の各絵画がどのような構想のもとに配置されたかを述べると次のようになる。本厨子は肉親や祖先への報恩や追善供養として仏像を安置し礼拝供養するために制作され、釈迦による忉利天説法の様子をあらわした宮殿部分を中心に、そこが忉利天であることをあらわすべく、須弥座の各面には須弥山および地上世界の表現として、須弥山図や山岳を舞台とする捨身施虎図、施身聞偈図、供養図を配した。また、宮殿部分背面図には兜率天を示唆する図像を含む地上の光景を描くことで、宮殿部分が地上と兜率天の間に位置する忉利天であることが示された。

このうち、須弥座左右両側面の本生図である捨身施虎図と施身聞偈図[注61]は、地上世界における釈迦の過去世の捨身による利他行をあらわす。また、宮殿部分の忉利天説法と須弥座背面の須弥山図は、釈迦の在世中の教化をあらわす。そして、須弥座正面の供養図において舎利供養にともなう奇跡、宮殿部分背面図において釈迦入滅後から弥勒出世に至るまでの様子を描くことによって、仏不在の世における仏法継承の様相をあらわす。つまり、玉虫厨子の各絵画は、宮殿部分が忉利天であることをあらわすと共に、過去から未来にかけてのさまざまな場所における仏の衆生救済のありかたを示しており、宮殿部分を中心とする空間的、時間的な連関を考慮して配置されたといえよう。

おわりに

本稿では、玉虫厨子の宮殿部分に扁額が存在した可能性を出発点として、その信仰の内実について私見を述べた。そして、宮殿部分に忉利天説法という主題を想定することによって、本厨子が報恩や追善供養を目的として制作された可能性を示した。従来の見解のような絵画同士の相互の連関は決して無視できないが、厨子の本体である宮殿部分を主軸として考察することにより、新たな視点を示したつもりである。

ところで、大正二年（一九一三）に行なわれた玉虫厨子の修理記録を載せる『日本美術院彫刻等修理記録Ⅳ』には、不思議な写真が掲載されている。[注62]それは玉虫厨子の正面全景を撮影したものだが、本来であれば背面にあるはずの須弥山図が正面に来ている。なぜか、須弥座の前後が逆になっているのである。修理に際して試みに厨子の須弥座の前後を逆にして組み立てたものだろうか。また、小杉榲邨は明治二十一年（一八八八）に行なわれた美術取調に基づく翌年の講演で、玉虫厨子の須弥座の「正面」に須弥山図があると述べている。[注63]これが単なる小杉の錯誤だったのか、当時は実際に須弥山図が正面になっていたのかはわからない。

少なからず、『奈良博覧会物品目録』（明治九年（一八七六））掲載の玉虫厨子を描いた挿図では須弥座正面が供養図になっているため、以前から供養図が正面だったとみてよいと思われるが、ここで重要なのは須弥座の前後を逆にしても厨子の組み立ては可能だったということである。

仮に須弥山図が正面に来た場合、厨子の正面は須弥山図の上方に忉利天説法をあらわす宮殿部分が位置し、須弥山とその頂部に存在する忉利天宮という位置関係が明示される。同時に、両者は共に釈迦在世中の出来事をあらわすことになる。一方、背面は供養図の上方に宮殿部分背面図が来る。両者は共に釈迦入滅後の世界を描いたものと考えられるため、こちらも時系列が一致する。

つまり、須弥座の前後を逆にしたほうが、本厨子における各絵画の空間的、時間的な関係性はより明確になるのである。今後の玉虫厨子の調査や研究においては、制作当初は須弥山図が正面であったところ、何らかの経緯で須弥座の前後が逆になってしまったという可能性も考慮されるべきかもしれない。

注

1 玉虫厨子の研究史については上原和『玉虫厨子 飛鳥・白鳳美術様式史論』（吉川弘文館、一九九一年）、片岡直樹「玉虫厨子」（大橋一章編『法隆寺美術 論争の視点』グラフ社、一九九八年）などを参照。制作年代については鈴木嘉吉・林良一「玉虫厨子」（『奈良六大寺大観五 法隆寺五』岩波書店、一九七一年）、水野敬三郎「金堂内の仏像・荘厳具と壁画」（『法隆寺金堂壁画』岩波書店、二〇一一年）などを参照。また、本尊として仏像が安置されていたと考えられるが、村田治郎氏のように千仏を本尊とみる説（「玉虫厨子続考」『佛教藝術』六七、一九六八年。「玉虫厨子続続考」『佛教藝術』六九、一九六八年）、あるいは鈴木嘉吉氏のように宮殿そのものを本尊であったとみる説（「建築からみた玉虫厨子」『玉虫厨子』小学館、一九九九年）もある。しかし、長きにわたる研究史にもかかわらず、本厨子制作の発願者や法隆寺への伝来経緯は依然として不明である。

2 延享三年（一七四六）の良訓『古今一陽集』の記述に基づく。三田覚之「玉虫厨子本尊変遷考」（林温編『仏教美術史論集三 図像学Ⅱ――イメージの成立と伝承（浄土教・説話画）』竹林舎、二〇一四年）。

3 仏殿や厨子といった仏像安置の空間は、仏像を荘厳すると共に、それを礼拝供養する者の眼前に仏のいます世界を現出させる演出装置としても機能したと考えられる。海野啓之「「殿」へのまなざし――古代・中世における仏像安置と厨子――」（長岡龍作編『仏教美術論集五 機能論――つくる・つかう・つたえる』竹林舎、二〇一四年）参照。

4 ただし、三田覚之氏は『海龍王経』に須弥山の形状に関する記述はないことに注意し、本図の須弥山が大楼炭経（西晋 法立・法炬共訳）、『世記経』（『長阿含経』巻二十、後秦 仏陀耶舎・竺仏念共訳）、起世経（隋 闍那崛多訳）、起世因本経（隋 達摩笈多訳）に説かれた須弥山観に基づいて描かれたことを指摘している。前掲注2三田氏論文。

5 石田尚豊「玉虫厨子絵考」（『国史学』一一六・一一七合併号、一九八二年）。

6 長岡龍作『日本の仏像』「第三章 釈迦に出会う」（中央公論新社、二〇〇九年）。

7 前掲注2三田氏論文。

8 八世紀中期に造営された正家廃寺（岐阜県恵那市）の金堂は玉虫厨子と同様に肘木が放射状に出る構造だったと考えられる。これと類似した構造の建築が存在した可能性がある例として、現時点では山田寺（奈良県桜井市）、夏見廃寺（三重県名張市）、穴太廃寺（滋賀県大津市）の遺構が知られる。山岸常人「木工と寺工――古代建築技術確立の前後」（『列島の古代史 ひと・もの・こと 五 専門技能と技術』岩波書店、二〇〇六年）参照。

9 玉虫厨子を含む玉虫装飾が用いられた作例については神谷正弘「玉虫装飾品集成」（『古文化談叢』第五〇集発刊記念論集（中）、二〇〇三年）参照。

10 扁額全般については中田勇次郎「扁額の歴史」（『中田勇次郎著作集 第五巻』二玄社、一九八五年。初出一九八一年）、扁額の意匠や構造の変遷については山下秀樹ほか「扁額の意匠と構造――平城宮第一次大極殿正殿 扁額の復原考察――」（『奈良文化財研究所紀要』二〇〇八年）を参照。『世説新語』方正篇、巧芸篇には宮殿の扁額にまつわる話がみられるため、中国では南北朝時代の時点で一般的なものだったらしい。扁額には建物の名称のみならず、建物にまつわる理念があらわされる例もあるが、これは後代になってからのようである。

11 大韓民国文化部文化財管理局編、西谷正訳『雁鴨池 発掘調査報告書 本文編』（学生社、一九九三年）四一七頁。

12 『地中に埋められた思い――昌寧・末屹里遺跡出土物大公開 図録』（国立金海博物館、二〇一一年）一〇六頁。原文韓国語。日本語訳に際しては金志虎氏のご協力をいただいた。

13 『新訂増補国史大系』第二十六巻（吉川弘文館、一九三七年）三八四頁。傍線筆者。

14 『増補史料大成 兵範記三』（臨川書店、一九六五年）六頁。傍線、返り点筆者。

15 小杉榲邨「法隆寺金堂に置く所の玉虫の厨子」（『國華』第七八號、一八九六年）。

16 忉利天の様子については小野玄妙『仏教の世界観』（『小野玄妙仏教芸術著作集 第七巻』開明書院、一九七七年。初出一九三六年）、定方晟『須弥山と極楽――仏教の宇宙観――』（講談社、一九七三年）、外村中「帝釈天の善見城とその園林」（『日本庭園学会誌』二〇、二〇〇九年）などに詳しい。

17 曽布川直子「玉虫厨子における宗教観（平成十四年支部例会発表要旨）」（『美術史』一五四、二〇〇三年）。

18 片岡直樹「須弥座について」（『新潟産業大学文学部紀要』十八、二〇〇七年）。

19 肥田路美「法隆寺金堂壁画に画かれた山岳景の意義」（『佛教藝術』二三〇、一九九七年）、泉武夫「山林の絵画表象と仏教荘厳」（空間史学研究会編『空間史学叢書二 装飾の地層』岩田書院、二〇一五年）。

20 上原和「玉虫厨子」（『古美術』十七、一九六七年）、前掲注1上原氏文献「終篇の四 法隆寺金堂建築に見られる初唐様式の受容と和様化された飛鳥様式との混淆」（初出一九九一年）。天宮については張總「天宮造像探析」（『藝術史研究』第一輯、一九九九年）、劉昭瑞「『日本書紀』斉明紀の「天宮」について」（『東海大学紀要 文学部』第七二輯、一九九九年）を参照。

21 倉本尚徳『北朝仏教造像銘研究』「第七章 北朝・隋代造像銘に見る西方浄土信仰の変容――『観無量寿経』との関係を中心に――」（法藏館、二〇一六年）。

22 前掲注5石田氏論文。

23 前掲注2三田氏論文。

24 『大正蔵』巻十五、一五三頁b。返り点筆者。

25 『須頼経』（三国魏 白延訳）に「時天帝釈、下従二舎衛一来至二祇樹一。於二中間一化二作大殿一如二忉利天宮一。」（『大正蔵』巻十二、五五頁c。返り点筆者）、『幻士仁賢経』（西晋 竺法護訳）に「天帝即化二作大殿舘一。踰二於忉利最勝之宮一。化殖二宝樹一。」（『大正蔵』巻十二、三三頁a。返り点筆者）とあり、共に帝釈天が釈迦のために忉利天宮のような大殿を化作したとされる。

26 川端真理子「高松塚古墳壁画における日月と遠山表現」（『美術史研究』第四五冊、二〇〇七年）。

27 たとえば、『漢書』巻二五郊祀志にみられる「登遐倒景」という表現について、「倒景」に関する魏の如淳の注では「在二日月之上一、反従レ下照、故其景倒」とあり、倒景が「日月が下から照り返すような天上世界」と理解されている。また、梁の沈約「遊沈道士館」（『文選』巻二十二所収）の中に「一挙陵二倒景一、無レ事レ適二華嵩一」とある。つまり、「一息に倒景へ昇りたいが、華山や嵩山などに行くようなことはしたくない」と解釈される。熱心な奉仏者であった沈約が仙山としての華山や嵩山には行きたくないと述べていることを踏まえると、ここにいう「倒景」は仏教的な天界として用いられている可能性もあり、沈約の生天願望をうかがい知ることができる。前掲注26川端氏論文参照。

28 杉原たく哉「七星剣の図様とその思想――法隆寺・四天王寺・正倉院所蔵の三剣をめぐって――」（『美術史研究』第二一冊、一九八四年）。

29 春山武松「玉虫厨子絵に関する疑問」（『國華』第六七八號、一九四八年）、前掲注1上原氏文献「第一の一 玉虫厨子絵の主題に関する疑義」（初出一九五四年）、前掲注5石田氏論文、前掲注6長岡氏文献「第三章　釈迦に出会う」など。

30 前掲注15小杉論文。

31 瀧精一「玉虫厨子と橘夫人厨子」（『國華』第三六七號、一九二〇年）。

32 源豊宗「玉虫厨子及び其の絵画について」（『仏教美術』第十三冊、一九二九年）、前掲注1水野氏論文。

33 前掲注29上原氏論文、前掲注5石田氏論文。両者とも、この図は霊鷲山を描いたものとした上で独自の解釈をこころみている。

34 前掲注2三田氏論文。

35 前掲注6長岡氏文献「第三章 釈迦に出会う」。

36 『阿毘達磨倶舎論』巻十一、分別世品第三之四（『大正蔵』巻二九、六〇頁b）など。

37 『立世阿毘曇論』巻二では帝釈天の居処である宝楼重閣について「柱高九由旬。四宝所成。一金。二銀。三琉璃。四頗梨柯。四種宝塼以為㆓柱礎㆒。其楼四方有㆓四階道㆒。一切諸壁並四宝成。」（『大正蔵』巻三二、一八二頁c。返り点筆者）とあり、忉利天宮の柱、柱礎、階段、壁がことごとく金、銀、瑠璃、頗梨の四宝から出来ているという。また、『世記経』（『長阿含経』巻二十）では忉利天の建築についてことごとく「周匝校飾以㆓七宝㆒成」（『大正蔵』巻一、一二九頁b。返り点筆者）、すなわち七宝によって周囲が飾られているとされる。

38 山田保治『古代美術工芸品に応用せられし「タマムシ」に関する研究』（一九三二年）。現存する玉虫の翅鞘はあまり目立たないものの制作当初のものがよく残っており、計算による推定では二五六三枚の玉虫の翅鞘が用いられたという。当時、法隆寺の管主であった佐伯定胤が須弥座の上側の框部分から一枚だけ玉虫の翅鞘を発見したことから框部分にも玉虫装飾が存在したとも考えられたが、山田はその可能性は低いとする。

39 関根俊一「宮殿と厨子（一）」（『奈良学研究』第六号、二〇〇三年）。

40 『大正蔵』巻九、六一頁c。

41 『大正蔵』巻四、四七三頁a～b。

42 長岡龍作氏も宮殿部分背面図と須弥山図が共に女性の成仏を扱った絵画であるとして、玉虫厨子の願主が女性であった可能性を指摘している。前掲注6長岡氏文献「第三章 釈迦に出会う」。

43 『帝釈経』（『雑阿含経』巻十九）（『大正蔵』巻二、一三四頁a～b）、『増一阿含経』巻二八聴法品（『大正蔵』巻二、七〇三頁b～七〇八頁a）、『大方便仏報恩経』巻三論議品（『大正蔵』巻三、一三六頁b～一三七頁b）、『仏所行讃』受祇桓精舎品（『大正蔵』巻四、三九頁c）、『雑宝蔵経』巻一仏於忉利天上為摩耶説法縁（『大正蔵』巻四、四五〇頁a～b）、『撰集百縁経』巻九声聞品化生比丘縁（『大正蔵』巻十二、二四七頁a）、『摩訶摩耶経』（『大正蔵』巻十二、一〇〇五頁a～一〇一五頁a）、『観仏三昧海経』巻六観四威儀品（『大正蔵』巻十五、六七七頁a～六七八頁a）、『仏昇忉利天為母説法経』（『大正蔵』巻十七、七八七頁b～七九九頁c）、『大乗造像功徳経』巻上（『大正蔵』巻十六、七九〇頁a～七九三頁b）、『法顕伝』（『大正蔵』巻五一、八五九頁c）、『大唐西域記』巻四劫比他国（『大正蔵』巻五一、八九三頁a）など。たとえば、『摩訶摩耶経』では釈迦が忉利天の波利質多羅樹下で結跏趺坐して説法したとされるが、釈迦が光明を放って千仏が出現したとする記述は後掲の『観仏三昧海経』と共通する。

44 『大正蔵』巻十五、六七八頁a。傍線、返り点筆者。

45 『新訂増補国史大系』第一巻下（吉川弘文館、二〇〇〇年）二四三頁。

46 大橋一章「四天王寺創立時の仏像について」（『佛教藝術』二五四、二〇〇一年）。

47 『大日本仏教全書 聖徳太子伝叢書』（仏書刊行会、一九一二年）一八頁、傍線筆者。

48 福山敏男「初期の四天王寺史」（『佛教藝術』二四、一九六五年）。前掲注46大橋氏論文。

49 『日本書紀』

斉明天皇三年（六五七）七月十五日条

作二須弥山像於飛鳥寺西一。且設二盂蘭盆会一。暮饗二覩貨邏人一。

斉明天皇五年（六五九）三月十七日条

甘梼丘東之川上造二須弥山一而饗三陸奥与二越蝦夷一。

斉明天皇六年（六六〇）五月条

於二石上池辺一作二須弥山一。高如二廟塔一。以饗二粛慎四十七人一。

特に、斉明朝期に頻出する「須弥山」については、明治時代に奈良県明日香村の石神遺跡から発掘された須弥山石との関連から論じられることが多い。今泉隆雄「飛鳥の須弥山と斎槻」(『東北大学文学部研究年報』第四一号、一九九一年)などを参照。
50 前掲注20劉氏論文。
51 龍門石窟や鞏県石窟をはじめとする洛陽周辺では六五〇～六八〇年代の高宗・則天武后期にかけて「優塡王像」の銘記を持つ同形式の造像例が多数確認されているが、その像容が何に範をとったものであるかは明らかでない。一方、玉虫厨子が七世紀中葉に制作されたとされる根拠の一つに、初唐美術の影響がみとめられないことが挙げられる。このため、玉虫厨子やその当初本尊を初唐の洛陽周辺で流行した優塡王像と積極的に結びつけて考えるには慎重を要する。ただし、道宣撰『集神州三宝感通録』巻中第二十八縁によれば、梁の武帝が霊夢によってインドへ使者を派遣し請来したという縁起を持つ荊州大明寺の優塡王像は、その後広く流布したという。また、同じく道宣による『律相感通伝』には、隋の文帝が大興城(長安)の大興善寺へ大明寺の優塡王像の模刻像を迎えた話が記されている。よって、初唐以前から中国において優塡王像は知られており、優塡王像ないし忉利天説法の造形化という事例が日本へ伝えられていた可能性は皆無でないことに注意しておきたい。肥田路美編『美術史料として読む『集神州三宝感通録』――釈読と研究――(八)』(早稲田大学大学院東洋美術史、二〇一五年)七一～九七頁および稲葉秀朗「荊州大明寺優塡王像考」(同書)参照。
52 宇治谷顕「釈尊の生母摩耶説法伝説について」(『名古屋音楽大学研究紀要』二八、二〇〇九年)。
53 『伽弥尼経』(『中阿含経』巻三、僧伽提婆訳)などに死者の冥福を祈っても死者が天界に生まれることはできないと説かれる(『大正蔵』巻一、四三九頁c～四四〇頁c)。
54 佐藤智水「北朝造像銘考」(『史學雑誌』八六、一九七七年)。
55 稲本泰生「隋唐期東アジアの「優塡王像」受容に関する覚書」(『東方學報 京都』八八、二〇一三年)。初唐期に洛陽周辺で流行した優塡王像と同様の形式を具えた奈良国立博物館所蔵の刺繡釈迦如来説法図(勧修寺繡仏)を忉利天説法図とみる稲本氏は、孝と仏教の関係を政治的に利用しようとする意図からこうした図像が創出されたのではないかと指摘し、白鳳期の日本にもこうした図像が優塡王像ないし忉利天説法をする釈迦として伝来していた可能性を示唆する。
56 北塔光昇「日本仏教における追善思想の受容について」(北畠典生博士古稀記念論文集刊行会編『日本仏教文化論叢』上巻 永田文昌堂、一九九八年)。
57 古市晃「四月・七月斎会の史的意義――七世紀倭王権の統合論理と仏教――」(『古代文化』五九巻三号、二〇〇七年)。
58 奈良国立文化財研究所飛鳥資料館『飛鳥・白鳳の在銘金銅仏』(同朋舎、一九七九年)一七四頁。

59　前掲注15小杉論文、前掲注31瀧氏論文、澤村専太郎「推古朝の絵画」（『仏教美術』第十三冊、一九二九年）、前掲注5石田氏論文、長谷川智治「法隆寺　玉虫厨子考――舎利供養図を中心に――」（『佛教大学総合研究所紀要』十八、二〇一一年）、前掲注2三田氏論文など。瀧氏と澤村氏は本図が『金光明経』捨身品に説かれた薩埵太子の舎利供養の様子とする。また、石田氏は本図が『悲華経』（北涼 曇無讖訳）に説かれた舎利化現の様子であるとする。三田氏は『海龍王経』舎利品との関わりから、天上世間、人中、曠野の一切衆生によって舎利が供養される様子をあらわすとする。筆者は、舎利の奇瑞譚を多く載せる『集神州三宝感通録』巻上にしばしばみられる「行舎利（舎利を行ず）」と称される作法と本図に何らかの関係があるのではないかと考えている。

60　『大正蔵』巻二、七五一頁a。傍線、返り点筆者。

61　施身聞偈図において崖上から投身した雪山童子を受け止める帝釈天が描かれていることは、宮殿部分に想定されたであろう帝釈天の居処である忉利天宮との関係を示唆しているとみられる。

62　『日本美術院彫刻等修理記録Ⅳ（解説）』（奈良国立文化財研究所、一九七八年）一二九頁。

63　小杉榲邨「美術と歴史との関係」（『皇典講究所講演』五、一八八九年）。

［挿図出典］

挿図1 上原和『玉虫厨子――飛鳥・白鳳美術様式史論』（吉川弘文館、一九九一年）図版一。挿図2 上原和『玉虫厨子――飛鳥・白鳳美術様式史論』（吉川弘文館、一九九一年）図版四。挿図3 法隆寺監修『玉虫厨子』（小学館、一九九九年）二八頁。挿図4 大韓民国文化部文化財管理局編、西谷正訳『雁鴨池 発掘調査報告書 図版編』（学生社、一九九三年）図版一八〇（三八七）。挿図5 挿図2拡大。

神奈川県小田原市千代廃寺跡出土の塑像断片について

神野　祐太

はじめに

神奈川県小田原市千代には、千代廃寺や千代寺院跡と呼ばれる遺跡がある（本稿では千代廃寺を用いる）。現在は住宅街や畑になっており、寺院のおもかげはまったくない。しかし、江戸時代にはその周辺で古瓦が採取できたことが『新編相模国風土記稿』に掲載され、昭和三十三年（一九五八）に神奈川県と小田原市の両教育委員会による発掘調査によって、塑像断片を含む様々な出土遺物が発見され、平成十八年（二〇〇六）には基壇とみられる遺構がみつかり、寺院が存在したことが確認されている。

千代廃寺に対しては文献史学や考古学、建築史学からのアプローチが何度も試みられ、伽藍配置や大体の創建時期等が徐々に解明されつつある。しかし、安置された仏像については、昭和三十三年の調査に参加した赤星直忠氏による報告等で仏像の一部である出土品が紹介されるくらいであった。

これらの塑像断片は神奈川県教育委員会所蔵であるが、平成三十年（二〇一八）四月から本務である神奈川県立歴史博物館で常設展示されることとなり、詳しく実査する機会を得ることができた。全国的に見ても発掘調査で掘り出された塑像断片は、日本彫刻史上で紹介されることはあっても、論じられることは少なかった。どうしても奈良や京都を中心に伝世する塑造仏像の研究の影に隠れていたことは否めない。しかし、近年では、塑像断片の出土数が格段に増えたこともあり、松田誠一郎氏らによる山王廃寺跡（群馬県）出土の塑像群[注1]、寺島典人氏による石山寺境内（滋賀県）出土の塑像を中心とした研究[注2]によって重要な古代彫刻史の一分野として再評価が進んでいる。本稿をなすにあたり、これら先学諸氏の研究が契機となったこと、研究成果を参考にしたことを付言しておきたい。

そこで、本稿ではこれらの実査によって得られた基礎データを提示し、安置された仏像の規模、種類、製作年代等を改めて検証する。また、奈良を中心に全国に残る塑像の作例と比較し、古代相模国での造像の様子について私見をのべる。

関東地域では古代の伝世する仏像彫刻に関する資料は関西地域と比較すると格段に少ない。一方で、発掘調査によって古代寺院跡や仏堂跡の存在が明らかになり、古代寺院をめぐる議論は活発である。文字史料が少ないため推測で補わなければならない部分はどうしても出てきてしまうが、出土資料に対して日本彫刻史の側からアプローチをすることで、古代東国の仏教美術の新たな一面を提示したい。

一　千代廃寺に関する研究史

千代廃寺は、相模国分寺建立以前に創建されたと考えられる相模国内で最も古い寺院のひとつである。

近年、千代廃寺研究に関するまとまった書籍が小田原市教育委員会によって刊行され[注3]、シンポジウムや遺跡講演会も定期的に開催されてきたこと[注4]で、研究史が見直され論点が整理された。

千代廃寺のこれまでの研究対象は、大きく分けて四つに分類できる。すなわち文献史料、出土文字史料（出土木簡、墨書土器、「大伴五十戸」線刻銘瓦）、出土資料（主に瓦や土器の変遷）、建造物（主に伽藍配置）である。それぞれ歴史学、考古学、建築史学の分野から多くの研究蓄積がある。しかしながら、発掘調査の範囲が限定的であり、同寺がまったく文献史料に登場しないため、研究の数に比べて事実の蓄積は少ない。

千代廃寺に関する文献史料は皆無なので、足下郡及び足上郡に設置された封戸に関わる『相模国封戸租交易帳』（正倉院文書）、『法隆寺伽藍縁起幷流記資財帳』、『四天王寺御手印縁起』等からこの地域の性格を検討する方法が用いられる。荒井秀規氏は、足下郡の六郷中三郷、足上郡の六郷中二郷が封戸に指定されており、中央政権との強い結びつきがあることを指摘する。[注5]

出土文字史料の中で、最も注目すべきは、三重圏線文縁複弁十六葉蓮華文軒丸瓦に線刻された「大伴五十戸」である。山路直充氏は、瓦の製作年代と「五十戸」の表記に注目し、「五十戸」の表記が「里」に変化する時期を検討し、七世紀末から八世紀前葉までその表記が残るとされ、下限を大宝律令の出される七一〇年代と指摘した。[注6]この説は千代廃寺研究の一つの画期であり、千代廃寺は七世紀末から八世紀初頭に建立されたことが広く認められることとなる。[注7]

出土資料には大きく分けて二つの遺物、土器と瓦の編年研究がある。土器研究は、土器や土器の出土する遺構の性格から考察し、寺院跡だけでなく、その周辺の千代台地を含めた地域を視野にいれ、寺院の創建以前の土地利用にまで及ぶ。同台地には弥生時代にはすでに集落が営まれており、古墳時代になると大型の墳墓が造営され、七世紀後半になると集落の廃絶が訪れる。このことから千代廃寺の造営は七世紀第四四半期から始まるとする。[注8]

瓦の研究は、『新編相模国風土記稿』巻三五、千代村の条に、「城蹟　字上原台にあり、今陸田を開けり、古瓦、布目あり、など出ることまゝあり、此地高衍にして、四方に坂あれば、字四方坂と云、何の頃の城地にや、其主の名も伝へず」[注9]とみえるように、江戸時代から瓦が表面採集できた様子が知られ、大正期以降様々な研究者や愛好家によって収集された。[注10]八世紀初頭の創建期の瓦は足上郡のからさわ瓦窯（神奈川県松田町）から供給され、余綾郡の吹切遺跡（神奈川県大磯町）からも同じ瓦が見つかっており、[注11]同笵の瓦は駿河国の三日市廃寺跡（静岡県富士市）出土瓦の祖型とも考えられている。[注12]また、鬼瓦は、武蔵国分寺と同笵で、千代廃寺での使用後武蔵国分寺へ移されたことも知られており、[注13]足柄地域や相模国内だけでなく、他国の寺院にも影響を与えるような寺院であったことがうかがえる。

　伽藍の配置については、東大寺式伽藍配置、法隆寺式伽藍配置、四天王寺式伽藍配置、定形ではない伽藍配置と様々な説が出されているが、どれも決定的な根拠があるわけではない。確実なことは、石塚と呼ばれる地域で唯一、建物遺構が発見されたことである。この建物遺構は、一度地面を掘ったあと、版築によって数層の土層を重ね、瓦や川原石を敷き詰めて補強する。その地層から発掘された瓦には創建期のものと改修期のものがまざっていたことから、改修期の建物であると推定される。[注14]

　このように先行研究を参照すると、七世紀末に造営が開始され、八世紀前半に完成し、八世紀～九世紀のどこかで改修もしくは再建期がきて、十世紀には焼失したとする流れがみえてくる。本稿でもこの見解を踏襲するが、塑像の製作年代を考えるうえでこの年代観は重要である。

　寺院の性格は、発掘が始まった当初には、国分寺ではないかと考えられてきたが、現在では足柄郡もしくは足下郡の郡寺として造られたとする見解が支持される。また、千代廃寺の北西に位置する下曽我遺跡からは、祭祀遺物が多く出土しており、足下郡家との強い関係性が指摘される。[注15]また、郡寺の場合、郡司に就いていた氏族として、丈部氏が想定される。

では、出土した塑像断片の先行研究を確認する。これらに関する本格的な論考はほとんどなく、昭和三十三年（一九五八）の発掘を主催した神奈川県教育委員会による概報[注16]と発掘に参加した赤星直忠氏（神奈川県文化財専門委員）による短い報告があるのみであった。昭和三十七年（一九六二）の赤星氏の報告で塑像について述べた部分は、「（前略）古瓦は、奈良時代後期および、平安初期とみられたが、寺域からは奈良期を確認する土器の出土はなく、平安初期のもののみ瓦片に混じって出土した。螺髪・胸飾など塑像断欠とみられるものが混在した」[注17]とあり、奈良時代や平安時代の瓦や土器に混じって、塑像の断片が出土したことを記す。昭和五十四年（一九七九）、『神奈川県史』の考古資料篇にも出土品中に「塑像断片（螺髪・蓮華花形・珠文）」を含むことが、それらの写真とともに紹介された。[注18]

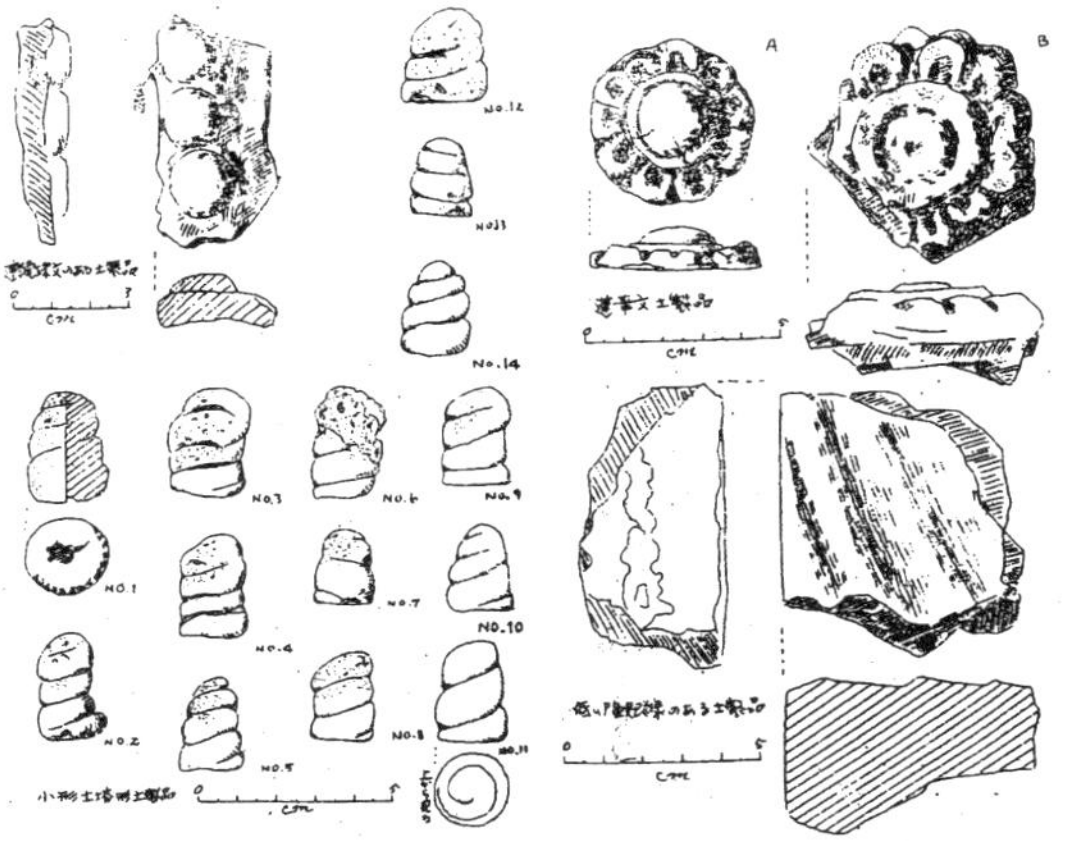

挿図１　塑像断片の実測図（赤星ノートより）　神奈川県教育委員会

　これらの先行研究では塑像について触れただけにすぎないが、未公刊の赤星直忠氏の調査ノート（神奈川県教育委員会所蔵、以下、赤星ノート）には、発掘した当時の具体的な場所や詳細な実測図（挿図１）や赤星氏の見解が記される。これまで存在は知られていたものの全貌については発表されていなかったが、『千代寺院跡文化財調査報告書』の発刊によって詳しく知ることができるようになった。[注19]

　赤星ノートによれば、塑像断片が発掘された箇所は、北区E二トレンチ（一五区）灰炭層中及び同区付近で、瓦片、焼灰、土器片などとともに検出されたという。当初、これらは塑造仏像の一部と断定しておらず、材質から土製品と呼んでいる。

赤星氏は、その土製品が塑造仏像の一部であることを指摘し、土塔形のものは、螺髪であり如来像に取り付けられていたもの、蓮華文は胸飾りで大蓮華文を中心に配し、小蓮華文をその左右の飾りであったとし、連続珠文は胸飾りの垂飾とし菩薩像の存在を指摘した。二軀以上の尊像構成で、具体的には阿弥陀三尊や釈迦三尊を想定した。

赤星氏はこれらの発掘に携わり、土製品を塑造仏像の一部であると指摘したことは重要で、それらの部位の同定に関する研究もすでにおこなっていた。概ね赤星氏の見解は支持できるが、現存する作例や出土資料との比較や周辺史料との照合等、彫刻史からアプローチをおこなう余地は残されている。

二　千代廃寺跡出土の塑像断片の概要

ここでは、千代廃寺跡出土の塑像断片の概要について述べる。

赤星ノートでは、千代廃寺跡から出土した塑造仏像の断片は、螺髪十四点、連珠文帯のある残欠一点、花飾り二点、着衣部一点の計十八点とする。[注20] 今回実査をおこなったのは、このうち螺髪十三点、連珠文帯のある断片一点、花飾り二点、の計十六点である。

第一に螺髪（挿図2・3）について述べる。螺髪の高さは一・九センチメートルから二・九センチメートルまで、底面の直径は一・五センチメートルから二・二センチメートルまでである。[注21] 螺髪の大きさから概ね大小二つのグループにわけられるが、大きさの違いが螺髪の設置個所によるものか別個体のものかはわからない。旋毛の方向は十一点（一〜六・八〜十二）が右巻で二点（七・十三）が左巻である。形は砲弾形のものが多い。いずれも土製で、フリーハンドで形をモデリングしたと思われ、へら状の工具で旋毛を線刻する。旋毛は一度に最初から最後まで均一に削るものもあれば、二度にわけて線刻するもの、一部分を深くけずるものなど、複数人の手が加わっ

挿図６　連珠文帯
塑造　千代廃寺跡出土　神奈川県教育委員会

挿図２　螺髪（1～6）
塑造　千代廃寺跡出土　神奈川県教育委員会

挿図３　螺髪（7~13）　同

挿図７　連珠文帯　金箔部分　同

挿図５　螺髪（1）底面
同

挿図４　螺髪（10）底面
同

ていることを想像させる。底は平板なもの（挿図４）と中央をややくぼめているもの（挿図５）がある。痕跡はみあたらないが、棒状のもの（金属製か）を挿していた可能性もある。螺髪は乾燥させて、頭部に貼り付けたと思われ、造像当初には焼成はされていないとみられる。すべて火を受けているため、上部がふくらんでいたり、変形したり、表面に小さな穴が多数みられる。型のずれがみられないことから、合わせ型を用いた可能性は低い。螺髪（十三）の底は黒色で塗られており、その他のものとは異なる。当初のものか補修期のものか時期はわからない。寺内廃寺跡（埼玉県）出土の螺髪一点にも同様に底が黒色に塗られているものがある。

　第二に連珠文帯（挿図６）である。高さ二・〇センチメートル、幅五・九センチメートル、奥一・二センチメートルである。大きさの異なる三つの珠をあらわす。連珠の側面には何もあらわさない平板な部分がある。表面には一部金箔

（挿図7）が残る。[注22] 土製で、ほぼ同じ組成の土を二層もうけており、上層の下にもう一層の土がわずかに付着する。火を受けており、表面に微小な穴が多数みられる。連珠の部分は土をある程度盛り上げ、その土をへらなどで円形に削り整えていったようである。

第三に花飾りの大小二点である。法量は大が高二・五センチメートル、径五・九センチメートル、小が高一・二センチメートル、径四・三センチメートルである。花飾り（大、挿図8・9）は中央に二重の円をあらわし、その周囲に花弁をあらわす。現状七弁残り、欠けているところを復元すると全部で十二弁であったと思われる。外側に二層同じ土の層を重ね、その下方にワラスサを含む土の層が残る。火をうけており、表面に小さな穴が無数にあく。

花飾り（小、挿図10～12）は中央から円形（中央が盛り上がる）、紐一条としその周囲に花弁十弁をあらわす。底面は平板で中央に穴

挿図8　花飾り（大）表
塑造　千代廃寺跡出土　神奈川県教育委員会

挿図9　花飾り（大）　裏　同

挿図10　花飾り（小）表
塑造　千代廃寺跡出土　神奈川県教育委員会

挿図11　花飾り（小）　裏　同

挿図12　花飾り（小）
側面　同

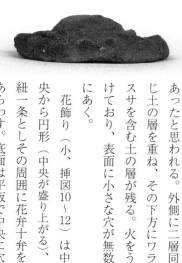

を設ける。

続いて、これらの残欠を現存する仏像と比較してみたい。

三　現存作例との比較と製作年代

まずは、形状や構造を他の出土資料と塑造仏像を参考に考察してみたい。

東日本の遺跡で螺髪が出土しているのは、国見山廃寺（岩手県）、峯崎遺跡（茨城県）、下野薬師寺跡（大小二種類、栃木県）、十三宝塚遺跡（群馬県）、宿宮前遺跡（埼玉県）、寺内廃寺（同）、上総国分尼寺跡（千葉県）、千代廃寺（神奈川県）、松ノ尾遺跡（山梨県）、寺本廃寺（同）、日吉廃寺（静岡県）、南禅寺遺跡（同）等である（表参照）。寺内廃寺の螺髪は型を使用しているが、それ以外の螺髪は型を用いずに造られる。[注23] 上総国分尼寺跡出土の螺髪は唯一の木造で、轆轤のような道具を使用したとみられ、螺旋を線刻するのではなく、平行に何条も筋がつけられている。これらの螺髪の形を比較すると、砲弾形のものが多く、円錐形がそれに続く。下野薬師寺跡、寺本廃寺から出土した螺髪が大きい部類にはいる。また、頭部に貼り付ける方法も数種類あり、千代廃寺のように底面が平板で穴を設けないものから、下野薬師寺跡のように中心に鉄芯を通し頂上まで貫通させるもの、同じく下野薬師寺跡や宿宮前遺跡のように底面の中央に穴をうがち貫通させないもの、峯崎遺跡では底面の中央にやや広い穴を設けるものがある。

千代廃寺跡出土の螺髪に似ているのは、下野薬師寺跡出土の小さい螺髪だろう。下野薬師寺の方がやや小さい部類になり、千代廃寺の小さい部類とほぼ同じ高と径である。大きさや形状は似ているものの、その頭部への貼り付け方には違いがある。

表　東国の出土塑像一覧

番号	指定	塑像部位・員数ほか	住所	遺跡名	遺跡の指定	所蔵　保管	関連する施設	寺格	寺院名
1		螺髪（37点）	岩手県北上市	国見山廃寺跡	国史跡	北上市教育委員会 北上市立博物館		定額寺？	陸奥国極楽寺？
2		塑像断片（17点ほか）	宮城県多賀城市	多賀城廃寺跡	国特別史跡	宮城県多賀城跡調査研究所 東北歴史博物館	陸奥国府多賀城		観音寺・観世音寺
3		塑像断片（多数）	茨城県水戸市	台渡里廃寺跡	国史跡	水戸市教育委員会	常陸国那賀郡家	郡寺	仲寺・徳輪寺
4		着衣部、右足先、蓮華座、頭髪（12点ほか）	茨城県結城市	結城廃寺跡	国史跡	結城市教育委員会		郡寺？	法成寺・法城寺
5		螺髪（1点）	茨城県結城市	峯崎遺跡		結城市教育委員会			
6		螺髪、着衣部（35点）	栃木県下野市	下野薬師寺跡	国史跡	栃木県教育委員会 下野市教育委員会 しもつけ風土記の丘資料館 下野薬師寺歴史館		官寺 戒壇院	薬師寺
7	県指定	塔本塑像（5000点以上）	群馬県前橋市	山王廃寺跡	国史跡	前橋市教育委員会 総社歴史資料館		定額寺	放光寺
8	県指定	女人頭部（1点）	群馬県前橋市	山王廃寺跡	国史跡	高崎市 かみつけの里博物館		定額寺	放光寺
9		鼻部、耳部、着衣部ほか（13点ほか）	群馬県前橋市	上西原遺跡		群馬県埋蔵文化財調査事業団	上野国勢多郡家？	郡寺？	
10		塑像断片	群馬県前橋市	宇通廃寺跡	市指定	前橋市教育委員会			
11		仏像頭部、着衣部、鼻部、台座（4点）	群馬県高崎市	上野国分寺跡	国史跡	群馬県教育委員会 上野国分寺館		国分寺	金光明寺
12		螺髪、耳部、着衣部ほか（6点）	群馬県伊勢崎市	十三宝塚遺跡	国史跡	群馬県埋蔵文化財調査事業団	上野国佐位郡家？	郡寺？	
13		螺髪（2点）	埼玉県さいたま市	宿宮前遺跡		さいたま市教育委員会			
14		螺髪、頭部、邪鬼足ほか（約100点）	埼玉県熊谷市	寺内廃寺跡	市指定	熊谷市教育委員会 熊谷市役所江南文化財センター			花寺・華厳寺？

15	市指定	膝部、着衣部ほか（26点）	埼玉県日高市	高岡廃寺跡		日高市教育委員会			
16		木造螺髪（1点）、仏像鋳型（1点）	千葉県市原市	上総国分尼寺跡	国史跡	市原市教育委員会 史跡上総国分尼寺跡展示館		国分尼寺	法華寺
17		天衣ほか	東京都国分寺市	武蔵国分寺跡	国史跡	国分寺市教育委員会		国分寺	
18		螺髪、花飾り、連珠文帯、着衣部（16点）	神奈川県小田原市	千代廃寺跡		神奈川県教育委員会 神奈川県埋蔵文化財センター	相模国足下郡家？	郡寺？	
19		螺髪（1点）	山梨県甲斐市	松ノ尾遺跡		甲斐市教育委員会			
20		螺髪、着衣部ほか（11点）	山梨県笛吹市	寺本廃寺跡	県史跡	笛吹市教育委員会 笛吹市春日居郷土館			
21	県指定	着衣部、前膊部ほか（132点ほか）	山梨県笛吹市	瑜伽寺		瑜伽寺 東京国立博物館			
22		塑像断片	長野県長野市	元善町遺跡		長野市教育委員会			善光寺
23		螺髪	静岡県沼津市	日吉廃寺跡	市指定	沼津市教育委員会			
24		螺髪（1点）	静岡県三島市	鶴喰広田遺跡		静岡県埋蔵文化財調査研究所			
25		仏像頭部（1点）	静岡県磐田市	遠江国分寺跡	国特別史跡	磐田市教育委員会		国分寺	
26		螺髪（8点）	静岡県河津町	南禅寺遺跡		河津町教育委員会			

各螺髪の形の違いには、時代差、個人差を考慮しなければならないが、複数の螺髪の製作技法が古代の東国に伝わっていたことは間違いないようである。

次に、連珠文帯は、赤星ノートでは胸飾りの垂飾の一部と指摘しているが、この部分だけでは造像当初の部位を特定することは困難である。珠の大きさが異なることと、連珠の側面に何も形があらわされず、連珠の部分が盛り上がっていることを考慮すると胸飾りの一部であった可能性があるように思う。現存する仏像から他に可能性のある部位を列挙すれば、天冠台の連珠文帯、胸飾り、裙の留め紐等であろうか。ただ、この部分には金箔が施されていたことから、千代廃寺に安置された仏像は造像当初は金箔の施された豪華な表面仕上げであったことが推測できよう。金箔が施された例は、東国では瑜伽寺（山梨県）に伝来する塑像断片が知られるくらいである。

最後に二種類の花飾りである。花飾り（大）は、中土と思われる土層にワラスサが付着していることから、これらの仏像がなんらかの被害を受けた際に、中土と仕上土を含んだ部分が残されたものと考えられる。一方、花飾り（小）は裏面が平板であることから、もともとこの部分だけ別に造り、本体に貼りつけていたとみられる。花飾り（大）も同（小）のように別材で造り貼り付けていた可能性もあるが、現状では確認できない。

ここで、現存する塑像の花飾りの使用作例を確認してみたい。

第一に、東大寺戒壇堂四天王像である。この一具像は奈良時代を代表する塑像群である。これらの兜や胸甲、脛当等の飾りに花が使用される。持国天像（挿図13）は兜の正面、両側面にそれぞれ一個、胸甲の中央の上下端に各一個、同甲の中央飾りに左右各一個、鰭袖の留め紐飾りに左右各一個、脛当の留め紐の上下に等間隔に飾りが各四個あしらわれている。この群像の中では持国天像が花飾りを多用するが、増長天と広目天の各像が脛当に左右各四個、多聞天像が胸甲の中央の上下端に各一個、同甲の中央の飾りに左右各一個、脛当に左右各五個をあしらう。多聞天像のみ脛当の飾りの数が五個であるが、明治期の修理写真をみても同様であることがわかり、[注24]当初からのものと思われる。

挿図 13　持国天立像　東大寺戒壇堂

東大寺ミュージアムに保管され、最近まで同寺法華堂に安置されていた伝日光菩薩像と伝月光菩薩像では、二軀ともに天冠台の飾りとして正面、左右、背面にあらわされる。伝月光菩薩像（挿図14）の正面の飾りは下半分のみがあしらわれたものである。このような半分だけあらわされた飾りは奈良時代から平安時代にかけて塑像だけでなく乾漆造りの仏像等にも散見される。同像の衣の

挿図15　梵天立像
法隆寺大宝蔵殿

挿図16　帝釈天立像　同

挿図17　多聞天立像　同

正面部にも各一個ずつみられる。

東大寺法華堂の北側厨子に安置される執金剛神像にも襟甲の正面、脛当の留め紐の上下に各二個あらわされる。

他にも法隆寺旧食堂安置の諸像、法隆寺五重塔塔本塑像のうち文殊菩薩坐像や八部衆中の数軀、新薬師寺十二神将像等、出土遺物中では上淀廃寺出土の塑造天部胸甲部等で確認できる。

挿図14　伝月光菩薩立像
東大寺ミュージアム

注目すべきは、千代廃寺の花飾り（小）の構造である。裏面が平らで中央にくぼみをあらわしていることから、別に形造り、本体に貼り付けていたとみられる点である。このような構造をもつ作例としては、法隆寺食堂に安置され現在は大宝蔵殿に保管される梵天（挿図15）・帝釈天（挿図16）・広目天・多聞天（挿図17）の各像がある。例えば、梵天像の天冠には、正面と右側の花飾りが貼り付けられていた痕が残り、平滑になっており、天冠台の模様がない。その断面は平面なので、別材も平面であっただろう。対になる帝釈天像の天冠台の同じ位置には、飾りが付いているため、別材の花飾りを貼り付ける構造であったと思われる。これらの法隆寺食堂安置の諸像の製作年代は八世紀半ば頃と考えられている。

このように花飾りを別材で造る技法は粗密はあるものの法隆寺の梵天・帝釈天像等と千代廃寺の塑像が同様な技法を用いていたことがうかがえるのである。つまり、相模国に中央の塑像の造像技法が限定的であれ伝播していた証にもなるのではないだろうか。

これらの比較を通して、製作年代についても述べてみたいが、本資料が断片であり、東国の出土塑像のうち、はっきりと製作年代がわかるものがほとんどないことも判断を難しくする。候補としては、寺院の創建期とみられる七世紀末から八世紀初頭にかけての時期か九世紀の改修・再建期の二つの時期が挙げられる。九世紀にはいっても塑像が造られていたことは、国見山廃寺の例からわかるが、連珠文帯に金箔が残り、東国では瑜伽寺所蔵の八世紀の塑像断片にみられることから、ひとまず創建期の仏像の可能性も残しておきたい。

四　塑像断片の尊像比定と尊像構成

千代廃寺跡から出土した塑像断片の造像当初の尊像構成について、赤星ノートでは釈迦三尊及び阿弥陀三尊との指摘がある。これまでの考察により、如来像が安置されていた可能性は依然として高いだろう。前述の二尊に加えて、薬師如来や弥勒如来の可能性もある。螺髪には大小二つの大きさのものがあるが、一軀の螺髪でも髪際と肉髻の部分では大きさが異なる場合もあり、一軀なのかそれとも二軀以上の如来像のものなのかは不明である。螺髪の大きさから本体を推測すれば、半丈六（立像で約二四〇センチメートル、坐像で約一二〇センチメートル）以上の大きさであった可能性がある。[注25]そのような如来像を安置する堂宇としては金堂や講堂が考えられ、中尊クラスの如来像であると想像される。

尊像構成は、螺髪の他に連珠文帯や花飾りがあり、両脇侍の菩薩だけでなく、梵天や帝釈天、四天王像、八部衆、十二神将、執金剛神が存在した可能性が指摘できよう。もちろん、現存する塑像には天部像の残存数の割合が多いことは留意せねばならない。ただ、現存作例を見る限りでは花飾りの大きさは使用される箇所によって大きさがまちまちで、かつ断片が限定的であるためどこの箇所であるか特定でず、具体的な尊格を特定することは難しい。しかしながら、これまでのように三尊構成だけでなく、五尊（例：中尊・両脇侍・梵天・帝釈天）、七尊（例：中尊・両脇侍・四天王）、九尊（例：中尊・両脇侍・梵天・帝釈天・四天王）くらいまでの規模であることを考慮する必要がある。

安置堂宇は、想定される像高や尊像構成から、金堂もしくは講堂に安置されていたと考えられる。塔本塑像として塔に安置されていた可能性もあるが、山王廃寺跡出土の塔本塑像と思われる塑像断片群と比べると想定される像高が大きいため、安置場所としては可能性は低い。

現在、相模国域では、古代の塑像の仏像についての報告例はなく、千代廃寺出土の螺髪や花形飾りの断片に限られる。現存する奈良時代以前の仏像は、武蔵国域になってしまうが、松蔭寺（横浜市鶴見区）所蔵の銅造如来坐像と龍華寺（同市金沢区）所蔵の乾漆造菩薩坐像の二軀がかろうじて知られるくらいであり、この二軀は他所から移された可能性もあるから、本断片が相模国内で造られた仏像としては最も古いのである。

相模国の地域内には、大小様々な寺院や仏堂とみられる跡の発掘がおこなわれ、その遺構の数がかなり確認されている。国分寺跡や国分尼寺跡は確認されているもののそこに安置された仏像群の痕跡は報告されていない。郡家（郡衙）に関連する郡寺と思われるものに、高座郡家の関連寺院とみられる下寺尾廃寺跡の発掘が進んでいる。他にも御浦郡の深草廃寺跡、宗元寺跡が知られるが、これらにも仏像に関する出土品は見当たらない。相模国以外の東国諸国では、仏像断片や金銅仏等の出土が知られるのに対して、相模国に所在する寺院跡からの出土遺物は少ない。その理由としては、まだ発掘調査が進んでいないことや、資料の偏在の可能性もある。逆に言えば、千代廃寺から出土した塑像断片は、相模国の彫刻史を考察するうえで重要な資料であることは再認識すべきだろう。

東国で塑像断片が出土する寺院跡等をまとめたのが、前掲の表である。これをみると、東国で塑像が出土する寺院跡は、仏堂のような小さな私寺ではなく、公的な国分寺や定額寺や郡寺などその地域を代表するような寺院跡から出土する傾向がある。このことは東国における塑像を考えるうえで示唆的である。

五　文献史料からの検討

前述したように千代廃寺に直接関係する文献史料は皆無であるが、千代廃寺の所在する足下郡及び足上郡に関する史料、奈良時代から平安時代の地方における仏教の様子を伝える『日本霊異記』、東国の国分寺及び定額寺の様子を記す『上野国交替実録帳』を確認し、千代廃寺の状況を類推するよすがとしたい。

1　足下郡にかかわる史料

まず、『倭名類聚抄』によれば、千代廃寺のある足下郡には、高田・和戸・飯田・垂水・足柄・駅家の六郷がある。[注26]千代廃寺の所在した地域は高田郷に比定されるが、[注27]正倉院文書中の天平七年の『相模国封戸租交易帳』によれば、同郷に舎人親王の封戸五十戸が存在したことがわかる。[注28]同書にはほかに垂水郷に光明皇后の封戸があったことがわかる。また、『法隆寺伽藍縁起幷流記資財帳』によれば、天平十年（七三八）に法隆寺に対して和戸郷五十戸が施入された。[注29]
足下郡と同じく足柄郡から分割された足上郡に関わる史料として、前述したように出土瓦に「大伴五十戸」と線刻があったことが判明しており、[注30]しかも『四天王寺御手印縁起』によれば、同郷に四天王寺の封戸があった。[注31]

同縁起は、平安時代に聖徳太子に仮託してつくられたと考えられるが、『新抄格勅符抄』の寺封部には、「荒陵寺三百五十戸（壬辰年施二百五十戸　天平三年十二月施五十戸　宝亀二年二月十一日施五十戸　遠江五十戸　相摸五十戸　上総五十戸常六五十戸　信乃五十戸　能登五十戸）[注32]」とあり、具体的な郷名は記されないが、大伴郷に当てはまる可能性は高く、遅くとも宝亀二年（七七一）には四天王寺の封戸になっていたと思われる。

皇族や中央寺院の食封があることで、足柄郡域が朝廷から重要視されていたとする見解もあり、これらの寺院とのつながりも考えなければならないだろう。前述したように、別材の花飾りを貼り付ける技法が、法隆寺食堂諸像と共通すること、千代廃寺が足下郡の郡寺の可能性も指摘されること、同郡に法隆寺の食封が存在したことから千代廃寺の造像にかかわった工人は、法隆寺となんらかの関係を有した人物もしくは集団だったのではないだろうか。

ただ、瓦の研究では、法隆寺や若草伽藍跡、さらに四天王寺から出土した瓦と千代廃寺出土瓦には、共通点などは指摘されていない点は留意しなければならない。

相模国と中央との関係は、平城宮跡から相模国に関係する多数の木簡がみつかっており、平城京に出先機関が存在したこともわかっている。横須賀市の宗元寺跡出土の瓦は、奈良県王子町の西安寺と同じ笵型であることが指摘されている[注33]。八世紀半ば頃に製作された正倉院に伝わる伎楽面の中にも「相摸」や「相摸国」と墨書される一群が確認でき[注34]、相模から貢進されたものと考えられている。このように中央とのつながりを示す事例は少なくない。千代廃寺安置の仏像群も中央とのつながりの中で造立された蓋然性がより高まったといえるだろう。

2　『日本霊異記』との比較

それでは、どのような人びとがこれらの仏像を造像したのであろうか。それを想像する手立てとなる史料が奈良時代後期から平安時代初期の地方寺院の様子を伝える景戒撰『日本国現報善悪霊異記』（以下、『日本霊異記』）である。[注35] 同書には、塑造の仏像が登場する説話が三話収録されており、巻中第十三、同第二十一、巻下第十七にみられる。それぞれ、和泉国泉郡血渟山寺の吉祥天女像、東大寺の執金剛神像、紀伊国那賀郡弥気里山室堂の弥勒三尊像が登場する。

そのうち、巻下第十七の説話は当時の塑像をめぐる具体的な造像環境を知るうえで重要である。

紀伊国那賀郡弥気里の室堂に安置された二軀の捻摂像（塑像のこと）が造りかけで放棄され、臂や手が折れて落ちているという状況であった。室堂の法名は慈氏禅定堂といい、中尊は弥勒菩薩像で村人らが私に造像した。脇侍二軀は、壊れているために鐘堂に安置していた。その鐘堂で鐘を打つことを仕事としている沙弥信行が、落ちた腕を糸で固定した。沙弥信行は、塑像を修理する技術はないものの、痛ましい姿に心を痛めて最低限の手を加えたようだ。それから何年か時がたち、宝亀二年（七七一）七月中旬に、信行は呻き声を毎日聞くようになり、ついにそれが未完成の塑像のものであることがわかった。そこで、この堂にいた元興寺の沙門豊慶に相談し、司知識を率いてこれらの像を造った。そして、慈氏禅定堂に中尊弥勒菩薩像とともに安置された。ここでは、沙弥信行は修理することができなかったが、元興寺豊慶は塑像を造像・修理することができる技術を持ち合わせていたと考えられる。

慈氏禅定堂に安置された弥勒菩薩と脇侍の形状や大きさは不明である。この堂は、村人が私に建立した私寺であり、寺院として整備されていないいわゆる仏堂ながら、塑造の弥勒三尊を造像できる環境があった。もともとの塑像を造った状況については記されないが、そこに住む信行らは修理をする技術をもっていないことから、中央から技術者を呼び寄せた可能性がある。中尊の弥勒菩薩像は完成したものの、両脇侍は途中で放棄せざるをえなくなったところをみると、この土地を離れざるを得ない理由があったのだろう。

平城京の官寺である元興寺の僧が常住していることから、地方に下った官寺所属の僧はほかにもたくさんいたと推定される。

この『日本霊異記』の説話のように、当時中央の僧が地方に下向していたことは他にもみられることから、比較的一般的なことであっただろう。法隆寺や四天王寺の僧が何らかの理由で千代廃寺の造営に手を貸したとも推測することは可能であるように思う。

3　東国の古代寺院に関する記述のある『上野国交替実録帳』

三つ目の史料は、数少ない東国の古代寺院の尊像構成をうかがうことのできる『上野国交替実録帳』である。同書は東京国立博物館所蔵の九条家本延喜式の紙背文書として知られ、長元三年（一〇三〇）に上野国司交替にあわせて作成された文書の草案とされる。ここに掲載される寺院数は五ヶ寺でそのうち三ヶ寺に、安置された仏像について記述がある。五ヶ寺の内訳は、金光明寺すなわち官寺たる国分寺、ほかは官寺に準ずる定額寺の放光寺・法林寺・弘輪寺・慈廣寺である。

第一に国分寺を確認する。翻刻史料には『群馬県史』[注36]のものを利用し、常用漢字を使用し、数詞も漢数字に改めている。

破損無レ実事
金光明寺
銅鍾一口
万寿元年交替日記云、全者、
今検同前

破損

釈迦丈六一体　安座高八尺　金色

同前日記云、眉間無レ実、左光之飛一体朽落也、

今検同前、

左脇士普賢菩薩一体立　高一丈　金色

同前日記云、押金所所剝落、蓮花座花皆以無レ実者、

今検同前、

右脇士文殊師利菩薩一体立　高一丈　金色

同前日記云、押金所所剝落也、蓮花座花無レ実者、

今検同前、

四天王

同前日記云、光幷取物各無レ実者、

今検同前、

毘頭盧一体

同前日記云、所所破損者、

今検同前、

吉祥天一体

同前日記云、左右御手無レ実、持堂悉以破損者、

今検同前、

毘沙門天一体
同前日記、右手幷塔鉾無レ実者、
今検同前、
丈六十一面観音像一体
件観音像、依二長保三年五月十九日官符一、前前司平朝臣重
義奉レ造供養、即安二置金堂一者、
同前日記云、左右御手無レ実、持堂悉以破損□、
今検同前、
毘沙門天一体
同前日記云、右御手幷塔無レ実者、
今検同前、
磐一枚　長一尺　径五寸
同前日記云、長八寸径三寸、已全、但雖レ有二物実一今寸法相□、
今検同前、
二王二体
同前日記云、天衣幷取物光等各無レ実又無二採色一者、
今検同前、
金剛密迹二体
同前日記云、手足面皆以朽損者、

今検同前、
（後略[注37]）

列挙される仏像のうち、安置場所が書かれているのは、丈六十一面観音像のみであるが、これは、長保三年（一〇〇一）に新たに造像されて金堂に安置されたことがわかっているため、当初からの尊像構成からははずれる。規模や尊格から考えると、丈六の金色釈迦如来坐像が金堂中尊でその脇侍として一丈の金色普賢菩薩立像及び金色文殊菩薩立像が安置されていたのだろう。その他に四天王、賓頭盧像、吉祥天、毘沙門天（二軀）がそれぞれ安置された。毘沙門天像が二軀あった理由はわからないが、一軀は吉祥天と対に造られたとみられ、もう一軀は丈六十一面観音像の後に記述されるから、あとから独尊で造立されたものだろうか。二王二軀と金剛密迹二軀は、いずれも金剛力士像と思われるが、像高や材質が不明でどこに安置されていたかはわからない。中門と南門の二つの門が発掘により知られるので、それぞれに安置されていたのかもしれない。同書には、南大門が万寿二年（一〇二五）にはすでに全壊していたと考えられ、いずれも中門に安置されたという見解がある。[注38]安置場所とともに、これらの仏像の材質については不明であるが、上野国分寺跡から四点の塑像の断片が見つかっていることや、手や指が破損している記述から推測すれば、このうち数軀は塑造であった可能性も考えられるだろう。

定額寺の放光寺及び法林寺は主要な堂宇が壊れてしまっており、安置仏像についての記述はない。放光寺は、「放光寺」とへら書きされた瓦が出土した山王廃寺跡に比定され、その塔に安置されたとみられる塑像の断片が大量に見つかっている。[注39]

第二に弘輪寺には十三軀の仏像が安置されていたことがわかる。

弘輪寺
仏像七体

同前日記云、釈迦如来一体并脇士二体、高八尺五寸、各

釈迦如来日光東方天人二所落失也、西方日光天人三所落失

方脇士在手指四落失、又無㆓天衣㆒、西脇侍御手指四落失

顚失者、

今検同前、

金色千手観音一体　高九尺四寸

同前日記云、尺寸本合、右御手無㆓三拾㆒、又右方御手二拾五無、

無、又瓔珞無、前御手鉢無、

今検同前、

四天大王四体　五尺二寸

同前日記云、破損者、

聖僧一体　三尺安座

今検同前、

（後略[注40]）

最初の仏像七軀のうち三軀は釈迦如来像を中尊とし脇侍二軀とわかるが、他の四軀については不明である。他に千手観音菩薩像、四天王像、聖僧像があった。堂宇については記載がないが、同じ定額寺の法林寺は金堂と講堂について記述があることから、弘輪寺も同様の規模と仮定すると、金堂や講堂にどのような配置かはわからないが、十三軀が安置されていただろう。

第三に慈広寺には五軀が安置されていた。

慈広寺
　仏像五懸　高二丈三尺　結跏趺座
　　金色薬師仏一体
　　文殊師利菩薩一体　高一丈五尺　結跏趺座
　　同前日記云、文殊師利菩薩新色、但無レ座、
　　今検同前、
　　新薬師如来金色一体白身丈六之替 高四尺二寸　結跏趺座
　　同前日記云、焼亡者、
　　今検同前
　　脇士菩薩二体　高各五尺
　　同前日記云、新仏者、
　　今検同前、
（後略）[注41]

中尊とみられる薬師如来坐像は高二丈三尺で、坐像であることを勘案しても一丈一尺五分もの巨像であったことがわかる。これは前述の国分寺中尊よりも大きいことになり、よほど有力な檀越がかかわったことは想像に難くない。

国分寺、弘輪寺、慈広寺の三ヶ寺の仏像の安置状況を確認した。国分寺や定額寺には、少なからず仏像が安置されており、その像高は、丈六を超えるものまで存在した。材質は不明なものが多いが、国分寺跡から塑造仏像残欠が出土しており、『上野国交替実録帳』に仏像の記載はないものの、放光寺とみられる山王廃寺には塔本塑

像とみられる多数の塑像の断片が知られる。

千代廃寺には半丈六以上の如来像が安置されていた可能性があり、複数の仏像が周囲に安置されていたと仮定するならば、弘輪寺と同程度の寺院だったのではないだろうか。さらに、上野国の国分寺や定額寺で塑像が造られた事実は、東国における官寺やそれに準じる寺院でも同様であった状況を示唆させる。

おわりに

以上のように、千代廃寺をめぐる仏像について考察をおこなった。遺物が少ないことに加えて、文字史料もないためほとんど手がかりがない状況であることは本稿の中で繰り返し述べてきたとおりである。その中で、花飾り（小）は、奈良で造像された法隆寺旧食堂安置の諸像と形や構造が共通することを指摘した。このことは、七世紀末から八世紀初頭にかけて、塑造仏像の造像技法が相模国にもたらされていたことを示し、足下郡及び足上郡に封戸が多く存在することから、中央との結びつきの強さを示唆する。奈良時代から平安時代初頭にかけては、中央の僧が地方に赴くことも多く、彼らの中には塑像を造像・修理する技術をもつ者もいた。足下郡周辺に封戸のある法隆寺や四天王寺等の僧が相模国に下向した可能性を推測した。また、尊像構成もこれまでのように三尊だけでなく、九尊までの群像である可能性を指摘した。『上野国交替実録帳』との比較をおこない、千代廃寺に安置された仏像が半丈六以上である可能性があることから、定額寺に相当する寺院である可能性を指摘した。また、東国周辺で塑造仏像が出土する場所は主に官寺である国分寺や国分尼寺、準官寺の定額寺、地域の有力者が関わる郡寺である場合が多く、これまで指摘されているように、千代廃寺が足下郡家に関連する寺院であることを補強することができるのではないだろうか。

製作年代については、創建当初の七世紀末～八世紀初頭もしくは改修期の八世紀～九世紀の二通りを考えた。もし、創建期の仏像ならば、前述した東大寺の四天王像や法隆寺の旧食堂安置の諸像よりも古い仏像である可能性があり、仏像の造像技法がほとんどタイムラグなく相模国に伝わっていると考えざるをえなくなる。考古学や文献史学の研究成果を参照することで、彫刻史における常識や年代観にも変更を加える必要性も出てくるだろう。どちらの年代がより妥当性があるのか、より慎重な議論が求められる。今後科学的な調査等を含めて考えてゆかねばならないだろう。注42

彫刻史の立場から出土遺物へのアプローチはまだ始まったばかりである。千代廃寺や塑像の出土する寺院跡に関する議論がより発展し、東国の古代寺院研究の広がりに寄与できればと考えている。今後は考古学研究者や日本史研究者との活発な議論と交流が必要となってくるだろう。奈良や滋賀のように、塑像の断片が数千個の単位で発見されるものとは質も量も異なるが、千代廃寺出土の塑像断片は、古代において都から遠く離れた東国にも塑像を造るための技術が伝播していたことが資料によって証明できる貴重な一例として位置づけられよう。

注

1　瀬山里志・松田誠一郎・松田妙子「山王廃寺出土の塑像等について」（前橋市埋蔵文化財発掘調査団編『山王廃寺　山王廃寺等V遺跡発掘調査報告書』前橋市埋蔵文化財発掘調査団、二〇〇〇年三月）。

2　寺島典人「石山寺境内遺跡出土塑像の概要」（大津市教育委員会編『石山寺境内遺跡発掘調査報告書』大津市教育委員会、二〇〇六年二月）、寺島典人「塑像――断片を中心に――」（『月刊文化財』五一二、二〇〇六年五月）、寺島典人「大津市内の塑像について」（『大津市歴史博物館研究紀要』一四、二〇〇七年十二月）、寺島典人「南山城の塑像について」（『研究発表と座談会　上代南山城における仏教文化の伝播と受容』二〇一四年三月）。

3　小田原市教育委員会編『千代寺院跡文化財調査報告書』（小田原市教育委員会、二〇一七年三月）。

4　「シンポジウム「木簡が照らす古代の小田原」」（『神奈川地域史研究』一八、二〇〇〇年三月）、小田原市教育委員会編『千代寺院跡発掘調査五〇周年記念シンポジウム「千代寺院跡の実像をさぐる」記録集』（小田原市教育委員会、二〇〇九年三月）、小田原市教育委員会編『遺跡講演会「千代古代寺院出土の木簡を考える――市指定を記念して――」資料集』（小田原市教育委員会、二〇一七年十二月）、小田原市教育委員会編『遺跡講演会「千代寺院跡研究の到達点」資料集』（小田原市教育委員会、二〇一七年十二月）。

5　荒井秀規「神奈川古代史素描――ヤマト王権の進出と足柄評の分割――」（『考古論叢神奈河』七、一九九八年四月）。

6　山路直充「「大伴五十戸」と記銘された軒丸瓦」（『駿台史学』一三七、二〇〇九年九月）。

7　川尻秋生『坂東の成立――飛鳥・奈良時代』（吉川弘文館、二〇一七年二月）。

8　田尾誠敏「出土遺物からみた千代廃寺とその周辺」（注3の『千代寺院跡文化財調査報告書』参照）。

9　『新編相模国風土記稿』二（雄山閣、一九九八年四月）。

10　記録に残る最も古い瓦の採集は、大正五年（一九一六）という（小田原市教育委員会編『千代遺跡群――千代台地にひろがる原始・古代の遺跡――』小田原市教育委員会、二〇〇八年三月）。瓦は表面採集が中心であり、多くの個人が収集した。現在、公的機関の所蔵先は小田原市教育委員会、小田原市郷土文化館、神奈川県教育委員会があり、その他複数の個人蔵が知られる。

11　河野一也「奈良時代寺院成立の一端について（Ⅳ）――相模国足下郡千代廃寺の古瓦を中心として――」（『神奈川考古』二九、一九九三年五月）。

12　富士市立博物館編『いのりとまじないの世界』図録（富士市立博物館、二〇〇四年三月）。

13　神奈川県立歴史博物館編『瓦が語る――かながわの古代寺院――』（神奈川県立歴史博物館、二〇〇八年二月）。

14　小田原市教育委員会編『千代南原遺跡第ＸＸⅠ・ＸＸⅡ・ＸＸⅣ地点』（小田原市教育委員会、二〇一三年三月）。

15　鈴木靖民「下曽我遺跡と出土木簡」（『木簡研究』一三、一九九一年十一月、のちに鈴木靖民『相模の古代史』（高志書院、二〇一四年十月）所収）、鈴木靖民「千代南原木簡と古代地域史――千代南原遺跡と出土木簡の意義――」（『神奈川地域史研究』一八、二〇〇〇年三月、のちに前掲書所収）。

16　神奈川県教育委員会『小田原市千代台遺跡発掘略報』（一九五九年、注3の「千代寺院跡発掘調査関連資料」資料一を参照）。

17　赤星直忠「神奈川県小田原市千代廃寺址」（『日本考古学年報』一一、一九六二年三月）。

18　赤星直忠「千代廃寺跡」（神奈川県県民部県史編集室編『神奈川県史　資料編二〇　考古資料』神奈川県、一九七九年三月）。

19　注3の『千代寺院跡文化財調査報告書』。塑造仏像残欠の図は七八頁の図七五、ノートの翻刻は「千代寺院跡発掘調査関連資料」中の資料五「赤星直忠「出土土製品について」ほか」を参照。

20　注19の赤星ノート。

21　詳しい法量は左記の通り（単位はセンチメートル）。

番号	高	径	番号	高	径	番号	高	径
一	二・九	二・二	二	二・八	一・九	三	二・八	一・九
四	二・九	一・九	五	二・四	一・七	六	二・八	一・五
七	二・〇	一・六	八	二・二	一・七	九	二・五	一・八
十	二・二	一・七	十一	二・五	一・七	十二	二・四	二・二
十三	一・九	一・六						

22　赤星直忠氏の調査ノートに金箔の記載がある。現在は接着材で固定される。

23　下野薬師寺跡出土の螺髪一点は、左右で土の種類が異なるため、型を使用した可能性も留意される。

24　奈良国立文化財研究所『日本美術院彫刻等修理記録』五（奈良国立文化財研究所、一九七八年十一月）。

25　亀田修一・亀田菜穂子「塑像螺髪に関する覚書」（網干善教先生古稀記念論文集刊行会編『考古学論集』下、網干善教先生古稀記念会、一九九八年三月）。

26　中田祝夫編『倭名類聚抄元和三年古活字版二十巻本』（勉誠社、一九七八年三月）。

27　注5の荒井論文。

28　『大日本古文書』一、六三六・六三七頁。

29　神奈川県企画調査部県史編集室編『神奈川県史　資料編一　古代・中世（一）』（神奈川県、一九七〇年三月）五頁。

30　注6の山路論文。

31　注29の『神奈川県史』十九頁。

32　『国史大系』二十七、二二頁。

33　河野一也「相模宗元寺の西安寺式鐙瓦について」（『日本考古学協会第六六回総会研究発表要旨』二〇〇〇年）、國平健三「忍冬交飾蓮華文軒丸瓦の展開をめぐって」（神奈川県立歴史博物館編『瓦が語る――かながわの古代寺院――』図録、二〇〇八年二月）。

34　毛利久「正倉院伎楽面の分類」(正倉院事務所編『正倉院の伎楽面』平凡社、一九七二年三月)、成瀬正和「正倉院宝物の初期における修理」(奈良国立博物館編『第六十五回「正倉院展」目録』奈良国立博物館、二〇一三年十月)。
35　中田祝夫校注・訳『日本霊異記』(小学館、一九九五年九月)二八九頁～二九二頁。
36　群馬県史編さん委員会編『群馬県史　資料編四　原始古代四』(群馬県、一九八五年三月)。
37　注36の『群馬県史』一一六〇頁～一一六六頁。
38　群馬県教育委員会事務局文化財保護課編『史跡上野国分寺跡第二期発掘調査報告書――総括編――』(群馬県教育委員会事務局文化財保護課、二〇一八年三月)。
39　注1の瀬山・松田誠一郎・松田妙子論文。
40　注36の『群馬県史』一一七二頁～一一七三頁。
41　注36の『群馬県史』一一七八頁～一一七九頁。
42　遠江国分寺跡から出土した塑像頭部については顔料の蛍光X線分析、出土塑土のスサの同定、放射性炭素年代測定等科学的な調査が複数行われている。磐田市埋蔵文化財センター編『特別史跡遠江国分寺跡――本編――』(磐田市教育委員会、二〇一六年三月)を参照。

【付記】調査及び本稿をなすにあたり、神奈川県埋蔵文化財センター、神奈川県立歴史博物館学芸員千葉毅氏にご高配を賜り、折りにふれて藤沢市役所郷土歴史課荒井秀規氏にご助言を賜りました。末筆ながら記して謝意を表します。
　なお、本稿は平成三十年度メトロポリタン東洋美術研究センター東洋美術研究振興基金研究助成による「古代東国における塑造の仏像に関する基礎的研究」(研究代表者：神野祐太)の研究成果の一部です。

［図版出典］
挿図1　小田原市教育委員会編『千代寺院跡文化財調査報告書』(小田原市教育委員会、二〇一七年三月)の第七五図。挿図2～12筆者撮影。挿図13・14　奈良六大寺大観刊行会編『奈良六大寺大観』一〇、東大寺二(岩波書店、一九六八年八月)。挿図15～17奈良六大寺大観刊行会編『奈良六大寺大観』三、法隆寺三(岩波書店、一九六九年十一月)。

榮山寺八角堂内陣装飾画の性格
――古代寺院の建築彩色の一例――

萩谷　みどり

はじめに

榮山寺八角堂（奈良県五條市）は、藤原仲麻呂が亡き父母のために建立したと考えられる奈良時代の遺構である。[注1]榮山寺の境内は、仲麻呂の父武智麻呂の墓とされる史跡が頂上に存在する丘陵を背に、南側に吉野川を臨むように広がっており、八角堂は本堂の東側に位置する。八角堂の建立年代は天平宝字四年（七六〇）から同八年の間と推定され、造営には造東大寺司の関与があったこともうかがわれる。[注2]

八角堂内陣の柱、飛貫、天井には、見事なできばえを示す装飾画が多数描かれおり実に貴重であるが（挿図1）、本装飾画に関する研究は、これまでほとんど行われてこなかった。[注3]それは、剝落がかなり進んでいることに加え、礼拝対象というよりは堂内を荘厳する建築彩色と位置づけられることにもよるのであろう。しかし本装飾画は、断片的になっているとはいえ、数少ない奈良時代の絵画のうちでも仲麻呂が権勢を奮って制作した第一級の作例である。それと同時に、仏教美術において、尊像を安置する場である堂宇と不可分の関係にある建築彩

挿図１　榮山寺八角堂内陣

色が有する意義も、決して小さくないと思われるのである。

そこで本稿では、特に本装飾画の建築彩色としての側面に焦点を当て、それがどのような性格をもっているのかについて考えてみたい。以下で、まず仏教美術における荘厳の役割と、そのなかでも建築彩色に着目することの意味を確認したうえで、榮山寺八角堂内陣装飾画の概要を報告し、その特色について考察していく。

なお、本稿では、一定程度の画面を有する壁画に対して、建築部材に施された装飾画を建築彩色[注4]と呼ぶこととする。

一　仏教美術における荘厳の意義

仏教美術における荘厳は一般的に、尊像や寺院に施された装飾の意味に用いられ[注5]、装身具や光背、台座といった仏像そのものを飾るものと、堂内を飾る幡や華鬘、壁画や繡帳などがその主たる構成要素として挙げられる。[注6]しかしそれらは、単に仏像や堂塔を美しく飾るというよりは、互いに結びつきをもちながら伽藍や堂内に仏教の世界を創出させるという点にこそ意義があり、その果たすところは大きい。

わが国の正史における荘厳具の初見は、他でもなく、日本への仏教公伝を示す記事として知られる『日本書紀』欽明天皇十三年（五五二）十月条である。[注7]このときに、百済の聖明王から釈迦仏金銅像一軀と経論若干巻、そして荘厳具として「幡蓋若干」が上表文とともに献納されたのである。このことは、仏教における荘厳の重要性を示唆するとともに、日本において仏教伝来当初から、荘厳が欠くことのできないものとして認識されたことも推測させる。

以下では、日本古代における金堂の堂内構成の変遷について、資財帳や縁起といった史料や発掘調査の結果をもとに考察した東野治之氏[注8]の論考を手がかりとして、荘厳が担った役割について確認してみたい。

東野氏によれば、飛鳥時代の金堂には複数の尊像が同居し、仏像の安置にあまり厳格な構想がなかったが、白鳳時代になると金堂全体を浄土として仕立てるという意識が芽生え、天平時代にはさらにそれが発展して、群像によって堂内に浄土のパノラマが具現されるようになったという。

飛鳥時代の例として、山田寺の金堂について、後世の史料ではあるが護国寺本『諸寺縁起集』[注9]には、

巽方本願大臣影、仏立像一躰〈七尺許〉、羊皮羅網甚多。恭〔ママ〕半丈六中尊、右有金銀三尺立像等。

（〈　〉内は割注）

とあり、多くの羅網で飾られた堂内には、本願大臣すなわち蘇我倉山田石川麻呂の肖像と、七尺ばかりの如来立像一軀、半丈六の中尊、三尺の立像などが安置されていたことが知られる。半丈六の像は、中尊とあるために三尊仏をなす如来像であり、三尺立像はその脇侍であったと推測されるものの、ここに記される像が全体として何かしらの関連をもって存在していたことは読み取れないと、氏は指摘する。

続いて氏は白鳳時代の金堂の具体例として本薬師寺を示し、その内部を、同規模であったことが明らかになっている平城京の薬師寺から類推している。すなわち天平、宝亀などの資財帳に基づくという『薬師寺縁起』[注10]には、平城京の薬師寺の金堂内部について次のように記される。

金堂一宇、二重二閣、五間四面、長七丈八尺五寸、広四丈一尺、柱高一丈九尺五寸、仏檀〔壇カ〕長三丈三尺、広一丈六寸、高一尺八寸、以馬脳為髣石〔ママ〕、以瑠璃為地敷之、以黄金為縄界道、以蘇芳造高欄、以紫檀為内殿天井

隔子、以鉄縄釣天蓋、宝蓋四端交立日耀宝珠及半満月等、不可称計。其堂中安置丈六金銅須弥座薬師像軀、円光中半出七仏薬師仏像、火炎間刻造立〔無カ〕数飛天也、左右脇士日光遍照日〔月カ〕光遍照𦬇像各一躰〈已上持統天皇奉造諸〔請坐カ〕子、已上流記文今略抄之〉。

（〈 〉内は割注）

須弥壇には薬師三尊が大きく展開し、豪華な素材を用いた種々の荘厳が堂内に散りばめられていたのである。地に瑠璃を敷き、道を金縄で画すといったありさまは、浄土の光景として経典に説かれるところと一致しており[注11]、金堂全体が薬師の浄土として設えられていたことが理解できる。

堂内に浄土という明確な性格を与えるというこの状況は次代に一層発展するといい、東野氏は、亡き藤原不比等の一周忌の造像である、興福寺中金堂西の間の例をその画期として位置づけている。『興福寺流記』所収「山階流記」中金堂院の条[注12]の記述をみてみよう。

宝字記云、弥勒仏像一軀〈高三尺一寸。延暦記云、金色、在金剛裁物光云々。〉

菩薩八軀。〈二、各高四尺四寸。二、各四尺三寸。二、各二尺五寸五分。一、二尺二寸。一、二尺。延暦記云、脇侍𦬇二軀、金色。左右𦬇二云。仏前持花𦬇二云云々。此記不見今二口。〉

羅漢僧四口。〈二、各三尺八寸。一、三尺六寸。一、三尺。〉四大天王。〈三、各四尺。一、三尺七寸。延暦記闕。〉

天人十六軀。〈四、三尺三寸。一、三尺二寸。一、三尺一寸。一、二尺一寸。二、一尺九寸五分。五、一尺九寸。一、一尺七寸五分。延暦記、楽天十六口、各持楽器云々。〉

金剛力士十二口。〈一、四尺一寸五分。一、三尺九寸五分。延暦記闕。〉

八部神。〈一、四尺五分。一、四尺二寸五分。一、四尺五分。一、四尺五分。一、四尺五分。二、三尺九寸五分。一、三尺九寸。一、三尺七寸。延暦記闕。〉師子二頭。薄山火爐一具。〈在花台。延暦記、名金銅火

爐。〉

玉宝頂三具。芔樹二根。宝幢二株。

花樹四根。〈各栖鸚鵡鳥形二翼。延暦記、已上置塔也。漆七床八金墨餝。在一院旧納。〉（〈　〉内は割注）

すなわち、本尊の弥勒を菩薩、羅漢、天人、八部衆、金剛力士、獅子が取り囲み、弥勒と左右の菩薩の上には宝頂つまり天蓋が備わっていたらしい。そして菩提樹二根、宝幢二株、花樹四根も左右対称的に配されていたとみられる。この弥勒像の像容ついては、兜率天に在る姿をあらわす菩薩形か、あるいは下生し成道した姿である如来形の二つの可能性が考えられよう。小林裕子氏は、同じく不比等の一周忌に発願され、如来形の弥勒が本尊とされたとみられる同寺北円堂の尊像構成との比較から、中金堂西の間の像は弥勒菩薩を中心とする造像であったと指摘している。[注13] それは、北円堂にはなくて中金堂西の間にはある像のうち楽器を持すという天人が、『仏説観弥勒菩薩上生兜率天経』のなかで、兜率天の摩尼宝殿に化生して楽器をとり歌舞すると説かれる天人をあらわしたものとみなされることによる。中金堂西の間には、ほぼ等身の群像と荘厳具によって、一種の浄土ともいうべき兜率天が立体的に表現されたのである。

これ以降、群像によって仏の世界をあらわすという構成は、興福寺西金堂の釈迦集会像、正倉院文書所収「阿弥陀悔過料資財帳」に記される東大寺阿弥陀堂における阿弥陀浄土変、新薬師寺に安置された七仏薬師などへと受け継がれていく。そしてこのように堂内に浄土が具現化されるに及んで、荘厳はそれを演出する舞台装置として、ますます重要な役割をもったものと考えてよいだろう。

一方、井上正氏[注14]や、近年では熊谷貴史氏[注15]らによって、視点を転換して、荘厳をより広義に捉えるべきことも指摘されている。

荘厳について経典に説かれるところをみてみると、『旧訳華厳経』巻一世間浄眼品[注16]には、

一時、仏在摩竭提国寂滅道場、始成正覚。其地金剛具足厳浄、衆宝雑華以為荘飾、上妙宝輪円満清浄、無量妙色種種荘厳、猶如大海。宝幢幡蓋光明照耀、妙香華鬘周匝囲遶、七宝羅網弥覆其上。雨無尽宝、顕現自在、諸雑宝樹華葉光茂。仏神力故、令此場地広博厳浄、光明普照、一切奇特妙宝積聚、無量善根荘厳道場。

とある。道場という場が、仏の神力のために、種々の宝によって荘厳されたというのである。また『大智度論』巻十[注17]には、

仏入四禅中十四変化心。能令三千大千世界華香樹木一切土地皆悉荘厳。一切衆生皆悉和同心転為善。

として、仏が世界を荘厳するのは、一切衆生の心を転じて善に向かわせようとするためであることが説かれている。つまり荘厳とは仏が衆生を導くために、その神力によってなすものと考えることができるのである。熊谷氏はこれを従来の「装飾としての荘厳」に対して、「神力としての荘厳」と呼んでいる。仏教美術におけるさまざまな荘厳は、人々が仏の神力を造形物として表現したものであるといえるのかもしれない。ともかく、荘厳とはそこに祀られる尊像と強い結びつきをもって存在するものであり、単なる装飾とみなしてしまうわけにはいかないのである。

ここまで、仏教美術における荘厳の重要性についてみてきたが、次に以上のような認識を前提として、榮山寺八角堂内陣装飾画に注目する意義に関して述べておきたい。冒頭でも述べたように、内陣の柱、飛貫、天井に描かれた榮山寺八角堂の装飾画は、堂内を荘厳する建築彩色として位置づけることができる。本稿では、建築彩色と一定程度の画面を有する壁画とを区別しているが、両者は必ずしも明確に切り分けられるものではなく、また尊像を安置する場である建物と不可分の関係を有しているという点においては共通している。しかし、観者の前に画面として広がる壁画に対して、建築彩色は建築部材という限られた場所にあらわされたものであるという点が大きく異なっていよう。ところでわが国では、七世紀後半には古代絵画の白眉とされる法隆寺金堂壁画が描か

れている。それらは大幅の画面に仏菩薩の出現やそのはたらきといった動的な奇跡を描く変相図を含み、圧倒的な存在感と統一された構想をもって堂内の空間を演出したのであった。[注18]対して建築彩色には、制約された画面であるからこそ、壁画以上にどこに何をどのように描くかという工夫がなされていると考えられるのではないか。

先に述べたように、荘厳はそれぞれが組み合わさって本尊を祀る空間をつくり上げていると捉えることができるが、榮山寺八角堂については、飛貫や天井に銅環が残っていることから、内陣の周囲に帳や瓔珞などを垂らしていたことが推測できる以外には、他の荘厳具や当初の本尊像[注19]に関する史料が残されていない。しかし、右に指摘したような建築彩色の特色に鑑みれば、本装飾画を取り上げることは、奈良時代における寺院建築の荘厳の一端を知る事例研究となり得ると思われる。そしてさらには、本八角堂に、本尊として何が安置されていたのかを検討することにもつながっていくものと考える。以上のことを念頭におきながら、次章以降で本装飾画の性格について検討していきたい。

二　榮山寺八角堂内陣装飾画の概要

本装飾画の研究においては、昭和二十三年（一九四八）に実施された調査に基づく秋山光和氏による論考[注20]が基礎となるものであり、本稿もこれによるところが大きい。氏はこのなかで装飾画を詳細に報告しているが、次章における考察の材料を確認するためにも、本章では、図様や配置についてあらためて整理しておきたい。

扉と連子窓が交互に配される八角堂は、内陣を方一間の正方形とし、八本の外陣柱および、西北、東北、東南、西南の四本の内陣柱は、いずれも断面が正八角形を呈する。内陣柱上部には、隣り合う柱どうしをつなぐ飛貫が計四本渡され、その上には、縦横にそれぞれ十一本の部材を組み、裏板を貼った格天井が置かれる。合計百個の格間のうち、四個には内陣柱が通り、十七個は新材に取り換えられている。また、格縁の辻には飾板が付けられていた痕跡がある。そして、南端と北端の格縁の下面に各四か所、東端と西端の格縁の下面に各二か所、四方の飛貫の外面各三か所に円形座金付きの銅鐶、あるいはそれが打ち込まれていたとみられる穴が残っている。

装飾画が施されているのは、内陣柱の各面、飛貫の下面および両側面、天井の格間および格縁である。以下、順番に各部分の装飾画について記述するとともに[注21]、その様式的な特徴にも言及する。

①柱絵

柱に装飾画が施されているのは、仏壇上から天井下までの一二四・五寸（約四一〇・九センチメートル）の範囲で、繧繝彩色を駆使した文様と、供養菩薩を中心とする区画（以下、絵様帯と称する）とをおおよそ交互に配するという構成である。剥落はかなり進んでいるが、白色の下地の上に豊かな彩色で描かれた装飾画の数々を確認することができる。ここに、秋山氏が作成した柱の展開図を示す（挿図2）。

まず四本の柱に共通する部分について述べよう。柱の最上部は、各二面には飛貫が嵌入され、それに挟まれる一面には宝相華があらわされる。そして外側の五面にわたって、雲や宝相華のなかを飛ぶ鳥が二羽から三羽描かれている。鳥は、東北柱では西北面から東南面に向かって時計回りに、東南柱では西南面から東北面に向かって反時計回りに飛行し、後述する東飛貫外面の端に描かれた飛鳥の姿へ

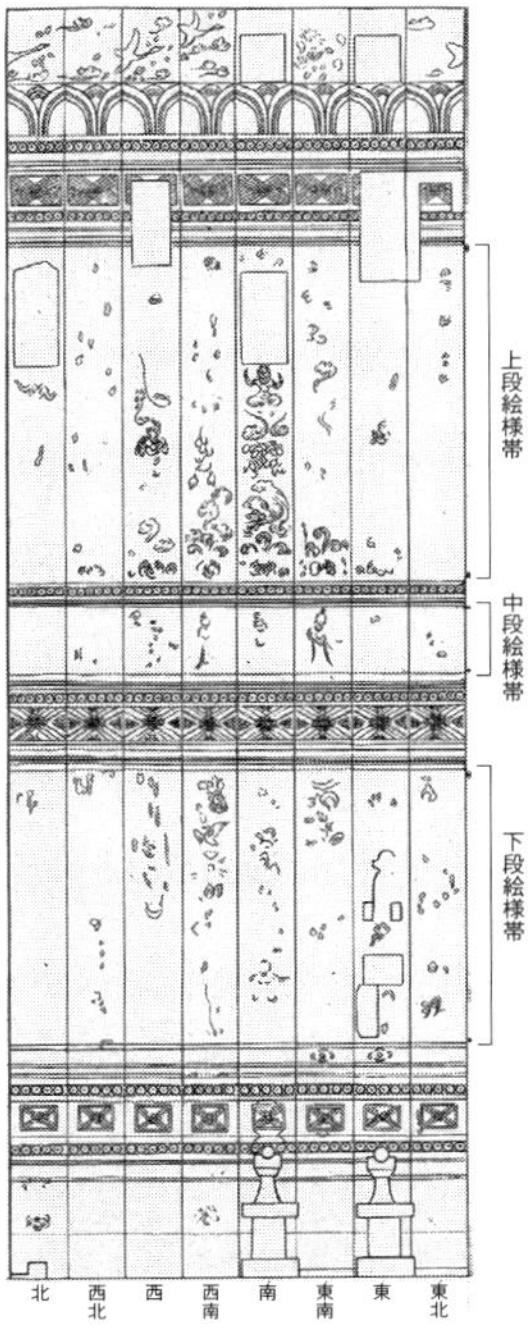

挿図 2-1　西北柱展開図

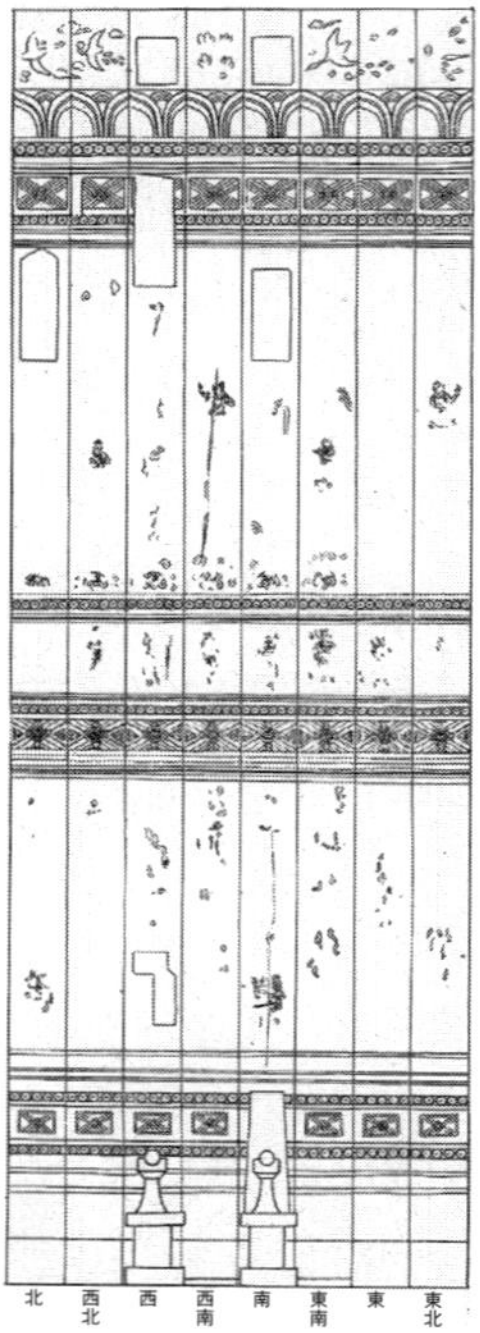

挿図 2-2　東北柱展開図

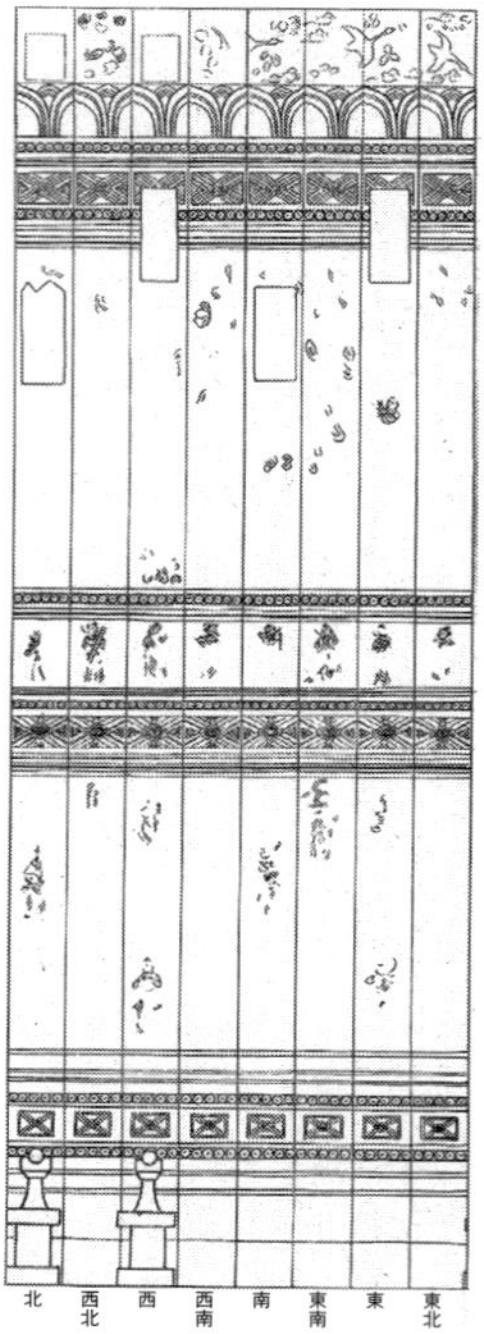

挿図 2-3　東南柱展開図

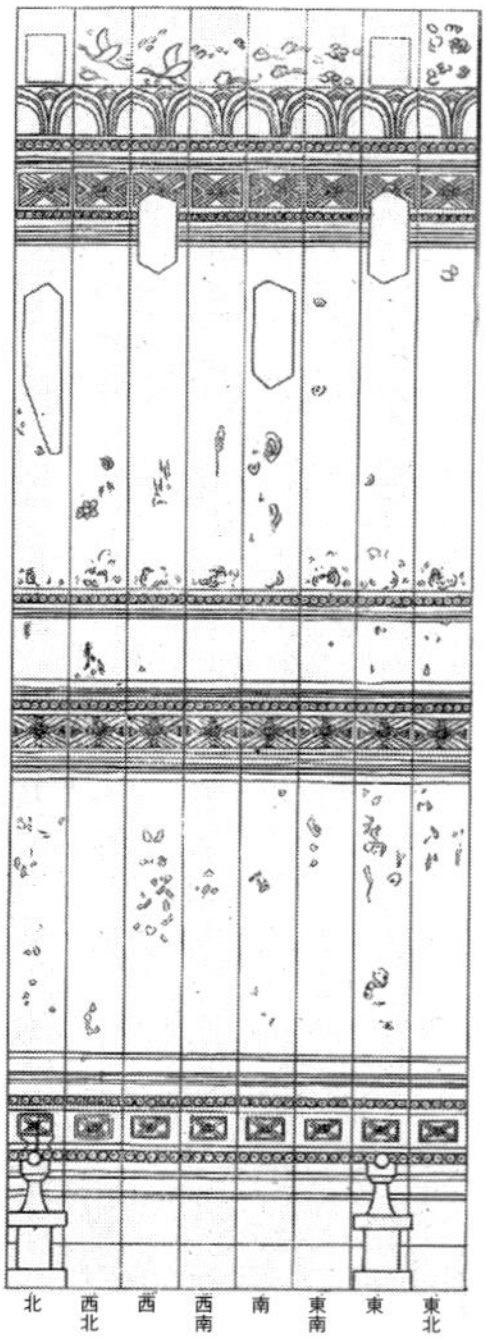

挿図 2-4　西南柱展開図

と、自然に画面がつながるようになっている。西半の柱も同様で、西北柱では東北面から西南面に向かって反時計回りに、西南柱では東南面から西北面に向かって時計回りに鳥が飛行し、西飛貫外面に連絡する。

　花鳥があらわされる帯の下には、上向きの二重蓮弁をめぐらせる。蓮弁から下は、連珠文や条文、対角線で区切った長方形の中央に花形を置いたモチーフ（以下、対角線文と称する）を組み合わせた文様を各所に配置する。各種の文様は、赤色系、緑色系、青色系に加え、紫色系の繧繝によって彩色されたものとみられ[注22]、柱の中ほどの対角線文中央の花形には、金箔が用いられていることも認められる。

　柱絵の大部分を占めるのは、文様によって区切られた上段、中段、下段の絵様帯で、種々の楽器を奏で、あるいは舞踊する供養菩薩を中心とした図様が描かれている

挿図３　西北柱上段東面
笙を吹く供養菩薩

挿図４　西北柱上段西面
竪笛を吹く供養菩薩

（挿図3、４）。供養菩薩は全体として共通する作風をもち、多少の技量の差がみられるものの、概して自在な筆致と丁寧な彩色が認められるものである。その肉身は黄褐色で彩色され、描き起こしは上段、中段および下段の一部においては墨で、下段の一部では赤色でなされる。肉身にはおおらかな筆致で、一見してそれとわかる鮮やかな隈取りが賦されている。着衣や装身具の彩色には主に赤と緑が用いられ、一部の楽器の文様部分には金泥の使用が確認できる。奏する楽器の種類は、鼓、笙、竪笛、法螺貝、箜篌、銅鈸、琵琶、横笛と多岐にわたる。

　上半に広がる上段絵様帯をみると、西北柱では東西南北の各面に一軀ずつ、東北柱では東北、東南、西南、西北面に一軀ずつ、すなわち一面おきに供養菩薩の姿があらわされる。そして西北柱では、南北面の二軀が中ほどよりやや上、東西面の二軀が中ほどよりやや下に配され、交互に高低がつけられている。同じく東北柱においては、東北面と東南面では高い位置に、他の二面では低い位置に供養菩薩が配される。東南柱では東面において、高い方の位置に一軀が残るのみだが、右の二本と同様に、高さに差をつけながら東西南北の面に供養菩薩があらわされていたものであろう。なお西南柱は最も装飾画の残存箇所が少なく、上、中、下段の絵様帯を通じて、ほとんど供養菩薩を認めることができない。

　中段絵様帯はもっとも面積の小さい部分で、各面に一軀ずつ、柱をぐるりと取り囲むように横並びに供養菩薩が配置されている。

下段絵様帯は特に剝落が進んでいるが、わずかに残る箇所から、供養菩薩が上中段のものより一回り大きく、肉身にはより濃く隈取りが施されていることが認められる。また供養菩薩は東西南北の四面に描かれていたようである。特に東北柱について秋山氏は、東面と西面は上下にそれぞれ一躯ずつ、南面と北面はその中間の高さに一躯が描かれ、さらに東西面上方のものは墨線描き、他の二面においては赤色の線で描かれていることを報告している。これらは断片的には確認できるものの、その像容をうかがうことはほとんど不可能だが、四本の柱を通して、一定の規則に沿って供養菩薩が配置されていたことが想像される。このほか、翼を広げる鳥や宝相華が描かれていた痕跡も認められる。

筆者は以前、柱絵の供養菩薩の細部の表現について検討を行い、これらが天平盛期の作例として位置づけられることを確認した。[注23] その体つきは豊かで、腹部の膨らみをあらわすなど肉付きの良さがみてとれるが、それは東大寺大仏蓮弁線刻画にみられる菩薩などの均整のとれた表現から大きく離れるものではない。面部については、髪際をかなり上方に描き、額を広くとる点が正倉院の墨絵仏像（南倉一五四）、いわゆる麻布菩薩と共通する。そして眼窩線をあらわさない目の表現や、うねりをつくらず目尻に向かってすんなりと下降する眉や上瞼によって、面貌には明るく親しみやすい印象がある。このような明朗な面貌表現は、麻布菩薩や薬師寺吉祥天画像、戒壇院扉絵図といった八世紀後半の作風を伝える作例に共通して認められるものである。また肉身に施される鮮やかな隈取りの表現は、法華堂根本曼荼羅の釈迦や菩薩にみるそれを想起させる。[注24]

挿図５　西北柱上段南面
鼓を打つ供養菩薩

加えてここでは、西北柱上段絵様帯において観察される雲と宝相華

挿図６　西北柱上段南面
下方に位置する一対の雲

に言及しておきたい。西北柱上段南面には、足の間に鼓を置いて趺坐し、両手を左右に広げて鼓を打つ姿の供養菩薩が正面観で描かれているが（挿図５）、この供養菩薩の下方に、雲と宝相華が比較的よく残る。上から順にみていくと、まず供養菩薩のすぐ下には緑色の雲、その下に左右から伸びる一対の雲が配される。対の雲の表現は、淡黄色の地に、墨線で雲の形をあらわした上から彩線を引き重ねるというもので、向かって左は赤褐色を、右の雲は緑色を重ねている。なお、赤褐色の一部に橙色がみえることから、これが鉛丹の変色であることが認められる。さらに下方に宝相華をはさんで、白色の地に太い赤色の線を引き重ねた雲、上方と同様の彩色による一対の雲が続く（挿図６）。いずれも部分的に残っているのみで、全体の形をうかがい知ることはできないものの、雲頭はボリュームがあり、複雑に入り組んだ様子をみせる。それは後述する飛貫にみられるような、形式化した霊芝雲とは全く異なるものである。また、雲にはさまれた宝相華も剝落が多いが、内側に複弁形をもつ豊かな花弁の様子がみえている。

供養菩薩の描かれない隣の西南面に目を移すと、南面とほぼ同じ高さに同様の雲や宝相華が配されているほか、西面においても供養菩薩の上方と下方に雲の断片が認められる。上段絵様帯はこういったモチーフのなかに、供養菩薩が浮かび上がるように描かれていたものと思われる。

②飛貫絵

飛貫は、柱に嵌入される部分を除いた画面としての長さが九尺五寸弱（約三一三・五センチメートル）、幅は下面が四尺強、両側面は四尺五分前後で、装飾画の構成は四本とも共通する。下面は、中央と左右に各一体の像を配し、その中間と左右両端の四か所に宝相華を描く。両側面は、中央に置いた宝相華をはさんで左右対称的に、中央に向かって飛行する二羽で一組をなす鳥、天人、宝相華、再び一対の鳥を配する。下面、側面を通じて、縦にも横にも同じモチーフが並ばないように配置された整然とした構成である（挿図7）。一部を例外として下地は白色で、[注25]墨線で描き起こす。緑色の繧繝彩色で埋められているとの報告がある背景部分は、現状ではそれをはっきりと確かめることはできないものの、緑色を基調としていることは認められる。細部の彩色には緑色とともに褐色が多用されているが、この褐色は鉛丹の変色したものである。また、像の装身具や宝相華の茎部分には切箔が用いられている。

　天人や下面の諸像には、柱絵のものとは趣の異なる雲が付随する。こぶを連ねた雲頭をもち、尾を引く霊芝形の雲である。緑色系と褐色系の三段繧繝に彩色され、片側が白色で

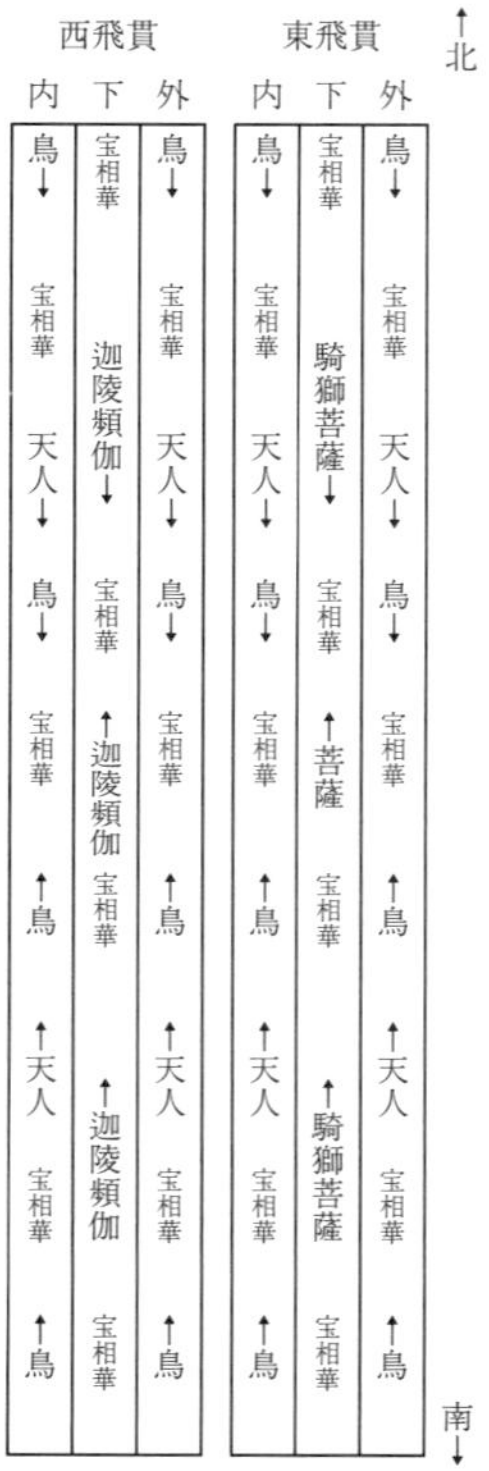

挿図 7-1　東西飛貫展開図
（矢印の方向は、天人と鳥については飛行の方向、下面の諸像については天地を示す。）

挿図 7-2　南北飛貫展開図
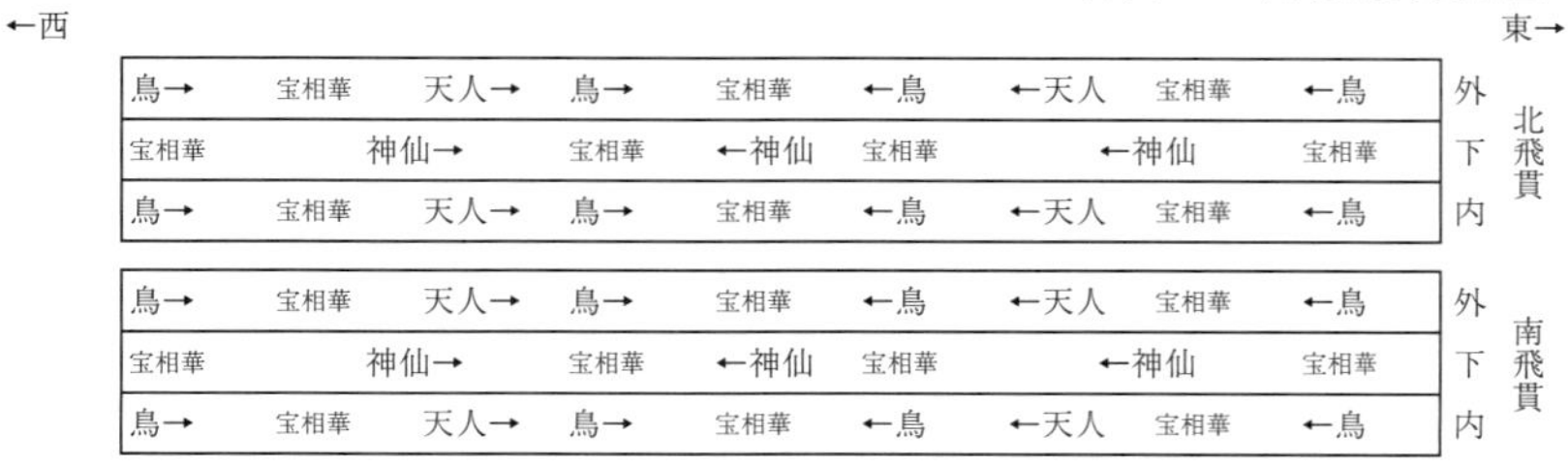

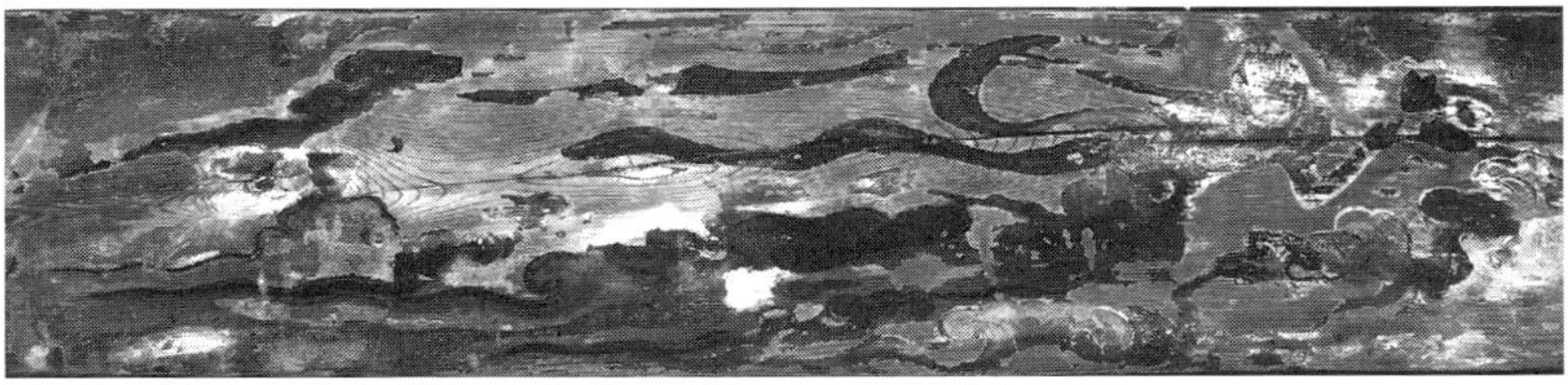

挿図８　北飛貫内面西側　天人

挿図９　南飛貫下面東内側　宝相華

輪郭づけられている。

各飛貫側面に描かれた天人は蓮華を執り、中央に配置された宝相華に向かって左右から飛行する構図であるが、その姿勢はひとつひとつ異なり、自在に変化がつけられている（挿図８）。上半身をひねったり、伸ばした両脚を交互に上下させたりするなどたいへん躍動的であるが、姿態のバランスは崩れていない。そして飛行に伴い、腰衣や裙も風をはらんだように膨らんでいる。こういった表現は、敦煌莫高窟の唐代の壁画などにみられる、アクロバティックな飛行姿勢をとる天人の描写に連なるものといえよう。

各面に配されている宝相華は唐草の形式で、金箔であらわされた茎に緊密に花と葉をつける（挿図９）。茎はうねりながら伸び、花や葉はところどころで翻転しており、生き生きとしたありさまである。宝相華の伸びる方向には一定の規則性がうかがわれ、両側面では、中央の宝相華は左右に向かって、両端の宝相華はそれぞれ外側、すなわち柱のある方に向かって茎を伸ばす。[注26]下面の四か所に描かれる宝相華は、右半と左半とで方向が逆になっており、それぞれ外側に向かって伸びている。花は側面形、斜正面形、つぼみの三種があり、斜正面形のなかには蕊の部分をザクロの実状に描くものや（挿図9右下）、同じく蕊の部分に側面形の花を組み合わせたものもみられる（挿図９中央左）。他方、葉もおおまかに、しずく形、切れ込みが二か所に入った三葉形、側面形の花を組み合わせた複合形（挿図９左下）の三種が認められる。花の彩色は緑色系と褐色系の四段繧繝で、外側に向かって色を濃くしていく逆繧繝の手法も用いられている。葉は、褐色系、緑色系、青色系の四段繧繝と報告されているが、現状では、青色系は緑色系との判別が難しい。また大山明彦氏は、これらに加えて紫色系繧繝も認められることを指摘している。[注27]

宝相華の構図はパターン化されておらず、実在の植物ではないものの、文様というよりは具象的な花卉に近い。このようなありようは、東大寺法華堂および戒壇院の彫像に施された文様の分類を行った小田誠太郎氏[注28]が述べるところのうち、多様な文様分子を複雑に組み合わせ、花、葉、果実など具象的な表現がなされるようになったという、いわゆる第二様式の流れを受けたものといえよう。そして、宝相華を形づくっている花葉については、正倉院宝物のなかに類似するものが多くみいだされるが、特に唐からの請来品であったり、唐との直接的な関係が明らかであったりする宝物との近似性が認められることは重要である。例えば、蕊の部分をザクロの実状に描いたものは、漆金薄絵盤（南倉三七）、いわゆる香印坐に施された宝相華に多用されるが、この香印坐の宝相華は、盛唐様式の頂点として位置づけられる大智禅師碑（西安碑林所蔵）のそれと酷似していることから、遣唐使が伝えた最新の絵画技法を採用して描かれたものであることが指摘されている。[注29]また、特徴的な複合形の葉は、唐製である可能性が高い螺鈿紫檀五弦琵琶[注30]（北倉二九）に散りばめられた、螺鈿と琥珀によってあらわされた華麗な宝相華のうちにもみつけることができるものである。飛貫に描かれた宝相華が、唐よりもたらされた最新の様式を採り入れて構成されたものであることが理解されよう。

飛貫下面に三軀ずつ描かれた像は、貫ごとに異なっている。まず各像の天地であるが、南北飛貫では、中央と東側の像が頭を西に、西側の像が頭を東にして描かれ、東西飛貫では中央と南側の像が頭を北に、北側の像が頭を南に向けて描かれている。

東飛貫下面の三軀はいずれも菩薩と判断される。北側像は獅子に乗る形で、高い髻を結い、天衣を翻して、渦

挿図10　東飛貫下面北側　騎獅菩薩

挿図11　西飛貫下面北側　琵琶を奏でる迦陵頻伽

挿図12　南飛貫下面中央　笙を吹く神仙

巻状のたてがみをもつ獅子の背に坐す（挿図10）。獅子は雲の上の蓮華を踏んでいる。南側像は剝落が多いが、獅子の脚やたてがみの一部、足元の蓮華や雲が部分的に残っているほか、獅子の背に乗る像の脚や装身具が認められることから、北側像と同じく騎獅菩薩であるとみられる。中央の像も大部分が剝落しているが、装身具の切箔と、頭上に翻る天衣を確認できる。

　西飛貫下面の三軀は、緑色系と褐色系の繧繝彩色であらわされた羽を有する迦陵頻伽である。この三軀は、現状では赤褐色を呈する線によって描き起こしがなされている。南側像は剝落のために詳細な像容が不明だが、中央像は蓮華を執り、北側像は琵琶を奏でる（挿図11）。

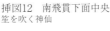

　南飛貫下面の像は、いずれも雲上で楽器を奏でる神仙である。東側像は、直角に屈曲する髻を結い、広袖の衣を着け、琵琶を弾く。笙を吹く中央像は比較的よく残っており、髻を結い、白色の点で羽毛をあらわした裘を着し、袴と沓を履く（挿図12）。西側像は広袖の衣を着け、箜篌を奏でる姿である。

　北飛貫下面は最も損傷が甚だしいものの、残されている断片から南飛貫と同様に神仙が描かれていたと判断される。東側像は握った左右の手を体の前に上下に置いていることから、幡のようなものを執っていたものと思われる。また下部には、像をその背に乗せる獣の口や体の文様がみえる。中央像は跪坐する姿で、西側像の位置には、鹿の角と広袖が確認できることから、鹿に乗る像が描かれていたものと推測される。

さて、飛貫絵の描線をみると、天衣の翻る表現や宝相華をくくる太い線はのびのびとしており、鳥の翼や獅子の毛といった細かな部分は丁寧な筆運びである。天人や神仙の衣は、やや太めの描線による衣襞線と、それに沿う隈によって柔らかさがあらわされている。

諸像の肉身部分にも朱隈が施され、東飛貫下面北側の騎獅菩薩などは充実した体軀をもつことがみてとれる。楽器を奏する神仙の手には簡略的な描き方も認められ、柱絵の供養菩薩では指の関節まで描くのに対してやや素朴な感もあるが、左右の脚の曲げ具合を違えて雲の上に降り立つかのような南飛貫下面中央の神仙や、先に述べた天人など、全体的には動きのある描写がなされている。

そして以上のように飛貫絵全体をみわたしてみると、飛行する鳥や天人だけでなく、諸像がいずれも雲を伴って空中にいることが示されており、秋山氏が指摘するように、飛貫の位置にふさわしいものといえよう。

挿図13　天井格間
東から４番目　南から４番目　宝相華

③天井絵

天井の格間は方約一尺二寸五分（約三七・五センチメートル）で、そのなかにひとつずつ大型の団花文形式の宝相華があらわされている（挿図13）。まず中心に六弁花を置き、その外側には丸みを帯びた側面花を組み合わせた花を六個配する。その外周に側面形の果実をあらわし、それを包むように、深い切れ込みの入った対葉形を六個めぐらす。さらに隣り合う対葉形の間六か所に、三弁の側面花を置く。二重目の側面花と最外部の側面花は太い墨線で、それ以外は細い赤色の線によって輪郭づけられている。二重目に配される丸みを帯びた側面花は、正倉院の平螺鈿背円鏡第十三号（北倉四二）と似た趣があることが指摘されており[注31]、同じく正倉院の花氈（北倉一五〇）などにも同様のモチーフが認められる。また対葉形は大きく翻って裏側をみせるもので、立体的で複雑化した表現であるといえよう。この団花文形式の宝相華もまた、上記の第二形式に含まれる例として挙げられているものである。現状では宝相華はいずれも変色が進んでいるが、大山氏によって、赤色系、緑色系、青色系の三系統の繧繝彩色による復元案が示されている[注32]。

そして格縁の下面および側面には、縞状に繧繝彩色が施されている。格縁下面では中央を再暗部として左右へ明るく、側面では下方を再暗部として上方へと明るくする繧繝であったようである。こちらも現状では変色、褪色してしまっているが、大山氏によって詳細な彩色パターンが明らかにされており[注33]、その色相は赤、緑、青、紫の四系統で、いずれも四段繧繝であるという。そして最外部の格縁下面を緑色系とし、その他の下面は、東西方向は南から、南北方向は東から順に、紫、緑、赤、青、紫、緑、赤、青、紫とする。格縁側面は、最外部の外側面は緑色系とし、それ以外は、下面が緑のとき紫、同じく下面が赤のとき青、青のとき赤、紫のとき緑になるように、すなわち緑と紫、赤と青が組み合わせられるように塗り分けられる。格縁に至るまで、綿密な計画に沿って鮮やかな配色がなされていたことが理解できる。

以上本章では、八角堂内陣装飾画の概要をみてきたが、柱、飛貫、天井に、天平盛期の作例として位置づけられる種々の装飾画が、余すところなく散りばめられていることが確認できた[注34]。そして図様の配置は、その向きや図様どうしの位置関係といった観点において、よく整えられたものであった。また装飾画は、繧繝彩色やいわゆる紺丹緑紫の組み合わせを駆使して描かれていたことがうかがわれ、当初の堂内はたいへん色彩豊かであったことと想像される。

なお柱と飛貫の間には、雲や手指の描き方などに明らかに相違がみられるが、分光分析の結果から、装飾画がいずれも同じときに描かれていることが判明している。すなわち柱、飛貫、天井のいずれにも用いられている白土と緑青が同一のものであることが確認されているのである。[注35] このことから、特に柱と飛貫は異なる画師集団が担当したという状況が想定されよう。[注36]

三　榮山寺八角堂内陣装飾画の構想

本章では、本装飾画が八角堂を荘厳する建築彩色として、どのような構想をもつものであるのかについて考察していきたい。

前章を通して、色鮮やかで多様な図様が、整えられたプログラムに基づいて配置されているという榮山寺八角堂内陣のありようがみえてきたように思う。第一章でみた荘厳の重要性に鑑みれば、本尊を安置する建物の内部に文様や図様を描くということは、寺院建築の伝来当初から行われたものと考えられるが、榮山寺八角堂を遡る建築彩色はどのようなものであったのだろうか。まずは八世紀前半までの現存作例として法隆寺金堂、同五重塔、薬師寺東塔の建築彩色を簡単に確認しておこう。

法隆寺金堂においては、内陣と外陣の天井格間に、一間にひとつずつ蓮華が、内陣の折り上げ部分の支輪裏板に、蓮華唐草があらわされている。[注37] 格間の蓮華は内陣、外陣ともほぼ同形の六弁花で、濃墨で輪郭づけられ、彩色は赤、橙、緑、淡緑、濃墨、淡墨、白による。花弁の色使いには、表面と裏面の色の組み合わせを違えた二種があるが、それらの配列は不規則で、装飾効果のために意図的に行われたものではないようである。支輪裏板の蓮華唐草文は、主茎を中心にした立ち姿で、蓮華の花やつぼみ、荷葉、茎鞘のほか、蓮華とは異なる植物のものと思われる花葉からなる。

金堂の隣に立つ五重塔についても建築彩色の構成は大きくは変わらず、初重の天井格間に、一間にひとつずつ六弁の蓮華が描かれているほか、四天柱のうち北側の二本には、垂幕状の彩色の痕跡があることが確認されている。天井格間の蓮華文の彩色は、赤、緑、褐色、淡褐色により平板に塗られていた。[注38]

一方、薬師寺東塔においては、赤色系、緑色系、青色系、赤紫色系の四ないし五段の繧繝彩色と、赤色の輪郭線を用いて文様を描いている。[注39] すなわち、初重の天井格間に、四間を一組として宝相華をあらわし、折り上げ部分の支輪裏板と裳階の垂木裏板に、[注40] 立ち姿の宝相華唐草を一枝ずつ配する。天井格間の宝相華は、八弁花や側面形の花、荷葉を組み合わせた華麗な複合花である。折り上げ支輪裏板の宝相華については、枝の頂上に位置するモチーフを、ザクロの実状とするものと、側面形の花にするものとでおおまかに二種類に分かれ、これらが交互に並べられている。多彩な繧繝彩色や格間四つにわたる複合花、異なる文様のパターンを並べる手法など、建築彩色は法隆寺の例よりも華やかさが増しているといえよう。ただし決してモチーフが多いわけではなく、描かれる範囲も限られている。

このようにみてくると、建築の構造がそれぞれ異なるために一概には比較できないが、八世紀前半までの建築彩色については、おおむね蓮華や宝相華といったいくつかのモチーフが、簡単な規則のもと、主に天井周りに配されるものであったことが理解できる。[注41] 加えて、金堂と塔というように建築の機能が異なっても、建築彩色には大きな違いがなかったこともうかがわれよう。いずれにしても、右の作例と比べ、榮山寺八角堂においては描かれる図様が格段に豊富となり、それらが配される範囲は天井の周囲のみならず、礼拝者に近い柱にまで広がっている。そして図様の配置は、複雑でありながらも一貫性があり、綿密に用意されたであろうことがみてとれるの

である。すなわち榮山寺八角堂内陣装飾画は、前代の作例から大きく発展した、充実した建築彩色であると言える。[注42]

それでは、そのような装飾画によって、八角堂内にどのような空間をつくりだすことが企図されたのだろうか。以下、天井周辺、柱、飛貫下面に分け、図様の選択や配置といった観点から考えていきたい。

まずは天井および飛貫各面の宝相華と、飛貫側面の飛行する天人に注目する。なお天井周辺に植物文様をあらわすことは、右にみた通り、法隆寺金堂および五重塔、薬師寺東塔においても行われたことであり、もっとも基本的な建築彩色のひとつと言えるだろう。さて、本八角堂の天井とそれを受ける飛貫および柱最上部について、秋山氏が「さながら西域石窟寺院や高句麗墳墓における天井廻りの持送り部分の役割を果す」[注43]と述べているように、蓮華や宝相華の周囲を天人が飛行するというモチーフは、雲岡、龍門、敦煌をはじめとする中国の石窟の天井部分において多々みられる。これは、経典中に多く説かれる、天人が散じた蓮華が仏の頭上で天蓋となる情景を表現したものとして捉えることができよう。[注44]仏の周囲に配されるひとつひとつの要素に関して、長谷川誠氏は、『大智度論』中の荘厳について説かれる箇所を引いて詳述しており参考になるが、[注45]ここでは同書によって注釈がなされた『摩訶般若波羅蜜経』から、適当な部分を取り出してみる。

> 是三千大千国土中地獄、餓鬼、畜生及八難処、即時解脱得生天上、従四天王天処乃至他化自在天処。是諸天人自識宿命、皆大歓喜来詣仏所、頭面礼仏足、却住一面。[注46]（略）爾時世尊以常身示此三千大千国土一切衆生。是時、首陀会天、梵衆天、他化自在天、化楽天、兜率陀天、夜摩天、三十三天、四天王天及三千大千国土人与非人、以諸天花、天瓔珞、天澤香、天末香、天青蓮花、赤蓮花、白蓮花、紅蓮花、天樹葉香持詣仏所、是諸天花乃至天樹葉香以散仏上。所散宝花、於此三千大千国土上在虚空中、化成大台。是花台辺垂諸瓔珞雑色花蓋、五色繽紛。是諸花蓋瓔珞遍満三千大千国土。以是花蓋瓔珞厳飾故、此三千大千国土皆作

金色。[注47]

（この三千大千国土の中の地獄、餓鬼、畜生及び八難処は、そのますぐに解脱して天上に生まれることができ、四天王天処から他化自在天にまで至る。この諸天人は自ら宿命を識り、皆大いに歓喜して仏の所に来たり詣で、頭面に仏足を礼拝し、しりぞいて一面にとどまった。（略）その時に世尊は常身をこの三千大千国土の一切衆生に示した。この時、首陀会天、梵衆天、他化自在天、化楽天、兜率陀天、夜摩天、三十三天、四天王天及び三千大千国土の人と非人は、諸々の天花、天の瓔珞、天の澤香、天の末香、天の青蓮花、赤蓮花、白蓮花、紅蓮花、天の樹葉香を持って仏の所に詣で、この諸々の天花や天の樹葉香を仏の上に散じた。散じられた宝花は、この三千大千国土の上の虚空の中に在って、化して大きな台となった。この花台の辺りには諸々の瓔珞や雑色の花蓋が垂れ、五色に入り混じった。この諸々の花蓋や瓔珞は三千大千世界に遍く満ちた。この花蓋や瓔珞が厳かに飾るが故に、この三千大千国土は皆金色をなすのである。）

ここに説かれているのは、衆生が天に生まれ変わって天人となり、[注48]それらが種々の蓮華を散じて仏を供養し、その蓮華が三千大千世界の虚空で大きな花台となるという光景だが、本八角堂の天井から飛貫にかけて配されている図様も、これによく符合するものである。すなわち、飛貫側面に描かれた天人は、自由な姿勢で飛行しながら散華しており、飛貫各面にあらわされた花卉風の宝相華は、仏の頭上に散じられた花々を象徴的に示していよう。そして、天井格間に描かれた、百にものぼる団花形式の宝相華が内陣上部を覆いつくし、それを縁取る格縁の繧繝彩色は、まさに「五色繽紛」といった様相を表現するのにふさわしい。

次に、柱の絵様帯について供養菩薩を中心にみていく。まずは、個々の供養菩薩が向いている方向に着目したい。前章で述べたように、どの面のどの高さに供養菩薩を配するかに関して一定の規則性が認められるが、さらに各面の供養菩薩の体勢や顔の向きに注意してみると、南面を正面とする意図がうかがわれるのである。例えば、西北柱上段南面には正面向きで鼓を打つ姿の供養菩薩が描かれており（挿図5）、同東面には右斜めを向いて笙を吹く菩薩が（挿図3）、同西面には左斜めを向いて竪笛を吹く菩薩があらわされている（挿図4）。すなわち、南面の正面観の菩薩を軸として、東面と西面の菩薩が左右対称的に、南面の方向を向くような配置となっている。同柱中段は剝落がかなり進んでいるものの、残存する部分をよくみると、やはり南面の菩薩を正面向きとし、東南面像と西南面像はそれぞれ右斜め向きと左斜め向きとして、東西から南面の方向を向くのである。

また、東北柱中段南面像の顔は、残された部分からおそらく左斜めを向いていたと推測されるが、舞うような姿勢をとる体は正面を向いている。そして同東北面像、東面像、東南面像はいずれも右斜めを向き、体勢が不明な西面像を除いて、西南面像と西北面像は左斜めを向く。ここでも、南面を中心とした対称性が認められよう。

一方、八面すべてに供養菩薩が残っている東南柱中段においては、やや異なった状況がみられる。舞踊しているかのような南面像はほぼ正面観といってよく、東南面の竪笛を吹く菩薩と、顔部分のみ残る東北面の菩薩は右斜めを向く。銅鈸をとる東面像は顔が削り取られているが、体勢からおそらく左斜め向きであったものと思われる。北面像は向きが不明だが、横笛を吹く西南面像と何か長いものを執る西北面像は左斜め向き、琵琶を奏でる西面像は右斜め向きである。すなわち、東の三面と西の三面とで、それぞれに右向きと左向きとが交互に配されている。ただ、正面観に近い菩薩を南面に描く点においては先の柱と同様であるといえる。以上のように、像容が判明するもののみではあるが、菩薩が向く方向を整理してみると、南面を中心軸として、各面の菩薩の体勢を割り振っている様子がみてとれる。供養菩薩は正面向きのものが極端に少なく、それらがいずれも南面に配されていることも、このことの傍証となろう。

ただし各柱の絵様帯は、単に供養菩薩が整然と配置された幾何学的表現によるものであったわけではないと考えられる。それは前章でも触れたように、背景として鳥や宝相華などのモチーフが配されていることが認められるからであるが、特に供養菩薩が雲をともなって描かれる箇所が確認できることに注意したい。

肥田路美氏は、大画面変相図において雲のモチーフが多用されたことを指摘し、画面中で雲が果たす役割について考察している。[注49] すなわち、変相図は、仏菩薩の出現や彼らが引き起こす神変といった動的奇跡を叙事的、叙景的にあらわしたものであり、そこに描き込まれる雲は、時間の推移を含む動勢を表現しているという。それは雲尾の長さや方向、雲頭の形やそれらを密集させるか否かといった形状の描き分けによってなされる。例えば、対象の動きに雲を沿わせることによってその動勢は強められるし、密集させた雲頭に対象を載せることによって、それが虚空にいることや飛行していることがあらわされる。雲尾を長く引けば、どこからどこまで動いたのかを示すことができ、吹き出し様の枠として、そのなかに別の世界の模様を映し出す表現にも用いられる。

さて、供養菩薩とともに雲がみられるのは、西北柱の上段絵様帯であった。鼓を打つ菩薩の下方や隣接する面に描かれた雲は、量感のある雲頭が寄り集まっており、雲尾はさほど長くないようにみうけられる。これらの雲の存在によって、菩薩が虚空をただよっているのだということが示されていよう。また、色を引き重ねて形づくられた複雑な様相は、雲の形や色が刻一刻と移り変わるさまをもあらわし得ている。現状では雲がみられるのはこの箇所のみであるが、この存在によって、各柱の絵様帯は、供養菩薩たちの姿をいくぶん叙景的に描いたものであったことが推測される。あるいは柱上方に配する供養菩薩を雲に乗る姿として、下段絵様帯における一回り大きい供養菩薩との対比がなされていたのかもしれない。

また、体勢がはっきりと確認できる供養菩薩は十七軀で、そのうち十三軀と大多数が楽器を奏でる姿として描かれていることにも気をつけておきたい。奏楽の菩薩から想起されるのは、やはり浄土の光景であろう。例えば『観無量寿経』の第六観に、[注50]「衆宝国土一一界上、有五百億宝楼。其楼閣中有無量諸天、作天伎楽。又有楽器懸処虚空、如天宝幢不鼓自鳴。」とあるように、浄土では天人が天上の音楽を奏で、虚空に浮かぶ楽器はひとりでに音を出している。これは仏を供養賛嘆し、またそれを聴く者に仏教への帰依を促す音楽である。奏楽する菩薩や天人、あるいは帛帯をなびかせながら空に浮かぶ楽器は、浄土変のなかに繰り返し描かれたモチーフであった。

柱絵に楽器を奏する菩薩が多用された理由として、もちろん願主の好みも大きかったであろうが、堂内の荘厳プログラムを構想するうえでも、理にかなった選択であったと考えられる。それはこのモチーフが、端的に浄土の情景をあらわすのに適していると思われるからである。浄土のありさまについては経典において縷々説かれるところであり、例えば、西方極楽浄土の地面は種々の七宝や宝石でできており、一切の山や海、谷がなく、七宝の樹木で満ちており、荘厳された楼閣や宮殿が立っている。[注51]また香気がただよい、微風が吹いて寒くも暑くもなく、蓮華は光明を放っているといった具合である。[注52]そのようななかで、特に画面の形態が限られている建築彩色にとっては、奏楽する菩薩の姿は、視覚的にかつ簡潔に浄土の光景の一端を示すことができるモチーフとして、ふさわしいものといえよう。

本章の最後に、飛貫下面の像に言及しておきたい。同位置については、東飛貫に騎獅形を含む菩薩が、西飛貫に迦陵頻伽が描かれるのに対し、南飛貫には奏楽する神仙、北飛貫には騎獣の神仙があらわされており、東西に仏教的な図様が、南北に神仙思想にまつわる図様が配されていることになる。極楽浄土にいるとされる迦陵頻伽が描かれる位置に、中国古来の理想郷における存在たる神仙が対応しているのである。[注53]このように仏教の造形のなかに神仙思想に由来する図様をあらわすことは、同時代においても東大寺二月堂光背や同じく東大寺の灌仏盤、勧修寺繡仏といった作例にもみられるが、本作例では両者を同一の画面に配することはせず、明確に対置させていることが特徴的である。それは、本装飾画全体に共通する、図様を整然と配置させようという意図によるところが大きいであろう。[注54]

ところで長岡龍作氏は、奈良時代において、亡くなった者がまず神仙の世界に至った後に、仏の世界に赴くという考え方が行われていたことを指摘した。[注55] それを示す史料のひとつとして、光明皇后が聖武天皇遺愛の品を東大寺に献納した際の目録『国家珍宝帳』[注56] の願文にみえる、次の部分が挙げられている。

奉為先帝陛下、捨国家珍宝、種々翫好及御帯牙笏弓箭刀劔兼書法楽器等、入東大寺、供養盧舎那仏及諸仏菩薩、一切賢聖、伏願持茲妙福、奉翼仙儀、永馭法輪、速到花蔵之宝刹、恒受妙楽、終遇舎那法筵。

（先帝陛下のおん為に、国家の珍宝、種々の翫好及び御帯、牙笏、弓箭、刀劔、兼ねて書法、楽器等を捨して東大寺に入れ、盧舎那仏及び諸仏菩薩、一切の賢聖を供養せん。伏して願わくはこの妙福を持って、仙儀を翼け奉り、永く法輪を馭して、速やかに花蔵の宝刹に到り、恒に妙楽を受け、終に舎那の法筵に遇わんことを。）

「奉翼仙儀」とあるように、聖武天皇は、亡くなってまず仙儀、すなわち仙人、神仙がいる世界に往き、その後に花蔵の宝刹、つまり盧舎那仏の蓮華蔵世界に向かうとされたのである。こういった考えが、どのように造形と関わり得るかについては考察しなければならないが、生まれ変わる先として、神仙世界と仏の世界とを、段階の異なるものと位置づけて明確に分けるというあり方は、飛貫下面の様相を理解するうえで示唆に富む。

以上本章では、榮山寺八角堂内陣装飾画が、建築彩色として非常に充実したものであることを確認したうえで、天井周辺、柱、飛貫下面の図様について、それぞれが意味するところに若干の考察を加えてきた。現状では、剝落のために断片的になってしまっている部分も多いが、各箇所における図様の選択と配置は意を用いて行われたことがうかがわれ、仏の在す世界あるいは浄土、仙界といった、亡き父母の供養という本八角堂の造立意図によく合った、一貫性をもつ建築彩色であることが理解できた。第一章において、種々の荘厳が堂内に浄土をつくりだす役割を担うことを述べたが、本装飾画は、制約のある建築彩色でありながら、それのみによって、内陣に充分に浄土の光景をあらわし得ていたのである。[注57]

おわりに

以上本稿では、仏教美術における荘厳のうち建築彩色に注目することの意味を確認したうえで、その八世紀後半における一例である榮山寺八角堂内陣装飾画について考察し、それが、堂内に仏の世界を現出させることを企図したものであることを述べた。今後はこのことを踏まえたうえで、これほど入念に荘厳された内陣に、いかなる本尊が安置されていたのかという点を考えていく必要がある。

一方、本装飾画の存在は、この時代に同様の水準の建築彩色が行われていたことを示していよう。なかでも、榮山寺八角堂と、いくつかの史料によって彩色が施されていたことが知られる創建当初の東大寺大仏殿[注58]とは、互いに近い関係にあったことが想像される。前者の造営には造東大寺司が関わっていたとみられるうえに、両者の造立時期が近接しているからである。

例えば、少なくとも大仏殿の母屋柱には多数の仏が描かれていた。[注59]それは、天長四年（八二七）の太政官牒[注60]に、大仏を背後から支える小山を築くために八本の柱を切断し、それによって柱に描かれていた数百の小仏が失われたとあることから知られる。また『七大寺巡礼私記』[注61]には、八十四本の柱のすべてに絵があったとの記載がある。建物の規模は全く異なるが、大仏殿の柱絵の構成は、榮山寺八角堂のそれに類似したものであったかもしれない。[注62]

また、正倉院文書には、天平宝字二年（七五八）の三月から四月にかけて行われた、大仏殿の裳階の天井周りの彩色に関する史料が残されている。[注63]それによれば、軒支輪の裏板八一六枚に、長さ三尺一寸、広さ六寸の花を一根ずつ描き、組み入れ天井の裏板計一〇〇一一区に、径八寸の花を描いたという。さらに、天井に取り付けるための直径八尺の大型の木造の蓮華を二十八果つくっている。榮山寺八角堂における天井周りの彩色を、より大規模にしたようなものであったことだろう。なお大仏殿の彩色事業に関する一連の史料は、従事した画工や使用した材料、具体的な作業工程についての情報も多く含んでおり、当時の作画の実態をよく伝えている点でも貴重である。

建築彩色はこれ以降、醍醐寺五重塔にみるような、整然と諸尊を配して曼荼羅を構成するもの、あるいは平等院鳳凰堂のように、堂内の隅々に到るまで極彩色で埋め尽くして極楽浄土を表現するものなど、さらなる発展をみせる。[注64] しかし、丁寧につくり込まれた榮山寺八角堂内陣装飾画をみるとき、その素地はすでに八世紀後半にはできていたことを知るのである。

注

1　承徳二年（一〇九八）の「榮山寺別当実経置文」に「八角堂一宇、是仲麻呂奉為先考先妣所建立也。」とある（「榮山寺文書」所収、竹内理三編『平安遺文　古文書編』四、東京堂、一九六三年、一三五六頁）。八角堂については、福山敏男「栄山寺の創立と八角堂」「栄山寺の歴史」（『寺院建築の研究　中』中央公論美術出版、一九八二年。初出は『榮山寺八角堂の研究』便利堂、一九五一年）に詳しい。浅野清「榮山寺八角堂復原考」（『榮山寺八角堂の研究』便利堂、一九五一年）、澤村仁「栄山寺八角堂」（『日本建築史基礎資料集成四　仏堂Ⅰ』中央公論美術出版、一九八一年）一五五～一五九頁、後藤治「榮山寺八角堂」（『新建築』八〇（一四）、新建築社、二〇〇五年）三五六頁も参照。

2　福山敏男「栄山寺の創立と八角堂」（『寺院建築の研究　中』中央公論美術出版、一九八二年）。なお、榮山寺八角堂の造営に造東大寺司が関わったことの根拠とされているのは、正倉院文書に収められる「造円堂所牒」（『大日本古文書』五、四六三～四六四頁）である。この史料は、「造円堂所」から造東大寺司に対して、布に絵を描いたり刺繍したりするときに用いるとみられる「画機」の借用を申請し、造東大寺司がそれを承諾したという内容を示している。

3　本装飾画を扱った主な文献として以下のものが挙げられる。秋山光和「八角堂内陣装飾畫」（『榮山寺八角堂の研究』便利堂、一九五一年）、百橋明穂編『飛鳥・奈良絵画』（日本の美術二〇四、至文堂、一九八三年）、有賀祥隆「栄山寺八角堂内陣装飾画（作品解説）」（『正倉院と上代絵画』講談社、一九九二年）、林温『飛天と神仙』（日本の美術三三〇、至文堂、一九九三年）、河原由雄「肖像を奉祀する時代以前――栄山寺八角堂の追善堂的性格――」（『大和文華』九六、大和文華館、一九九六年）、大山明彦「『栄山寺八角堂内陣装飾画』に関する新知見ほか」（『奈良教育大学紀要 人文・社会科学』奈良教育大学、六一（一）、二〇一二年）。

4　建築彩色を取り上げた文献として、山崎昭二郎「文様彩色」（『文化財講座　日本の建築2　古代Ⅱ・中世Ⅰ』第一法規出版株式会社、一九七六年）、伊藤延男『日本建築の装飾』（日本の美術二四六、至文堂、一九八六年）、国立歴史民俗博物館編刊『日本建築の装飾彩色（展覧会カタログ）』（一九九〇年）、濱島正士「日本建築における色彩」（『国立歴史民俗博物館研究報告』六二、一九九五年）などがある。

5　熊谷貴史「荘厳研究のための覚書――思想と造形の相関をめぐる研究史および展望――」（『佛教大学総合研究所紀要』二〇、佛教大学総合研究所、二〇一三年）四九頁。

6　清水善三「仏教美術における荘厳について――中国彫刻――」（『研究発表と座談会　仏教美術における荘厳（仏教美術研究上野記念財団助成研究会報告書第十五冊）』仏教美術研究上野記念財団助成研究会、一九八七年）四～五頁、関根俊一『仏・菩薩と堂内の荘厳』（日本の美術二八一、至文堂、一九八九年）一七～一八頁。

7　関根俊一注6前掲書、二一頁。

8　東野治之「上代寺院の金堂とその堂内構成」（『日本上代における仏像の荘厳』奈良国立博物館、二〇〇三年）。

9　藤田經世編『校刊美術史料　寺院篇　上巻』（中央公論美術出版、一九九九年）三〇一頁。なお、東野氏は「右有」は「左右」の、「金銀」は「金銅」の誤りである可能性を指摘している（同右、七五頁）。

10　醍醐寺本『諸寺縁起集』所収『薬師寺縁起』（同右）九三頁。なお引用箇所にはこの後、客仏である観音像と宝亀頃の造立とみられる十二神将に関する記述が続く。

11　『薬師琉璃光如来本願功徳経』に「琉璃為地。金縄界道。城闕宮閣軒窓羅網皆七宝成。」とある（『大正蔵』巻十四、四〇五頁c）。

12　谷本啓「『興福寺流記』の基礎的研究」所収「校訂『興福寺流記』」（『鳳翔学叢』三、二〇〇七年）九二～九三頁。

13 小林裕子「興福寺北円堂と中金堂の弥勒像」(『日本宗教文化史研究』一四(一)、二〇一〇年)二三～二四頁。
14 井上正「仏像の荘厳(日本)」(『研究発表と座談会 仏教美術における荘厳(仏教美術研究上野記念財団助成研究会報告書第十五冊)』仏教美術研究上野記念財団助成研究会、一九八七年)。
15 熊谷貴史注5前掲論文。
16 『大正蔵』巻九、三九五頁a。
17 『大正蔵』巻二五、一三三頁c。
18 肥田路美『初唐仏教美術の研究』「第三部 第二章 大画面変相図における山岳景」(中央公論美術出版、二〇一一年。初出は「法隆寺金堂壁画に画かれた山岳景の意義」『佛敎藝術』二三〇、一九九七年)。また法隆寺金堂については、壁画に加え、釈迦三尊像の台座や光背、天蓋を含めた荘厳全体としての主題を検討する試みもなされている(三田覚之「法隆寺金堂における荘厳の意義」『佛敎藝術』三二四、二〇一二年)。
19 福山敏男注2前掲論文、二五七～二五九頁。なお現在の内陣には、南に阿弥陀如来、北に地蔵菩薩、東に釈迦如来、西に梵天が背中合わせになるように安置されている。
20 秋山光和注3前掲論文。
21 以下装飾画の詳細は、筆者による現地での観察、榮山寺より提供いただいた画像、国立博物館附属美術研究所編『榮山寺八角堂』(国立博物館、一九五〇年)、秋山光和注3前掲論文、大山明彦注3前掲論文に基づく。
22 大山明彦注3前掲論文、一七一～一七二頁。
23 拙稿「榮山寺八角堂内陣柱絵供養菩薩について」(『早稲田大学大学院文学研究科紀要第三分冊』六一、二〇一六年)。
24 秋山光和氏は、特に下段絵様帯の供養菩薩と、法華堂根本曼荼羅のうち肌色の濃い菩薩の隈取り表現の類似を指摘している(「法華堂根本曼陀羅の構成と表現」『美術研究』三二三、一九八三年、二〇頁)。
25 山崎一雄氏は、飛貫全体にわたり緑色で下塗りをしていると述べているが(「榮山寺八角堂の内陣装飾畫の顔料」『榮山寺八角堂の研究』便利堂、一九五一年、九二頁)、基本的には白色が下地として塗られているようである。南飛貫下面など一部分において、淡緑色を下塗りとして塗布している様子がうかがわれるというが、なぜ一部においてのみこのような彩色がなされたのかは不明とされる(大山明彦注3前掲論文、一七一頁)。

26　南飛貫の外面のみ、両端の宝相華は内側、すなわち飛貫の中央に向かって伸びている。
27　大山明彦注3前掲論文、一七一頁。
28　小田誠太郎「東大寺天平彫刻の文様について」（『佛教藝術』一四七、一九八三年）。
29　谷口耕生「漆金薄絵盤（香印坐）の製作をめぐって」（『第六十五回「正倉院展」目録』奈良国立博物館、二〇一三年）。
30　内藤榮「北倉の楽器」（『正倉院宝物に学ぶ』思文閣出版、二〇〇八年）。
31　瀬山里志「団花文彩色天井板　栄山寺八角堂伝来（作品解説）」（『王朝の文様――天平・平安の花文様とその流れ（展覧会カタログ）』サントリー美術館、二〇〇三年）八〇頁。
32　大山明彦注3前掲論文、一七〇～一七一頁、図版七。
33　同右、一六九～一七〇頁。
34　本八角堂の外陣については、当初材が残っている部分においても彩色の跡が認められないが、創建当初に用いられていたと考えられる鉄釘の頭部からベンガラが検出されている。このことから、当初は外陣の柱などはすべて赤色に塗られていた可能性が指摘されている（山崎一雄注25前掲論文、九三～九四頁）。
35　同右、九四頁。
36　秋山光和注3前掲論文、八四頁。
37　『国宝法隆寺金堂修理工事報告・同附図（法隆寺国宝保存工事報告書第十四冊）』（法隆寺国宝保存委員会、一九五六年）、井上正「金堂（天井板文様）」（『奈良六大寺大観第一巻　法隆寺一』岩波書店、一九七二年）。
38　『国宝法隆寺五重塔修理工事報告・同附図（法隆寺国宝保存工事報告書第十三冊）』（法隆寺国宝保存委員会、一九五五年）、鈴木嘉吉、井上正「五重塔」（『奈良六大寺大観第一巻　法隆寺一』岩波書店、一九七二年）。
39　『薬師寺東塔及び南門修理工事報告書』（奈良県教育委員会文化財保存課、一九五六年）、井上正「東塔の文様」（『奈良六大寺大観第六巻　薬師寺全』岩波書店、一九七〇年）、大山明彦「薬師寺東塔初重身舎天井廻りにみられる彩色文様――付白描図・復原図――」（『奈良教育大学紀要（人文・社会）』五三（一）、二〇〇四年）。
40　裳階裏板部分は、文輪裏板と類似する文様を描いた薄い板が打ち付けられており、これを当初のものとみる説（井上正注39前掲文献）と後補とする説（山崎昭二郎注4前掲論文）とがある。
41　濵島正士前掲注4論文、二二三頁。なお、法隆寺金堂や同伝法堂の天蓋に施された彩色文様なども関連のものとして参照される。

42　このような多彩な建築彩色は、同じく八世紀後半に位置づけられる唐招提寺金堂にも認められる。近年行われた同金堂の解体修理にともなって彩色の調査も実施されており、詳細な報告がある（大山明彦「彩色文様調査編」『国宝　唐招提寺金堂修理工事報告書［彩色調査・構造補強調査編］』奈良教育委員会、二〇〇九年）。彩色は身舎支輪裏板、同支輪、身舎天井裏板、大虹梁、柱、扉、頭貫などから内外の組物にも及び、描かれる図様は、飛行する天人や仏坐像、種々の宝相華や雲、帛帯が結びつけられた楽器など多岐にわたるという。また赤色系、緑色系、青色系、紫色系の繧繝彩色も多用されている。井上正「金堂の文様」（『奈良六大寺大観第十二巻　唐招提寺一』岩波書店、一九六九年）も参照。

43　秋山光和注3前掲論文、八四頁。

44　三田覚之注18前掲論文、四九～五〇頁。

45　長谷川誠「蓮華光背の荘厳意匠について」（『藝叢』六、一九八八年）、同氏「法隆寺金堂釈迦三尊像の荘厳意匠について」（『駒沢女子大学研究紀要』一、一九九四年）。

46　『大正蔵』巻八、二二七頁c。

47　『大正蔵』巻八、二二八頁a。

48　天人の誕生過程を示す図様については、吉村怜氏による一連の研究に詳しい（『天人誕生図の研究――東アジア仏教美術史論集』東方書店、一九九九年）。

49　肥田路美注18前掲書「第三部　第一章　大画面変相図と雲のモチーフ」（初出は「変と雲――大構図変相図における意味と機能をめぐって」『早稲田大学大学院文学研究科紀要第三分冊』四五、二〇〇〇年）。

50　『大正蔵』巻十二、三四二頁c。

51　『無量寿経』巻上「其仏国土、自然七宝、金、銀、琉璃、珊瑚、琥珀、車渠、瑪瑙、合成為地。」（『大正蔵』巻十二、二七〇頁a）、「又其国土、無須弥山及金剛囲、一切諸山。亦無大海、小海、溪渠、井谷。」（二七〇頁a）、「又其国土、七宝諸樹、周満世界。」（二七〇頁c）、「又講堂、精舎、宮殿、楼観皆七宝荘厳、自然化成。」（二七一頁a）。

52　『無量寿経』巻上「其池岸上有栴檀樹。華葉垂布、香気普熏。」（『大正蔵』巻十二、二七一頁b）、「自然徳風、徐起微動。其風調和、不寒不暑。温涼柔軟、不遅不疾。」（二七二頁a）、「衆宝蓮華周満世界。一一宝華、百千億葉。其葉光明、無量種色。」（二七二頁a）。

53　東飛貫下面の騎獅菩薩については、稿をあらためて論じたい。

54　林温氏は、和林格爾漢墓の前室壁画、甘粛省酒泉市丁家閘五号墓壁画などにおいて、東西の方向が中国的な東王公と西王母によって占められるのに対し、南北の方向に仏教的図様があらわされることを引いて、本八角堂飛貫の図様の対比について、方位が逆になっているものの、このような配置方法が伝えられたものと推測されると述べている（林温注3前掲書）。

55　長岡龍作『日本の仏像』「第三章　釈迦に出会う」（中央公論新社、二〇〇九年）。

56　藤田經世編『校刊美術史料　寺院篇　中巻』（中央公論美術出版、一九九九年）一九五頁。読み下しは同右一〇九頁を参照。

57　海野啓之氏は、「阿弥陀悔過料資財帳」に記されている東大寺阿弥陀堂の八角宝殿について、極楽浄土の世界を表出するための装置として機能したことを指摘している（「「殿」へのまなざし――古代・中世における仏像安置と厨子――」『機能論――つくる・つかう・つたえる』（仏教美術論集5、竹林舎、二〇一四年、三五〇～三五二頁）。本八角堂の内陣を、堂内に置かれた大きな厨子と捉える見方もあり（澤村仁注1前掲論文、一五九頁）、菩薩、鳥、花、雲などが描かれていたという阿弥陀堂の八角宝殿と、その意匠、機能ともに共通する点が注目される。

58　創建当初の大仏殿についての研究史は、海野聡「東大寺創建大仏殿に関する復原私案――組物・裳階と構造補強――」（『文化財論叢Ⅳ　奈良県文化財研究所創立60周年記念論文集・奈良県文化財研究所学報第92冊』二〇一二年）に詳しい。

59　福山敏男「東大寺大仏殿の第一期形態」（『寺院建築の研究　中』中央公論美術出版、一九八二年。初出は『佛教藝術』一五、一九五二年）四一頁。

60　筒井英俊編『東大寺要録』（全国書房、一九四四年）二七三頁。

61　藤田經世編『校刊美術史料　寺院篇　上巻』（中央公論美術出版、一九九九年）三二一～三三三頁。

62　関野貞氏は「柱に多く小佛を造ると曰へるは唐招提寺金堂榮山寺八角堂等に於て吾人か今日見る所の如く草花模様の間に佛菩薩の像を彩繪したりし者なるへし」と述べている（「天平創立の東大寺大佛殿及其佛像」『建築雑誌』一八二、一九〇二年、一三頁）。

63　「画工司移」（「正倉院文書」所収、『大日本古文書』四、二五九～二六〇頁）、「造東大寺司召文」（同二六〇～二六一頁）、「東大寺政所符」（同二六二～二六三頁）、「画師行事功銭注進文」（同二六四～二六六頁）、「画師行事功銭注進文」（同二六六～二六八頁）、「画師行事功銭注進文」（同二六九～二七〇頁）、「画師行事功銭注進文」（同二七〇～二七二頁）、「大仏殿廂絵画師作物功銭帳」（同三五三～三五八頁）。風間亜紀子「古代の作画事業と画工司――大仏殿廂絵作画の画工編成から――」（『古代文化』六五（一）、二〇一三年）も参照。

64　平安、鎌倉時代以降の堂内荘厳については、内藤榮氏がまとめており、参照される（「中尊寺金色堂巻柱の菩薩像について」『サントリー美術館論集』四、一九九三年）。

〔図版出典〕
挿図1、3～6、8～13 榮山寺提供（挿図10は分割写真を接合）。挿図2 秋山光和「八角堂内陣装飾畫」（『榮山寺八角堂の研究』便利堂、一九五一年）挿図11、挿図12を一部改変。挿図7 筆者作成。

愛知・西光寺地蔵菩薩像について

井上　大樹

はじめに

愛知県津島市の西光寺に伝来した地蔵菩薩像（挿図1～3）はかつて京都に存在した水落寺の本尊で水落地蔵の名で信仰を集めた霊像として知られていた。明治になって現在の地に移されたものである。[注1] 近年の解体を伴う修理によって像内より大量の納入品が取り出され、その中に建久四年（一一九三）の年紀を有する文書が含まれたことから、おおよその製作年代が判明した。この像については既に伊東史朗氏によって二度にわたり報告がなされ、一度目は本像の概要及び伝来について、[注2] 修理後には納入品について報告がなされ、そこでは造像にいたる過程についても分析がなされている。[注3] ただし、納入品が取り出された直後の概報的な内容であり、必ずしも納入品全てを網羅したものではなかった。今回、地蔵菩薩本体および納入品について詳しく調査を行う機会を得ることができた。それによって新たに得られた知見もあるため、伊東氏の成果を踏まえながらこの機会に論じてみたい。

挿図1　西光寺地蔵菩薩像（正面）

挿図2　西光寺地蔵菩薩像（左側面）

一　像と納入品の概要

本体

まず像本体の簡単な概要を記しておく。形状は頭部は円頂で髪際は段差を設けて表し、袈裟・覆肩衣・裙を著け、両手を屈臂して手先を前にして仰掌する。構造は頭体通して檜葉材の正中線で矧ぐ左右二材より彫出し、割首して玉眼を嵌入、背板、左肩外側部、右肩先、両足先等を矧ぐ。表面は巧緻な切金文様を交えた華やかな彩色が残る。頭部全面、体部の一部に布貼して錆下地を施し、黒色漆塗白下地彩色仕上げとする。彩色の詳細は肉身部白肉色（丹具色）。袈裟の表は、条葉が青地に切金四ツ目菱入二重線斜格子文、縁が外から切金一条・二条。田相は朱地に切金米字入変わり七宝繋文（二重線）。袈裟の裏は緑、縁切金二条。覆肩衣の表は内区が緑地に彩色蜀江文に花丸文散らし（彩色・金泥）。界線切金二条。外区が緑地に宝相華唐草文（彩色・金泥）。覆肩衣の裏は茶地に金泥植物文。裙の表は内区が丹地に切金格子重ね文。界線内から太切金一条・細切金二条。外区が茶地に切金六方菱繋（各辺菱形）。縁が内から細切金二条、太切金一条。裙の裏は白緑。

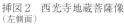

挿図３　西光寺地蔵菩薩像（頭部右側面）

その像容は面貌は頬に肉を持たせた張りがある丸顔で、目は上瞼を持ち上げて見開き、明るい表情に表される。こうした特徴は静岡瑞林寺の康慶作地蔵菩薩坐像（治承元年〈一一七七〉）など慶派仏師作の像によく似ている。瑞林寺像と比較すると眉の角度や鼻口の配置も似通い、耳の彫法も対輪脚を大きく耳輪の中いっぱいに表す点など共通している。しかしながら、体部に目を移すと立座の違いはあるものの瑞林寺像に較べれば撫で肩で肩幅が狭く窮屈な体勢となっている。衣文は浅く穏やかで、動きや変化の少ないものとなっている。著衣の着方では、右肩を覆う覆肩衣が腕の外に大きく垂れ下がり、左前膊に懸かって垂れる袈裟の裾と左右対称に外にやや反り返っている。このような着方は鎌倉時代以降の地蔵菩薩像の多くが右腕の袖を内側に大きく垂らしていることと異なり、むしろ平安後期の作例、例えば浄瑠璃寺像や中尊寺金色堂中の像などに見られるものである。したがって本像は面部で鎌倉時代の慶派仏師作の像に繋がるような作風を示しながら、体部では平安後期風を示しており、新様式と保守様式・形式が混在しているということができる。伊東氏は瑞林寺像の面貌との共通点を認めながら全体的におとなしい作風から院派仏師の作に連なる作品と推定した。しかしながら、瑞林寺像との面貌や頭部の作風の近しさはやはり見逃しがたいところがあると思われる。体部の穏やかな表現をむしろ前代からの平安後期風と解釈すれば慶派中でも保守的な作風を有する仏師の作と捉えることもできないだろうか。

像内納入品

次に納入品について述べたい。大部にわたるため、誌面の都合上ここでは概要を記すことに留めたい。像内納入品は平成二十六年の解体修理の際に像内より取り出され、再納入されずに別置保存されることとなった。発見時納入品は像底に散乱していたといい、当初の納入方法は不明である。その内容は地蔵菩薩印仏、法華三部経のうちの開結二経および地蔵菩薩関係経典ほかの写経を中心とするもので、重要文化財の指定名称を参考に納入品を列挙すれば次のようになる。[注4]

①諸国勧進地蔵菩薩印仏	七冊、二十綴、十二巻、二十六枚
②印仏残欠	一括
③勧進国名注文	一通
④地蔵十輪経巻第五・六	一巻
⑤地蔵十輪経	四巻
⑥地蔵菩薩本願経	一巻
⑦地蔵菩薩本願経巻下	一枚
⑧大般若経要文等	一巻
⑨般若理趣経	一巻
⑩無量義経・観普賢経	二巻
⑪華厳経等	一巻
⑫漢字宝篋印陀羅尼	一巻

⑬仏頂尊勝陀羅尼　一枚
⑭真言陀羅尼　一巻
⑮真言陀羅尼　一枚
⑯真言陀羅尼　一巻
⑰真言陀羅尼　一巻
⑱種子熾盛光曼荼羅　一枚
⑲種子熾盛光曼荼羅・焔魔天曼荼羅　一巻
⑳種子　一枚
㉑墨書紙片　一括
㉒木実　二箇
㉓竹製品　一箇
㉔毛髪包紙添　一裹
㉕焼骨、瑪瑙等　九包
㉖裂断片　一枚

次にそれぞれの分類ごとに内容を確認していきたい。

①②③地蔵印仏関連

まず本納入品で第一に挙げるべきは地蔵印仏であろう（挿図4）。①②が印仏そのもので現状の形態にしたがうと員数は七冊、二十綴、十二巻、二十六枚と展開のできない蠟燭経状のものや残欠類等（②の一括）からなる。形態は印仏の右端の上下を紙縒りでまとめるもの（冊）、上辺あるいは右辺の一箇所を紙縒りでまとめるも

挿図4　地蔵印仏（東山道）

の（綴）、巻いているもの（巻）、まくり状態のもの等（枚）である。基本的には国ごとにまとめられ、冊形式の各紙の表は縦三列または四列、横六～八列の区画が設けられ区画の中に地蔵印仏が捺されている。裏面にはそれぞれの印仏に合わせて地蔵種子𑖎六個と結縁者とみられる人名が記される。印仏は地蔵菩薩立像で像高六・七センチ、台座光背を合わせた総高八・七センチ。形状は円頂で白毫相をあらわし、袈裟・覆肩衣・裙を著ける。左手屈臂して胸の高さで柄香炉を執り、右手は屈臂して手先を内に向けて仰掌する。頭光（円相）を負い、蓮華座（仰蓮〈蓮弁二段〉・敷茄子・反花）上に立つ（挿図5）。印仏はすべて同大同型で一体ごとに押捺したものと考えられる。

挿図5　地蔵菩薩印仏

印仏それぞれの員数と表紙及び各紙数、本紙及び附箋に記される国名を記すと次のようになる。

1. 一冊（二十九枚）、「五畿内分」「山城」／「大和」／「河内」／「和泉」／「摂津」
2. 一冊（四十二枚）、「東山道」「近江国」／「美濃国」／「上野国」／「下野国」／「陸奥国」／「出羽国」
3. 一冊（六枚）、「飛騨国」
4. 一枚、「信濃国」
5. 一冊（四十一枚）「北陸道」「若狭国」／「越前国」／「加賀国」／「能登国」／「越中国」／「越後国」／「佐渡国」
6. 一冊（四十七枚）、「伊賀国」／「伊勢」／「尾張」／「参河」／「遠江」／「駿河」／「伊豆」／「甲斐」
7. 一冊（三十三枚）、「下総」／「常陸」／「相模／武蔵／安房／上総」
8. 一冊（五枚）、「紀伊」
9. 一綴（三枚）、「ちくせん（筑前）」
10. 一綴（三枚）、「筑後」
11. 一綴（三枚）、「ふせん（豊前）」

12. 一綴（三枚）、「豊後」
13. 一綴（三枚）、「肥後」
14. 一綴（四枚）、「さつま（薩摩）」
15. 一綴（三枚）、「おほすみ（大隅）」
16. 一綴（四枚）「ひうか（日向）」
17. 一綴（三枚）、「つしま（対馬）」
18. 一綴（三枚）、「ゆき（壱岐）」
19. 一綴（三枚）、「あき（安芸）」
20. 一綴（三枚）、「すわう（周防）」
21. 一綴（三枚）、「いつも（出雲）」
22. 一綴（三枚）、「いはみ（石見）」
23. 一綴（三枚）、附箋亡失
24. 一綴（三枚）、「備後」
25. 一綴（六枚）、「隠岐国」
26. 一綴（五枚）、附箋亡失
27. 三枚、「伊与国」
28. 一巻、「土左国」
29. 三巻、「讃岐」
30. 一巻、「いはみ（石見）」
31. 一綴（八枚）、なし
32. 一巻、五枚「ちくせん（筑前）」
33. 一綴（五枚）、附箋なし
34. 六枚
35. 三巻、十枚、なし
36. 一枚、なし
37. 三巻、なし

印仏は、印仏する行為そのものが仏教儀礼としての意味を有し、平安時代以降浄土往生を願う日課行法として盛んに行われるようになり、仏像の像内への納入は十二世紀頃からみられることが知られている。本像の印仏のように一枚の紙に多数捺し並べる形態のものがより古く、鎌倉時代以降には短冊型の紙に一体ずつ捺して裏に結縁交名を記すものもみられるようになる。本印仏は既述のとおり裏面に結縁者とみられる人名が記されることから、勧進のために行われたと考えられる。特に印仏のうち、2.「東山道」分の表紙には次のことが記されており、そのことをよく示している。

東山道　八箇国（国別可勧百ヶ人／文治三季二月廿二日甲午）

すなわち、東山道八箇国（本冊には現状六か国分がまとめられる）について国ごとに百人に勧進を行う旨が記され、文治三年（一一八七）二月二十二日の日付が記されている。つまりこの勧進は国ごとに百人に対して行うということを基本方針としていたのであろう。この東山道分とほぼ同形式・分量のものが1から3、5から8である。

次に注目したいのは、このような全国を対象とした勧進が一人（あるいは一組）の手で行われたのか、あるいは各国分担して行われたのかであろう。結論を先に言えば、勧進は国ごとに分担して行われたのではなく、少なくとも冊または綴ごとに国を巡って行われたとみられる。というのは紙単位で各国分の印仏がおさまっていれば、後に冊にまとめられたことも想定されるが、そうではない形跡が確認できるからである。例えば下野国と陸奥国の間は、陸奥国の国名が紙の中央（四列目）に記されているが、そに下に「小山政光入道内摺畢」と記される。小山政光は下野国の武士で当時は源頼朝の挙兵に呼応して頼朝方についていたことが知られる。したがって結縁交名も当然下野国側におさまるはずである。小山政光分の印仏は陸奥国の国名が記される紙の一枚前の紙の裏に記されている。つまり陸奥国名が記される紙の三列目までが下野国分で、国名を挟んで五列目以降が陸奥国分ということになる。このような点から、この勧進は複数の勧進僧が各地に散らばり同時に行ったのではなく、少なくとも、綴りのまとまり単位でいえばおそらく一人の勧進僧が携えて各国を巡っていたと想定される。こうしたことを踏まえて日付のあるものを抜き出すと次のようになる。

・「東山道」「八箇国〈国別可勧百ヶ人／文治三季二月廿三日甲午〉」

・「飛騨国」「小嶋是始六月十七□」

・「若狭国」「上庄上座温屋始之　五月五日」「御方□□内入道／五月□□了」
・「越前国〈総社之始之　五月九日〉」
・「加賀国〈河口庄内細呂直之観音堂□□／五月十□／温泉寺始□〉」「金劔院畢　五月十九日」
・「能登国」「志雄保始之／五月廿三□」
・「越中国」「安野庄始之　五月廿六日」「倉垣庄了　六月五日」

・「尾張〈萱津宿始之　十二月十四日摺畢〉」
・「参河〈豊河宿始之／十二月十一日〉」
・「遠江〈初蔵宿始之　十二月七日〉」「十二月十日於橋本／写畢」
・「駿河〈金持庄始之／七月九日〉」
・「伊豆〈三嶋社始之／七月廿二日〉」「出見庄内滓市ニテ十一月廿九日スリヲワヌ」
・「甲斐〈今山寺始之／七月五日〉」

・「下総〈神崎社始之／十月廿七日〉」
・「常陸〈為東城寺始之十月／廿五日〉」「十一月一日　東条御庄摺□」
・「相模〈鎌倉始之／十月五日〉」
・「武蔵〈符始之／十月八日〉」
・「安房〈高渡始之／十一月七日〉」
・「上総〈八幡宮始之／十一月二日〉」

日付の有するものは冊子としてまとめられているもののみ、さらに年紀を記しているものは東山道分の表紙にある文治三年だけで、他は月日のみである。伊東氏の指摘するように全て文治三年に行われたから月日のみ記しているのだとすればその順は

二月「東山道（近江、美濃、上野、下野、陸奥、出羽）」→五月「若狭」→「加賀」→「能登」→「越中」→六月「飛騨」→七月「甲斐」→「駿河」→「伊豆」→十月「相模」→「武蔵」→「常陸」→「下総」→十一月「上総」→「安房」→十二月「遠江」→「参河」→「尾張」

となり、東山道分の美濃から上野の間を除けばその他は効率よく回っていると思われる。また二月と五月の間、七月から十月の間に間隔をあけているが、この間に日付のない近江、美濃、上野、下野、五畿内分（山城、大和、河内、和泉、摂津）、信濃、紀伊が行われたと推測することも可能であろう。したがって日付の上でも、少なくとも同時に複数箇所で行っている形跡はないことから、この勧進は大規模な事業でありながら分担して同時期に行うのではなく、単独で行われた可能性が高い。

次に結縁者の様相を確認してみよう。伊東氏の報告では省略されているためやや詳しく述べる。本印仏のように一枚の紙に印仏を多数捺し並べ、それぞれの印仏の裏に結縁者名を記す形式のものとしては、建久五年（一一九四）、京都遣迎院の快慶作阿弥陀如来像の像内納入品の阿弥陀如来印仏が知られるが[注5]、本印仏はこれを遡る遺例ということになり、同形式の極めて初期的なものと評価される。

表裏の一方に印仏、もう一方に交名がある場合どちらが先かが興味深いところであるが、印仏から厳密にそれを判断することは難しい。ただし印仏が全て整然と並んでいることや印影を観察すると、ほとんど墨のムラがなく、版画としての出来映えにも差が認められないから、結縁者がその都度押捺していたのではなく勧進を行う側が事前に捺していたものと考えられる。加えて印仏中の下野国分の最後に「小山政光入道内摺畢」とある「摺

畢」は印仏の押捺を示すとみられるが、内田啓一氏が指摘するように印仏を先に捺し、その裏に結縁交名を記した方が仏菩薩との結縁が強くなると考えられるから、やはり印仏はまとめて先に押捺していたのであろう。[注6]

次に結縁者数を確認してみよう。国ごとの内訳を次に記す。

・山城一〇五名　大和九八名　河内一〇三名　和泉一〇二名　摂津九五名
・近江一〇〇名　美濃二〇四名　上野一〇八名　下野一〇三名　陸奥一〇〇名　出羽一〇二名
・飛驒一〇七名
・信濃一名
・若狭一一四名　越前一〇二名　加賀一〇一名　能登一〇三名　越中一〇二名　越後八四名　佐渡一〇七名
・伊賀一〇八名　伊勢一一五名　尾張一〇五名　参河一〇二名　遠江一〇一名　駿河八九名　伊豆一二〇名
甲斐一〇一名
・下総一〇二名　常陸一一九名　相模一〇二名　武蔵一〇三名　安房一〇五名　上総一〇二名
・紀伊八七名
・筑前／筑後／豊前／豊後／肥後／薩摩／大隅／日向／対馬／壱岐／安芸／周防／出雲／石見／備後／以上
〇名
・隠岐一二五名
・伊与（不明）
・土佐（不明）
・（不明）一〇〇名
・（不明）一一九名

これらの数値は料紙の保存状態により欠失している箇所もあって必ずしも正確ではないが、国別の結縁者数を確認すると、各国一〇〇名前後を数え、東山道表紙の「国別百人」という主方針に通じる。なお、美濃国がおよそ倍の二〇四名であるのは本来二箇国分であったものの一国の国名が失われている可能性がある。例えば信濃国は本来東山道に含めても良いはずであるが、現状短冊状の紙一枚に印仏一個となっている。あるいは美濃国分の中間に一枚挟んでいたものが外れてしまったかと想像される。

結縁者の名を見てみると、先に触れた小山政光（結縁交名の名は「蓮西　小山入道」）以外、管見の限り著名な人物は見出すことができない。「藤原氏」、「紀氏」、「橘氏」、「藤井氏」、「物部氏」、「大中臣氏」等の名が多くみられ、「散位」「朝臣」を称する者もあり各地の有力者が最も割合を占めるとみられる。次に多いのは僧侶で、尼僧の名も認められる。注目されるのは女性、子どもと考えられる名も多くみられる点であろう。女性と子どもの名前については、角田文衛氏、飯沼賢司氏の詳細な研究があり階層を考えることが可能である。注7 女性名では「姉子」「中子」「三子」「四子」のいわゆる順位型の名前が最も多く、次いで「氏女」「中知子」などの氏女・氏子型、「薬師女」などの佳名型、「牛丸女」などの女型でほとんど全てが庶民の名前で占められている。また唯一人ながら越前国の結縁者に「非人　不知性」と記すものもあって、この勧進が貴賤問わず行われたことを示している。

問題は結縁者の名がほぼ記されていない西日本分をどのように解釈するかであろう。西日本分はほとんどが横使いの紙にやはり同型の地蔵印仏を捺して、中央上部の一箇所を国名を記した附箋で綴る形式になる。印仏の区画は墨線はないものの、よく観察すると篦状の物で紙に押しつけて区画を設けていることがわかる。結縁交名は隠岐国で約一二五名を数え、巻物状の伊与国分は現状開披できない状態にあるものの裏に記されていることが確認できる。また国名不明の二巻がそれぞれ百名余りの名が記されるものがあり、西日本でも一部の国で勧進を行った形跡がある。また③勧進国名注文と名付けられた一紙（縦二九・〇センチ、横四五・八センチ）には次の文言がある。

あき　すわう　いはみ
いつも　ひこ　ひうか　ゆき
を丶すみ　さつま　つしま
あうせて十国そこに
百文［　］あるへし

ここに記された十国の印仏の裏面には結縁交名はない。逆に言えばこの文書はこれから勧進を行う国を指示しているものではないだろうか。しかし、事実これらの国では勧進が行われていないことと、後述するように像の製作までにしばらく時間がかかっていることと合わせて考えれば、西日本の未勧進国は文治三年以降も勧進を企図していながら何らかの事情で中断したままになっていたのではないだろうか。

なお、この印仏の結縁者のうち、やや異例の人物として次の者を挙げておきたい。すなわち、東山道分の表紙の表の右上に記される「藤原為頼」、第一紙裏の「□史胤」「たかはしのうち」「藤木芳宗」の四名である。東山道分の一冊は表紙及び第一紙にも印仏が捺されているが、この二枚には国名が記されず、次の第二紙より近江国が始まることから、この二枚は特定の国の結縁者ではないと考えられる。東山道の表紙には年紀と本勧進の主方針が記されることを考慮すれば、この四名は勧進の実務を担う側の人物ではないだろうか。さらに推測を重ねれば表紙の表に記される藤原為頼が最も主要な人物で、残りの三名がその従者であったかと考えられる。

④⑤⑥⑦⑧⑩⑪経典類

経典には地蔵菩薩の所依経典である『大集地蔵十輪経』と『地蔵菩薩本願経』が含まれる。『地蔵十輪経』はうち一巻④が表に第五の半まで、裏に第五の半から第六を書写する。⑤の分はいわゆるロウソク状で展開することができない。そのため正確な比較は出来ないものの、④と⑤は筆跡や形式が異なり二組の『地蔵十輪経』が納められていた可能性がある。『地蔵本願経』は⑥が一巻分で表に忉利天宮神通品第一から如来讃歎品第六、裏に利益存亡品第七から嘱累品人天品第十三までを書写し、⑦は巻下の巻末の一紙のみ残存している。

地蔵関係経典以外で注目されるのはやはり『無量義経』『観普賢経』の二巻であろう。『法華経』の開・結にあたるものになるが、これらは一行ごとに筆跡が異なり行末に書写者の名が記される一行一筆経の形式をとっている。書写者の数は『無量義経』が四百六十五人、『観普賢経』が四百十六人を数える。これとほぼ同大同形式の『般若心経』と『阿弥陀経』が大阪一心寺に伝わる。[注8]本像の『無量義経』『観普賢経』には年紀等はみられないが『阿弥陀経』の巻末には「文治五年六月二十四日」の記述がみられる。一心寺経の巻末にはさらに奥付が加えられ慶長六年（一六〇一）に徳川家康により寄進されたことが記される。文治五年の年紀は青木淳氏によれば後筆とのことであるが、書写者の生存年を考慮に入れても矛盾はなく、何らかの根拠があって加えられたのであろう。一心寺経は、伊東氏の指摘のとおり、本像の納入品であったが、修理などの際に取出されたもので、元来はこれに加えてさらに『法華経』八巻があり、法華三部経に『般若心経』と『阿弥陀経』を加えた構成であったと考えられる。したがって本納入品の『無量義経』『観普賢経』も文治五年の書写であることが推測される。書写者を確認すると、少なくとも現在遺る三巻については全て僧侶で占められている。また一心寺分には重源かとみられる「南無阿弥陀仏」や「明恵」「慈円」といった高僧の名が記されており、この点は地蔵印仏の結縁者がほとんど無名の人物であったこととは異なる。地蔵印仏の勧進から、次の段階へと至ったことを示しており、事業が次第に拡大していることがうかがわれる。また本像分の書写者について見てみると、両巻ともに阿弥陀仏号を有する人物が多数含まれ、『無量義経』では「已上三井寺」「根本法華堂衆」など天台宗関連の名前がある。

一心寺分には「高野」「東大寺」「光明山」など真言宗や南都寺院に関わる内容が記されており、この写経が当時の主要な宗派を超えた事業であったことが想定される。なお、一心寺分には仏師快慶を指すかとみられる「[illegible]阿弥陀仏」の名があることから、本像の製作への関わりが注目されるが、本像の作風を見る限り快慶の手が加わったことは考えにくい。写経にのみ参加し、造像には関わらなかったのだろう。いずれにしてもさらにこれに『法華経』八巻が存在していたとすれば結縁者の数はさらに増えることになる。地蔵印仏とあわせてこのように多数の結縁者を募って納入品にその名前を記し、像内に籠めるのことはその淵源が中国・北宋代の造仏作法に求められることが指摘されるが[注9]、本像も同様の思想を背景にしているのであろう。したがって本像についても広い意味での造像の目的は多量作善によって地蔵菩薩像の製作を達成することであるといえる。

⑧大般若経要文等は表裏に大般若経要文、涅槃経要文を書写しているもので、裏に書状とみられる墨書がある。上下切断されており、文意をつかみ取りにくいが「加級」等の文言があることから、位階の上昇に関わる書状かと考えられる。また「羽林之数輩」との文言もあり、近衛府に関わるものかとみられる。

⑫⑬⑭⑮⑯⑰⑱⑲陀羅尼類等

⑫漢字宝篋印陀羅尼⑬仏頂尊勝陀羅尼⑲種子熾盛光曼荼羅・焔魔天曼荼羅はそれぞれ女房奉書かとみられる仮名書きの文書を用いて書写されている。いずれも文書の上に雲母をかけた上で書写をしており、陀羅尼及び曼荼羅の墨色も茶色味がかっている点に特徴がある。仮名文書は上下が切られており文意はとりにくい。⑭⑮⑯⑰真言陀羅尼は四組あり、うち⑮⑯は茶色味のある墨を用いている。これら茶色味のある墨はあるいは血液を混ぜているのかもしれない。⑭⑰はいずれも書状の裏を料紙に用いており、やはり上下を切断されているようで、文意はつかみにくいが、筆跡も通じるものがあり同一人物により出されたものである可能性がある。さらに⑭の真言陀羅尼の奥書には次の願文がある。

建久第四年正月十八日奉為慈父羽林
三品殿下出離生死即證菩提馳筆了
仏子親円

すなわち、この真言陀羅尼が建久四年（一一九三）正月十八日に父羽林三品殿下の菩提を弔うために、その子親円によって書写されたものであるという。特定の人物の願意が記されたものとしては、像内納入品中でこれが唯一であり、本像の製作背景を考える上で重要である。このことについては後に検討したいが、書状を用いて書写された⑫⑬⑭⑰⑲は文書に関わる人物との関係が注目される。

⑳種子

種子は梵字（𑖪𑖽バン・𑖀𑖾アク）を小紙片（縦八・三センチ、横二・五センチ）に上下に書くもので、墨に黄色を混ぜたような色をしている。神奈川宝樹院の阿弥陀如来坐像の像内納入品（弘安五年（一二八二）追納）中の阿字・鑁字の版画が鬱金のような染料が用いられていると報告されることと通じる。[注10]

㉒木実

木実は二個確認され、一つは縦三・一センチ、もう一つはやや小振りで縦二・八センチの大きさで、特に大きい方には上半分に赤褐色のような色を塗り、下辺に大孔を開けるなど、人為的な工作を加えている。内部に舎利の存在は確認されていないが、神奈川称名寺光明院運慶作大威徳明王像の像内納入品にみられるような舎利容器（光明院像のものは蓮実製）であったのかもしれない。

㉓㉔㉕㉖

さらに次の納入品がある。㉓竹製品は縦一七・五センチの柱一本の側面に上下二つの孔を開けて、それぞれに竹（断面に孔を開けて竹串を差す）を通して紐で固定していたかとみられる。非常に興味深いものであるが用途等については不明である。㉔毛髪包紙添は毛髪を紙で包んでいる。㉕焼骨、瑪瑙等は九包からなり、うち七包は雁皮紙を花形に切り抜き内容物を容れて捻る。内容物は種子（か）、瑪瑙（か）、白檀、絹、麻布、焼骨（か）などで、内容物が失われたものもあるが、包紙の墨書から「鬱金」と「□紫」を包んでいたらしい。さらに焼骨と瑪瑙をまとめて紙で包んでいるものがある。㉕裂断片一枚は縦約七・二センチ、横約五・五センチほどの裂で方印が捺されているが、断片になっており保存状態も悪いため内容を確認することは難しい。これらの納入品は毛髪や焼骨を含んでいることから、供養されるべき故人がいたことを想像される。用途の不明な竹製品もこの故人の遺品であるとも考えられる。

なお、その他の納入品として、泥仏の地蔵菩薩坐像が挙げられる。定印を結び宝珠を載せる形状で、光背裏の背面に「仏師一定　□哲　敬白／此之地蔵入申事／戊ノ年二月／吉日」の墨書が記される。伊東氏は当初の納入品の一つとして戊年を建久元年（一一九〇）としたが、定印に宝珠を載せる図像の地蔵菩薩としてはやはり早きに過ぎ、作風や出来映えの上からも、彫りに生硬さがみられることから鎌倉初期まで製作を遡らせることは難しいと思われる。一行一筆経の一部が一心寺に納められているように、過去の解体の際に納入品が取り出された形跡があることからも、追納品と考える方が妥当であろう。

造像の経緯

次に像内納入品の内容から判明する造像の経緯について、ひとまずまとめておこう。残念ながら造像について直接の願意を記した願文を含む納入品は残されていない。ただし、複数の納入品に年紀を記すものがあり、それを検討することで造像に至る流れを確認したい。年紀を有する納入品は、地蔵印仏中の東山道分の表紙に記される文治三年、真言陀羅尼のうちの一巻の奥付に記される建久四年である。また本納入品中にはみられないが、一行一筆経の『観普賢経』・『無量義経』二巻とかつて一具であったとみられる、一心寺所有分の『般若心経』『阿弥陀経』に記される文治五年（後筆）である。文治三年と建久四年の間には約六年あり、単純に文治三年頃を発願の時期、建久四年を像の完成の時期とすればやや時間がかかりすぎているとも解される。このように印仏と本体の造像の間に時差が生じる例としては葉室定嗣の日記『葉黄記』寛元四年（一二四六）十二月二十四日条に

晴、供養三尺地蔵像去〃年、為祈世路事、模写万体像、其間唱真言名号、又修行法、参十禅師、今年春頗有吉事、其感応歟、図像奉籠御身中、自去七月造始之、仏師澄円法印、、以円成僧都為導師、此像奉安傍、細〃可供如飲食之上味也、此次日所作印仏阿弥陀・地蔵・法華経等奉供養之、

とあり、定嗣が七月より仏師隆円に造らせた三尺地蔵像を供養しているが、その像内には先々年に用意した印仏（模写万体像）が納められたといい[注11]、印仏と像本体の完成の間に一定程度の時間が空くこともあったことがわかる。西光寺像における時間差について、伊東氏は事業の主体が不特定多数の結縁者（印仏と一行一筆経）から、少数の同朋衆に移り（その他の納入品）、事業内容が変質したことによるのではないかと推測している。納入品の内容から区別すると、多数の結縁者に関わる文治三年の印仏及び五年の一行一筆経と、父の供養という個人的な内容の建久四年のものという二つに分けられる。文治の印仏による勧進は後述のとおり、印仏の像容が本体のそれと共通することから直接造像を目的としたものと考えて良さそうである。勧進が早期に完了していたとすればすぐさま造像に係るものであろうが、印仏の西日本分が中断されているように、それができない事情が存在したのかもしれない。

二　六波羅蜜寺地蔵菩薩像との関係

本像の納入品から造像のために印仏による勧進を行い多くの結縁者を募っていることを確認した。その勧進の

目的について考えるために注目したいのは本体と印仏の印相が共通するものであり、それが通常の地蔵の印相と異なる点である。

本像の印相を改めて確認してみよう。両手を屈臂して両掌を仰いで左手五指を曲げ第一指を第三指に添わせ、右手は第一・三指を捻じ第四・五指を軽く曲げている。この形状では通形の地蔵菩薩のように左手に宝珠を載せることができるものの、右手に錫杖を執ることが不可能となっている。手首先は当初であるとみられるが、伊東氏の報告にもあるとおり、修理時に手首の矧目の角度を変えている可能性も検討されたものの、当初からこの特殊な印相であったと判断されたようである。この印相を有する先行作例として既に指摘されているように京都六波羅蜜寺に伝わる地蔵菩薩立像（鬘掛地蔵）が挙げられる。[注12]

六波羅蜜寺像の印相は両手屈臂して左手は掌を仰いで五指を曲げて第一指と第三指先を接している。右手は第一・三指を念じて他指を軽く曲げている。西光寺像と較べると捻じている指を含めて基本的に一致する。敢えて違いをいえば、西光寺像が両手の高さをほぼ等しくするのに対し、六波羅蜜寺像は右手を左手よりも高くし右掌をわずかに正面に向けていることであるが同一の形状と言っていいであろう。次に著衣について比較してみよう。六波羅蜜寺像の著衣も西光寺像と同じく袈裟・覆肩衣・裙からなる。まず正面観で較べるとそれぞれの着方や衣の長さがほぼ同じであることがわかる。特に、両袖の先がやや外側に広がる点、袈裟二重目腹から左肩にかけての上縁の折返り方、裙の正面での打ち合わせ方や衣文の配置、左膝外で袈裟一重目を三角形に覗かせる点が共通することは注目される。ただし六波羅蜜寺像で特徴的な体部正面を斜めにわたる衣文線は西光寺像では採用されず、西光寺像が覆肩衣の上端を折返していることは異なる。また背面では左肩に掛けた袈裟の末端の形状等あまり共通する点を見出しがたい。一方、様式的な面から比較を行うとむしろ異なる点のほうが多くなる。既に述べたように西光寺像の頭部は慶派の作風を示した当代風の面貌を示している。正面で撫で肩である点は通じるが、側面での胸を厚くしている点は鎌倉時代初期の様式をよく示している。また両像とも当初の彩色・切金文様が残っているが、文様に同じものは見出しがたく、袈裟条葉の配置も西光寺像が正面で縦に左右二本をあらわすのに対して、六波羅蜜寺像が中央に一本であるのはやや大きな違いといえる。但し、袈裟田相赤・条葉青、覆肩衣緑、裙赤という基本的な色の構成は通じる。

以上のように西光寺像と六波羅蜜寺像は様式上の違いはあるものの、図像は印相が共通するのみならず、正面での著衣形式においても通じる。先に西光寺像の作風について、体部が撫で肩であることや衣の著け方、穏やかな衣文線が、慶派風の頭部の様式と異なり平安後期風が濃厚であることを述べたが、あるいはこのような様式の混在の理由を六波羅蜜寺像の模刻であることに求めることはできないだろうか。六波羅蜜寺の地蔵といえば古くは『今昔物語集』から近世の地誌類に至るまで数多くの霊験説話が伝わっている。『今昔物語集』では巻第十七第二十一話の「但馬の前司□国挙、地蔵の助けによりてよみがへりをえたる語」がそれに該当する。これによると但馬の前司国挙は病にかかり俄に亡くなり閻魔庁に召されたものの、端厳な小僧の姿の地蔵菩薩に会い、地蔵菩薩に帰依することを条件に蘇った。国挙はその後大仏師定朝に依頼して等身の金色地蔵菩薩像を一体製作し、六波羅蜜寺で供養した。その地蔵菩薩は今も六波羅の寺に安置され実在するという。この説話に登場する国挙とは源国挙のことであり、寛弘八年（一〇一一）から長和三年（一〇一四）の間に但馬守を務め、長和四年三月には病に伏せて出家していることから、本説話が国挙の出家に係るもので出家後の長和四年から国挙が卒する治安三年（一〇二三）の間のことであることが岩佐光晴氏により指摘されている。[注13] この説話像と実在の像と比較すると、像高が説話像が等身で実在像が一五一センチ余りであることは問題ないが、説話像が金色で実在像が彩色仕上げであることは異なっている。

また、同じく『今昔物語集』巻第十七第五話の「夢の告げにより、泥中より地蔵を掘り出したる語」では、平孝義が陸奥守であったとき、その郎党の藤二なる者が陸奥に先に下り検田していると、泥の中に一尺の地蔵菩薩像を見出し、像を引き上げようとしたが、大勢でかかっても引き上げることができなかった。その夜、藤二の夢に端正な小僧の姿で地蔵菩薩があらわれ、その田が廃寺跡で多くの仏像が埋まりそれらを引き上げれば地蔵像も引き出すことができるであろうことを告げる。翌日夢告のとおりに泥中から五十余体の仏像を引き上げると地蔵もようやく上げることができた。藤二と当地の人びとは草堂を立て掘り出した仏像を安置したが、地蔵については藤二が京都へ持ち帰り、六波羅の寿久上人により彩色を改められ、今もその寺にあるという。ここに登場する平孝義は治安三年（一〇二三）頃から長元元年（一〇二八）頃まで陸奥守であったことが知られ、この頃の出来事であったことがわかる。この説話像と実在像と比較すると像高が説話像が一尺像で小さいが、彩色像であることは共通する。またこの話は『地蔵菩薩霊験記』にも収載されており比較的広く知られていたことが想像される。このように西光寺像が製作された十二世紀後半には既に六波羅蜜寺像は説話の中で語られる姿形と実在の像に違いはあるものの霊験あらたかな像として知られていた。本像の特殊な印相は、霊験仏としての六波羅蜜寺像の模刻であることに由来しているのではないだろうか。

さらに西光寺像の特殊な印相を納入品の地蔵印仏も採用していることは興味深い。この印仏は本体を製作するための勧進の際に用いられているから本体より先行することになるが、印仏と本体の関係をどのように理解することができるだろうか。想定したいのは印仏の印影が「様」つまり完成予想図として示された可能性である。印仏の印相を確認してみよう。左手屈臂して胸の高さで柄香炉を執り、右手屈臂して手先を内に向けて仰掌している。今は失われた本像の持物も柄香炉であった可能性が考えられる。印仏は一定の出来映えや整然と並べられた印影から、勧進の場でその都度結縁者が捺したのではなく、あらかじめ捺しておいた料紙の裏に結縁交名を記していたことを推定した。つまりそこでは地蔵印仏の姿が示されていたことになり、さらに想像を膨らませれば特殊な印相をとる地蔵菩薩像を製作することが説かれ、霊験を有する六波羅蜜寺像を模刻することが語られたのではないだろうか。全国で勧進するということは後に完成される地蔵菩薩像を結縁者が実際に見ることは当時は現実的ではなかったと思われるから、印仏が結縁することになる仏の姿を示すという機能を担っていたのではないだろうか。

三　願主の検討

本納入品については、地蔵印仏や一行一筆経に多数の人物名が記されていながら確実な願主名が記されていないことが課題であった。伊東氏は、納入品の『地蔵菩薩本願経』、地蔵印仏、真言陀羅尼に記された梵字の筆跡が似ていることなどから、同一人の願主が存在し、建久四年の年紀のある真言陀羅尼の奥書に記される仏子親円が願主に当たると推測し、その具体的な人物については不明としていた。改めて当該の奥書を確認すると、建久四年正月十八日に慈父羽林三品殿下の死に際して菩提を弔うために真言陀羅尼を書写したことが記される。この真言陀羅尼は書状の裏を用いたもので、その書状は左中将が差出人であることが判明し、この人物による書状はもう一つの真言陀羅尼の料紙としても用いられている。左中将とは左近衛中将の略称であり、願文や大般若経要文の料紙の書状に見られる「羽林」とは近衛府の唐名になる。伊東氏はこの左中将と真言陀羅尼を書写した仏子親円が同一人物であろうと推定されたが、果たしてどうであろうか。このように書状の裏を用いて納入品を作成することを考えると、差出人と陀羅尼の書写者に関係性があれば次のパターンが想定されよう。すなわち差出人（左中将）と書写者（親円）が同じ場合、差出人と供養の対象者（慈父羽林三品殿下）が同じ場合、受取人と書写者が同じ場合、受取人と供養の対象者が同じ場合である。伊東氏はこのうち第一の差出人と書写者が同じ場合を想定しているのであるが、この真言陀羅尼の書写の願意が父の供養ということを考慮に入れれば、願主の書状を料紙に用いるよりも供養の対象者の書状を用いたと考える方が自然ではないだろうか。同様の例として、本像と同時期の製作になる大阪大通寺の阿弥陀如来像が参考になる。[注14]大通寺像は近年の修理の際にやはり納入品が発見され取り出された。その内容は阿弥陀如来の印仏であるが、その料紙には藤原親行が差出人の書状が多数用いられていることから、近親者によって親行を供養するために親行が発出した書状が集められて印仏が捺され、親行が没した建仁三年（一二〇三）頃に親行の追善像として製作されたことが考えられている。[注15]西光寺像の真言陀羅尼も大通寺像の納入品と同様に、父を供養するために父の筆跡になる書状を用いて書写されたものと考えるべきだろう。したがって書状の左中将は願文に記される慈父羽林三品殿下であり、親円はその子ということになる。

　では左中将こと慈父羽林三品殿下とはどのような人物だろうか。改めて書状の署名部分を見てみよう（挿図6）。署名部分の上から梵字七文字、大日如来報身真言と金剛界大日・胎蔵大日の真言が書き重ねられている。これはやはり供養の対象者であることを示しているものと考えられるが、肝心なのはその署名をどう判読するかである。伊東氏は「左中将　兵衛」と読んでいるが、左中将は近衛府の官職で兵衛は兵衛府の官職であるから重ねて書くことは考えにくい。[注16]やはり左中将の後には人名が続くべきで、当該の箇所は梵字が重ねられて判読しにくいものの「公衡」と判読すべきではないだろうか。公衡という名で左中将を経験し、慈父羽林三品と称されていることから最後の官職が近衛府の官人である人物であるということになれば、藤原公衡という人物が挙げられる。著名な藤原（西園寺）公衡は左中将を経験しているが文永元年（一二六四）生まれでもちろん該当しない。ここで当てはまるのは十二世紀後半に生まれた藤原公衡である。この人物は保元三年（一一五八）に右大臣藤原公能の四

挿図6　左中将署名部分
（真言陀羅尼）

男（母は左大臣藤原実定の娘）として生まれ、後に兄藤原実守の養子となった。歌人としても知られ、『千載和歌集』『新古今和歌集』等に収載されている（『倭歌作者部類』）。文治二年十二月十五日に右中将となり、問題の左中将には文治五年十二月三十日以前に任じられている。[注17]この文治五年にはさらに従三位に叙せられており、建久元年五月二十四日に周防権守を兼ねている。羽林三品と呼ばれるためには、羽林すなわち近衛府に関わり、三品つまり官位が三位であることが条件となるが、この両方を満たすことになり、なにより書状に「左中将　公衡」とあることを踏まえればこの人物にあたると考えてよさそうである。ただし、慈父羽林三品と藤原公衡を同一人物と考えるには超えなければならない大きな壁がある。慈父としていることや真言陀羅尼の奥書に出離生死とあることから建久四年正月十八日の段階で没しているはずであるが、『公卿補任』によると藤原公衡が没したのはこのすぐ後の建久四年二月二十一日であり、真言陀羅尼の書写時点では存命であるという点である。しかしながら左中将を経験した公衡という人物はこの者以外に考えられず、むしろ奥書と没した日がこれほどまでに近接している点はかえって無関係であるとも思えない。親円が年紀の記載を間違えたということがなければ、公衡が没する前に供養を行っていることになるのである。

このような生前に供養を行うことについて想起されるのは逆修のことであろう。逆修とは生前に予め死後の仏事を修することである。逆修を修する契機について池見澄隆氏は1往生、2延寿、3死の受容の三つに分類した。公衡の場合、建久四年当時約三十六歳とまだまだ死を意識するには早かったと思われ、結果的に死を目前に修していることから③死の受容だったのであろう。『公卿補任』には公衡の死因が脚病と疱瘡によると記されている。前年の建久三年の末から疱瘡が流行していることがうかがえる記事が見られることから（『大日本史料』第四篇之四）、この流行病と発病が公衡の死を意識させ逆修を行うことにつながったのであろう。また逆修は自身の死後のために行うことが通常であるが、子が生存する親のためあるいは妻が夫のため、あるいは他者のために営むこともあったとされている。[注19] ここでは公衡の子親円が父のために逆修を行ったことになる。公衡の子は『尊卑分脈』によれば公棟、尊真、公洲（淵カ）、公賢と女子一名の五名がいたことが知られているが、いずれが法名親円であったかは不明である。[注20] ではこの事業全体が公衡の逆修のためであったかというと、勧進を開始した文治三年では公衡は二十九歳になりそれは考えにくい。勧進と真言陀羅尼の書写の目的は区別して考えるべきと思われる。

なお、納入品㉓㉔㉕㉖の分析で焼骨等の存在から供養されるべき故人の存在を想定したが、それは公衡だったかと想像される。

おわりに

最後に改めて本像の造像の経緯を確認しておこう。文治三年一年間をかけて地蔵印仏による勧進が東日本を中心として行われ、ついで文治五年に一行一筆経の書写がなされた。特に文治三年の地蔵印仏による勧進では完成されるであろう地蔵菩薩の姿、すなわち六波羅蜜寺像の模像の姿が印仏で結縁者に示されたことを推測した。その後建久四年に至り左中将藤原公衡の逆修のための真言陀羅尼がその子親円によって書写され、その後完成した地蔵菩薩像に納められた。その時期は像の様式を考えれば建久四年をさほど降らない頃であろう。本像の願主として候補となるのは今のところ親円あるいは藤原公衡が挙げられるが、公衡は文治三年で約二十九歳であることからすれば、その子親円がこのような大事業を成し遂げるには若輩に過ぎる。公衡は兄実守の養子となるが、実父は右大臣公能になり、母は左大臣実定の娘であることから財力としては十分であると考えられるものの、果たしてこのような大事業を差配できる年齢、人物であったかについては不明である。特に一行一筆経に名を連ねた高僧をまとめる力があったかは疑問である。やはり本事業をプロデュースできる手腕と思想を有した僧侶の存在を想定すべきで、公衡は本事業の複数の願主中の有力な一人として挙げられるべきであろう。文治と建久の間の時差や、企図されておきながら立ち消えとなってしまった地蔵印仏の西日本分の大半があることを踏まえれば、一度文治の事業が中断し、それを引き継ぐ形で公衡親子が最終的に造像に関わったことも推定される。いずれにしても西光寺像は平安時代末から鎌倉時代初における勧進の有り様を考える上でも様々な示唆を与えるものとして重要な一作と考えられる。

注

1 本像は水落地蔵の名で知られ、もとは京都市上京区上立売通下るの油小路通と小川通の間にあった水落寺に祀られていたことが知られる（上杉本洛中洛外図に「水おちのちざう」と見える）。『山州名跡志』（正徳元年（一七一一））によると西光寺とも号したということからある時期から水落寺と西光寺は一体となっていたとみられる。またこの時点で百万遍知恩寺西門外に移転していたことが知られる。西光寺は天文十四年（一五四五）文誉等賢により創建、天正十八年（一五九〇）に京極革堂の北に移り、寛文元年（一六六一）焼失、同二年に東山百万遍に移ったかとみられる。西光寺は明治三十二年に浅井伝蔵なる人物が中野実映を迎えて現在の場所に像とともに移した。

2 伊東史朗「〔調査報告〕津島・西光寺地蔵菩薩立像（水落地蔵）」（『愛知県史研究』一〇）平成十八年

3 伊東史朗「〔資料紹介〕愛知・西光寺地蔵菩薩像（水落地蔵）の新知見」（『佛教藝術』三四二）平成二十七年。本報告に納入品についての概要が記される。以下伊東氏の見解を引用する場合には、本報告を指す。

4 平成三十年十月三十一日付け文部科学省告示第二百八号。なお、印仏の番号は解体修理時の整理順に従って番号付けしたもので、伊東氏報告（平成二十七年）の分類では無量義経と観普賢経各一巻にそれぞれ1．2．の番号が付せられているが、地蔵印仏を先出ししたかたちである。

5　伊東史朗・青木淳「阿弥陀如来像」（『日本彫刻史基礎資料集成　鎌倉時代　造像銘記篇　第一巻』）中央公論美術出版、平成十五年

6　内田啓一「短冊形と印仏の独立」（同『日本仏教版画史論考』）法蔵館、平成二十三年

7　角田文衛『日本の女性名（上）　歴史的展望』教育社、昭和五十五年、飯沼賢司「女性名から見た中世の女性の社会的位置」（『歴史評論』四四三）昭和六十二年

8　一心寺経については、青木淳氏の報告がある。（青木淳「大阪・一心寺所蔵「一行一筆般若心経・阿弥陀経」（全一巻解説）」（『日文研叢書第十九巻　遣迎院阿弥陀如来像像内納入品資料』）平成十一年

9　奥健夫『日本の美術　五一三　清凉寺釈迦如来像』至文堂、平成二十一年

10　高橋秀栄「宝樹院阿弥陀三尊像の像内納入文書について」（『三浦古文化』五〇）平成四年、内田啓一「仏教版画概要」（同『日本仏教版画史論考』）法蔵館、平成二十三年

11　佐々木守俊「『地蔵菩薩応験記』所収「空観寺僧定法模写地蔵感応記」について」（同『平安仏教彫刻史にみる中国憧憬』）中央公論美術出版、平成二十九年

12　岩佐光晴「六波羅蜜寺地蔵菩薩立像について」（『美術史学』六）昭和六十年、浅見龍介「《調査報告》六波羅蜜寺の仏像」（『MUSEUM』六二〇）平成二十一年。浅見氏の報告では透過エックス線画像を用いて調査した結果、手首先の矧ぎは当初から変わりないとしている。六波羅蜜寺像の写真は浅見報告を参照されたい。

13　前掲注12岩佐論文。

14　特別展図録『仏像からのメッセージ　像内納入品の世界』神奈川県立金沢文庫、平成二十三年

15　『月刊文化財』平成二十五年六月号

16　松原茂氏の御教示による。

17　『公卿補任』非参議従三位藤公衡、左中将、周防権守、二月廿一日逝去、依却病并疱瘡也、故右大臣公能公四男、母同左大臣、○実定、母中納言俊忠女、兄権中納言実守卿為子、仁安元年十二月卅日従五位下、皇后宮未給、嘉応元年正月七日従五上、上西門院未給、二年七月廿六日侍従、承安四年正月廿一日備前介、安元三年正月廿四日正五下、年月日右少将、寿永二年三月八日近江介、八月十四日皇后権亮、立后日、十月十三日従四下、皇后宮入内賞、二年二月廿一日従四上、朝観行幸皇后宮御給、元暦元年十月廿日禁色、文治二年十二月十五日任右中将、三年正月廿三日美乃介、六月廿八日止亮、依院号也、四年十二月十九日正四位下、大嘗会国司賞、五年十二月卅日叙従三位、左中将如元、建久元年五月廿四日兼周防権守、○系図纂要ニ、号菩提院トアリ、

18 池見澄隆「逆修信仰――論拠と実態」（同『中世の精神世界――死と救済』人文書院）昭和六十年

19 川勝政太郎「逆修信仰の史的研究」（『史迹と美術』五六ノ一〇）昭和六十一年
他者のための逆修の例として、寛弘五年（一〇〇八）八月十四日から十月三日にかけて皮聖行円が広く衆生のために逆修を行った例が知られる（『日本記略』後編十一、寛弘五年八月十四日条）。また時代は降るが生前の母のため逆修を行っている例として福島市医王寺の正和二年（一三一三）銘の板碑が知られる。

20 『尊卑分脈』藤原氏公季公孫

Ⅲ　東アジアのなかの日本

対馬・法清寺の諸像にみる「境界」について

大澤　信

はじめに

対馬には古来日本列島と朝鮮半島の結節点あるいは境界として、東アジアの多種多様な文物が海を通じてもたらされた。古代の仏像に限れば、中国・北魏時代、興安二年（四五三）銘を持つ銅造如来坐像が最も古く、その後七世紀以降の作品が確認できる。しかし北魏仏を除けば、大部分が朝鮮半島で制作された仏像であり、日本の仏像は九〇〇年前後の作と推定される法清寺木彫群まで待たなければならない。

対馬の人びとは、日朝間の国交が断絶しても絶えず交易を続けており、それは対馬に残る渡来仏からもうかがい知れる。この古代日朝交流史を考えるうえで重要な作品が、厳原町樫根・法清寺に伝わっている。

法清寺は、文永十一年（一二七四）の蒙古襲来のとき、対馬の守護代の宗資国が一族郎党八〇余騎をひきいて討死した佐須浦（小茂田）の東方二キロに所在する。平安時代後期の千手観音菩薩立像を本尊とし、「対馬六観音」の一つとして信仰を集める曹洞宗の古刹である。対馬藩士の平山東山（一七六二〜一八一六）が文化六年（一八〇九）に編纂した対馬の史誌『津島紀事』巻之九・下原村観音堂条によれば、聖武天皇の時代に千手観音像を郡庁佐須院に安置したことに始まったという。[注1]

法清寺には、韓国・三国時代の銅造菩薩立像と、平安時代の木彫群（ともに長崎県指定文化財）が安置されるが、かつて前者は日本の仏、後者は蒙古仏と認識されていた。[注2] この国籍の錯綜は、日朝の境界に位置する対馬ならではの問題であり、ここでは法清寺の諸仏から、仏像の「境界」について考えてみたい。

近年、韓国の学界において重要な問題が提起された。それは韓国国宝第七八号の金銅半跏思惟像（国立中央博物館所蔵）の制作国が研究者によって見解が異なることに関して、果たして三国の「境界」を明確に区分することが可能なのか、また「境界」を引いて三国の作例をその枠組みの中にはめ込んでいくことが、韓国美術史を誤って認識させる「歪曲」に繋がってしまうのではないか、というものである。[注3] 石仏は移動する可能性が低いため、三国の境界が揺らぐ地域の作例を除けばその制作国を確定させやすいが、金銅仏は移動が可能であるため、出土地や伝来地を作品の制作国とみなすには慎重な議論を要する。[注4]

しかしながら、古代日本における朝鮮半島の仏像様式の伝播を考える際に、三国それぞれの仏像様式を考察し、共通点および相違点を分析することはきわめて重要な過程であり、その分析なしには古代東アジア交流史を語ることはできない。

本稿では、銅造菩薩立像が三国のどこで制作されたのか、従来述べられていた百済ではなく、新羅である可能性を指摘する。さらに七世紀における新羅仏と白鳳仏の影響関係の中に法清寺像がどのように位置づけられるのか、先学の研究成果に導かれながら考えてみる。そして最後に、対馬の人びとが抱いていた法清寺木彫群の国籍に対する認識の変遷を追い、日朝の境界という特殊な地理的条件にある対馬の人びとの仏像観を辿ってみたいと思う。

一　銅造菩薩立像の制作国について

対馬は、天武天皇三年（六七四）三月に日本で最初に銀が産出した場所として知られている。[注5] その主産地が佐須川流域であり、法清寺のある樫根には延長五年（九二七）の『延喜式』にも記載される銀山神社が鎮座し、その奥の渓谷には「銀の本」という地名が残されている。銅造菩薩立像は「瀧の観音」として篤く信仰され、もとは「カネンモト」と呼ばれた銀坑の瀧の上の岩に安置され、坑夫が身の安全を祈り坑道へと入っていったという。のちに法清寺境内の小祠に移され、法清寺の本尊として祀られるようになった。[注6]

挿図１　銅造菩薩立像（長崎・法清寺）

まず、形状を確認する（挿図1）。本像は総高一七・三センチ、像高一三・四センチの立像である。頭部は、頂上に髻とおぼしき突起をあらわし、三面頭飾の宝冠を戴く（右側面の頭飾のみ蕨手状につくるが、正面と左側面の形状は明確でない）。両耳上にはピン状の突起と、後頭部には頭光を支える枘を造出する。面部は体部に比べて大きく面長である。眉目は切れ長とし、小ぶりな鼻、口角を引き締めた唇が特徴的である。両耳の後方から垂髪が垂れ、蕨手状に両肩にかかる。白毫・三道はあらわさない。耳朶は板状不貫。胸飾は二条とし、玉繋帯と無文の基本帯からなり、珠状の垂飾をつける。臂釧・腕釧は上下の縁を線刻であらわす。両肩から天衣をかけ垂髪の下を通る。天衣の左方は体側部に添って垂下したのち両膝下をU字形にわたり、右腰脇で右前膊にかかり体側に垂下する。天衣の右方は、体側部に添って垂下したのち、右腹脇から腹部をU字形によぎり、左前膊にかかり体側に垂下し、先端は台座に達する。珠繋ぎ状の瓔珞を天衣の上縁にあらわす。裙をつけて上部を折り返す。裙の上縁を腰帯で留め、その先端は両膝に垂れる。

両手を屈臂し、左手は胸の高さに上げて掌を前方に向け、第三・四指をわずかに曲げ、右手は腰の高さで前方に差し出し、掌を下に向けて第二～五指をわずかに曲げる。腹部を前方に突き出し、腰を右に捻り、左足を遊脚として、足先を開いて反花座に立つ。

台座は蓮肉・反花・框からなる。反花は素弁八弁間弁付きで、丸みのある先端とする。

次に技法を確認する。原型は蠟型によるものと推測され、全容を一鋳する。本体はムクで台座のみ中型をつくる。火中したためか全身が黒褐色を呈し、頭飾や頭光用枘に地金が露出しているが、現状で鍍金は確認できない。

本像を学界に紹介したのは菊竹淳一氏であった。[注7] 氏は、昭和四十七年（一九七二）に九州大学美学美術史研究室が実施した調査で本像を見出し、百済末期の作と推定された。その根拠として、あどけない表情の面相、腹部を突き出した体軀、高さのある台座や反花の形状といった造形的特徴が百済の仏像にみられるとした。その後、韓国でも鄭永鍋氏が本作を百済仏として紹介し、日本では村田靖子氏、井形進氏も作品解説や論考の中で菊竹氏の百済説に触れている。[注8]

その一方で、新羅仏と推定する見解も存在する。[注9] 松浦正昭氏は、新羅仏である可能性が高い長崎・報恩寺所蔵の銅造如来立像[注10]と台座の形状が共通することから、法清寺像を新羅仏とみなし、さらに兵庫・一乗寺の銅造観音菩薩立像にこれら新羅仏の影響が認められることを指摘された。

挿図２　金銅観音菩薩立像（韓国国立中央博物館）

このように現在に至っても、本像の制作国については、百済・新羅の両説が並んでいる。ここでは法清寺像にみる四つの造形的特徴（①面相、②体軀、③着衣、④台座）を、朝鮮半島の仏教彫刻史の流れに位置づけ、その制作国を検討する。

①面相　かつて菊竹氏が「あどけない顔貌」と評されたように、本像は伸びやかな弧線を描いた眉と小ぶりな鼻、細く切れ長の目、口角を引き締めて人中のくぼみを強調した唇が特徴的である。その造形の源流は、東京国立博物館所蔵の石造菩薩立像（隋・開皇五年（五八五））など、北斉・隋に流行した、温和な表情を持ったいわゆる童形像に求められる。朝鮮半島の作例中その表現が最も近いものに、韓国国立中央博物館が所蔵する、ソウル道峰区三陽洞出土の金銅観音菩薩立像（七世紀前半）（以下、三陽洞出土像とする）がある（挿図２）。三陽洞出土像は額や顎の肉取りが豊かであるのに対し、法清寺像は面長であるな

ど違いも認められるものの、眉目、鼻、唇の造形はきわめて近い。この面相の造形は、韓国国立中央博物館所蔵の京畿道楊平郡出土金銅如来立像、東京国立博物館所蔵の伝慶尚北道善山出土・銅造菩薩立像（挿図３）など七世紀の新羅仏にみられる特徴といえる。

②体軀　法清寺像は頭大短軀のプロポーションで、頭部の奥行の厚みに対して体軀は薄手である。腹部を前方に突き出す様式は、北斉・北周にあらわれ隋に継承される造形である。[注11] 三国の作例と比較すると、先述の三陽洞出土像が最も近い。片足を遊脚とし腰を大きく捻る表現は、朝鮮半島では七世紀前半以降に流行したもので、慶州・拝洞石造三尊仏の菩薩立像（新羅・七世紀前半）（挿図４）、韓国国立中央博物館所蔵の江原道寧越出土銅造菩薩立像（新羅・七世紀前半）（以下、寧越出土像とする）（挿図５）、東京国立博物館所蔵の伝慶尚北道善山出土銅造

挿図３　銅造菩薩立像（東京国立博物館）

挿図４　石造菩薩立像（慶州・拝洞）

挿図５　金銅菩薩立像（韓国国立中央博物館）

菩薩立像（新羅・七世紀中頃）（挿図3）など、新羅の領域内から発見された仏像に多い。

③着衣　体部正面で天衣を上下二段にしてU字形にかける表現は、中国では北斉・北周にあらわれ、隋・唐において流行した。それ以前の北魏・東魏・西魏は体部正面において天衣をX字形に交差させ、また厚手の衣をつけて身体の露出を抑える造形が主流であった。北斉・北周にいたると衣が薄手となり、上下二段のU字形天衣があらわれ、身体を露出し、体軀の輪郭と曲面を強調する様式に変化を遂げる。この変化は、魏の漢化様式から脱却して仏陀本来のイメージを求めた結果、西方様式の影響を受けて新たな様式が出現したものと解されている。[注12]

挿図6　鳳凰里磨崖仏像群

では、中国の北斉・北周に西方様式の影響を受けて成立し、隋唐へと継承された上下二段のU字形天衣は、いつ朝鮮半島に流入したのであろうか。

もっとも制作年代が遡る作例として、忠清北道忠州・鳳凰里磨崖仏像群の菩薩立像が挙げられる（挿図6）。韓国では六～七世紀初の作例と推定されている。[注13] 本像が制作された忠州は、当時新羅の領域に属した。新羅は法興王代（在位五一四～四〇）に仏教を公認したのち、真興王代（在位五四〇～五七六）に領土を飛躍的に拡大させた。[注14] 朝鮮半島の西海岸、とくに漢江流域をめぐっては、六世紀中頃までは高句麗や百済がその領土を争い、新羅と中国諸王朝との外交は、北朝は高句麗、南朝は百済の力を借りて推し進めなければならない状況であった。五五二年に百済から漢城（現在のソウル）を奪取して西海岸を領土に取り込むと、新羅はすぐさま北周・北斉へと遣使を送り、中国の制度や文物を積極的に受容していく。このようにして六世紀中頃以降、新羅は高句麗・百済に対抗すべく、中国との外交を積極的に推し進めて国土の強化を図っていったのである。本像が制作された忠州は、西海岸から都・慶州にいたる重要な中継地点であり、この地域の石仏に中国の新たな様式の影響が看取されることは注目すべきポイントである。

七世紀前半になると、三国の中でも新羅の仏像にU字形天衣が集中して確認できるようになる。[注15] 慶州南山の拜洞石造三尊仏立像（七世紀前半）（挿図4）、慶尚北道栄州・可興寺磨崖三尊仏像（七世紀中頃）、慶州・長倉谷石造弥勒三尊像（七世紀中頃）、慶州・仙桃山磨崖三尊仏立像（七世紀中頃～後半）にみられ、統一新羅初期・七世紀後半の軍威石窟に継承される。また、金銅仏にも数多く確認できる。最も早い時期の作例に、三陽洞出土像（七世紀前半）（挿図2）、韓国国立中央博物館所蔵の江原道寧越郡出土金銅菩薩立像（七世紀前半）（挿図5）が挙げられる。とくに寧越出土像とは多くの共通点が認められる。小ぶりな三面頭飾、蕨手状の垂髪、両肩から体部正面でU字形に渡って両前膊にかかる天衣、左足を遊脚とし腰を右に大きく捻った三屈曲の姿勢、背面にみる裙の衣文などは、まさに法清寺像の原型ともいえる要素を備え持つ。ただし相違点も認められ、法清寺像は頭大短軀で胸を引いて腹部を突き出したプロポーションとするが、寧越出土像は頭部が小さく、首をやや前傾させて胸以下を真っすぐにするなど、より写実的なプロポーションを保っている。

一方、百済地域では、伝扶余・窺巌里発見の金銅菩薩立像（個人蔵）など三国末～統一新羅初・七世紀中頃の作例に二段U字形天衣があらわれるものの、流行した形跡はみえない。

④台座　法清寺像は、丸みを帯びた舌状の素弁を配した高めの反花座に立つ。かつて菊竹氏は、本像を百済仏とみなす根拠のひとつに台座の造形を挙げられた。瑞山磨崖三尊仏（百済・七世紀初）（挿図7）の台座と比較すると、丸みを帯びた蓮弁の形状は近く、法清寺像に百済の要素が見出せるのは確かである。しかしながら、この台

座の特徴は百済仏のみにみられる表現なのだろうか。

法清寺像の台座の成立に関して注目すべき作例二軀が韓国国立中央博物館に所蔵される。第一に三陽洞出土像、第二に寧越出土像である。三陽洞出土像は先述のとおり、法清寺像と面相やプロポーションが最も近い作例である。ここで注目すべきポイントは、三陽洞像が発見されたのが漢江流域という点である。

高句麗・百済・新羅の三国は、中国との航路を結ぶための重要な拠点である漢江流域をめぐって争った。三陽洞出土像が制作された七世紀にはこの地域は新羅の領域であるが、三陽洞出土像の蓮弁をみると三国それぞれの要素が混在していることがわかる。つまり三陽洞像は高句麗や百済の影響を受けながら成立した新羅仏で、法清寺像は三陽洞像などから影響を受けて成立した作例と筆者は考えている。

挿図7　菩薩立像
（瑞山磨崖三尊仏）

挿図8　塑造菩薩立像
（韓国国立中央博物館）

韓国国立中央博物館所蔵の平壌元五里廃寺址出土の塑像群（高句麗・六世紀）（挿図8）と三陽洞像を比較すると、蓮弁の形状は近似している。その一方で、百済の瑞山磨崖三尊仏（挿図7）や、百済工人の関与が想定される東京国立博物館所蔵の金銅三尊仏（法一四三号）にも同様の蓮弁様式が認められる。主として高句麗は北朝・東魏、百済は南朝・梁の影響を強く受けているが、新羅の場合、高句麗・百済から影響を受けていたと推測される。寧越出土像の台座にみる量感のある蓮弁も、寧越という地域が新羅に帰属する前は高句麗の領域であったことと無関係ではない。

新羅では三陽洞出土像や寧越出土像のほか、韓国国立中央博物館所蔵の慶尚北道栄州宿水寺址出土金銅如来立像（新羅・七世紀前半）（挿図９）などにも図様の蓮弁の表現が認められる。七世紀前半までは量感のある立体的な蓮弁にあらわされるが、七世紀中頃にいたるとその量感は減じ、法清寺像にみられる平面的な舌状の蓮弁を配した台座が流行する。

なかでも慶尚北道善山から出土した作例に法清寺像と同様の蓮弁様式が多く見出せるのは興味深い。韓国国立中央博物館所蔵の善山出土金銅観音菩薩立像（新羅・七世紀中頃）（挿図10）をみると、蓮弁は舌状に長く垂れて先端が反り上がった様式にあらわされる。東京国立博物館所蔵の伝善山出土金銅菩薩立像二軀（新羅・七世紀中頃）（挿図３）にいたると、舌状の蓮弁は平板化する傾向がみえる。法清寺像は東京国立博物館像の蓮弁に近く、これら善山系金銅仏の系譜に連なる、七世紀中頃の作と位置づけられよう。

挿図９　金銅菩薩立像
（韓国国立中央博物館）

以上、法清寺像にみる四つの造形的特徴を他作例と比較した。その結果、法清寺像は新羅地域の造像と共通することが明らかとなり、なかでも慶尚北道善山の造像の系譜に連なることを指摘できた。百済仏の様式が看取されるのは、新羅仏が百済の影響を受けて成立したためと解釈できる。

挿図10　金銅菩薩立像
（韓国国立中央博物館）

では、法清寺像など七世紀の新羅仏は、日本の白鳳仏にどのような影響を与えたのだろうか。

日本の白鳳仏は、北斉・隋・唐にいたる多種多様な様式にもとづいて制作されたことが指摘されている。[注16]

挿図11　金銅観音菩薩立像（兵庫・一乗寺）

さらに、新羅仏の様式を部分的に受容したことも先学の研究によって明らかにされており、[注17]淺湫毅氏は山陰地方の白鳳仏に新羅との直接的な影響関係があったことを指摘されている。[注18]なお、法清寺像と共通した造形的特徴を備える作例が、兵庫・一乗寺所蔵金銅観音菩薩立像（挿図11）や石川・薬師寺所蔵金銅如来三尊像に確かめられる。浅井和春氏は、両像は造形および技法が類似し、一乗寺を開いた法道仙人が薬師寺の創建にも関わっていることから、同系仏師の関与を想定され、彼らが漂泊しながら造仏に関わっていた可能性を指摘された。[注19]一乗寺には、その他に統一新羅時代・八世紀の銅造菩薩立像が伝わっており、新羅との交流があったことは確かである。

七世紀には都であった奈良の造像において、新羅から直接的に影響を受けた作例は多くないが、地方の造像には新羅人の関与が想定できる作例が確認できる。その背景には七世紀における東アジアの情勢変化が大きく関わっている。

六六三年、白村江の戦いで百済遺民と倭が唐軍に敗れると東アジア諸国の関係は緊迫し、六六九年から七〇二年までの三十二年間、遣唐使の派遣は断絶した。白村江の戦い以後、多くの百済遺民が日本に渡来・定住し、新羅は六六八年に高句麗を滅ぼし、唐の勢力を追い出して朝鮮半島を統一すると、倭への遣使を積極的に送るようになった。[注20]この遣唐使が断絶していた七世紀後半～八世紀初、とくに天武・持統朝には、唐の制度を取り入れて律令や藤原京の整備を進めた時代になる。倭が唐との直接的な交流を持たなかったこの時代、唐の人・文化・文物を請来したのが新羅の使節であったことはいうまでもない。実際に持統天皇二年（六八八）二月と翌年四月に新羅より金銅仏がもたらされたという記録も存在する。[注21]このように七世紀後半以降、新羅から多数の仏教文物がもたらされていたはずで、法清寺像もこのような流れで新羅から対馬に伝えられた可能性が高い。

次に、同寺院が所蔵する木彫群をめぐる国籍の認識の変遷について文献史料を中心にひも解いていこうと思う。

二　木彫群の国籍認識について

法清寺観音堂には、木造千手観音菩薩立像をはじめ平安時代・十〜十二世紀にかけて制作された木彫群一六軀および残欠（頭部、背部材、左前面材）が安置されている。[注22]これら木彫群は、かつては法清寺が所在する樫根より北方一キロ離れた、下原村鶴野の「佐須観音堂」に祀られていた。明治二十一年（一八八八）に法清寺の境内に観音堂が建てられ、木彫群も移安された。

明治四十一年に編纂された『法清寺鎮守千手観音堂宝物目録』には次のように記される。

蒙古佛像　　現在　捨六体
　　　　　　其他　六体
　　　　　　合計　弐捨弐体

六体内訳
明治二十三年第三回東京勧業博覧会へ旧藩主宗伯爵ヨリ出品弐体（a）
明治三十一年対馬警備隊へ貸附弐体（b）
明治三十二年三月九日、佐々木侍従武官経由宮内省へ献納一体（c）
明治三十六年当寺本山越前永平寺へ献納一体（d）

この記録によれば、「蒙古仏」と呼ばれた木彫群一六軀が堂内に祀られ、そのほか二軀が明治二十三年に東京・上野で開催された第三回内国勧業博覧会に出品[注23]、明治三十一年には厳原に所在した対馬警備隊に二軀が貸与、さらに翌年には対馬を巡回した侍従武官・佐々木直が一軀を持ち帰って宮内省へ献納し、明治三十六年には曹洞宗の総本山である福井・永平寺に一軀を献納したことが知られる。明治時代に寺を離れた六軀については、（a）の二軀は内国勧業博覧会の出品後、帝国博物館が収蔵し、現在は東京国立博物館が所蔵する。[注24]（b）の二軀は現在所在不明であり、（c）は宮内庁三の丸尚蔵館が[注25]、（d）は福井・永平寺が所蔵する。[注26]

「蒙古仏」として祀られていたため、明治維新の際に尊王攘夷派の旧対馬藩士が「蒙古仏」を夷敵として刀で切り刻み、その痕跡が各像に残されている。

木彫群の伝来については、近世の記録に度々登場しており、大きく二つに分類できる。第一に、朝鮮王朝の廃仏によって捨てられ佐須浦に漂着したというもの、第二に、文永の役の際、蒙古軍によって船載されたというものである。

平山東山編『津島紀事』によれば、佐須観音堂に安置される諸像は、亨徳年間（一四五二〜一四五四）に高麗で棄てられたものが佐須浦に漂着し、それを堂内に奉安したものと記す。[注27]また、『笠淵奇聞』（文政二年（一八一九））には「本朝製作の仏体とは、とふやら違申、殊に至て粗工に相見へ、然も彩色等も無御座候」と記され、やはり異国の仏として認識されていた。

その一方で、法清寺の仏像を「朝鮮仏」と認識していたことを示す史料も存在する。佐賀藩多久の学者・草場佩川（一七八七〜一八六七）の『津島日記』[注28]をひも解くと、文化八年（一八一一）に対馬を訪れた朝鮮通信使に関する記録のあとに草場が佐須観音堂を訪ねたことが記され、木彫群の挿絵が描かれている（挿図12）。草場は朝鮮通信使を接遇したのち有明山を登って佐須郷に入り、無住の「廃寺」（佐須観音堂）に行き、数十軀の仏像を見て写照したという。

挿絵には「朝鮮仏像」として七軀の仏像が描かれている（挿図12）。立像を描いた挿絵には、中央に三面頭飾の宝冠を戴く観音菩薩立像（e）が、左には宝冠を戴き右手に未敷蓮華を執る天部立像（f）が、右には十一面観音菩薩立像（g）が描かれる。坐像を描いた挿絵には、中央に両手先を欠失した如来坐像（h）が、左には老相の僧形坐像（i）が、右には腹前で印を結ぶ如来坐像（j）と、その脚上に円頂の僧形立像（k）が描かれて

挿図 12　『津島日記』の木彫群

挿図 13a　中央・木造菩薩立像（東京国立博物館）(e)／右・木造天部立像（長崎　法清寺）(f)／左・十一面観音立像（長崎　法清寺）(g)

いる。

（e）像は東京国立博物館所蔵の菩薩立像、（f）～（j）は法清寺に安置されている（挿図13a・b）。なお、（k）像は両手を衣で覆っており、現存する作例のうち本像に合致する作例は見当たらない。

ここで想起されるのは、明治時代に対馬警備隊に貸与した二軀の仏像である。八尋和泉氏は、現存する木彫群の尊像構成が中尊寺金色堂諸像と類似することから、地蔵菩薩像あるいは天部像が寺外に流出している可能性を指摘された。[注29]『津島日記』に描かれる僧形立像は対馬警備隊に貸与した像に該当する可能性も考えられる。平山東山が著した『宝地伝記』には「樫根村観音堂の木造廿二体、其名称を詳にせず、立像二十体にて（二体四尺八寸余、六体二尺六寸余、十一体二尺四寸余、一体二尺四寸許）座像三体（結跏上尺、各一尺八寸余、其像殊に大なり）」と記されており、現存作例と比較すると、対馬警備隊に貸与した二軀は「二尺四寸余」と「二尺四寸許」の立像に該当することが判明する。

『津島日記』の挿絵と現存作例を比較すると一部異なる点が認められる。（f）は宝冠の化仏と右手先が存在

挿図13b　中央・木造如来坐像（長崎　法清寺）(h)　／　右・木造僧形坐像（長崎　法清寺）(i)　／左・木造如来坐像（長崎　法清寺）(j)

し、（g）は未敷蓮華を執る右手先が確かめられる。（h）・（i）は大きな違いは認められず、（j）は面相の原形が残され、（k）は両肩先が確認できる。これらの相違点については、草場の頭の中で復元されたイメージが描かれたものと推測される。

なお、一部の知識人は本像を日本の仏像と認識していたようで、対馬藩士の平山東山は『津島紀事』の中で、「文永の役に蒙賊が載来した仏体といって俗に蒙古仏と称するが相似て非なり」と追加注を付している。注30

このように、法清寺の木彫群は「蒙古仏」あるいは「朝鮮仏」と呼ばれる一方、日本の仏とも認識されていたことがわかる。仏像の国籍は、伝来した地域の歴史と結びつき、またその時々の社会背景の影響を受けて変化していったことが、これらの史料からうかがい知れる。

おわりに

本稿では、対馬・法清寺の諸像に焦点をしぼり、それらにみられる「境界」について考察した。かつて日本の仏像として祀られていた銅造菩薩立像は百済なのか、あるいは新羅なのかという制作国をめぐる問題と、木彫群は蒙古・朝鮮なのか、それとも日本なのかという、仏像を祀ってきた対馬の人びとの仏像観を各史料によって辿った。

対馬の寺社をめぐると、渡来文物が日本の文物と分け隔てなく混在し、生活の中に当たり前のように息づいていることに驚かされる。近代日本において美術史学が誕生すると、美術品や文化財という言葉でくくられたこれらの文物から、日本のアイデンティティを浮き彫りにしようと国史形成の一翼を美術史学が担うようになった。こうして日本に伝わる文物を「国籍」という観念で区分し、時には渡来文物を中国製あるいは朝鮮半島製という理由で「日本美術史」の枠組みから外してしまうことさえあった。

前近代の日本人はこれら渡来文物をどのようなまなざしでみてきたのだろうか。「境界」に生きた対馬の人びとは我々の想像以上に広い視野を持って文物をながめていた。これら渡来文物を日本美術史から排除するのではなく、日本美術史、ひいては東アジア美術史の枠組みにどのように位置づけるか、東アジアという視点に立って作品を考えることの重要性を、対馬の仏像が我々に問いかけているように思えるのである。

注

1 「観音堂（佛像千手観音）聖武天皇朝安置観音於郡廳佐須院（堂地庁古址也）事迹在恵古條下附堂領、佛像有數多是高麗所擲弃亭徳中漂到于佐須浦取安堂中、堂地謂之観音山」鈴木棠三編『津島紀事　下巻　対馬叢書４』東京堂出版、一九七三年、四九頁。

2 対馬において本格的な仏像調査が実施されたのは昭和四十七年（一九七二）であった。本調査の責任者であった菊竹淳一氏は「蒙古仏」があると聞いて法清寺を訪れたところ、その蒙古仏は九州島内でも数少ない平安時代前期の彫刻であったことに驚き、日本の仏像はどれかと尋ね、地元市民が差し出したのが韓国・三国時代の銅造菩薩立像だったという。大澤信「対馬の島人と仏像の軌跡と現在」九州国立博物館・対馬市編『対馬――遺宝にみる交流の足跡』二〇一七年、九一頁。

3 林玲愛「한국 고대 불교조각의 허물어진「경계」――국보 제78호 반가사유상（韓国古代仏教彫刻の崩れた「境界」――国宝第78号半跏思惟像）」『講座　美術史』四五号、二〇一五年。

4 延嘉七年（五三九）銘を有する金銅如来立像は、光背銘から高句麗の作例であることが明らかであるが、出土したのは慶尚南道宜寧郡であり新羅地域となる。

5 『日本書紀』天武天皇三年（六七四）三月条。

6 九州歴史資料館編『九州の寺社シリーズ12　対馬　樫根　法清寺観音堂』一九九二年、阿比留徳勇『対馬六観音』西日本新聞印刷、一九九三年。

7 菊竹淳一「対馬・壱岐の朝鮮系彫刻」『佛教藝術』九五号、昭和四九年、一八〜二〇頁。

8 鄭永鎬『백제의 불상（百済の仏像）』図書出版チュリュソン、二〇〇四年、二九二〜二九五頁、村田靖子『小金銅仏の魅力——中国・韓半島・日本——』里文出版、二〇〇三年、井形進「対馬の仏像の諸相」佐伯弘次編『中世の対馬 ヒト・モノ・文化の描き出す日朝交流史』勉誠出版、二〇一四年。

なお、制作国について言及せず、三国時代の表記に留めるものに、松原三郎『韓国金銅仏研究』吉川弘文館、一九八五年、一〇五頁、九州歴史資料館編『九州の寺社シリーズ12 対馬 樫根 法清寺観音堂』一九九二年、一七頁、竹下正博「菩薩立像」久野健編『仏像集成8 日本の仏像〈中国・四国・九州〉』学生社、一九九七年、長崎歴史文化博物館編『宝の島 対馬』二〇〇八年、がある。

9 奈良国立博物館編『東アジアの仏たち』一九九六年。

10 袈裟を偏袒右肩に着けて片手で宝珠を執る如来像は、慶州・皇龍寺址出土像（国立慶州博物館所蔵）や慶尚北道栄州・宿水寺址出土像（国立大邱博物館所蔵）など新羅地域で発見されており、新羅の様式と認識されている。閔丙贊・篠原啓方訳「韓国三国時代の金銅如来立像の図像再考——右手に宝珠を持つ如来立像を中心に——」『鹿園雑集』二〇〇四年、姜熺靜「7世紀 偏袒右肩 佛立像의 起源과 展開」『新羅史学報』三六号、二〇一六年。

11 濱田瑞美氏は、腹部を突き出す様式が龍門石窟賓陽中洞や響堂山石窟の皇帝行列図にみられることから、これら聖王や権力者が持つ威容をあらわすイメージが北周の仏像に影響を及ぼした可能性を指摘されている。濱田瑞美「中国西魏・北周の仏教彫刻——如来像の様式変容をめぐって——」『美術資料』第八九号、二〇一六年、一一〇〜一一四頁。

12 岡田健「南北朝後期仏教美術の諸相」『世界美術大全集 東洋編 第3巻 三国・南北朝』小学館、二〇〇〇年、二九九〜三二一頁。

13 鄭永鎬「韓国新発見の磨崖半跏像二例」『半跏思惟像の研究』吉川弘文館、一九八五年、姜友邦『한국 불교 조각의 흐름（韓国仏教彫刻の流れ）改訂版』大圓社、一九九九年。

14 三国の政争史および対外関係史については、田中俊明編『朝鮮の歴史——先史から現代』昭和堂、二〇〇八年、李成市編『朝鮮史1——先史〜朝鮮王朝——』世界歴史大系、山川出版社、二〇一七年、を参照。

15 金理那『韓國古代佛敎彫刻比較研究』文藝出版社、二〇〇三年、四〇〜四二頁。

16 岩井共二「中国彫刻と白鳳仏」奈良国立博物館編『白鳳——花ひらく仏教美術——』二〇二一〜二〇五頁。

17 毛利久『仏像東漸　朝鮮と日本の古代彫刻』法蔵館、一九八三年、林南壽「新羅彫刻의 對日交涉」『新羅 美術의 對外交涉』藝耕、二〇〇〇年。
18 淺湫毅「伯耆一宮経塚出土の金銅菩薩立像――白鳳時代における山陰地方の金銅仏造像をめぐって――」『ＭＵＳＥＵＭ』第五五一号、一九九七年。
19 浅井和春「兵庫・一乗寺　観音菩薩立像について」『佛教藝術』一五八号、一九八五年。
20 李成市氏によれば、高句麗の滅亡後（六八七年）から新羅使来航（七七九年）まで、新羅から派遣された使節は四七を数えるという。大宝期と聖武天皇の即位に画期を置き、三期にその性格を分類され、一期に該当する六六八年から六九六年までの二十九年間には新羅から二五回使節が派遣された。李成市「統一新羅と日本」『古代を考える日本と朝鮮』吉川弘文館、二〇〇五年。
21 『日本書紀』持統天皇二年二月条「二月庚寅朔辛卯、大宰獻新羅調賦、金銀絹布、皮銅鐵之類十餘物、幷別所獻佛像。」、持統天皇三年夏四月条「壬寅、新羅遣級飡金道那等、奉弔瀛眞人天皇喪。幷上送学問僧明聰・観智等。別獻金銅阿弥陀像・金銅観世音菩薩像・大勢至菩薩像、各一軀、綵帛錦綾。」
22 法清寺木彫群の伝来については、錦織氏による詳細な研究がある。錦織亮介「対馬・法清寺の木彫群」『佛教藝術』九五号、一九七四年。
23 前掲注22錦織論文では「宗伯爵（重宗）」と割注を付しているが、宗重宗という人物は存在せず、当時伯爵であった宗重正（一八四七〜一九〇二）が博覧会への出品に関与していた可能性が高い。古川祐貴氏よりご教示賜った。
24 宮内庁三の丸尚蔵館編『珍品ものがたり』二〇一二年、図版1。
25 福井県立美術館『大永平寺展――禅の至宝、今ここに――』二〇一五年、図版54。
26 前掲注1参照。
27 草場珮川『影印本　津島日記（草場珮川日記別巻）』西日本文化協会、一九七八年。本史料の存在については、永留史彦氏よりご教示賜った。
28 八尋和泉「対馬の仏像」『対馬の美術』西日本文化協会、一九八七年、二六四頁。
29 前掲注1参照。

〔図版出典〕

挿図1・4・7 筆者撮影。挿図2『三國時代佛教彫刻』韓国国立中央博物館、一九九〇年。挿図3『東京国立博物館図版目録 東洋彫刻篇1』東京国立博物館、二〇一五年。挿図5・8・9・10『古代佛教彫刻大展』韓国国立中央博物館、二〇一五年。挿図6 大西修也『デジタル技術を応用した日韓古代彫刻資料の保存と復原に関する研究』平成15～平成17年度科学研究補助金基盤研究（B）研究成果報告書、二〇〇六年。挿図11 東京国立博物館編『特別展図録 金銅仏――中国・朝鮮・日本――』大塚巧藝社、一九八八年。挿図12 草場珮川『影印本 津島日記（草場珮川日記別巻）』西日本文化協会、一九七八年。挿図13a中央・b左 九州国立博物館提供、13a左右・13b中央・右 西日本文化協会編『対馬の美術』西日本文化協会、一九七八年。

古代韓国における薬師信仰の展開と造像

林　南壽
（清水紀枝　訳）

はじめに

インドに端を発した仏教が、アジア各国でどのように受容され、また多様な環境のもとでいかに変容したかという問題は、仏教美術史研究の中で最も興味深いテーマとして注目を浴びてきた。[注1] 特に図像の取捨選択は、国や地域の文化、歴史などの影響を受けやすいため、それぞれの国や地域の性格を考察するのに有効である。

本稿は、古代韓国の薬師信仰と薬師如来像の展開を扱うものである。薬師如来はその名の通り病を治すという現世利益的な性格が強く、韓国のみならず中国や日本でも広く信仰された。薬師如来は阿弥陀如来や釈迦如来とは異なり、持物に各国の特徴が明確に表れる。例えば、中国の薬師如来像は鉢と錫杖、日本では薬壺を持つ造像例が多いが、韓国の薬師如来像の持物は中国や日本に比べて形態が多様であり、日中とは異なる様相を見せている。したがって薬師如来像に関する研究は、東アジアにおける仏教美術を考える上で大きな意味をもつ。[注2]

これまで美術史と仏教史の分野において、韓国の薬師如来像と薬師信仰に関する多くの調査、研究結果が発表されてきたが、[注3]研究者によって持物の形状についての解説や名称が異なり、持物の意味についてもほとんど検討されていない。本稿では古代韓国の薬師如来像の持物に目を向け、そのような持物が現れた背景について、新羅時代から統一新羅時代に至る薬師信仰の展開を追いながら検討を行う。さらに薬師如来像の持物として、穀物を納めた鉢が登場した問題についても考察したい。

一　薬師如来の持物

韓国の薬師如来像が持つ持物は、一般的に薬器あるいは薬盒、薬壺と呼ばれているが、これらの名称は持物の形状を厳密に分類して命名したというより、漠然と使用されてきたものである。[注4]近年、劉根子氏は薬壺、薬盒、薬宝などと称されてきた薬師如来像の持物を、『薬師如来念誦儀軌』に基づいて薬器と呼んでいる。ただし当該論文の執筆目的が統一新羅時代における薬師如来像の形式分類にあるためか、持物の形状や意味についての考察はなされていない。しかし、薬師如来の特徴として最初に挙がるのが持物であるから、その形状の分類や意味の把握は、薬師信仰を理解する上できわめて重要であると考える。したがってまずは薬師如来の持物の形状について検討しておきたい。

薬師如来について説く経典は『薬師如来本願経』（隋・達磨笈多訳）や『薬師琉璃光如来本願功徳経』（唐・玄奘訳）など四種が挙げられるが、薬師如来の持物に関する経軌は唐代の不空（七〇五〜七七四）が訳出した『薬師如来念誦儀軌』のみである。『薬師如来念誦儀軌』は薬師如来の修法に関する記述の中で「左手令レ執二薬器一。亦名無価珠」と規定している。これによれば、薬師如来の持物は薬器であり、その名は無価珠であるという。

ここで注意すべきことは、伊東史朗氏が指摘したように『薬師如来念誦儀軌』には薬器または無価珠と記されているだけで、その形状についてはまったく言及されていない点である。[注6] もし「器」を容器という意味で理解するなら、椀や鉢のようなものをイメージすることができるし、「器」の意味を器具と定義するなら、その形状を椀や鉢と断定するのは難しい。筆者は『薬師如来念誦儀軌』が薬器の名を無価珠、すなわち「珠」と称する以上、「器」は椀や鉢の形ではなく、宝珠形である可能性が高いと考える。

挿図１　泰安磨崖三尊像

挿図２　金銅如来立像
（国立中央博物館所蔵）

次に、三国時代から統一新羅時代に至る古代韓国の薬師如来像と持物の代表的な作例を概観し、その特徴を整理しておきたい。

薬師如来像の初期の作例は、忠清南道泰安磨崖三尊像（挿図１）である。制作年代は六世紀末または七世紀初めと考えられており、中央に宝珠を奉ずる菩薩立像を置き、その左右に如来立像を配する独特の配置法である。この三尊像のうち左側の如来像は右手を挙げて施無畏印を結び、左手は腹前で掌に宝珠形の持物を載せる。[注7] この像は『薬師如来念誦儀軌』の訳出以前に造立されたものであるが、宝珠形の持物を持つことから薬師如来と推定されている。

七世紀半ばの新羅では、右手に宝珠を持つ如来立像が流行した。国立中央博物館所蔵の金銅如来立像（挿図２）は、童顔に四頭身ほどの短軀形の身体で、偏袒右肩の着衣法と三屈法の姿勢をとる点が特徴である。この像の右手は下に伸ばして掌に宝珠を載せ、左手は施無畏印であると考えられるが、指が破損しているた

挿図３　七仏庵薬師如来坐像

挿図４　金銅薬師如来立像（ボストン美術館所蔵）

め明らかでない。金春實氏は宝珠を持つことを根拠としてこの仏像を薬師如来に比定し、偏袒右肩の着衣で三屈法の姿勢をとることに注目して、その源流が南インドにあると推定している。[注8]

八世紀に入ると、新たな形式の薬師如来像が登場する。慶州市南山七仏庵の四面石仏中の東面薬師如来坐像（挿図３）は八世紀前半に制作されたものと推定されるが、[注9]右手を挙げて親指と中指を合わせた三界印を結び、左手は腹前で掌の上に宝珠を載せている。そして相好は厳粛であり、袈裟は通肩の着衣法でかけ、挿図２の薬師像とは形式、様式的な面で大きく異なる。

ボストン美術館所蔵の金銅薬師如来立像（挿図４）は、八世紀後半に制作されたもので、厳粛な相好で通肩の着衣法をとっている。右手を挙げて指を軽く曲げ、あたかも三界印を結んだようであり、左手は前に伸ばして掌に持物を載せる。この持物は上下の幅が狭く中央が膨らんでおり、壺の形に近く、先述した宝珠形持物とは全く別の形式であることに注意すべきである。

一方、哀荘王二年（八〇二）に造立された慶尚南道咸安郡防禦山の磨崖薬師三尊像[注10]（挿図５）は、右手を挙げて施無畏印を結び、左手は腹前で宝珠形らしき持物を持つ。ところがこの薬器をよくみると、薬器の中央部に二重線が表されており、宝珠形または壺形の持物とは別の形式である。二重線の下の部分は容器に相当し、上部は薬器の上側の輪郭あるいは薬器の内容物にみえるが、線刻であるためその形状は不明瞭である。薬器の幅は広く、口

挿図6　尚州市曾村里石造薬師如来坐像

挿図5　防禦山磨崖薬師三尊像と薬器

縁部は内側に曲がっており、鉢の形状となっている。

同様の作例として、統一新羅後期に制作された慶尚北道尚州市曾村里の石造薬師如来坐像（挿図6）の薬器が挙げられる。右手は触地印を結び、左手は腹前で掌に薬器を載せる。薬器の形状は防禦山薬師如来像と同じく鉢形であるが、薬器の上部に、薬器に納めた内容物を半球形に盛り上げている。

これまで概観したように、古代韓国の薬師如来像の持物は、宝珠と壺、鉢の三種類に大別することができる。また、三国時代から統一新羅前期においては宝珠形の持物が流行し、統一新羅後期に入ると壺、鉢など様々な形状の薬器が現れることも確認できた。

従来、薬師如来の持物は形状によって厳密に区別されないまま、薬器や薬壺、薬盒、薬宝などの名称で称されてきたが、[注11] 筆者は薬師如来の持物を『薬師如来念誦儀軌』の規定に基づいて薬器と総称し、その形状に応じて宝珠と薬壺、薬鉢として明確に区別したい。

それでは、これら薬器の原型は何であろうか。奥田潤氏と伊東史朗氏の研究によると、一九九七年の時点で日本の

挿図7　勝持寺薬師如来坐像

国指定文化財の薬師如来像は二六四軀あり、そのうち一九一軀の薬器が現存し、また正倉院には現在、八〜九世紀の薬壺が十点あるという。[注12] 奥田氏らは、現存する日本の薬師如来像の薬器のほとんどが鎌倉時代の後補だが、蓋に取っ手が付いた有蓋短頸壺（挿図7）であり、その形状が正倉院の薬壺（挿図8）とほぼ同様である点を指摘している。これによれば日本の薬師如来像の薬器として、八〜九世紀に宮中で使われていた薬壺が用いられたことがわかる。したがって、韓国の薬鉢や薬壺なども、当時使用されていた容器の中に見出すことができると考えられる。

古代韓国の代表的な鉢として、武寧王陵出土の青銅鉢（挿図9）がある。器底部は損傷していたが、王妃の頭の傍らで箸と匙各一点とともに発見された。この青銅鉢は口縁部をわずかに内側に曲げて作られており、その形状は防禦山薬師如来像のものとほぼ同じである。すなわち百済と統一新羅、公州と慶州など、たとえ時代や地域が異なっていても、韓半島内では同じ形状の鉢が使われていたのである。鉢と袈裟は本来、出家者の持つ物であり、当時の仏教界でもこのような鉢が用いられていたのであろう。したがって筆者は、新羅で使用されていた鉢が薬師如来像の持物に用いられたものと推定している。

挿図8　戎塩壺（正倉院所蔵）

挿図9　青銅鉢（国立公州博物館所蔵）

ボストン美術館薬師像（挿図４）にみえる薬壺もまた、当時の新羅で使われていたものが薬師如来の持物に用いられたと考えられる。

次章では、以上のような持物が現れた背景について、新羅から統一新羅時代に至る薬師信仰の展開を中心に検討したい。

二　新羅時代の薬師信仰

新羅時代の薬師信仰に関する記録は、『三国遺事』巻第五密本摧邪条に見出すことができる。ここには次にように記されている。

善徳王徳曼遘レ疾弥留。有二興輪寺僧法惕一、応レ詔侍レ疾、久而無レ効。時有二密本法師一、以二徳行一聞二於国一、左右請代レ之。王詔迎入内。本在二宸仗外一読二薬師経一、巻軸纔周、所持六環飛入二寝内一、刺二一老狐与法惕一、倒擲二庭下一、王疾乃瘳。時本頂上発二五色神光一、睹者皆驚。又丞相金良図為二阿孩一時、忽口噤体硬、不レ言不レ遂。毎レ見一大鬼率レ群小鬼来、家中几有二盤肴一、皆啖‐嘗レ之。巫覡来祭、則群聚而争侮レ之。圖雖レ欲二命撤一、而口不レ能レ言。家親請法流寺僧亡名来転経、大鬼命二小鬼一、以二鉄槌一打二僧頭一仆レ地、嘔レ血而死。隔数日、遣レ使邀レ本。使還言、本法師受二我請一将来矣。衆鬼聞レ之皆失レ色。小鬼曰、法師至将不レ利、避レ之何幸。大鬼侮慢自若曰、何害之有。俄而有二四方大力神一、皆属二金甲長戟一、来捉二群鬼一而縛去、次有二無数天神一環拱而待。須臾本至、不レ待レ開レ経其疾乃治、語通身解。

この記事は前半は善徳女王の治病について、後半は金良図の治病について記す二つの部分からなる。まず前半によると、善徳女王が発病したため、すぐに興輪寺の僧侶法惕を呼んで病を治そうとしたが効果がなかった。その際、密本という僧侶が徳行で広く知られていたため宮中に招き入れた。密本が寝殿の外で薬師経を読誦すると、持っていた六環杖が殿内に飛び入って一匹の老狐と法惕を刺し、庭に投げつけたところ、善徳女王の病が治ったという。

金惠婉氏は『三国遺事』の密本摧邪条と『三国史記』巻五善徳王五年条との関連性について指摘した。[注13]『三国史記』によると、善徳女王が発病したが、医療や祈禱は効果が無かった。そこで皇龍寺に百高座を設け、僧侶を集めて仁王経を講じたという。金惠婉氏は『三国史記』には皇龍寺百高座の効験が記されていないとして、密本の入宮は『三国史記』の記録より後の出来事と考えなければならないと主張している。

『三国史記』の記事との関連を指摘した金惠婉氏の意見は説得力があり、筆者も同意したい。医療や祈禱を担当したのは、『三国遺事』にみえる興輪寺の法惕や巫覡と推定して差し支えなかろう。しかし、彼らは善徳女王の病の治癒という使命を果たせず、そのため国中に徳行で知られた密本が選ばれ、密本は薬師経の読経によってその使命を成し遂げた。すなわちこの記事は、既存の仏教に対する密本と薬師信仰の優位性を強調しているのである。

次に、金良図の治病説話によると、新羅の丞相金良図が子供の頃、悪鬼により突然言葉が出なくなり体が動かなくなったため、巫覡を呼んで祭儀を行ったものの治らず、法流寺の僧侶を呼んで転経を行った際には、かえって悪鬼によって僧が殺されてしまった。そこで密本を呼んだところ、密本が着く前に神将が現れて悪鬼を捕え、やがて密本が到着すると経典を拡げるまでもなく、良図は言葉が出て、体を動かすこともできるようになったという。

すでに金春實氏が考証したように、金良図は金庾信らとともに三国統一に大きな功績を立てたが、新羅と唐との軋轢のため、唐の地において六七〇年に獄死した。[注14]金良図は唐に派遣された当時、新羅の十七官位のうち第四位にあたる波珍湌であったから、彼の家系は真骨出身の貴族であり、その一家が朝廷や王室の重要な地位にあったことは間違いない。金春實氏は金良図の活動を勘案し、彼がもし四十代で獄死したと仮定すると、六三〇年以前には出生していたものと推測した。金春實氏の意見にしたがえば、金良図は真平王（在位五七九〜六三二）の在位後半期には出生していたことになるため、密本が金良図の病を治したのは、遅くとも真平王在位末期もしくは善徳女王在位初期であろう。すると、国中に知られていたという密本の徳行は金良図の治病であった可能性もあり、それが契機となって善徳女王の治病に関わることになったと推測することもできよう。

ところで『三国遺事』は、先の治病説話に続けて次のように記している。

本嘗住二金谷寺一。又金庾信嘗與二一老居士一交レ厚。世人不レ知二其何人一（下略）

この記事によると、密本はかつて金谷寺に住していた。また、金庾信は老居士と厚く交流していたが、世人は彼が如何なる人物であるか知らなかったという。ここに記された老居士が誰かは不明であるが、この記事が密本摧邪条にあることを考慮すれば、老居士が密本とみてよかろう。

密本が居住していた金谷寺は慶州市安康邑の三岐山に位置する。[注15] 三岐山は『三国史記』巻第三二雑志祭祀条に、国の小祀を行う霊山の一つとしてその名が記され、『三国遺事』には真平王代に活躍した円光法師がここで修行したとある。そのため金在庚氏は、真平王代にはすでに金谷寺に密教関連勢力が存在していたと推定している[注16]。

ところで筆者は、『三国遺事』に密本が老居士と記されている点に注目したい。居士は出家者ではなく在俗の人を指す語であるから、密本が老居士と記されているということは、剃髪し袈裟をまとった僧侶の姿ではなく、俗人の姿であったことを示唆している。そうであれば、密本は慶州都城や王室を背景にした既存の仏教教団に属する僧侶というよりは、山岳地において活動する修行僧であったと考えられる。

密本の薬師経読誦によって、狐とともに死に至った法惕の住した興輪寺は、法興王が創建した新羅初の寺院であり、治病と関わりの深い場所でもあった。[注17]皇龍寺も真興王が創建した新羅最大の寺院であるから、両寺の新羅仏教界に占める地位がきわめて高かったことは、改めていうまでもない。しかし善徳女王は、興輪寺や皇龍寺の僧侶や伝統的な巫覡に治病を祈禱させても目的を果たせず、最終的に密本に頼ったのである。既存の伝統的かつ王室の権威を背景にした寺院に頼っても、快癒を得られなかった善徳女王に残された選択肢は、修行僧の密本のほかになかったのであろう。同じく金良図も法流寺の僧侶に治病を任せたが失敗に終わり、結局は密本に頼ることになったのである。

金在庚氏は密本の記事で、興輪寺を中心とする既存の仏教勢力と、密本を中心とする密教勢力との対立を想定している。密本の密教勢力の実態が如何なるものだったかわからない現状では、その対立の実情を知ることはできないが、興輪寺僧法惕の死まで云々する点をふまえると、かなりの対立を想定できよう。

以上検討したように、密本は善徳女王と金良図の病を治し、これを契機として王室を背景とする慶州の仏教界にも少なからず影響を及ぼすことになったのであろう。したがって韓国の薬師信仰は真平王代にはすでに始まっており、善徳女王の治病によって本格化したが、その実態は読経などを通じて個人の治病を祈る古密教的な性格であったと考えられる。

この時期に制作された薬師如来像は、童顔に四頭身ほどの短軀形で、三屈の姿勢と偏袒右肩の着衣を特徴とする一連の仏像（挿図2）である。先に紹介したように金春實氏はこれらの特徴が当時の中国の仏像にはみられず、インド・グプタ朝の仏像にみられることを根拠として、この仏像様式は南インドから東南アジアを経由する南方航路を通じて新羅に受容されたものと推定している。[注18]金春實氏は特に『法顕伝』の獅子国（現在のスリランカ）無畏山寺の記事に注目している。

復起㆓一僧伽藍㆒。名㆓無畏山㆒。有㆓五千僧㆒。起㆓一仏殿㆒、金銀刻鏤、悉以㆓衆宝㆒。中有㆓一青玉像㆒、高二丈許、通身七宝炎光、威相厳顕、非㆑言㆑所㆑載、右中有㆓一無価宝珠㆒。（中略）忽於此玉像辺見㆓商人㆒、以㆓一白絹扇㆒供養。

この記事によれば、無畏山の仏殿には高さ二丈ほどの青玉像があり、右の掌には一つの無価宝珠があったという。金春實氏は、この記事を髣髴とさせる作例がスリランカに多数現存することから、この青玉像は偏袒右肩の着衣法であり、右手には宝珠形の持物を持っていた可能性が高いと主張した。金春實氏はこの記事に仏像の尊名が記されていないためか、記事の紹介のみにとどまっているが、筆者はこの記事を積極的に解釈したい。

すなわち、この青玉像は仏殿内に安置されており、高さが二丈ほどあることから、無畏山寺の本尊像であったと推測できる。また、この仏像が宝珠を右手に持っていたこと、また商人が白い絹の扇子でこの像を供養したことは注目に値する。宝珠は現世利益を象徴するもので、[注19] 絹は中国貿易の代表的な商品であり、さらに絹の扇子は航海に必要な順風を意味する。したがって、この青玉像は中国への航海の安全と関連した現世利益的な性格の強い仏像であったと考えられる。とりわけ法顕がインドから南方航路を通じて仏像や経典などを持って帰国したことを考慮すれば、この青玉像と同じ形式をもった現世利益を祈る小仏像が、僧侶や商人によって南方航路を通じて中国、さらには新羅まで輸入されたのであろう。

周知のように、五世紀後半から八世紀前半にかけて、中国をはじめ韓国や日本では、施無畏印と与願印を結び、通肩の着衣法をとる仏像形式が広く流行した。したがって南方航路を経て輸入されたこれらの仏像は、新羅人にとって、中国本土から輸入された従来の仏像に比べてエキゾチックなものであり、特に現世利益の象徴である宝珠を持つ姿は、密本や金谷寺の修行僧たちに霊験ある仏像の形式として受け入れられたのであろう。

このように新羅時代の薬師信仰は、密本のような修行僧によって個人の治病を祈願する、現世利益的な性格を帯びていたと考えられる。

三　統一新羅時代の薬師信仰

統一新羅時代の薬師信仰に関わる人物としては恵通が挙げられる。『三国遺事』巻第五恵通降龍条に、次のような記事がみえる。

往レ唐謁二無畏三蔵一請レ業（中略）時唐室有二公主疾病一、高宗請レ救二於三蔵一、挙通自代。通受レ教二別処一、以二白豆一斗一咒二銀器中一、変二白甲神兵一、逐崇不レ克。又以二黒豆一斗一咒二金器中一、変二黒甲神兵一、令二二色合逐一レ之、忽有二蛟竜走出一、疾遂瘳（中略）王（筆者注：孝昭王）女忽有レ疾、詔レ通治レ之。疾愈、王大悦（中略）。拝レ通為二国師一（中略）。初神文王発二疽背一。請レ候二於通一、通至咒レ之立活（中略）。先是密本之後有二高僧明朗一、入二竜宮一得二神印一梵云文豆婁。此云神印、祖創レ神遊林今天王寺、屢禳隣国之寇。今和尚伝二無畏之髄一、遍歴二塵寰一、救レ人化レ物。兼以二宿命之明一創レ寺雪レ怨。密教之風於是乎大振。

上記の内容を要約すると、恵通が唐に渡って無畏三蔵に師事したこと、唐の公主の病を無畏に代わって治癒させたこと、新羅に帰国して孝昭王女の病を治して国師に任命されたこと、神文王の背中の疽（はれもの）を治したことが列挙されている。さらに密本の後に明朗が神印を受けて四天王寺を建てたことを述べ、続いて無畏に師事した恵通に至って密教が大いに振るうようになったと記されている。

この記事により、密本から明朗を経て恵通へと続く新羅密教の系譜を知ることができる。明朗は入唐求法僧であり、帰国後に文頭婁法を行って唐の軍勢を退け、狼山の麓に四天王寺を建てた護国仏教を代表する僧侶である。恵通はこの記事が伝えるように唐で密教を学び、呪術を用いて治病を行った僧侶であった。

恵通が師事したという無畏は、一見すると中国に密教を伝えた善無畏を指すようであるが、高翊晉氏は恵通が唐高宗の公主の病を治したことと善無畏の中国への入朝が七一五年である点に留意し、恵通が師事した無畏は善無畏でなく、『陀羅尼集経』の訳出者である大唐天竺三蔵阿地瞿多であると推定している。[注21] また高翊晉氏は恵通の行跡のうち『陀羅尼集経』に関連する事項を指摘し、恵通は『陀羅尼集経』を中心に従来の古密教を継承し、中期純密へと展開する過渡期の位置にあると主張した。

恵通の師を阿地瞿多とする高翊晉氏の根拠は弱いが、恵通の在唐期間が『陀羅尼集経』の訳出年代と重なるだけでなく、その行跡に『陀羅尼集経』の影響が現れるという見解には同意する。修行僧密本の治病活動によって、王室を中心とする慶州仏教界に本格的に登場した薬師信仰は、明朗や恵通ら入唐求法僧の護国活動と王の治病および国師の任命などを通じて新羅仏教界に確実な地位を得たと考えられる。一然が『三国遺事』の中で、恵通に至って密教が大いに振るったと評価したのは、以上のような理由によるのであろう。

八世紀の薬師信仰の盛行を伝える記事は、『三国遺事』塔像第四皇龍寺鐘芬皇寺薬師奉徳寺鐘条の次の部分である。

又明年乙未（筆者注：景徳王十四年）、鋳㆓芬皇薬師銅像㆒。重三十万六千七百斤

この記事によれば、明年乙未、すなわち景徳王十四年（七五五）に芬皇寺の薬師像を鋳造したが、銅の重量は三十万六千七百斤にも達したという。芬皇寺は善徳女王三年に完成した王立寺院として、新羅仏教界において重要な位置を占めていた。ここに銅三十万六千七百斤を用いた巨大な薬師如来像を造ったのである。『三国遺事』塔像第四皇龍寺丈六条によれば、新羅仏教を代表する黄龍寺丈六釈迦像の造像に使用された銅の重さは三万五千七斤であったという。したがって芬皇寺薬師像は黄龍寺丈六釈迦像の約九倍にも及び、また十二万斤を要したと伝わる鳳徳寺鐘、すなわち聖徳大王神鐘の約二・五倍の銅が投入されたことになる。残念ながら芬皇寺

の薬師像は現存しないが、おそらく新羅仏教史上、最大の金銅仏像であったといっても過言ではない。[注22] このように大規模な薬師如来像が都城の、しかも王立寺院に造立されたという記事は、薬師信仰が新羅仏教界に確固たる地位を築いたことを明確に示していると考えられる。

では、芬皇寺の薬師像は、如何なる理由で造立されたのであろうか。『三国遺事』は薬師像鋳造の事実を記すのみで、その理由については明らかにしておらず、また『三国史記』は記念碑的な仏像の鋳造であるにもかかわらず、この事実自体を記録していない。しかし、このような巨大な仏像の造像が何の政治的、社会的理由もなく無計画になされたとは到底考えられない。

『三国史記』巻九景徳王十四年条には、当時の社会状況を示唆する次のような記事がある。

十四年春。穀貴民饑。熊川州向徳、貧無二以爲レ養、割二股肉一飼二其父一（中略）秋七月、赦二罪人一、存‐問二老疾鰥寡孤独一、賜レ穀有レ差

この記事によると、この年の春に穀物が乏しくなり、民が飢えた。熊川州の向徳という者は貧しさから自分の股肉を斬って父に与えた。また七月には罪人を赦し、老人や病人、鰥寡孤独（身寄りのない者）を慰問したという。また『三国史記』巻四八向徳伝には、この年に伝染病があり、向徳が母の腫物を治したと伝える。

『三国史記』の関連記事をみると、赦は王の即位に伴う始祖廟参拝や立太子式のような政治儀礼の際に行い、聖徳王代以降には地震、旱魃、飢饉などの自然災害などが起こった場合にも行うものであった。ところが景徳王十四年七月には、即位はもちろん立太子式もない。しかし、その年の春に飢饉や疫病があったという事実と、七月が収穫を控えた時期であるという点、さらにそれ以前から疫病や飢饉が相次いで発生していたことを考慮すれば、三十万斤を越える銅を投じた芬皇寺薬師像の造立には、国家の五穀豊穣と疾病治癒の願いが託されていたとみるべきであろう。こうした巨大仏像は長期に亙る計画に基づいて作られるはずであるが、ほぼ同時期の日本で

は東大寺の大仏造立が進められていた。日本では華厳経に基づく東大寺盧舎那仏像がつくられたのに対し、新羅で芬皇寺薬師像がつくられたのは、両国仏教における共通点と相違点が反映されているようで興味深い。

この時期の現存作例としては、南山七仏庵四方仏東面薬師如来像（挿図３）と掘佛寺四面石仏の東面薬師如来像などがある。七仏庵の薬師如来像は、右手の親指と中指を合わせて三界印を結び、左手は腹前で曲げて掌に宝珠を載せ、袈裟を通肩に着けて蓮華座に結跏趺坐する。この形式は『薬師如来念誦儀軌』の規定する「如来左手令㆑執㆓薬器㆒。亦名無価珠。右手令㆑作結㆓三界印㆒。一著㆓袈裟㆒結跏趺坐。令㆑安㆓蓮華台㆒」、すなわち、左手に薬器を持ち、右手は三界印を結び、袈裟を着て結跏趺坐し、蓮華座に安置するという内容と符合する。

前述の通り、七世紀の新羅の薬師如来像はスリランカ地域の仏像の影響を受けていた。それに対し、八世紀の薬師信仰が中国で密教を学んだ僧侶らによって盛行していたことを念頭に置けば、この時期の薬師像が漢訳経軌の規定に則って造像されるのは当然といえる。ならば今は現存しない芬皇寺の薬師像も、右手は三界印を結び、左の掌に宝珠を載せて通肩の着衣法をとる形式であったと推定できよう。

ところで、八世紀前半の聖徳王から景徳王、恵恭王を経て、九世紀後半の眞聖女王の時代の新羅では飢饉と疫病が相次いで発生しており、特に八世紀後半の恵恭王以降は王位継承をめぐる王室内部の争いが絶えなかった[注23]。これにより民心は動揺し、農民の反乱が起き、新羅社会は混乱に直面していた。文明大氏は『三国史記』の元聖王から興徳王に至る時期の飢饉と疫病、自然災害などの記事を紹介しながら、この時期を災害の時代と捉えた。そして当時の新羅社会が切実に渇望したのは災害や飢え、病気からの脱出であったとして、そうした中で救世主として登場したのが薬師仏であると主張した[注24]。また李賢淑氏は、統一新羅に入って頻発していた伝染病が原因で動揺する民心を、大医王仏である薬師信仰に昇華させようとする試みがあったと主張した[注25]。これらの見解は説得力のあるものとして筆者も同意したい。すなわちこの時期の薬師信仰の目的は、社会に蔓延する飢えの解消や病の治癒だったのである。

さて、統一新羅時代後期の薬師如来像に統一新羅前期とは異なる持物が登場したことは先述した通りである。ボストン美術館所蔵の金銅薬師如来像（挿図4）は、右手は三界印に近い姿で、左手には薬壺をのせる形式であり、防禦山の磨崖薬師三尊像（挿図5）は、右手は施無畏印を結び、左手には薬鉢を載せる。また尚州市曾村里薬師如来像（挿図6）は、右手は触地印を結び、左手に薬鉢を載せる。つまり『薬師如来念誦儀軌』の規定とは異なる形式の印相と薬器が登場したのである。すでに金理那氏が指摘したように、おそらく前代に流行した施無畏印と触地印などの印相が薬師如来像にも借用され、注26 持物も当時の実生活で使われていたものを利用したのであろう。

このように、八世紀半ばまでの薬師像に統一された図像形式がみられるのに対し、八世紀後半以降に様々な印相が現れるのは、経軌に拘束されない傾向が生じたことを意味しよう。そして薬師像が八世紀半ばまで慶州を中心に造立されたのに対し、八世紀後半以降には、慶州から離れた地域でも多数造像されていた。このような状況を念頭におけば、八世紀後半以降の薬師信仰の特徴として、図像の多様化、地方への拡散を指摘することができよう。

以上、八世紀前半の薬師信仰は、入唐留学僧の活動による芬皇寺の薬師像造立にみられるように国家仏教化し、また図像も経軌に忠実であったが、八世紀後半に入ると慶州以外の地方でも多くの薬師像が造立され、印相や持物も経軌の束縛を受けないなど、薬師信仰の多様化と地方化の傾向が確認されるのである。

四　薬鉢の意味

薬師如来像の薬器の内容物が何であるかという問題については、これまで考察されたことがない。金銅仏や石

挿図 10　牙山市坪村里薬師如来立像

挿図 11　長谷寺金銅薬師如来坐像

仏の薬壺や薬盒は、その多くが仏像の手とともに外形だけ作られるため、内容物を表すことができないが、薬鉢は場合によりその内容物を識別することができる。そこで本章では、薬鉢を持物とするいくつかの造像例について検討し、薬鉢に納められたものとその意味について考えることにしたい。

すでに紹介したように、尚州曾村里薬師如来像の薬鉢の上部は、その内容物が半球形にふっくらと盛り上がっているが、これは鉢に納められたものであるから、穀物である可能性が高い。同様の例は統一新羅時代の後半だけでなく、高麗時代初期の作例として知られる忠清南道牙山市坪村里薬師如来立像（挿図10）、高麗時代中期の忠清南道公州市甲寺石造薬師如来立像、高麗時代後期の一三四六年に造立された忠清南道青陽郡長谷寺金銅薬師如来坐像[注27]（挿図11）などが挙げられる。したがって穀物を入れた鉢は、統一新羅時代に限って一時的に現れた特別な持物ではなく、高麗時代の後半に至るまで継続的に広く造立されたものであることがわかる。

ところで高麗時代後半に制作された仏像や仏画に、薬鉢とその内容物を具体的に確認できる例があるので紹介したい。まず長崎県対馬市に位置する円通寺の薬師如来像（挿図12）は高麗時代後半に造立されたもので、右手を挙げて親指と中指を合わせた三界印を結び、左腕は前に出して掌に薬鉢をのせる。この薬鉢の上部は半球型に

挿図 13　薬師三尊十二神将図
（日本　個人所蔵）

挿図 12　円通寺金銅薬師如来坐像と薬鉢

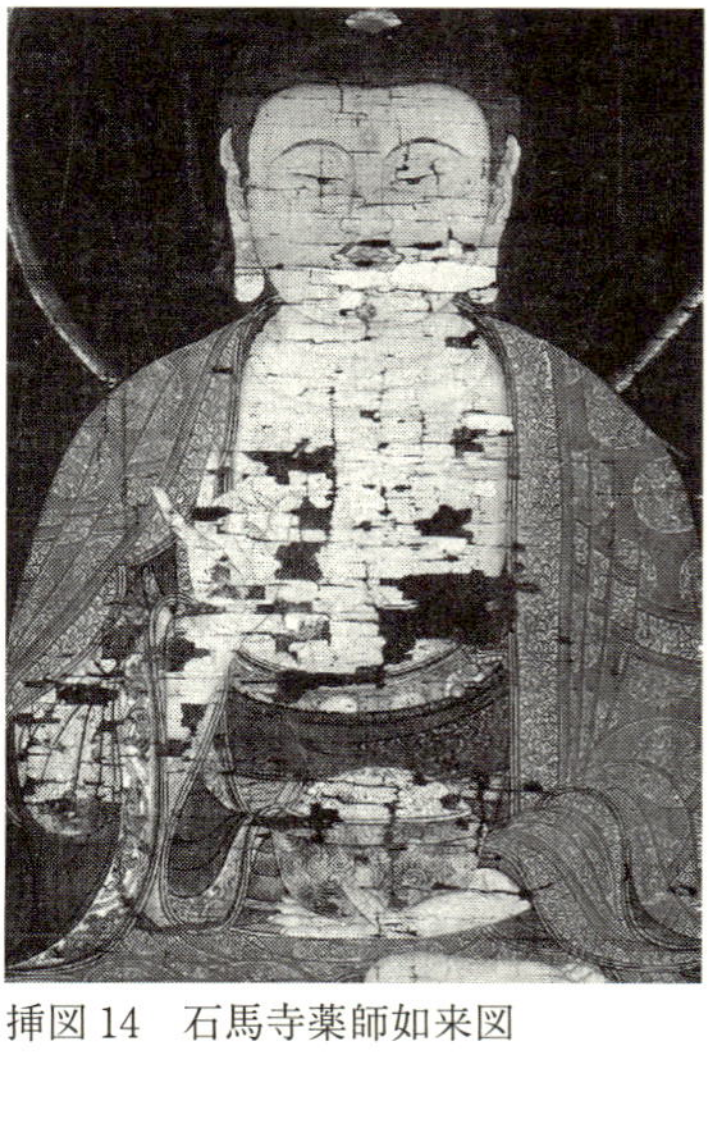

挿図 14　石馬寺薬師如来図

盛り上がっており、防禦山薬師如来像や尚州曾村里薬師如来像などと同じ形状の持物であることがわかる。ここで注目すべきは、半球型に盛り上がった部分の表面が粒状に表現された点である。鉢に入れられた粒状のものといえば、穀物のほかないであろう。つまり、この持物は鉢に穀物を多く盛ったものであった。

類例として、高麗時代後期に描かれた薬師三尊十二神将像図（挿図13）を挙げたい。[注28] 画面の中央上部には薬師如来、その左右の下には日光と月光の二脇侍菩薩が描かれ、周囲には眷属である十二神将や四天王、僧侶などが配されている。中央の薬師如来は右手を少し胸の前に挙げて、親指と中指を合わせて三界印を結び、左手はみぞおちの前に挙げて掌に薬鉢を載せるが、その中に粒状の形が描き入れてある。薬鉢の中に納められたものは明らかに穀物である。粒状のものは現在茶色を帯びているが、おそらく変色したものと考えられる。

また京都市石馬寺所蔵の薬師如来図（挿図14）も、高麗時代後期に描かれたものと推定されている。[注29] 画面中央の薬師如来は右手を少し胸の前に挙げて、親指と中指を合わせて三界印を結び、左手は腹前に置いて掌に薬鉢を載せる。鉢の中には比較的長い粒を白色で描いている。白色の大きな粒が米であることは改めていうまでもなかろう。[注30]

以上、みてきたように、尚州曾村里薬師如来像をはじめ統一新羅時代後期に現れた薬鉢形の薬器は、高麗時代後期まで継続して制作されたことが確認できた。また円通寺薬師像や石馬寺の仏画の鉢の中には、粒状の形がはっきりと現れていた。特に石馬寺の仏画で確認したように、その粒とは白米であった。

牙山坪村里薬師像の場合、米を描いた部分が薬鉢に比べて色が濃いため、制作当時には彩色で米の形を表した可能性が高い。石仏の多くは造像された後、長期間屋外に露出した状態で伝来し、金銅仏などは複数回にわたって行われた鍍金のために鉢の内容物が何であるか分からなくなってしまったのであろう。

一般的に薬師如来は病気平癒の仏として知られ、薬師如来の持つ薬器には病を治療するための薬が入っているといわれる。そのため米をうずたかく納めた薬器は少々意外な表現といえるかもしれない。それでは、薬師如来像が米を納めた薬器を持つ理由は何であろうか。

『薬師如来本願経』（隋・達磨笈多譯）をはじめ多くの薬師経は、次のように薬師如来の十二大願を紹介している。薬師信仰の性格を理解するために、やや長いが『薬師如来本願経』の原文とその翻訳を記し、各願の大要をそれぞれの項末に記したい。[注31]

第一大願、願我来世於仏菩提得正覚時、自身光明熾然照曜無量無数無辺世界、三十二丈夫大相及八十小好以為荘厳、我身既爾、令一切衆生如我無異。

（どうか、私が来世に仏の菩提において正覚を得るとき、自らの光明が熾然として、量ることもできず数えることもできず果てのない世界を照らし、三十二種の丈夫大相および八十種の小好をもって荘厳し、私の身がそうなれば、一切衆生を私と異なることのないようにさせよう）（光明普照）

第二大願、願我来世得菩提時、身如琉璃内外清浄無復瑕垢、光明曠大威徳熾然、身善安住焔網荘厳過於日月、若有衆生生世界之間、或復人中昏暗及夜莫知方所、以我光故随意所趣作諸事業。

（どうか、私が来世に菩提を得る時、身は瑠璃のように内外が清らかで、また瑕や汚れがなく、光明が広大で威徳は明るくなり、火焔のように身を飾る光は日月よりもはるかに明るく、もし衆生が世間に生じ、あるいは暗闇や夜にあって方角がわからないならば、私の光によって意のままに赴いてもろもろの事業をなすであろう）（随意成弁）

第三大願、願我来世得菩提時、以無辺無限智慧方便、令無量衆生界受用無尽、莫令一人有所少乏。

（どうか、私が来世に菩提を得る時、果てなく限りのない知恵の方便によって、無量の衆生たちをして受けるものが尽きないようにさせ、一人として少なく足りないことがないようにさせよう）（施無尽物）

第四大願、願我来世得菩提時、諸有衆生行異道者、一切安立菩提道中、行声聞道行辟支仏道者、皆以大乗而安立之。

（どうか、私が来世に菩提を得る時、あらゆる衆生の中に異道を行う者があれば、みな菩提道に安立させ、声聞道を行い、辟支仏道を行う人は、みな大乗の教えによって安立させよう）（安立大乗）

第五大願、願我来世得菩提時、若有衆生於我法中修行梵行、此諸衆生無量無辺、一切皆得不欠減戒、具三聚戒、無有破戒趣悪道者。

（どうか、私が来世に菩提を得る時、もし衆生が私の法中で梵行を修行するならば、このあらゆる衆生が量り知れず果てがないとしても、一切みな戒が欠けたり減ったりせずに三聚戒を備えるようにし、戒を破り悪道に進むことのないようにさせよう）（具戒清浄）

第六大願、願我来世得菩提時、若有衆生、其身下劣諸根不具、醜陋頑愚聾盲跛躄、身攣背傴白癩癲狂、若復有余種種身病、聞我名已一切皆得諸根具足身分成満。

（どうか、私が来世に菩提を得る時、もし衆生がその身が下劣で、諸々の器官がそなわらず、醜くいやしく、頑なで愚かであり、耳が聞こえず、目が見えず、片足が不自由だったり、両足がなえていたり、手・足が曲がっていたり、背が曲がっていたり、業病であったり、癲狂であったり、その他さまざまな病気にかかっていたとしても、私の名前を聞いた後には、すべてみな諸々の器官がそなわり、その身が完全に満たされるであろう）（諸根具足）

第七大願、願我来世得菩提時、若有衆生、諸患逼切無護無依無有住処、遠離一切資生医薬、又無親属貧窮可愍、此人若得聞我名号、衆患悉除無諸痛悩、乃至究竟無上菩提。

（どうか、私が来世に菩提を得る時、もし衆生があらゆる憂いに差し迫られているのに保護する人もなく、頼るところもなく、住むところもなくて、一切の物資や医薬とも遠く離れ、また親族もなく貧しく困窮して憐れむべき状況にあっても、この人が私の名号を聞けば、すべての憂いがみな除かれ、苦痛と煩悩が無くなり、無上菩提を究めるであろう）（除病安楽）

第八大願、願我来世得菩提時、若有女人、為婦人百悪所逼悩故、厭離女身願捨女形、聞我名已転女人身成丈夫相、乃至究竟無上菩提。

（どうか、私が来世に菩提を得る時、もし女性が女であるために受けるさまざまな苦しみに悩まされ、女性の身を嫌悪し女性の姿を捨てようと望むなら、私の名号を聞けば、女性の身で男性の姿になり、無上菩提を究めるであろう）（転女得仏）

第九大願、願我来世得菩提時、令一切衆生解脱魔網、若墮種種異見稠林、悉當安立置於正見、次第示以菩薩行門。

（どうか、私が来世に菩提を得る時、一切衆生を魔の網から解脱させ、もしさまざまな異見の茂みに堕ちたとしても、悉く安立させて正しい考えを抱かせ、次第に菩薩の行門をもって示すであろう）（安立正見）

第十大願、願我来世得菩提時、若有衆生、種種王法繫縛鞭撻牢獄応死、無量災難悲憂煎迫身心受苦、此等衆生以我福力、皆得解脱一切苦悩。

（どうか、私が来世に菩提を得るとき、もし衆生がさまざまな王法のもとにしばられたり鞭で打たれたり、牢獄にとらわれて死にそうになったり、量り知れない災難や悲しみと憂いにせめたてられ、心身が苦しみを受けるとしても、これらの衆生を私の福力によって一切の苦悩から解脱させせよう）（除難解脱）

十一大願、願我来世得菩提時、若有衆生、飢火焼身為求食故作諸悪業、我於彼所先以最妙色香味食飽足其身、後以法味畢竟安楽而建立之。

（どうか、私が来世に菩提を得る時、もし衆生が飢えの火に身を焼いて、食を得るためにあらゆる悪業をなしたなら、私はそこへ行き、まず最妙の色香味の食でその身を十分に満足させ、その後、法味によって結局は心安らかにさせよう）（飽食安楽）

十二大願、願我来世得菩提時、若有衆生、貧無衣服寒熱蚊虻日夜逼悩、我当施彼随用亦服種種雑色如其所好、亦以一切宝荘厳具花鬘塗香鼓楽衆伎、随諸衆生所須之具皆令満足。

（どうか、私が来世に菩提を得る時、もし衆生が貧しくて衣服がなく、寒さ暑さや蚊や虻に昼夜を問わず苦しめられたなら、私がその人の必要に応じて彼の好むさまざまな色の服を施し、また一切の宝で荘厳し、花鬘を供え、香を塗り、鼓楽や衆伎によって、すべての衆生の望むものを揃えてみな満足させせよう）（美衣満足）

以上、十二大願をみてきたが、薬師如来は第一大願「光明普照」や第四大願「安立大乗」など、ごく普遍的な願いから、第六大願「諸根具足」、第七大願「除病安楽」、第十一大願「飽食安楽」、第十二大願「美衣満足」のような現世利益的な願いに至るまで、多様な願を立てている。この中でも第六大願、第七大願、第十一大願は現世の人々が最も切実に追求するもので、薬師如来の持つ現世利益的な性格をよく表しており、それこそが薬師信仰の流行した要因であった。

『薬師如来本願経』の十二大願のうち米を納めた鉢に関連するのは、第十一大願「飽食安楽」であろう。十二大願でみた通り、薬師如来は治病のみならず、飽食安楽の仏としての性格も備えていた。『薬師如来念誦儀軌』で規定する薬器、すなわち無価珠が宝珠と考えられることについては既に言及したが、総体的な現世利益の意味を持つ宝珠よりは、発願者や造像に関わった人々それぞれの切実な願いを具体的に納めることができる持物として、鉢や薬壺などが登場したのではないだろうか。

鉢が薬師如来像の持物として登場した八世紀後半は、第三章で説明したように、自然災害が深刻化した時期であった。『三国史記』によると、元聖王の在位十四年間（七八五〜七九八）には十度の飢饉や旱魃などの自然災害が発生した。[注32]特に元聖王二年から七年までの六年間には、毎年飢饉や旱魃、蝗（いなご）などの自然災害が起こっていた。ならばこの当時の新羅において、朝廷から民に至るまで切実に望んでいたものは、他でもない五穀豊穣と飽食安楽だったのであろう。したがって筆者は、白米を多く盛った鉢は、飽食安楽の象徴であったと考えている。[注33]

一方、諸根具足と除病安楽を願う信仰心から、薬壺を持物として作ることになったのであろう。

第一章で紹介したように、『薬師如来念誦儀軌』は薬器を持つよう規定するだけで、具体的な形状は指定していない。したがって薬鉢や薬壺などの形と機能は『薬師如来念誦儀軌』に抵触しないため、自然に薬師像の持物に採用され、その後も継続して用いられたものと考えられる。

なお日本の事例として、山口県周防国分寺薬師如来像の薬壺の調査結果を紹介したい。この薬壺は一六九九年十二月に修理されたもので、薬壺の中には絹袋に二二〇グラムの納入品が納められていた。[注34]その中の一七・二グラムを分析した結果、米、大麦、小麦、大豆、小豆などの穀物が三五・八％を占め、菖蒲や人参などの生薬が一九・四二％、そして鉱物性物質が一二・二六％、その他の薬塵が三一・五％の割合であった。特に米は全体の九・四八％を占めており、最も多かった。このように薬壺に穀物を入れた理由について調査者は、その年の秋に江戸で穀物が不足していたという事実を根拠に、薬壺に五穀を入れて豊作を祈ったのではないかと推定した。上述した韓国の状況と比較すると、両国の間に数百年の時代差があるものの、日本にも飽食安楽を祈願する薬師信仰の持物が存在していたことは、興味深い事実として注目したい。

おわりに

本稿では、三国時代から高麗時代に至る韓国の薬師信仰を検討しながら、薬師如来像の形式と持物の特徴について考察し、次のような結論を得た。

まず、これまで薬師如来の持物は形状について特に区別することなく、薬器または薬盒、薬壺など、複数の名前で呼ばれてきたが、古代韓国の造像例を検討した結果、宝珠と薬壺、薬鉢の三種類があることを指摘し、これらを総称する名称として薬器を用いた。

古代韓国における薬師信仰の成立と発展については、次のような結果を得た。初期に当たる真平王から善徳女王代においては、山岳地帯で修行していた密本による善徳女王と金良図の治病を通じて、王室を中心とする仏教界に進出した。これは薬師信仰単独で成立したものではなく、現世利益的な古密教の性格を持つものであった。この当時の薬師如来像は南方航路を通じて入手された、偏袒右肩の着衣で右手に宝珠を持った小型の金銅像であった。

統一新羅前期の恵通に至ると、中国から最新の密教を受容し、神文王の病を治癒させ孝昭王の国師となるなどの活動を通じて、王室を中心とする仏教界と密接な関係を持つことができた。そして景徳王十四年には皇龍寺丈六釈迦像の規模を凌駕する芬皇寺薬師像の造立を果たした。この時期の薬師如来像は『薬師如来念誦儀軌』に規定する三界印を結び、宝珠を持物とする仏像であった。

しかし統一新羅後半に入ると、飢饉や疫病が続き、王室の権力争いによって社会が混乱したため、除病安楽と飽食安楽を祈願して、薬壺や鉢などを持物として持つ薬師如来像を造立するに至ったのであった。さらに薬師信仰の地方化も現れ、印相は『薬師如来念誦儀軌』の規定に忠実にしたがうよりも、施無畏や触地印など以前から流行していた印相が借用されたものと理解した。

最後に薬鉢については、高麗時代の円通寺金銅薬師如来坐像および薬師如来画像などの例を指摘し、米を納めた鉢であることを確認した上で、薬師如来十二大願中の第十一大願である飽食安楽を祈願するためのものであることを明らかにした。

注

1 漢文の表記は旧字を適宜、常用漢字に改めた。また適宜句読点の位置を改め、返り点を付した。

仏教美術の受容と変容については以下の概説書を参照のこと。

鎌田茂雄編『講座仏教の受容と変容』全六巻（東京、佼成出版社、一九九一年）。

2 伊東史朗『日本の美術二四二薬師如来像』（東京、至文堂、一九八六年）。

3 最近の研究論文については、以下を参照のこと。

劉根子「統一新羅 薬師佛像의 研究」『美術史學研究』二〇三、一九九四年、七七～一一〇頁。

金理那「統一新羅時代 薬師如來坐像의 一類型」『佛教美術』一一、一九九二年、九一～一〇三頁。

4 以下の参考図書における薬師如来像の図版解説を参照のこと。

黄壽永責任監修『国宝金銅佛磨崖佛』（ソウル、芸耕産業社、一九八四年）。

韓国文化財保護協会編『文化財大觀』（ソウル、大学堂、一九八六年）。

黄壽永編『韓国의 美 ⑩ 佛像』（ソウル、中央日報社、一九九七年）。

5 劉氏注3前掲論文、七八頁。

6 奥田潤／伊藤史朗「薬師如来像の薬器（壺）」『薬史学雑誌』三二―二、一九九七年、二四九～二五〇頁。

7 姜友邦らは、この持物を蓋付きの薬壺とみなしているが、形状が不明であるため断定は難しい。姜友邦ほか『仏教彫刻Ⅰ』

（ソウル、松出版社、二〇〇五年）二〇七頁。

8 金春實「三国時代의 金銅薬師如来立像研究」『美術資料』三六、一九八五年、一〜二四頁。

9 文明大「新羅 四方佛의 展開와 七佛庵佛像彫刻의 研究」『美術資料』二七、一九八〇年、一〜二三頁。

10 防禦山薬師如来像については、以下を参照のこと。
文明大「新羅 下代 佛教彫刻의 研究（一）——防禦山 및 實相寺 薬師如来巨像을 中心으로——」『歴史學報』七三、一九七七年、一〜三三頁。

池江伊「韓国防禦山薬師三尊像について——制作背景を中心に——」『美術史学』二四、二〇〇三年、二七〜五六頁。

11 注4前掲書を参照のこと。

12 奥田氏／伊東氏注6前掲論文、二四二頁。

13 金惠婉「新羅의 薬師信仰——薬師如來 造像을 中心으로——」『千寛宇先生還暦紀念韓国史學論叢』（ソウル、正音文化社、一九八五年）三一八頁。

14 金春實注8前掲論文、六〜七頁。

15 永鎬「圓光法師와 三岐山 金谷寺」『史叢』一七、一九七三年、一九九〜二一八頁。

16 金在庚「新羅의 密教收容과 그 性格」『大邱史學』一四、一九七八年、一〜一八頁。

17 金氏注16前掲論文、九〜一〇頁。

18 金氏注8前掲論文、一五〜二一頁。

19 望月信亨『佛教大辭典』第五巻、「如意宝珠」の項目解説（京都、世界聖典刊行協会、一九五四年）四一三一〜四一三三頁。

20 文明大「新羅神印宗의 研究——新羅密教와 統一新羅社會」『震檀學報』四一、一九七六年、一八七〜二一三頁。
曺元榮「新羅中代 神印宗의 成立과 그 美術」『釜山史學』四〇・四一合集、二〇〇一年、一〜三〇頁。

21 高翊晉「初期密教의 發展과 順密의 受容」『韓国古代佛教思想史』（ソウル、東国大学校出版部、一九八九年）三八三〜四六七頁。

22 芬皇寺薬師像の像高は、皇龍寺釈迦像と芬皇寺薬師像の奥行の寸法が不明であるため想像することしかできないが、体積のみの単純計算でも皇龍寺像の二倍以上に達すると推測される。

23 崔柄憲「新羅下代社會의 動搖」『韓国史三』（ソウル、国史編纂委員会、一九九〇年）四二七〜五〇二頁。李基東「新羅下代의 王位繼承과 政治過程」『歴史學報』八五、一九八〇年、一〜四〇頁。李賢淑「신라 통일기 전염병의 유행과 대응책」（『新羅統一

期における伝染病の流行と対応策」）『韓国古代史研究』三一、二〇〇三年、二〇九～二五六頁。
24 文氏注10前掲論文、三〇～三二頁。
25 李氏注23前掲論文、二四〇～二四四頁。
26 金理那「統一新羅時代의 降魔觸地印佛坐像」『韓国古代佛教彫刻史研究』（ソウル、一潮閣、一九八九年）三三七～三八二頁。
27 閔泳珪「長谷寺 鐵造如来 腹藏遺物」『人文科學』一四・一五合集、一九六六年、二三七～二四七頁。
28 菊竹淳一／鄭于澤『高麗時代の仏画』（ソウル、時空社、二〇〇〇年）四三九頁。図版五七解説。
29 菊竹氏／鄭氏前掲書、四四〇頁。図版五九解説。
30 この内容物について武田和昭氏は「粒状のもの」と紹介するにとどまっている。注28前掲書四三九～四四〇頁。図版五七・五八・五九解説
31 『薬師如来本願経』大正新脩大蔵経第一四巻、四〇一～四〇二頁。
32 『三国史記』元聖王二、三、四、五、六、七、一一、一二、一三、一四年条を参照のこと。
33 『三国遺事』塔像第四伯嚴寺石塔舍利条には金堂の薬師像の前に木鉢と月朔遞米があると記録されている。米を納めた薬鉢に関わる記事として注目したい。
34 奥田潤ほか五名「周防国分寺薬師如来像の薬壺の内蔵物調査」『薬史学雑誌』三三―一、一九八八年、四九～六三頁。

［付記］本稿は林南壽「古代韓國 藥師信仰의 展開様相과 造像」（『史林』二四、二〇〇五年）を本書の刊行主旨に合わせて一部書き直して翻訳したものである。翻訳していただいた清水紀枝氏に感謝申し上げます。

大型多尊塼仏と法隆寺金堂壁画

肥田　路美

はじめに

仏教は、日本への本格的な伝来から一世紀余を経て飛躍的に教線を拡大した。七世紀後半から八世紀初期のいわゆる白鳳時代に建立された寺院の遺址は、今日確認されているものだけで七〇〇を越え、北関東から大分県まで日本各地にわたる。それらの多くから塼仏が見つかっていることはこの時代の特徴のひとつで、塼仏が出土あるいは表面採取された遺跡はこれまでで約一五〇に及ぶ。[注1]塼仏とは、粘土を雌型（范）で型抜きして成形し焼成したレリーフ状の仏像で、多くは一辺が数センチから二〇数センチメートル程度であるが、三重県名張市の夏見廃寺や奈良県御所市の二光寺廃寺などから断片が出土した大型多尊塼仏[注2]は、復元すると縦約五五センチメートル、横約五三・五センチメートルという破格の大きさであり、そこに多様な尊像が精細にあらわされていることでも他とは一線を画している。

これまでに名張市教育委員会や橿原考古学研究所が作成した復元案（挿図1）によると、中央には通肩式に袈

挿図１　大型多尊塼仏復元図（3D 復元図：橿原考古学研究所、線図：名張市教育委員会）

裟をまとい胸元で説法印を結ぶ如来坐像、その左右に二比丘、二菩薩、二神将像を配し、さらに周囲に異相の眷属十二体をあらわす。七、八世紀においては通肩で説法印をとる如来は阿弥陀仏と解してよく、[注3]両脇侍が宝冠にそれぞれ化仏と水瓶をあらわしていることからも、阿弥陀三尊として間違いない。三尊の上部には宝蓋がかかり、その背後には双樹がマンゴー形の樹葉を茂らせ、左右上方には各々華籠を持って散華する天人が雲気を伴って飛翔する。また画面の左右端には頂部に火焔宝珠をのせた宝幢が立つ。こうした一場の仏説法の会座が、香炉や供養者、奏楽天、獅子をあしらった須弥壇の上に展開した形の、実に完整な図相である。

この塼仏の断片が夏見廃寺址で初めて出土したのは一九四六年のことであったが、その三年後、法隆寺金堂の火災直後に奈良国立博物館で開催された「法隆寺壁畫模寫展」に、塼仏の一部が壁画の類品として展示されたといい、[注4]金堂壁画の図相との類似は当初から注目されてきた。金堂壁画のうち大壁の第九、一〇号壁（後掲挿図８）は、中尊如来像を比丘、菩薩、天部衆が囲遶し上部に天蓋や飛天を配する画面構成で、本塼仏にごく近い。

また、第六号壁の中尊阿弥陀如来像と本塼仏の中尊の図像の酷似は、だれの目にも明らかである。両者の間には、制作された時期や環境に何らかの密接な関係性があったことをうかがわせるに十分であり、たとえば、金堂壁画の制作にあたって大型多尊塼仏が参照されたとする説[注5]のように、直接的な関係を想定する見方もある。

金堂壁画がいつ制作されたかについては根拠となる決定的な材料を欠き、長年にわたる多方面の研究を通し状況証拠を積み重ねるようにして年代が想定されてきたものの、いまだに揺れ幅がある。一方、大型多尊塼仏は「甲午年五月」という紀年銘をもつことでも稀有な作品で、このことの資料的価値ははかり知れない。図相を見る限りごく近い関係性にあることが明瞭な両者にあって、片方の制作年次が疑いなく確定されるかぎり、あとは先後の関係を証することができれば問題の金堂壁画の年代もより絞り込める道理である。本稿はそのささやかな試みであるが、結論から述べると、残念ながらそれもあまり簡単ではない。いくつかの観点を示して後考に供したいと思う。

一　大型多尊塼仏の出土

これまでに大型多尊塼仏は夏見廃寺、二光寺廃寺をはじめ、奈良県の當麻寺、石光寺、唐招提寺、興福寺、安倍寺址、藤原宮跡、大阪府枚方市の百済寺址、京都府長岡京市の乙訓寺、滋賀県東近江の法堂寺廃寺から出土している。

このうち、夏見廃寺は、京都大学の梅原末治による一九四六年からの発掘によって東に塔、西に金堂を置いた小規模な伽藍が確認された。この発掘と、一九八四年からの名張市教育委員会による本格的な発掘を通して金堂付近から約五百の塼仏断片が出土し、そのうち大型塼仏の断片が四〇片余り見つかった。[注6]断片には、説法印を結ぶ阿弥陀仏の上体や頭光の一部、左脇侍である観音菩薩の体部、勢至菩薩の頭部、神王像の腰部、口髭を生やし耳朶に大きな孔をあけるなどの複数の人物の頭部、冠に鳥翼形をつけ嘴をもつ迦楼羅とみられる断片、獅子の頭部と尾や足先、天蓋や樹葉の一部などに加え、奏楽天などをあらわした須弥壇部が数片出土した。

このうち、須弥壇部については同一部分の断片が複数個あるが、仏像部分の断片中には図様が重複するものは一点もないといい、これにより、大型塼仏は複数あったが、構図が一様ではなかった可能性も考えられるという。[注7]また、三頭分見つかっている獅子の断片からも、複数の大型塼仏の図相にバリエーションを与えようとする意識がうかがえる。報告書によれば、これらの獅子像の縁端部や裏面は、丁寧になでた仕上げ面となっていて、他と接続していた痕跡が見られないことから、一頭分を独立して型取り、大型塼仏に貼り付けられていたものと推測されるという。[注8]一般に獅子像は向かい合った開口・閉口の一対を仏三尊像の前方下部などに配する。法隆寺金堂の一〇号壁の場合は、中尊からみて（以下本稿では特にことわらない場合は中尊からみた左右とする）左の獅子が背後を振り返る姿勢であるため、両獅子とも同じ方を向いた意表を突く図様であるが、夏見廃寺から出土した頭部は、左向きで開口、左向きで閉口、右向きで閉口の個体の三種で、少なくとも二タイプの一対が用意されたことがわかる。たとえ夏見廃寺に存在した複数面の塼仏の図相が同一であったとしても、そこに付属した獅子をもって個々に変化を与えることが図られたとみえる。このことは、小さからぬ要点である。

夏見廃寺では前述した銘文をあらわした断片が発見されたことも、貴重であった。向って右側面が焼成前に切断されていることから冒頭部に当たるとみられる一片は、「甲午年／□□中」（後掲の二光寺廃寺出土例によれば□□は「五月」）と読め、制作年をあらわすものと考えられる。図相の様式から、この場合の甲午を六九四年とみることに異論はない。また別の一片は、後年出土した二光寺廃寺の断片と照合しつつこれを釈読した東野治之氏によれば「百済□／明首作」あるいは「百済□／明哲作」と読める可能性が高いといい、いずれにせよ百済系の工人が携わったことになる。[注9] 制作年に加えて制作者に関わるきわめて重要な情報が検出できたわけである。

夏見廃寺出土と伝える大型塼仏は、このほか中尊の左方に立つ神将像とその足下の須弥壇からなる比較的大きな断片が、藤井有鄰館にある。しかしこの断片では、須弥壇部が神将像と一体のものとして造られているのに対して、現地から出土した須弥壇断片は上下両端面が焼成前に丁寧に削られていて明らかに尊像とは別に独立して造られたものであることから、両例は同時の作とは考えにくい。[注10] つまり、藤井有鄰館の断片が確かに夏見廃寺のものであるならば、同寺には須弥壇部別造型の複数面とはまた別に、造り方の異なる大型多尊塼仏も存在していたことになる。

夏見廃寺の建立については、早くに毛利久氏が『薬師寺縁起』に「大来皇女、最初斎宮、以神亀二年、奉為浄原天皇建立昌福寺〈字夏身、本在伊賀国名張郡〉」（〈　〉内は割注）という一文があることに注目し、天武天皇の皇女である大来皇女が、朱鳥元年（六八六）に同母弟の大津皇子が謀叛の咎で自尽させられた事件のために伊勢の斎宮職を解かれた後、建立を発願し、神亀二年に完成したと推測した。[注11] これに対しては藪田嘉一郎氏の反論があったが、[注12] 久野健氏や東野治之氏はあらためて毛利説を支持し、夏見廃寺は大来皇女によって天武天皇と大津皇子の菩提のために発願されたとする。[注13] 皇女は寺の完成を見ず大宝元年（七〇一）に卒したが、六九四年の大型塼仏の制作は存命中のことであった。飛鳥池遺跡からは大来皇女が金工品の製作を発注した木簡が見つかっており、皇女が朝廷に関係する工房とかかわりがあったことも、[注14] 看過できない。

さて、大型多尊塼仏の図相の全貌がほぼ明らかになったのは、奈良県御所市の二光寺廃寺における二〇〇四年からの発掘調査で、七世紀後半に建てられた金堂と目される遺構の近くから二八〇片以上の塼仏断片が出土し、そのなかに大型多尊塼仏の断片が六四片見出されたことによる。[注15] 特に注目されたのが異相の群像や迦楼羅の頭部の断片で、すでに夏見廃寺からも同様の断片が見つかっていたが、今回の発見により、中尊阿弥陀如来と二菩薩、二比丘、二神将像のさらに背後に多数の天部像が表された図相を復元してみることが可能となった。また、左右縁には宝幢と見られる装飾的な柱があらわされていた。さらに、天人や天蓋の一部などについて同一の部位を含む断片が複数検出されたことで、少なくとも五個体以上の大型塼仏の存在が明らかとなった。また、ここでも奏楽天を配した須弥壇部が左右両端とも発見され、三文字二行、左右で計一二文字の夏見廃寺と同じ銘文が確認できた。

挿図２　百済寺址出土大型多尊塼仏

二光寺廃寺は歴史記録が無いが、東漢氏の氏寺として建立された檜隅寺の軒瓦や、朝妻氏の氏寺である近隣の朝妻廃寺の軒瓦・六尊連立塼仏との同范関係から、これらと同様に渡来系氏族の建立になる可能性が高いと考えられており、そうした渡来系氏族間のネットワークを経由して塼仏による堂内荘厳も入手可能となったと推定されている。[注16] また、大型多尊塼仏は夏見廃寺例と同范の可能性があるがさらに范の傷みが進んでいるといい、[注17] 夏見廃寺例の方が先行することがわかるのは興味深い。

さらに、二〇〇五年から発掘が開始された大阪府枚方市の百済寺址では、講堂の西方の瓦溜まりから大型多尊塼仏の断片が二〇点近く出土した。百済寺は六六三年の百済滅亡に際して亡命してきた百済王族との関連で七世紀後半に摂津国に建立され、その後交野台地への進出にともなって現在の遺跡の地に造営されたと考えられている。[注18] 塼仏断片は、特徴のある阿弥陀仏の説法印をとる左手や、それぞれ化仏と水瓶を戴いた脇侍菩薩像、左右の神将像の一部や天蓋の宝珠などが見つかっているが、左右菩薩像の外側や、中尊の光背の上部、各尊の台座の下部などがいずれも直線的な縁辺となっている（挿図２）。このことから、夏見廃寺や二光寺廃寺のように図相全体を一体成形した作とは異なり、如来像を中心とした五尊のパーツと、左右の神将像それぞれのパーツ、そしておそらくは天蓋や樹葉をあらわした上部のパーツに分割して制作されたものと推測されている。[注19] 台座の下方が残存する断片を見ても、須弥壇部は表されていない。また、報告書によれば、一部に下地黒漆と金箔の残存があるという。さらに、右比丘像の頭部などが複数片あることから、百済寺においても当初、複数の大型多尊塼仏があったことがわかる。

百済寺址出土例と同様にパーツに分割して制作したと見られる例は、奈良の二上山麓の石光寺での発掘によっても得られている。石光寺では早くより境内から塼仏が出土していたが、一九九一年に弥勒堂の建替えに伴う発掘調査により創建時の本尊である可能性のある像高一・五メートルの弥勒石仏や多数の塼仏断片が発見され、そのなかに大型多尊塼仏の一片が見つかった。問題の断片は、左脇侍菩薩の左大腿部に置かれた左手の部分で、やや摩滅しているが、自然に揃えた五指のうち第四指だけを内側に折る表現から、夏見廃寺出土塼仏と同型式と認められた。[注20] この断片のすぐ左側に直線状の縁辺が認められることから、これもまた分割制作されたものとみられる。ただし、神将像や天蓋部などのパーツが発見されていないので、中央の五尊像だけであった可能性もあろう。

石光寺にほど近い當麻寺でも、乾元二年（一三〇三）に再建された現講堂の昭和の解体修理時に基壇を発掘調査したところ、治承罹災時のものと思われる焼土が堆積した旧基壇から、瓦や押出仏残欠などとともに、大型多尊塼仏の断片が出土した。[注21] 中尊の脚部や台座受花に垂れる裳、右脇侍菩薩の大腿部と水瓶を持つ右手、同じ菩薩像の両足の断片などである。このうち、右菩薩像の右側がやはり直線の縁辺となっている上、二光寺廃寺断片ではすぐ隣に右神将像が見られるのに対し、ここでは図様のない空白があることから、石光寺例と同様に中央五尊像のパーツだけであった可能性が高い。

當麻寺出土のこの右菩薩像断片とほぼ同じ箇所の断片が、滋賀県東近江市の法堂寺廃寺からも出土している。巨大な塔心礎が地表に残ることで知られたこの寺址からは、中門、五重塔、金堂が軸線をずらして縦に並ぶ特異な伽藍配置が検出されたが、寺に関する記録は無く、出土瓦の編年から七世紀後半には建立されていたと考えられている。[注22] 出土した、大腿部に垂下した右手の第二指と第三指で水瓶の頸を挟み持つ図相をあらわした断片は、當麻寺出土のものと近似するが、一方で、二光寺廃寺出土断片の該当箇所とは細部に相違がある。二光寺例では水瓶は胴が丸く頸部との間に括れがあるのに対し、法堂寺および當麻寺例では茄子形である点、二光寺例には水瓶の下方に瓔珞の右端についた総飾が垂れるのに対し、法堂寺例ではそれが見られない点などである。法堂寺例のこうした表現は、後述する大型多尊塼仏と同型の五尊押出仏と共通するものである。

奈良の唐招提寺には、頭部が欠失した中尊阿弥陀仏とその台座、下方の須弥壇部まで一体成形した、比較的図様の明瞭な断片が伝世しているが、さらに二〇一二年に開山堂の下層基壇土から新たな断片が出土した。右を向いた瞋怒相の頭部を含む一片である。これは二光寺廃寺の左方眷属衆の中段右側の像と図様が一致している。像の頭光の右には、二光寺例にも見える長い茎に萼と丸い花状のものがついた植物が表されている。

唐招提寺の二つの断片は、胎土の特徴は共通しているが焼成の度合いや表面仕上げに違いがあり、別々の個体の塼仏だったとみられる。[注23] したがって、この寺にも大型多尊塼仏が二面以上存在していたことがわかるが、唐招提寺の寺地はもと天武天皇の第七皇子である新田部親王の邸宅であったことから、親王邸の念持仏だった塼仏が後に唐招提寺に伝わったものという見解がある。[注24] しかし、後代に伝世品や夏見廃寺等の表採断片が施入されたか蒐集された可能性も想定でき、なお慎重な検証を要する。大型多尊塼仏は、このほか興福寺の食堂跡からも双樹の樹葉の一部が出土し、藤原宮大極殿址付近では樹葉と天蓋の一部があらわされた断片が地表で採取されている。[注25]これらも、当初の塼仏の所在から離れた例外的なものとみられよう。

以上、現在までに確認できる大型多尊塼仏の出土状況を概観すると、畿内の渡来系の古代豪族の氏寺という性格の寺院に分布が偏っているのが特徴的である。ほとんどの場合、多数の三尊塼仏や独尊塼仏、連坐塼仏などを伴出しており、一般に推測されているとおり、大型多尊塼仏はそれらの小型塼仏と組み合わせて壁面を荘厳していたものと見られる。[注26]そして特に注意されるのは、ひとつの寺に複数面の大型多尊塼仏が存在していたケースの多いことで、しかもそれらは構成の異なる図相を含んでいた可能性も、検討すべき課題として浮び上がってくる。

二　伝綱封蔵本尊塼仏と押出阿弥陀五尊像

大型多尊塼仏に尊像の形式や構成が異なる図相があった可能性を考えてみる際に、看過できないのが法隆寺に伝来する重要文化財の塼仏「阿弥陀三尊像」（挿図3）である。もと綱封蔵の本尊として南倉の中央壇上に安置されていたといい、江戸時代の木製厨子に納められていて上下端が見えないが、推定全高は五〇センチメートルで、前掲の大型多尊塼仏の復元法量に近い。ただし、最大厚が六・六センチにもなることは、[注27]他の大型多尊塼仏の断片が厚さ約〇・六センチから二・〇センチの範囲内にあること[注28]に比して、たいへん異例である。

挿図3　伝法隆寺綱封蔵本尊塼仏

問題の図相は、二比丘、二菩薩を伴った五尊形式で、中尊如来像が袈裟を通肩にまとうことや第一・第二指を捻じた説法印は他例と同じであるが、結跏趺坐ではなく須弥座に倚坐して両足で蓮華座を踏む。一方で、比丘像や脇侍菩薩像、上方の宝蓋や双樹は、夏見廃寺や二光寺廃寺例と細部――例えば後述する菩薩が執る瓔珞や頭飾の標幟の形など――に至るまでほぼ同形である。

他例とはまったく異なる中尊の坐勢が、塼仏制作当初の作為であるとすれば、大型多尊塼仏の図相に大きなバリエーションがあったことを證するきわめて重要な実例となる。しかしながら、頸部を横断する亀裂を境に中尊の体軀や台座下部には不審な点が少なくない。台座を含めて中尊の体軀が良く残る唐招提寺伝来断片を本例と対照比較すると、両者の左肩の衣文、手勢、膝張り、台座下端の位置はよく一致する。しかし、衣襞の流れ方や襞線の表現が異なり、本例の前膊に懸かって垂れる箇所では、特に脈絡を欠く。また、如来像の脛部の衣襞や須弥座下部、観音像の足もとなどに、ヘラで追刻したような箇所が散見される。須弥座の下框部に格狭間を設けた意匠も、塼仏としては見慣れない。この作例を精査した大脇潔氏も、「なお裏面の調査や理科学的な調査を経なければ断言できないが」とした上で、「図様の異なる中尊の首から下、台座に至るまでの部分は、おそらく浮き彫り部分が剝落したため後世に修理を施し、その際きわめて巧妙に改造した可能性が高い」[注29]としており、残念ながら結跏趺坐像と一連のものとして同時期に制作された別形式作例であるとは、見なし難い。

ただし、後世の改造にしても敢えて倚坐形にしたことには、何らかの根拠があったのではなかろうか。また、脇侍像の図相に関してはなお多くの情報を持った貴重な伝世作品には違いない。

このほか、大型多尊塼仏の図相や構成の参考資料として不可欠なのが、法隆寺などに伝来する「押出阿弥陀五尊像」として知られる作品である。現在、大宝蔵院に展示されている厨子入押出五尊像や法隆寺献納宝物N一九八（挿図４）がそれで、大型多尊塼仏の阿弥陀五尊像と宝蓋を輪郭にしたがって背景から切り抜いた形である。とはいえ、二光寺廃寺や夏見廃寺出土例とこれらの押出仏の図相を比較すると、脇侍菩薩の標幟や持物に改変や

挿図4　押出阿弥陀五尊像　法隆寺献納宝物 N198

省略が散見される。改変・省略の様子は異なるものの、その点では百済寺跡や當麻寺からの出土例に近い。

　このほか、同じく法隆寺献納宝物のN一九九、二〇〇は方形の銅板に五尊像を押出した作であるが、前の二例に比して図様が曖昧で法量も二割ほど小さい。明治一五年に法隆寺から知恩院に移った一件や、法隆寺から知恩院を経て福井県正覚寺に移された一件とともに、二次的な作例と見られている。[注30]

　以上の同型押出仏など関連作品も勘案しながら大型多尊塼仏の諸例を一覧すると、図相や作り方は一様ではなく、大脇潔氏や中東洋行氏がそれぞれの見地から分類をおこなっている。[注31]それらを参考に小稿の目的にしたがってあらためて分類するならば、次のとおりである。

①a　五尊像ほか諸尊、双樹、飛天などからなる完整な図相で、須弥壇部だけ別成とした作例……夏見廃寺例

①b　完整な図相で、須弥壇部まで一体成形した作例……二光寺廃寺例、（藤井有鄰館例、唐招提寺伝来例も可能性あり）

②　中尊の形式が異なる五尊像と、上部の宝蓋・双樹だけの作例。菩薩の瓔珞など図相の細部は①と同じ。……伝法隆寺綱封蔵本尊塼仏

③　五尊像と左・右・上部を別々に成形した上で合体させた作例。須弥壇部無し。菩薩の瓔珞など図相の細部は略化する。……百済寺跡出土例

④　五尊像だけの作例と見られるもの。図相の細部は略化する。……當麻寺出土例、石光寺出土例、法堂寺廃

寺出土例。押出五尊像はこのグループに相当する。ただし、それぞれ図相には小差あり。

三　大型多尊塼仏の図相の特徴

それでは、これらを参考にして欠落を補いながら、大型多尊塼仏の完整な図相①について、特徴を確認したい。特に問題となるのは、三尊の図像形式と異相の天部群像で、余白の埋め草のようにもみえる植物や鳥、宝幢などのモチーフも、本図相の来由を物語るものとして注意される。

まず、中尊如来像の通肩の着衣形式は、覆肩衣を併用する偏袒右肩式が七、八世紀の主流だったことからすると特徴的であり、また印相は、胸前で右掌を仰ぎ左手は甲を見せ、左右とも第一・第二指を相捻じた形の説法印である。こうした通肩・説法印の如来坐像がグプタ朝サールナートの釈迦説法像を淵源とすることは、周知のとおりである。またこの形式は法隆寺金堂の六号壁（挿図5）の阿弥陀像にも非常に近似するが、六号壁の説法印では、左手は第一指と第三指を捻ずる。この一点を除けば、塼仏と六号壁の中尊は、通肩の袈裟の緊密な衣文線、右前膊での衣の懸かりよう、左足を上にした結跏趺坐、足首まで露出させながら衣を脚部に巻き込むような表現、仰蓮に垂れる衣裾の形状まで、粉本を同じくした

挿図5　法隆寺金堂第六号壁画き起し図

かのように酷似する。それだけに左手の印相は些細な相違のようでいて、看過できない。注32

中尊の頭部は明瞭な断片を欠き、押出五尊像に見るように素髪の可能性もあるが、倚坐形の伝綱封蔵本尊塼仏が螺髪であり、しかもこの部分に関しては成形後の追刻とは見えないことから、①の諸例も螺髪の可能性が高い。頭光は三重の圏円でそれぞれに文様を施し外縁を火焔とするが、火焔を蕨手のように表すのは珍しい。台座は上から蓮華、反花、八角の敷茄子と三段の受座、下反花から成り、仰蓮も反花と同様の複弁で弁先をパルメット様に巻き返らせて丸く造り、垂れる衣裾と交互にあらわす。画面のなかで台座が占める大きさや八角形の意匠は、金堂壁画の九号壁のものに近く、敷茄子の雲気文のような瀟洒な華足は薬師寺聖観音像の台座に似ることが指摘されている。注33

脇侍の二菩薩像は中尊の方を向いて斜めに構えた体勢で、ともに緩い三曲の姿勢で頭部を内側にやや傾げる。宝冠の正面頭飾は大きく、それぞれ化仏坐像と水瓶をあらわす。分割式の百済寺出土断片や押出五尊像では勢至菩薩の標幟の水瓶には後屏が無いが、夏見廃寺断片や伝綱封蔵本尊塼仏では観音の化仏と同様に長円形の後屏が見られる。また列弁か連珠一条でなる天冠台は正面に横長の楕円形装飾、両耳の上にも花文形があり、金堂壁画の諸菩薩に見られる意匠にごく近い。

両菩薩は条帛をそれぞれ中尊側の肩から外側の脇腹へ巻き、腰帯を二段にあらわして、正面で打ち合わせた裙の上端を下側の帯に挟んで垂らしている。二体を左右相称のようにするために一方の条帛を通例とは逆に右肩から着けるのは、金堂一号壁や六号壁でも見られるが、金堂壁画とよく比較される唐代の敦煌絵画においては、一般的ではない。また両尊とも胸飾をつけ、両手首には連珠の腕釧をつける。

手勢は、両菩薩ともに内側の手は掌を仰いで胸元に挙げ、外側の手は垂下する。勢至菩薩が垂下した右手に水瓶を執るのはすでに見たとおりであるが、たいへん特徴的なのは、両尊ともに一条の瓔珞を両手で執ることである。瓔珞は両端に総飾、[注34] 中央辺に大珠を主とする垂飾が付いており、途中にも大珠を交えている。それを膝辺でU字を描くように弛ませ、両端を少し余して垂らすように手に執る。勢至菩薩では左端の総飾を腹部に、右の総飾を水瓶の下方に垂らしている。観音菩薩も同様に右方は腹部に垂らす。左方は明瞭な作例を欠くが、伝綱封蔵本尊塼仏には腕釧とは別に左手の甲に掛かる連珠が見え、左の脛にわずかに膨らんだ痕があることから、おそらくこれが左手から左脚に沿って垂下した連珠瓔珞の総飾であろう。ちなみにこれらの総飾の形状は、天蓋から垂れるものとともよく似ている。

このように、瓔珞を身体に纏わずに手に執る表現は珍しい。中国では初唐の菩薩像に瓔珞を前膊や両肘に掛ける形式が時々見られるが、大型多尊塼仏のように両端を手に執る形式は中国の作例でもかなり限られている。四川省綿陽市の碧水寺摩崖造像第一九号龕の左脇侍菩薩像は、そうした一例である（挿図6）。

挿図6　碧水寺摩崖造像第19号龕正壁画き起し図

当龕は法隆寺金堂第六号壁に酷似したいわゆる「阿弥陀仏五十菩薩像」と呼ばれる図相で注目される。「阿弥陀仏五十菩薩像」とは、説法印の阿弥陀仏と多数の菩薩が同根多枝の蓮華上に坐した特異な図相で、初唐の道宣撰『集神州三宝感通録』等に、天竺の五通菩薩の懇請にこたえて阿弥陀仏が五十体の菩薩とともに娑婆世界に垂降したという、本図の縁起が収録されている。碧水寺摩崖の当龕に隣接する第一〇号龕には鳩摩羅什訳『金剛般若経』の刻経があり、これが貞観五年（六三一）に隆州巴西（現在の綿陽）の県令であった令狐元軌によるものと認められることから[注35]、当龕もまたその年代頃に造像されたことがわかる点でも、貴重な作例である。袈裟を通肩にまとって結跏趺坐する中尊阿弥陀仏は、大型多尊塼仏と同様の形式の説法印で、その左脇侍菩薩も塼仏と同様に、胸元に挙げた右手と大腿部に垂らした左手で一条の連珠の瓔珞を執っている。この菩薩像は、裙の上端を腰帯に絡める着衣法まで塼仏の両菩薩像に酷似している。

また、綿陽からほど近い梓潼臥龍山にも、貞観八年（六三四）の紀年銘のある阿弥陀仏五十菩薩像[注36]がある。これもまた金堂六号壁と図相が近似している上、長文の銘文には五通菩薩の説話に始まる特異な由緒が説かれていることで貴重な作例であるが、ここでも破損と風化で明瞭さは欠くものの左菩薩像に連珠瓔珞を両手で執っていた痕跡が認められる。

挿図7　龍門石窟第362窟左脇侍菩薩像

興味深いことに、龍門石窟においてもこの形式の菩薩像は、通肩・説法印の中尊阿弥陀仏の脇侍に見出せる。挿図7は、六六〇年前後に造営されたと考えられる敬善寺洞区の第三六二窟の左脇侍菩薩であるが、大型塼仏や上掲の四川の例とほぼ同じ手勢をあらわし、一条の瓔珞の両端を執る。この窟の周壁には碧水寺一九号龕や臥龍山一号龕と同様の、茎が連結した多数の蓮華に自由な姿勢で坐す小菩薩群があらわされており、これもまた阿弥陀仏五十菩薩像である。[注37]

このように一条の瓔珞を両手で執る菩薩像は、類例の限られるなかで通肩・説法印の阿弥陀仏を中尊とした阿弥陀仏五十菩薩像に繰り返し特徴的に見出せるのである。大型多尊塼仏の三尊像の図相は、隋から初唐初期の頃に成立し七世紀を中心に流行した阿弥陀仏五十菩薩像から、三尊像を取り出した形式であるとみて大過なかろう。ただし、本来なら周囲の小菩薩群像と阿弥陀三尊像が、同根から分岐して繁茂した蓮華座にそれぞれ乗る図像こそ本主題の必須モチーフであるところ、塼仏では小菩薩群は無く、中尊台座も蓮茎の付かない須弥座の形である。つまり、阿弥陀仏五十菩薩像から主要な三尊の図像を借りながら、主題本来の意味は置き去られているのである。

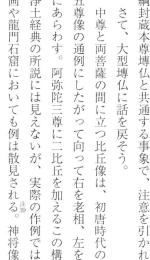

一条の瓔珞を執る形式に関して、翻って金堂壁画を見ると、六号壁の左脇侍の観音像と一〇号壁の右菩薩像が、それぞれ屈臂して胸元に挙げた片手に瓔珞や金鎖の端に付いたリボン状の布を摘まんでいることが、あらためて注意される。もう片端は確認できないものの、大型多尊塼仏や中国の諸例と同様に、垂下した手に執っている可能性は高い[注38]。両壁画のうち六号壁は大陸で流行した阿弥陀仏五十菩薩像にもとづく図相であるため、菩薩が瓔珞を手に執る特殊な形式もそれを踏襲しているわけだが、倚坐仏を中尊とした一〇号壁（挿図8）でもこれが見られるのはいささか奇異である。先掲の伝綱封蔵本尊塼仏と共通する事象で、注意を引かれる。

挿図8　法隆寺金堂第10号壁画き起し図

さて、大型塼仏に話を戻そう。

中尊と両菩薩の間に立つ比丘像は、初唐時代の釈迦五尊像の通例にしたがって向って右を老相、左を若相にあらわす。阿弥陀三尊に二比丘を加えるこの構成は浄土経典の所説には見えないが、実際の作例では敦煌画や龍門石窟においても例は散見される[注39]。神将像を阿弥陀三尊に配することについても、龍門石窟敬善寺洞などに例があるが、囲遶する眷属として瞋怒相の天部像があらわされているのは、たいへん異例である。

天部は左右各六体とみられる。向って左側の一体は嘴と翼状冠のある頭部の側面形で、夏見廃寺の同部分の断片と合わせ迦楼羅の存在が確認できた。また、前述したとおり唐招提寺開山堂出土の断片も、向って右側の天部のうちの一体である。右側の六体は上下三段に居並んで胸ないし肩から上だけを見せる。髪は疎ら彫りとし列弁や連珠文の天冠台をつけ、耳の上と肩先で環状の冠繒を垂らす。顔貌は瞋怒相で頬骨が高く顎が張り、口髭を生やしてやや開口し、いずれも上体は裸形らしく頸飾と臂釧をつける。迦楼羅があらわされていることから、左右計一二体とみられる中に八部衆を構成する尊像が含まれる可能性があるが、現在見出せる迦楼羅以外の像は似通っていて、それぞれ個性的な図相であらわされる八部衆に該当するとは思えない。

中国から日本まで現存作品を見渡しても、この天部像を加えた構成に最も近い作例は、やはり金堂壁画である。施無畏与願印の坐仏を中尊とし一般に弥勒浄土図とされている第九号壁と、倚坐仏の一〇号壁には、脇侍菩薩の背後に、九号壁では左右計六体、一〇号壁では計四体の異相の天部像が画かれており、前者では嘴のある迦楼羅、獅子冠を被る乾闥婆、龍を負う龍王、頭部に蛇を絡めた摩睺羅伽が確認できる。一方の一〇号壁は四体とも歯を見せた瞋怒相で、中尊を薬師如来とする説においては、十二神将像のうち他壁と構成人員の数を合わせるべく四体を選んで画いたものと解釈されている。[注40] この両壁の中尊の比定については九号を薬師仏、一〇号を弥勒仏とする異説があるが、[注41] いずれにせよ阿弥陀仏を画いた六号壁にはこうした天部像は登場せず、唐代の敦煌画や四川地域の摩崖造像における阿弥陀の説法図・浄土図にも例を見ない。[注42] 大型多尊塼仏の尊像構成は、経説や定形を逸脱した異例なものなのである。

もう一つ特徴的な図相が、脇侍菩薩とこれら天部衆との間にあらわされた植物と鳥のモチーフである。幸い左

挿図９　敦煌莫高窟第329窟東壁仏説法図

右分とも発見された二光寺廃寺の断片と、唐招提寺開山堂出土断片から復元すると、脇侍菩薩像の蓮台の傍らにある苞形の根元から、細長い茎が緩くうねりながら上方へ伸び、頂部に三葉形の萼のある球状の花序がついた形で、茎の途中には葉も付く。よく似た表現は敦煌莫高窟第三二九窟東壁の仏説法図（挿図９）にも見られ、特にこの作例では中尊が大型多尊塼仏と同様の通肩・説法印の如来坐像である点が興味深い。この窟は各壁の様式や構成から初唐のなかでも隋に近い頃の制作と考えられ、先に見た瓔珞の特殊な表現の流行時期とも重なることが注意される。こうした地面から伸びる植物のモチーフ——現実の蓮とは似ても似つかないが、やはり蓮をイメージしたものだろう——は、源流を辿ればやはりグプタ美術に行き着く。大型塼仏では根元から二本の茎が立ち上がり、片方が先端を蔓状に丸めて主茎に絡む様子が、向って左分の断片にあらわされているが、そのように旺盛に繁茂する表現も、アジャンターやアウランガバード石窟の彫刻や絵画に多く見られる。それらは往々にして菩薩が茎の半ばを手に執る形式であるが、同様の表現が金堂壁画では二、三、四、五、七、一二号壁と繰り返し採用されている。

　頂部の花序の上に尾の長い鳥が止まるのを、左右向き合うように側面形であらわした大型塼仏の図様は、管見の限り中国やインドにも類例を見ない。しかしたいへん楽園的な印象を与える表現で、『阿弥陀経』に説く極楽浄土の六種の鳥——白鵠・孔雀・鸚鵡・舎利・迦稜頻伽・共命之鳥を想起させる。先に挙げた莫高窟第三二九窟では南壁が阿弥陀浄土図であり、そこには迦陵頻伽や白鵠らしい水鳥とともに、塼仏によく似た尾の長い鳥が一対

挿図 10　敦煌莫高窟第 329 窟南壁阿弥陀浄土図（部分）

画かれている（挿図10）。二羽が止まるのはここでは花ではなく欄干だが、ちょうど塼仏の場合と同様に両脇侍の上方に位置しており、こうした構図が大型塼仏の図相のもとになっていると推測される。

また、この三二九窟阿弥陀浄土図には、阿弥陀仏の周囲に、頂部に火焔宝珠を載せた華麗な宝幢が立つ。これは初唐の阿弥陀浄土図に特有のモチーフで當麻曼荼羅にもあらわされているが、八世紀に入ると姿を消す。おそらくこれもまたグプタ美術における装飾的な柱の意匠を受容したものだが、大型塼仏における火焔宝珠を載せた柱は、まさにこうした宝幢の表現である。ただし、大型塼仏ではこれを左右両端に配することであたかも塼面を額縁のように枠取る効果も果たしており、統一新羅の六七九年頃に造られた慶州四天王寺址出土彩釉四天王像塼に見られる左右縁の意匠にも近い。

諸尊の上方に茂る双樹の葉はマンゴー系繖形花葉で、葉芯に若い石榴果のような形をつけるのが特徴的である。通例はこれを球形や宝珠形にあらわすため、[注43]類例が限られるなかで、同様の意匠が隋代の敦煌莫高窟四〇一窟や、法隆寺壁画とよく比較される初唐の第五七窟の仏説法図に見られるのは注意される。天蓋は弁先を三葉形とした反花のようなふくよかな意匠で、上部に蓮華宝珠を飾り、下縁に連珠や総飾を下げる。内側を見せない正側面形にあらわす特徴は金堂の第九号壁や一〇号壁に通ずる。上方左右に配された一対の飛天はともに華籠を持って散華するさまで、周囲に繊細な雲気を伴う点もまた金堂壁画と共通する。また、夏見廃寺の迦楼羅のある断片には、迦楼羅の上方に雲気様のものを伴った円形のモチーフが見られ、これも金堂の第六号壁や、三、四、七、一一、一二号壁の上部左右に画かれた飛来する火焔宝珠に該当するものと思われる。[注44]

四　大型多尊塼仏と法隆寺金堂壁画の先後関係

以上述べてきたように、大型多尊塼仏の個々のモチーフは、七世紀の唐に類例を見つけることができる。それらは主に、阿弥陀仏五十菩薩像に由来するものと、阿弥陀仏の西方浄土変に由来するものとがある。すなわち、通肩・説法印の阿弥陀仏と瓔珞を手に執る脇侍菩薩からなる三尊の形式は、天竺の五通菩薩の説話で知られる阿弥陀仏五十菩薩像、すなわちインドないし西域からもたらされた新しい阿弥陀仏として喧伝された図像からの影響と認められる。一方、両脇侍菩薩に化仏と水瓶の標幟があることや、宝幢や鳥のモチーフは、『観無量寿経』などの浄土教経典に基づいた西方浄土変から摂取されたものといえる。

阿弥陀仏を主尊とするこれら二つの主題と図相は、もともと別個に形成されたものであった。それは西方浄土変における阿弥陀仏の形式が、必ずしも説法印ではなく、着衣は偏袒右肩式がほぼ定形であることにも表れている。しかし両者は、同じ初唐の七世紀に盛行したためにほどなく相互に影響し合い、形式やモチーフの交換や習合がさまざまな度合いで生じた。大型多尊塼仏の図相は、そのような習合の一例と言えよう。

ところが、ここで問題になるのが、塼仏でひときわ目を惹く一二体もの異相の天部像である。これらは、五通菩薩の説話とも、西方極楽浄土の光景を説いた浄土経典とも関係せず、阿弥陀仏を主題とする二つの系列のいずれにも登場し得ない者たちである。実際、こうした尊像が阿弥陀仏の傍らにあらわされた作品は、およそ嘱目しない。このことはどう説明すべきだろうか。

仮に、伝綱封蔵本尊塼仏のような倚坐仏を中尊とする五尊像であれば、それが弥勒仏であれ薬師仏であれ、こうした天部像が眷属として囲遶したとして不都合はない。弥勒仏であれば、鳩摩羅什訳『弥勒大成仏経』に、成道した弥勒を穰佉王とともに恭敬囲遶する大衆として、八万四千大臣諸比丘等と「無数天龍八部」が登場し、また「龍王八部、山神、樹神、薬草神、水神、風神、火神、地神、城池神、屋宅神等」の踊躍歓喜が説かれている。また薬師仏であれば、達磨笈多訳ないし玄奘訳『薬師本願経』の末尾で本経を護持する人々の守護を誓う「十二薬叉大将」に当たると考えられるからである。

そのため、夏見廃寺や二光寺廃寺、唐招提寺から出土したこれらの天部像断片が、果たして前掲挿図1の復元図のように通肩・説法印の阿弥陀仏坐像に接続する図様であったかについては、夏見廃寺に図相の異なる複数の塼仏が存在していた可能性も含みおいて、あらためて精査を要するのではなかろうか。伝綱封蔵本尊塼仏が改造にあたって倚坐形としたのも、大型多尊塼仏に元来そうした図相の作例があったからと仮定すれば、やや理解しやすい。ただ出土断片が限られる現状では、これまでに得られたものに基づく復元図に一定の妥当性を認めざるをえない。

そうとすると大型多尊塼仏の図相の全体構成は、初唐の中国で生まれたとは思えず、また教学に通じた僧が関わったとは考え難い。たとえば、白雉四年（六五三）に入唐して玄奘に師事し、道綽・善導流の浄土教にも接して斉明六年（六六〇）頃に帰朝した道昭が唐より将来した図相、といった推測は、まず成り立たない。経説には頓着せずに、先行する作品などから個々のモチーフを写し取って組み合わせた図相であるとするのが、本塼仏の最も妥当な解釈であろう。それではどこでどのように構想されたのか。

本塼仏が制作された持統朝は遣唐使の派遣が中断して久しく、唐の仏教美術に関する情報は多く新羅からもたらされたと考えられている。そのため塼仏の図相に新羅の影響を見る研究者は多い。その際に本塼仏との近似が指摘されるのが、慶州に六七四年に造成された月池（雁鴨池）出土の銅造透し彫り三尊像や、全羅南道求礼郡の華厳寺西五層石塔から発見された青銅製仏像型[注45]である。これらは通肩・説法印の如来坐像で本塼仏中尊と同形式である上、岡田健氏は大型塼仏や押出五尊像、法隆寺六号壁の中尊が示す左足を上にした結跏趺坐が、中国の通肩・説法印坐仏には見られないのに、月池出土像に見出せることに注目し、新羅からの影響である可能性を示唆している。[注46]貴重な指摘ではあるが、これだけをもって塼仏の図相の全体構成が新羅からもたらされたと證することはできない。

今日知り得る材料から推測する限りでは、本塼仏の図相の成立に最も関与したと考えられるのが、ほかでもない法隆寺金堂壁画である。本来は別々の主題に属する阿弥陀三尊像と天部像とを同一画面に組み込むという大型多尊塼仏の発想は、六号壁と九号壁、一〇号壁のように、それらをよく似た画面構成のなかであらわした一揃いの作品を、手本として参照できたからではなかったか。無論、塼仏と壁画とでは、画面の大きさの圧倒的な差異、複製を前提とした型による制作と絵筆による一品制作の相違がある。また一般に、ポータブルな塼仏は新たな図様や表現を他所へ伝えるメディアとしても有効性を発揮したので、初唐で流行している新しいモチーフを盛った塼仏が先んじ、それが壁画制作に影響したとしても不思議はない。しかし、図相から見る限り実態は逆だったと考えざるを得ない。塼仏が制作された六九四年当時、前掲の復元図のような図相を提供できたのは、金堂壁画ないしはその関連図面だった可能性がやはり最も高いのである。

むすびにかえて

以上の想定が妥当であるとすれば、次のような経緯が推測できるのではなかろうか。

まず、再建がなったある時点で法隆寺金堂に壁画が画かれた。外陣一二面は、この間にもたらされた種々の作品や粉本類から摂取したモチーフを再構成し、入念に設計されたものと想像される。参考にした作品には、奈良国立博物館所蔵の刺繡釈迦如来説法図のような唐の中央からの請来品をはじめ、遣唐使中断以前に唐への往還を果たした者たちが入手したり模写したりしてもたらした図様の資料のほか、半島からの来朝者や帰朝者による情報も少なくなかっただろう。

金堂壁画の制作については、天武・持統天皇以来歴代の天皇に仕え、道昭の導きで阿弥陀信仰を深めると共に聖徳太子にも傾心し法隆寺に帰依した橘三千代が推進したとする有賀隆祥氏の説[注47]が首肯される。その橘三千代を導いた道昭は、前にも触れたように第二次遣唐使に随行して白雉四年（六五三）に入唐し、七年間ほどを長安で過ごした。当時長安は、六号壁のもととなった阿弥陀仏五十菩薩像の流行の中心地であった。前掲の梓潼臥龍山の阿弥陀仏五十菩薩像に付された銘文によれば、この図像の流行の発信源は京師（長安）の真寂寺であったというが、義寧坊に所在した真寂寺こそ、のちに化度寺と号した三階教の大本山にほかならない。三階教は普仏普敬の教旨ゆえに特定の造像主題には固執しなかったと考えられるものの、この寺を拠点とした三階教徒の活発な活動とこの図相の流布が全く無関係だったとも思えないのである。[注48]道昭はまさにそうした時期に際会し、この主題の作品を方々でさんざん目にしたに違いないのである。図像を日本にもたらしたのは、身近に接した玄奘を介して道宣の著作に述べる五通菩薩の由緒に触れた道昭であっただろうとの推測は、有賀氏も示されているところであるが、玄奘を介さずとも道昭が請来者だった可能性が高いと筆者も考える。この図もまた飛鳥寺の禅院に保管されたであろう。

さて、大型多尊塼仏は、そのようにして成った金堂壁画それ自体か、壁画の構想段階の下図、もしくは壁画完成後の模写図や、ことによれば画工の記憶などによって、六号壁の三尊像を核に一〇号壁にならって眷属衆をそこに付加したイレギュラーな図相として構成された。神将像をはじめ双樹や宝幢、地面から伸びる蓮や鳥など、金堂壁画には見られないモチーフも、現存する同時代の日本や唐の作品にほぼ必ず類例を見出せることから、当時そうした画像資料にも接することが可能だったと考えられる。それらの中には、塼仏制作の二年前の持統六年（六九二）に道昭が開眼導師を務めた、薬師寺講堂の巨大な繍仏に関わる資料もあったと推測してよかろう。この繍仏は護国寺本『薬師寺縁起』などによれば持統天皇が天武天皇の追善のために発願したもので、「阿弥陀三尊幷菩薩天等百余躰」（『七大寺巡礼私記』）というから、参考にできるモチーフの宝庫だったと思われる。

それでは、そうして出来た大型多尊塼仏の原図ないし原范が、どのような経緯で夏見廃寺や二光寺廃寺で使われたのか。

これについて廣岡孝信氏は、夏見廃寺が大来皇女による天武天皇の追善という、皇室に私的な縁のある建立によるとすれば、塼仏の陽刻原型（完整な范）は中務省下の図書寮のような皇室あるいは国家の管理下で保有されていた可能性があるとする。[注49] 二光寺廃寺についても、廣岡氏は天武天皇が行幸した朝嬬から長柄への途中に二光寺廃寺のある北窪の地が位置することや、二光寺廃寺の推定寺域で川原寺の同范軒丸瓦が出土していることを挙げて、天武との関係を示唆し、「皇室と二光寺廃寺の発願主との間に寺院建立体制・塼仏製作体制をめぐって有機的な関係があったと想定することが可能」としている。[注50] つまり、おそらくはどちらも天武天皇追善という目的のもとに持統天皇の関与によって范の供与がなされていたわけである。

そうであれば、図相の策定にも持統天皇の意向が何がしか反映された可能性もありえよう。少なくとも大型多尊塼仏の図相は、結果的に、阿弥陀仏への信仰と、『金光明経』や『仁王経』の主旨にも適った威力ある天部らによる守護的イメージの両面を一画面に具現したものとなっているのである。

注

1 森本貴文編「日本の塼仏集成」『東アジア瓦研究』三号、二〇一三年

2 本塼仏を「阿弥陀諸尊塼仏」と呼ぶ論者もあるが（白井陽子「日本出土の阿弥陀諸尊塼仏――7世紀後半における統一新羅との密接な相互関係について――」『帝塚山大学考古学研究所研究報告』XIX、二〇一七年、原文は“The Amitabha Senbutsu unearthed in Japan:Close Interactions with Unified Silla Korea in the Late Seventh Century”, Artibus Asiae 74-1、二〇一四年）、小稿では通用の呼称である「大型多尊塼仏」を用いる。

3 岡田健「初唐期の転法輪印阿弥陀図像についての研究」『美術研究』三七三、二〇〇一年。

4 毛利久「薬師寺縁起の一記文と夏見廃寺」『史迹と美術』二一五、一九五一年、二四二頁。

5 白井陽子前掲注2論文。

6 名張市教育委員会編『夏見廃寺』一九八八年。

7 水口昌也「夏見廃寺（三重）」『佛教藝術』一七四、一九八七年、三六頁。前掲注6同書、八八頁。

8 前掲注6同書、八七頁。あるいはこれらの獅子像は、大型塼仏の画面内ではなく、大型塼仏と方形三尊塼仏などを組み合わせた構成のなかでしかるべき位置に貼付されていた可能性もあろう。

9 前者の釈文は東野治之「白鳳文化の形成と亡命百済人」『聖徳』二三七、二〇一八年、五頁。東野氏は二〇〇六年の「7世紀以前の金石文」（『列島の古代史 ひと・もの・こと6 言語と文字』岩波書店、七八頁）においては「百済□明哲作」という釈文を提示された。なお、橿原考古学研究所の和田萃・鶴見泰寿氏は「召□□□作」と釈文しているが、東野氏は、こうした少ない字数で「召」を用いた文書的な文言が記されたとは考えにくいとする。

10 毛利伊知郎「七世紀後半における初唐様式の伝播・普及と塼仏制作」『三重県立美術館研究論集』二、一九八七年。

11 毛利久前掲注4論文。同氏「夏身寺の異説について」『史迹と美術』二三―一〇、一九五三年。

12 藪田嘉一郎「夏身寺について」『史迹と美術』二三五、一九五三年。

13 久野健『日本の美術118 押出仏と塼仏』至文堂、一九七六年、六九～七〇頁、同氏「夏見廃寺趾出土の塼仏」『東アジアと日本――考古・美術編』吉川弘文館、一九八七年、一〇八頁。東野治之「夏身寺の創建と『薬師寺縁起』」奈良大学文学部文化財学科『文化財学報』三二、二〇一四年、一四頁。久野氏は、皇女が斎宮時代から親交のあった夏見氏らの援助をうけて創建したが、持統天皇に対する遠慮から自らの発願ということはおもてむきにできず、夏見氏の氏寺という体裁をとったかと推測

している。

14 東野前掲注13論文。

15 廣岡孝信「二光寺廃寺」『奈良県遺跡調査概報2005年第2分冊』奈良県立橿原考古学研究所編、二〇〇六年、二九四～二九五頁。

16 廣岡孝信「奈良県御所市二光寺廃寺の発掘調査」『考古学雑誌』九二（1）、二〇〇八年。

17 廣岡前掲注16論文、二九四頁。

18 枚方市文化財研究調査会編『特別史跡百済寺跡』第七章総括、二〇一五年。

19 中東洋行「河内百済寺跡出土塼仏雑考」（前掲注18『特別史跡百済寺跡』第六章考察と付論　第三節）。また大脇潔「塼仏と押出仏の同原型資料——夏見廃寺の塼仏を中心として」『MUSEUM』四一八、一九八六年。

20 松本百合子「2塼仏」奈良県立橿原考古学研究所編『当麻石光寺と弥勒仏概報』三一頁。

21 『大和古寺大観　第二巻当麻寺』岩波書店、一四頁。

22 東近江市教育委員会埋蔵文化センター『法堂寺廃寺跡』二〇一一年。

23 伝世断片は焼成が硬質で土は褐灰色を呈しているのに対し、新たに発見された断片は焼成が軟質で土は黄色を呈し、表面に漆下地が残存しているという。松浦正昭「唐招提寺の塼仏」『近畿文化』七六六、二〇一三年。

24 『史跡唐招提寺旧境内（奈良県文化財調査報告書 第一七七集）』奈良県立橿原考古学研究所、二〇一七年。松浦前掲注23論文。

25 大脇前掲注19論文。

26 久野前掲注13同書、六七頁。清水昭博「出土状況からみた塼仏用法の検討」『考古学論攷』一九、一九九五年、九五～九六頁。

27 本塼仏の法量は「阿弥陀三尊像」『奈良六大寺大観　法隆寺四』一九七一年、六三頁による。

28 中東前掲注19論文、四四九～四五〇頁。

29 大脇前掲注19論文、八頁。

30 大脇前掲注19論文、一一頁、久野前掲注13同書三一頁。

31 大脇前掲注19論文、中東前掲注19論文。

32 ちなみに、六号壁のように左手の第一・第三指を捻じた説法印は、敦煌石窟壁画では阿弥陀仏に限らず初唐・盛唐壁画に広く見られる。また、六号壁の図相との類似で知られる莫高窟三三二窟の阿弥陀三尊五十菩薩図の阿弥陀仏も、両手とも指頭はやや離れているが、概ね六号壁と同じ印相である。

33 「聖観世音菩薩立像」『奈良六大寺大観　薬師寺』岩波書店、一九七〇年、六一頁。

34 本塼仏の瓔珞のものによく似た総飾が、法隆寺献納宝物の七世紀末頃に制作された金銅小幡にも見られる。第三坪の菩薩像の頸飾から垂下させた瓔珞の両端に、総飾がついている。

35 于春「碧水寺摩崖造像的相関問題」『綿陽窟龕――四川綿陽古代造像調査研究報告集』文物出版社、二〇一〇年。令狐元軌は初唐道宣『集神州三宝感通録』巻下に金剛般若経の写経の感通譚が載る。現在は碧水寺の刻経は風化が進み元軌の名は見えないが、民国二二年（一九三三）の『重修綿陽県志』巻二に、水閣院（碧水寺）北崖に「令狐文軌」の経像があると記されている。

36 ただし、臥龍山一号龕の本例は「阿弥陀佛幷五十二菩薩」と付属の造像碑に銘記する。

37 しかも龍門石窟では同主題の唯一例である。岡田前掲注3論文、一八九頁。

38 岡田健は六号壁左脇侍は下げた左手に蓮華と瓔珞の一端を持つとするが（岡田前掲注3論文、四頁）、図様が不鮮明でどちらも確定はできない。

39 例えば、脇侍菩薩に化仏と水瓶の標幟があることから阿弥陀仏と見られている隋代の莫高窟三七九窟北壁説法図では、八体の比丘像を伴う。龍門石窟の例では、阿弥陀仏であることが確実な高平郡王洞の中尊の両側に二比丘があらわされている。大型多尊塼仏のこうした構成は、後に阿弥陀と観音・勢至・地蔵・龍樹の四菩薩へと展開していったと見られている。冨島義幸「阿弥陀五尊の諸形式と中世仏教的世界観」『佛教藝術』二八〇、二〇〇五年。

40 有賀祥隆「金堂壁画とその制作背景」『法隆寺金堂壁画――ガラス乾板から甦った白鳳の美』岩波書店、二〇一一年、一九七頁。

41 水野清一「金堂壁画の主題」『日本の美術4法隆寺』平凡社、一九六五年。

42 一九八二年出版の『敦煌莫高窟内容総録』（文物出版社）で「阿弥陀経変」とされた八世紀前半の敦煌莫高窟第三二〇窟南壁には、結跏趺坐して説法印を結ぶ如来像と二比丘二菩薩に加えて、六体の神王像と二体の力士像が画かれている。しかし最近、本図は大方等陀羅尼経変であることが論証され、中尊は釈迦仏であることがあらためて確認された。王恵民「敦煌莫高窟第320窟大方等陀羅尼経変考釈」（『敦煌研究』二〇一八年一期）。

43 林良一「仏教美術の装飾文様③聖樹2」『佛教藝術』九六号、一九七四年。一一六～一一八頁。

44 一対の飛来する火焔宝珠のモチーフは、敦煌画においては盛唐期の第一一三窟南壁観無量寿経変に見られるが、類例は少ない。

45 塼仏の范であることからも貴重な参考作品であるが、制作年代を羅末麗初（九世紀末から一〇世紀）とする見解もあり、なお検討を要する。崔聖銀「華厳寺西五層石塔青銅製仏像型に関する考察」『奈良美術研究』三、二〇〇五年（原載『講座美術史』一五、二〇〇〇年）。

46 岡田前掲注3論文、一九六頁。

47 有賀前掲注40同書、二二二～二二七頁。

48 肥田路美「梓潼臥龍山千仏岩阿弥陀仏五十菩薩考」『二〇〇九年中国重慶大足石刻国際学術研討会論文摘要』二〇〇九年。

49 廣岡孝信「飛鳥時代の塼仏製作体制――塼仏の積極的使用と画師・仏師の存在に着目して――」『河上邦彦先生古稀紀年献呈論文集』真陽社、二〇一五年、四四二～四四四頁。

50 廣岡前掲注49論文、四四〇～四四一頁。

〔図版出典〕

挿図1 東野治之「法隆寺金堂壁画の文化史的背景」『法隆寺金堂壁画――ガラス乾板から甦った白鳳の美』岩波書店、二〇一一年、挿図3。挿図2 枚方市文化財研究調査会編『特別史跡百済寺跡』、二〇一五年。挿図3『塼仏――土と火から生まれた仏たち――』倉吉博物館、一九九二年、原色図版1。挿図4『白鳳――花ひらく仏教美術』奈良国立博物館、二〇一五年、挿図97。挿図5 有賀祥隆「金堂壁画とその制作背景」『法隆寺金堂壁画――ガラス乾板から甦った白鳳の美』岩波書店、二〇一一年、挿図3。挿図6『綿陽窟龕――四川綿陽古代造像調査研究報告集』文物出版社、二〇一〇年。挿図7 筆者撮影。挿図8 有賀祥隆「金堂壁画とその制作背景」『法隆寺金堂壁画――ガラス乾板から甦った白鳳の美』岩波書店、二〇一一年、挿図5。挿図9『莫高窟第三二一窟、第三二九窟、第三三五窟（初唐）』江蘇美術出版社、一九九六年、挿図112。挿図10『莫高窟第三二一窟、第三二九窟、第三三五窟（初唐）』江蘇美術出版社、一九九六年、挿図90部分。

清水寺式千手観音図像とその源流

濱田　瑞美

はじめに

『梁塵秘抄』巻二に「観音験を見する寺、清水石山長谷の御山、粉河、近江なる彦根山、ま近く見ゆる六角堂」と歌われたように、京都東山に所在する音羽山清水寺は、滋賀の石山寺、奈良の長谷寺と並ぶ観音霊場として夙に名高い。その創建について、清水寺の縁起には、宝亀九年（七七八）に大和子嶋寺の賢心（後に延鎮と改名）法師が音羽山で老山岳修行者の行叡居士に会い、彼から授かった霊木で千手観音を刻み、その後延暦一七年（七九八）に大納言征夷大将軍坂上田村麻呂と賢心とが力を合わせて伽藍を造立し、本尊の観音を安置したと伝える。

都に近接するこの山岳観音霊場は、平安時代以来、貴賤老若男女を問わず信仰を集めてきた。例えば、『枕草子』二五六段に「さわがしきもの」として「十八日に清水に籠りあひたる」と記されており、平安貴族をはじめとする多くの人びとが観音の縁日である一八日に清水寺籠りをしていたことが知られる。また、白河天皇や堀川天皇も清水寺に参籠したことが記録に残る。寛治四年（一〇九〇）には白河上皇が媞子内親王とそろって清水寺に参詣しているが、その目的が篤子内親王の病気平癒のためであったことに窺えるように、清水観音に対する信仰は現世利益への期待を主とするものであった。さらに十二世紀成立の『今昔物語集』巻一六には、清水観音に仕えていた貧女が観音の利生によって富や男を得る、あるいは僧が美しい妻を娶り富貴となるといった救済・男女和合の説話がいくつも採録されており、清水観音は現世利益の霊験仏として広く信仰されていたことがわかる。[注1]

清水寺本堂の本尊十一面千手観音は内陣厨子内にあり、秘仏である。同形の前立て本尊（挿図1）および御正体（ともに寛永一〇年〈一六三三〉）は、四十二臂のうちの左右各一手を頭上に挙げ、掌を上に向けて化仏を戴くという特徴的な姿をあらわす。この頭上二手の化仏手をあらわす千手観音像は「清水寺式千手観音」（清水寺形〈型〉千手観音、清水寺千手観音とも）と称され、全国に点在する清水寺に多く安置された。また平安時代以来の絵画作品も多い。[注2]

挿図1　千手観音立像（お前立ち）
京都・清水寺

ところが、清水寺式千手観音の図像に関する研究は、意外にも少ない。おそらく、清水寺式千手観音は「経典や儀軌には規定されない形」と解され、[注3]「特殊な図像」として例外視されてきたことにその一因があると思われる。しかし、それは果たして例外的な図像といえるものなのであろうか。

副島弘道氏は『日本の美術』「十一面観音・千手観音」のなかで、清水寺式の独特の化仏手が中国の唐から影響を受けたものである可能性に触れているが、[注4]実際、八世紀以降の中国の千手観音像にはいわゆる清水寺式の姿形がいくつも確認され、清水寺式の図像をあらわす千手観音は必ずしも孤立したものではないと予測される。

すなわち本稿は、これまで「特殊な図像」として等閑視される傾向のあった清水寺式千手観音の図像、とりわけ頭上の二手による化仏を戴く特徴的な表現に着目し、作例と文献の双方から検討を加えるとともに、これが唐代の千手観音に由来する図像である可能性をあらためて呈示したいと思う。

一　清水寺式千手観音の定義と従来説の検討

清水寺式千手観音の説明でしばしば目にするのは、「脇手二手を挙げて頭上で合わせ、掌上に化仏を載せるという、いわゆる『清水寺式（形）[注5]』」、「両手を頭上にあげて化仏を捧げる千手観音像[注6]」などであり、特徴的な頭上の二手による化仏手の形状をもって清水寺式の定義とされるのが一般的である。

一方、『清水寺史』第一巻では、千手観音には持物の化仏が二体のものと一体のものがあり、後者を代表するのが清水寺本尊で、「世にこの化仏一体像を清水型といっている[注7]」と述べる。鈴木喜博氏も「通常の千手観音では左右脇手の各一臂にそれぞれ頂上化仏と化仏の各一軀が奉じられているが（計二軀）、清水寺形では二臂の脇手を頭上に高く上げて手を組むから化仏は一軀である。このような脇手の配列をみせる千手観音像は経典の儀軌に記されない[注8]」と述べ、千手観音の持物の化仏が一体しかあらわされていないことを清水寺式の定義に挙げている。

事実、清水寺本尊に持物としてあらわれる化仏は、現状頭上の一体のみである。このほか、清水寺式で知られる愛知・天永寺護国院蔵の千手観音画像（一四世紀）や、京都・智積院蔵の千手観音画像（一六世紀）は、化仏が頭上に一体のみである。千手観音に関する経典や儀軌はいずれも、千手観音の四十手として「化仏手」と「頂上化仏手」の二種の化仏手を挙げるから、清水寺式を「化仏一体像」と定義するならば、確かにそれは経典や儀軌に規定されない特殊な形と捉えることができる。

しかし、清水寺式千手観音として認識されている作例には、頭上の化仏に加え、脇手の一手にさらに化仏をもう一体執るものが非常に多い。脇手の持物の後補の問題を想定せずにすむ絵画作例をみてみると、清水寺式千手観音の現存最古本ともみなされるボストン美術館本（平安・一二世紀）は、頭上の二手による化仏手のほか、右脇手の一手に化仏をあらわす。京都・蓮華王院本堂の千手観音像納入摺仏（一一六四年）（挿図２）も右脇手の一手に化仏と思しき形状を看取できる。そのほか、東京国立博物館本（鎌倉・一三世紀）（挿図３）、東京・個人蔵本（鎌倉・一四世紀）（挿図４）、滋賀・求法寺本（鎌倉・一四世紀）（挿図５）、滋賀・浄信寺本（鎌倉・一四世紀）、福井・万徳寺本（鎌倉）、京都・福知山市観音寺本（一三八四年）等も、頭上の二手による化仏手のほか、右脇手の一手に化仏をあらわす。なかには、左脇手の一手に化仏を執る大阪・鶴満寺本（南北朝・一四世紀）や、頭上の化仏のほかに左右脇手の各一手にそれぞれ化仏を執り合計三体の化仏をあらわす滋賀・延暦寺山内寺院本（鎌倉・一四世紀）もあるが、これらの清水寺式千手観音の大半は、頭上の化仏のほか、右脇手でもう一体の化仏の

挿図２　千手観音像納入摺仏
京都・蓮華王院本堂

挿図３　千手観音像部分
東京国立博物館

挿図４　千手観音像部分　東京個人蔵

挿図５　千手観音像部分　滋賀・求法寺

合計二体の化仏をあらわしているのである。

　こうした状況を鑑みたとき、果たして「化仏一体像」を清水寺式と定めることは妥当であろうか。清水寺は十数度にわたる火災に遭い、現秘仏本尊も鎌倉中期の造立とみなされる上、脇手や持物は江戸初期の後補とされており、これら脇手の持物と配列の全てが奈良時代の根本像そのままをそっくり継承しているとみることの判断もまた難しいように思われる。少なくとも、霊験像としての清水観音が流行した平安期に遡る比較的早い作例、そしてそれ以降の清水寺式千手観音の画像の大半が化仏二体の姿形をあらわすことに、もっと注意が払われてよいのではなかろうか。片方の脇手で化仏を執る場合ほぼ右脇手に固定していることもまた、同図像がある規範に基づいたものであることを推測させる。

　もう一点、鈴木氏が「このような脇手の配列をみせる千手観音像は経典の儀軌に記されない」とされていることについてであるが、この文言は、化仏が一体ということとともに、左右脇手のうち各一本を頭上に挙げて二手で化仏を執るという脇手の配列の形についても経典や儀軌に規定されていない、との印象を抱かせるものである。次章ではこの点について、千手観音関連の経典や儀軌の記述を確認していきたい。

二　化仏手・頂上化仏手に関する経軌

千手観音関連の経典のうち、千手観音の脇手と各持物について記すなど、像容とも関係が深く、重要な経典とされるのが伽梵達摩訳『千手千眼観世音菩薩広大円満無礙大悲心陀羅尼経』（七世紀半ば訳出。以下『千手経』）である。同経に説く「四十手」のうち、化仏を執る手として「化仏手」と「頂上化仏手」の二種が挙げられている。[注9] ただし『千手経』には、それらの化仏を両手・片手あるいは右手・左手で執るなどの具体的な記述はない。ただ、この「頂上化仏手」という名称から、これが清水寺式のような頭上二手による化仏手の形状を連想することはむしろ自然なことのように思われる。[注10]

しかし、美術史家によって従来そのように解釈されてこなかったのは、その他の千手観音図像の経典、とりわけ『千手経』の異訳抄出本である不空訳『千手千眼観世音菩薩大悲心陀羅尼』が要因の一つである可能性が高い。というのも、『大正新脩大蔵経』に載録された同経は、四十手の記述箇所にそれぞれの持物を執る手の図を付しており、その「化仏手」（挿図6）は化仏が右掌上に、「頂上化仏手」（挿図7）は化仏が左掌上にあらわされているのである。[注11] 東寺宝菩提院伝来の『大悲心陀羅尼幷四十二臂図像』（平安時代後期）後半部の不空訳『大慈大悲千手千眼観世音菩薩摩訶薩四十二臂陀羅尼真言』に別紙で貼り付けられている各手と持物の図にも、「化仏手」は右掌、「頂上化仏手」は左掌であらわされている。[注12]

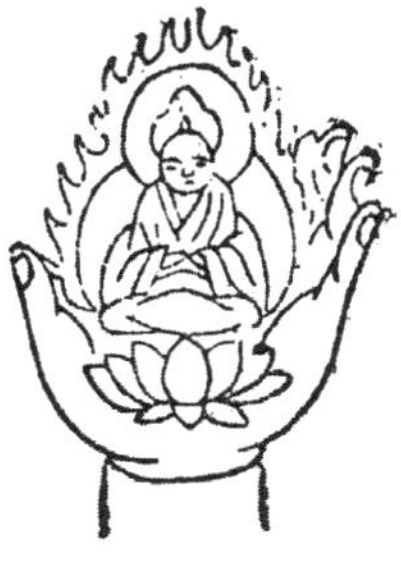

挿図7　頂上化仏手
不空訳『大悲心陀羅尼』

挿図6　化仏手
不空訳『大悲心陀羅尼』

また、不空訳『摂無礙大悲心大陀羅尼経計一法中出無量義南方満願補陀落海会五部諸尊等弘誓力方位及威儀形色執持三摩耶幖幟曼荼羅儀軌』には「左理化佛珠」「右智頂上珠[注13]」とあり、三昧蘇嚩羅訳『千光眼観世自在菩薩秘密法経』（九〜一〇世紀訳出。以下『千光経』）の偈文にも「左定化佛尊　右惠頂上佛[注14]」とあるように、化仏手を左手、頂上化仏手を右手で、両者を左右対称にあらわすことが説かれている。このような千手観音関連の主要な経典の記述、および通常の千手観音像が化仏手と頂上化仏手とを左右対称につくることを鑑みれば、確かに清水寺式が経軌に拠らない特殊な姿形と解されるのも無理はない。

しかし、偈文で化仏手と頂上化仏手を左右対称の配置で説いていた『千光経』であるが、その本文では異なる記述がみられる。すなわち同経本文には「可修化佛法……左手掌上安置化佛」「應修頂上化佛法……二手擧頂上安置化佛[注16]」とあり、化仏手は左手、頂上化仏手は両手を頂上に挙げて化仏を安置する、と説かれているのである。『千光経』の訳出年代は、八世紀に遡る清水寺根本像よりも下る。しかし千手観音を説く経典に、二本の手を頭上に挙げて化仏を執る姿形が説かれていることは、これまで清水寺式を「経典の儀軌に記されない」とする見解を改めて検討する契機となり得よう。

そのほか、澄円（一二二八〜八四?）撰『白宝抄』「千手観音法雑集上」には「頂上化佛左右[注17]」、『白宝口抄』巻五四「千手各持三摩耶事」にも「頂上化佛手左右事[注18]」とあり、儀軌にも頂上化仏手が左右の二手から成ることが記されている。

また、千手観音の脇手の左右の相対関係とその意味について述べた文献に、定深[注19]（一一世紀後半〜一二世紀初め）の著した『千手形像四十手相対義』がある。同書は東寺観智院に蔵される長承三年（一一三四）の写本で、『諸宗章疏録』巻三の清水寺定深の著作のなかに「観音四十手左右相對義」として挙げられるものとみられる。定深は嘉承元年（一一〇六）に清水寺の別当となった人物で、『諸宗章疏録』によれば、同書に加え「觀音四十手釋一巻」など千手観音に関わる著作が合計四件あり、清水寺本尊千手観音像に対する造詣も深かったかと想像される。

『千手形像四十手相対義』の冒頭には、

世ニ有リ二一像一。一像以テ二寶鉢ヲ一安ジ二掌ヲ一當テ二齊（＝臍）輪ニ一、以テ二頂上化仏ヲ一置キ二一手ニ一不レ擧ゲ二頂上ニ一。（中略）一像以レテ鉢ヲ置キ二一手ニ一不レ當テ二齊前ニ一、擧ゲ二一手於頂上ニ一置ク二化佛ヲ一。（訓点筆者。以下同様）

とあり、宝鉢を二手で執り臍輪（腹部）に当て、頂上化仏を一手で執って頂上に挙げないタイプと、鉢を一手で執って臍前には当てず、二手を頂上に挙げて化仏を執るタイプ、の二種の千手観音像が世間にあると述べられている。同書にはこれに続いて、後者すなわち清水寺式の四十手の左右の対応配置について記されており、そのなかに化仏手（右手）と宮殿手（左手）の対応が明記される。すなわち、清水寺定深は、清水寺式千手観音が、頭上二手による頂上化仏とともに、もう一体の化仏を一手で執る姿形、すなわち化仏を二体あらわすものと認識していたことが分かる。これは実際、清水寺式千手観音画像の多くの作例に、頭上二手による頂上化仏手のほか、一手の化仏手があらわされていたことと符合する。加えて、先にみた、ボストン美術館本、蓮華王院本堂摺仏、東京国立博物館本、東京・個人蔵本、滋賀・求法寺本、滋賀・浄信寺本、京都・福知山市観音寺本など、清水寺式千手観音画像の作例では、化仏手はほぼ右脇手であらわし、そしてその化仏手に対応する左脇手は宮殿手である。これは、『千手形像四十手相対義』での、化仏手（右手）と宮殿手（左手）が相対するという図像と完全に合致している。

すなわち、頭上に二手を挙げて化仏を執るという図像の典拠は『千光経』等の経軌の「頂上化仏手」に確認されるとともに、さらに、現存作例に認められる、清水寺式千手観音が頭上の頂上化仏手のほかにもう一体の化仏を右脇手にあらわし、それと左脇手の宮殿手とが対応するという図像については、清水寺定深による著作『千手形像四十手相対義』に典拠を求めることができるといえよう。

三　頂上化仏手の意味

頭上に二手を挙げて化仏を執る姿は、目を引くものである。その意味で清水寺式は、頂上化仏手の存在をいっそう際立たせた表現であるといえる。もとより千手観音の脇手の持物にはそれぞれ意味があるが、頂上化仏手のそれは何だろうか。

『千手経』には「若シ爲二メニハ十方諸佛速ク來リテ摩頂授記スル者一ノ、當レニ於二テス頂上化佛手一ニ」[注20]と、十方諸仏が速やかに来て摩頂授記をする者のためには、当に頂上化仏手においてすべしとあり、頂上化仏手が十方諸仏による摩頂授記に関するものと説かれている。

ちなみに、『諸宗章疏録』に挙げられている定深著『観音四十手釈』一巻は、その割注に「按高山録云四十手深要決義」とあり、『四十手深要決義』なる書が定深によるものと推察される。この『四十手深要決義』の写本も東寺観智院に二本所蔵されている。同書は千手観音の四十手それぞれの解釈を記したものであるが、頂上化仏手に関する記述を文永六年（一二六九）の写本に確認するならば、

頂上化仏者灌頂授記之義也。（中略）是レ故ニ行者従レヒ師ニ獲二ル灌頂一時、依二リ此本部一ニ戴二キ蓮花鬘（＝蔓）、鬘中ニ安二ジ化佛説法像、既ニ蒙二ル印可一ヲ也、即チ誦二セバ大悲呪一ヲ即チ得二授記一ヲ、所三ナリ以テ経二ニ云二フ成仏不久、一云ト。

と、頂上化仏が灌頂授記の意味をもっており、行者が師に従って灌頂を獲る時、蓮華蔓を戴き、蔓の中に化仏説法像を安置して印可を蒙り、大悲呪（大悲心陀羅尼）を誦すことで授記が得られるといい、その典拠として大悲呪を誦持する者が「成仏不久」[注21]であると説く『千手経』を引いている。やはり、頂上化仏が行者の灌頂授記と関わるものとして捉えられていることが分かる。

また、これとほぼ同じ内容の文が、『白宝抄』「千手観音法雑集上」の頂上化仏手の項にも「唐大師釋也[注22]」という『千手経述秘』を引いて載せられているが、そこにはさらに、

行者作レス念ニ誦スル呪一ヲ時、彼ノ化佛舒レべ手摩頂シ為ニシテ授記一ヲ言フ[注23]

と、頂上化仏が手を舒《の》べて、陀羅尼を念誦する行者を摩頂して授記すると記述されている。

前述のように、『千手経』は頂上化仏手に関して十方諸仏による摩頂授記を説いていたが、この十方諸仏について同経にはまた「今誦ニス大悲陀羅尼一ヲ時、十方師即チ來リテ爲メニ作ニス證明一ヲ[注24]」と、大悲心陀羅尼の誦持を証明しに来る存在として説かれている。すなわち、授記を行うのは『千手経』ではあくまで十方諸仏であるが、『千手経述秘』には頂上化仏そのものと述べられているのである。

興味深いのは、『千手経』にはまた「若諸人天誦ニ持スル大悲章句一者、臨ニミ命終ハル時一ニ十方諸佛皆ナ來リテ授レケ手ヲ欲レスレバ生ニレント何等佛土一ニ[注25]、隨レヒ願皆ナ得ニ往生一ヲ[注26]」と、大悲章句（大悲心陀羅尼）を誦持する者は、臨終の際に十方諸仏が来て手が差し伸べられ、仏土に生まれることを欲すれば、願に随ってみな往生できると説かれることである。頂上化仏と十方諸仏とが密接な関係性を有していることを念頭に置くとき、『千手経』に説かれる、手を差し伸べて往生に導くという十方諸仏のイメージが、『千手経述秘』の、手を舒べて摩頂授記するという頂上化仏のイメージに影響を与えた可能性も示唆される。

一三世紀に下る『白宝抄』所引の『千手経述秘』の記述をもって、そのまま古代以来の全ての清水寺式千手観音の頂上化仏手を解釈することは控えるべきである。しかし、この言説ならびに『千手経』の記述を通して、清水寺式の頂上化仏手には、大悲心陀羅尼を誦す行者に対して十方諸仏が行う摩頂授記すなわち成仏の確約に加え、手を差し伸べて往生に導くという十方諸仏の役割も投影されていた可能性が浮上しよう。二手を頭上に挙げて化仏を戴くというその特徴的な姿によってこそ、この重要な効能を効果的に表し得たと考えられる。

ただし、本稿冒頭に述べたように、平安時代以来、人びとに求められた清水観音の効能は現世利益を主流としていた。したがって清水寺式の図像の意味と実際の信仰とにはいささか隔たりがあるようにも受け取られる。しかし、藤原道長はその詩「晩秋遊清水寺上方」に「輪廻世世纏煩悩、今仰大悲豈有愁」[注27]と詠んでいることも事実である。この大悲とは千手観音、すなわちここでは清水観音のことで、速水侑氏によって指摘されているように、煩悩に纏われた輪廻世界からの解脱つまり成仏もまた清水観音に託された効能であったことを、この詩に窺うことができる。[注28]さらに、十世紀以降の貴族社会では、六道輪廻からの解脱は、死後の極楽往生と全く同義であったことを踏まえれば、[注29]清水観音への信仰は往生にも通じるものであったともみられる。

摩頂授記および往生に導く存在を象徴的に頭上にあらわした清水観音の姿は、輪廻解脱や往生を願う人びとの目にも印象深く映ったに相違なかろう。

四　清水寺式千手観音の源流

前章で挙げた『白宝抄』頂上化仏手の項に引く『千手経述秘』は、同書に「唐大師釋也」と注されており、同記述内容が唐の大師の解釈によるものとされていたことがわかる。

さらに、先述した清水寺定深『千手形像四十手相対義』冒頭の「世有二像」のうち、鉢を一手で執って臍前には置かず、二手を頂上に挙げて化仏を置くという清水寺式をあらわす第二像の記述に続いて、

大唐諸師以第二像最寫當理

とあることも見逃せない。つまり、大唐の諸師は第二像を最も理（経理）にかなうものを写していると記されているのである。定深は、第二像すなわち清水寺式の頂上化仏手の姿形について、大唐諸師の見解を引くことに

よって、それが経理にかなう、いわば唐の正当な図像を写したものであると主張しているといえよう。

実際、中国の千手観音の中には、頭上二手で頂上化仏手をあらわす清水寺式の作例が確かにある。中国の千手観音の作例は通常、四十二臂の脇手だけでなく、多数の小手をまるで光背のようにあらわす。一二世紀以降の制作年代の下る作例には、大足石刻宝頂山第八龕の千手観音像のように千の手を同大につくり、その観音の頭上に頂上化仏をあらわすものもあるが、本稿では、主たる脇手を四十二臂あるいはそれに近い臂数であらわす千手観音の作例に絞って見ていきたい。

敦煌莫高窟・西千仏洞・楡林窟に現存する千手観音の壁画は五〇件以上を数えるが、そのうち頭上二手で頂上化仏を執る清水寺式を示すものは少なくとも八件確認される。[注30] 最も早い作例は、莫高窟第一一三窟主室東壁南側の千手観音図（盛唐・八世紀）（挿図8）である。破損するものの、二手を頭上に挙げ、掌を上に向けて化仏を戴く姿形が確認できる。当該壁画の八世紀という制作年代は、清水寺本尊の創建とほぼ同じ頃である。

また、莫高窟第一七六窟東壁門上および南壁にそれぞれ描かれた千手観音図（中唐・八世紀終り～九世紀半ば）にも二手を頭上に挙げ、掌を上に向けて化仏を戴く姿形である。なかでも同東壁門上の図（挿図9）は破損もなく、脇手

挿図8　千手観音像　莫高窟第113窟

挿図9　千手観音像　莫高窟第176窟

の持物もほぼ看取でき、頭上の化仏とは別に、右側の一脇手に化仏を執り、その逆側の左脇手には宮殿を執ることが確認される。

莫高窟第二九四窟前室北壁（五代・一〇世紀）の千手観音図は、頭上に数手を挙げ、そのうち最上方の二手はそれぞれ手首を反らせて両手首内側で合わせ、掌を上にして指先は横（水平）に伸ばし、化仏を載せる。また、莫高窟第一七二窟前室南壁（北宋・一〇世紀後半～一一世紀前半）の千手観音も、頭上二手の手首を反らせて両手首内側で合わせ、指先は斜め上方を向き、化仏立像を執る。莫高窟第三〇二窟甬道天井の千手観音（北宋）は、頭上二手の掌を上に向けて化仏を戴いている。

楡林窟第三九窟甬道北壁および南壁の千手観音図（回鶻・一〇世紀後半～一二世紀）（挿図10）では、頭上に挙げた二手は、掌をほぼ正面に向け、両指先を外側上方へ斜めに伸ばして化仏を

挿図 10　千手観音像
楡林窟第 39 窟甬道南壁

挿図 11　千手観音像　大英博物館

挿図 12a　千手観音像　四川・石筍山摩崖第 8 龕

挿図 12b　千手観音像部分
四川・石筍山摩崖第 8 龕

挿図 13　千手観音像
四川・丹棱劉嘴摩崖第 45 龕

図 14　千手観音像
四川・丹棱鄭山摩崖第 40 龕

執る。

敦煌将来画にも頭上に頂上化仏手をあらわす作例がある。スタイン将来の紙本画（五代・一〇世紀）（挿図11）は、両掌で化仏を挟み執る。左脇手にもう一つの化仏を執り、その逆の右脇手には宮殿を執る。

四川地域の摩崖造像に造られた中唐期から宋代の千手観音像のうち、頭上二手による頂上化仏手をあらわす作例は非常に多い。

四川省邛崍市石筍山摩崖第三龕および第八龕の千手観音（八世紀）（挿図12a・b）は、頭上で二手が合掌し、その上方にまるで湧出するように化仏があらわされている。眉山市丹棱劉嘴摩崖第四五龕の千手観音（八世紀）（挿図13）は、頭上に合掌する二手と指先を斜め上方に伸ばす二手があらわされ、その中央上方に化仏があらわされている。丹棱鄭山摩崖第四〇龕の千手観音（八世紀）（挿図14）は、頭上に化仏のみを湧出するようにあらわし、それからやや離れた左右両側にそれぞれ

挿図 15　千手観音像　四川・夾江千仏岩第 84 龕

挿図 16a　千手観音像　四川・資州重龍山第 113 龕

挿図 16b　千手観音像部分
四川・資州重龍山第 113 龕

掌を内側にむける二手をあらわす。

楽山市夾江千仏岩第八四龕の千手観音（九世紀）（挿図15）や安岳円覚洞の千手観音（一〇世紀）は、頭上の化仏を両掌で挟み持つ姿形である。

内江市資中重龍山第一一三龕の千手観音（九世紀）（挿図16a・b）は、頭上に数体の化仏をあらわし、そのうち中央の化仏を背後から支えるように正面向きの両掌があらわされている。同像には右脇手には化仏手、それに対応して左脇手には宮殿手を確認できる。重慶市大足石刻北山第九龕の千手観音（九世紀）（挿図17a・b）も、頭上に正面向きの両掌をあらわし、掌前に化仏をあらわす。

晩唐から五代（九～一〇世紀）にかけて、四川地域の摩崖には大型の千手観

挿図 17a　千手観音像
重慶・大足石刻北山第 9 龕

挿図 17b　千手観音像部分
重慶・大足石刻北山第 9 龕

音像の作例が散見されるが[注31]、内江市東林寺の千手観音（挿図18）、翔龍山摩崖の千手観音、資中西龕第四五龕の千手観音等、いずれも、頭上の頂上化仏手は化仏の背後に両掌を正面向きであらわす姿形である。聖水寺の千手観音の頂上化仏手は両掌で化仏を挟み込む姿形となっている。

挿図18　千手観音像　四川・内江東林寺

以上、敦煌と四川の両地域の千手観音の頭上にあらわれた頂上化仏手をみてきたが、その姿形にはヴァリエーションが認められる。すなわち、両掌を上に向けて化仏を載く形、両手首を合わせ指先を横や斜め上に向けて化仏を執る形、合掌する二手の上方に化仏が湧出する形、左右両掌で化仏を挟む形、正面向きの両掌の前に化仏を置く形などである。このなかで最も早い盛唐期の作例に、日本の清水寺式と同じく、両掌を上に向けて化仏を載せる姿形が認められるのは興味深い。

中国ではおよそ晩唐以降、頂上化仏手が次第に両掌を化仏の背後にあらわす姿形に定着していく感がある。しかし日本では、千手観音の頭上にあらわされた頂上化仏手は、両掌を上に向け、その上に化仏を載せる姿形が継承され、それが変化することはなかった。中国の晩唐から宋代の作例によくみられた両掌の前に化仏をあらわす形は日本では造られなかったのである。こうした両国の現存作例の状況から、清水寺本尊の図像は、まさに八世紀の盛唐期に中国で造られていた千手観音の頂上化仏手の姿形を受容したものであり、日本ではそれが規範となって、両掌を上に向けて化仏を戴く清水寺式千手観音像が中世以降も継続して造られたことが窺えよう。

おわりに

本稿では、清水寺式千手観音の図像について、「清水寺式」の定義を改めて検討するとともに、清水寺式の特徴である頂上化仏手が、大悲心陀羅尼を誦持する者への摩頂授記および往生に導くという意義を象徴するものであり、そしてその図像が中国盛唐期を起源とする可能性の高いことを明らかにし得た。

二手を頭上に挙げて頂上化仏を戴くという具体的な姿形の典拠は、九世紀～一〇世紀訳出の『千光経』を待たねばならない。しかし、八世紀の盛唐の敦煌壁画に同様の清水寺式図像が認められたことで、清水寺式図像が日本固有の特異なものではなく、中国の唐から伝播したものであるとの見解を、積極的に支持できると考える。

また、平安期の文献にも示唆されていた唐由来という図像の正統性は、清水寺本尊の霊験像としての効力と権威を高め、清水寺式千手観音の流行に何らかの作用をもたらしたともみられよう。

中国でも唐代以降、千手観音が盛んに造像されている。中国の千手観音は周囲に眷属があらわされ、大悲変相と称されるが、それらの眷属像は大悲心陀羅尼の誦持と密接な関わりを持つ[注32]。その眷属の中にはしばしば、人びとの大悲心陀羅尼の誦持の証として飛来し、授記や往生に導く存在である十方諸仏が含まれており、それは千手観音の左右上方に各五体の小仏の乗雲する姿であらわされている。一方、日本の清水寺式千手観音画像の眷属の中に十方諸仏は管見の限り見当たらない。しかしその頭上に印象的にあらわされた頂上化仏手こそが、十方諸仏に代わり、大悲心陀羅尼の誦持の重要性とその効能とを象徴するものであったと解されよう。

本稿において、日本の清水寺式千手観音の主たる考察対象は絵画作例であったが、もとより彫刻でも清水寺式は多く造られている。南相馬市小高区泉沢にある大悲山観音堂石仏の千手観音大像（九～一〇世紀）もまた、清水寺式千手観音である。九世紀以降に大型の摩崖仏として千手観音を造る例が中国四川に散見されることを顧みるとき、清水寺式の図像とともに、千手観音の大像を摩崖に造像するということに関しても、大陸からの伝播を想定できるかもしれない。このような仏教造像の伝播をめぐる問題[注33]については、今後の課題としたい。

注

1 広田徹「清水観音の霊験譚——特に『今昔物語集』の世界から——」（『仏教文学研究』第九集、法蔵館、一九七〇年）参照。

2 平安時代以来の清水寺式千手観音画像の脇手の図像については、拙稿「清水寺式千手観音の四十手図像に関する調査研究」（『鹿島美術財団研究報告』年報第三一号別冊、二〇一四年一一月）を参照。この研究報告の一部の成果は本稿にも反映されている。

3 『特別展　西国三十三所　観音霊場の祈りと美』（奈良国立博物館、二〇〇八年）。

4 『日本の美術』第三一一号「十一面観音像・千手観音像」（至文堂、一九九二年四月）六五頁。

5 前掲注3図録、二七五頁、図版一二七解説。

6 前掲注4。

7 『清水寺史』第一巻（法蔵館、一九九五年）二〇一頁。

8 鈴木喜博「いわゆる清水寺形、長谷寺式および南円堂様の観音像について——観音霊場寺院の根本本尊とその広がり——」（『特別展　西国三十三所　観音霊場の祈りと美』奈良国立博物館、二〇〇八年）二三一頁。

9 『大正蔵』巻二〇、一一一頁b。

10 『千手経』を研究された野口善敬氏は、頭上の化仏をいただく二手について、同経に説く四十手のうちの「頂上化仏手」を指すものとする。野口善敬『ナムカラタンノーの世界——『千手経』と「大悲呪」の研究』（禅文化研究所、一九九九年）二三九頁。

11 『大正蔵』巻二〇、一一八頁b～一一九頁a。

12 『図像蒐成Ⅸ』仏教美術研究上野記念財団助成研究会研究報告書、二〇〇四年。本写本の各手（持物）の順序は、『大正新脩大

蔵経』巻二〇所収の不空訳『千手千眼観世音菩薩大悲心陀羅尼』のそれと異同がある。

13 『大正蔵』巻二〇、一三二頁b。

14 『大正蔵』巻二〇、一二五頁b。

15 「擧」字は『大正蔵』では「拳」とするが、校勘記には別本の「擧」が挙げられており、本稿では意味上の整合性から「擧」字を採った。

16 『大正蔵』巻二〇、一二四頁bc。

17 『大正図蔵』巻一〇、八〇七頁b。『白宝抄』の挿図にあらわされた「頂上化仏」は、右手を胸前に挙げる如来坐像である。

18 『大正図蔵』巻六、六三九頁b。

19 定深については平泉澄『中世に於ける社寺と社會との關係』（至文堂、一九二六年）、松原智美「清水寺定深とその収集図像」（『宗教美術研究』第七号、二〇〇〇年）等参照。

20 『大正蔵』巻二〇、一一一頁b。

21 『千手経』に、観世音菩薩が梵天に対して大悲呪の功徳を説くくだりに「若能爲諸衆生拔其苦難。如法誦持者。當知其人即是具大悲者。成佛不久。」（『大正蔵』巻二〇、一〇九頁b）とある。

22 『大正図像』巻一〇、八〇二頁b。

23 『大正図像』巻一〇、八〇七頁b。

24 『大正蔵』巻二〇、一〇七頁a。

25 「土」字は『大正蔵』には「上」とある。『大蔵経』の校勘記にこの「上」字について「土?」とあり、意味上の整合性から本稿では「土」を採った。

26 『大正蔵』巻二〇、一〇七頁a。

27 『本朝麗藻』巻下。

28 速水侑『観音信仰』（塙書房、一九七〇年）二四一頁。

29 前掲注28速水著書、一四七頁。

30 敦煌莫高窟・西千仏洞・楡林窟の千手観音図のうち、筆者はこれまで五一件を実見しており、そのうち八件に清水寺式の千手観音の図像を確認した。

31　拙稿「中国四川資州の千手千眼観音大像龕について」（『美術史研究』四四冊、二〇〇六年一二月）、後に拙著『中国石窟美術の研究』（中央公論美術出版、二〇一二年）第Ⅱ部第三章に「四川資州の千手千眼観音大像龕」として収録。

32　拙稿「敦煌唐宋時代の千手千眼観音変の眷属衆について」（『奈良美術研究』九号、二〇一〇年二月）、後に一部改稿して拙著『中国石窟美術の研究』（中央公論美術出版、二〇一二年）第Ⅱ部第四章に「敦煌唐宋時代の千手千眼観音変」として収録。

33　青木淳氏は、南相馬の大悲山観音堂の清水寺式千手観音像の図像の大陸からの請来に、坂上田村麻呂や彼の祖父である坂上犬養の関与を想定している。青木淳『福島の摩崖仏、鎮魂の旅へ』（淡交社、二〇一七年）一九六頁。

〔図版出典〕

挿図1・3『西国三十三所 観音霊場の祈りと美』（奈良国立博物館等、二〇〇八年）、挿図2『蓮華王院本堂千体千手観音像修理報告書』（妙法院、一九五七年）、挿図4『救いのほとけ――観音と地蔵――』（町田市立国際版画美術館、二〇一〇年）、挿図5『大津 国宝への旅』（大津市歴史博物館、二〇一〇年）、挿図6『大正蔵』巻二〇、一一八頁、挿図7同一一九頁、挿図8姚崇新「和田達瑪溝佛寺遺址出土千手千眼観音壁画的初歩考察――兼与敦煌的比較――」（『藝術史研究』第17輯、二〇一五年）、挿図9『敦煌石窟全集10　密教畫巻』（商務印書館、二〇〇三年）、挿図10『中国石窟　安西楡林窟』（平凡社、一九九〇年）、挿図11『西域美術 大英博物館スタイン・コレクション』巻二、講談社、一九八二年）、挿図12～18筆者撮影。

Ⅳ　造形の周辺

正倉院宝物にみる東大寺大仏開眼供養の荘厳

清水　健

はじめに

天平十五年（七四三）十月十五日、聖武天皇によって造立発願の詔が発せられ、近江国紫香楽京の甲賀寺で造像の始まった大仏は、その後平城還都によって場を平城京外京の東に営まれた東大寺に移し、天平十九年（七四七）九月二十九日より鋳造を開始し、天平勝宝元年（七四九）に本体の鋳造が完了、天平勝宝四年（七五二）三月十四日より鍍金が始められ、その途中に当たる同年四月九日に開眼供養を迎えるに至った。『続日本紀』によれば、開眼供養には、孝謙天皇が文武百官を率いて臨席し、僧侶一万人が招請され、各国の歌舞音曲が奏されて、「仏法東帰より斎会の儀、未だ嘗て此の如く盛んなるは有らず」[注1]（原漢文）という盛儀を誇ったことが記されている。しかしながら、未曾有の大法会であったという東大寺大仏開眼供養については、これを伝える史料が限られており、また『続日本紀』の記述も簡略なため、具体性に乏しく不明な点が多い。

ところで、現在宮内庁正倉院事務所が管理する東大寺正倉院に伝来した九千件を超える正倉院宝物中には、東大寺大仏開眼供養の年月日を記す宝物が少なからず伝わっており、いずれも大仏開眼供養に用いられたものと考えられる。

本稿では、文献の記述を踏まえた上で、現存する正倉院宝物の検討を行い、奈良時代に留まらず我が国仏教史上最高峰の法会とも目される東大寺大仏開眼供養の法会の荘厳について、復元的な考察を試みたい。

一　文献に記された東大寺大仏開眼供養の荘厳

天平勝宝四年（七五二）四月九日に挙行された東大寺大仏開眼供養について記す最も基本的な文献は、先述の『続日本紀』である。まず第一に、ここで改めて全文を記し、検討を加えておこう。

夏四月乙酉。盧舎那大仏の像成りて、始めて開眼す。是の日東大寺に行幸す。天皇親から文武の百官を率い、設斎大会す。其の儀一に元日に同じ。五位已上は礼服を著し、六位已下は当色なり。僧一万を請す。既にして雅楽寮及び諸寺の種々の音楽、並びに咸く来集る。復た王臣諸氏の五節、久米儛、楯伏、踏歌、袍袴等の哥儛有り。東西より聲を発し、庭を分て奏す。作す所の奇偉勝て記すべからず。仏法東帰より斎会の儀、未だ嘗て此の如く盛んなるは有らず。[注2]（原漢文）

これによれば、四月九日に東大寺の盧舎那仏像（大仏）が完成し、初めて開眼供養が行われたという。孝謙天皇が東大寺に文武百官を引き連れて行幸し、大法会を行ったとされ、官人は元日朝賀と同じく、五位以上は礼服を着用し、六位以下は朝服を用いたとされるように、元日朝賀や即位式に準ずる極めて格の高い儀式として行われたことを伝えている。僧侶は一万人が招請されたといい、法会の規模が推し量られる。法会では法楽として、雅楽寮を始め諸寺の様々な楽人が悉く参集して音楽を奏で、皇族や貴族が五節の舞、久米舞、楯伏舞、踏歌、袍袴等の我が国及び渡来の楽舞を東西に分かれて行い、その気宇壮大な様は筆舌に尽くしがたい程であったという。我が国に仏法が伝わった欽明天皇十三年[注3]（五五二）以来、これ程の法会の盛儀は、未だ嘗てなかったとの記事を、『続日本紀』は伝えている。

『続日本紀』の記述は主に当日行われた事柄を簡略に記し、規模や風俗を伝え、法会の壮大な有様に対して端的に感想を付け加えたものである。仏教公伝以来二百年のうちで最も盛んであったという記述から、その豪勢で華麗な様子は充分伝わってくるのであるが、残念ながら本稿が対象とする荘厳については具体的な記述を欠いており、ここから当時の様子を復元的に考察するのは難しいといわざるを得ない。

さて、東大寺大仏開眼供養について記した文献に、後世編まれたものであるが、東大寺の歴史や成り立ちについて記した『東大寺要録』がある。「供養章第三」には開眼供養の様子が特に詳しく述べられているので、ここで必要な箇所を確認しておこう。

　九日。太上天皇。太后。天皇。東大堂布板殿に座す。以て開眼す。其の儀式並びに元日に同じ。但し侍従なし。また堂裏種々の造花、美妙の繡幡で荘厳す。堂上種々の花を散らす。東西に繡灌頂を懸け、八方に五色の灌頂を懸く。[注4]（原漢文）

ここでは孝謙天皇のみならず、聖武太上天皇、光明皇太后の臨席を仰いで開眼供養が行われたこと、また『続日本紀』と同様に、元日朝賀と同格の儀式であったことが記されている。注目すべきは、板殿が布設され、そこに聖武太上天皇、光明皇太后、孝謙天皇が座られたという記述であり、臨時に板敷きの行在所が設けられたようである。また、大仏殿の中には、種々の造花が飾られ、美しい刺繡の幡で荘厳されたことが記されている。加えて、堂内には散華が撒かれ、東西に刺繡の灌頂幡が懸けられ、八方に五色の灌頂幡が懸けられたことを伝えている。こうした記述からは、多くの造花や諸色の幡で飾り立てられた華やかな法会の荘厳が垣間見えよう。

『東大寺要録』は平安時代後期の成立で、後世の旧記や伝聞を収集して編まれた寺誌であるが、対象とする記事と同時代や、あまり当時を隔たらない時期の記録も含まれていると考えられ、記述内容には一定度の信頼が置けるものとして位置づけられている。該当部分は元になった史料が明示されていないが、後述するように現存する正倉院宝物中には本文に符合するような宝物が含まれており、内容的に概ね肯定されることと理解される。

また「縁起章第二」に引かれる「大仏殿碑文」には、「同年四月九日を以て、大会を儲け開眼し奉るなり。同日大小灌頂廿六流、呉楽、胡楽、中楽、散楽、高麗楽、珍宝等を施入し奉る。[注5]」（原漢文）との記述が認められる。大小二十六旒の灌頂幡が施入されたとの記事は、先の「供養章第三」の内容とも齟齬せず、灌頂幡によって法会の場が荘厳された様子がうかがわれる。

「大仏殿碑文」は「東大寺大仏殿仏前板文」として『朝野群載』[注6]に、「東大寺大仏記」として『群書類従』に[注7]、「東大寺大仏堂鉀札」として『諸寺縁起集』（護国寺本）にも収められており[注8]、『扶桑略記抄』にも「築立障子記」として一部が引用されている。[注9]大仏殿内に置かれた縁起を記した碑文と思われ、『七大寺巡礼私記』に記された「縁起文板一枚〈長八尺余、広三尺六寸許〉、件の枚（板か）障子に突くが如し、仏前右方の柱の下に在り、其の板詔文并に仏井日記を録す。」（原漢文。〈〉内は割書。以下同じ）がこれに該当すると考えられる。[注10]碑文とされたり板文とされたり、あるいは衝立障子記とされるなど形態認識は一様ではないが、東大寺大仏の縁起を記した大きな板状のものが、『七大寺巡礼私記』の記された十二世紀前半には大仏殿の仏前右方の柱の下にまだ存在していたのであり、記念碑的なものとして重要視されていたことが理解される。その成立については詳らかではないが、東大寺大仏開眼供養からそれほど隔たらない時期に、大仏開眼を記念して造立されたものとみてよいのではなかろうか。[注11]

ところで、『東大寺要録』の他の章に目を転ずると、「雑事章第十」に「一、大仏殿納物」として堂内に安置された仏像及び仏具が列記されている。[注12]「永観二年五月二日」の年紀があることから、永観二年（九八四）時点の記録で、創建当初の様子を伝えるものではないが、同書の「供養章第三」には、開眼供養で講師を務めた隆尊律師及び読師を務めた延福法師がともに高座に登って『華厳経』を講説したことが記されており、[注13]「高座二基〈金銅蚰舌水精玉等在り〉」[注14]（原漢文）との記述が注意される。

以上のように、文献を通じては、残念ながら大仏開眼供養の荘厳の様子は、あまり浮かび上がってこなかった。わずかに造花や幡、散華などで飾られた様が知られる程度で、希代の大法会の有様が抽象的に描写されているに過ぎず、平安時代の古記録に示されるような具体性に欠けているといわざるを得ない。しかしながら、いくつかの手掛りを得ることはできたので、次に正倉院宝庫に遺る関連する宝物に目を移したい。

二　東大寺大仏開眼会の年月日を記した宝物

正倉院には現在整理済みのもので、九千件を超える宝物が収蔵されている。その内訳は、聖武太上天皇遺愛の品を光明太皇后が東大寺大仏に献納したことを示す願文及び目録を伴う宝庫北倉伝来の由緒ある宝物をはじめ、造東大寺司ゆかりの品や皇族・貴族からの献物を多く含む中倉の宝物、東大寺伝来の品を中心とする南倉の宝物、明治時代に皇室に献納された東大寺尊勝院聖語蔵伝来の経巻に大まかに分かれており、倉ごとにそれぞれの特色がある程度把握できるようになっている。各宝物の由緒については、目録を伴う北倉伝来の宝物や文書、経巻を除けば不明なものが多いが、宝物自体に銘文の記されたものが多くあり、制作の経緯を知る手懸かりとなっている。ここで対象にする東大寺大仏開眼供養の荘厳に関わる宝物についても、開眼供養当日の年月日を記すものが若干知られており、法会の様子を垣間見ることができる。順に検討していこう。[注15]

挿図１　金銅雲花形裁文

東大寺大仏開眼供養の行われた天平勝宝四年（七五二）四月九日の年紀を有するものに金銅雲花形裁文[16]（南倉一六二）（挿図１）が挙げられる。金銅製の大型の裁文で、雲の脚部に「東大寺　高笠万呂作　天平勝宝四年四月九日」の線刻が施されている。作者の高笠万呂については詳らかではないものの、造東大寺司の工人と思われ、上代の金工品の工人名が、実作例とともにわかる例は限られており、非常に貴重である。また柄の部分に花喰鳥のようなものが線刻されており、金工品で工人の手遊びがうかがえるものは乏しく、非常に興味深い事例といえる。本品は軸部から蕨手様の飾りが広がって総体に雲頭形を表す透彫裁文で、頂部や向かって右下の先端は花弁状に整えられて、花脈などが毛彫で表され、宝相華をかたどっていると理解される。雲の脚部・銘文の下には小孔が穿たれており、その先には柄が作り出されていることから、柄を差し込み小孔に釘などを差して固定して用いた荘厳具と思われる。同種のものは現在宝庫に伝わっていないが、同じ趣を湛える金銅鳳形裁文[17]（南倉一六三）（挿図２）が知られている。金銅雲花形裁文と同様に、金銅板に透彫を加え、表面に目鼻や嘴、羽毛などを毛彫して細部を表したもので、瓔珞を咥えた鳳凰が胸を張って翼を広げた様を活写した堂々たる作である。足下に柄が残ることから、こちらも柄を何かに差し込んで用いたものと推測される。ともに大仏開眼供養で法会の荘厳に用いられたと考えられ、文献の記述には合致しないものの、法会の盛儀を偲ぶには充分な大型の裁文である。

挿図２　金銅鳳形裁文

六角几甲板[注18]（南倉一七四・古櫃第二〇六号櫃納物・其九）は、基台の天板と考えられる六花形のヒノキ材製の板で、一面及び側面の部分に白色が施され、中央に孔が穿たれている。中央一箇所と外縁に近いところに四箇所の釘痕があり、一箇所には角釘が残っている。中央の孔の下方に「七茎金銅花座／天平勝宝四年四月九日」の墨書銘があり、大仏開眼供養に用いられた「七茎金銅花」の「座」と推定される。『東大寺要録』「供養章第三」は、四月七日に諸家が種々の造花を献じたことや[注19]、先にみたように九日当日の法会の場が種々の造花で荘厳されたことを伝えており、大仏開眼供養に際し、堂内が造花で華やかに飾られた折に、本品も用いられたものとみて差し支えないであろう。銘文に従えば本来はこの上に七つの茎からなる金銅製の造花を載せていたものとみられる。

挿図３　蘇芳地六角几

また、蘇芳地六角几[注20]（中倉一七七第二七号）（挿図３）には、六角几甲板と同様の「金銅花」「年四月九日」と辛うじて判読できる墨書が、天板上面の中央に記されている。六角几甲板と同様に、天板はヒノキ材製の一枚板で、六花形をかたどり、天板上面の周縁と側面は蘇芳色に塗られている。側面の窪みには銀製の鐶が取り付けられ、懸吊等に用いられたものかと推測される。天板の下にはホオノキ材製の束をヒノキ材を上下二段に貼り合わせた畳摺に立てた床脚が取り付けられ、上に載せたものが床に着かないように配慮がなされている。束の表面には金箔が押され、墨と蘇芳色とで斑文が表され玳瑁に擬している。天板の下面の欠込と束の側面は白く縁取った上で橙色が塗られ、畳摺は蘇芳色に塗られて上下に白線で縁が取られている。技法的には木製の器体に彩色で装飾した程度の簡易な作ではあるが、天板の下面を欠込む点や細部にまで及ぶ彩色など入念に作られており、大仏開眼供養に合わせて急ぎながらも丁寧に制作

挿図4　紅赤布

されたことがうかがわれる。六角几甲板と比べると二〇センチメートル程径が大きいので同じ組とは考えにくいが、かえって諸家が献じたという造花のバリエーションが知られるようで興味深い。仮玳瑁の装飾は、貴重な玳瑁を献じて大仏を供養しようという貴い気持ちの表れであろう。

紅赤布[注21]（南倉一四八・錦綾絹絁布類及雑裂第四七号）（挿図4／其一）は、麻製の調布を紅花で赤く染色したもので、現在五帖が伝わっている。そのうちの一帖には、首端の裏に「大仏殿上敷紅赤布帳壹條〈長四丈三尺　五副／天平勝宝四年四月九日〉」、尾端の裏に「東大寺」の墨書があり、五枚の麻布を継ぎ合わせて、大仏開眼供養で大仏殿の上敷に用いたものと推測される。現存する五帖が同じ組のものかは定かでないが、縦約一三メートル、横約三メートルの大きな赤い敷物が制作され、法会の場を華やかに飾ったことは想像に難くない。なお、『東大寺要録』には「太上天皇。太后。天皇。東大堂布板殿に座す。」との記述があったが、このような場に本品が用いられた可能性も想起されてよいであろう。

夾纈羅幡[注22]（南倉一八五・幡類残欠第一二八号櫃第二四四号）は、板締め染めの一種である夾纈技法で染色された羅製の幡で、現在幡頭及び四坪の幡身、幡手と舌の一部が残る。舌の分離片に「寺堂上階幡〈身〉」「〈一尺七寸〉」「天平勝宝四年」との墨書が認められている。他の夾纈羅幡中に「東大寺堂上階幡〈身長八尺　広一尺七寸／□長一丈　広［　　］〉天平勝宝四年四月九日」と舌の片面に記すものがあり、同様の墨書のある本品も、大仏開眼供養で用いられた幡であると推定される。「堂上階」の意味するところは正確にはわからないが、大仏殿内という意味であろうか。同様の夾纈羅幡はおよそ二十余旒伝わっており[注23]（挿図5／南倉一八五・幡類残欠第一二九号櫃第一一六号）、いずれも給仕立てで、幡頭には鏡面に緯錦を、縁に紫綾を用い、四坪の身には花文様

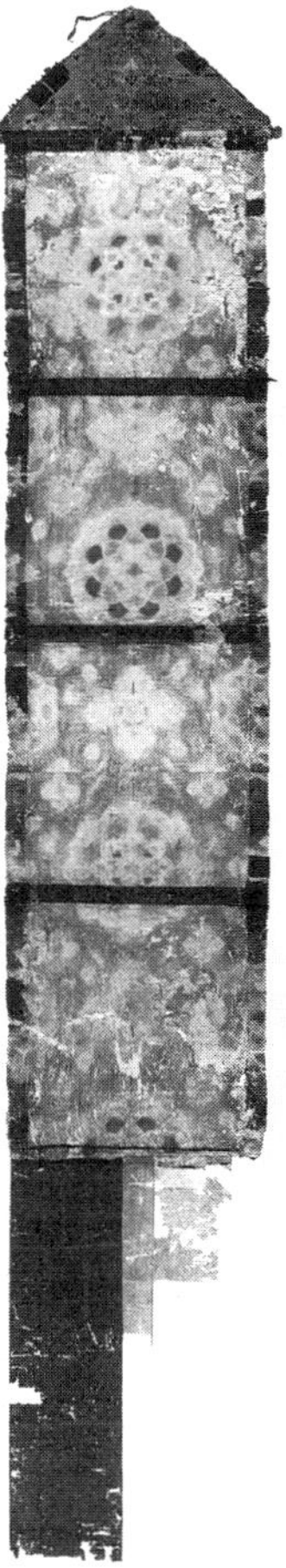

挿図５　夾纈羅幡

を表した夾纈羅をあしらって、身の縁、坪界、舌には紫綾を使用している。幡手は夾纈羅か紫羅が用いられ、表裏両面とも各坪界の左右に計十二条を配している。幡脚は六条で両端の二条は紫綾で統一されているが、間の四条は纐纈綾、夾纈絁など個体によって様々で統一されていない。墨書の割書の二行目の冒頭を「脚」とすれば、全長五メートルを超える長さであったと推定され、その壮麗さが偲ばれる。

綾幡[注24]（南倉一八五・幡類残欠第一二八号櫃第二六号）は、白綾の幡頭と舌、吊り紐が残るもので、舌に「東大寺天平勝宝□（四）年四月□」の墨書が認められている。表裏に白綾を用いた袷仕立てで、幡頭の鏡面には花枝唐草文白平地綾を用い、芯には赤白の絁二枚を重ね入れている。舌は幡頭の鏡面と同じ綾を用いている。幡頭のみで全体がうかがい知れないのは残念であるが、身幅が七一・五センチメートルを測ることから、身幅が約九〇センチメートルで、全長は一三～一五メートルに及んだという大幡に迫るような大型の幡であった可能性が想像される。白一色で一見地味ではあるが、織り出された花枝唐草文が光の角度によって見え隠れする綾独特の効果によって、瀟洒に法会の場を飾ったことが想像される。

これらの幡は、『東大寺要録』「供養章第三」に「美妙の繍幡で荘厳す。」と記されたそれに当たるかと考えられ、多くの幡が美しく翻った有様が彷彿される。

黄羅覆残欠[注25]（南倉一四五第五号）は、黄羅の単で、何らかの覆いとして用いられたと考えられるものである。周縁は折り返して縫い綴じているが、長辺側の縁に紫綾の微少片が数片挟まっており、黄羅と紫羅を縫い継いでいた可能性が想起される。表面に墨書があり、「□覆壹條〈長七尺九寸　二幅／天平勝宝四年四月九日〉」と記されており、元来は二メートルを超える大きさで、二枚の裂を継いでいたものと思われる。大仏開眼供養で使用された机や櫃の覆いとして用いられたものかと推測され、黄羅と紫羅を継いだ華やかな様子が想像される。

挿図6　緑綾几帯

緑綾几帯[注26]（南倉一四七・帯緒類第三号）（挿図6）は、緑綾を二つに折って絎縫いし、両端を剣先形として、先端に花先形に裁った赤地唐花文錦を袷仕立てに綴じ付けて端飾りとした、全長六メートル八二センチメートルに及ぶ華やかな帯である。一端に「花机帯〈長二丈三尺四寸　広二寸五分／天平勝宝四年四月九日〉」、もう一端に「東大寺」の墨書があり、大仏開眼供養の折に、「花机」に何かを載せた際に、それを固定するのに用いられた帯と考えられる。「花机」が、花を載せるための机であるのか、あるいは花形をかたどった机であるのかは定かではないが、例えば先にみた蘇芳地六角几のような、造花を載せるための花形の机であったかもしれない。同様の銘文を有する帯は、同じ南倉一四七の所属として、第四号に二条、第五号に七条が伝来しており、多数が調進されて使用されたことがうかがわれる。

碧絹櫃覆帯[注27]（南倉一四七・帯緒類第六号）は全長三メートル七〇センチメートルを測る帯で、縹絁を二つに折って絎縫いし、両端は四角く整えている。一端に「花櫃覆帯壹條〈長一丈三尺／天平勝宝四年四月九日〉」、もう一端に「東大寺」の墨書があり、「花櫃」の覆いの帯として用いられたことがわかる。「花櫃」が何を表すかは詳

らかではないが、その覆いを押さえたり、留めたりするのに用いられたと考えられる。

他にも伎楽の面や装束、柳箱等に大仏開眼供養の年月日を記すものが大量に宝庫に伝わっており、華やかな面や装束からはただただ法会の盛んなる様が伝わってくるが、本稿の趣旨からは外れるためここでは取り上げない。よって以上が大仏開眼供養で用いられたことが年紀より判明する荘厳に関わる宝物の一群であり、経年によって褪色してもなお鮮麗な色彩を留めるものもあって、様々な色によって彩られた壮麗な法会の荘厳が僅かながらもうかがい知れた。次章ではさらに、銘記等はないものの大仏開眼供養で使用された可能性のある宝物について検討を加え、一層開眼供養の荘厳について迫りたい。

三　東大寺大仏開眼供養所用と思われる宝物

大仏開眼供養では、『東大寺要録』「供養章第三」に記述されていたように、多くの造花が法会の場を飾ったと考えられる。それは前章でみたような六角几甲板や蘇芳地六角几の存在からも明らかであり、台に載せられた多くの造花によって華やかに荘厳された様子が思い描かれる。そうした中で、より具体的に法会の場をイメージさせる宝物が正倉院には伝わっている。それが蓮花残欠[注28]（南倉一七四・古櫃第二〇六号櫃納物・其一二）（挿図7）である。

本品は蓮池に咲く蓮をかたどった作り物で、ホオノキの一材を刳り抜いて作った池に七基の岩石をかたどった突起をもつ堤をめぐらし、池中央に十字型の洲浜を作り出して、そこから蓮を生ぜしめている。蓮は洲浜に差し立て

挿図7　蓮花残欠

た金銅製の茎に木製の花弁・蓮肉・蓮蕾・荷葉を取り付け、開いた荷葉と萼は黒漆地に銀箔押で、花弁・蓮肉・蓮蕾・巻葉は黒漆地に金箔押で彩っている。蓮弁は蓮肉に指した小釘に一枚ずつ差し込んで固定されており、実際の蓮花のようにそれらがまとまって一箇の花をなしている。堤には赤・緑・茶・銀色など様々な彩色の痕があり、洲浜には金箔が押されている。蓮池の底には白緑で彩色を施した上に白砂が敷かれ、ところどころに実際のナデシコガイ、ウメノハナガイ、イチカワチグサガイなどのいずれも近海で採集されたとみられる貝殻が散らされている。

本品は、仏堂内に安置された荘厳具、あるいは仏・菩薩に捧げられた供養具と考えられ、中倉に本品の基台の外形と一致する不整形の痕跡を残し、固定用の釘孔の位置も一致する八角形の天板らしき板（蓮池台残欠[注29]・中倉二〇二第七一号櫃）が、南倉にその床脚と思われる部材が伝存しており[注30]（南倉一七四古櫃・第二〇六号櫃納物・其二八）、本来こうした台に載せて用いられたと推測される。六角几甲板や蘇芳地六角几の存在と重ね合わせれば、本品も天平勝宝四年（七五二）四月九日に催された大仏開眼供養に用いられた可能性が認められよう。

なお、蓮花残欠に附属する蓮池台残欠は、ヒノキ材に縞を描いた仮黒柿の天板に黒柿製の床脚を伴っており、天板の不整形な輪郭の外側や床脚の上面に錦を貼った痕があるなど豪華な装飾を思わせるのに対し、六角几甲板は寸法は近いものの現状でやや簡素な作りを想像させる。造花の台における造形的な振幅は、諸家により様々な工夫を凝らした造花が開眼供養に合わせて献納されたことを一面で証しているといえようか。

『東大寺要録』「供養章第三」では「堂上種々の花を散らす。」と記され、散華供養の行われたことを示唆しているが、正倉院には現在大量の花籠[注31]（南倉四二）が伝来している。花籠は法会の際に行われる散華供養のための花を盛る蓋のない籠状の容器で、僧侶の数に合わせて多数が調えられたと考えられる。現在正倉院には竹の薄板を編んで作られた円形の花籠が都合五百六十六口伝わっており、これらは大きく分けて深形五十九口と浅形五百七口の二種に分類され、そのうちの十一口を除いて全ての底裏に銘文が記されている。これによって、天平勝宝七歳（七五五）七月十九日に東大寺で行われた聖武天皇の生母である藤原宮子の一周忌斎会所用のもの、天平勝宝九歳（七五七）五月二日に同寺で行われた聖武天皇一周忌斎会所用のものなど数種に分類されるが、用途や年月日を伴わないものも多く伝わっており、それらは浅形で「東大寺花筥」の墨書を有するもの、深形で「東大寺花籠」の墨書があるものに分類される。これらの華籠は大量に遺存することから大仏開眼供養に使用されたと推測されており、「花筥」は散華を盛る花籠として、「花籠」は散華用の生花を洗うための笊（籠）として用いたとする説もある。[注32]その当否はともかく、これら大量の華籠は一万人の僧侶が集まったという、法会の盛儀にふさわしいといえよう。

挿図８　緑金箋

この散華供養で実際に散華として用いられたとも考えられるのが、正倉院に三枚伝わる緑金箋[注33]（中倉四八）（挿図８）である。緑色の麻紙を蓮弁形に裁断したもので、片面にのみ、金箔の細片を金砂子のように撒き散らしている。正倉院文書中には「金塵緑紙」の語が散見され、[注34]写経に用いられたこうした料紙が転用されたものとみられる。縦二五・三センチメートル、横一五・五センチメートルと同種のものにしては破格に大きく、大仏殿の大きさに倣い、特大のものが誂えられたと従来考えられている。[注35]正倉院文書中には他にも「金塵紫紙」、「銀塵紅紙」、「金塵縹紙」、「銀塵縹紙」等の語がみられることから、[注36]あるいは五色の散華が撒かれ、法会の場を飾ったことも想像されよう。

ところで、杉本一樹氏は、「講座」との墨書が端裏に施された白綾褥[注37]（南倉一五〇・褥類第五六号其一・二）について、大仏開眼供養で『華厳経』講説を務めた隆尊律師、延福法師の高座に用いられたものとする説を提起している。[注38]同様のものが二枚あることや

挿図9　金銅大合子

類品としては大きめであることから、その可能性は多分に考慮されてよいであろう。芯に藺莚と真綿を用いて座具に相応しい作りとするなど機能性を備え、また唐花文様を表した白綾を鏡面に用い、品のよい団花文を散らした夾纈綾で縁取って、緑絁で背面を覆った作りは美しさも兼ね備えており、大仏開眼供養の場に似つかわしいといえる。

金銅大合子[注39]（南倉二七）（挿図9／第三号）は、蓋に三重の相輪を付けて宝珠を戴くいわゆる塔鋺形の合子で、現在同形同大のものが正倉院に四合伝来している。高さ約二九センチメートルと一際大きな合子で、台脚の内側に「左十五」の線刻銘を有するものがあることから、当初少なくとも十五合以上の合子が誂えられたとみられる。塔鋺形合子は、奈良・法隆寺蔵玉虫厨子の須弥座腰板正面に表された供養図にみられるように、柄香炉とともに手に持って供養に用いるものと考えられるが、本品は重量も五キログラム前後と到底持って使用するような作りではなく、据えて用いたものに違いない。大きな香炉が多数用いられたということであれば、僧一万人が集まったとされる東大寺大仏開眼供養のような場での焼香供養が相応しいのではなかろうか。敢えて塔鋺形合子の形状を採用したのは、僧侶の焼香に相応しいかたちを求めたのかもしれず、ここに謎の大香炉の用途について新たな見通しを示しておきたい。

この他、直接荘厳具というわけではないが、法会の場を飾った宝物としては、開眼師を務めたインド人僧・菩提僊那の執ったという天平宝物筆[注40]（中倉三五）、筆に結ばれたという縹縷[注41]（南倉八二）、目を表すために擦られた天平宝物墨[注42]（中倉三六）、銀合子[注43]（中倉八二）、銀鋺、八曲杯などの献物を収めた赤漆欟木小櫃[注44]（中倉八三）及び献物を載せた台と考えられる黒柿蘇芳染六角台[注45]（中倉八五）と内箱と思われる黒柿蘇芳染小櫃[注46]（中倉八四）、白瑠璃高坏[注47]（中倉七六）、大小二口の瑪瑙坏[注48]（中倉七七）、五枚の水精玉[注49]（中倉七八）とこれらを献納する際に収めた容器である漆小櫃及びその台である漆小机[注50]（中倉七九）、先述のように開眼供養当日の年月日が記された多数の柳箱[注51]（中倉二三）などがある。

あるいは宝物中には「会前」、「会日」などと記す貼紙や紙箋を伴うものがあり、「会」が大仏開眼供養（開眼会）を示して、この際に捧げられた献物であるとする解釈が行われている。蓋表の貼紙に「納〈丁香、青木香／会前、東大寺〉」と記された密陀彩絵箱[注52]（中倉一四三第一四号）、附属の柳箱の蓋表の貼紙に「琥碧誦数一條〈会前／献物〉」、蓋及び身の縁に「東大寺〈会前〉」と記される琥碧誦数[注53]（南倉五五第一三号）、紙箋に「雑玉〈不知献者／会日〉」と記される雑玉誦数[注54]（南倉五六第一四号）などがそれであり、こうした華やかな品々からは、『東大寺要録』「供養章第三」に「即ち大安・薬師・元興・興福四寺。種々の奇異の物を献ずる」[注55]（原漢文）、「縁起章第二」所引の「大仏殿碑文」に「珍宝等を施入」[注56]（原漢文）と記されるように、多くの珍貴な品々が献納された様を彷彿させる。

なお、「会前」は大仏開眼供養以前、「会日」は当日を指すと考えられ、雑玉誦数の紙箋に「不知献者」と記されているように、後日献物を整理する過程で附されたものと思われる。これは箱に貼紙をしたり、紙箋を付けたりといった、献物自体に注記を書き込まないといった整理方法にも反映されているといえよう。

この他、正倉院には「藤原朝臣哀比／良売献舎那仏」、「藤原朝臣久米／刀自売献舎那仏」と記した献物牌[注57]（中倉六六・一二一）も伝わっており、献物に際して献者がわかるよう木牌を付したことが理解される。

また、中倉に多数が整理されているいわゆる献物箱や献物几には所属する堂塔を記すものも少なくないが、これらの中には大仏開眼供養で使用されたものが含まれている可能性が充分見込まれ、諸色で彩られた華やかな品々からは、大仏開眼供養の壮麗な荘厳が伝わってくるようである。

四　東大寺大仏開眼供養の荘厳

これまで第一章では、文献に記された僅かな記録から、東大寺大仏開眼供養の荘厳について検討を加え、第二章では年紀等によって大仏開眼供養に用いられたことが確実な正倉院宝物、第三章では状況や宝物の特色等から大仏開眼供養で用いられた可能性のある宝物について考察を行ってきた。しかしながら、文献上の記録と現在正倉院に保管される多数の宝物とは一致する部分が少なく、未だ大仏開眼供養の荘厳について明らかにできた部分は僅かであるといわざるを得ない。本章では改めて文献より知られる法会の有様と正倉院宝物とを突き合わせて検討し、大仏開眼供養の荘厳について一層の接近を試みたい。

『東大寺要録』「供養章第三」及び「縁起章第二」所引の「大仏殿碑文」に記されるように、大仏開眼供養を華やかに飾り、最も盛んならしめていたのは多数の幡であったと推測される。分けても「灌頂」すなわち灌頂幡が多数懸吊され、人々の耳目を集めたことは想像に難くない。

「灌頂幡」とはいかなるものであるか現在のところ明らかとなっていないが、正倉院の大幡残欠[注58]（南倉一八四・一八五）に「東大寺第二灌頂　天平勝宝九歳五月二日」と記すものがあり[注59]、ひとまずこれが灌頂幡であった可能性が思い浮かぶ。また、『法隆寺伽藍縁起幷流記資財帳』には「金泥銅灌頂一具[注60]」との記述があり、これが今日法隆寺献納宝物の一つとして東京国立博物館に所蔵される金銅灌頂幡（国宝）に当たるのであるとすれば、天蓋が附属する幡であった可能性が考えられる。これを裏付けるかのように、『日本書紀』「推古天皇三十一年（六二三）秋七月条[注61]」及び『続日本紀』「天平勝宝八歳（七五六）十二月己亥（二十日）条[注62]」には「灌頂幡一具」とし

て通常の「旒」ではなく、複数がまとまったものを数えるのに用いる「具」の記述があることも示唆的である。[注63]

加えて、大幡残欠の分離片に縫い付けられた白絁の題箋中に「灌頂幡蓋」と記すものがあり、[注64]さらに、「灌頂」と記される黄絁袋[注65]（南倉一四四）の裏地に用いられた白絁の残欠六点の墨書には、「街木」の文字が遺るものがある。[注66]「街木」の詳細も詳らかではないが、尾形充彦氏の指摘するように「街」の字が「町」の字に替わるものであれば、[注67]櫃覆町形帯（南倉一四七）にみられるように「町」字を思わせる格子状のものを構成する部材が収められていた袋であった可能性が想起される。なお、袋には長九五センチメートル、口幅一三四センチメートルを測るものがあり（南倉一四四第九号）、天蓋の骨となるような棒状の部材を縦向きに入れていたとすれば、九五センチメートル相当の部材であったことが推測される。

中倉に伝来する灌頂天蓋骨[注68]（中倉一九六）は布帛製の天蓋を張るのに用いられた轂と腕木からなる骨の組で、中央に据えた轂に四乃至六本の腕木を差す構造は必ずしも町形には繋がらないが、腕木に八五センチメートルを測る部材があるのは示唆的である。縦一九三センチメートル、横二〇五センチメートルを測る方形天蓋残欠[注69]（南倉一八二第一九号）のような天蓋を腕木で支えて、幡と組み合わせた姿が想像されよう。

なお、「灌頂」と記される黄絁袋の裏地に用いられた白絁の残欠六点の墨書には「灌頂鎮袋」と記すものがある。[注70]「鎮」は重しのことで、南倉に伝わる金銅鎮鐸[注71]（南倉一六四）中に「東大寺枚幡鎮鐸／天平勝宝九歳五月二日」の墨書を有するものがあることから（南倉一六四第一号）、こうした鎮鐸が下方のどこかに付されたことも考えられる。

このように灌頂幡の姿は明確にはし得ないものの、天平勝宝九歳（七五七）五月二日に執り行われた聖武天皇一周忌斎会に使用されたことが銘文より明かな大幡残欠に関する遺品より、天蓋や鎮鐸を伴った非常に大型で豪華な幡であったことが想像される。そうした幡が法会の行われた大仏殿内の東西なり八方なりに複数、「縁起章第二」所引の「大仏殿碑文」によれば「廿六流」懸吊される様は、大変壮麗であったことが理解されるのである。

そしてこれらの灌頂幡あるいは幡は、「繍」とあるように、刺繍が施されたものであったことがうかがわれる。現状の大幡残欠は、錦や綾、組紐を組み合わせたもので刺繍の幡ではなく、さらに手間の掛かるような装飾が施されていたと考えられる。南倉には大幡残欠と同じく聖武天皇一周忌斎会に用いられた羅道場幡[注72]（南倉一八五）が大量に伝わっており、幡頭に刺繍を施したものが多数遺存している。あるいは孔雀文刺繍幡身[注73]（南倉一八〇・錦繍綾絁等玻璃板夾第一号）（挿図10）や吉字刺繍飾方形天蓋残欠[注74]（南倉一八一第七～一二号）のように、刺繍が施された幡や天蓋の残欠が伝来しており、これを直ちに大仏開眼供養の幡に結び付けることはできないものの、その人々を驚嘆させた絢爛豪華な様を想像させるには充分といえよう。

挿図10　孔雀文刺繍幡身

以上のように、正倉院に伝わる多数の幡や天蓋といった堂内荘厳具には、直接大仏開眼供養に結び付くものは今のところ知られないが、他の法会に使用されたもの、あるいは使用機会の不明なものを参照することで、法会の鮮麗な荘厳の一端が垣間見えるのである。

結びに

本稿では、文献の記述と現存する正倉院宝物を手懸かりに、東大寺大仏開眼供養の荘厳について考察を加えてきた。その結果、大仏開眼供養の場が、蓮花残欠（南倉一七四・古櫃第二〇六号櫃納物・其一一）のような造花やこれを載せる蘇芳地六角几（中倉一七七第二七号）のような台によって飾られ、献物や供物は、黄羅覆残欠（南倉一四五第五号）のような覆いを被せた台に載せられて、緑綾几帯（南倉一四七・帯緒類第三号）や碧絹櫃覆帯（南倉一四七・帯緒類第六号）のような帯が掛けられ、華やかに荘厳されていたことが確認された。また、夾纈羅幡（南倉一八五・幡類残欠第一二八号櫃第二四四号）や、羅道場幡（南倉一八五）のような刺繍を施した幡、大幡残欠（南倉一八四・一八五）のような灌頂幡や綾幡（南倉一八五・幡類残欠第一二八号櫃第二六号）によって堂内が荘厳され、眩いばかりの有様であったことも浮かび上がってきた。あるいは金銅雲花形裁文（南倉一六二）や金銅鳳形裁文（南倉一六三）のような金銅製の裁文も、華鬘や金銅製の幡のように高いところに飾られて、法会の場を金色の輝きで満たしたことであろう。

堂内の床には、紅赤布（南倉一四八・錦綾絹絁布類及雑裂第四七号）が今日のレッド・カーペットのように敷かれて晴れの場を演出し、緑金箋（中倉四八）のような大仏殿に相応しい、大きく、美しい散華が撒かれて、華やぎを添えたことであろう。そこには白綾褥（南倉一五〇・褥類第五六号其一・二）のような豪華な座具を敷いた高座が据えられて経典の講説が行われ、集まった僧侶は金銅大合子（南倉二七）のような大きな香炉を多数用いて焼香供養を行ったのではなかろうか。

『続日本紀』に「作す所の奇偉勝て記すべからず。仏法東帰より斎会の儀、未だ嘗て此の如く盛んなるは有らず。」（原漢文）と記された法会の盛儀は、法楽の芸能を含む賛辞ではあるが、現存する宝物を踏まえて改めて見返すと、華やかな色彩に溢れ、多くの、大きな献物や法具が立ち並んだ、大仏開眼供養の情景が甦ってくるのである。

ところで、大仏開眼供養に関連する宝物はどのように伝来したのであろうか。そもそも正倉院宝庫は光明皇太后より献納された聖武太上天皇遺愛品を納めた蔵で、奈良時代から平安時代初期の宝物の出納や点検に関わる文書類からもそのことがわかる。ところが、天暦四年（九五〇）に「納物尤も多し」[注75]（原漢文）とされる「羂索院双倉」が朽損したため、その納物を「正蔵三小蔵南端蔵」に移して綱封にしたとの記事が、『東大寺要録』「諸院章第四」に現れてくる。[注76]またそこには、これに先立って延喜二十年（九二〇）に阿弥陀堂・薬師堂等の雑物を羂索院双倉に移して綱封にしたことが記されており、[注77]東大寺に伝わった様々な宝物が、正倉院宝庫南倉に移転してきたことがわかる。現在南倉を中心に伝来する大仏開眼供養関連品は、法会の後に東大寺に下げ渡されて寺宝として伝来し、蔵の移転に伴って正倉院宝庫に移ってきたと考えるのが一般的である。しかしながら、関根真隆氏は、造東大寺司に関わる宝物に付された検定に関わる注記を例に挙げ、大仏開眼供養所用品は法会よりおよそ一年後の天平勝宝五年（七五三）六月頃に点検・整理された可能性について言及している。[注78]関根氏は、聖武太上天皇・光明皇太后が大仏開眼供養の当日に身に着けた礼服を収めた櫃に付けられたという木牌（北倉一五七）を手懸かりに、延暦十二年（七九三）の北倉宝物の点検時には礼服が既に北倉に存在したと考えられることから、遅くともその頃までには大仏開眼供養所用品は正倉院宝庫に入っていたものとし、また大仏開眼供養の献物を納めたとみられる先述の漆小櫃（中倉七九）にもほぼ同形同大で筆跡も同様の木牌が附属することから、同じ時期にまとめて整理されたものと結論付けている。

関根氏の説に従えば、大仏開眼供養所用品は、かなり早い時期に正倉院宝庫に収められたのであり、聖武太上天皇・光明太皇后ゆかりの品に準ずるものとして大切にされてきたことが理解される。なお、杉本一樹氏はこれを受けて、造東大寺司の関係品の検定と大仏開眼供養の関係品の整理とは表裏一体として行われ、この頃に正倉院宝庫の竣工と運用が企図されたとしており、大仏開眼供養所用品が早い時期に正倉院宝庫に納められたという見解を支持している。[注79]

大仏開眼供養所用品については。執拗に年紀が記されているにもかかわらず幡などの残存率が低く、度重なる収蔵庫の移転に伴って失われていった可能性も否めないが、関根氏や杉本氏の説くように、早い時期に整理されて宝庫に収められたとする見解も傾聴に値しよう。

大仏開眼供養所用品の伝来については、現状では詳しく確かめられないが、後世の法要などに際して使用、あるいは参照のため宝庫から持ち出された可能性も否めず、そうした事情によって失われた可能性についても併せて指摘しておきたい。

最後に、大仏開眼供養の荘厳について、大まかな見通しを示して稿を結びたい。『東大寺要録』「供養章之余」には、貞観三年（八六一）三月十四日に行われた東大寺大仏の「御頭供養会」について詳しく記録されている。[注80]これは、斉衡二年（八五五）に、複数回に及んだ地震が影響して大仏の頭部が落下するという事件が起こり、これを受けてその後修復作業が行われ、この日めでたく開眼を迎えた「平安の大仏開眼供養」についての記録で、『三代実録』貞観三年（八六一）三月十四日条に「凡そ其の荘厳の儀勝載すべからず。殿廊の柱、衣錦繍を以てし、壇場の上其れ朱紫を敷く。七宝樹を懸け、庭際遶栽す。幡蓋藻飾し、香花を排批す。巧を極め麗を尽くし、人目を精しく奪ふ。梵宇歴覧するに、処々の荘餝、観者厭ひて抛過すること能はず。[注81]」（原漢文）と記されるように、奈良朝の大仏開眼供養に匹敵するような盛儀であったことがうかがわれる。法会では、大唐、高麗、林邑等の楽が演じられたことが『三代実録』にも記されており、恐らく奈良時代の大仏開眼供養を踏まえて行われたものと推測される。

さらに、ここには施入物として、大仏殿の戸に懸けたという長さ三丈六尺に及ぶ巨大な幡や、歩廊に懸けたという長さ一丈四尺七寸の小幡をはじめ、華鬘等の荘厳具、散華、火舎や高坏といった什器類、額や長莚など実に様々なものが記されている。また諸人の奉加品にも、幡や装束がみえ、仏具や什器の設えについても詳しく述べられている点は重要である。特に後段に引用される「御頭供養日記」には「是に先んじて堂前東西角、絹灌頂を懸く」[注82]とあって、大仏殿の前の東西に絹製の灌頂幡を懸けたことが記される点は、奈良朝の開眼供養について記す行りで「東西に繍灌頂を懸け」とあるのに符合するようで興味深い。また『三代実録』に「壇場の上其れ朱紫を敷く」とあるのも紅赤布（南倉一四八・錦綾絹絁布類及雑裂第四七号）の用途を示唆するようで注目される。奈良時代の大仏開眼供養からおよそ百年、先例を重んじて踏襲しようという意識が働いたとみるのは穿ち過ぎであろうか。ちなみに、これに先立つ斉衡三年（八五六）には、地震や大仏の頭部の落下を受けてとは思われるものの、宝物の勘検が行われており、実録帳が作られている。[注83]これが来たるべき平安の大仏開眼供養の準備も兼ねていたとは考えられないであろうか。

このように、貞観三年（八六一）の大仏の再開眼の儀式は、実に示唆に富む内容を含んでおり、奈良朝の大仏開眼供養の荘厳を考える上で非常に参考になることと思うが、紙幅も尽きたので詳細は別稿に譲るとし、ひとまず擱筆することとしたい。

注

※表記のない場合、法量の単位はセンチメートル

1 『続日本紀』天平勝宝四年四月乙酉（九日）条（『新訂増補国史大系』二）
なお、原漢文の史料については、特に断らない限り、以下訓読は筆者による。

2 注1前掲書参照

3 『日本書紀』欽明天皇十三年（五五二）冬十月条（『日本古典文学大系』六八）

4 筒井英俊編『東大寺要録』（全国書房）昭和十九年

5 注4前掲書参照

6 『朝野群載』巻第十六「仏事」上（『新訂増補国史大系』二九上）
7 『群書類従』二四「釈家部」
8 藤田経世『校刊美術史料』「寺院篇」上（中央公論美術出版）昭和四十七年
9 『扶桑略記抄』二「孝謙天皇」（『新訂増補国史大系』一二）
10 注8前掲書所収
11 『群書解題』では、「開眼供養の行われた天平勝宝四年（七五二）を去ること遠くない時」、「少なくとも平安時代初期を降るとは思われない」とする。
下出積「東大寺大仏記」（『群書解題』十七）昭和三十七年
12 注4前掲書参照
13 注4前掲書参照
14 注4前掲書参照
15 銘文を伴う宝物については松嶋順正氏の労作『正倉院宝物銘文集成』にそのほとんどがまとめられている。本稿作成に当たってもこれを参照した。またその他については宮内庁蔵版・正倉院事務所編『正倉院宝物』巻末の「銘文」を参照したのに加え、次の文献を参考にした。
松嶋順正『正倉院宝物銘文集成』（吉川弘文館）昭和五十三年
宮内庁正倉院事務所編『正倉院宝物』一～一〇（毎日新聞社）平成六～九年
関根真隆「第二　正倉院遺宝伝来の記」（『正倉院への道　天平美術への招待』吉川弘文館）平成三年（初出：関根真隆『名宝日本の美術四　正倉院』（小学館）昭和五十七年）
16 杉本一樹『正倉院』（中公新書一九六七、中央公論新社）平成二十年
「金銅雲花形裁文」（南倉一六二）、一枚。銅製、鍛造、鍍金、透彫、毛彫。最大長四三・五、厚〇・三五。『正倉院宝物』九「南倉」Ⅲ（毎日新聞社、平成九年）所収。
17 「金銅鳳形裁文」（南倉一六三）、一枚。銅製、鍛造、鍍金、透彫、毛彫。長七八・五、厚〇・二五。『正倉院宝物』九「南倉」Ⅲ（毎日新聞社、平成九年）所収。
18 「六角几甲板」（南倉一七四・古櫃第二〇六号櫃納物・其九）、一枚。ヒノキ材製、白色塗、鉄釘。径三〇・三、厚一・三。『正倉院

宝物』九「南倉」Ⅲ（毎日新聞社、平成九年）所収。

19 「七日。諸家種々の造花を献ずる」（注4前掲書参照）

20 「蘇芳地六角几」（中倉一七七第二七号）、一基。天板・畳摺はヒノキ材製、床脚はホウノキ材製、彩色、鐶は銀製。径五二・〇、高一二・三。『正倉院宝物』五「中倉」Ⅱ（毎日新聞社、平成七年）所収。

21 「紅赤布」（南倉一四八・錦綾絹絁布類及雑裂第四七号）、五帖。麻布。長一一五六～一二五五、幅六三・五～六七。『正倉院宝物』九「南倉」Ⅲ（毎日新聞社、平成九年）所収。

22 「夾纈羅幡」（南倉一八五・幡類残欠第一二八号櫃第二四四号）、一旒。頭は淡緑地錦、身は樺色・淡紅橡地夾纈羅、芯は白絁。長二九九、身幅五三・五。『正倉院宝物』一〇「南倉」Ⅳ（毎日新聞社、平成九年）所収。

23 松本包夫「一五二　夾纈羅中幡残欠」（奈良国立博物館編『天平』奈良国立博物館）平成十年

24 「綾幡」（南倉一八五・幡類残欠第一二八号櫃第二六号）、一片。白綾。長一八四、身幅七一・五。『正倉院宝物』一〇「南倉」Ⅳ（毎日新聞社、平成九年）所収。

25 「黄羅覆残欠」（南倉一四五第五号）、一枚。黄橡羅、紫羅僅存。縦六八、幅二三。『正倉院宝物』八「南倉」Ⅱ（毎日新聞社、平成八年）所収。

26 「緑綾几帯」（南倉一四七・帯緒類第三号）、一条。浅緑綾、端飾は錦。長六八二、幅七・五。『正倉院宝物』八「南倉」Ⅱ（毎日新聞社、平成八年）所収。

27 「碧絹櫃覆帯」（南倉一四七・帯緒類第六号）、一条。縹絁。長三七〇、幅八・六。『正倉院宝物』八「南倉」Ⅱ（毎日新聞社、平成八年）所収。

28 「蓮花残欠」（南倉一七四・古櫃第二〇六号櫃納物・其一二）、一基。蓮池：木製、彩色、黒漆塗、金・銀箔、蓮茎は銅製、鍍金。径三三・〇、総高三〇・〇。『正倉院宝物』九「南倉」Ⅲ（毎日新聞社、平成九年）所収。

29 「蓮池台残欠」（中倉二〇二第七一号櫃）、一枚。ヒノキ材製、黒斑（仮黒柿）、錦貼。径三三・四。『正倉院宝物』六「中倉」Ⅲ（毎日新聞社、平成八年）所収。

30 「床脚」（南倉一七四・古櫃第二〇六号櫃納物・其二八・箱及几残材）、一箇。黒柿材製、彩色、錦片附着。幅一四・五、高五・八。『正倉院宝物』九「南倉」Ⅲ（毎日新聞社、平成九年）所収。

31 「花籠」（南倉四二第一～五六六号）。「東大寺花筥」銘ある浅形の第一二九号は、竹製、縁の編止材はアケビ類の茎。径四一・〇、高八・〇。「東大寺花籠」銘のある深形の第五四八号は、竹製、縁の編止材はアケビ類の茎。径二九・四、高一四・三。『正倉院宝物』七「南倉」Ⅰ（毎日新聞社、平成七年）所収。

32　「一五五、一五六　花籠」（正倉院事務所編『正倉院宝物』「南倉」朝日新聞社）平成元年

33　緑金箋（中倉四八）、三枚。緑麻紙、片面に金砂子。縦二五・三、横一五・五。『正倉院宝物』五「中倉」Ⅱ（毎日新聞社、平成七年）所収。

34　「経紙出納帳」（『大日本古文書』三―六〇五）

35　大仏開眼供養では、天平宝物筆（注40参照）、あるいは沈香貼や木画で装飾された華麗な筆管で、天平宝物筆に匹敵する長五六・四を測る未造了沈香木画筆管（中倉四〇）、天平宝物墨（注42参照）のような現存品より、一般の品に比して大きな物品が用具として使用された場合もあったと考えられている。

36　「敷金銀塵雑色紙用残注文」（『大日本古文書』一三―二八・二九）

37　「白綾褥」（南倉一五〇・褥類第五六号其一・二）、二枚。表は白綾、裏は緑絁、縁は夾纈羅、芯は真綿・藺莚。縦一五一・八～一五五・四、横一四七・二～一四七・六。『正倉院宝物』九「南倉」Ⅲ（毎日新聞社、平成九年）所収。

38　杉本注15前掲書

39　「金銅大合子」（南倉二七第一～四号）。銅製、鋳造、鍍金。径一七・五～一八・一、高一八・〇～二九・〇。重四六三四～五八三一グラム。『正倉院宝物』七「南倉」Ⅰ（毎日新聞社、平成七年）所収。

40　「天平宝物筆」（中倉三五）、一管。管はハチク製の仮斑竹、毫は鹿毛・羊毛・狸毛。管長五六・六、管径四・三。『正倉院宝物』五「中倉」Ⅱ（毎日新聞社、平成七年）所収。

41　「縹縷」（南倉八二第一号）、一条。絹縄、縹染。束の直径四五、紐の径〇・五、重八二七・三グラム。『正倉院宝物』八「南倉」Ⅱ（毎日新聞社、平成八年）所収。

42　「天平宝物墨」（中倉三六）、一挺。長五一・五、幅六・二、厚二・二。『正倉院宝物』五「中倉」Ⅱ（毎日新聞社、平成七年）所収。

43　「銀合子」（中倉八二）、一合。銀製、鋳造。径八・四、総高四・三、蓋重八三・三グラム、身重九四・一グラム。『正倉院宝物』五「中倉」Ⅱ（毎日新聞社、平成七年）所収。

44　「赤漆欟木小櫃」（中倉八三）、一合。ケヤキ材製、赤漆塗、縁は黒漆塗。縦四五・一、横三一・五、高一七・七。『正倉院宝物』五「中倉」Ⅱ（毎日新聞社、平成七年）所収。

45 「黒柿蘇芳染六角台」（中倉八五）、一基。黒柿材製、蘇芳染。径二一・六、高五・五。『正倉院宝物』五「中倉」Ⅱ（毎日新聞社、平成七年）所収。

46 「黒柿蘇芳染小櫃」（中倉八四）、一合。黒柿材製、蘇芳染、内面は香木貼、金具は銀製。縦二四・八、横一五・〇、総高一四・五。『正倉院宝物』五「中倉」Ⅱ（毎日新聞社、平成七年）所収。

47 「白瑠璃高坏」（中倉七六）、一口。アルカリ石灰ガラス製。径二九・〇、高一〇・七、重一二三二グラム。『正倉院宝物』五「中倉」Ⅱ（毎日新聞社、平成七年）所収。

48 「瑪瑙坏」（中倉七七）、大小各一口。瑪瑙製。大：長径一七・〇、短径一六・三、高六・八、小：長径一〇・二、短径八・二、高五・〇。『正倉院宝物』五「中倉」Ⅱ（毎日新聞社、平成七年）所収。

49 「水精玉」（中倉七八）、五枚。水晶・紫水晶製。径一・四～五・一。『正倉院宝物』五「中倉」Ⅱ（毎日新聞社、平成七年）所収。

50 漆小櫃（中倉七九）、一合、附木牌。木製、黒漆塗。金具は鉄製、黒漆塗。縦四四・八、横三三・〇、高二四・八。『正倉院宝物』五「中倉」Ⅱ（毎日新聞社、平成七年）所収。漆小几（中倉七九）、一基。木製、黒漆塗。縦四八・四、横三五・五、高二八・八。『正倉院宝物』五「中倉」Ⅱ（毎日新聞社、平成七年）所収。

51 「葛箱柳箱残欠」（中倉二三）。大仏開眼供養の年月日を記すものは「柳箱身」（第六四号）、一口、柳製、嚫は白・紫紙。縦二五・〇、横二六・五、高六・五。『正倉院宝物』四「中倉」Ⅰ（毎日新聞社、平成六年）所収。なお、他に「会前」、「会後」と記すものも含まれており、これらも大仏開眼供養所用と考えられる。「会前」の銘を記すものは「柳箱」（第六〇号）、一合。柳製。縦二八・五、横三〇・五、高七・一。「会後」の銘を記すものは「白葛箱身」（第一号）、一口。アケビ類の茎、縁はエゴノキ材製。縦四六、横四三、高一一。ともに『正倉院宝物』四「中倉」Ⅰ（毎日新聞社、平成六年）所収。

52 「密陀彩絵箱」（中倉一四三第一四号）、一合。木製、黒漆塗、彩色、油塗、金具は鉄製、黒漆塗、嚫は表裏とも白絁、芯は楮紙。縦三〇・〇、横四五・〇、高二一・四。『正倉院宝物』五「中倉」Ⅱ（毎日新聞社、平成七年）所収。

53 「琥碧誦数」（南倉五五第一三号）。琥珀・水晶・紫水晶・色ガラス製、白組緒、露金具は金銅製。周長七二。「柳箱」（南倉五五第一三号附属）。柳製。縁材はエゴノキ製。嚫は表・麻紙、裏・楮紙。縦横とも九・四、高四・三。『正倉院宝物』七「南倉」Ⅰ（毎日新聞社、平成七年）所収。

54 「雑玉誦数」（南倉五六第一四号）。水晶・琥珀・色ガラス製。白組緒。周長三四。『正倉院宝物』七「南倉」Ⅰ（毎日新聞社、平成七年）所収。

55 注4前掲書参照

56 注4前掲書参照

57 「献物牌」（中倉六六第一号）、一枚。ツゲ材製、墨書。長五・九。幅二・〇、厚〇・三。『正倉院宝物』五「中倉」Ⅱ（毎日新聞社、平成七年）所収。
「献物牌」（中倉一二一）、一枚。ツゲ様散孔材、墨書。長五・九、幅一・九、厚〇・四。『正倉院宝物』五「中倉」Ⅱ（毎日新聞社、平成七年）所収。

58 『正倉院宝物』一〇「南倉」Ⅳ（毎日新聞社、平成九年）所収。

59 「大幡残欠」（南倉一八四第六号）、一旒。頭は赤地錦、身の地は緑・黄・紫・白・赤綾、裁文は紫地錦、黄・紫・碧・縹・赤綾、縁は赤地錦、吊緒・頭縁・舌・垂手は平打組紐（一間組）、脚は淡茶・淡緑・緑・黄綾。長八一三、身幅九一。『正倉院宝物』一〇「南倉」Ⅳ（毎日新聞社、平成九年）所収。

60 『続群書類従』二七下「釈家部」

61 注3前掲書参照

62 注1前掲書参照

63 西川明彦「正倉院に伝わる灌頂天蓋をめぐって」（奈良国立博物館編『第六十回　正倉院展』奈良国立博物館）平成二十年

64 尾形充彦「正倉院の大幡」（『正倉院年報』一八）平成八年

65 「黄絁幡街木袋」（南倉一四四第四号）、一口。表・紐は黄絁、裏は白絁、真綿入り。縦四八、横五五。『正倉院宝物』九「南倉」Ⅲ（毎日新聞社、平成九年）所収。

66 尾形前掲注64論文

67 尾形前掲注64論文、注（二〇）

68 「灌頂天蓋骨」（中倉一九六第一合～第一〇号）。第一号は、ケヤキ材製、彩色、油塗、金具は銅製、鍍金。軸の総高三五・〇、胴径一二・四、腕木長八五。『正倉院宝物』六「中倉」Ⅲ（毎日新聞社、平成八年）所収。

69 「方形天蓋残欠」（南倉一八二第一九号）、一枚。白綾、芯は白絁、裁文飾は赤・紫地錦、側面は赤・紫・青地錦、長斑錦、芯は白絁、押縁は黒紫・紫組紐、金糸、垂飾は赤・紫地錦、紫・茶紫綾、纐纈絁、緑薄絹の芯、暈繝錦・夾纈絁の縁、乳は紫・白

革。縦一九三、横二〇五。『正倉院宝物』一〇「南倉」Ⅳ（毎日新聞社、平成九年）所収。
70　尾形前掲注64論文
71　「金銅鎮鐸」（南倉一六四・幢幡鉸具・金銅鎮鐸第一号其一〜其一〇）。銅製、鍍金、内面は丹塗、鉄。其八は、身高一六・三、口径一〇・八、風招幅一九・九。『正倉院宝物』九「南倉」Ⅲ（毎日新聞社、平成九年）所収。
72　「羅道場幡」（南倉一八五・幡類残欠第一二六〜一三〇号櫃）。『正倉院宝物』一〇「南倉」Ⅳ（毎日新聞社、平成九年）所収。
73　「孔雀文刺繡幡身」（南倉一八〇・錦繡綾絁等玻璃板夾第一号）。紫綾に刺繡、縁は暈繝夾纈絁。縦八一・二、横三〇・〇。『正倉院宝物』一〇「南倉」Ⅳ（毎日新聞社、平成九年）所収。
74　「吉字刺繡飾方形天蓋残欠」（南倉一八一第七〜一二号）。『正倉院宝物』一〇「南倉」Ⅳ（毎日新聞社、平成九年）所収。
75　注4前掲書参照
76　注4前掲書参照
77　注4前掲書参照
78　関根注15前掲書
79　杉本注15前掲書
80　注4前掲書参照
81　『日本三代実録』貞観三年（八六一）四月十三日条（『新訂増補国史大系』四）
82　注4前掲書参照
83　「斉衡三年雑財物実録」（北倉一六五）。紙本墨書。縦二八・六、全長四〇三・二。『正倉院宝物』三「北倉」Ⅲ（毎日新聞社、平成七年）所収

［図版出典］
挿図1『第五十一回　正倉院展』平成十一年。挿図2『第五十一回　正倉院展』平成十一年。挿図3『第六十九回　正倉院展』平成二十九年。挿図4『天平』平成十年。挿図5『天平』平成十年。挿図6『第五十四回　正倉院展』平成十四年。挿図7『第六十二回　正倉院展』平成二十二年。挿図8『第五十八回　正倉院展』平成十八年。挿図9『第六十三回　正倉院展』平成二十三年。挿図10『第五十八回　正倉院展』平成十八年。以上全て奈良国立博物館編・刊。

御衣木の由来
—史料から見た木彫仏像用材の意識的選択—

児島　大輔

はじめに—卅三間堂棟由来《さんじゅうさんげんどうむなぎのゆらい》

紀州熊野に柳の大木があった。鷹狩の鷹を助けるためにこの大木を伐り倒そうとしたところ、これを救う者がいた。名を横曾根平太郎という。平太郎は柳の下でお柳と出会い、夫婦となる。白河法皇の頭痛を癒すため三十三間堂を建てることとなり、その棟木として件の柳の大木が伐り倒された。お柳は実はこの柳の木の精で恩返しのために平太郎へ嫁いだのだった。伐り倒された柳の大木はまったく動かなかったが、平太郎と息子緑丸の二人が引くと、自然と動き出すのだった。

狂言「三十三間堂棟木の由来」の筋書きである。柳の木を擬人化しそこに霊魂の存在を認めるのは、一見きわめて日本的に見える。山川草木悉皆成仏とか草木国土悉有仏性のような説は、天台本覚思想をよりどころとしながら、日本的仏教観の一面を端的に言い表したものと言える。[注1] こうした観点から先の棟木となる柳の精を理解することはできるかもしれないが、しかし日本の仏教がすべてこうした思想の上に成り立っているわけではなかった。すべてに仏性が存在するなどという説は、たとえば法相宗の立場ではいわゆる五姓各別説によって認めることができないはずで、そうした法相の教学に身近に接したであろう薬師寺僧景戒は『日本霊異記』の中で「木に心無し」と僧に語らせている。注2 この言葉は唐慧沼撰『十一面神呪心経義疏』にその典拠を求めることができ、注3 仏像用材について考えるならば、こうした根本的な問題を無視するわけにはいかない。『法華経』に説かれるように、大切なのは仏像を造るという行為である。注4 仏像の素材は何でもよいのであって、心の存在など問題ではなかった。とはいえ、冒頭に掲げた狂言の筋書きに見られるような樹木に霊魂の存在を認める心性のほうが、理解されやすいのではないだろうか。そうした問題を解決する手がかりを得るべく、以下では日本の木彫仏像用材、すなわち御衣木《みそぎ》について、具体的な作例と銘記や諸史料によりながらその諸相を描き出すことを課題としたい。

一　霊木と木彫像

吉野比蘇寺の放光仏霊験譚として知られる『日本書紀』欽明天皇十四年（五五三）夏五月条は、史料上はじめて日本で仏像が造られたことを記す記事である。注5 ここでは現在の大阪湾に音と光を発する樟木の霊木が漂着したこと、これを天皇の命で仏像の用材としたこと、仏像となったいまも光を発することなどが語られる。ここで注意しておきたいのは、日本で造られた最初の仏像が木彫仏であったこと、そして仏像自体が漂着するのではなくクスノキ材が漂着しこれを用材としたということである。

『日本霊異記』上巻第五縁にも敏達天皇の時としてこの説話の一バリエーションを掲載する。ここでは流れ着くのが「霹靂《かみとけ》に当りし楠」と記され、流木が雷に打たれたことになっているほか、注6 造られた仏像ははじめ豊浦寺に安置され、物部守屋の廃仏の際には稲の中に隠し、用明天皇の御代になって吉野比蘇寺に安置されて光を放つというように、多少の変化がつけられている。『日本書紀』と『日本霊異記』に収載される説話は漢字表記に違いはあるものの仏像用材がクスノキ材であること、それが漂着したこと、そして自ら光と音を放つか雷に打たれるかの違いはあれども霊木と考えられる材であることを示している。これらのことは飛鳥時代の仏像用材観を考える上で重要な点だろう。史料上に知られる日本最初の仏像の用材がこのように語られるのは、木彫仏像の用材の本質をきわめて端的にあらわしたものとも言えるのである。

ところで、クスノキの漢字表記には史料によって揺らぎがあった。実は、本来「楠」はクスノキを意味しない。[注7]少なくとも中国で楠と言えばナンタブと呼ばれる中国南方からベトナムあたりに自生する樹木を指し、紅楠であれば日本にも自生するタブノキを指す。いずれもクスノキとは別種の樹木であり、かの牧野富太郎は「楠」が日本にはないことを断言している。[注8]こうしたことも踏まえて、本稿では無用な誤解を避けるためにも銘記や史料を直接引用するなどの文化的背景を伴う場合を除き、樹種名を基本的にカナ表記している。

さて、吉野の放光仏の用材となった霊木は漂流していた。このことは霊異をもたらすと考えられた特徴のひとつである。そして用材だけでなく、仏像自体が漂着することもさまざまな縁起類に説かれるところで、その多くは仏像ないし仏教自体が外来であることの隠喩とも理解できるだろう。例えば、お水取りで知られる東大寺二月堂の小観音は金銅仏ではあるが実忠和尚が難波の津で感得したものといい、また、大阪・和光寺地蔵菩薩立像[注9]は隠岐の海に漂着した像を鴻池家が同寺に奉納したという伝説を持つ。同寺境内の阿弥陀池は物部守屋による廃仏の際に百済より伝来した仏像を棄てた難波の堀江の跡と伝え、信濃善光寺の縁起類はこの阿弥陀池に出現した阿弥陀三尊が本田善光によって善光寺に祀られたと伝える。日本の仏教伝来説話と善光寺信仰との結節点であるこの地に鴻池家が漂着仏を奉納したのも、意図あってのことであったろう。

こうした漂着に関する伝説は海に囲まれた列島各地に残り、近年も福井県の浜辺に木彫像が打ち上げられて話題を呼んだ。[注10] 福井県立若狭歴史博物館所蔵の木造迦楼羅王立像は、平成二年（一九九〇）十一月、赤い布に包まれて小浜市矢追の浜に漂着した。本像は香木製で面部を鳥類に造り、台座に「鳥将軍」と記す。中国・南宋時代の作と推定されている。漂着した矢追の浜の地は奈良時代に唐人が船で漂着し、積載した金銀財宝に目のくらんだ住人が手杵で唐人を撲殺して金銀を手にしてより後、当地に災いが相次いだために船の残骸で堂を立て懇ろに弔ったという伝説が残る。

こうした漂流説話のうちもっとも名高い例が、霊験仏として名高い奈良・長谷寺の本尊十一面観音菩薩立像であろう。その霊木は、大雨で近江国高島郡三尾山から流れ出たクスノキの巨木で、漂着する先々のいたるところで祟りをなしながら二百年余りをかけて大和国初瀬に落ち着くという壮大な物語を持つ。[注11] 自ら意思を持つように動き、特定の人物でなければこの霊木を動かすことができないのは、冒頭で見た柳の大木と同様である。というよりも狂言は本説話の強い影響下で創作されたものと見るべきであろう。霊異とは特定の人物にのみ感応するのだ。このことは人々が霊木に心があるとみなしていた証拠となろう。

最近、滋賀・高島市安曇川町三尾里に奈良・長谷寺が約百年前に購入していた土地の存在が判明し、のどかな田園風景の一角に「此付近　大和国長谷寺本尊御衣木流出歴渉地」の石碑が立てられた（挿図１）。この長谷寺の御衣木の霊威にあやかり、大阪・葛井寺、香川・志度寺、神奈川・新長谷寺など長谷寺観音像と同木による造像説話を持つ仏像も各地に残る。

長谷寺は罹災するたびに復興されてきたが、中世の再興像には近隣の杉や楠の霹靂木《へきれきぼく》が用材として選ばれたことが知られる。[注12] 霹

挿図１　御衣木流出歴渉地碑
（滋賀　高島市）

靂木とは落雷を受けた樹木のことで、当初像のように祟りまでは起こさずとも霊威を備えた樹木を求めたために選ばれたのであろう。霹靂木を御衣木とすることは先に触れた日本最初の仏像、吉野比蘇寺の放光仏と同様である。稲妻が天から樹木に落ちるとき、とどろく雷鳴と放たれる閃光は、樹木が天の力によって霊威を獲得したことをもっともわかりやすい形で示してくれる。この長谷寺中世再興像に関係する興味深い像が現存している。現在、三重・パラミタミュージアム所蔵の十一面観音菩薩立像は、その足枘銘から定阿弥陀仏長快の作と知られるが、もとは興福寺大乗院観音堂に伝来した像であることが諸史料よりほぼ明らかである。[注13]『大乗院寺社雑事記』の記録に従えば、本像の「御宮木（ママ）」すなわち御衣木は長谷寺観音と同木であるという。元々長谷寺縁起でも長谷観音の御衣木となった霊木は剛琳寺（葛井寺）千手観音像などの御衣木にもなったという伝説が説かれていたことは先にも触れた通りだが、復興された長谷寺像の御衣木にも同様の伝説が加えられていたことになる。霊木は余材であっても霊威を放つと信じられたのであろう。

このような落雷を受けた樹木を用材とした仏像は数多く存在するのかもしれないが、その由来が記録されていなければなかなかその実態を知ることは難しい。そうした中、実際に霹靂木を使用したことが明らかな作例がある。大阪・延命寺の大元帥明王像頭部（挿図2）は江戸時代に江戸湯島の霊雲寺の浄厳和尚が霹靂木を入手したことを契機として発願された。像が完成することはなかったが、仏師北川運長が律儀にもその経緯をつぶさに記録してくれたおかげで、本像の御衣木が霹靂木であることを知ることができる。[注14] 霹靂木は近世に至っても霊威を持つ存在であると

挿図２　大元帥明王像頭部
（大阪　延命寺）

信じられたのだ。

『日本霊異記』の「木に心無し」がどれほど普遍性を持った思想なのか定かではない。しかし、たとえ木であっても落雷を受け、あるいは自ら音や光を発し、あるいは漂着する先を選ぶ木に心は無いのだろうか。光を放つ流木や霹靂木などの霊木は心を持った、すなわち仏性を備えた存在とみなされたのではないだろうか。音や声を発したり、光を放ち振動したりするような樹木は霊木と呼ばれた。仏像用材に霊木が選ばれたのはそのためではなかろうか。人間社会に対して常と異なるあり方を示すものを霊異ととらえ、霊異を示す樹木を霊木と呼んで人々は畏れ、祀り、祈りをささげてきたのだった。

二　御衣木　木からほとけへ

仏像の用材を御衣木《みそぎ》と呼ぶ。遅くとも平安時代の後半には使われていた歴史的な名辞で、用材に対する尊称である。以下では実際に御衣木の入手、すなわち杣山における伐採についての情報を記した銘記を持つ貴重な作例を紹介しておきたい。

まず、滋賀・善明寺の阿弥陀如来坐像は墨書銘により長承二年（一一三三）快俊作と知られるが、この銘に「御衣木山入」との記述があり、山に入って御衣木を伐りだすことを一連の造像過程のうちにとらえていたことを示している。[注15] 御衣木を伐りだした具体的な山の位置や地名等は特定できず、また、「山入」が何か特殊な契機を持ったものだったのか、あるいは何かしらの儀礼を伴ったものだったのかなど、興味をそそられる問題については不明ながら、本像の銘記は御衣木について触れたものとして貴重である。

福岡・観世音寺の不空羂索観音菩薩立像は貞応元年（一二二二）の銘とともに「此御身木は清水寺妙見御前楠な

り」と記しており、清水寺すなわち観世音寺境内の楠を用材として造像されたことが知られる。[注16] 本像は再興像であり、奈良時代に造像された当初像は塑像だったのだが、後述するように本像の像内にはその根本塑像の芯木が納入されていたことと合わせて、御衣木に対する強いこだわりを感じさせる。また、滋賀・浄信寺の地蔵菩薩像・閻魔王像・具生神像はその銘記に「御曾《ママ》木」すなわち御衣木を中庄椙野郷の百姓等が施入したと記し、現在の長浜市木之本町杉野周辺の百姓らによって施入されたことがわかる。[注17] 功徳として御衣木の施入がおこなわれることのあった証となろう。

こうした御衣木に触れた銘を持つ像の中にあって特異な位置を占めるのが東京国立博物館所蔵の阿弥陀如来立像（挿図３）である。本像は銘記によって正嘉三年（一二五九）永仙作であることが知られるのみならず用材の伐採地までが特定できる稀有な例である。[注18] 修理によって現在は実見することのできない像内の銘記はやや読みにくい個所もあるが、御衣木は平安京東山一切経谷の山の木であるという。東山一切経谷は京都市東山区日ノ岡一切経谷町として現在に名を残す。当地はいわゆる京七口のひとつである粟田口へ通じる峠で、かつて京阪京津線の九条山駅が所在していたあたりである（挿図４）。谷を切通して走る

挿図３　阿弥陀如来立像
（東京国立博物館）

挿図4　一切経谷周辺（京都　山科区）

府道一四三号線（旧国道一号）の急な坂を登ったところに一切経谷はある。あたりの勾配はかつて国鉄路線最大勾配として著名だった、かの碓氷峠と並ぶ名にし負う難所である。地名の由来である慈覚大師円仁による一切経堂の所在地は今となっては知られないが、当地は粟田口の刑場にも近く、遅くとも中世には京の入り口のひとつとして重要な土地であったことは疑いない。何故この地の材が求められたのか銘記からは知ることができないが、わざわざ記したのは故あってのことであろう。

御衣木の伐採に関する史料は鎌倉復興時の南都に関するものが豊富で、『養和元年記』『猪熊関白記』によれば興福寺の再興に際し食堂・講堂・南円堂・北円堂の諸像が興福寺領の杣木を用いたことが知られる。このうち北円堂諸像にはカツラ材が用いられている。[注19] カツラは純林を形成しないため良質の材を大量に入手するのには苦労が伴ったはずで、具体的な伐採地は知られないが、北円堂の弥勒三尊・羅漢像二軀・四天王像の計九軀に間に合わせるだけのカツラ材を提供した杣山がどこであるのか興味を惹かれる。

では、こうした伐り出された木材はどのようにして仏像の御衣木へと変化するのだろうか。このことについては早くに谷信一氏が『阿娑縛抄』や古記録等の諸史料を基に明らかにしている。[注20] 谷氏の先駆的かつ網羅的な研究に従うならば、材木から仏像となるまでには一般に御衣木加持として知られるさまざまな作法があったことがわかる。概略を記せば、発願ののち仏師に命が下ると支度がなされ、御衣木が探進され、木の本末が調べられ、[注21] いよいよ御衣木加持がおこなわれる。御衣木加持は吉日を選んでおこなわれ、道場を構え、御衣木が清められ加持祈禱がなされたうえで斧始がおこなわれる。この斧始は刀始あるいは手斧始とも称されるが、いずれもこれから

挿図５　十一面観音菩薩立像
（滋賀　誓光寺）

造ろうとする仏像の概形を墨画した御衣木に儀礼的に最初に刃物を当てることを言う。こうした儀礼の実際についてはこれまで古記録等の史料や絵巻等の絵画資料からうかがうよりほかなかったが、近年これを裏付ける実作例が出現し注目されている。

滋賀・誓光寺の十一面観音菩薩立像（挿図５）はヒノキ材による一木割矧造で、解体修理時に像内に木札が納入されているのが発見された。[注22]この木札は縦三六・七センチ、幅一〇・七センチ、厚一・五センチを測るヒノキ製の一枚板で、この表面に十一面観音像の頭上面から胸部までを墨描し、輪郭や目・鼻・口といった要所に鑿を当てており、これこそが御衣木加持の痕跡と考えられる（挿図６）。御衣木の表面に今まさに造らんとする十一面観音菩薩像を描き、これに鑿を打ち込む造像の初めの儀式「斧始」をおこなったのであろう。すなわち、上記のような史料から知られる御衣木加持の痕跡を残す貴重な例である。一般的にはこの後に彫り進んでしまうため描かれた像容も残らないはずだが、本像の場合はどういうわけかこれが残され、像内に納入された。この木札は像本体とは異なる材であることが想定されており、木札の材を彫り進めるのではなく新たな別の材を用いて造像されたらしい。つまり、この木札が像本体用材とは別に儀礼用

挿図６　同像内納入木札
（滋賀　誓光寺）

に用意された模擬的なものである可能性が高いが、[注23]あるいは儀礼後に本来は彫り進めるべきところを何らかの特殊な事情によって材の交代を余儀なくされと考える向きもあり、[注24]なお検討を要する。いずれにせよ、本像については史料でしか知られなかった御衣木加持儀礼の痕跡、しかもその最も象徴的な刀始の痕跡を奇跡的に残す、貴重な作例であるという評価は揺るがない。

挿図7　菩薩形立像・同背面材墨画
（高知　名留川観音堂）

　同様に、こうした御衣木加持の痕跡を残す可能性のある作例として高知・名留川観音堂古仏群のうちの菩薩形立像（三号像・挿図7）が挙げられる。[注25]本像は像高九六・五センチを測る尊名不詳の菩薩形像である。ヒノキと思われる針葉樹材による寄木造で、頭体幹部は前後二材を寄せ、前面材・背面材とも内刳を施さず刳面を平滑に調整する。平安時代末期（十二世紀）頃の制作と想定される。注目されるのは背面部材の刳面に描かれた墨画で、簡素な墨線で描かれた姿は如来立像のように見受けられるが、膝前をわたるU字状の墨線が裳の衣文線ではなく天衣を描いたものであるならば、菩薩像を企図して描いたものとみることもできる。簡略化された素描ではあるが、いや、むしろ簡略な素描だからこそ、誓光寺像と同様に御衣木加持の痕跡が残された例である可能性を考慮し、ここに挙げておきたい。

　御衣木加持儀礼に関しての史料も鎌倉の南都復興期が豊富である。奈良・興福寺南円堂諸像の復興に際して大仏師康慶と氏長者九条兼実の間で度々見解が異なり、両者が衝突したことを兼実の日記『玉葉』からうかがうことができる。[注26]南円堂本尊不空羂索観音像の容貌について見解が相違し一悶着あったことが有名だが、その前段階で御衣木加持においても議論があった。[注27] 文治四年（一一八八）六月十四日、京都・最勝金剛院において興福寺不空羂索観音像の造仏始の儀が執りおこなわれた。このとき、東を向いた御衣木を南に向けるよう兼実が指示をすると、康慶は御衣木を立てるときに北を向いてしまうから駄目なのだと答え、兼実はこの言に従った。ところが、加持が終わっても康慶は御衣木を立てずに退出しようとするので、兼実が御衣木を立てるように命ずると、今度は大きな像の御衣木は立てなくても良いのだと康慶は答える。先例に照らして兼実は一応納得したようだが、有職故実に通じた兼実に対して、仏師が堂々と意見することができたのはこの時期ならではの時代性がうかがえて興味深い。御衣木加持において木材の方向にまで気を配ったことの知られる記事である。

また、東大寺講堂再興像では『東大寺続要録』に「大講堂御仏重ねて彫刻を加ふ」とあり、[注28] 奥健夫氏はこれを御衣木に描いた墨線に沿って鑿で跡をつけることと解している。[注29] 同書によれば円琳大勧進の時というから仁治二年（一二四一）から四年に講堂本尊千手観音像は御衣木加持の後しばらく棄て置かれており、建長二年（一二五〇）の寺内集会で講堂本尊の法量につき評定がなされ、改めて先の御衣木を見出して再利用を決定している。その後、建長八年に造り始めている。「重ねて彫刻を加」えたというのは、奥氏の指摘するようにすでに御衣木加持をおこなった用材に彫刻を施したことを意味するのであろう。

三　御衣木の霊威　霊木・古仏・古材

御衣木加持は材木に霊威を備えるための準備作業とも言い得る。この御衣木にははじめから霊威が備わっていることが期待された素材を用いることがあった。いわゆる霊木である。ところが仏像用材に霊木が用いられたとしても、それを証明する手立てはほとんどない。木彫像にウロや節の存在が発見されると、その用材を霊木と解釈することがある。当然そうした材が霊木であった可能性は少なからずあろう。しかしながら、ウロや節の存在や曲がった材などの使用は、大径木を求めるならば避けられない現実があったとも想像される。節やウロのない良材はそう簡単には入手できない。ウロや節といった仏像用材として不適格な特徴を霊木と安易に直結させるのは危険ではないだろうか。[注30] 霊木はもとより、大径木の良材を得るのは簡単ではなかったはずである。とすれば、霊木か否かの判断は伝承を信じるよりほかなくなる。

以下では銘記を中心に記録に残る古仏納入の例と古材転用の例に注目したい。古仏に霊威を認め、新たに本尊を造立することなく古仏を流用することがある。[注31] こうした心性の延長線上に古仏を納入するという行為が認められるだろう。

奈良・妙観寺の十一面観音菩薩立像は奈良時代（八世紀）に遡ると考えられる塑造の古像の芯木を像内に納める。というよりもむしろ、芯木の周りに本像の造形をいわゆる鞘仏として作り出しており、木心木彫像とでも呼びたくなる構造である。[注32] 興味深いのは、本像は遅くとも近世には長谷寺式十一面観音像に改変されていたことである。つまり、錫杖を突いて立っていたのだ。現在は錫杖を亡失するものの台座には錫杖を突いたと思われる穴が残り、本像の左右両脇壇には近世の作ながら雨宝童子像と難陀龍王像を安置することで長谷寺式の三尊形式を成している。このような長谷寺式への改変の時期や理由は定かではないが、像内の芯木を長谷寺本尊の御衣木になぞらえた信仰が背景にあったと想定できないだろうか。大和盆地における十一面観音像の長谷寺式への改変は決してまれなものではなく、むしろ長谷寺式に席巻されていると言ってよいほどであることを考えれば先のような想定は無用かもしれない。井上正氏も指摘するように、『御堂関白記』によれば当地は藤原道長が大峯参詣の途上で立ち寄り宿泊した可能性の高い地でもある。[注33] あるいは、鞘仏の造像自体も道長滞在との関係を想定する必要があるかもしれない。

同様に根本塑像の芯木を再興像に納入した例として、先に触れた福岡・観世音寺不空羂索観音菩薩立像が挙げられ、他にも奈良・与楽寺十一面観音菩薩立像、和歌山・道成寺の千手観音菩薩立像など、芯木ではなく古仏を納入する例もまた多い。[注34]

次に古材を転用した造像について見てみたい。『吾妻鏡』建久六年（一一九五）十一月十九日条の記事によれば、相模国大場《おおば》御厨《みくりや》保野郷に大日堂があり、本尊は鎌倉権五郎景政在世の時、伊勢神宮の二十年に一度の造替に際して「彼の心御柱を伐り取り」造立し、権大僧都頼親が開眼供養をしたものといい、「仏神の合躰尤も掲焉《けちえん》」すなわちもっとも明らかだという。[注35] 本尊の御衣木に用いられたという伊勢神宮の心柱はいずれの式年造替に際して得られたものだろうか。

永久四年（一一一六）ないし五年頃とされる御厨寄進後に神宮から心柱材が下賜され、これを御衣木として大日堂本尊の造立がされたものと考えるならば、長承二年（一一三三）に内宮、保延元年（一一三五）に外宮の式年遷宮が行われており、このいずれかが候補としてあがるだろう。本尊造立が『吾妻鏡』のいう「権五郎景政在生」、つまり在世時であったとしても肝心の景政の没年がわからないため確証を欠くが、長承四年時の大庭御厨下司は景政の子の景継の名が記されることから、上記候補のうち保延元年は落ち、長承二年の遷宮時に心柱を入手し御衣木としたとみるべきだろう。

もし、像の造立が御厨寄進の直前あるいはほぼ同時であれば、永久二年（一一一四）に内宮の式年造替が、永久四年（一一一六）に外宮の式年造替が行われている。ところで、この直前、天永元年（一一一〇）に内宮正殿の心柱が「顛倒」し、その前年の天仁二年（一一〇九）に外宮正殿の心柱が「顛倒」していたことが史料より知られる。[注36] この転倒時に心柱は構造上の役割を果たすものであり神性は宿らないと判断されたことは重要である。[注37] 修理で手を加えることを容認するための方便として心柱に神性を認めなかった可能性はあるが、ここで神性の有無が議論されていたことには注意が必要だろう。『吾妻鏡』は「仏神の合躰尤も掲焉」と記し、伊勢神宮の心柱を宇宙教主大日如来像の御衣木とすることを最高のかたちでの神仏習合がなされたものとみなしている。したがって十三世紀末ごろと考えられる『吾妻鏡』編纂時までには心柱に神性を認める環境がすでに整っていたことは確実だが、十二世紀前半と考えられる造像時に神宮側が心柱にどれほどの神性・霊性を認めていたのかは議論の余地が残るのだ。

同様に伊勢神宮の心柱を御衣木とした造像には、九条道家の発願による光明峰寺金堂本尊の康慶作等身大日如来像が知られる。[注38]建長二年（一二五〇）の文書には「智拳印、坐像、金色、康慶作、以㆓伊勢太神宮心柱㆒為㆓御衣木㆒」と記載されることから心柱材の入手はこれより以前であることは明らかで、嘉禎三年（一二三七）の光明峰寺建立の発願以降となると宝治元年（一二四七）内宮、建長元年（一二四九）外宮の遷宮が候補となろうか。智拳印と記されるので、金剛界大日を本地とする外宮の心柱がもっともふさわしいようにも思われる。したがって、建長元年の遷宮時に外宮の心柱を御衣木として入手した可能性を指摘できそうだが、話はそう単純ではない。というのも、仏師康慶は建久七年（一一九六）の東大寺大仏殿脇侍菩薩像や四天王像の造立を最後として、これ以降の事績を確認できないからだ。史料上は仁平二年（一一五二）に初出の康慶が建長年間まで長生したとも思えず、この記録に錯誤や作為がなければ康慶作の古仏を光明峰寺金堂へ移安したことなどを想定する必要があるかもしれない。以上、ここに紹介した伊勢神宮の心柱を御衣木に転用した仏像二例は、いずれも伊勢太神宮天照大神の本地・大日如来像であり、『吾妻鏡』も述べるように神仏習合の最たるものと理解される造像であった。

挿図８　賓頭盧尊者坐像（奈良　新薬師寺）

伊勢神宮の例に顕著なように、神社の造替には大量の木材が消費される。役目を終えた古材は破棄されるのでなく、周辺の社寺へと下賜されまた新たな役目を帯びることとなる。奈良・新薬師寺賓頭盧尊者坐像（挿図８）はそうしたいわゆる撤下《てっか》材を用いた造像のきわめて貴重な遺例で、本像の御衣木が春日社造替の古材であることが背面の陰刻銘より知られる。[注39] いわゆる撫で仏として参拝者が手に触れることの多い賓頭盧像に仕立て上げることで、春日社の古材への結縁をも企図したものと考えられるが、本像にはそうした手擦れのあとは確認できず、どのような安置のされ方がなされてきたのか明らかではない。

奈良・春覚寺地蔵菩薩立像は転用材ながら台座框に記された墨書銘により、東大寺大仏殿の替え柱を御衣木としたことが知られ、[注40] 奈良国立博物館所蔵の愛染明王像も同様の由来を持つことがやはり銘記から知られる。[注41] 東大寺大仏は天平勝宝四年（七五二）に開眼供養され、治承四年（一一八〇）平重衡による南都焼き討ちによって罹災、建久六年（一一九五）に再建大仏殿の落慶法要をおこなっている。銘に言う「替柱」が創建大仏殿の古材を指すのか、それとも再建大仏殿の新しい柱の余材のことを指すのか、にわかには判断がつかないが古材を指す可能性が高い。[注42] 古材であれ、余材であれ、わざわざ銘に記すのは東大寺大仏殿を支える柱にある種の霊力を認めていたからに他ならない。こうした材の存在を抜きにしては考えられない造像であるとも言えよう。霊力を持った材の利用法として最もふさわしいあり方ともいえるだろう。

東大寺の大仏に関して言えば、大仏を像内で支えていた柱材を用いた木彫仏像が伝存している。[注43] 大仏の像内はジャングルジムのように木組みがなされ、これによって大仏の巨体が支えられている。元禄元年（一六八八）から三ヶ年かけてこの木柱の取り換え工事がおこなわれ、元禄三年に取り外された古材を御衣木として仏像が造られた。いずれも銘に「南都大仏以二腹内之古木一造レ之」とある。[注44] 現在知られるのは五軀のみだが、公慶上人（一六四八～一七〇五）はこうした古材を用いて千余体の仏像を造ったという。大仏復興勧進に際して乞われれば与えたといい、大黒天像が人気であったというが、今大黒天像は残らず、奈良・東大寺、奈良・本誓寺、奈良・興福院、群馬・光泉寺に釈迦如来坐像が伝わるほか、個人蔵の薬師如来立像一軀が知られるのみである。寄付と引き換えに古材を転用した記念の品が与えられる事象は、現代人にも理解のしやすい古材利用のあり方のひとつだろう。

大阪・四天王寺の古材を転用した像も紹介しておこう。現在東京・東本願寺本尊として伝わる阿弥陀如来立像は像内に納入されたスギ材製の木札銘「四天王寺宝塔之心柱切、三尺阿弥陀仏御衣木、嘉禄二年九月十二日奉請之」により、嘉禄二年（一二二六）に四天王寺の宝塔の心柱を御衣木として造像したことが知られる。[注45]この宝塔は四天王寺の五重塔のことと考えられ、建仁元年（一二〇一）におこなわれた修理が本像と関わりがある可能性が指摘されている。銘札のいう御衣木は常識的に考えれば本像用材ということになろうが、この銘札自体を指す可能性もあるかもしれない。銘札は縦二四・五センチ、幅九・二センチ、厚一・九センチを測る大型のもので、本像はヒノキ材による割矧造だが、玉眼の押さえ板がスギ材製で、この銘札と同材である可能性が指摘されているのも注意を惹く。

また、四天王寺の支院である大阪・施行院の本尊・聖観音菩薩立像はヒノキ材の一木造で、素地仕上げの像である。本像の背面に墨書銘があり、寛文十年（一六七〇）に四天王寺花表の古材を用いて造像し、施行院に安置したことが記される。[注46]四天王寺の西門は極楽浄土の東門として浄土教の隆盛とともに特別な信仰を集めた。ここに建てられた木製の鳥居を鎌倉時代に忍性が石製の鳥居に建てかえたのが現存の重要文化財・石鳥居である。この石鳥居の柱は石製だが、島木（柱の頂部に水平に架けられる材）と貫（島木の下方で平行に渡る材で柱を貫き通す材）は木製の心材を銅板が覆う構造となっている。寛文九年、この石鳥居の島木の心材が取り換えられる修理がおこなわれており、この時に外された古材を御衣木として造像されたようだ。四天王寺の石鳥居はいわば浄土信仰の聖地であり、これを支えていた木材を転用した作例は民俗事例としても貴重で大阪市の有形民俗文化財に指定されている。

奈良国立博物館・釈迦如来立像は、銘によれば文永十年（一二七三）に元興寺の古橋寺の金堂の古材を利用して五体造像された清凉寺式釈迦像のうちの一軀である。[注47] 銘については、かつて古橋寺の金堂の棟木と読まれていたが、今その部分はやや読みにくい。本像はカヤ材製で、棟木であれ古材を転用したとあれば寺院の金堂の部材にカヤ材を用いた貴重な例となろうが、そもそも古橋寺なる寺院については何も知られない。

以上、建築部材を木彫仏像の御衣木に転用した例を列挙した。いずれも由緒正しい寺社の古材ないし新たな建造部材の余材を利用しており、こうした材の霊威を借りて像の霊威を高めようとしたことがうかがえる。

四　勅作の仏像、自刻の閻魔

では、御衣木となる木材自体に聖性・霊威を認められることができない場合はどのように対処したのだろうか。次にそれを考えるうえで興味深い例を挙げておきたい。

滋賀・比叡山延暦寺根本中堂本尊は伝教大師最澄自刻の薬師如来像と伝わる。現存の本尊は三代目で、創建以来安置されていた伝教大師自刻像は永享七年（一四三五）の根本中堂焼失に際して失われ、宝徳二年（一四五〇）に二代目の薬師像を新造している。ところが、この像も元亀二年（一五七一）織田信長の焼討により灰燼に帰し、三代目の薬師像が最澄自刻の由緒を頼りに美濃・横蔵寺より移坐され、現在に至っている。このような根本中堂本尊の歴史を概観すると、延暦寺が最澄自刻という由緒をことのほか重視し、焼討後の再興時には新造することよりも最澄自刻像の移坐を選んだことが明らかとなろう。しかし、ここで問題としたいのは宝徳再興時の二代目薬師像である。この薬師像造像のことを記す『康富記』宝徳二年五月条[注48]によれば、根本中堂薬師仏を勅作に擬すべく画策、なぞらえるべき先例を見出せないながらも勅許を得、祈禱ということで後花園天皇は自ら刀を以て御仏に刻み付けたという。薬師像を後花園天皇の「勅作」に擬すことで、この像は最澄自刻像に比肩すべき由緒を持つこととなった。この本尊によって、延暦寺根本中堂は復興されたのである。

ところでこの時、永享十年（一四三八）に焼失した多武峯の本尊の御衣木として栢の木が禁中に進上され、「主上御刀ヲ以テ被刻始テ、被返還寺家了云々」という。こちらは御衣木加持の刀始に近い儀礼的なものだったようで、天皇による刀始めによって御衣木に霊威が備わると考えられたことがうかがえる。天皇自身による造像について『康富記』の記主・中原康富は前例を見つけ出すことができず、辛うじて大仏建立時に聖武天皇が仏壇の土を運んだこと、これを先例として南禅寺建立時に亀山院が土を運んだこと、さらにこれを先例として相国寺建立の際に足利義満が土を運んだこと、そして後白河法皇が大仏の開眼を行ったことを挙げうるのみで、しかもこれらは天皇の造像の先例たり得ないと考えていたようだ。『康富記』では根本中堂薬師像について「御仏」と記し、多武峯像については御衣木と記している。さらに薬師像については「近臣公卿殿上人参集奉拝彼薬師給云々」と記すことから、天皇が刀を執った根本中堂薬師像はほぼ完成した仏像で、このときの執刀は開眼供養ではないとしても造像最後のいわば儀礼的な「刀留」であったとみなせる。これに対して多武峯像の場合は先にも述べた通りいわば「刀始」であったとみてよいだろう。いずれも儀礼的なものであったとは言え、天皇自刻の仏像は前例のないきわめて特殊なものであり、その由緒は高く喧伝されたに違いない。

近世の地誌類や寺伝に行基、弘法大師、伝教大師あるいは恵心僧都作の仏像を見出すことは多いが、普通は気にも留めない。現代の美術史研究の観点からすれば、そのほとんどが一蹴されるような伝説の付会に過ぎないと思われるからである。仏像の霊威を少しでも高めるために由緒は膨張し、伝承作者は大物となるのであろう。そして、語られる由緒は仏像自体だけでなく、その素材である御衣木にまで及ぶことがある。滋賀・櫟野寺十一面観音菩薩坐像は当地のイチイの木を用材としてこれもまた伝教大師最澄が自刻したという伝説を持ち、地名・寺名の由来となっている。しかし、最近の調査によれば同像の用材はヒノキであってイチイ材は用いられていない。[注49]また、同像は頭体根幹材の周囲に薄板材を経《へ》ぎ合わせるように追加して体躯の量感を表現しており、材の使用には独特な感覚がうかがえることにも注意が必要だろう。樹木や木材に対して特殊な志向が造像の背景には存在しているようであり、何かしら理由があってこうした特定の樹種木材を用材としたとする伝説が付加されたのであろうと想像されるが、その全貌は明らかではない。

こうした由緒のある木材を利用した木彫仏像の例のいわば番外として、閻魔王宮の庭の松材を用いたと伝える造像例が散見されることに注目しておきたい。大阪・正明寺閻魔王坐像（挿図９）はその銘に善光寺別当興全上人が閻魔王宮の仏事に招かれた際に与えられた閻魔王宮の庭の松の木を御衣木とした旨が記される。[注50]文和五年（一三五六）の後補である厨子には慈心房尊恵が閻魔王宮に招かれた際に閻魔王自ら庭の松の木を伐らせて造った霊験無双の閻魔王像との縁起が記される。これは『平家物語』にも引かれる著名な説話であり、厨子を新補する際にこの説話に付会したものと考えられる。同様に、尊恵冥府蘇生譚による閻魔自刻像が京都・勝念寺と三重・常住寺にも伝わっており、この説話の影響力の大きさを物語る。また、正明寺像に松材を用いたと述べられることも興味深い。正明寺像自体はヒノキ材製と思われるため、実際の造像経緯を反映しているわけではない。植生を考えればヒノキは山へ行かなければ入手できないが、マツは生育地を選ばず生活に身近な樹木である。閻魔王

挿図９　閻魔王坐像（大阪　正明寺）

挿図11　釈迦如来立像
（部分　大阪・来迎寺）

挿図10　釈迦如来坐像（大阪　東光院）

自身が手近な材で自ら彫刻したという話にリアリティを持たせるために選択されたのだろう。

　このように考えると、特定の樹種木材を用いた造像というものにも改めて注目する必要があるだろう。これまでにも種々論じられてきた通り、日本の木彫仏はその用材が歴史的に変遷したことが知られる。[注51]その中にあってひときわ特殊な例としていわゆる清凉寺式釈迦像を挙げることができる。京都・清凉寺の本尊、木造釈迦如来立像は中国に伝来した栴檀釈迦瑞像を模したものという。[注52]この清凉寺像の用材については中国で魏氏《ぎし》桜桃《おうとう》と通称される木材であることが小原二郎氏によって早くに指摘されている。[注53]牛頭栴檀あるいは赤栴檀と称された用材は中国産のサクラの一種であったのだ。同様に京都・教王護国寺（東寺）の兜跋毘沙門天像なども同種の材を用いているという。これらが中国的な檀像の代用であるのか、それとも当時通有の彫刻用材であったのか、今後調査を積み重ねる必要がある。

　さて、清凉寺の釈迦像は平安時代に光背・化仏・

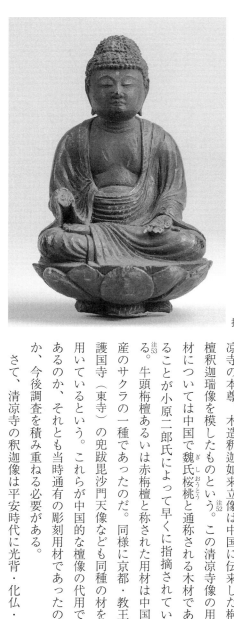

台座蓮弁が加飾された。このとき後補された化仏が独尊像として祀られる稀有な例が大阪・東光院釈迦如来坐像（挿図10）で、サクラと見られる広葉樹散孔材を用いている。注54

清凉寺釈迦像は平安時代末から鎌倉時代にかけてさかんに模刻される。京都・三室戸寺像はその代表例であり、先に見た奈良国立博物館釈迦如来立像もまた、その一例である。また、これまであまり注目されてこなかったが、早い時期の清凉寺式釈迦像と考えられる大阪・来迎寺の釈迦如来立像（挿図11）もサクラ材と見られる広葉樹散孔材を用いており注目される。注55 サクラ材の使用はビャクダンを産出しない東アジア地域における檀像の代用材として特異な存在ではない。ここでも赤栴檀製と伝わる清凉寺像の後補や模刻の際に、その代用としてサクラ材が選択されたのは自然なことかもしれない。ただ、当時の人々が清凉寺栴檀釈迦像の用材を実際に観察し、これに倣ってよく似たサクラ材を選んだ可能性を認めてもよいのではないだろうか。後補や模刻に際して、その素材にまで規範性を求めたことの一例である可能性を考慮しておきたい。

樹に祈る、木を彫る――むすびにかえて

以上、雑駁ながら日本の木彫像の用材について、その由来の知られる例を羅列してきた。御衣木の由来の知られる仏像はごくごくわずかでしかない。しかもそれを知る手段のほとんどが造像銘記や古記録あるいは縁起等の文字資料によるよりほかないのが現状である。しかし、そうした記録はなくとも本来はそれなりの由緒を持った材が用いられ、彫られ、そして拝まれてきたはずなのだ。もともとの木材自体あるいは伐り倒される前の樹木自体が信仰の対象となっていたことすらあることを、ここで挙げたいくつかの例から類推することもできるだろう。人々は樹木に祈りをささげ、あるいは木材に備わった霊威を畏れ、木を彫ってきた。そして木に彫られた仏

を拝んできたのだ。木彫仏へささげられた祈りはかくも重層的である。

思えば、仏伝の要所は特定種の樹木によって彩られ、象徴されていることに気づかされる。無憂樹下での釈迦誕生、菩提樹下での成道、そして沙羅双樹下での入涅槃。最初期の経典は多羅葉樹の葉に書かれ、最初の仏像は牛頭栴檀の材を用いたと伝わる。仏教は本質的に樹木に対して鋭敏な感覚を持っているように思える。それはインド世界の樹木とくに木陰の安らぎへの憧憬と無関係ではないかもしれない。そうしたインド仏教の文化が日本において直接受け継がれたわけではなく、日本列島で醸成された樹木利用の文化と仏教における樹木利用の文化との融合の結晶が、ここに見てきた日本の仏教彫刻史における様々な木材の利用のあり方なのだろう。

本稿では限られた史料を頼りに、御衣木にこめられた意味を探ることを試みたに過ぎない。それでも積極的な意図をもって御衣木を選択してきた歴史が垣間見られるだろう。こうした人々の営みを跡付けるための材料を、まだまだ集めなければならない。本稿が樹木に祈りを捧げ、木を彫ってきた歴史と文化の一端を理解する一助となれば幸いである。

注

1　北條勝貴「草木成仏論と他者表象の力――自然環境と日本古代仏教をめぐる一断面――」長町裕司ほか編『人間の尊厳を問い直す』上智大学出版、二〇一一年。末木文美士「宗教と自然」平川南編『環境の日本史1　日本史と環境――人と自然――』吉川弘文館、二〇一二年。また、以下では個別に触れないが、本稿は次のような研究成果に多くを負っている。松谷みよ子『現代民話考九 木霊・蛇』立風書房、一九九四年。林屋辰三郎編集代表『民衆生活の日本史・木』思文閣出版、一九九四年。神野善治『木霊論――家・船・橋の民俗』白水社、二〇〇〇年。北條勝貴「伐採抵抗伝承・伐採儀礼・神殺し――開発の正当化/相対化――」増尾伸一郎ほか編『環境と心性の文化史 下 環境と心性の葛藤』勉誠出版、二〇〇三年。長岡龍作「霊験と観音像」・奥健夫「統御される霊験」『美術フォーラム二一』二二、醍醐書房、二〇一〇年。三宅和朗「古代の人々の心性と巨樹」同氏編『環境の日本史2 古代の暮らしと祈り』吉川弘文館、二〇一三年、のち同氏『古代の人々の心性と環境 異界・境界・現世』吉川弘文館、二〇一六年に再録など。

2 『日本霊異記』中巻第二十六「未作畢仏像而棄木示異霊表縁」（日本古典文学大系七〇『日本霊異記』岩波書店、一九六七年、二五四頁）。寺川眞知夫『日本国現報善悪霊異記の研究』和泉書院、一九九六年。師茂樹「五姓各別説と観音の夢――『日本霊異記』下巻三十八縁の読解の試み」『仏教史学研究』五〇（二）、二〇〇八年。

3 『十一面神呪心経義疏』、『大正蔵』三九、一〇〇四頁a。また、このことについては以下の研究が参考になる。中村史『日本霊異記』と唱導』三弥井書店、一九九五年。

4 『妙法蓮華経』序品、『大正蔵』九、八頁c。

5 『日本書紀』欽明天皇十四年（五五三）夏五月条（日本古典文学大系六八『日本書紀』下、岩波書店、一九六五年、一〇三頁）。

6 『日本霊異記』上巻第五「信敬三宝得現報縁」（日本古典文学大系七〇『日本霊異記』岩波書店、一九六七年、八〇頁）。

7 寺井泰明『植物の和名・漢名と伝統文化』日本評論社、二〇一六年。初出は『漢語与漢語教育研究』二、東方書店、二〇一一年。ここでは前者を参照した。

8 牧野富太郎「ユズリハを交譲木と書くのは誤り」同氏『植物記』桜井書店、一九四三年。のち『牧野富太郎選集』二、学術出版会、二〇〇八年に再録。同氏「サネカズラ」同氏『随筆 植物一日一題』東洋書館、一九五三年。のち『牧野富太郎選集』三、学術出版会、二〇〇八年に再録。いずれもここでは後者を参照。

9 『木×仏像』展図録、大阪市立美術館、二〇一七年。

10 福井県立若狭歴史民俗資料館編『若狭路千年――木と炎と千年の名宝――』展図録、二〇〇三年。佐々木達夫・田中照久・田﨑稔也・渡邉玲「福井県の海底文化財に関する調査」『金大考古』六九、二〇一一年。流木に聖性を見出すことや漂着した仏像等にことさら霊性を見出すことについては以下を参照。沼義昭「海と観音信仰――寄り来るもの――」『立正大学文学部研究紀要』五、一九八九年。また、このことの中国における事象については以下を参照。澤田瑞穂「龍木篇」『天理大学学報』四三、一九七〇年・同氏「漂着神考」『漢文学会々報』二六、一九八〇年。いずれも同氏『中国の民間信仰』工作舎、一九八二年に再録。

11 長谷寺縁起に関する研究史は膨大であるが、特に本稿にかかわる研究成果としては以下を参照。寺川眞知夫「御衣木の祟り

――長谷寺縁起――」『仏教文学とその周辺』和泉書院、一九九八年。瀬田勝哉『木の語る中世』朝日選書六六四、朝日新聞出版、二〇〇〇年。山本陽子「祟る御衣木と造仏事業――なぜ霊木が御衣木に使われたのか――」『明星大学研究紀要【日本文化学部・言語文化学科】』十五、二〇〇五年。瀬谷貴之「長谷観音信仰と中世律宗」『鎌倉』一〇〇、二〇〇五年。根立研介「御衣木加持をめぐる小論」京都大学文学研究科美学美術史学研究室編『四大（地・水・火・風）の感性論――思想・アート・自然科学の関わりについての基盤研究――』平成一三―一六年度科学研究費補助金研究成果報告書、二〇〇五年。横田隆志「長谷寺観音の御衣木と説話」『南都仏教』八八、二〇〇六年。北條勝貴「礼拝威力、自然造仏――『三宝絵』所収「長谷寺縁起」の生成と東アジア的言説空間――」早島有毅編『親鸞門流の世界――絵画と文献からの再検討――』法蔵館、二〇〇八年など。

12 前掲注11横田氏論文。

13 伊東史朗編著『調査報告 長快作 長谷寺式十一面観音像』パラミタミュージアム、二〇〇八年。

14 大阪・延命寺大元帥明王像頭部【後頭部材墨書銘】「大元帥御面相／一、是者私去〈ル〉巳〈ノ〉七月江戸〈江罷下り〉同九月末〈ニ〉帰京仕候其滞留之間〈ハ〉湯島霊雲寺／御開山浄厳和尚様罷在本尊数体之候然時従上州御到来之由〈ニ而〉雷木〈ノ〉松〈ノ〉／等身之大元帥之像可有御造立〈ニ而〉則御尊木加持大和尚様被遊御寺内如斯／下地造〈リ〉仕候也／一、浄厳和尚様被遊御意候者御内願有御座之間先夫迄私〈ニ〉預〈ケ〉可被遊之旨〈ニ而〉／御座夫共相違有之者御自身〈ニ〉連々出来成就被遊候様〈にとの〉御事〈ニ而〉私帰京之時／御預〈リ〉帰〈リ〉候然其翌年御遷化之間〈ニ〉当住戒探和尚様〈江〉為御窮儀□□□□／御尋申之所尤大切之御事〈ニ〉候間土蔵〈へ〉入置く様との事〈ニ而〉先御預之旨被仰候／去共当地火難気遣敷奉存候間本浄和尚様〈江〉申上延命寺之土蔵〈江〉御入置／可被下之旨頼上此時延命寺〈江〉又御頼預〈ケ〉申上〈ル〉也此本尊之義者／御開山大和尚様御願之本尊〈ニ而〉御座候之間私存命中之間〈ニ〉造立仕度願〈ニ〉奉存候以上／宝永元〈甲申〉歳五月十七日／大仏師／北川法橋運長／在住京都五條松原通柳馬場東〈江〉入ル町」。和高伸二「木造大元帥明王像頭部　延命寺」『河内長野市史』第一〇巻別編二、河内長野市役所、一九七三年。山崎隆之「仏像の造像比例法――高村光雲「仏師木寄法」について」『愛知県立芸術大学紀要』一五、一九八五年。『木×仏像』展図録、大阪市立美術館、二〇一七年。

15 毛利久「釈迦如来像　善明寺」『日本彫刻史基礎資料集成 平安時代　造像銘記篇』三、中央公論美術出版、一九六七年。丸尾彰三郎「造像銘記形容諸相、特に長安・大山・善明各寺像について」同上書『余録』中央公論美術出版、一九六七年。『特別

展 神仏います近江』図録、滋賀県立近代美術館・大津市歴史博物館・MIHO MUSEUM、二〇一一年。

16　八尋和泉「不空羂索観音菩薩像　観世音寺」『日本彫刻史基礎資料集成　鎌倉時代 造像銘記篇』三、中央公論美術出版、二〇〇五年。

17　高梨純次「地蔵菩薩像、閻魔王像、具生神像　浄信寺」『日本彫刻史基礎資料集成　鎌倉時代 造像銘記篇』五、二〇〇七年。

18　山本勉・丸山士郎「阿弥陀如来像　東京国立博物館」『日本彫刻史基礎資料集成　鎌倉時代 造像銘記篇』九、中央公論美術出版、二〇一三年。同像・像内後頭部墨書銘「施主真観法師為先考聖□□□／為現存悲母二世悉地為自身□／□得度也為法界衆生也／正嘉参季〈己未〉二月卅日〈甲辰〉彼岸第七日辰時／始之同三月廿四日〈戊辰〉木造畢／工匠永仙〈筑前殿／生年廿一〉御衣木□清浄／平京東山一切経谷山木」。『木×仏像』展図録、大阪市立美術館、二〇一七年。

19　水野寿弥子・高瀬克彦・杉山淳司「シンクロトロン放射光X線トモグラフィー（SRX-rayμCT）を用いた木質文化財の樹種識別」『考古学と自然科学』六二、二〇一一年。児島大輔「北円堂の諸像」『興福寺』里文出版、二〇一一年。

20　谷信一「仏像造顕作法考（上）（中）（下）」『美術研究』五四・五五・五六、一九三六年。また、御衣木加持については以下も参照のこと。金森遵「御衣木加持と木彫の発達」『画説』三六、東京美術研究所、一九三九年。前掲注11根立氏論文。奥健夫「一日造立仏の再検討」『論集・東洋日本美術史と現場――見つめる・守る・伝える』竹林舎、二〇一二年。

21　建築部材ながら、平城宮跡出土木材に本末を明らかにするための墨書のあることとその意義については以下が参考となる。鈴木景二「古代建築部材の墨書と近世の俗信」『奈良史学』一八、二〇〇〇年。

22　前掲注11根立氏論文。奥健夫「誓光寺十一面観音像と像内納入品」『佛教藝術』二九二、二〇〇七年。『木×仏像』展図録、大阪市立美術館、二〇一七年。

23　前掲注11根立氏論文参照。

24　前掲注22奥氏論文参照。

25　青木淳「土佐の古仏とその地方的展開――平安時代から鎌倉時代へ――」『四国霊場開創一二〇〇年記念　祈りの道へ――四国遍路と土佐のほとけ――』展図録、多摩美術大学美術館、二〇一四年。

26　麻木脩平「兼実と康慶――南円堂不空羂索観音像の造立をめぐって――」『佛教藝術』一三八、一九八一年。

27　『玉葉』文治四年六月十八日条。前掲注26麻木氏論文。

28　『東大寺続要録』諸院章講堂条（筒井寛秀監修『東大寺要録』国書刊行会、二〇一三年）。

29 奥健夫「奈良の鎌倉時代彫刻」『日本の美術』五三六、二〇一一年。

30 この問題は神像彫刻をも対象とした考察が必要であろう。神像における節やウロのある材を用いることについて、近年の成果として以下を参照。山下立「神の相貌に現れた疵――神木に影向する神――」『紀要』二四、滋賀県立安土城考古博物館、二〇一七年。島根県立古代出雲歴史博物館編『島根の神像彫刻』、二〇一八年。また、本書掲載濱田恒志氏論文参照。

31 根立研介「後白河・後鳥羽院政期の古仏の使用をめぐって」『日本中世の仏師と社会――運慶と慶派・七条仏師を中心に――』塙書房、二〇〇六年。ただし、初出は二〇〇四年。ここでは前者に依った。

32 井上正「十一面観音菩薩像　東井戸堂町・西井戸堂町」『日本彫刻史基礎資料集成　平安時代　造像銘記篇』八、中央公論美術出版、一九七一年。

33 前掲注32井上氏論文参照。『御堂関白記』寛弘四年（一〇〇七）八月四日条「丁酉、宿井外堂、雨終日降、御明、諷誦、信布十端」。

34 鈴木喜博「奈良・与楽寺十一面観音像の鞘仏と胎内仏」『月刊文化財』四八八、二〇〇四年。伊東史朗編著『古寺巡礼 道成寺の仏たちと『縁起絵巻』』東京美術、二〇一四年。根立研介「霊験仏と納入仏を通した聖性の移植をめぐって」『美術フォーラム二一』二二、醍醐書房、二〇一〇年。また、前掲注31根立氏論文。

35 『吾妻鏡』建久六年（一一九五）十一月十九日条（『新訂増補 国史大系』三二、吉川弘文館、一九三二年、五五一頁）。

36 丸山茂「心柱ノート」『跡見学園短期大学紀要』三一、一九九四年。のち同氏『神社建築論――古代王権と祭祀――』中央公論美術出版、二〇〇一年に再録。『殿暦』天仁三年（一一一〇）正月三十日条など。

37 前掲注36丸山氏論文。冨島義幸「日本建築の歴史に見る木の再利用――建築史学から環境学へ――」小野正敏・五味文彦・萩原三雄編『考古学と中世史研究12 木材の中世――利用と調達――』高志書院、二〇一五年。

38 『九條道家惣処分状（九條家文書）』（『鎌倉遺文』一〇、一九〇頁、七二五〇）。宮内庁書陵部編『図書寮叢刊　九条家文書』一、明治書院、一九七一年。また、前掲注37冨島氏論文参照。

39 奈良・新薬師寺賓頭盧尊者像【背面陰刻銘】「奉新造／賓頭盧尊者像／安置／新薬師寺 本願堂司舜清／神主正三位師種卿御曽木施主／春日社御造替之古木也／永正十一年〈甲戌〉五月廿五日刀始」。『木×仏像』展図録、大阪市立美術館、二〇一七年。

40 奈良・春覚寺地蔵菩薩立像【台座底面墨書銘】「竪三尺地蔵菩薩像一躰始自康元々年〈丙辰〉三月十二日迄于同四月／二日造立畢／大仏師刑部法橋快成〈生年三十〉小仏師二人之内〈快尊浄□／都維那師□／快弁□因□〉／已上自木造至于彩色細金仏

子幷漆工／持斎御身之木者以大仏殿正面　西脇替柱之／切一向用了／眉間奉籠招提寺仏舎利一粒御身奉籠如法／経一部小阿弥陀経一巻三蔵教所謂本願経三巻／刪定戒本一巻三十頌諸陀羅尼一巻一百体地蔵／像六寸阿弥陀像一体五蔵図源信僧都之地蔵〈二〉／所被奉籠図也／厨子絵尊智法眼嫡子快智〈大夫法眼〉墨書也／採色朝命尊蓮房尊智弟子也／於山城国相楽郡随願寺／東小田原華臺院刻彫／願主金剛仏子寂聴〈生年／四十七〉」。田村吉永「春覚寺の康元在銘地蔵像に就いて」『史迹と美術』一八三、一九四八年。長谷川誠「春覚寺所蔵 地蔵菩薩立像造像記」『奈良国立文化財研究所年報』一九六五、一九六五年。岩田茂樹「地蔵菩薩像　春覚寺」『日本彫刻史基礎資料集成　鎌倉時代 造像銘記篇』七、中央公論美術出版、二〇〇九年。『木×仏像』展図録、大阪市立美術館、二〇一七年。

41 前掲注11根立氏論文。岩田茂樹「愛染明王像　奈良国立博物館」『日本彫刻史基礎資料集成　鎌倉時代 造像銘記篇』七、中央公論美術出版、二〇〇九年。

42 前掲注11根立氏論文参照。

43 『特別展　東大寺公慶上人』図録、奈良国立博物館、二〇〇五年。鈴木喜博「大仏体内の木柱の仏像――「特別展東大寺公慶上人」余録」『南都仏教』八九、二〇〇七年。

44 前掲注43参照。

45 山本勉「東京東本願寺阿弥陀如来立像について」『MUSEUM』五一五、一九九四年。同氏「阿弥陀如来像　東本願寺」『日本彫刻史基礎資料集成　鎌倉時代 造像銘記篇』四、中央公論美術出版、二〇〇六年。

46 「大阪市内所在の仏像・仏画　施行院聖観音・地蔵菩薩立像について」『大阪市文化財総合調査報告書』一四、大阪市教育委員会事務局社会教育部文化財保護課、一九九七年。

47 奈良国立博物館・釈迦如来立像【台座上框上面墨書銘】「南無釈迦牟尼如来五体造立之也／此御木者南都元興寺之古橋寺金堂□／文永十酉ノ二月ヨリ四月八日ニ五仏造作畢／同十五日開眼　供養了／開眼師長老　仏工作者玄海□／法会事／法華会比丘良観上人　性海／蜜供養大和尚位　善□／百廿五僧三時三日之法用／於小塔院東室□□」。岩田茂樹「釈迦如来像　奈良国立博物館」『日本彫刻史基礎資料集成　鎌倉時代 造像銘記篇』十一、中央公論美術出版、二〇一五年。

48 『康富記』宝徳二年五月十一日条、同十六日条（『増補 史料大成続編』三九、臨川書店、一九六五年、一五九頁）。

49 西木政統「滋賀・櫟野寺の沿革と本尊十一面観音像」、岩佐光晴「櫟野寺諸像の樹種（考察編）」、能代修一・藤井智之「櫟野寺諸像の樹種（資料編）」『ＭＵＳＥＵＭ』六七五、二〇一八年。

50　大阪・正明寺閻魔王坐像【台座底部墨書銘】「此御衣木者／炎王宮松也善／光寺別当興全上人王宮／仏事之請僧〈仁〉被召請／其時彼庭松引之収寺／値之□霊験」、同【厨子奥壁朱漆銘】「琰魔王縁起事　性森之造書／御衣木者　琰王宮庭前松／右琰王者昔於琰王宮有佛事／自三箇国貴僧十人奉召請遇／佛事皆預賓禄還国自本朝三／人内寺慈心和尚上見琰王之／勢言願奉寫御影令拜日本衆／生言王即召官人切庭前松造／之以奉上人則持傳我国随之／霊験無雙琰王也然三井寺／一和尚泉恵僧都為相傳依有／深恙預禅照上人給也仍為末／代叢不審畧書札状如件／文和五年〈丙申〉三月日摸故改之」。『木×仏像』展図録、大阪市立美術館、二〇一七年。

51　木彫用材の樹種同定調査および用材観の研究は小原二郎氏の先駆的な研究をはじめ、近年では東京国立博物館と森林総合研究所による共同研究が大きな成果を上げている。小原二郎「日本彫刻用材調査資料」（『美術研究』二二九、一九六三年）、同『木の文化』（ＳＤ選書六二、鹿島研究所出版会、一九七二年）、同『日本人と木の文化』（朝日選書二六二、朝日新聞社、一九八四年）。金子啓明・岩佐光晴・能城修一・藤井智之「日本古代における木彫像の樹種と用材観」『ＭＵＳＥＵＭ』五五五・五八三・六二五、一九九八・二〇〇三・二〇一〇年。『特別展　仏像　一木にこめられた祈り』展図録、東京国立博物館、二〇〇六年。金子啓明・岩佐光晴・藤井智之・能城修一・阿部久『仏像の樹種から考える　古代一木彫像の謎』東京美術、二〇一五年。また、特定樹種の選択的な使用についても議論のあるところである。クスノキ材の使用については以下を参照。大橋一章「クスノキ像の制作と南朝仏教美術の伝播」笠井昌昭編『文化史学の挑戦』思文閣出版、二〇〇五年。カヤ材の使用については以下を参照。鈴木喜博「栢木像と檀像彫刻」『美術史』一〇七、一九七九年。同氏「檀像の概念と柏木の意義」『日本美術全集五　密教寺院と仏像』講談社、一九九二年。同氏「檀像の請来と日本的展開――栢木彫刻論序説――」『鹿園雑集』十三、二〇一一年。カヤ材像の表面仕上げについては以下を参照。真田尊光「唐招提寺伝衆宝王菩薩立像・伝獅子吼菩薩立像の造立意図」『佛教藝術』三四三、二〇一五年。

52　清涼寺釈迦像について、ここでは以下を参照。奥健夫「清涼寺釈迦如来像」『日本の美術』五一三、至文堂、二〇〇九年。

53　学名《**Prunus wilsonii koehne**》。前掲注51小原氏著書。この「魏氏桜桃」については以下の拙稿を参照。児島大輔「梅檀釈迦像の御衣木」『木×仏像』展図録、大阪市立美術館、二〇一七年。

54　藤岡穣「木造　釈迦三尊像（厨子入）東光院（南桜塚）」『新修　豊中市史　第6巻　美術』豊中市、二〇〇五年。『木×仏像』展図録、大阪市立美術館、二〇一七年。

55 『守口市文化財調査報告書 第一冊 美術工芸書跡編』守口市教育委員会、一九八三年。『木×仏像』展図録、大阪市立美術館、二〇一七年。

〔図版出典〕

挿図1 筆者撮影。挿図2 大阪市立美術館編『木×仏像』展図録より転載。挿図3 同右。挿図4 筆者撮影 挿図5 大阪市立美術館編『木×仏像』展図録より転載。挿図6 同右。挿図7 多摩美術大学編『四国霊場開創一二〇〇年記念 祈りの道へ――四国遍路と土佐のほとけ――』展図録より転載。挿図8 大阪市立美術館編『木×仏像』展図録より転載。挿図9 同右。挿図10 同右。挿図11 同右。

〔付記〕本稿は拙稿「御衣木の文化史」（大阪市立美術館編『木×仏像』展図録所載、二〇一七年）に加筆修正をおこなったものである。同展開催に際して出品・調査等のご協力を賜った方々に改めて感謝申し上げたい。また、公益財団法人美術院国宝修理所工房長・八坂寿史氏には同展開催に際してスペシャルトークにご登壇いただくなどご協力を賜り、経験豊富な修理技術者の立場から様々なご助言を賜った。ここに深甚の謝意を表す次第である。本稿は科学研究費補助金（ＪＳＰＳ科研費ＪＰ一八Ｋ〇〇二〇二）の助成を受けた研究成果を含む。

広隆寺講堂阿弥陀如来坐像の願意と造立年代

——願主「永原御息所」と「亭子女御」・緒継女王との関係から——

原　浩史

一　はじめに

京都市右京区太秦に所在する広隆寺の講堂には、本尊として丈六の阿弥陀如来坐像が安置されている（挿図）。像高二六一・五センチメートル。両手で説法印を結び、裳懸座に結跏趺坐する乾漆併用の一木彫像で、国宝に指定されている。[注1] 本像は、貞観十五年（八七三）成立の『広隆寺資財帳』に、「故尚蔵永原御息所願」と記される、「講法画堂」安置の「金色阿弥陀仏□居高八尺」[注2]に該当すると考えられており、承和五年（八三八）の『広隆寺縁起』や寛平二年（八九〇）の『広隆寺資財交替実録帳』が伝える弘仁九年（八一八）の堂塔焼亡[注3]以後、貞観十五年以前に造立されたものとみられる。しかし、より詳細な造立年代や願意については議論があり、研究者の間で意見の一致を見ているとは言いがたい。

詳しい研究史は後述するが、本像の発願は「永原御息所」＝源定の養母「亭子女御」が尚蔵であった時期になされたと考えられ、その時期について彫刻史研究では、次の二つの可能性が検討されてきた。すなわち、尚蔵緒継

挿図　阿弥陀如来坐像　京都・広隆寺講堂

女王が薨じた承和十四年十一月七日以前と以後である。一方、国文学研究の増田繁夫氏は、『源氏物語』の背景を探る中で「永原御息所」と緒継女王が同一人である可能性に言及している。[注4] これが妥当であれば、像の造立年代が承和十四年十一月以前に絞られると同時に、「永原御息所」の人物像もより明確になるが、その可能性はこれまでの彫刻史研究では検討されていない。

そこで本稿では、残された史料から「亭子女御」、緒継女王、「永原御息所」の人物像をそれぞれ可能な限り復元することで三者が如何なる関係にあるかを明らかにし、その成果をふまえて阿弥陀像の造立年代とその願意について再考したい。[注5]

二　研究史

本像は明治期にはすでにその作風から「弘仁末期或は藤原初期」の作とみられていたが、[注6] 大正十二年（一九二三）の『日本国宝全集』解説は、『広隆寺資財帳』法物章の「金色阿弥陀仏像」を本像に充て、簡単に「永原御息所は淳和天皇の女御であるから、像の造立時代も略々其頃と見て宜しからう」と述べている。[注7]

この「永原御息所」について、初めて史料を挙げて詳しく検討したのは足立康氏である。[注8] 足立氏は「永原御息所」を『一代要記』淳和天皇後宮条の「女御 永原氏大納言源定卿養女、所謂亭子女御也」[注9] に当て、『日本三代実録』貞観五年（八六三）正月三日条・源定薨伝に「太上天皇以レ定、奉二淳和天皇一為レ子。淳和天皇受而愛レ之。過二所生之子一。更賜二寵姫永原氏一、令レ為二之母一。故世称三定有二二父二母一焉。原姫所謂亭子女御也」[注10] とあることから、源定の養女ではなく、養母であることを指摘。さらに、永原氏は「尚蔵・尚侍を経て最後は女御の地位にのぼつてゐる」との前提に立ち、「女御永原氏願」ではなく、「尚蔵御息所」とあることに注目。『交替実録帳』に「故尚侍永原御息所願」の「聖観世音菩薩像」が見えることも傍証に、「尚蔵」は阿弥陀像発願時の官職を示すものと推定した。そして、阿弥陀像を「淳和天皇御宇も余り晩くない」天長年中の造顕としたのである。

この足立氏の説に対し、浅井和春氏は永原氏が尚蔵であった時期について史料を挙げて詳細に考証した。[注11] まず、『続日本後紀』承和十四年（八四七）十一月己巳（七日）条には「尚蔵従二位緒継女王薨」とあり、この時、緒継女王が尚蔵であったことが分かる。また、『文徳実録』天安元年（八五七）十二月朔条に「尚侍従三位菅野朝臣人数為二尚蔵一」、『三代実録』貞観五年五月十九日条に「尚蔵従三位菅野朝臣人数薨」とあり、尚侍から尚蔵に昇った例のあること、天安元年十二月から貞観五年五月までは、菅野人数が尚蔵を務めていたことが知られる。さらに、永原氏は貞観十五年には亡くなっていること、淳和の年齢から推定される永原氏の年齢も考慮に入れると、永原氏が尚蔵であった時期は、緒継女王薨去以前の承和年間（八三四～八四八）か、緒継女王薨去後、菅野人数補任までの承和十四年十一月以降、天安元年二月以前という二つの可能性に絞られる。加えて、天長五年（八二八）九月から承和三年八月の間に尚侍の欠員があることなどから、永原氏はこの間尚侍を務め、承和三年に尚蔵となって承和十年頃までその任に就いていたと浅井氏は推測する。その上で、淳和太上天皇が承和七年五月に崩じていることから、[注12] 阿弥陀像はその追福を祈って発願されたものと推定したのである。

浅井氏の説は長く定説となっていたが、長岡龍作氏は次のように反論した。[注13] すなわち、『続日本後紀』承和七年五月辛巳（六日）条によれば、淳和は自らの葬儀の薄葬たるべきこと、「追福之事、同須二倹約一」ことなどを遺命しており、阿弥陀像が淳和のために造立されたとは考えられないと指摘。さらに、『交替実録帳』が金堂条に載せる「四副阿弥陀浄土壱帳長一丈四尺、今校在二南宝蔵一。深草　天皇御願」に注目する。深草天皇（仁明天皇）と永原氏が同じ一人の故人のためにこれらの阿弥陀如来像を造像したと推測して、その人物を承和九年七月に崩じた嵯峨太上天皇に比定。[注14] 永原氏は淳和の寵姫ではあるが、「尚蔵位にある人物の半ば公的な行動として理解すれば、個人的関係に必ずしも拘泥する必要はない」というのである。また、長岡氏はその印相などから、この阿弥陀像の造立を光明皇后御斎会を範とした追善事業と見、それは「後宮の職掌にかかる事業にふさわしい」とも指摘している。

これにさらに批判を加えたのが、津田徹英氏である。[注15] 津田氏は本像が結ぶ説法印の典拠である『陀羅尼集経』巻二所収「阿弥陀仏大思惟経」が女人往生を説くことから、その「願」は永原氏自身の滅罪と阿弥陀仏国への往生であった可能性を指摘。さらに、角田文衞氏による先行研究をふまえて、永原氏が尚蔵であった時期について再考する。角田氏によれば、緒継女王はその臨終前の承和十四年十一月三日、家別当であった永原利行に家地や墾田を贈与していることが、仁和三年（八八七）七月七日付の「永原利行家地売券案」（唐招提寺文書）[注16] によって知られる。ここから、永原氏は利行の縁者で、元来、緒継女王に仕えていた女孺などであったと推定するのである。[注17] 津田氏はこれを受け、永原氏が緒継女王より先に尚蔵の地位に就くことは考えがたいとし、永原氏が尚蔵の地位にあり、阿弥陀像を造立したのは、浅井氏が考証した第二案、承和十四年十一月以降、天安元年十二月までの時期であったとする。

ただし、永原氏を緒継女王に仕えていた女孺とするのは角田氏の推測に過ぎず、その論証は十分なものではない。[注18]また、本稿冒頭で述べたように、増田繁夫氏は「御息所」の呼称について論じる中で『広隆寺資財帳』中の「永原御息所」にも言及し、これを「亭子女御」及び緒継女王と同一人と推定している。「緒継女王が永原氏を称した確証はない」としつつ、臨終前に墾田等を永原利行に贈ったことを挙げ、「緒継女王が永原氏と関係の深いことが考へられ」るというのである。興味深い推測だが、その論証は角田氏と同様、十分なものとは言いがたい。そこで本稿は、史料に立ちかえり、それぞれの人物像を再検討することから始めたい。

三　亭子女御の実像

実名

まずは「亭子女御」の実名を確認しておきたい。古くは佐伯有義編『六国史』索引が「永原朝臣亭子」で立項し、[注19]佐伯有清氏も「亭子」を実名とみなすが、[注20]角田文衞氏は、先の『三代実録』源定薨伝から、「永原御息所の名は『原姫』であって、『亭子』ではない。通称は、殿舎、邸宅、土地などによるものであり、本名をつけて言うような非礼の事は行われない」と述べている。[注21]再度、源定薨伝を確認しよう。

定者、嵯峨太上天皇之子也。母百済王氏、其名曰二慶命一。天皇納レ之、特蒙二優寵一。動有二礼則一、甚見二尊異一、宮闈之権可レ謂レ無レ比。官為二尚侍一、爵至二二位一。及レ薨贈二従一位一。（中略）太上天皇以レ定、奉二淳和天皇一為レ子。淳和天皇受而愛レ之。過二所生之子一。更賜二寵姫永原氏一、令レ為二之母一。故世称三定有二二父二母一焉。原姫所謂亭子女御也。

源定の実母については「母百済王氏、其名曰二慶命一」とあって、その名が「慶命」であることが明瞭であるのに対し、「原姫」が「寵姫永原氏」の実名であるとすれば、その書きぶりは聊か唐突である。『国史大系』も

「原姫、此上恐脱永字」との頭注を付け、[注22] 実名とは解釈していない。確かに脱字の可能性もあるが、「原姫」のみでも永原氏の女性を指すと解釈できる。弘仁九年（八一八）成立の『文華秀麗集』巻中には「和㆓伴姫秋夜閨情㆒」と題する巨勢識人の漢詩が載り、この「伴姫」は実名不明ながら、同じ『文華秀麗集』でこれより前に収載される「晩秋述㆑懐」の作者「姫大伴氏」と同一人と考えられている。[注23]「寵姫永原氏」を「原姫」と言い換えるのもこれと同じだろう。源定薨伝に「亭子女御」の実名は記されておらず、不明とすべきなのである。

没年

続いてその没年について考えたい。角田氏は、貞観五年（八六三）の源定薨伝より、淳和・嵯峨両太上天皇の崩御と、生母の百済慶命の薨去によって定が三度服解し、養母のためには服解していないことから、亭子女御は当時まだ存命であったと推定。一方、貞観十五年の『広隆寺資財帳』には「故尚蔵永原御息所」などとあることから、その没年は貞観五年から同十五年までと結論づけている。

しかし、あらためて源定薨伝を読むと、この解釈にも再考の余地がある。薨伝の問題となる箇所を以下に引用しよう。

> 七年五月、淳和太上天皇崩。定上表乞㆑退㆓所職㆒。至㆓于八月㆒、依㆑請解㆓参議㆒。猶帯㆓中務卿㆒。但別勅賜㆓食封百戸㆒。九年七月、嵯峨太上天皇崩。定丁㆑憂解㆑職。九月　詔起㆑之以㆓本官㆒。十四年正月拝㆓参議㆒。十五年春為㆓尾張守㆒。中務卿如㆑故。嘉祥二年正月拝㆓中納言㆒。是月母尚侍百済王氏薨。定遭㆑喪去㆑職。三月詔奪㆑情起㆑之。

すなわち、定は承和九年（八四二）七月、実父の嵯峨太上天皇の崩御にあたって職を辞し、二ヶ月後の九月に本官に復している。同じく実母の百済慶命が薨じた嘉祥二年（八四九）正月にもすぐに職を去り、二ヶ月後の三月に戻っている。一方、養父の淳和太上天皇が崩じたのは承和七年五月だが、職を退く上表が認められたのは同年八月であり、この時解官した参議に再び補任されたのは、嵯峨の崩御を挟んで七年後の承和十四年正月である。『続日本後紀』承和七年八月辛亥（八日）条にも、「先レ是、参議従三位中務卿源朝臣定上表乞レ退二所職一。是日、参議中務卿職依レ請許レ之」とあるが[注24]、この上表がいつなされたのかは不明である。淳和の崩御が契機となっているとしても、そのためだけの解官ではなかった可能性があるのではないだろうか。

　そもそも、仮寧令職事官条には、「凡職事官、遭二父母喪一、並解官」とあるが、続けて「自余皆給レ仮。夫及祖父母、養父母、外祖父卅日」とあり、養父母のために解官する規定はない[注25]。そのため、仮に定が養母のために解官を望んだとしても認められなかった可能性が高く、定が解官していないことをもって、貞観五年まで「亭子女御」が存命であったとは言えない。「亭子女御」は没年も限定できないのである。

居所

　角田氏は「亭子女御」の「亭子」について、平安京の左京七条二坊十四町に所在した宇多法皇の離宮、亭子院の意に解している。しかし、この推定にも再考の余地がある。三善為康が編んだ『後拾遺往生伝』巻上は、淳和天皇の皇子、恒貞親王を「亭子親王」と呼び、その由来について次のように記述するのである[注26]。

　九年嵯峨太上天皇亦崩。遂廃二太子一。已叙二三品一。謂二左右一曰、幸脱二重負一。豈不レ可乎。即住二淳和院東亭子一。故号二亭子親王一。心帰二仏教一、身離二女事一。嘉祥二年、落レ髪変レ服、受二沙弥戒一。年廿五。法名恒寂

『後拾遺往生伝』の成立は平安後期に下るが、河内祥輔氏によれば、所収される「亭子親王」伝は、恒貞の没後、十世紀初頭までの成立と考えられる『恒貞親王伝』を抄出したものである[注27]。淳和の寵姫である「亭子女御」の「亭子」もこの「淳和院東亭子」と考えるべきではないだろうか。

承和九年、嵯峨太上天皇崩御後に起こった承和の変で皇太子を廃された恒貞について、『続日本後紀』同年八月甲戌（十三日）条には「遣㆘参議正躬王㆒、送㆗廃太子於淳和院㆖」、『三代実録』元慶三年（八七九）三月廿三日条・淳和太皇太后崩伝にも「皇太子退居㆓於淳和院㆒」とある。この時より「淳和院東亭子」に住したのだろう。天長十年（八三三）の淳和譲位後、淳和院には淳和とともに皇太后正子内親王が居住し、承和七年の淳和崩後は正子に伝領された。[注28] 恒貞は母正子の居所の一画に退いたことになるが、「亭子女御」との同居は考え難い。「亭子女御」は淳和の在位中は「淳和院東亭子」に住み、その譲位に当たって他所に移ったか、譲位以前に没したのだと考えられよう。

官位

最後に官位である。「亭子女御」の位階については、源定薨伝には何ら記載がない。柳たか氏は女御に相当位のなかったことを文徳朝以降の実例から指摘しているが、[注29] そもそも増田繁夫氏は「正式の女御ではなかつたのに、その寵愛の甚しいことから世にさう呼ばれた」と解し、「亭子女御」が女御であったことも否定している。

玉井力氏によれば、嵯峨太上天皇が定を淳和天皇の養子にしたのは、正子内親王を淳和の後宮に入れたことと合わせて「嵯峨―淳和の対立をさけるための配慮」であるという。[注30] 岩田真由子氏も定を「嵯峨・淳和の融和の象徴」とみるが、加えて、嵯峨の皇后・妃・女御の生んだ子がいずれも親王宣下されていることから、「淳和天皇は定を女御の養子とすることで定の格を上げ、親王になる資格を与えようと意図した」とも指摘している。[注31] 定は天長八年二月に紫宸殿で元服、[注32] 同九年正月には従三位に直叙されており、[注33] その待遇は破格である。淳和は定の養母に、実母である百済慶命と同等か、それ以上の地位にある女性をつけたと見るべきだと思われる。「亭子女御」はその呼称から女御と考えるのが自然で、位階も百済慶命より上であったと考えるべきだろう。

定が淳和の養子になった時期は不明だが、淳和が即位した弘仁十四年四月以降で、嵯峨に定を親王と為すことを願って許されなかった天長四年四月二十八日（『三代実録』源定薨伝）以前であることは間違いない。この時点での慶命の位階は不明だが、天長七年二月には正四位下から従三位に昇っていることが知られる。[注34]「亭子女御」もかなりの高位に昇っていなければ釣り合わない。さらに、慶命は承和三年八月、時に正三位で尚侍に補任されている。[注35]「亭子女御」が存命で、淳和や嵯峨の崩御まで慶命との序列が維持されたと見るなら、この時、正三位以上であったと推定できる。

四　緒継女王の身位

続いて緒継女王について検討したい。緒継女王に関する根本史料は、次に掲げる『続日本後紀』承和十四年（八四七）十一月己巳（七日）条の薨伝である。

己巳、尚蔵従二位緒継女王薨。女王、能有二妖媚之徳一。淳和太上天皇殊賜二寵幸一、令レ陪二宮掖一。薨時遺命不レ受二葬使一。于レ時年六十一。

六国史中では他に、『日本後紀』弘仁五年（八一四）八月己未（十六日）条に「无位小継女王授二従五位上一」とある「小継女王」が同一人と考えられるのみである。『一代要記』には緒継女王が「妃」として記載されるが、柳たか氏は、緒継はあくまで女官であり、「妃と考えるのは無理かと思われる」と指摘している。あらためて検討してみよう。

妃は後宮職員令妃条に「四品以上」と規定されており、内親王が就くのが原則だが、弘仁六年、橘嘉智子の立后と同日に夫人から妃とされた多治比高子の例があり、[注36]遠藤みどり氏は、大同年間を境にキサキ制度が変質したことを指摘している。[注37]ただ、緒継女王を「妃」と考えるのはやはり難しい。『一代要記』は桓武皇女の高志内親王も淳和の「妃」とするが、柳氏が指摘する通り、高志は淳和即位前の大同四年（八〇九）五月に薨じており、弘仁十四年に皇后に追立されている。[注38]高志も妃にはなっていないのである。

しかし、緒継が淳和のキサキであったことは認められるのではないだろうか。薨年齢から逆算すると、高志は延暦八年（七八九）生まれ、緒継は同六年生まれである。緒継も淳和のキサキとすれば、その婚姻は即位前であったと推測される。『続日本紀』光仁天皇即位前紀には、白壁王時代のこととして「于レ時、井上内親王為レ妃」とあり、[注39]この「妃」について、遠藤氏は「即位前の白壁王のキサキという意味で使用されたもの」と指摘する。『一代要記』が高志と緒継を「妃」とするのも、大伴親王時代のキサキの意で記された何らかの史料にもとづく可能性がある。

従五位上への直叙

実は緒継が天皇のキサキであったことを示唆する史料が二つある。一つは前述した、従五位上への直叙である。光仁朝から仁明朝まで、国史にみえる无位の女王への叙位の例をみると、ほとんどが従四位下か従五位下への直叙であることが分かる[注40]（表1）。

選叙令蔭皇親条には、蔭位によって親王の子は従四位下に、諸王の子は従五位下に叙されることが規定されており、女王の叙位も概ねこれにもとづくものと考えられるが、[注41]小継（緒継）を含め、一部の女王のみが従五位上に直叙されているのである。これはなぜだろうか。

玉井力氏は、光仁朝・桓武朝になされた无位から従五位上への直叙について、女御の地位にあった女性への叙位であると指摘している。[注42]例えば、『続日本紀』宝亀七年（七七六）正月丙申（七日）条で无位から従五位上に直叙

表1　无位女王への叙位

年・月・日	名	叙位
宝亀元・11・6	浄橋女王	従四位下
宝亀元・11・6	飽波女王	従四位下
宝亀元・11・6	尾張女王	従四位下
宝亀3・正・10	高嶋女王	従五位下
宝亀8・8・15	坂上女王	従五位下
宝亀8・11・21	枚田女王	従四位下
宝亀11・正・24	天野女王	従五位下
宝亀11・5・29	置始女王	従五位下
宝亀11・6・28	名継女王	従五位下
天応元・2・朔	磐田女王	従五位下
天応元・8・27	五百井女王	従四位下
天応元・9・4	忍坂（女）王	従五位下
延暦4・正・9	八千代女王	従五位下
延暦9・11・19	令野女王	従四位下
延暦10・正・9	川原女王	従五位下
延暦10・正・9	呉岡女王	従五位下
延暦15・11・10	嶋野女王	従五位上
延暦18・2・朔	安賀女王	従五位下
延暦23・7・7	明□女王	従五位上
弘仁元・11・23	広長女王	従五位上
弘仁元・11・23	継子女王	従五位下
弘仁5・閏7・20	春子女王	従五位下
弘仁5・8・16	小継女王	従五位上
承和元・8・4	益野女王	従五位下
承和6・9・5	吉岡女王	従四位下
承和7・正・8	高宗女王	従五位上
承和8・11・21	阿子女王	従五位下
承和12・正・8	順子女王	従四位下

された平群邑刀自・藤原産子・藤原乙倉・藤原教貴、同延暦八年正月己巳（二十七日）条の多治比邑刀自・藤原数子・紀若子、そして、『日本後紀』延暦十五年十一月丁酉（十日）条の嶋野女王・百済孝法・百済恵信・和気広子・橘常子・紀内子・紀殿子・藤原川子・錦部真奴などである。このうち嶋野女王ら九人は、翌十六年二月に位田を全給されているが[注43]、これは嬪以上の天皇のキサキに認められる特別待遇である[注44]。百済孝法と同一人とみられる百済教法は『続日本後紀』承和七年十一月辛卯（廿九日）条の卒伝に「桓武天皇之女御也」とあり、紀若子、藤原川子、橘常子、錦部真奴はそれぞれ明日香親王の母、仲野親王らの母、大宅内親王の母、坂本親王の母であったことが諸史料によって確認できる[注45]。そのため、玉井氏は彼女らをすべて女御とするのである。

一方、瀧浪貞子氏は、「女御」の語が史料にあらわれるのは嵯峨朝以降であることなどから、玉井説を批判[注46]。桓武朝に存在した「事実上のキサキ」（制度上はキサキではないが天皇の寵を受けた女性）を、嵯峨朝で初めて「女御」と「更衣」として位置づけたと主張した。また、遠藤みどり氏は、平群邑刀自・藤原産子・藤原教貴を嬪と推定するが、特に位田を全給されている嶋野女王らは嬪とは考えられず、「嬪に準ずるキサキ」とし、こうしたキサキの登場を桓武朝としている。[注47] つまり、令制に規定された身位か否かは個別に考える必要があるものの、従五位上に直叙された女性は天皇のキサキである可能性が高いのである。

表1に戻ると、従五位上に直叙された明□女王は、桓武のキサキと推定される紀内子・川上真奴・百済恵信・藤原川子・紀殿子らと同日に叙位されている。広長女王の叙位も嵯峨のキサキである橘嘉智子、多治比高子と同日である。[注48] また、高宗女王は仁明天皇との間に久子内親王を生んでいる。[注49] 緒継女王が従五位上に直叙された弘仁五年、大伴親王は皇太弟でまだ即位していないが、この時、緒継は二十八歳。その婚姻が十代であったとすれば、すでに十年前後、キサキとして大伴に仕えていたことになる。天皇のキサキに準じての叙位だったのではないだろうか。

別当の補任

緒継を天皇のキサキと考えるもう一つの根拠は、前述の仁和三年（八八七）七月七日付「永原利行家地売券案」である。同文書によれば、緒継は承和十四年十一月三日、「家別当永原利行」に墾田等を下賜している。家令職員令によれば、親王や三位以上の職事には、品位に応じて家令や書吏といった家政職員が支給された。令の規定通りであれば、時に従二位の緒継に支給されたのは、家令一人、従一人、大書吏一人、少書吏一人のはずで、ここに「家別当」は登場しない。これは十世紀には親王や女御の家政機関に置かれたことが知られる「勅別当」に当たるものだろう。

前田家大永本『西宮記』臨時諸宣旨に「当代親王勅別当上卿奉レ勅賜レ弁、々仰レ史令レ書二宣旨一、女御同レ之天慶九年、以二左少弁在躬一、為二女御藤□子別当一、自レ官仰下」

とあって、[注50]天慶九年（九四六）、菅原在躬が同年村上天皇女御となった藤原述子の別当とされたことが知られる。[注51]この「勅別当」の制度上の起源は、延暦二十三年九月二十三日付太政官符により無品親王に配された「別当官人」だと考えられているが、[注52]その後の展開は十分明らかになっていない。そのため、九世紀の段階でどこまで制度化されていたかは不明だが、親王ではない緒継の家政機関に別当が置かれた理由は、女御であったためと考えるのが最も自然だろう。[注53]

五　「永原」と「御息所」

本章では「永原御息所」について検討したい。『広隆寺資財帳』には「故尚蔵永原御息所」の他に「故永原御息所」、「故永原尚蔵」の表記が見え、『交替実録帳』には「故尚侍永原御息所」の呼称も載る。ここから、その人物像について、『広隆寺資財帳』成立の貞観十五年（八七三）までに没したこと、尚侍・尚蔵を歴任したことは容易に知られるが、いま少し考察の余地がある。注目したいのは「御息所」という呼称である。

「御息所」の語義

増田繁夫氏や高橋圭子氏によれば、「御息所」は女御・更衣・東宮妃・上皇妃などを広く指す呼称だが、[注54]時代による変化もあり、九世紀以前の「御息所」の語義はそれほど明確ではない。増田氏は古い用例として、天平宝字五年（七六一）正月頃の「造金堂所解」（正倉院文書）に見える「寺御息所」「法花寺御息所」を挙げ、[注55]次いで貞観十五年の『広隆寺資財帳』を挙げる。また、『交替実録帳』には「深草　天皇女御従四位下藤原朝臣息子奉納大使御息所」の「仏御斗帳壱基」が見え、『東大寺要録』巻一所引「恵運僧都記録文」には、「北御息所」の貞観三年

の出家が記される。[注56]

鷺森浩幸氏は「法花寺御息所」の「御息所」を広く天皇のキサキととって、藤原房前の女で聖武天皇の夫人であった藤原北夫人のことと推定する。[注57] 藤原息子は他の文献に見えないが、「大使御息所」の通称から、増田氏は承和元年に遣唐大使に任じられた藤原常嗣[注58]の女かと推測している。「北御息所」は文徳天皇の女御藤原古子である。「永原御息所」は「亭子女御」と同一人と見なされることで、これまで女御と考えられてきたが、この「大使御息所」や「北御息所」の例から考えても、確かに女御であった可能性が高い。

問題は「某御息所」の呼称で、某に氏が入る例が見られないことである。九世紀の史料が限られるため、十世紀まで広げて少し用例を拾ってみよう。増田氏の論文から挙げると、『貞信公記抄』延喜十九年（九一九）十月十一日条の「東宮御息所」[注59]、『日本紀略』延喜廿一年五月廿三日条の「楓御休息所」、同延長四年（九二六）九月廿八日条の「京極御息所」、『小右記』天元五年（九八二）三月五日条の「弘徽殿息所」[注60]がある。「東宮御息所」は皇太子保明親王のキサキであった藤原貴子。「楓御休息所」は『日本紀略』には「女御□□□□卒」とあって実名不詳だが、「かつらのみやすどころ」と読み、「桂の宮」を里第とした宇多天皇のキサキ、孚子内親王の母となった十世王の女を指すとの説がある。[注61]「京極御息所」は藤原褒子のことで、やはり宇多のキサキである。その呼称は六条京極にあった河原院に住したことによる。[注62]「弘徽殿息所」は藤原遵子のことで、天元元年に円融天皇の女御となり、この六日後の三月十一日、皇后に立てられている。[注63] 弘徽殿は平安宮内裏後宮の一殿である。

また、『古今和歌集』に「春宮の御息所」・「仁和中将の御息所」、『後撰和歌集』に「大将御息所」・「衛門の御息所」・「京極御息所」・「定国の朝臣の御息所」・「小八条御息所」・「四条御息所」の用例がある。[注64]『古今和歌集』の「春宮の御息所」は清和天皇の女御で陽成天皇を生み、「二条后」とも呼ばれた藤原高子。「仁和中将の御息所」は未詳である。『後撰和歌集』の「大将御息所」は朱雀天皇の女御であった藤原慶子。その呼称は入内した天慶四年（九四一）に父実頼が右近衛大将であったことによる。[注65]「衛門の御息所」は醍醐天皇の女御であった藤原能子。その呼称も入内の時、父定方が左衛門督を兼ねていたためとみられる。[注66]「京極御息所」は前述した藤原褒子。「定国の朝臣の御息所」は藤原定国の女で醍醐の女御だった和香子。「小八条御息所」は宇多の更衣であった源貞子。その呼称は小八条院を里第としたことによると考えられる。[注67]「四条御息所」は未詳である。

以上、十世紀までの用例で考えると、「某御息所」の某に入るのは、概ね居所や里第を示す語か、父親の名や官職ということになる。[注68]もちろん、「藤原御息所」や「源御息所」と呼ばれないのは、それでは個人が特定できないためでもあるだろうが、中国の礼規範にもとづく、天皇のキサキに対する実名喚称の忌避[注69]の影響も考えられる。少なくとも「永原御息所」の呼称だけで、この人物の氏を「永原」であると断定することは早計なのである。[注70]

三者の関係と「永原」

ここまでの検討結果をふまえて、あらためて「亭子女御」、緒継女王、「永原御息所」の三者を比較してみたい（表2）。すなわち、「亭子女御」の実名・没年は不明で、官位は三位以上に昇っていた可能性が高い。緒継女王は実名・没年ともに明らかで、尚蔵従二位の官位を得ている上、淳和のキサキ、特に女御であった可能性があ

表2　亭子女御・緒継女王・永原御息所の人物像比較

	身位	極官	極位	氏姓	名	生年	没年	備考
亭子女御	女御	―	正三位以上？	永原氏	―	―	―	淳和の寵姫
緒継女王	女御？	尚蔵	従二位	女王	緒継	七八七	八四七	淳和の寵幸賜う
永原御息所	女御？	尚蔵	―	―	―	―	八七三以前	―

る。そしていずれも、特に淳和の寵を得ていた。両者は別人と考えるよりも、同一人と考える方が自然ではないだろうか。緒継は淳和のキサキの中でおそらくは最年長であり、高志内親王の薨去後、正子内親王が入内するまで、淳和の後宮にあって筆頭のキサキであったと考えられ、源定の養母としてもっとも相応しい人物である。「永原御息所」については不明な点が多いが、尚蔵と女御を兼ねている点は緒継女王と共通する。三者は同一人とすべきだろう。

後宮職員令内侍司条によれば、尚侍の定員は二人であり、天長五年（八二八）二月から九月までは藤原美都子・継子女王の二人が尚侍に在任している。そのため、緒継と「永原御息所」が同一人とすれば、美都子が薨じた同年九月以降に緒継は尚侍を務め、百済慶命が尚侍に任じられた承和三年（八三六）八月以前に尚蔵に昇ったものと推測できる。[注71]

問題は『三代実録』にある「寵姫永原氏」の呼称と、「永原御息所」の「永原」の意味である。前者については解釈が難しいが、[注72]後者については、『大和物語』九十八段に登場する「菅原の君」[注73]が参考になる。「菅原の君」は宇多天皇の皇女源順子を指すが、その呼称は、菅原是善から子の道真に伝領された第宅「菅原院」を居所としたことに由来し、[注74]順子の母は道真の女である菅原衍子とみられる。[注75]これをふまえるなら、「永原御息所」＝緒継女王も母が永原氏であり、「永原御息所」は、淳和院を退居して後、母から伝領した「永原」の第宅に戻ったための呼称と考えられる。臨終に当たって永原利行に墾田や家地を譲ったのも利行が母方の縁者であったからではないだろうか。これまでの検討をふまえて推測すれば、「尚侍永原御息所」の呼称は天長十年の淳和譲位後から百済慶命が尚侍となった承和三年八月以前に使われ、「尚蔵永原御息所」は以後、承和十四年に緒継が薨ずるまでのものとなろう。

六　永原朝臣氏と阿弥陀像の願意

では、永原氏の女性で緒継の母に相応しい人物はいるのだろうか。国史に最初に登場する永原氏は、『日本後紀』大同三年（八〇八）六月乙亥（廿四日）条で諸陵頭に任じられている従五位下永原朝臣最弟麻呂である。[注76]一方、同年十二月丙辰（九日）条には、藤原朝臣子伊太比と藤原朝臣恵子に姓永原朝臣を賜うとの記事があり、永原朝臣氏の旧姓が藤原朝臣氏であったことが知られる。藤原朝臣恵子はこれ以前、延暦八年（七八九）正月に无位から従五位下に直叙されている。[注77]最弟麻呂も延暦十年正月に正六位上から従五位下に昇叙、同十五年十月に内兵庫正に任じられた藤原朝臣最乙麻呂[注78]と同一人と考えられ、延暦十五年十月から大同三年六月までの間に、永原朝臣を賜姓されたものとみられる。

最弟麻呂については、その他、大同三年十一月に従五位下から従五位上に昇叙され、弘仁三年（八一二）正月に豊前守を兼ねていることが知られるのみで卒年も不明である。[注79]他に天長から承和にかけて国史には、永原朝臣門継、永原朝臣岑雄、永原朝臣貞主、永原朝臣末継の名が見え、貞観年間には永原朝臣永岑が見えるが、正五位以上に昇叙された例は知られない。[注80]

一方、永原朝臣恵子は、弘仁三年五月に従四位下から正四位下、同四年正月に正四位下から従三位に昇叙、同六年五月十四日に尚膳従三位で薨じている。[注81]子伊太比は大同四年三月、典侍従五位上に在官、弘仁元年九月には正五位下から従四位下に昇叙、承和二年（八三五）五月十三日に正四位下で卒している。[注82]さらに、女官とみられる永原朝臣真殿は、弘仁十四年二月、従五位下から従五位上に昇叙され（後述）、承和六年三月二十九日に従四位下で卒している。[注83]

以上、九世紀の永原朝臣氏は、四位以上に昇る男官が知られない一方、女官については、三位一人、四位二人を輩出しているのである。特に注目すべきは永原恵子で、禄令宮人給禄条によれば、尚膳の禄は正四位に准じ、尚縫と並んで、正三位に准じる尚蔵に次いで高い。元来、従五位に准じる尚侍よりも上である。尚膳従三位の恵子は「永原」の名を冠する第宅の所有者として最も相応しい。緒継の母は永原恵子だったのではないだろうか。[注84]

嵯峨後宮との関係

恵子らへの叙位については、その時期も注目される。恵子と子伊太比は姉妹と推測され、先に述べた通り、大同三年十二月、ともに従五位上で永原朝臣姓を賜っているが、恵子はその後、弘仁六年五月までの六年半で七階も昇進している。また、子伊太比は大同四年三月から弘仁元年九月まで一年半で三階昇進しているが、その後の昇進は遅く、弘仁元年以降、承和二年五月までの二十五年ほどで二階しか昇進していない。つまり、大同四年四月に即位し、弘仁十四年四月に譲位した嵯峨天皇の在位中、その初期にのみ、永原朝臣氏の女官は特に重用された可能性がある。すると、永原真殿の従五位上昇叙を記す『類聚国史』巻卅一・帝王部十一天皇行幸下の弘仁十四年二月癸丑（廿八日）の記事も注目される。

幸㆓无品有智子内親王山荘㆒。上欣然賦㆑詩。群臣献㆑詩者衆。賜㆑禄有㆑差。是日、親王授㆓三品㆒。従五位下藤原朝臣常房・巨勢朝臣識人従五位上。正六位上文室朝臣永年従五位下。従五位下交野女王・永原朝臣真殿従五位上。无位坂本朝臣宮継従五位下。

有智子内親王は嵯峨天皇の皇女で、母は記事中にも登場する交野女王である。[注85]『経国集』に作品が多数残り、初代賀茂斎院としても知られる。従五位上に叙された巨勢識人も『凌雲集』・『文華秀麗集』・『経国集』に作品が残る漢詩人だが、その祖父と推定されるのは巨勢野足である。[注86]野足は大同三年十一月より嵯峨の東宮時代の春宮大夫を務め、弘仁元年三月には、藤原冬嗣とともに最初の蔵人頭に任じられた嵯峨の近臣である。[注87] 弘仁七年十二月に中納言正三位で薨じているが、[注88] 金原理氏は、識人が『凌雲集』や『文華秀麗集』への採詩において好遇されているのも、祖父野足と嵯峨との関係によるものと推測している。

また、識人とともに叙位に与っている藤原常房は、『尊卑分脈』によれば、弘仁八年三月に参議従四位上で卒した藤原藤嗣の子である。[注89] 藤嗣は母が平城・嵯峨両天皇の母藤原乙牟漏と同じく良継の女で、平城朝に位階昇進著しく、高岳親王立太子の日には春宮大夫となっている。しかし、薬子の変の直後、弘仁元年九月には右近衛中将に補任され、同三年には参議に登用されており、変後は嵯峨派として活躍したことが、福井俊彦氏によって指摘されている。[注90]

すなわち、この時叙位を受けているのは、多く嵯峨の近臣・縁者なのである。丸山裕美子氏は、交野女王と並んでこの日に叙位を受けた永原真殿と坂本宮継について「後宮の女官あるいは有智子（斎院）付きの女官であろう」と推測しているが、[注91] 有智子が嵯峨の長女と推定されることと合わせ、この真殿の存在も、永原朝臣氏が嵯峨朝初期の後宮にあって一定の勢力を誇っていたことを示すものと考えられる。

そこで、あらためて尚膳従三位に昇った永原恵子について、その弘仁年間初めの著しい位階昇進の要因を考えてみたい。この時期の後宮で特筆すべきことは、恵子の薨去から間もない弘仁六年七月、橘嘉智子が皇后に立てられていることである。永原氏は、嘉智子立后以前の嵯峨後宮で有力であった、と言い換えることもできる。とすれば、注目されるのは、嵯峨の妃であった高津内親王である。

高津内親王は桓武天皇の皇女で、母は坂上又子、苅田麻呂の女である。『類聚国史』巻四十・後宮部夫人・大同四年六月丁亥（十三日）条に「立㆓高津内親王㆒為㆑妃。橘朝臣某・多治比真人高子為㆓夫人㆒」とあって、この時、妃となっている。[注92] しかし、その薨伝には「嵯峨太上天皇践祚之初、大同四年六月授㆓親王三品㆒。即立為レ妃。未レ幾而廃。良有レ以也」とあり、[注93]間もなく妃を廃されている。廃妃の時期は不明だが、坂上田村麻呂が薨じた弘仁二年五月以降、[注94]嘉智子立后までの間との推測がある。[注95]

高津の子である業良親王の薨伝には「精爽変易、清狂不レ慧。心不レ能レ審二得失之地一」とあり、[注96]その精神的な疾患が高津廃妃の原因になったとも言われるが、[注97]橘嘉智子と藤原冬嗣による政治的な働きかけがあったとする説もある。[注98]いずれにせよ、後宮の主導権が嘉智子立后によって、高津から嘉智子に移ったことは間違いない。つまり、永原氏は何らかの縁故によって高津内親王と結びついており、その関係によって高津の廃妃、嘉智子立后までは、高位の女官を輩出することが可能であったのではないだろうか。この推測が認められるなら、高津の薨去が承和八年四月であることは注目に値する。「永原御息所」＝緒継女王が尚蔵であったと考えられる期間に、ちょうど重なるからである。

高津追善の可能性

広隆寺講堂阿弥陀如来坐像の願意についてあらためて考えてみよう。前述した通り、津田徹英氏は、本像が結ぶ説法印の典拠と考えられる『陀羅尼集経』が女人の救済を説くことから、その願意を「永原御息所」自身の往生と推定した。[注99]しかし、『陀羅尼集経』が説くのは、阿弥陀を中心に、右に十一面観世音菩薩、左に大勢至菩薩を配した画像の製作であり、[注100]彫像の造立ではない。また、古代の仏教造像は、飛鳥時代以来、他者のために像を造ることで自身の願をもかなえる、という構造を有していた。[注101]承和八年、五十五歳になっていた緒継が自身の阿弥陀仏国への往生を願っていた可能性は十分あるが、そのことと本像の造立が他者の追善のためになされたとみることとは矛盾しない。

『興福寺流記』所収の『山階流記』に引かれる「弘仁記」によれば、延暦十年三月、前年崩じた桓武天皇の皇后藤原乙牟漏の周忌御斎会のために造立された興福寺講堂の阿弥陀三尊像は、「并二旧蹤一」せて奉造されたという。[注102]長岡龍作氏は、この「旧蹤」が光明皇后の御斎会であることを指摘し、第一指と第四指を捻じる説法印を結んでいたと推定される同像の図像が、光明皇后の御斎会で用いられた図像を範としたものであったこと、広隆寺講堂の阿弥陀像もこの図像にもとづいて造立されたことを明らかにした。[注103]高津内親王は皇子もあり、皇后になり得る立場にいながら、それがかなわなかった人物である。その追善が皇后に準じて行われた可能性は大いにあるだろう。

ただし、「永原御息所」＝緒継女王は尚侍であった頃から広隆寺に寄進を行っており、広隆寺を追善の場に選んだのは緒継自身だと考えられる。その追善事業は尚蔵としての公的な職務ではなく、個人的な関係にもとづくものであった可能性が高い。では、緒継と高津はどのような関係にあったのか。

渡里恒信氏は、嵯峨天皇と藤原三守との特別に深密な関係について、藤原三守の母御井朝臣氏が嵯峨の乳母の一人であり、三守が嵯峨の乳母子であったためと推定し、平城天皇と藤原真夏、淳和天皇と藤原吉野についても同様の関係があったものと推測している。[注104]これをふまえるなら、先に緒継の母と推定した永原恵子が高津内親王の乳母であり、緒継は高津の乳母子だったとは考えられないだろうか。

嵯峨天皇の乳母であったことが知られる笠道成は、大同三年十二月に无位から従五位下に直叙され、弘仁十年五月に正四位下から従三位に昇叙、天長二年（八二五）正月に尚闈従三位で薨じている。[注105]尚膳従三位に昇った恵子の栄進はこれと類似する。高津内親王の生年は不詳だが、母の坂上又子は延暦九年七月二十一日に卒している。[注106]また、『日本紀略』延暦廿年十一月丁卯（九日）条に「贈皇后今上后・高津・大宅三内親王加レ笄」とあり、この時同時に加笄した贈皇后高志内親王が延暦八年生まれであることから、その生年は延暦八年頃と見て間違いない。緒継は延暦六年生まれなので、高津より一、二歳年長であったと考えられ、乳母子であり得る。以上、憶測を重ねたが、永原恵子は高津内親王の乳母であったために栄進し、緒継女王は乳母子であったために高津の追善を担った、とひとまずは結論しておきたい。

七　おわりに

最後に、本稿の論旨をまとめておく。先行研究で指摘されていた広隆寺講堂阿弥陀如来坐像の願主「尚蔵永原御息所」と、源定の養母「亭子女御」、そして承和十四年に尚蔵従二位で薨じた緒継女王が同一人であるとの推論を検証するため、まずは三者の人物像をそれぞれ史料にもとづいて再検討した。その結果、「亭子女御」は実名・没年ともに不詳であること、淳和の在位中は淳和院に住して譲位とともに退居した可能性が高いこと、官位は正三位以上に昇っていた可能性が高いことを指摘。緒継については、従五位上に直叙され、その家政機関に「家別当」が配されていることから、淳和の女御であった可能性が高いことを指摘した。「永原御息所」については、十世紀までの「某御息所」の用例から、永原氏の女性とは限らないことを指摘。三者は同一人と見るべきとの結論を得た。

さらに「某御息所」の某には居所や里第の名の入る例が多いことなどから、緒継女王は母親が永原氏であり、淳和院を退居した後、母から伝領した「永原」の第宅に移ったために「永原御息所」と呼称されたものと推測。弘仁六年に尚膳従三位で薨じた永原恵子を緒継の母と推定した。また、叙位の時期から、永原朝臣氏の女官は嵯峨朝初期、橘嘉智子立后以前の後宮で重用されていたことを明らかにし、嘉智子立后前に廃妃された高津内親王と永原氏との間には特別な関係があったものと推測した。そこから、阿弥陀像発願の願意は、業良親王という皇子がありながら廃妃され、承和八年四月に薨じた高津の追善であったと推定した。さらに、緒継と高津との関係について、永原恵子は高津の乳母であり、恵子の女である緒継は高津の乳母子であった可能性にも言及した。

注

1 田邉三郎助「阿弥陀如来像　京都広隆寺」（『日本彫刻史基礎資料集成』平安時代重要作品篇二、中央公論美術出版、一九七六年）。長岡龍作「阿弥陀如来坐像」（『国宝 広隆寺の仏像』下巻九冊解説、同朋舎メディアプラン、二〇〇二年）。

2 川尻秋生「広隆寺資財帳及び広隆寺資財交替実録帳について」（『古文書研究』三一、日本古文書学会、一九八九年）。以下、『広隆寺資財帳』は同論文に拠る。

3 『広隆寺縁起』は、『朝野群載』巻二所収（『新訂増補国史大系』二九上、三七～三八頁）。『広隆寺資財交替実録帳』（以下『交替実録帳』と略）は、前掲注2川尻秋生論文に拠る。以下同じ。

4 増田繁夫「女御・更衣・御息所の呼称――源氏物語の後宮の背景――」（山中裕編『平安時代の歴史と文学』文学編所収、吉川弘文館、一九八一年）。以下、増田氏の見解はすべて同論文に拠る。

5 成稿にあたっては、東京大学史料編纂所やジャパンナレッジなどの各種データベースを利用した。

6 濱田青陵「広隆寺講堂の阿弥陀像」（『国華』二〇七、国華社、一九〇七年）。

7 文部省編『日本国宝全集』六輯（日本国宝全集刊行会、一九二三年）。

8 足立康「古美術雑記」（『建築史』二巻一号、吉川弘文館、一九四〇年）、同「広隆寺講堂の三尊像」（『建築史』三巻五号、吉川弘文館、一九四一年。建築史研究会編『日本彫刻史の研究』再録、龍吟社、一九四四年）。

9 足立氏が参照しているのは「史籍集覧本」（『改定史籍集覧』一、八二頁）だが、『続神道大系』朝儀祭祀編一代要記（一）（神道大系編纂会、二〇〇五年）、一六一頁も同文。以下、『一代要記』は後者に拠る。

10 『新訂増補国史大系』四、一〇一頁。以下、『日本後紀』・『続日本後紀』・『日本文徳天皇実録』（以下『文徳実録』と略）・『日本三代実録』（以下『三代実録』と略）・『類聚国史』・『日本紀略』・『公卿補任』はいずれも『新訂増補国史大系』に拠る。

11 浅井和春「広隆寺講堂阿弥陀如来坐像の造立年代について」（『国華』九七四、国華社、一九七四年）。

12 『続日本後紀』承和七年五月癸未（八日）条。

13 長岡龍作「阿弥陀図像の継承と再生――光明皇后御斎会阿弥陀如来像をめぐって――」（大隅和雄編『文化史の構想』所収、吉川弘文館、二〇〇三年）。

14 『続日本後紀』承和九年七月丁未（十五日）条。

15 津田徹英「広隆寺講堂阿弥陀如来坐像　平安初期真言密教彫像の伝統に連なる姿」（『週刊朝日百科 国宝の美』一七、朝日新聞出版、二〇〇九年）、同「承和期真言密教彫刻の展開」（『平安密教彫刻論』所収、中央公論美術出版、二〇一六年）。

16 『平安遺文』古文書編一、二一二〜二一三頁。

17 角田文衞「亭子の女御」（『紫式部とその時代』所収、角川書店、一九六六年。『平安人物志』上〔『角田文衞著作集』五〕再録、法蔵館、一九八四年）。

18 筆者は平成二十八年に東北大学に提出した博士論文において、角田氏の論に依拠し、津田氏の説もふまえて、阿弥陀像の造立年代が承和十四年十一月以降であることを肯定した上で考察を加えたが、本稿をもってこれを訂正する。

19 佐伯有義編『六国史』一〇（朝日新聞社、一九三一年）、一五六頁。

20 佐伯有清『新撰姓氏録の研究』考証篇一（吉川弘文館、一九八一年）、二九九頁。

21 前掲注17角田文衞論文。「亭子」が実名ではないことは増田氏も指摘しているが、「原姫」には触れていない。

22 『国史大系』四（経済雑誌社、一八九七年）、一一六頁。『新訂増補国史大系』でもほぼ同様の「原姫、此上或当補永字」との頭注を付す。

23 小島憲之校注『懐風藻　文華秀麗集　本朝文粋』（『日本古典文学大系』六九、岩波書店、一九六四年）、二四七頁・二三七頁。

24 参議・中務卿のいずれも許されたことになっているが、『新訂増補国史大系』頭注は薨伝にもとづき、「中務卿」の三字を衍字とする。

25 井上光貞ほか校注『律令』（『日本思想大系』三、岩波書店、一九七六年）、四三〇頁。以下、『養老令』は同書に拠る。

26 井上光貞・大曾根章介校注『往生伝　法華験記』（『日本思想大系』七、岩波書店、一九七四年）、六四八頁。

27 河内祥輔『古代政治史における天皇制の論理』（吉川弘文館、一九八六年）、二四七〜二四九頁。『恒貞親王伝』は『続群書類従』伝部に所収されるが、現存写本は首部と中間部を闕く。

28 淳和院については、西田直二郎「淳和院旧蹟」（『京都府史蹟勝地調査会報告』八、京都府、一九二七年。『京都史蹟の研究』再録、吉川弘文館、一九六一年）、山本崇「淳和院考――平安前期の院について――」（『立命館史学』二〇、立命館史学会、一九九九年）など参照。

29 柳たか「日本古代の後宮について――平安時代の変化を中心に――」（『お茶の水史学』一三、お茶の水女子大学史学科読史会、一九七〇年）。以下、柳氏の見解はすべて同論文に拠る。

30 玉井力「女御・更衣制度の成立」（『名古屋大学文学部研究論集』五六、名古屋大学文学部、一九七二年）。

31 岩田真由子「元服の儀からみた親子意識と王権の変質」（『ヒストリア』二一三、大阪歴史学会、二〇〇九年）。

32 『日本紀略』天長八年二月景子（七日）条。他に紫宸殿の使用が知られるのは、承和五年皇太子恒貞と、元慶六年（八八二）陽成天皇の元服のみ（服藤早苗「元服と家の成立過程――平安貴族の元服と叙位――」〔前近代女性史研究会編『家族と女性の歴史』古代・中世所収、吉川弘文館、一九八九年。『家成立史の研究』再録、校倉書房、一九九一年〕）。『西宮記』『新儀式』も、天皇と皇太子は紫宸殿、親王と一世源氏は清涼殿を元服儀の場とする（前掲注31岩田真由子論文）。

33 『類聚国史』巻九十九・職官部四叙位四・天長九年正月辛丑（七日）条。

34 『日本紀略』天長七年二月丁巳（十二日）条。

35 『続日本後紀』承和三年八月癸丑（十六日）条。

36 『日本後紀』弘仁六年七月壬午（十三日）条。

37 遠藤みどり「令制キサキ制度の展開」（『続日本紀研究』三八七、続日本紀研究会、二〇一〇年。『日本古代の女帝と王権』再録、塙書房、二〇一五年）。

38 『日本紀略』大同四年五月壬子（七日）条。同弘仁十四年六月己丑（六日）条。

39 青木和夫ほか校注『続日本紀』四（『新日本古典文学大系』一五、岩波書店、一九九五年）、三〇八頁。以下、『続日本紀』は『新日本古典文学大系』に拠る。

40 『続日本紀』・『日本後紀』・『続日本後紀』に拠る。なお、『続日本紀』宝亀五年正月甲辰（四日）条に見える无位弓削女王への従五位下直叙は、位階剝奪後、改めての叙位と考えられるため、表からは除いた。

41 従四位下に叙された女王のうち、尾張女王は湯原親王の女（『本朝皇胤紹運録』〔『群書類従』五輯、二九頁〕）、五百井女王は市原王と能登内親王の女であることが知られる（『続日本紀』天応元年二月丙午〔十七日〕条・能登内親王薨伝）。また、令野女王は延暦十年九月庚申（二日）条に「従四位下全野女王、預二孫王例一」とみえる全野女王と同一人と見られる（『新日本古典文学大系』脚注）。

42 玉井力「光仁朝における女官の動向について」（『名古屋大学文学部研究論集』五〇、名古屋大学文学部、一九七〇年）、前掲注30玉井力論文。

43 『日本後紀』延暦十六年二月癸亥（七日）条。通常女性の位田は男性の三分の二に減じて支給された（田令位田条）。

44 『令集解』田令位田条（『新訂増補国史大系』二三、三四九頁）。

45 紀若子については、『続日本後紀』承和元年二月甲午（十三日）条・明日香親王薨伝。藤原川子は『文徳実録』斉衡二年九月癸亥（十七日）条・安勅内親王薨伝（ただし「河子」と表記。以下同じ）、『三代実録』貞観五年七月廿一日条・善原内親王薨伝、同貞観七年十一月廿八日条・大井内親王薨伝、同貞観九年正月十七日条・仲野親王薨伝、同仁和二年六月廿九日条・紀内親王薨伝。橘常子は『続日本後紀』嘉祥二年二月己亥（十四日）条・大宅内親王薨伝。錦部真奴は、『日本後紀』延暦廿三年七月己卯（七日）条の「川上朝臣真奴」、『一代要記』に坂本親王の母としてみえる「河上真人好」、『本朝皇胤紹運録』に同じく坂本親王の母としてみえる「川上貞奴」（『群書類従』五輯、三五頁）と同一人とみられる。

46 瀧浪貞子「女御・中宮・女院――後宮の再編成――」（後藤祥子ほか編『平安文学の視角――女性――』〔『論集平安文学』三〕所収、勉誠社、一九九五年）。

47 前掲注37遠藤みどり論文。

48 二人についてはすでに玉井力氏が天皇のキサキとして抽出している（前掲注30論文）。

49 『皇胤系図』（『続群書類従』五輯上、二九頁）。

50 『神道大系』朝儀祭祀編二西宮記（神道大系編纂会、一九九三年）、四八二頁。『西宮記』六（『尊経閣善本影印集成』六、八木書店、一九九五年）、二九八頁を参照して一部修正。

51 渡辺直彦「家令について」（『日本歴史』二〇一、吉川弘文館、一九六五年）、同「令制家令の研究」（『日本古代官位制度の基礎的研究』所収、吉川弘文館、一九七二年）。

52 『類聚三代格』巻十七・文書幷印事（『新訂増補国史大系』二五、五三一～五三二頁）。伴瀬明美「八～九世紀における皇子女扶養体制について――令制扶養体制とその転換――」（『続日本紀研究』三〇六、続日本紀研究会、一九九七年）。

53 なお、大同二年四月に「先朝夫人已下」のキサキと女官との兼官が禁じられているが（『類聚国史』巻四十・後宮部宮人職員）、柳たか氏は、紀乙魚や百済貴命など卒時に「散事」と称される女御がいること（『続日本後紀』承和七年五月庚辰〔五日〕条、『文徳実録』仁寿元年九月甲戌〔五日〕条）、『栄花物語』に女御でかつ尚侍であったと思われる例が見受けられることから、女御と女官は兼ねることができたことを指摘している。

54 髙橋圭子「「御息所」考――『栄花物語』『源氏物語』などの用例から――」（『国語と国文学』九〇巻二号、明治書院、二〇一三年）。

55 『大日本古文書』一六、二八〇頁。同二五、三〇八頁。福山敏男「奈良朝末期に於ける某寺金堂の造営――法華寺阿弥陀浄土院か――」（『建築学研究』五五・五六、建築学研究会、一九三二年。「奈良時代に於ける法華寺の造営」と改題して『日本建築史の研究』に再録、桑名文星堂、一九四三年）。

56 『古事類苑』帝王部、一二八八頁。筒井英俊校訂『東大寺要録』（国書刊行会、一九七一年）、二六〜二七頁。
57 鷺森浩幸「八世紀の法華寺とそれをめぐる人びと」（『正倉院文書研究』四、吉川弘文館、一九九六年）。
58 『続日本後紀』承和元年正月庚午（十九日）条。
59 『大日本古記録』貞信公記、六六頁。以下、『貞信公記抄』は同書に拠る。
60 『大日本古記録』小右記一、一九〜二〇頁。
61 柿本奨『大和物語の注釈と研究』（武蔵野書院、一九八一年）、一二一〜一二二頁。新田孝子「『大和物語』の婚姻と第宅」（『図書館学研究報告』一七、東北大学附属図書館、一九八四年。『大和物語の婚姻と第宅』再録、風間書房、一九九八年）。
62 『大和物語鈔』（雨海博洋編『大和物語諸注集成』桜楓社、一九八三年、四九頁・一九八頁）。
63 『日本紀略』天元元年五月廿二日条。『大日本古記録』小右記一、二二一頁。
64 小島憲之・新井栄蔵校注『古今和歌集』（『新日本古典文学大系』五、岩波書店、一九八九年）。片桐洋一校注『後撰和歌集』（『新日本古典文学大系』六、岩波書店、一九九〇年）。用例の検索等には両書の索引を利用し、前掲注54髙橋圭子論文も参照した。
65 慶子は天慶四年二月二十二日に入内（『吏部王記』〈『史料纂集』一一〇頁〉）、同年七月十六日に女御となる（『日本紀略』）。実頼は天慶元年六月二十三日より右近衛大将を兼ね、同四年には大納言兼右近衛大将・按察使に在官（『公卿補任』）。
66 能子は入内の日は不明ながら、延喜十三年十月八日に更衣から女御になっている（『日本紀略』）。定方は同年正月二十八日に中納言に任じられ、四月十五日に左衛門督を兼ねている（『公卿補任』）。
67 角田文衞「小八条院」（『古代文化』二一巻五号、古代学協会、一九六九年。『王朝文化の諸相』〈『角田文衞著作集』四〉再録、法蔵館、一九八四年）。ただし、新田孝子氏は、「小八条」について「六条」の転訛を疑い、その里第を六条京極にあった河原院とする（前掲注61新田孝子論文）。
68 例外は「東宮（春宮）御息所」で、前掲注64『古今和歌集』脚注は「皇太子の御母の妃の意」に解すが、『貞信公記抄』の用例はそのようには解せない。これはいずれも「東宮（に住む）御息所」の意で、やはり居所を指すと解釈すべきではなかろうか。
69 伊集院葉子「『古今集』の作者名表記と女官・女房」（服藤早苗編著『平安朝の女性と政治文化――宮廷・生活・ジェンダー』所収、明石書店、二〇一七年）。
70 『広隆寺資財帳』には「永原尚蔵」の表記も見えるが、この「某尚蔵（官職）」の呼称については、ここで十分に検討する余裕がない。一応「尚蔵永原御息所」の略称と見ておくが、『古今和歌集』に「紀乳母」（陽成天皇の乳母紀全子）（前掲注69伊集院葉子論文）、『貞信公記抄』承平二年（九三二）正月廿一日条に「滋典侍」（滋野幸子）の表記があり、「某尚蔵」のみであれば、某が氏であっても不自然ではない。ただし、『栄花物語』には、「藤内侍のすけ」や「橘内侍のすけ」が見える一方で、「登華殿の内侍のかみ」（藤原登子）や「麗景殿の尚侍」（藤原綏子）の呼称もあり（『日本古典文学大系』七五、一〇四頁・九一頁・二二〇頁）、天皇のキサキに対する実名喚称の忌避も考慮する必要がある。

71　美都子は弘仁十三年に尚侍に任じられ（『一代要記』）、天長五年九月四日、「尚侍従三位」で薨じている（『日本紀略』）。継子は天長五年二月に尚侍となり（『一代要記』）、同十年二月十六日にも尚侍に在任しているが（『日本紀略』）、没年は不明である。そのため、緒継と百済慶命が同時に尚侍を務めていた時期のあった可能性もあるが、源定を巡る序列から、ここではその可能性を否定的に見ておく。

72　坂本太郎氏によれば、源定薨伝の典拠は、源氏から進められた功臣家伝である（「三代実録と功臣家伝」〔『日本歴史』二六四、吉川弘文館、一九七〇年〕）。「寵姫永原氏」を「永原氏の女」の意にとれるなら問題ないが（後述）、でなければ、功臣家伝撰者による何らかの錯誤と見るべきかも知れない。一方、本稿の推定とは逆に、「亭子女御」が永原氏であることを認め、緒継女王と「亭子女御」を別人と考えても、緒継女王＝「永原御息所」は成り立つ。その場合、『続日本後紀』や『文徳実録』にその名が見えないこととあわせ、「亭子女御」は早くに没したものと推測される。別に永原氏の女御がいながら、緒継女王が「永原御息所」と呼ばれることは考え難いからである。

73　阪倉篤義ほか校注『竹取物語　伊勢物語　大和物語』（『日本古典文学大系』九、岩波書店、一九五七年）、二七八頁。

74　角田文衞「菅原の君」（『紫式部とその時代』所収、角川書店、一九六六年。『平安人物志』下〔『角田文衞著作集』六〕再録、法蔵館、一九八五年）。

75　迫徹朗「『大和物語』人物考証——「太政大臣の北の方」と「菅原の君」——」（倉野憲司先生古稀記念論文集刊行会編『倉野憲司先生古稀記念 古代文学論集』所収、桜楓社、一九七四年）。

76　前掲注20佐伯有清著書、二九九〜三〇〇頁。以下、永原朝臣氏については主として同書に拠る。

77　『続日本紀』延暦八年正月己巳（二十七日）条。

78　『続日本紀』延暦十年正月戊辰（七日）条。『日本後紀』延暦十五年十月甲申（廿七日）条。

79　『日本後紀』大同三年十一月甲午（十七日）条。同弘仁三年正月辛未（十二日）条。

80　門継については、『類聚国史』巻九十九・職官部四叙位四・天長四年正月癸未（廿一日）条、『続日本後紀』承和二年正月癸丑

（七日）条、同六年九月乙酉（七日）条、同九年七月丁巳（廿五日）条。岑雄は『類聚国史』巻百八十七・仏道部十四度者・天長七年八月辛酉（二十日）条。貞主は『続日本後紀』承和二年正月乙卯（九日）条、同十三年七月己酉（十日）条（ただし「永原真人」とする）。末継は同九年八月己丑（廿八日）条、同十四年正月甲辰（七日）条。永岑は『三代実録』貞観二年十一月十六日条、同五年二月十日条、同十一年正月十三日条。

81 『日本後紀』弘仁三年五月庚申（三日）条。同四年正月壬戌（八日）条。同六年五月甲申（十四日）条。

82 『日本後紀』大同四年三月戊辰（廿三日）条。同弘仁元年九月壬戌（廿五日）条（名を「伊太比」とするがおそらく同一人）。『続日本後紀』承和二年五月丁巳（十三日）条。

83 『続日本後紀』承和六年三月庚戌（廿九日）条。

84 永原朝臣氏の出自については、『新撰姓氏録』左京皇別上に「天武天皇皇子浄広壱高市王之後也」とあることや（佐伯有清『新撰姓氏録の研究』本文篇〔吉川弘文館、一九六二年〕一五八頁）、その旧姓が藤原朝臣であることなどから、高市皇子の子長屋王を父に、藤原不比等の女を母にもつ山背王（改名して藤原弟貞）の後裔と考えられている（同研究篇〔吉川弘文館、一九六三年〕三三一〜三三三頁）。最弟麻呂・恵子・子伊太比の三人は弟貞の子か孫と考えられ、永原朝臣の賜姓はかなり限られた範囲で行われたものと推測される。皇親と藤原氏に連なるその出自の高さは、男官の栄達には結びついていないが、諸王の室であって不自然ではない。

85 有智子内親王、及びこの行幸については、丸山裕美子「有智子内親王――「文章経国」の時代の初代賀茂斎院」（吉川真司編『平安の新京』〔『古代の人物』四〕所収、清文堂出版、二〇一五年）を参照。

86 川崎庸之「詩賦の流行」（『図説日本の歴史』四 平安の都所収、集英社、一九七四年）。金原理「巨勢識人考――嵯峨朝文壇の詩人――」（『国語と国文学』五四巻一号、至文堂、一九七七年）。

87 『日本後紀』大同三年十一月辛巳（四日）条。『公卿補任』大同五年（弘仁元年）条・巨勢野足尻付。

88 『日本紀略』弘仁七年十二月乙巳（十四日）条、『公卿補任』弘仁七年条。

89 『新訂増補国史大系』五九、二六九頁。

90 福井俊彦「薬子の乱と官人」（『早稲田大学大学院文学研究科紀要』二四、早稲田大学大学院文学研究科、一九七九年）。藤嗣の官歴については、『公卿補任』弘仁三年条・藤原藤嗣尻付などを参照。

91 前掲注85丸山裕美子論文。

92 『日本紀略』もほぼ同文を載せるが「橘朝臣某」を「橘朝臣嘉智子」とする。
93 『続日本後紀』承和八年四月丁巳（十七日）条。
94 『日本後紀』弘仁二年五月丙辰（廿三日）条。
95 渡里恒信「橘嘉智子の立后について」（塚口義信博士古稀記念会編『塚口義信博士古稀記念日本古代学論叢』所収、和泉書院、二〇一六年）。
96 『三代実録』貞観十年正月十一日条。
97 前掲注30玉井力論文。安田政彦「大同元年の大伴親王上表をめぐって」（『続日本紀研究』二八六、続日本紀研究会、一九九三年。「大伴親王の賜姓上表」と改題して『平安時代皇親の研究』に再録、吉川弘文館、一九九八年）。
98 芦田耕一「高津内親王の歌をめぐって」（『平安文学研究』六一、平安文学研究会、一九七九年）。
99 前掲注15津田徹英論文。
100 『大正新脩大蔵経』一八、八〇〇頁c～八〇一頁a。
101 長岡龍作『日本の仏像　飛鳥・白鳳・天平の祈りと美』（中央公論新社、二〇〇九年）、一二一～一二二頁。
102 谷本啓「『興福寺流記』の基礎的研究」（『鳳翔学叢』三、平等院、二〇〇七年）。
103 前掲注13長岡龍作論文。
104 渡里恒信「藤原三守についての一考察――嵯峨天皇との関係――」（『古代文化』四七巻六号、古代学協会、一九九五年）、同「藤原内麻呂・真夏・冬嗣父子についての一試論」（『政治経済史学』三六四、日本政治経済史学研究所、一九九六年）、同「藤原吉野と淳和天皇」（『続日本紀研究』三〇九、続日本紀研究会、一九九七年）。いずれも『日本古代の伝承と歴史』（思文閣出版、二〇〇八年）に再録。
105 『日本後紀』大同三年十二月戊辰（廿一日）条。『類聚国史』巻九十九・職官部四叙位四・弘仁十年五月乙巳（廿八日）条。『日本紀略』天長二年正月丙辰（十二日）条。
106 『続日本紀』延暦九年七月乙酉（二十一日）条。

［挿図出典］松島健監修・長岡龍作責任編集『国宝 広隆寺の仏像』上巻三冊（同朋舎メディアプラン、二〇〇二年）。

古代寺院の和歌活動の動機
――仁和寺覚性法親王を中心に――

金子　英和

一　はじめに

僧の和歌活動は、早くは万葉集にその形跡を看取できる。平安前期にはいわゆる六歌仙に数えられる遍照や、専門歌人と認知される恵慶ら、和歌的評価を受けた僧が出現した。しかし、僧の和歌活動が質的にも量的にも高まるのは平安後期、とりわけ院政期に入ってからである。この時代に入ると、歌論歌学書を制作したり、応制百首や諸所の和歌行事に参加したりする僧の存在は珍しいものではなくなった。つまり、平安後期は僧の和歌活動が質的にも量的にも高まった時代である。

本稿では、これら僧の和歌活動のうち、本著の趣旨に沿って寺院と密接な関係をもつ僧の和歌活動や、寺院そのものの和歌活動に注目し、その動機を追究する。単純に言えばなぜ寺院は和歌活動を行うのか、というのが本稿の考究課題である。もちろん和歌が僧にとって消閑の具であったという側面は否定できない。しかし、一定の労を要する百首歌や歌論歌学書の制作が、その様な理由だけで説明づけられるとは稿者は思わない。寺院での和歌行事は、寺院側に何らかの益をもたらしたとは考えられまいか。ところで寺院は貴族なしでは運営は不可能であり、貴族も寺院なしでは生涯を送るのは不可能である。それはいまさら指摘するまでもないことであるが、このような両者の関係は、実は寺院の和歌活動の動機の一端ともなっているのではないか。すなわち、寺院を運営するうえで貴族との交流は欠かせず、僧侶たちは和歌を通し貴族と良好な関係を築いたり心情を交換し合ったりしたのではないかということである。さらに言い換えれば和歌が寺院に実益をもたらしたとも言い換えられるのではないか。

先述したが寺院の和歌活動は平安後期から活発になってくる。そこで本稿では、古代を歴史学で言うところの古代、すなわち平安期までを指すものとし、この時代に焦点を絞り考究する。ただし、平安末年とされる一一八四年と鎌倉初年とされる一一八五年の一年間において、古代寺院の文芸活動が目立って変わったかというと、当然そういうものではない。連綿と活動は継続しており、平安・鎌倉両時代を区画するのは実態に反する。そこで、分析する時代は主として平安末までとしながら、一部鎌倉初期までをも含むこととする。その時代の中で、事例研究として八五〇首余りの詠歌を残した仁和寺五世御室、鳥羽院皇子覚性法親王[注1]を中心に検討する。

本論は以下の構成で進む。まず、二で寺院と貴族が相互依存であったことを確認し、覚性の立場を検討する。三で諸寺の詠歌活動を概観し、覚性の詠歌活動の理解を進める。四で覚性と貴顕の和歌交流を分析する。

二　寺院・僧と貴族

はじめに、寺院と貴族が相互依存の関係にあったことを確認しておきたい。相互依存の関係の確認と言っても、顕密体制論や王法仏法相依論といった壮大な視点からではなく、もっと単純な視点から行っていきたい。相互依存の関係が顕著に反映される、貴族と身内僧の例をとりあげ、さらに、後の考察とかかわる覚性の例を見てゆく。
古代社会において長子が幼少期から寺院に入寺しやがて出家するということは稀で、二子三子の入寺出家が多いことは周知の事実である。では、一族から出家者を出すことの意義は、どのようなところにあるのだろうか。今井雅晴は、一族から出家者を出すことは口べらしといった理由のほか、一族から出家者を出すと一族の極楽往生がかなうという信仰があったためと指摘し、出家者輩出には積極的な意義があったとする。[注2]また多賀宗隼は、九条兼実のために身内僧が祈禱や諸方面の情報収集を行っていたことを指摘し、[注3]小原仁は兼実に親近した智詮における考察の中で、身内僧が最も信頼されていた可能性を指摘する。[注4]病気・出産などに際しての修法は、現代の感覚からすれば気休めやまじない程度に思われがちであるが、古代社会では実際的な力を持つものとして信じられていたため、貴族にとって信頼できる僧の存在は不可欠であったであろう。一方、僧や寺院にとっても、貴族の存在は僧の生存・寺院の運営において必要だった。たとえば百人一首所載の基俊歌「契りおきしさせもが露をいのちにてあはれことしの秋もいぬめり」（七五）は、もともとは息男光覚が、興福寺維摩会の講師になれなかったことを嘆いたものだった。

律師光覚、維摩会の講師の請を申しけるを、たびたびもれにければ、法性寺入道前太政大臣にうらみ申しけるを、しめぢのはらと侍りけれども、又そのとしももれにければよみてつかはしける
契りおきしさせもが露をいのちにてあはれことしの秋もいぬめり
（千載集・雑上・一〇二六）

已講になった者は僧綱に列せられるので、光覚にしてみれば、父が自身の経歴を援助してくれたわけである。寺院と貴族との関係を挙げると、仁和寺六世御室守覚は高野山の悪僧の処罰を兼実に頼むなど、[注5]貴族の力を寺院が欲す例も見られる。寺院にとって、貴族は必要な存在だったと言える。
続いて覚性と貴族の関係を、相互依存という視点から見てみよう。覚性の生い立ちを瞥見しつつ論じてゆく。

覚性は鳥羽院を父に、待賢門院を母に持ち、大治四年（一一二九）閏七月二〇日に生まれ、嘉応元年（一一六九）一二月一一日に入滅した。崇徳院・後白河院は同母兄である。住房から、泉殿御室や、紫金台寺御室などと呼ばれる。覚性は大治四年一〇月二二日に親王宣下を受けたが、長承四年（一一三五）三月二七日、待賢門院主導で仁和寺に入寺した。佐伯智広は女院に自身の菩提を弔わせる意図があったと指摘する。[注6] 永治二年（一一四二）二月二六日に女院は出家したが、この際覚性は剃手を務めており（導師は四世御室覚法）、佐伯の指摘は説得力を持つ。久安三年覚法より伝法灌頂を受けた。その際の記録が紫金台寺御室御灌頂記[注7]として伝わるが、父鳥羽院から法会に携わった僧へ布施が贈られたことが記されている。一部を挙げる。

次ニ布施大阿闍梨被物三重、布施三裹〈織物一重・綾二重、一裹長絹十疋・一裹朱廿四灯・一裹綿百両〉…

件ノ布施自リ二一院一被ルレ儲ケレ之ヲ

受者が一族から経済的支援を受けていることが明確にわかる。また、寺院側が布施を受け取ったことは、寺院側も受者一族から経済支援を受けていたことを示している。仁平三年（一一五三）一二月六日、覚法入滅。これに伴い、仁和寺の頂点に立つ。永暦元年（一一六〇）二月一七日、上西門院・守覚出家の戒師を務める。

法親王という覚性の立場も相互依存の関係を捉える上で重要である。法親王は白河院が三世御室覚行に与えたのが初例である。法親王の創出意図については、従来、院権力による顕密僧の統制が指摘され、[注8] その存在は宗教界における「院権力の分身」と評価された。[注9] しかし、横山和弘により、その創出は白河院政の護持のためであり、また法親王の役割は歴史的には一定でなく、院権力の状況で変容することが指摘された。[注10] さらに佐伯の中世前期の法親王制度の具体的分析により、この見方が補強された。[注11]

法親王という立場に注目し、覚性を覚行時代から捉えた柿島綾子の論[注12]は示唆に富む。柿島は覚行が覚法に伝法灌頂を行う前に入滅したため、いったん法親王制度は断絶し、覚法の時代に至り地位と権威の再構築が必要に

表1　覚性修法歴

年月日	年齢	修法名	目的	場所	備考
大治四年閏7月20日	1				覚性誕生
康治元年2月21日	14			法金剛院	待賢門院出家
久安元年8月11日	16			三条高倉第	待賢門院崩御
久安3年4月10日	19				伝法灌頂
久安4年2月5日	20	愛染王法	院	鳥羽殿	
久安5年4月13日	21	愛染王法	院	押小路殿	
久安6年6月6日	22	尊勝法	院	押小路殿	
仁平元年4月18日	23	五壇法		鳥羽殿	
仁平元年6月6日	23	十壇尊勝法		法金剛院	
仁平2年10月12日	24	十壇尊勝法		院御所	
仁平3年12月6日	25				覚法入滅　覚性仁和寺務
保元元年7月20日	28				鳥羽院崩御
保元2年9月19日	29	愛染王法	大内遷幸御祈	御住房	
保元2年12月22日	29	歳末御修法		仁寿殿	
保元3年2月26日	30	孔雀経法	公家	喜多院	
保元3年6月27日	30	孔雀経法	公家	仁寿殿	
保元3年7月13日	30	愛染王法	公家	仁和寺?	
保元3年8月11日	30				二条天皇即位
平治元年12月6日	31	歳末御修法		仁寿殿	
永暦元年1月18日	32	仁王経法		八条内裏	
永暦元年2月17日	32				上西院門院・若宮出家戒師
永暦元年6月19日	32	孔雀経法	一院御祈	押小路殿	
応保2年2月14日	34	孔雀経法	公家	土御門内裏	

なったとする。そして覚法は最大の外護者白河院を失った後、待賢門院と関係を強め、待賢門院の権勢が凋落したのちは摂関家との関係強化に乗り出すなど、自ら外護者を作る行動に出る。また、白河院は御室不在を見据え、仁和寺にもう一人、聖恵法親王という法親王を作ったが、覚法は聖恵入滅後、聖恵法脈の台頭を牽制し、御室の地位と権威の維持に努めたと言う。

柿島によって明らかになった覚法のこうした努力は、御室の権威が実は不安定なものであったということを意味している。これは、先の横山・佐伯の指摘とも矛盾しない。また、法親王が「院権力の分身」であるならば、院の権勢の趨勢に自身の立場が左右されるのはそもそもの道理である。院政期には院同士や院と天皇の間で不和がしばしば発生しており、先代の院の政策を次代の者がすべて引き継ぐわけではなかった。そのため院政に

応保2年5月3日	34	五壇法		内裏	
応保2年6月16日	34	延命法	公家長日御祈		
応保2年10月17日	34	孔雀経法	公家	姉小路内裏	
応保2年12月23日	34	愛染王法		禁裏	
長寛元年7月3日	35	孔雀経法	天下安穏御祈	姉小路内裏	
長寛2年7月9日	36	一字金輪法	天変御祈		
長寛2年8月5日	36	孔雀経法	天変消除御祈	喜多院	
長寛2年10月15日	36	大威徳法	比叡山悪僧召し取り		
長寛3年5月1日	36	孔雀経法	公家御祈	姉小路内裏	
永万元年5月18日	37		公家御祈	仁和寺	不動明王画像百体を供養
永万元年6月25日	37				二条天皇崩御
仁安3年12月14日	40	伝法灌頂		仁和寺観音院	
仁安4年3月17日	41				高野山行幸の供
嘉応元年12月2日	41				覚性入滅

＊場所の名称は御室相承記による。

深くかかわっていた法親王も、その地位は常に保障されていたわけではないと言える。法親王の立場がそのように不安定な性質を含んでいるとすれば、それは覚性にも言えることになる。実際、覚性は同母兄後白河院と院子二条天皇の対立と無縁ではなかったと考えられ、やはり立場の不安定さというものは確認できるのである。

覚性と二条天皇との関係を見てみよう。二条天皇は、長寛二年、四天王寺衆徒による道恵法親王の別当職の停止の奏上を受け入れ、覚性を仁和寺僧としてはじめて別当に補した（天王寺別当次第・寺門伝記補録ほか）。また愚管抄第五によれば、覚性は天皇に「朝夕ニヒシト候ハセ給ケレバ万機ノ御口入モ有リケリ」と、二条親政に介入したとされ[注13]、千草聡は二条天皇の護持僧だったとする。[注14] 重用の背景は、二条天皇が覚性の弟子として仁平元年一〇月一四日に仁和寺に入寺していたからに他ならない（ただし、久寿二年に仁和寺を出る）。一方、よく知られているように二条天皇と後白河院との間には軋轢が生まれていた。その反映からか、後白河院は二条天皇が崩御すると覚性を天王寺別当から外し、再び道恵を据えた。また、表1は御室相承記・仁和寺御伝から覚性の修法歴をまとめたものであるが、二条天皇崩御後、覚性は内裏仙洞の修法から遠ざかっている。これは、天王寺別当の一件からすると、後白河院の意向が反映されたものと思われる。もっとも、御室相承記によれば、覚性は仁安三年には法住寺に壇所を賜っており、まったく等閑視されていたわけではない。ただ覚性と後白河院の交流は目立って資料が少ない。後白河院が親王だったことも関係しているであろうが、久安三年の覚性の伝法灌頂にも後白河院の参加はうかがえないのである。

このように、覚性は後白河院政上、実は盤石とは言いがたい立場である。それゆえ、覚性は二条天皇をはじめとして外護者との関係強化を図る必要があったと推測される。その手段のひとつとして和歌があったのではないか。この点を四章にて検討する。

三　古代寺院の和歌活動の概観

覚性の和歌活動を分析する前に、古代寺院の和歌活動の始発・隆盛・終息といった流れを把握し、覚性の立ち位置を明らかにする。まず、八代集における僧の入集状況を確認し、次に寺院での歌合の開催状況を確認する。

表2は八代集における僧侶歌人の入集状況である。八代集に入集するには詠歌水準の巧拙の問題があり、八代集の調査で僧の和歌活動のすべてが追えるというわけではない。しかし、どの時点から詠歌水準が高まったかという指標にはなりえ、また、詠歌水準の高まりは一定の活動の隆盛に支えられていると考えられる。そのため、一観点として、八代集の調査は意義あるものと考える。表2により、後拾遺集を境に、入集者が増えることがわかる。次に、寺院で開かれた和歌行事の数を見てみよう。表3は平安朝歌合大成により、九八〇年から一一八五年まで、一〇年ごとに寺院・僧坊における歌合を集成したものである。八代集同様部分的に和歌史を見ることになるが、目安の一つにはなろう。表3によって、院政期以降頻繁に催行されていることがわかる。

表2　八代集における僧の入集状況

	古今集	後撰集	拾遺集	後拾遺集	金葉集	詞花集	千載集	新古今集
延暦寺	2	4	2	20	7	11	21	8
園城寺				3	5	4	6	7
東大寺	2	1		2	1	2	5	2
興福寺				1	4	3	6	5
東寺				1	1			
仁和寺							9	5
醍醐寺					1	1		
その他の寺院の僧	6	5	13	7	10	12	18	15
合計人数	10	9	15	34	27	33	64	42
名前がわかる作者	128	279	192	323	228	193	389	396
合計人数／名前がわかる作者×100	4.7%	3.6%	7.8%	10.8%	11.8%	17.1%	16.5%	10.6%

＊入道者は含めない。所属寺院が変わる僧もおり、諸寺の人数は、実際は変動がある。
＊「名前がわかる作者」とは、詠人知らずを除いた勅撰集作者の人数のこと。

表3　寺院・僧坊歌合年表

年代	開催数	名称	備考
九八〇年代	2	82・秋比叡山僧坊前栽歌合／94・太政大臣頼忠石山寺歌合	九八三年～九八五年／九八七～九八九
九九〇年代			
一〇〇〇年代			
一〇一〇年代			
一〇二〇年代			
一〇三〇年代			
一〇四〇年代			

一〇五〇年代	2	152・近江守泰憲三井寺歌合／159・某年筑紫大山寺歌合	一〇五三年／この年前後
一〇六〇年代	1	177・無動寺賢聖院歌合	一〇六二年
一〇七〇年代	1	212・多武峯往生院歌合	一〇七一～一〇八二年
一〇八〇年代			
一〇九〇年代	2	222・奈良歌合雑載／240・東塔東谷歌合	一〇九三／一〇九七
一一〇〇年代	1	257・比叡山歌合雑載	一一〇九
一一一〇年代	4	271・三井寺歌合／283・琳賢房歌合／286・雲居寺歌合／287・雲居寺結縁経後宴歌合（雲居寺後番歌合）	一一一四年／一一一六年／一一一六年／一一一六年
一一二〇年代	4	306・無動寺歌合／311・権僧正永縁花林院歌合／313・雲居寺歌合雑載／314・無動寺歌合	一一二二年／一一二四年／一一二四年以前／一一二四年
一一三〇年代	1	336・三井寺歌合	一一三七年
一一四〇年代	1	別25・琳賢古歌合	一一四二年
一一五〇年代	1	350・勧修寺歌合	一一五三年
一一六〇年代	7	356・俊恵歌林苑歌合雑載／366・俊恵歌林苑歌合雑載／367・俊恵歌林苑歌合／370・奈良歌合雑載／371・奈良歌合雑載／372・園城寺長吏大僧正覚忠歌合／373・観智法眼歌合	一一六四年／一一六七年／某年／一一六八年／某年／一一六九年／一一六九年
一一七〇年代	9	385・全玄法印歌合雑載／386・法輪寺歌合／393・三井寺新羅社歌合／402・延暦寺歌合／408・三井寺新羅社歌合／417・辺昭寺歌合／418・律師範玄歌合／420・叡山歌合雑載	一一七一年／一一七二年／一一七三年／一一七六年／一一七七年以前／一一七八年以前／一一七八年以前／一一七八年以前
一一八〇年代	8	430・三井寺山家歌合／431・中院僧正玄縁歌合／433・薬師寺八幡社歌合／443・法橋宗円歌合／448・清水歌合／449・清水寺歌合／453・法印慈円歌合／456・醍醐寺清滝社歌合／461・奈良歌合	一一八〇年五月以前／一一八〇年一二月以前／某年／一一八三年七月以前／一一八三年以前／一一八三年以前／一一八四年／一一八五年以前／一一八六年

次に諸寺の詠歌活動を確認する。古代・中世初頭までに、活発な和歌活動を呈した寺院に、南都には興福寺と東大寺があり、京都では延暦寺、園城寺、仁和寺、醍醐寺などがある。

南都（興福寺・東大寺）

南都の和歌活動は、橋本不美男、井上宗雄、中村文らによって概況が明らかにされている。[注15] 以下のまとめは諸氏によるところが大きい。

南都の旺盛な和歌活動を裏付ける資料として山階集・山階後集・楢葉集等の私撰集がある。この中で、前二者は散逸し、鎌倉時代の歌学書の代集等によってその名がみえるだけである。興福寺を山階寺といったので、興福寺関係の詠歌を集めたものと推測される。楢葉集は、序文によって、素俊（俗名橘家季）により嘉禎三年（一二三七）六月五日に成立したことが知られる。該集は南都の和歌活動を知る基本的な資料である。興福寺東大寺僧が作者の九割を占め、南都歌壇はこの二寺を中心に展開した。しかし、興福寺・東大寺ともに平安中期までは詠歌資料が少なく、具体的な活動が追いがたい。

南都において僧坊での和歌行事はいつから始まったのであろうか。源俊頼の家集散木集に残る連歌に注目したい。

昔七大寺をがみに故師大納言殿ならにおはしましたりけるに、東大寺の長済律師が房にとどまらせ給ひたりけるに、房主がこのむことにて、こよひ和歌会さぶらひなんと申しければ、よませ給ひて講ずるをりに、きりとうだい尋ねられてなかりければさわぎけるをききて　備中守政長朝臣

とうだいのとうだいじとも見ゆるかな　一五七七

俊頼つけよと人人ありければ

やましなでらはさてはやまじな

詞書によって、長済が歌会を開いたことが知られる。長済が律師になったのは一〇八〇年のことであり、詞書が詠歌時の僧官を反映しているとすればその時以降の記録となる。資料に残らない和歌活動は多くあったと思われるが、現存する資料としては、これが南都の僧主催の和歌行事をうかがわせるものとしては最初期のものである。続いて堀河朝時代に至り、永縁（興福寺僧）らが出現し、活発な和歌活動が展開された。永縁は堀河百首に参加するなど、南都に留まらず内裏でも活動し、また自身の住坊である興福寺花林院でも歌会歌合を催した。その代表的なものが奈良永縁坊歌合である。この歌合の張行意図は自身の権僧正昇進の慶賀とされており[注16]、子弟らが参加している。また、俊頼や藤原基俊ら、当時の歌壇指導役の貴族らも、興福寺僧となった自身の子や孫の和歌代作を行うというかたちで参加している。散木集の一首を挙げておく。

権僧正永縁が花林院にて歌合し侍りけるに、教縁にかはりてよめる

誰か又あかずみるらんさほ山のかすみにもれてにほふ桜を　一一三

その後、東大寺では俊頼男の俊恵が出現し、和歌活動を行った[注17]。さらに平安後期には定範（東大寺僧）が活発な和歌活動を行った。中村は定範の活動を追い、年臈の僧が子院を賜りそこが歌会催行の場になるという、寺院における詠歌の場の成り立ちを指摘している[注18]。

延暦寺

平安初期には遍照、後期には慈円を輩出するなど、和歌史において重要な足跡を残した寺院である。

能宣集には

ひえ山にて、前栽合し侍る法師のこひ侍りしかば、をみなへし

なにはいめどにほひきにけりをみなへしあきのいたらぬ山しなければ　四四八

が採られる。この歌合は比叡山前栽歌合と呼ばれており、永観年間（九八三〜九八五）ごろに催されたと考えられてい

る。詞書によって、参加僧が能宣に代作の依頼をしたことが知られる。この歌合は当該歌以外に詠歌が伝わらず詳細は不明であるが、僧坊の歌合としては最も早い例である。

その後注目すべき動きとしては、良源のもとに入室した源賢（貞元二年〜寛仁四年〔九七七〜一〇二〇〕）に、自撰家集とみられる源賢集がある。また、和歌現在書目録、奥義抄などによれば、彼によって樹下集二〇巻（散逸）が編まれたという。[注19] 佚文によれば僧侶歌人や釈教歌などに限定された歌集ではなかったらしい。[注20] これは寺院で勅撰集に倣う歌集が作られたことを意味する。

ついで康平五年（一〇六二）七月二七日に無動寺和尚賢聖院歌合が張行された。まとまった詠歌資料が残る僧坊歌合としては最古のものになる。無動寺検校広算の主催で、歌題は秋風・白露・鹿鳴草・女郎花・秋夜月・青苔・蟬・草蛍・嶺松・窓竹である。歌人は広算はじめ二〇名、比較的規模の大きい歌合である。判詞はない。参加者の調査は歌合大成で詳細に行われている。同書によれば、年齢がわかる僧は四〇〜五〇代が中心で、広算同門の長宴・良禅ほか、寺門派の能暹、仁和寺院家徳大寺の頼観とそれぞれ推定される僧が出詠。同書は作者の調査から「天台の山門寺門・真言東密の諸寺に属する人々で、殊に法勝寺や法成寺、平等院など、関白家の度度の法会で顔をあわせる同門親睦の僧侶を中心として構成」と指摘している。首肯すべき評価と言えよう。

保安三年（一一二二）の無動寺歌合（散逸）は袋草紙の記述により、判者が俊頼・基俊であったことが知られる。この二者による判は他の歌合でも行われており、いずれも文芸志向の強い歌合である。本歌合がこの二者に判を依頼したことは、僧坊でも文芸志向の歌合を求めていたことを示唆する。主催者は寛慶と考えられており、基俊の異母兄である。また、承安二年（一一七二）または三年に催行された法輪寺歌合は叡山僧の全真・祐成・実顕らが参加した。判者は六条家の清輔である。歌道家から判者を招くということから、これも文芸志向の歌合であったと考えられる。

園城寺

園城寺で行われた歌合としてもっとも古いものに天喜元年（一〇五三）五月催行の近江守泰憲三井寺歌合があるが本文は散逸した。後拾遺集などから詠歌が集成できる。出詠歌人は永胤法師が知られる。藤原泰憲の三井寺付近に領有した宿舎で行われた歌合とみられる。これは、僧坊の歌合とは見做し難いが、始発期の活動として触れた。

次に慶暹（正暦四年～康平七年〔九九三～一〇六四〕）に注目したい。彼は後拾遺集以下の勅撰集に八首入集する。藤原頼通が大僧正明尊九十賀を催した際（康平三年〔一〇六〇〕）、頼通から贈られた杖に対し、慶暹が返礼として歌を送った（後拾遺集賀・四二九）。この例や勅撰集作者である事実から、彼は貴族と和歌交流ができる詠歌水準であったと言える。そのような資質はどのようにして作られたのか。慶暹は伊勢大輔と異母兄弟だったため、伊勢大輔集に交流の形跡がうかがえる。親族に歌人がいたことが、彼を詠歌に向かわせたと思われる。

その後に登場した隆源（生没年未詳）は園城寺僧とみられる人物である。堀河百首などの内裏歌壇の和歌行事に参加した。題詠の発達に寄与した僧と言えよう。隆源和歌口伝など歌学書もあり、注目される。

同じころ園城寺では行尊（天喜三年～長承四年〔一〇五五～一一三五〕）が活動していた。彼には行尊僧正集がある。四条宮扇歌合（寛治三年〔一〇八九〕）他、西宮歌合（大治三年〔一一二八〕八月）など社頭歌合にも出詠し、旺盛な活動を行った。園城寺にとどまらない和歌活動は注目に値する。

続いて覚忠（元永元年～治承元年〔一一一八～一一七七〕）が和歌を愛好した。活況が呈される。なお、覚忠は慈円の兄弟であり、詠歌を好む環境の中にあったと思われる。近年園城寺の和歌活動の研究が盛んになっている。例えば中村文は覚忠の歌合の分析を通し、定範同様、年臈の僧が子院を賜り、そこが詠歌の場になるという傾向を指摘している。[注21]

園城寺はたびたびの法難により史料が失われてしまった。その中には和歌行事資料も含まれると考えられる。一方、諸歌集に園城寺僧の詠歌が入集しており、新古今集の作者数としては延暦寺よりも多い。園城寺の和歌活動を通観すると、やはり隆源・行尊らが出た一二世紀初頭を起点として詠歌の隆盛を見ることができる。

仁和寺

和歌を愛好した宇多院が初代となったためか、早くから詠歌事蹟が残る寺院である。宇多院以降も皇族の行幸や入寺が続き、院家の建立が相次いだ。円融天皇、禎子内親王らには仁和寺行幸の形跡がうかがえ、それが縁で詠歌が生まれている。[注22]また聡子内親王、待賢門院らは子院を建立しており、それが詠歌のきっかけになった。聡子内親王について、基俊集の贈答歌を見ておきたい。

一品宮仁和寺にあたらしき堂たてさせ給ひて、観音のむらさきの雲にのりて紫金台ささげてにしのとよりいたり給へるかたをつくらせ給へり、をがみにとてまかりたりしに、これにうたつかうまつれとおほせられしかば

むらさきの雲のおりゐる山里は心の月やへだてなるらん　八六

御かへし

へだてなき心の月はむらさきの雲とともにぞ西へゆきける　八七

皇族のほか、待賢門院を輩出した閑院流や歌道家の六条家も同様に仁和寺に堂塔を建立したり、子弟を入寺させたりした。このように仁和寺は寺領や堂舎を拡大発展させ、同時に詠歌活動が展開された。如上の寺院の形成過程に加え平安京から近いということもあってか、該寺は行楽の地として栄え、詠歌の場となっていった。その中で、一一世紀に覚性が出現し、仁和寺は詠歌の場として一層花開いた。

覚性は千載集以下の勅撰集に二二首入集し、続詞花集・月詣集・今撰集などの私撰集にも詠歌が採られ、同時

代から評価を得ていた。彼の詠歌活動を知る基礎的資料が、八五〇首を収める家集出観集（ただし、覚性に待遇表現がとられていることから他撰とみられる）である。歌集がある仁和寺僧は、彼以前には宇多院しかおらず、突出した詠歌事績を残した印象を受ける。該集の構成は四季恋雑で整然とした構成をとる。四字五字に及ぶ結題が多いことは一二世紀の和歌の特徴である。また、該集からは人々に百首歌を進めた形跡もうかがえる。

人人に百首のうたよませたまひけるついでに、あきのくるるこころを

すぎぬるかつれなき秋の心かな恋しかるべき野辺のけしきを　五一六

西村加代子は覚性歌壇の分析を行い、出詠歌人に仁和寺僧や覚性親族及びその近臣が多くみられることから、「その人的構成から見た場合、身内的な性格のかなり強いものであったと言えよう」[注23]と指摘する。首肯すべき見解である。

覚性以降の仁和寺は、鎌倉初頭まで六世守覚が、つづいて八世道助が活発に和歌活動を行った。守覚歌壇には覚性歌壇構成員の継承の跡がうかがえ、道助の和歌活動には守覚に対する意識が認められる。[注24]平安末期の仁和寺の和歌活動は、和歌を好む御室の出現によるところが大きいと言えるのである。

以上から諸寺の和歌活動をまとめておきたい。まず寺院によって詠歌の残存状況に差がみられた。その理由は何か。南都は和歌活動の中心である平安京と離れており、詠歌の採録の主な担い手であった貴族との交流が京都諸寺と比べると制限されたという背景が考えられる。また、諸寺院の形態の違いが残存状況に影響を及ぼすことも考えられる。たとえば始発から風雅の環境が成立していた仁和寺は、継続して詠歌の場として栄える。さらに仁和寺は先代の御室の入滅に伴って御室が交代するため、状況によっては若年の御室が誕生し長期的な歌壇活動ができ、[注25]詠歌の残存状況等に変化がみられるということである。

次に、いずれの寺院も、一一世紀後期から活発な和歌活動が確認できた。それは、題詠という詠歌形式が発達

したことと無縁ではないだろう。題詠は題を定めて詠歌する方法で、この頃から主流となる詠法である。題詠の発達は歌会歌合の催行を促した。また、題詠の発達と連動して本意の形成が進み、詠むべき情景が整えられていった。このことは一定の水準の、歌らしい歌を詠じやすくさせた（もっとも、これにより詠歌の類型化に苦しむことともなるのであるが）。このような和歌史の流れを寺院も取り込んでいると言える。[注26] 一一世紀後期から、歌の巧拙はさておき、貴族と同様の方法で僧も和歌を詠めた（または、詠まざるを得なかった）ことを意味している。

以上を踏まえ、覚性の和歌活動を見てゆこう。

四　覚性の和歌活動

覚性の和歌活動を、貴族との交流から分析する。

1　覚性の和歌形成

覚性の和歌形成を考えるうえで重要なのが法金剛院の和歌活動である。法金剛院は待賢門院御願寺として大治三年一〇月二五日に仁和寺近辺に建立された。しばしば女院が滞在し、女院御所としても機能した。

同寺は待賢門院御所として雅事が盛んに行われた。長秋記によれば、保延元年（一一三五）に物合がたびたび開かれた。また、保延二年には崇徳天皇が行幸し、「菊契千秋」などの題詠歌が詠まれ、競馬なども催された。このときの催しに覚性が同席した明徴は見出せないが、覚性は長承二年（一一三三）九月一三日女院とともに法金剛院に渡御（長秋記）、保延元年三月二七日同じく法金剛院に渡御している（中右記・長秋記）。法金剛院は、覚性にとって雅事が行われていた最も身近な場所であり、覚性の和歌形成にかの地が影響した可能性は高い。

閑院流諸人や交流した歌人たちにとって待賢門院の崩御は衝撃で、覚性・西行らは待賢門院哀傷歌を法金剛院で詠んでいる（出観集一九八、西行家集五〇三）。それぞれの詠歌の詠年は確定できないものの、崩御後それほど離れていない時期か。仮に久安二・三年夏ごろの詠歌とすれば、覚性の詠歌はいわゆる初学期の詠歌である。また、女院は法金剛院に埋葬されたため、哀傷の地という意識が働いたのか、実定は法金剛院で亡妻を悼む詠歌を残している（林下集二七七）。なお、待賢門院亡き後、法金剛院は上西門院御所となり、ここでの雅事は継続した。

2　崇徳院・二条天皇との交流

覚性と崇徳院・二条天皇との和歌交流は出観集に収められる次の詠歌から知られる。

Ａ　崇徳院よりかうやへおとづれまうさせ給へりける御かへりごとに山ぢの雪にうづもれてなど申したまへりければ　崇徳院

ふる雪は谷のとぼそを埋むともみよのほとけのひやてらすらん　七六八

御かへし

てらすなるみよの仏のあさ日にはふる雪よりもつみやきゆらん　七六九

Ｂ　崇徳院の法金剛院におはしましけるに、あめがためをたてまつり給ふとて

いそぎつる心のほどをなにつけてきみがためとぞいふべかりける　八〇二

御かへし　崇徳院

いそぎいでてわがためにとしききつればあまき心にうけぞをさむる　八〇三

Ｃ　二条院のくらゐにおはしましけるとき、たてまつり給ひける

いその神ふるきつかへをわすれずは哀みたれんかずにもれじな　七九四
谷がくれくちてとしふるむもれ木のめぐみめぐまずきみがまにまに　七九五
さりともと思ふばかりをしるべにてこころをぞやる雲のうへまで　七九六

御かへし　二条院

かけてだに思ひもよらずしら浪のなれしむかしをわするべしとは　七九七
たのまるるみぞとしらせてさりともと思ふときくぞうれしかりける　七九八
いづくともわかぬめぐみの心にもことに思ふとしらせてしかな　七九九

D　おなじ御とき、内裏にてかひあはせあるべしときこえけるに、ある人のうたを申しければ

ももしきの玉の台の簾がひあしやがうらになみやかけけん　八〇〇
雲のうへにちりぞまがへる春風のふきあげのはまの梅の花がひ　八〇一

それぞれの詠歌年代をできる限り明らかにする。Aは崇徳院との贈答なので、保元の乱以前の贈答である。乱以前で覚性が高野山に参籠したのは御室相承記・仁和寺御伝などによると、久安四年閏六月と仁平三年一二月のことである。仁平の時は師の覚法入滅に際してのことで、詞書では雪の降る季節に高野山に登ったということだが、季節的には一致する。これ以外にも高野山に登った可能性はあるが、現存史料の限りでは、仁平三年すなわち覚性二五歳の時の可能性が高い。Bは保元の乱以前という以上絞り込めない。Cは二条天皇在位期間の保元三年八月一一日~永万元年六月三日までである。Dは応保二年三月一三日に二条天皇が中宮育子のために内裏で催行した二条天皇貝合と呼ばれる物合の詠歌である。覚性が二条天皇・覚性双方とつながりのあるある人物（おそらく俗人であろう）の代作を詠んだことがわかる。覚性の技量が他者から認められていたことを示す例であり、また、入道者とはいえ親王が代作することは稀で、貴重な例である。

崇徳院との関係は、久安三年の覚性の伝法灌頂に院が出席したことにまず認められる。また崇徳院は和歌を好んだが、そのきっかけは近臣の源行宗・藤原教長が歌人だったことのほか、足繁く通った法金剛院での雅事の影響が考えられる。一方、覚性も法金剛院での雅事に触れた可能性が高く、両者の文学的接点は法金剛院ではなかったか。そして贈答歌で明らかなように、和歌愛好の性質が、二人の交流を活発にさせた。もっとも、覚性は崇徳院句題百首の題を詠んではいるもの の、[注27]仙洞歌壇の和歌行事に出席した形跡は認められない。これはまだ彼が年少だったためか。

さて、Aであるが、崇徳院が雪中の覚性を気づかっていることが知られ、Bでは覚性が崇徳院にあめがためを献上したことが知られる。A・Bともに、和歌を通じた両者の親しい交流がうかがえる。

二条天皇との和歌交流については中村文による考察[注28]がある。それによれば、二条天皇の権力基盤は脆弱で、それゆえ王としての権威を発揮するため近臣との和歌活動が盛んに繰り広げられた。覚性との関係について中村は愚管抄[注29]を挙げ、「覚性が政務に容喙するほど密着していたとすれば、王権をめぐる自覚や姿勢にも影響を与えたと推測される」と指摘し、さらに、両者が速詠や嘱目に注目した物名歌を詠んでいることから、二条天皇の和歌活動にも影響を与えたと指摘する。

たしかに天皇にとって和歌は権力基盤の強化に益するところであったと思われ、覚性から和歌活動も学ぶことがあったと思われる。こうした中村の指摘を踏まえつつ、本稿では覚性側から二条天皇との結びつきを検討したい。Cの二条天皇に対する述懐歌に注目しよう。七九四・七九七は中村が「かつての師弟関係に依拠した緊密な結びつきを確認し合う」詠歌として指摘したものである。中村は当該歌群の内容には踏み込んでいないので、その点を押さえて関係の検討に移る。

七九四の「いその神」は「古き」にかかる枕詞で、石上神社との関係を表すものではない。覚性は「古くからお仕えしていることを忘れなければ、憐れみをかけていただく人の数から私は洩れますまいね」と述べ、七九五では「谷の埋もれ木である私ですが、恵をかけるのは君の御心次第です」と述べる。「谷の埋もれ木」は不遇の身の比喩として常套の措辞である。七九六は「そうはいっても私を助けてくれるのではないかという気持ちを導きとして、心を宮中にいるあなたにかけるのです」と述べる。三首は別個の歌ではなく、一連の流れがあることがわかる。二条天皇の返歌を見てみよう。返歌は贈歌の詞を用いることが多く、七九八は七九六の、七九九は七九五の返歌とするのが至当であろう。七九七は「少しも思わなかった、慣れ親しんだあの昔のことを忘れようとは」と述べるが、「なれしむかし」とは、覚性の弟子であったときのことを念頭に置くか。七九九は「誰とも分け隔てしない私の恩恵の心ではあるが、あなたを特別に思っていると知らせたいものだ」と、事実はさておき歌の限りでは覚性を特別視する。七九八は「私があてにされる身と知らされ、重ねてあなたが私を頼みと思っていると聞き、かたじけなく思う」と述べる。

以上のように、覚性は二条天皇に身の不遇を訴えているのであるが、述懐歌の解釈には、その不遇が事実か虚構なのかを見極める必要がある。というのも、述懐歌は不遇なる者を救済する帝王を寿ぐ側面もあるからである。[注30]つまり、覚性は現実の状況とは関係なく自分を和歌的に不遇者として造形し、帝徳を寿ごうとしているとも考えられるということである。通常、述懐歌で訴えられる不遇とは多く官途の停滞を指し、御室であった覚性がそのような意味で不遇であったとは考え難い。したがって当該歌は帝徳の寿ぎの意図が強いものと読める。一方、第二章で指摘したように、後白河院と二条天皇との関係によって、覚性の立場は不安定なものになっていた。とすれば、覚性は天皇と関係強化を目指したと考えるのが合理的である。その時、両者が心を通わせ関係強化を図る具に、等しく愛好した和歌が選ばれることは無理な推測ではない。当該歌群は帝徳の寿ぎを仲立ちに両者の関係強化に役立っているのである。

縷々述べてきたが、覚性は後白河院と二条天皇の軋轢が自身に影響する可能性を感じていたと見てよい。当該贈答歌は、不遇とは言えないまでも、そのような不安定な状況を反映したものと理解できる。そして、贈答歌が紐帯となって、両者の心情は通い合っている。この贈答歌を含め、覚性の二条天皇との詠歌活動は、両者の深い関係を構築することに一役買ったと考えられ、それは仁和寺の活動を支える一因となったのである。

3　教長との交流

出観集では、教長在俗時の交流をうかがわせる贈答は一組のみ（八〇六・八〇七）である。ただし、崇徳院近臣であった教長が、仁和寺に行って和歌交流をしたことは想像に難くない。一方、入道宰相などの呼び名から保元の乱以後の贈答と考えられる歌は五組ある。なお教長の家集貧道集には詠年不明ながら仁和寺で詠じた歌が八首残されている。保元の乱前後を通じて教長は覚性と親しく交流していたのである。では、両者の交流を保った要因は何か。ひとつには、彼が崇徳院近臣であったこと、親族に仁和寺僧が多かったことが関係していよう。親族の仁和寺僧には、弟の寛慠、叔父の静意、静意男貞実・覚暁、従兄忠宗の男覚成・覚深らがいる。教長の母は源俊明女で、俊明男の仁和寺僧として静観がいる。また教長の妻は閑院流公信女で、彼女の兄実清は久安百首作者であり、教長と同じく保元の乱では崇徳院側に付き、流罪にあった人物であった。実清男賢清は仁和寺僧であって、後年、守覚の御室五十首に参加している。なお、親族ではないが、仁和寺には崇徳院の子、元性もいた。

教長が仁和寺と親しく交流できた背景には、まずはこのような人的関係があったと思われる。一方、仁和寺側にとって教長と縁を持つことは、寺院運営の面で益となるところがあった。教長は康治二年一〇月一四日、高野山初の舎利会厳修のために覚法援助を求められた際、所領二か所を寄進し（仁和寺御伝）、経済的に後援したことが知られる。また、仁和寺で行われた法会の表白の集成である金沢文庫蔵十二巻本表白集のうち、第一九に「御影供表白教長入道作」（三二三）があり、注31教長は表白作成者として仁和寺に関わっていたことが知られる。当該表白の制作時期は不明であるが、本文中には「嫡々印信、伝十九代之風」とあり、覚性は空海以来一二代目であって、真言七祖から数えると一九代目に当たるので、覚性時代の制作と見るべきか。たとえ守覚時代の作であったとしても、覚性時代から表白作成を行っていた可能性は否定できない。というのも、出観集には漢文序をともなう覚性と教長との贈答歌が残り（七九一・七九二。後述する）、貧道集所収歌の詞書から仁和寺で詩歌会があったことがうかがえる（五一二）。また、同集には十楽にちなんだ漢文序を伴う歌群がある（八六四〜八七五）。寺院で行われた歌会での作とすれば、教長が親しく交流した寺院の中で和歌ともかかわりの深い寺院での作であろう。この条件のもとでは仁和寺の可能性が最も高い。ちなみに、出観集には「阿弥陀講のついでに、十楽のこころを人人に孔子くばりによませさせ給ふついでに聖衆来迎楽をとり給ひて」（七七〇）がある。これら漢文作品から、教長が覚性時代の仁和寺で表白の制作を行っていた可能性が考えられるのである。表白は法会に必要なものであり、教長と親密な関係を築くことは寺院運営に益するところがあったと言える。

このように親しい交流を続けた教長と仁和寺とを、精神的に深くつなげたのが和歌であったと考えられる。出観集・貧道集の中から贈答歌と歌会詠を取り上げ、教長と覚性の交流を見ておきたい。

A　高野よりいでたまひけるに、雨ふる日かはよりのぼりたまふに、入道宰相も御ともに侍りけるがたてまつりける　観蓮

うへの雨したなる水にせめられてつづむるはすの身をいかにせん　（出観集・七四七）

御かへし

うへしたの雨と水とはさもあらばあれ蓮ひらけん身をぞうらやむ　（出観集・七四八）

B　忝クモ誇二リ仙洞之恩喚一ヲ、謬チテ添二フ老屈之寿算一ヲ、爰ニ故郷情忽チ動キ新詠屡ニ呈ス而已　観蓮

すみなれしむかし恋しき都べにいとど心のとまるたびかな　（出観集・七九一）

入道左京兆暫ク辞二シ南山幽閑之邃崛一ヲ、適訪二ヌ西郊寂寥之禅室一ヲ、会面スルコト移レシ時ヲ言談スルコト消レス日ヲ、帰駕之後幸ニモ投二ツ佳什詠篇一ヲ之処、殊ニ増レシ感ヲ情不レ堪二ヘ握翫一ニ、愁ニ以テ答ヘテ和ス矣

われだにもあくがれぬべき都べにとまらじものを君がこころは　（出観集・七九二）

C　霞中嶺梅

くれなゐは春の霞のいろなればかをるに嶺の梅をしるかな　（出観集・五〇）

泉殿御室にて人人うたよみけるに、霞中嶺梅と云ふ題を

やへがすみくらぶの山のむめがかはみねこすかぜのつてにこそしれ　（貧道集・七二）

D　藤花籠寺

ふぢなみのまつのかどよりかかりきて月のみかほも雲がくれせり　（出観集・一三〇）

泉殿御室にて藤花籠寺といふだいを人人によませさせ給ひしうちによめる

なにはがたみつのはまべのてら見ればただふぢなみのかけぬまもなし　（貧道集・一七四）

Aは両者が高野山に参詣した折の詠歌である。千草は、当該贈答のなか、貧道集に「泉殿御室花ごらんぜし日よめる」（一二九）とあることから、教長が覚性の高野山参詣や花見に供奉した事実を指摘している。[注32] 当該歌の内容を見てみよう。教長は「雨と川の水とで不自由な舟のなかどうすればよいか」と述べる。「はすの身」は自身の法名、観蓮からの言で、つづむるは、修行の至らなさを謙遜したものであろう。これに対し覚性は「雨と川の水はどうとでもなれ、蓮の花が開いた（＝修行が進んだ）あなたの身がうらやましい」と述べ、教長を讃えている。

Bに移る。教長は詞書で、崇徳院の恩恵に浴し老境にいるまで生きながらえていることを述べ、重ねて去りし昔を思い出し詠歌に至った旨を述べる。歌では「住み慣れたあの昔の都が恋しく思われる」と述べ、これに対し覚性は南山の幽居から仁和寺へ来た教長と一日語らい、南山に帰った後で送られた七九一番歌に心を動かされ和して詠歌した旨を述べる。そして「(修行を積んで欲を捨てた)私でさえ思い焦がれてしまう今の都に、あなたの心は惹かれないのですね」と歌を返す。詞書に「殊増感情不堪握翫」とある点に注目したい。このことにより、乱以前のありし都への思慕を歌う教長詠が、覚性の心を動かしたことがわかる。当該歌によって覚性の教長への同情は高まったのであり、詠歌が二人の精神的紐帯となったと言えよう。こうした、人々の紐帯となる和歌の機能を頼み、仁和寺では活発な歌会活動が行われたのではないか。

C・Dは歌会詠である。貧道集の詞書に「泉殿御室にて」とあることから、それぞれ覚性の住房での詠であることが知られ、さらに出観集と貧道集とで歌題が共通することから、C・Dの両者の詠歌は、それぞれ同一歌会での詠であったことが知られる。C以降は歌風にも注目する。覚性が霞は紅と言うのは、霞を朝焼け夕焼けの意で捉える漢籍の影響である。「紅梅は朝焼け(夕焼け)の色と混ざって見分けがつかないが、香りによって山の梅と知られる」と歌うのである。香りによって梅の存在を知るというのは、

春の夜のやみはあやなし梅花色こそ見えねかやはかくるる
(古今集・春歌上・四一・躬恒・はるのよ梅花をよめる)

をはじめとしていくつかある趣向だが、覚性の文学環境からして、

梅の花色をば霞こむれども匂ひはえこそかくさざりけれ
(久安百首・一二〇五・待賢門院安芸)

からも学ぶところがあったか。一方、霞を朝焼け(夕焼け)として紅色とはっきり歌うのは先行例に乏しく、また「山の梅」は用例が多いものの、「峰の梅」は先行例がほとんどない。梅の存在を香りで知るという常套の趣

向に、朝焼け（夕焼け）に山が色づくという雄大な風景を作って提示したところが当該歌の新奇な点である。対する教長詠は、「八重霞がかかってことさら暗い暗部山の梅の花は山を越す風を手掛かりに知る」と歌う。

梅花にほふ春べはくらぶ山やみにこゆれどしるくぞ有りける

（古今集・春歌上・三九・貫之・くらぶ山にてよめる）

から学んだことは間違いない。吹き降ろす風を導入した点が新奇さである。

Dで覚性は「藤が門の松にかかり、仏の顔も隠れてしまった」と詠む。「月のみかほ」は仏のことで、寺を婉曲的に表現したもの。このような表現を「回して詠む」と言う。この点に工夫が見られる。一方、天体としての月をも情景として想起させよう。松に藤がかかる情景は常套の情景であるが、藤と月の組み合わせは先行例が乏しい。

かもめゐるふぢえの浦のおきつすに夜舟いざよふ月のさやけさ

（和歌一字抄・六四・海辺月・顕仲）

は地名を詠んだものだが、情景としては藤の花をも想像できるか。

藤浪のかげなる水の月みればうすむらさきの雲ぞかかれる

（続詞花集・春下・八八・為業・月前藤花といへる事をよめる）

は、常磐三寂の寂念の在俗時の詠歌。水月・紫雲など、仏教色のある措辞を用いている。ただし、続詞花集は永万年間（一一六五～六六）の成立と見られ、当該歌は成立以前の詠歌となる。後述するように、覚性詠は長寛二年（一一六四）から仁安二年（一一六七）に成立したと思しく、詠歌年次が重なり、先後関係ははっきりしない。いずれにせよ珍しい趣向を狙った詠歌である。対する教長詠は「難波潟の三津の浜辺の寺を見ると藤波が掛けないときはない」と歌う。三津寺は現在大阪市中央区にある真言宗御室派の寺院である。三津の浜はいくつか用例があるが、三津寺はこれ以前に詠まれることはない。しかし教長は他にも

やへがすみなにはのみつのてらこめてすみけんあまのあともしられず
（貧道集・四二・霞籠寺深）

と詠んでいる。当該歌の問題はなぜ特定の寺院を持ち出したかということである。もちろん先行例にない新奇な点を出す意図はあろう。しかし、三津寺が天王寺に近いことを考えると、ほかの意図も見えてくるのではないか。覚性は長寛二年から仁安二年まで天王寺別当であり、参籠の折に三津寺に立ち寄った可能性がある。そのとき、三津寺を詠んだ詠歌は、ただ新奇な情景を提示したという以上に覚性の感興をかったことであろう。このような意図は、覚性が天王寺別当の時でないかぎり功を奏さない。Dの覚性の詠年推定は、このような経緯による。

C・Dの分析から、覚性は決して和歌伝統や当時の歌壇の潮流とかけ離れた場で詠歌しているわけではないことが明らかになった。覚性の詠歌をめぐっては、新古今風に通じる性質も見出されている[注33]が、必ずしもそれは覚性の根幹的な詠法ではなかったのではないか。しかし覚性の歌風については今詳しく分析する紙幅がない。それは今後の課題とし、ここでは彼が同時代の枠組みにあったということを確認しておきたい。そのことは、言うなれば、貴族と同じ平野で詠歌していたということである。換言すれば、同時代の歌人と等しく文芸的に対話できたことを意味する。覚性は貴族と同じ手法で詠歌することにより、彼らと交流することができたと言える。

五　おわりに

以上、覚性の詠歌分析を行いつつ、彼が和歌活動により、天皇や貴族とつながりを密にしていることを論じた。彼らとのつながりは寺院運営に益するという点から、覚性にとって和歌活動は実益を伴っていると言えるのである。

仁和寺では身内中心の和歌活動が展開されたが、寺院運営をしていくためにはこれら身内の人々との交流が欠かせなかった。一見強固と見える仁和寺御室の権威も、ときの院権力の状況に応じて制限がかけられる。不測の事態を見据え、拠り所を形成していくことは覚性にとっては重要な営為である。身内歌壇というものはともすれば閉鎖的で発展性に乏しい評価につながるが、見方によって異なった評価を与えることもできる。もっとも、覚性歌壇は西行ら、和歌活動をしてもそれが実益とは結び付かない人物との交流も盛んで、様々な性質を併せ持っている。その点からすれば本稿は寺院における和歌活動の動機の一端を明らかにしたものに過ぎない。僧の詠歌活動の動機はその場その場の詠歌に応じて明らかにされるべきである。

なお僧の詠歌活動の目的に実益を見据えるならば、つぎのような見解もまた可能なのではないか。すなわち、一二世紀に和歌行事が増加する中、寺院側も貴族と和歌的常識を共有できないと歌会は困難になり、詠歌水準も低ければ貴族との感興は果たせない。そこで貴族と同等の詠歌を行う必要に寺院も迫られた。そしてそのことが寺院での歌論歌学書などの制作に結び付いた。この見解は詳しく分析することができなかった。今後の課題としたい。

注

1 正確には覚性入道親王。以下、本稿では便宜のため、覚性と称す。
2 今泉雅晴『日本の奇僧・快僧』吉川弘文館、二〇一七年
3 多賀宗準『慈円の研究』吉川弘文館、一九八〇年
4 小原仁「九条家の祈禱僧――智詮を中心に――」（大隅和雄編『中世の仏教と社会』吉川弘文館、二〇〇〇年）
5 『玉葉』文治二年四月七日条、閏七月九・一〇・一六日条等。

6　佐伯智広「中世前期の王家と法親王」（『中世前期の政治構造と王家』東京大学出版会、二〇一五年、初出、二〇一二年）

7　『宰相中将教長記』とも。もともと崇徳院近臣の藤原教長の日記の一部であったか。

8　安達直哉「法親王の政治的意義」（竹内理三編『荘園制社会と身分構造』校倉書房、一九八〇年）、平岡定海「六勝寺の成立について」（『日本寺院史の研究』星川弘文館、一九八一年、初出一九七九年）

9　横内裕人「仁和寺御室考――中世前期における院権力と真言密教――」（『日本中世の仏教と東アジア』塙書房、二〇〇八年、初出一九九六年）

10　横山和弘「白河院政期における法親王の創出」（『歴史評論』六五七、二〇〇五年）

11　注6論文

12　柿島綾子「十二世紀における仁和寺法親王――守覚法親王登場の前史――」（小原仁『『玉葉』を読む――九条兼実とその時代』勉誠出版、二〇一三年）

13　佐伯智弘はこの記述を裏付ける資料がないことから「詳細は不明」と記すにとどめる（注6論文）

14　千草聡「覚性法親王の和歌活動」（『日本伝統文化研究報告平成三・四年版』一九九三年一月）。ただし『御室相承記』『仁和寺御伝』には記されない。また『護持僧次第』には六条天皇護持僧として載る。

15　橋本不美男「奈良花林院歌合と永縁奈良房歌合」（『院政期の歌壇史研究』第七章〔武蔵野書院、一九六六年〕）、井上宗雄「中古・中世における奈良歌壇――永縁奈良房歌合の位置」（『天理図書館善本叢書』月報四一、一九七八年七月）、中村文『後白河院時代歌人伝の研究』Ⅳ（笠間書院、二〇〇六年）

16　萩谷朴『増補新訂平安朝歌合大成』第三巻（同朋舎出版、一九九六年）

17　ただし、活動の中心は京都白河の住坊、歌林苑が中心である。

18　注15中村書、Ⅳ第一三章、一四章

19　代集は蓮敏法師を撰者とする。

20　古典ライブラリー『和歌文学大辞典』「源賢」（鈴木徳男）

21　中村文「和歌の〈場〉としての三井寺――平安末期三井寺における歌合」（『西行学』七、二〇一六年八月）

22　円融帝御集・六〇、肥後集・二六

23　西村加代子「仁和寺歌圏と顕昭」（『平安後期歌学の研究』和泉書院、一九九七年、初出一九八二年）

24　金子英和「仁和寺と五十首歌――御室五十首と道助法親王家五十首を中心に――」（『早稲田大学文研紀要』六三、二〇一八年三月）

25　例えば六世守覚は一九歳で御室になった。なお、「先代の御室の入滅に伴って」とは言うものの、もちろん次代の者が伝法灌頂を受けていなければならない。四世覚法は伝法灌頂を受ける前に三世覚行が入滅してしまったため、いったん仁和寺は御室不在の時期を迎えた。

26　中村は、注21論文の中で平安末期の三井寺新羅社歌合を具体的に分析し、僧が当時の主流の詠法、風情主義を汲んで詠歌している事実を指摘し、「世俗の歌壇と同じ文芸制度の中に身を置いていた」と述べる。

27　村上さやか「崇徳院句題百首」（『和歌文学研究』六七、一九九四年一月）

28　注13中村書、Ⅱ第六章

29　二章で挙げた箇所を指す。

30　小川豊生「和歌と帝王――述懐論序説あるいは抒情の政治学へ向けて」（浅田徹ほか編集『和歌の力』（『和歌をひらく』一、岩波書店、二〇〇五年））

31　阿部泰郎ほか編『守覚法親王と仁和寺御流の文献学的研究』資料篇（勉誠出版、二〇〇〇年）に翻刻あり。

32　千草注14論文

33　津村正「和歌史における覚性法親王（一）出観集の和歌」（『文学史研究』二〇、一九八〇年八月）

『法華経』方便品「比丘偈」の音楽表現

――「簫笛琴箜篌　琵琶鐃銅鈸」の襲用と展開――

中安　真理

はじめに

鳩摩羅什訳『妙法蓮華経』すなわち『法華経』八巻二十八品の中では、方便品が最も早くに成立したとされ、方便品を含む安楽行品・寿量品・普門品の四品は、唐の湛然の『法華文句記』でも「本迹之根源、斯経之枢健[注1]」と記されるように、『法華経』の中心を担う位置づけがなされていた。

方便品への敬重は日本の文学作品にもみえ、たとえば前田家本『枕草子』に「品は、方便品。薬王品。常不軽。[注2]」と筆頭に挙げられ、また『梁塵秘抄』法華経二十八品歌のうち、方便品については「法華経八巻がその中に　方便品こそ頼まるれ　若有聞法者　無一不成仏と説いたれば[注3]」とうたわれている。

方便品には六つの偈があるが、末尾にあるのが「比丘比丘尼」で始まる長文の偈で[注4]、日本では、始めの二文字をとって「比丘偈《びくげ》」と呼ばれていた。本稿では、その中にみえる「簫笛琴箜篌《しょうちゃくきんくご》　琵琶鐃銅鈸《びわにょうどうばち》」の句に着目し[注5]、この表現が、日本の文学や芸能に与えた影響について、文献を挙げつつ考察を行う。この句は、七種の楽器の名称を連ねたもので、文学作品などにおいてしばしば引用されてきたが、方便品に典拠があることを看過し、文字通りこれらの楽器を演奏したとする解釈も散見される。[注6] そこで、これらの楽器が作品成立当時、実際に用いられていたのかどうか、その可能性についてもあわせて検討する。

一　『法華経』方便品「比丘偈」の読誦

方便品の末尾の偈を比丘偈と呼び、それを読誦するならわしは、遅くとも平安時代後期には存在したことが、複数の文献からうかがえる。

比丘偈という呼称の初出は『法華験記』かと思われる。「醍醐の僧恵増法師」に、恵増が比丘偈を誦す際、特定の二文字をどうしても覚えきれず、長谷寺に参詣する話がみえる。[注7] また、『讃岐典侍日記』の記述からは、嘉承二年（一一〇七）七月十八日に、醍醐寺僧定海の誦経にあわせて、病身の堀河天皇が比丘偈を唱和したことが知られる。[注8] さらに、『今昔物語集』の「義孝の小将往生ずる語」には、義孝少将が歩きながら方便品の比丘偈を誦したと記され、[注9]『無名草子』の序では、主人公が日課として比丘偈を読誦している。[注10]

比丘偈には「奥の偈」という呼び方もあったらしい。『中右記』嘉承二年（一一〇七）七月十八日条に「漸及二暁更一、主上念二誦法華経方便品奥偈一御、真御声頗以高。」（傍線は稿者、以下同）とみえるが、これは先に挙げた『讃岐典侍日記』の記述と内容が一致し、『讃岐典侍日記』では比丘偈とするが、『中右記』ではそれを奥の偈と呼んでいる。室町時代の成立と考えられる『日吉山王利生記』にも、「一心不乱に法華経第一巻より読けるに、方便品のおくの偈にいたりて、御景気に事有けり。[注11]」とある。

臨終の際に方便品を唱えることもあったようで、たとえば、『日本往生極楽記』の「少将義孝」に、義孝が

「命終るの間、方便品を誦す。[注12]」とみえる。『法華験記』の「女弟子紀氏」には、「乃至最後に、方便品の心生大歓喜、自知当作仏の文を誦し畢りて、正念合掌して入滅せり。[注13]」とある。文中の「心生大歓喜、自知当作仏」は、比丘偈の最後の二句にあたる。『拾遺往生伝』の「下道重武」にも、死が近づく重武に対し、上人範順が、授戒のあと、まず法華経の方便品を読誦して聞かせたとある。[注14]

このように、方便品、とくに比丘偈の読誦は、様々な場面で行われていたらしい。

二　『法華経』にみえる楽器

比丘偈の中で、釈迦は成道のための様々な方便を説いているが、その中のひとつに、左の偈文の語をかりれば「作楽」による成仏がある。具体的には次の部分である。

若使人作楽　　若しくは人をして楽を作さしめ
撃鼓吹角貝　　鼓を撃ち、角・貝を吹き
簫笛琴箜篌　　簫・笛・琴・箜篌
琵琶鐃銅鈸　　琵琶・鐃・銅鈸
如是衆妙音　　かくの如き衆の妙音を
尽持以供養　　尽く持って、以て供養し
或以歓喜心　　或は歓喜の心を以て
歌唄頌仏徳　　歌唄して仏の徳を頌し
乃至一小音　　乃至、一の小音をもってせしも

皆已成仏道　　皆、已に仏道を成ぜり[注15]

この中には、鼓・角・貝《ばい》・簫・笛・琴・箜篌・琵琶・鐃・銅鈸という十種の具体的な楽器名が並列され、こうした楽器を奏でて仏を供養したり、歌唱によって仏徳を讃えたりする行為は、たとえひとつの小音であったとしても、すでに仏道を成就しているとする。

『法華経』には方便品以外にも、楽器名を連ねた箇所がふたつある。ひとつめは分別功徳品にある次の記述である。『法華経』を受持し読誦したならば、仏舎利を納めた七宝塔を建て、様々に荘厳し、音楽や歌で讃嘆供養するのと同じであると説く。

則為以仏舎利起七宝塔、高広漸小至于梵天、懸諸幡蓋及衆宝鈴、華香瓔珞末香塗香焼香、衆鼓伎楽簫笛箜篌種種舞戯、以妙音声歌唄讃頌。[注16]

(則ち為《こ》れ仏の舎利をもって七宝の塔を起て、高く広く漸く小《せま》くして梵天に至り、諸の幡・蓋及び衆《もろもろ》の宝鈴を懸け、華・香・瓔珞・抹香・塗香・焼香・衆の鼓・伎楽・簫・笛・箜篌・種種の舞戯ありて、妙なる音声をもって歌唄い讃頌《ほめたた》えしなり。)

ここには、簫・笛・箜篌という具体的な楽器名がみえる。なお、この三種は前出の比丘偈にみえる楽器と重複する。

ふたつめは法師功徳品で、偈に次のようにある。

父母所生耳　　父母所生の耳は
清浄無濁穢　　清浄にして濁穢無し
以此常耳聞　　此の常の耳を以て
三千世界声　　三千世界の声を聞かん

象馬車牛声　象・馬・車・牛の声
鍾鈴螺鼓声　鍾（鐘）・鈴・螺・鼓の声
琴瑟箜篌声　琴・瑟・箜篌の声
簫笛之音声　簫・笛の音声[注17]

ここには、鍾（鐘）・鈴・螺・鼓・琴・瑟・箜篌・簫・笛の九種の楽器名が記される。このうち螺は法螺貝をさし、前出の方便品の貝と同義である。これを含め、方便品と重複するものを除くと、九種のうち、鍾《しょう》（鐘）・鈴《れい》・瑟《しつ》の三種が法師功徳品のみに出てくるものとなる。

以下、方便品と法師功徳品にみえる各楽器の概要と、平安時代以降の使用状況について整理する。まず、方便品にみえる十種（分別功徳品の三種を含む）を順に解説し、次に、法師功徳品にみえる三種をとりあげる。

〈方便品の十種〉

鼓――日本では太鼓の類いを包括して「つづみ」と呼んだ。六世紀の埴輪に太鼓を打つ人物を表したものがある。[注18] 様々な種類や奏法があり、雅楽にも取り入れられ、現在に至るまで使用されている。

角――つのぶえをさす。中国では軍楽に用いられ、日本でも軍楽や儀礼に使用されていた。大小の二種類があり、大角を「はらのふえ」、小角を「くだのふえ」と呼んだ。『万葉集』挽歌に「吹き鳴せる小角《くだ》の音」とみえる。[注19] また、軍防令に「凡軍団。各置㆓鼓二面大角二口少角四口㆒通㆓用兵士㆒。分番教習。」とあり、[注20] 兵士につのぶえを習い吹かせたことが知られる。また、正倉院文書の天平九年（七三七）「但馬国正税帳」にも「大角一口、小角一口」とある。平安時代末期から徐々に、法螺貝がつのぶえにとって代わっていった。

貝――法螺貝をさす。法師功徳品に「螺」としても記される。大型の巻き貝の殻を加工し、吹いて音を出すもの。現在でも寺院の儀式や修験道で用いられる。

簫――古代中国の吹奏楽器。異なる長さの竹管を横に並べて固定する。日本にも伝来し、『国家珍宝帳』に「甘竹簫一口」とみえ、正倉院に残闕がある。平安時代後期以降は使用されなくなったらしい。[注21]

笛――日本では吹奏楽器を包括して「ふえ」と呼んだ。正倉院には、それぞれ異なる素材でつくられた尺八や横笛が伝わる。現在でも雅楽、伝統芸能、民俗芸能などで使用される。

琴――古代中国の絃楽器。日本には奈良時代に伝わり、正倉院や法隆寺に唐代の琴の遺品がある。平安時代中期まで使用されたが、その後一時廃れ、江戸時代初頭、日本に渡来した東皐心越によって再興された。日本では近世に入り、琴の字を書いて、箏を意味するようになったが、本来は別の楽器である。

箜篌――古代中国の絃楽器。中国の文献からはハープ形の竪箜篌のほか、箏に似て横に長い臥箜篌、弓形のハープである鳳首箜篌の存在も知られる。竪箜篌は正倉院に残闕がある。臥箜篌の遺品はないが、日本では、仏教建築の屋根の四隅に風鐸とともに吊られる、臥箜篌に似た荘厳を「箜篌」と呼んでいた。[注22]鳳首箜篌は日本には伝わらなかったらしい。竪箜篌、臥箜篌のいずれも平安時代後期以降には演奏伝承が途絶えたと考えられる。[注23]

琵琶――古代中国の絃楽器。日本には唐楽とともに伝来した。正倉院には形態の異なる琵琶が複数残る。現在は雅楽や平曲で使用される。

鐃――古代中国の打楽器。内部に舌《ぜつ》のないベルを上に向けて持ち、桴で叩いて音を出すものをさす。日本では柄がついた鈴を鐃と呼び、仏教の儀式で用いる。また、銅鑼の類いも鐃と呼び、次に挙げる鈸と組み合わせて使うことが多い。

銅鈸（銅鉢、どうばつ、どうばち）――鈸（はち、ばち）ともいう。両手に持ってすりあわせたり、打ちあわせたりして使用するシンバル。仏教の儀式で用いる。なお、小型のものは神楽などの民俗芸能の伴奏で使われ、銅拍子（どびょうし、どうびょうし、とびょうし）と呼ばれる。

〈法師功徳品の三種〉

鍾（鐘）――「鍾」は本来酒器をさす字。「鐘」は古代中国の打楽器。ベル型で舌をもたず、下に向けて吊り下げ、桴などで打って音を出す。

鈴――古代中国の打楽器。本来はベル型で舌をもつものをさした。密教法具としても使用される。

瑟――古代中国の絃楽器。箏に似ているが、表面に角のような糸巻きを複数立て、絃の数もやや多いのが特徴。正倉院に残闕があるが、斉衡三年（八五六）の曝涼記録[注24]以降は資料にもみあたらないようで、平安時代後期以降、廃れたとみられる。

以上をまとめると、方便品、分別功徳品、法師功徳品にみえる楽器のうち、平安時代末期には演奏伝承が途絶えた、あるいは一時廃れたと考えられるものには、角、簫、琴、箜篌、瑟などがあった。すると、鎌倉時代以降に成立した日本の文学作品における音楽描写の中に、これらの楽器名がみえる場合、実際に使用されたとは考えにくい。さらにいうと「簫笛琴箜篌　琵琶鐃銅鈸」と同様の表現がなされていた場合、方便品の比丘偈にもとづく可能性が非常に高いことになる。

三「簫笛琴箜篌　琵琶鐃銅鈸」の襲用と展開

平安時代以降の各種の文献の中に、「簫笛琴箜篌　琵琶鐃銅鈸」の二句（以下、比丘偈の二句と呼ぶ）を見いだすことができる。「簫笛琴箜篌」と「琵琶鐃銅鈸」の句のそれぞれに文言を付け加えて対句とする、あるいは前者のみが引用されるなどの変容も見受けられるが、そうしたバリエーションも含めて、主な用例をできるだけ年代順にとりあげて概観し、比丘偈の受容について考えてみたい。

ちなみに、比丘偈の二句と同じ表現を別の経典にさがすと、「簫笛琴箜篌」の句は、『仏説頂生王因縁経』にも頻出するが、十世紀の訳出であり、『法華経』のほうが早い。「琵琶鐃銅鈸」の句は、『法華経』八巻本とほぼ同じ頃に訳出された『摩訶僧祇律』に伎楽の具体例として挙げられている。「簫笛琴箜篌　琵琶鐃銅鈸」の二句は、『添品妙法蓮華経』『法苑珠林』『諸経要集』『万善同帰集』『大乗集菩薩学論』『正法眼蔵』などにもみえるが、いずれも「作楽」による供養について述べるために、『法華経』を引用したものである。つまり、「簫笛琴箜篌」の句や「簫笛琴箜篌　琵琶鐃銅鈸」の二句については、『法華経』を出典とすると考えてよかろう。

引用文は必要に応じて句読点や返り点など若干の加筆を行い、（　）内に補足した。作者や成立年については、判明している場合のみ記した。

（1）『玉造小町壮衰書』永観二年（九八四）以後

玉造小町という女性の盛衰と、極楽往生を説いたものである。浄土の情景を描写した箇所に比丘偈の二句がみえる。

音声伎楽ノ曲、緩急自然ニシラベ、歌舞詠頌ノコエ、雅操任運ニウタフ。精調嵐ノ底ニ詠ジ、妙韻月ノ前ニウツ。簫笛琴箜篌、其音純ラ宜宜タリ。琵琶鐃銅鈸、彼響キ悉ク奇奇タリ。玉笛金箏ノ賦、瑶琴瓊瑟ノ徽アリ。[注25]

浄土の音楽を奏でる楽器として「簫笛琴箜篌」と「琵琶鐃銅鈸」とが使われているが、注意すべきは各句にそれぞれに文言を加えて対句にしていることで、こうした引用の仕方は以下、散見される。

（2）『栄花物語』長元年間（一〇二八〜三七）

藤原道長の生涯を物語ったもので、巻第二十二「鳥の舞」には、法成寺金堂の東に建立された御堂に仏像を遷座し、供養を行った際の情景が次のように記される。

仏の前後左右には、諸僧威儀具足して、囲繞したてまつれり。もろもろの宝の香炉には、無価の香を焚きて、もろもろの世尊に供養したてまつる。楽の声、簫笛琴箜篌、琵琶鐃銅鈸を調べ合せたり。[注26]

美しい楽の音を浄土のそれにたとえ、比丘偈の二句が使われている。この表現については、林謙三氏により方便品との関連性がすでに指摘されている。[注27]

（3）『今昔物語集』大治五年（一一三〇）～保延六年（一一四〇）頃

三十一巻からなる仏教説話集の中に二箇所ほどみえる。

巻第十一　建現光寺安置霊仏語第二十三

今昔、敏達天皇ノ御代ニ、河内国、和泉ノ郡ノ前ノ海ノ澳ニ楽器ノ音有リ。箏笛琴箜篌等ノ音ノ如シ。亦、雷ノ震動ノ音ノ如シ。[注28]

海の沖から「箏笛琴箜篌」などの楽器のような音が聞こえてきたという。ここでは、「簫」の代わりに「箏」の字が使われているが、いずれも字音はショウであり、おそらくすでに途絶えていた簫に代わり、身近にあった箏を記したとも考えられる。

巻第十二　天王寺別当道命阿闍梨語第三十六

凡ソ、経ノミニ非ズ、物云フ事ゾ極テ興有テ可咲カリケル。中宮ニ阿闍梨ノ参タリケルニ、女房ノ問ケル様、「引経ニハ何クカ貴クハ有ル」ト。阿闍梨、「琵琶鐃（鐃）銅鈸ト云フ所コソ引クニハ貴ケレ」と答ケレバ、女房イミジウ咲ケリ。[注29]

道命が、中宮のもとに伺った折、引く経はどのような所が尊いのかと問う侍女に対して、比丘偈の二句のうち

「琵琶饒（鐃）銅鈸」という所が引く（弾く）には尊いと答えたので、侍女が大笑いしたという話。ここで、道命は「引く」つまり、音声に高低や緩急などの節回しをつけて経文や偈を唱える引声《いんぜい》と、琵琶を「弾く」とをかけている。比丘偈の二句は法会などで唱えられ、当時よく知られたものであったため、侍女も道命の言葉を聞いてすぐ理解し、笑ったと説かれるのであろう。

（4）平康頼『宝物集』治承三年（一一七九）以後

仏教説話集。最初に一巻本が成立し、その後数回にわたり増補が行われた。一巻本、二巻本、三巻本、七巻本の系統が知られているが、そのうち三つの系統の例を挙げる。

『宝物集』二巻本

八功徳池には四色の蓮華ひらきて色色の光をはなち、七重宝樹には花さきこのみむすびて聖衆かげにあそびたまひ、鳧・雁・鴛鴦さへづり、簫笛琴箜篌は微妙音楽をととのへ、琵琶鐃銅鈸は奇異のしらべをそうす。[注30]

『宝物集』三巻本

宮殿ニ下リント思ヘハ宮殿来リ、楼閣ニ上ント思ヘハ楼閣又現ス。法喜禅悦ノ味ヒ、心ニ任テ四種ノ甘露ニスクレ、宝蓮華雨下テ、金縄道ヲサカヘリ。簫笛琴箜篌空ニ飛テ、各百千万種ノ楽ヲ調ヘ、人天聖衆集会シテ、廻雪ノ袖ヲ翻ヘス。一人トシテ心ニ違人ナク、一トシテ思ニソムク事ナシ。[注31]

『宝物集』七巻本

天人聖衆は雲の間にとび、鳧・雁・鴛鴦は遠近にむらがり、簫笛琴箜篌は微妙の声を出し、琵琶鐃銅鈸は奇異の調を奏す。[注32]

各系統で若干の違いはあるものの、いずれも浄土の楽器を表すものとして比丘偈の句が使われる点は共通する。

（5）狛朝葛『続教訓抄』鎌倉時代

楽書。『日本古典全集』本の第十四冊、極楽浄土について述べた箇所に

天人聖衆雲ノ間ニトヒ、フカン鴛鴦遠近ニムラカリ、簫笛琴箜篌ハ微妙ノ音を奏ス。波ノヲト風ノコエ、皆仏道を増進ス。[注33]

とある。（4）と似た表現だが、浄土の楽器としての「簫笛琴箜篌」がここにもみえる。

（6）静明『天台宗論議百題自在房』鎌倉時代

天台宗の論議書。第五十七「妓楽歌詠、仏因となるかのこと」で、妓楽歌詠が成仏の直接の要因になる理由を様々な経典を挙げて述べる中で、比丘偈の「簫笛琴箜篌」から「皆已成仏道」までを引用したのちに、次のように記す。

今この経文の意趣、簫笛琴箜篌の調べ、歌唄頌仏徳の唱、みな悉く成仏の修因となると見えて候。[注34]

比丘偈は「作楽」による成仏を裏付ける有力な典拠のひとつとされてきたようである。

（7）無住『沙石集』弘安二年（一二七九）～延慶元年（一三〇八）に成立改訂

成簣堂本巻六、説経師下風讃タル事にみえ、関係箇所を抜粋する。

導師是ヲ聞テ、「簫笛琴箜篌、琵琶鐃銅鈸、其音モタヘナリト云トモ香気ヲ具セス。多摩跋香・多伽羅香、其香カウバシト云ヘトモ音色ヲソナヘス。今ノ御下風ニヲキテハ声モアリ匂モアリ、聞ヘシ、齅（ママ）ヘシ」ト申サレケレバ、[注35]

安居院の聖覚が説法をしていると、礼盤の近くで居眠りをしていた若い女が音をたてて放屁して匂った。それに気づいた聖覚が、方便品の比丘偈の二句と、法師功徳品の経文を引用しつつ話した言葉。聖覚は安居院流の基礎をつくった人物で、唱導に長けていたという。方便品や法師功徳品を譬えに出したのは、庶民の間でも、ある程度知られていたからであろう。

（8）『源平盛衰記』鎌倉時代〜南北朝時代

軍記物語。巻第三十二福原管絃講の中に次のようにある。

夫《それ》、簫笛琴箜篌、悉《ことごとく》中道ノ方便ニ帰シ、琵琶鐃銅鈸、併《しかしながら》法性ノ深理に叶ヘリ。[注36]

このうちの前半部分について、十二世紀末頃の成立とされる『音楽講式』からの引用とする説がある。[注37]たしかに、その表白文には「簫笛箜篌、悉帰二中道之方便一[注38]」とみえ、「悉帰二中道之方便一」の部分は共通するが、その上の「簫笛箜篌」には「琴」字が抜けている。「簫笛箜篌」は分別功徳品にみえる語であり、また、『音楽講式』は右のように「簫笛琴箜篌」と「琵琶鐃銅鈸」とを対で用いているわけではない。

（9）月江（明空）『玉林苑』文保三年（一三一九）

歌謡集。二十曲が収められる。その上巻、「竹園山誉讃」に続く「同砌如法写経讃」に次のように記される。

しかのみならず簫笛琴箜篌、歌歎歌舞のよそをひ、梵音和雅のひびき、秘讃音律四智心略、降臨聖衆の納受も、理とぞ覚る。[注39]

右は如法経会の讃として作詞されたものと考えられる。この「簫笛琴箜篌」は、後述するように、如法経会で唱えられる十種供養の伽陀の中にみえ、この歌の作者はそれを踏まえた上で取り入れたのだろう。

（10）『和久良半の御法』明徳元年（一三九〇）

相国寺において行われた、足利尊氏三十三回忌の法華八講の様子を記したもの。

さて伽陀のなかば程に主人直衣にて出させ給ふ。おほよそ琵琶のしらべ箏のねは、松風にきく村雨かとうたがはれ、糸竹の音御法の声、いづれもひとつにまじはり侍れば、まことに簫笛琴箜篌、琵琶鐃銅鈸の金言いよ々たつとく覚え侍り。[注40]

この中で作者は「簫笛琴箜篌、琵琶鐃銅鈸の金言」と言っている。つまり、法華八講の伎楽の合奏を浄土の音楽になぞらえて、わざわざ比丘偈の二句を引いているのである。よく知られたフレーズであったことがここからもうかがえる。

（11）『桂川地蔵記』応永二十四年（一四一七）以後

地蔵菩薩の功徳を説く教訓書。奏楽について述べた部分に、比丘偈の二句がみえる。

我不レ劣下或弾二於蜀郡一之鶴瑟兮、或吹二於秦楼一之鳳管上兮。簫笛琴箜篌、琵琶鐃銅鈸。合調二拍子一而撃二小鼓一諠々兮、撃二太鼓一百々。[注41]

（12）『石橋』曲名の初出は寛正六年（一四六五）

能の演目のひとつ。中国清涼山に到着し、石橋を渡ろうとする寂昭法師の様子を述べた地謡に、

足すさましく肝消え、進んで渡る人もなし、神変仏力にあらずは、誰かこの橋を渡るべき。向ひは文殊の浄土にて、常に笙歌の花降りて、簫笛琴箜篌、夕日の雲に聞え来、目前の奇特あらたなり。[注42]

とある。石橋の向こう側は、文殊菩薩の浄土で、「簫笛琴箜篌」の音が夕日の雲から聞こえてくる。これも同じく浄土の音楽のイメージである。

（13）『羽衣』

能の演目のひとつ。天人の舞についての地謡の詞章に比丘偈の句がみえる。

撫づとも尽きぬ巌ぞと、聞くも妙なり東歌、声添へて数々の、簫笛琴箜篌、孤雲の外に充ち満ちて、落日の紅は、蘇命路の山をうつして、緑は波に浮島が、払ふ嵐に花降りて、げに雪を廻らす、白雲の袖ぞ妙なる。[注43]

「簫笛琴箜篌」の音が雲の外に満ちるとする。これも浄土の音楽のイメージである。

（14）『須磨源氏』

能の演目のひとつ。光源氏の尊霊が現れる場面でのシテの謡に「笙笛琴箜篌。孤雲のひゞき。[注44]」とある。比丘

偈の句の「簫」が「笙」になっているが、先述のとおり「簫」は鎌倉時代以降は使われなくなったため、字音が同じ「笙」の字をあてたのであろう。笙は奈良時代の日本に伝わり、現在でも雅楽で用いられる吹奏楽器である。

（15）『今様之書』寛正六年（一四六五）九月以後

滝田英二氏の報告によると、[注45] 仁和寺蔵『今様之書』には、興福寺の延年にうたわれたと思われる三十篇の歌詞が収録されている。その中に「管絃曲」と題するものがあり、前半は次のとおり。

忉利三十三天ノ快楽モ、歌舞是ヲコト、シ、弥陀四十八願ノ荘厳モ、管絃是ヲ翫。〽凡簫笛琴箜篌、琵琶鐃銅抜（鈸）。〽其名区ナレトモ、天地タカ《（ママ）》ニ和キテ、中道ノ妙理ヲアラハス。

ここでも比丘偈の二句を引いて、管絃の作善を説いている。

（16）尊海『蹉跎山縁起』享禄五年（一五三二）二月八日

本書は、高知の足摺岬にある金剛福寺の由来を説いたもの。作者の尊海は住持をつとめた僧侶。（【　】内は割注）

夫蹉跎山金剛福寺は、過去遠々仏跡、菩薩説法の浄場なり。仰て地形の勝絶を見るに、後は大悲の山峨々とそびへ、慈童妙大の雲靄々然たり。前は弘誓の海漫々として、波浪不没の粧蒼乎たり。凡南方生身大士、不退に影向あり。されば簫笛琴箜篌海顔にひらき、【盤石あり。音楽の岩えと称す。国俗に岩を呼てはえといふ。】天灯松樹にかゞやき、竜灯仏前をてらす。[注46]

金剛福寺は古くからの観音霊場で、観音菩薩の浄土である補陀落山との境と考えられていた。右は『蹉跎山縁起』の冒頭部分で、金剛福寺周辺の自然環境を讃えている。おそらく観音菩薩をさすと思われる「南方生身大士」が「影向」つまり浄土から姿を現し、海顔（岸?）には、音楽の岩えと呼ばれる盤石があり、それを「簫笛琴箜篌」がひらいていると記す。比丘偈の句を使う理由は、観音の影向と、それにともなって響くと想定される浄土の音楽とを結びつけたかったからであろうか。

（17）『岩屋の草子』室町時代

主人公の対の屋姫が「蓬萊の作り物」を見せられたので、それに関する知識をとうとうと述べたところ、

此姫君の物仰られたる声付は、簫笛琴箜篌、琵琶鐃銅鈸の調べ、きん・迦陵頻の声に異ならず。要文・法文説き給ふ事水を流すに異ならず。総じて此姫君の御風情、譬へをとるに物なし。[注47]

と記される。ここでは、姫の声の美しさの譬えに、比丘偈の二句が用いられている。

（18）『高野詣』

豊臣秀吉がつくらせた「豊公能」のひとつ。地謡に「笠（笙）笛琴箜篌、琵琶鐃銅鈸。思い〳〵の声はして、廿五の菩薩只今こゝに影向なりて。[注48]」とある。「簫」の代わりに「笙」の字を使うのは、（14）に同じ。

（19）『上井覚兼日記』天正十四年（一五八六）

琵琶・琴・笛・尺八なとハ、聊も不存候。法花講尺之刻、簫・笛・きん・くこ・ひわ・にう・とうはつ、（中略）なとゝ承たる計にて候。[注49]

島津家家臣の上井覚兼の日記のうち「伊勢守心得書」と仮題された部分にみえる。奏楽について述べる中で、自身は琵琶・琴・笛・尺八などは嗜まず、『法華経』の講釈の時に聞いた「簫笛琴箜篌、琵琶鐃銅鈸」という楽器の名前を知るばかりであると記す。

（20）安楽庵策伝『醒睡笑』元和九年（一六二三）

巻之六「児の噂」にみえる話の中で、ある坊主が、隣から聞こえてきた放屁の音を皮肉って、比丘偈の句を使っている。

隣より呼びかけ、「お座敷へ申したきことの候。法華経に曰く、簫笛琴箜篌、鐃銅鈸は音あつて香無し。栴檀香、沈水香、多摩羅跋香、多伽羅香は香あつて音無し。昨夜のおならは香あり音あり。一段殊勝、殊勝」[注50]。

「鐃銅鈸」の前に「琵琶」の二字が抜けるが、比丘偈の二句の変容とみてよかろう。（7）にもとづくと思われる話。

（21）『京鹿子娘道成寺』宝暦三年（一七五三）

長唄のひとつ。

実に有難き法の庭、笙笛琴箜篌、夕日の雲に輝きて、謡ふも舞ふも法の声、[注51]

とうたわれる。「簫」の代わりに「笙」の字を使うのは、先にみた（14）（18）に同じ。

（22）伝源信『正修観記』

源信（九四二～一〇一七）の著作とされるが、成立年不明。

七宝階下、奏㆓簫笛琴箜篌楽㆒、三尊庭前、調㆓琵琶鐃銅鉢（鈸）曲㆒。雲上天人、作㆓伎楽歌詠延年㆒、樹下聖衆、致㆓絲竹管絃興宴㆒。[注52]

これまでにも数例確認できたが、ここでも比丘偈の二句を離して文言を追加し、対句にしている。これも浄土の音楽のイメージである。

（23）『為盛発心集』

角戸三郎為盛という人物が発心し割腹して往生する物語。成立年不明。

于時光明従㆑西来照㆓為盛首㆒。雖㆑切㆓破身㆒更无㆓苦痛㆒。紫雲満㆑天、音楽頻聞。蕭笛琴箜篌調㆑隣、琵琶鐃銅鉢（鈸）聞㆓紫雲上㆒。希代未曾有之事也。[注53]

為盛が仏に帰依し、声高に念仏を唱えつつ切腹すると、紫雲が満ちて、「蕭笛琴箜篌」や「琵琶鐃銅鉢（鈸）」などの音が紫雲の上から聞こえたといい、浄土の音楽を示している。

以上のように、平安時代から江戸時代を通じて、仏教説話集、楽書、論議書、寺社縁起、御伽草子、謡本、咄本など、幅広い分野の文献資料で、比丘偈の二句の引用ならびに、それをもとに展開したとみられる表現が確認された。

浄土の楽器や音楽のイメージとしての引用が多かったが、意外なことに『無量寿経』『観無量寿経』『阿弥陀経』のいわゆる浄土三部経に、それに関する記述はほとんどない。最も詳しいと思われるものでも、「台の両辺において、おのおの百億の花幢と無量の楽器ありて荘厳とす。八種の清風、光明より出で、この楽器を鼓つに、苦・空・無常・無我の音を演説す。」(『観無量寿経』)と、具体的な楽器名は記されておらず、かろうじて「法鼓を扣き、法螺を吹き」「法鼓を撃ち」(『無量寿経』)や「懸鼓のごとく」(『観無量寿経』)が見つかる程度である。浄土の情景描写とともに比丘偈の二句が盛んに引用されてきたのは、こうした背景があるのかもしれない。

なお、管見の限りでは、源信の『往生要集』、同『二十五三昧式』、鎮源の『法華験記』、それに平安時代から鎌倉時代にかけて成立した各種の往生伝[注54]などにおいては、比丘偈の二句そのものの引用例はみとめられなかった。[注55]

四　分別功徳品・法師功徳品にみえる楽器とその影響

ここでは、分別功徳品や法師功徳品にみえる楽器名の組み合わせが、後世の作品にどのように摂取されたかを述べる。

まず、分別功徳品にみえる「簫笛箜篌」の組み合わせは、十巻本の『和名類聚抄』調度部仏塔具の箜篌の項に「法華経（中略）又云簫笛箜篌種々儛戯、以妙音声歌唄讃頌。[注56]」として採録される。このほか、源信作とされる『観心略要集』にみえる極楽浄土の描写の中に

幡蓋色色、流二七宝荘厳之光一、歌唄声声、歎二万徳円満之相一。従二宮殿一行二宮殿一、満レ耳者簫笛箜篌之声、従二林池一至二林池一、遮レ眼者曼陀曼殊之色。[注57]

とある。さらには、真源の永久二年（一一一四）の作とされる『順次往生講式』の述意門の式文に

声為二仏事一。簫笛箜篌、自順二法音方便一。楽即法界。管絃歌舞、何隔二中道一実一矣。[注58]

と引かれている。『音楽講式』の中にも「簫笛箜篌、悉帰二中道之方便一」とみえるのは、先ほどふれたとおりである。また、室町時代の禅僧万里集九の詩文集『梅花無尽蔵』にも、「簫笛箜篌」の句が三箇所使われる。[注59]

次に、法師功徳品にみえる「琴瑟箜篌」や「簫笛」の組み合わせについては、室町時代の『善光寺縁起』にある記述

又乾闥婆王。楽乾闥婆王等引二率六十一人楽神一、奏二簫笛琴瑟箜篌之曲一、成二琵琶銅鈸之調一。[注60]

が該当する。右の文には「琵琶銅鈸」もみえるが、比丘偈の句「琵琶鐃銅鉢鈸」から「鐃」を抜いた形である。同書にはほかに、「簫笛琴瑟」という表現もある。

このほか、類似例として『日本霊異記』の「笛箏琴箜篌」、『本朝新修往生伝』沙門円能伝の「琵琶管（箜）篌、簫笛歌唄之声」、『異制庭訓往来』の「琴簫笛」などの文言があるが、いずれも『法華経』にみえる楽器名を参照して構成したとみなしても、あながち間違いではあるまい。

五　法会で唱えられる「比丘偈」

平安時代末期から鎌倉時代の資料をみるに、比丘偈の句は、法会においてしばしば唱えられていたらしい。十種供養や各種の講式を例に挙げて考えてみたい。

十種供養とは、『法華経』法師品に説かれる十種、すなわち、華・香・瓔珞・抹香・塗香・焼香・繒蓋・幢幡・衣服・伎楽をもって仏を供養することをいう。このうちの繒蓋・幢幡をまとめて一種に数え、代わりに合掌を加える場合もある。この十種供養で唱える伽陀に、比丘偈の句が引用されている。如法経写経会において行われることが多く、十種供養を含む形式は、平安時代末期から鎌倉時代にかけて整えられたらしい[注61]。宗快が嘉禎二年（一二三六）に著した『如法経現修作法』は、如法経写経会の作法や次第などについて詳述したものである。法会では十種供養も行われ、伎楽と合掌を讃嘆する伽陀は次のようなものであった。

次奏楽。次伎楽。合掌。伽陀

簫笛琴箜篌　琵琶鐃銅鈸　如是衆妙音　尽持以供養　或有人礼拝　或復但合掌　乃至挙一手　皆以成仏道

南無恭敬供養一乗妙典[注62]

傍線部は、比丘偈からの引用である。十種供養において「簫笛琴箜篌　琵琶鐃銅鈸　如是衆妙音　尽持以供養」の四句（以下、比丘偈の四句と呼ぶ）を伽陀として唱えるのはよく行われていたようで、寛元元年（一二四三）の聖宣の奥書をもつ『〔聖宣本伽陀集〕』の「十種」（十種供養）[注63]や、南北朝時代の書写とされる『諸経要文伽陀集』巻中の「十種供養」にもみえる[注64]。

講式でも比丘偈の句が読誦され、あるいは伽陀としてうたわれていたようである。承暦三年（一〇七九）成立と伝わる永観の『往生講式』は、往生講の法式次第を記したものである。西側の壁に「阿弥陀迎接像」を安置し、その前で一座七門の講讃と歌頌を行うもので、このうち、讃歎極楽門の講讃に、比丘偈の二句が引用されている。

第五讃歎極楽者。前明二聖衆来迎一、次長別二娑婆一初生二極楽一。其時想像。（中略）又並二宝座一又重二宝衣一。荘厳鏤二七宝一光曜瑩二鸞鏡一。簫笛琴箜篌奏二楽於雲上一、琵琶鐃銅鈸鎗二曲於階下一。苦無常音、大悲之涙先落、空非我調、實相之理漸顕。加之徐歩二瑠璃之地一金縄界レ道、漸過二梅檀之林一落華失レ路。（中略）

歌頌曰

観彼世界相　勝過三界道
究竟如虚空　広大無辺際
面善円浄如満月　威光猶如千日月
声如天鼓倶翅羅　故我頂礼弥陀尊
南無西方極楽化主大慈大悲阿弥陀仏　三礼　十念[注65]

極楽の情景を賛美する門で、浄土で奏でられる楽器を代表するかたちで比丘偈の二句が使われている。『往生講式』は、従来あった講讃に、歌頌を付け加えた嚆矢とされており、「歌頌曰」に続く部分は曲節をつけて唱えたと推定されるが、その前の講讃には曲節はつかなかったらしい。

また、先に少し触れた『音楽講式』では、表白文中に「簫笛琴箜篌、悉帰二中道之方便一」という表現がみられたが、同様に曲節はつかなかったと考えられる。

一方、比丘偈が講式中の伽陀としてうたわれたことが資料からわかるものとして、『妙音講式』がある。妙音天とは弁才天の異名で、その姿は二臂で琵琶を持つ。十二世紀末までに成立したとされる[注66]『妙音講式』の第二段の伽陀では、比丘偈の四句が唱えられる。[注67]弁才天の持物である琵琶も読み込まれていることから、この文言は

『妙音講式』にふさわしいといえる。

高野山麓天野の地に鎮座する天野社（丹生都比売神社）の祭神を讃嘆する『明神講式』の中にも比丘偈の四句がみえる。天野社の祭神は当初、丹生・高野の両明神のみであったが、文暦元年（一二三四）までには、祭神が二柱増え、四所明神へと変化していた。[注68]『明神講式』は高野山の尚祚（〜一二四五）作と伝わり、永仁三年（一二九五）の信覚の写本には、四柱の神それぞれについて伽陀が付され、三宮と四宮の伽陀が『法華経』の文言で構成されている。

第三讃三大神宮慈悲者（中略）

弘誓深如海　歴劫不思議　侍多千億仏　発大清浄願

第四讃四宮権現随類者（中略）

簫笛琴箜篌　琵琶鐃銅鈸　如是衆妙音　尽持以供養[注69]

この『明神講式』の中で、三宮の本地は千手観音、四宮の本地は弁才天と説かれており、それにちなんだものか、三宮の伽陀は普門品の偈から引用される。四宮の伽陀は比丘偈の四句であるが、十種供養もしくは、同じく弁才天を本尊とし先行して成立したとみなされる『妙音講式』からの引用と考えるほうが自然かもしれない。

このほか、正嘉二年（一二五八）の成立と考えられる『丑日講式』にも比丘偈の四句が引用される。「第四明管絃供養益」は、音楽による供養の徳を説く段である。『妙音講式』や『音楽講式』をもとに発展させたと考えられるが[注70]、その末尾に

仍先奏二管絃一、次可レ誦二伽陀一矣

簫笛琴箜篌　琵琶鐃銅鈸　如是衆妙音　尽持以供養

絲竹管絃楽のおと　曼陀曼珠の花のいろ

香の煙り閼伽の水　大明神にたてまつる

とあり、比丘偈の四句に続いて、和讃をうたう点が特徴的である。

こうした比丘偈の四句を伽陀として唱える際の、口伝や口訣が残されている。天台僧喜淵の『諸声明口伝随聞注』は文永九年（一二七二）の成立とされるが、その中に口伝として「簫笛琴箜篌ト云フ伽陀ニ有レ習事[注71]」の条がある。「簫笛琴箜篌ト云フ伽陀」は、比丘偈の四句をさすと考えられる。その第四句「尽持以供養」の五字と博士が書かれ、その下に「以二此博士曲一余伽陀等可レ准レ之。此ハ秘蔵ノ事也。無二左右一不レ可レ授二他人一者也。」と割注がある。詠唱には特別な伝承があったことが推察される。

文和四年（一三五五）の本奥書をもつ『伽陀口決』は、妙音院流声明の口訣集である。十種供養に関する口訣のうち、「簫笛琴箜篌」で始まる伽陀に関しては「両句異説曲」という最秘の曲があるという。

付二此伽陀一、有二最秘曲一、即名二両句異説曲一。謂第一第三両句用二秘説一、故名二両句異説一也。若初句用二異説一、第三句□亦必用二異説一。不レ可レ有二互闕一[注72]。

曲名の由来は、比丘偈の四句のうち、第一句「簫笛琴箜篌」と第三句「如是衆妙音」には「異説」があり、第一句を「異説」で唱える時は、第三句も必ず「異説」を用いるからとする。この「両句異説」の語は、先述の『〔聖宣本伽陀集〕』などにもみえる。

要するに、比丘偈の四句に関し、流派によっては特殊な節回しがあったものと考えられる。後醍醐天皇が書写山円教寺に御幸した折に行われた諸堂供養法会のあとに設けられた酒宴の折、まさにこの伽陀が披露された。明徳三年（一三九二）頃の成立とされる円教寺蔵の『捃拾集』は、次のように記す。

同夜導師御名残惜酒宴事

（中略）勧杯数献之後、依二導師御所望一有二管絃一。房主琵琶、少生各々随二其役一、同宿面々又以同。楽終有二詠曲一、児又居、白柏（拍）子少童也。導師曰、誠管絃曲聖衆来迎覚、少人歌音梁塵動覧被レ感畢。又重奏レ楽、導師有二御伽陀一、簫笛琴箜篌、琵琶鐃銅鉢（鈸）云云、一座見聞之諸人、驚二耳目一畢。其後終夜乱舞等、互尽二能芸一云云。注73

法会の導師をつとめた安居院良憲が、管絃の音が奏でられる中、宴席で「簫笛琴箜篌、琵琶鐃銅鉢（鈸）云云」という伽陀を唱えたという。そうした場で、おそらくは比丘偈の四句が唱えられたのは、特殊な節回しをともなう曲節の聞かせどころであり、それを美声で見事に唱えたからこそ、一座の人々の耳目を驚かすことができたのではなかろうか。

ここまで、法会で披露される講讃や表白文の中で読誦され、あるいは伽陀として唱えられる比丘偈の句について、いくつかの例を挙げた。引用方法を大別すると、比丘偈の四句をそのまま用いる場合と、比丘偈の二句のみをとりあげ、文言を足して対句の形にする場合と二種になるようである。後者については、文学作品にも同様の引用方法がみられたことを再記しておく。

おわりに

方便品の比丘偈の二句「簫笛琴箜篌　琵琶鐃銅鈸」は、平安時代以降江戸時代に至るまで、間接的な場合も含めて、広汎な文献資料に引用され、独自の展開をみてきた。精査の結果、当初は、仏道成就への方便を説き明かす経文の一部で、楽器名の並列でしかなかった比丘偈の二句が、浄土の情景描写の中で繰り返し引用されるうちに、浄土の音楽を象徴する句としてのイメージが定着していき、浄土の音楽を思わせる現世の響きをも形容するようになっていったことが示唆された。

引用の多さは、同時にその浸透性の高さを示すが、その広まりの背景にあったのは、『法華経』それ自体への信仰もさることながら、「作楽」や「歌唄」による仏道の成就を、具体的な楽器名を挙げつつ、より一層明確に示した方便品の思想的特徴である。法会では、表白などに比丘偈の句が用いられたが、とくに比丘偈の四句「簫笛琴箜篌　琵琶鐃銅鈸　如是衆妙音　尽持以供養」は伽陀としてうたわれることが多く、奏楽と相俟って方便品の思想をそのまま具現化したものといえ、唱え方に口伝があったのも、その重要性を意味するようである。

また、鎌倉時代以降に成立した文学作品の中に「簫笛琴箜篌」や「簫笛箜篌」などの語がみえる場合、それは『法華経』を出典とする表現で、浄土の音楽の比喩として用いられた可能性が高い。「簫」は早い時期に廃れたが、文献中では字音が同じ「箏」や「笙」の字におきかえることが行われた。

なお、稿者の調べでは、中国の文献資料において、比丘偈という呼称はみつからず、方便品の偈の一部を重視して繰り返し引用するといった事例もないようであった。つまり、日本独自の『法華経』の受容の一端を、ここに見て取ることができるのである。

注

1　大正蔵三十四、一五一頁下。

2　五十五「経は」に記される。『枕冊子新註（前田家本）』古典文庫、一九五一年、三七頁。

3　『神楽歌 催馬楽 梁塵秘抄 閑吟集』日本古典文学全集二十五、小学館、一九七六年、二一六頁。

4　大正蔵九、五頁下～十頁中。

5　「簫笛琴箜篌」の句に言及した近年の論考に、金子良子「『発心集』の管絃往生思想――『妙音講式』と『音楽講式』を中心に――」（『仏教文学』第三十五号、仏教文学会、二〇一一年）、猪瀬千尋『中世王権の音楽と儀礼』笠間書院、二〇一八年などがある。本稿でとりあげた文献資料については、後者の示唆により補足したものを含む。
6 岡本彰一「『箜篌』雑考」(『寧楽』十五、寧楽発行所、一九三一年)など。
7 『往生伝　法華験記』日本思想大系七、岩波書店、一九八五年、九〇〜九一頁。『長谷寺霊験記』にも同様の記述がある。
8 『和泉式部日記　紫式部日記　更級日記　讃岐典侍日記』新編日本古典文学全集二十六、小学館、二〇〇八年、四一三頁。
9 『今昔物語集』二、新編日本古典文学全集三十六、小学館、二〇〇三年、一二三頁。
10 『無名草子』新編日本古典文学全集四十、一九九九年、一七九頁。
11 『続群書類従』第二輯下、神祇部、続群書類従完成会、一九九五年、六七八頁上。
12 注7前掲書、三七頁。同様の記述は、『栄花物語』巻第三十つるのはやし、『大鏡』伊尹伝にもみえる。
13 注7前掲書、二〇四頁。
14 注7前掲書、三四五頁。『法華験記』下巻百三にも同様の記述がある。
15 大正蔵九、九頁上。読み下しは坂本幸男・岩本裕訳注『法華経』上下、岩波書店、二〇〇〇年を参照の上、場合により若干の変更を加えた。以下同。
16 大正蔵九、四五頁下。
17 大正蔵九、四八頁上。
18 群馬県佐波郡堺町上武士出土の、古墳時代の埴輪「太鼓をたたく男子」。東京国立博物館蔵。
19 『万葉集』巻第二「高市皇子尊の城上の殯宮の時に、柿本朝臣人麻呂が作る歌一首」。「小角の音」について、「笛の音は」とする異説がある。
20 松本政春「大宝軍防令の復原的研究」『歴史研究』九、大阪教育大学歴史学研究室、一九七二年。
21 瀧遼一「東アジア起源の正倉院楽器」正倉院事務所編『正倉院の楽器』日本経済新聞社、一九六七年、一四〇頁。林謙三『東アジア楽器考』カワイ楽譜、一九七三年、四四一頁。
22 拙著『箜篌の研究――東アジアの寺院荘厳と絃楽器』思文閣出版、二〇一六年。
23 注21林前掲書、二六九頁。
24 「東大寺使解」(『大日本古文書』編年文書、巻之二十五巻補遺二)一〇五頁。
25 『群書類従』第九輯、文筆部・消息部、続群書類従完成会、一九九二年、三三九頁下。

26 『栄花物語』二、新編日本古典文学全集三十二、小学館、二〇〇八年、四〇三～四〇四頁。
27 注21林前掲書、二九〇頁注十。林氏の指摘は注6の岡本彰一氏の論考に関して述べたもの。
28 『今昔物語集』一、新編日本古典文学全集三十五、小学館、一九九九年、一一一頁。
29 注28前掲書、二七二頁。
30 追塩千尋、北海道説話文学研究会「北海道大学附属図書館蔵　二巻本『宝物集』校訂本文」『北海学園大学人文論集』三十七、二〇〇七年。
31 『続群書類従』第三十二輯下、雑部、一九八八年、続群書類従刊行会、三三二頁下。
32 『宝物集　閑居友　比良山古人霊託』新日本古典文学大系四十、岩波書店、一九九三年、三四七頁。底本は吉川泰雄氏蔵本。
33 『続教訓抄』下、覆刻日本古典全集、現代思潮社、一九七七年、六四三頁。
34 古宇田亮宣編『和訳　天台宗論議百題自在房』林光院、一九七二年、二一四頁。
35 『校訂広本　沙石集』説話文学研究叢書第二巻、クレス出版、二〇〇四年、四〇〇～四〇一頁。「多摩跋香」は正しくは「多摩羅跋香」。
36 『源平盛衰記』六、三弥井書店、二〇〇一年、五七頁。
37 菅野扶美「『音楽講式』について」東京大学国語国文学会編『国語と国文学』一九八七年八月号、至文堂。坂本要編『極楽の世界』一九九七年、北辰堂に加筆再録。
38 DVD―R『高野山大学附属図書館所蔵　高野山講式集』PDF版（小林写真工業、二〇〇七年）所収『音楽講式』（鎌倉時代）。
39 外村久江・外村南都子校注『早歌全詞集』三弥井書店、一九九三年、二六〇頁。
40 『群書類従』第二十四輯、釈家部、続群書類従完成会、一九九一年、一三三頁上。
41 『続群書類従』第三十三輯上、雑部、続群書類従完成会、一九八四年、一一〇頁上。
42 『謡曲集』二、新編日本古典文学全集五十九、小学館、二〇〇七年、五八八頁。
43 『謡曲集』一、新編日本古典文学全集五十八、小学館、二〇〇七年、三八八頁。
44 『謡曲三百五十番集』日本名著全集刊行会、一九二八年、六〇五頁。
45 滝田英二「白拍子の新資料『今様之書』」『国語と国文学』第四十三巻十号、東京大学国語国文学会、一九六六年。
46 『続群書類従』第二十八輯上、釈家部、続群書類従完成会、一九九七年、三四四頁下。

47　『室町物語』上、新日本古典文学大系五十四、岩波書店、一九八九年、二五三頁。

48　注44前掲書、七〇六頁。

49　『上井覚兼日記』下、大日本古記録第五下、岩波書店、一九五七年、二一〇頁。

50　鈴木棠三『醒睡笑研究ノート』笠間叢書二〇一、笠間書院、一九八六年、二八〇頁。

51　『日本歌謡集成』巻九、近世編、東京堂、一九六〇年、七頁下。

52　『恵心僧都全集』第一、比叡山図書刊行所、一九二七年、五一二頁。

53　『続群書類従』第二十八輯下、釈家部、続群書類従完成会、一九八八年、二四一頁下。

54　注7前掲書に収録される、十世紀末から十三世紀にかけて成立した以下の往生伝をさす。『日本往生極楽記』『続本朝往生伝』『本朝神仙伝』『拾遺往生伝』『後拾遺往生伝』『三外往生記』『本朝新修往生伝』『高野山往生伝』『念仏往生伝』。

55　多くは単に「天に微妙の音楽を奏す」（『法華験記』巻下、第八十三源信僧都伝）、「この時音楽西に聞え」（『拾遺往生伝』阿闍梨維範伝）などと記すのみで、具体的な楽器名はほとんどみられなかった。ただし、『続本朝往生伝』沙門入円伝「此日笙歌妓楽満於山」、『拾遺往生伝』沙門清海伝「虚空の上に、笙・琴の声を聞く」、『本朝新修往生伝』沙門円能伝「琵琶管（箜）篌。簫笛歌唄之声。微妙清浄」など、楽器名が記されるものもごくわずかにある。

56　『和名類聚抄（十巻本）』静嘉堂文庫蔵版、古辞書叢刊、雄松堂書店、一九七五年。

57　注52前掲書、二八一頁。

58　高野辰之編『日本歌謡集成』第四巻、東京堂、一九四二年、二六〇頁。

59　『続群書類従』第十二輯下、文筆部、続群書類従完成会、一九八九年。『梅花無尽蔵』第六「尾州中島府中総社大明神化縁疏」、巻七「薫心淑儀画背賛」、同「笑岳説」。

60　注46前掲書、一四四頁。

61　林文理「中世如法経信仰の展開と構造」中世寺院史研究会『中世寺院史の研究』上、法蔵館、一九八八年。なお、十種供養自体は室町時代頃まで行われていたようで、たとえば、御崇光院の日記『看聞日記』の永享五年（一四三三）八月十二日条に泉涌寺塔頭で十種供養などが行われたことがみえる。

62　大正蔵八十四、八九六頁上。

63　『金沢文庫資料全書』第八巻、歌謡・声明篇続、神奈川県立金沢文庫、一九八六年。

64 『金沢文庫資料全書』第七巻、歌謡・声明篇、神奈川県立金沢文庫、一九八四年。

65 大正蔵八十四、八八二頁中～下。

66 阿部泰郎「儀礼の声――念仏の声をめぐりて」（兵藤裕己編『シリーズ思想の身体――声の巻』春秋社、二〇〇七年）は、藤原師長（一一三八～一一九二）の作とする。

67 注38前掲メディア所収『妙音講式』（鎌倉時代）。

68 菅野扶美「「行勝上人」の語られ方と天野社四所明神」『巡礼記研究』第七集、巡礼記研究会、二〇一〇年。現在、天野社では三宮を気比明神、四宮を厳島明神とするが、四所明神となった当初はいずれも丹生明神の息女とされるのみで神名は明確ではなく、本地仏のみが定まっていたらしい。

69 上野学園日本音楽資料室蔵。『声明資料集』日本漢文資料楽書篇、二松学舎大学二十一世紀ＣＯＥプログラム、二〇〇六年、二八一頁。

70 金子良子「『丑日講式』にみる本地垂迹と管絃歌詠」『大学院紀要』法政大学大学院、二〇一三年。東大寺図書館所蔵本の翻刻が付されており、本文中の引用もこれにもとづく。

71 『声明表白類聚』続天台宗全書法儀一、春秋社、一九九六年、三〇二頁上。

72 『金沢文庫資料全書』第七巻、歌謡・声明篇、神奈川県立金沢文庫、一九八四年。応永七年（一四〇〇）の芿弥の書写奥書をもつ。

73 『兵庫県史』史料編中世四、兵庫県史編集専門委員会、一九八九年、一四八頁上～下。なお、この記事についてはすでに、柴佳世乃『読経道の研究』風間書房、二〇〇四年、一七九頁注十二に指摘がある。

あとがき

研究といえばほぼ中国唐代の仏教美術史に終始してきた筆者に、本書の責任編集の下命があったのは何かの手違いではなかったかといまだに訝しく思っている。しかも「古代文学」を核としたシリーズだという。頭を抱えながらも、「古代寺院を舞台に、本シリーズのテーマである文学――この場合、経典や史書、文書史料、金石文、縁起や霊験説話、口承文芸など――と造形美術との関わりの諸相を示すことが、本巻がシリーズに組み込まれている所以でしょう。（中略）寺院を舞台とした芸術活動の場では、何らかの形の文学も、説明・讃嘆・宣伝・記録・伝承などを意図して生じたはずです。そこで本巻は、古代寺院に関わる造形作品を、そうした文字資料に目を配りながら解釈した論文を以て編みたいと思います」云々という一文をこの巻の趣旨として掲げた。

そして、近年意欲的、刺激的な論文を書いておられる若手の研究者たちを中心に、日ごろ一読者としての筆者自身がぜひ書き下ろしを拝読したいと思う方々に寄稿をお願いしたところ、全員から快諾をいただけたのは、実に嬉しくありがたかった。以来一年半、それぞれに多忙を極めるなかで、何らかのかたちでテキストと絡めた問題を、という右の注文にも見事に応えた読みごたえある貴重な玉稿をお寄せ下さったことは、なにより喜ばしく、仏教美術研究の最前線を示す論文が並んだものと思う。拙稿だけが自分で示した方針をまったく守ることができなかったのには忸怩たる思いがあるが、お目溢し願いたい。

執筆くださった方々、また翻訳の労をとってくださった方に、あらためて心より御礼申し上げるとともに、早々と原稿を頂戴しながらここまで刊行を遅延させてしまったことをお詫びしたい。また、貴重な機会を恵与くださった監修の鈴木靖民先生と、終始たいへんな熱意と忍耐をもって叱咤激励してくださった竹林舎の黒澤廣さんにも、深くご慰労と感謝をお伝えしたい。

肥田路美

執筆者一覧

稲葉　秀朗	いなば ひであき	中国仏教美術史	調査、文筆業　朗研社代表
井上　大樹	いのうえ たいき	日本仏教彫刻史	文化庁文化財調査官
林　　南壽	いむ なむす	韓国・東洋美術史	韓国・嶺南大学校教授
大澤　　信	おおさわ しん	韓国仏教美術史	九州国立博物館アソシエイトフェロー
金子　英和	かねこ えいわ	院政期和歌	早稲田大学研究生
児島　大輔	こじま だいすけ	仏教美術史	大阪市立美術館学芸員
眞田　尊光	さなだ たかみつ	日本仏教美術史・仏教史	川村学園女子大学准教授
清水　　健	しみず けん	仏教美術史・工芸史	奈良国立博物館工芸考古室長
清水　紀枝	しみず のりえ	日本仏教美術史	日本女子大学非常勤講師
神野　祐太	じんの ゆうた	日本彫刻史	神奈川県立歴史博物館学芸員
田中　健一	たなか けんいち	日本仏教彫刻史	文化庁文化財調査官
谷口　耕生	たにぐち こうせい	日本仏教絵画史	奈良国立博物館教育室長
中野　　聡	なかの さとし	日本仏教美術史	龍谷大学・佛教大学非常勤講師
中安　真理	なかやす まり	仏教文化史	同志社大学助教
西木　政統	にしき まさのり	日本・東洋彫刻史	東京国立博物館研究員
萩谷 みどり	はぎや みどり	仏教絵画史	奈良国立博物館アソシエイトフェロー
濱田　恒志	はまだ こうし	日本彫刻史	島根県立古代出雲歴史博物館主任学芸員
濱田　瑞美	はまだ たまみ	東アジア仏教美術史	横浜美術大学准教授
原　　浩史	はら ひろふみ	日本仏教彫刻史	慶應義塾志木高等学校教諭
肥田　路美	ひだ ろみ	中国仏教美術史	早稲田大学教授
三田　覚之	みた かくゆき	日本・東洋美術史	東京国立博物館

監修

鈴木　靖民	すずき やすたみ	日本古代史・東アジア古代史	横浜市歴史博物館館長

古代寺院の芸術世界　〈古代文学と隣接諸学 6〉

2019年5月10日　発行

編　者　肥田　路美

発行者　黒澤　廣
発行所　竹林舎
112-0013
東京都文京区音羽 1-15-12-411
電話 03(5977)8871　FAX03(5977)8879

印刷　シナノ書籍印刷株式会社

ISBN 978-4-902084-76-4

古代文学と隣接諸学〈全10巻〉

監修　鈴木靖民

第1巻	古代日本と興亡の東アジア	編集　田中 史生
第2巻	古代の文化圏とネットワーク	編集　藏中 しのぶ
第3巻	古代王権の史実と虚構	編集　仁藤 敦史
第4巻	古代の文字文化	編集　犬飼 隆
第5巻	律令国家の理想と現実	編集　古瀬 奈津子
第6巻	古代寺院の芸術世界	編集　肥田 路美
第7巻	古代の信仰・祭祀	編集　岡田 莊司
第8巻	古代の都城と交通	編集　川尻 秋生
第9巻	『万葉集』と東アジア	編集　辰巳 正明
第10巻	「記紀」の可能性	編集　瀬間 正之